소플의

처음 만난 Next.js

한빛미디어 Hanbit Media, Inc.

소플의 처음 만난 Next.js

개념은 쉽게, 실습은 탄탄하게! 따라 하며 익히는 Next.js 입문 가이드

초판 1쇄 발행 2025년 6월 28일

지은이 이인제 / **펴낸이** 전태호

펴낸곳 한빛미디어(주) / **주소** 서울시 서대문구 연희로2길 62 한빛미디어(주) IT출판2부

전화 02-325-5544 / **팩스** 02-336-7124

등록 1999년 6월 24일 제25100-2017-000058호 / **ISBN** 979-11-6921-391-2 93000

책임편집 홍성신 / **기획 · 편집** 김대현 / **교정** 윤지현

디자인 표지 박정우 내지 최연희 / **전산편집** 다인 / **일러스트** 이진숙

영업마케팅 송경석, 김형진, 장경환, 조유미, 한종진, 이행은, 김선아, 고광일, 성화정, 김한솔 / **제작** 박성우, 김정우

이 책에 대한 의견이나 오탈자 및 잘못된 내용은 출판사 홈페이지나 아래 이메일로 알려주십시오.

파본은 구매처에서 교환하실 수 있습니다. 책값은 뒤표지에 표시되어 있습니다.

한빛미디어 홈페이지 www.hanbit.co.kr / 이메일 ask@hanbit.co.kr

소문난 명강의

소플의 처음 만난 Next.js

이인제 지음

소문난 명강의 시리즈 소개

〈소문난 명강의〉 시리즈는 검증된 인기 강의를 체계적으로 정리한 책입니다. 기초부터 탄탄하게 배울 수 있도록 입문자 눈높이에 맞춰 설명하고, 실전 능력을 키울 수 있는 실용적인 예제를 제공합니다.

한빛미디어 Hanbit Media, Inc.

추천사

프론트엔드 개발자에게 Next.js는 이제 선택이 아니라 기본이 되었습니다. 하지만 처음 시작할 때 막막함을 느끼는 분들도 많습니다. 『소플의 처음 만난 Next.js』는 그 막막함을 단단히 잡아주는 책입니다. CSR, SSR, SSG 같은 다양한 렌더링 방식을 비교하고, 각각이 가진 장단점을 차근차근 설명해주기 때문에 왜 Next.js를 써야 하는지 자연스럽게 이해할 수 있었습니다. 특히 앱 라우터와 페이지스 라우터의 차이점을 실제 구조와 예시로 보여주면서 실전 감각을 길러주는 점이 매우 인상적이었습니다. 단순히 따라 하기식 실습이 아니라 코드를 왜 이렇게 짜야 하는지, 이 아키텍처가 왜 필요한지를 납득시키는 구성이라 실무에 바로 적용할 수 있는 실력을 쌓을 수 있었습니다.

이민규 – StarUML 개발자 / (주)엠케이랩스 대표

Next.js는 분명 매력적인 프레임워크지만 처음 접하는 사람에게는 그 구조와 렌더링 방식이 다소 부담스럽게 느껴질 수 있습니다. 이 책은 이런 어려움을 친절하게 풀어냅니다. 기초부터 차근차근 올라가는 방식으로 구성되어 초보자도 자연스럽게 Next.js의 핵심 원리를 이해하고 실전 개발에 필요한 감각을 익힐 수 있습니다. 특히 CSR, SSR, SSG의 차이와 적용 방식을 시각적으로 설명한 부분은 Next.js 입문자에게 커다란 장벽이 될 수 있는 렌더링 방식을 쉽게 넘을 수 있도록 도와줍니다. 복잡한 개념도 구체적인 예제와 풍부한 그림 그리고 실습 중심의 설명 덕분에 누구나 손쉽게 체득할 수 있도록 안내합니다. 이 책은 단순한 입문서 그 이상입니다. Next.js를 제대로 배우고 싶은 모든 이에게 그리고 웹 프론트엔드 개발자로서 한 단계 성장하고 싶은 이에게 강력히 추천합니다.

임준성 – 카이스트 연구원

급변하는 프론트엔드 기술 트렌드 속에서 Next.js는 필수적인 기술로 자리 잡았습니다. 『처음 만난 Next.js』는 이 프레임워크의 표면적 기능에 그치지 않고 Next.js의 철학과 작동 원리까지 명확하게 짚어줍니다. 리액트 서버 컴포넌트, 동적 라우팅, 서버 사이드 렌더링과 정적 사이트 생성 같은 복잡한 주제를 깊이 있게 다루면서도 초보자도 이해할 수 있도록 풀어낸 설명이 인상적입니다. 또한 왜 특정 렌더링 방식을 선택해야 하는지, 어떻게 페이지를 최적화할 수 있는지, 무엇이 좋은 사용자 경험을 만드는지를 자연스럽게 익히게 됩니다. 특히 마지막 장의 실전 웹 애플리케이션 프로젝트는 지금까지 배운 개념을 실제 개발로 연결해주는 훌륭한 다리 역할을 합니다. Next.js를 깊이 있게 이해하고 자신만의 웹 서비스를 만들고자 하는 개발자에게 이 책이 든든한 길잡이가 되어줄 것입니다.

장래영 – 비햅틱스 소프트웨어 엔지니어

프론트엔드는 빠르게 변화하지만, 그 흐름 속에서 기술의 본질을 꿰뚫는 개발자는 드뭅니다. 『소플의 처음 만난 Next.js』는 바로 그 본질을 짚어주는 책입니다. 이 책은 SSR이 왜 필요하게 되었는지, SSG가 어떤 문제를 해결했는지, 그리고 서버 컴포넌트의 도입이 프론트엔드 개발에 어떤 전환점을 가져왔는지를 깊이 있게 설명합니다. 라우팅 트리와 폴더 구조를 익히는 과정에서는 단순히 코드를 따라 치는 것을 넘어 시스템을 설계하는 관점에서 사고하는 법을 배울 수 있습니다. 실습을 따라가다 보면 어느새 웹 애플리케이션의 구조를 이해하고 설계 감각까지 키우고 있는 자신을 발견하게 될 것입니다.

윤재윤 – 휴이노 프론트엔드 리드

모르는 걸 알게 될 때 그 과정이 친절하고 체계적이면 더 오래 기억에 남습니다. 이 책이 딱 그렇습니다. 타입스크립트 기초 문법부터 시작해서 CSR, SSR, SSG 같은 렌더링 방식을 그림과 함께 차근차근 설명합니다. 개념만 설명하는 게 아니라 실습과 바로 연결해보면서 손으로 체득할 수 있게 도와줍니다. 특히 각 장마다 정리된 요약 덕분에 필요한 부분만 빠르게 복습하기도 좋고 처음 배우는 분도 막힘없이 따라갈 수 있는 좋은 커리큘럼을 갖췄습니다.

이창건 – 뤼튼테크놀로지스 소프트웨어 엔지니어

Next.js를 처음 배우려고 할 때 가장 어려운 건 어디서부터 어떻게 시작해야 할지 감이 안 잡힌다는 점이었습니다. 『소플의 처음 만난 Next.js』는 이런 고민을 완전히 해결해줍니다. VS Code 설치, Node.js 설치, 타입스크립트 기초 문법 같은 아주 기초적인 부분부터 시작해 Next.js 프로젝트를 만들고 앱 라우터를 구성하는 방법까지 단계별로 친절하게 설명해줍니다. 단순히 '코드를 따라 치세요' 수준이 아니라 한 줄 한 줄 코드가 어떤 의미인지, 왜 이렇게 해야 하는지 납득할 수 있게 설명해줘서 단순 암기가 아니라 진짜 이해하면서 배울 수 있었습니다. 처음 프론트엔드를 공부하시는 분들께 정말 좋은 출발점이 되어줄 책입니다.

한현 – 재능교육 프론트엔드 개발자

저자 Q&A

Q Next.js를 왜 배워야 하나요?

A 리액트는 현재 프론트엔드 개발에서 가장 널리 사용되는 라이브러리입니다. 하지만 리액트로 실제 애플리케이션을 개발하려면 라우팅, 데이터 페칭, 서버 사이드 렌더링 같은 기능을 개발자가 직접 구성하고 구현해야 하는 번거로움이 따릅니다. Next.js는 이러한 한계를 해결하기 위해 탄생한 리액트 기반의 프레임워크로 프로젝트 구조부터 렌더링 방식, API 라우팅까지 웹 개발에 필요한 기능을 모두 갖췄으며 사실상 공식에 가까운 표준 툴킷입니다. 리액트 공식 홈페이지에서도 새로운 프로젝트를 시작할 때 Next.js을 사용할 것을 권장하고 있습니다.

최근 프론트엔드 분야 조사에 따르면 Next.js는 현재 가장 많이 사용되는 웹 프레임워크 중 하나입니다. 많은 스타트업과 유니콘 기업이 프론트엔드 개발자를 뽑을 때 Next.js 사용 경험을 중요한 기준으로 삼고 있죠. 따라서 프론트엔드 개발자로 취업을 준비하는 분들에게 Next.js는 이제 선택이 아니라 필수가 되었습니다. Next.js는 단순한 화면 구성뿐 아니라 페이지를 빠르게 보여주는 방법 서버 사이드 렌더링, 정적인 웹사이트 만들기, 서버 기능 추가하기(API 라우팅) 같은 다양한 기능을 갖추고 있어 혼자서도 웹사이트 전체를 만들 수 있는 환경을 제공합니다. 즉, Next.js를 배우면 포트폴리오나 사이드 프로젝트, 개인 서비스를 직접 구현할 수 있는 역량을 키울 수 있습니다. 리액트를 배웠다면 이제는 반드시 Next.js를 시작할 차례입니다.

Q 어떤 독자를 대상으로 이 책을 쓰셨나요?

A 이 책은 Next.js를 처음 배우는 입문자를 위해 쓰였습니다. 특히 풀스택 개발자를 꿈꾸는 분이나 혼자 웹 서비스를 개발해보고 싶은 1인 창업가에게도 도움을 줄 수 있도록 구성하고자 했습니다. 기본 개념부터 실전 예제까지 단계적으로 학습할 수 있으며 마지막에는 미니 프로젝트를 통해 실제로 작동하는 풀스택 애플리케이션을 처음부터 끝까지 하나하나 직접 만들어 보는 경험도 할 수 있습니다.

Q 이 책을 읽기 전에 미리 알아야 할 지식이 있나요?

A 이 책을 보다 원활하게 학습하려면 자바스크립트의 기초 문법과 리액트의 기본 개념에 대한 이해가 필요합니다. Next.js는 리액트 기반 프레임워크이기 때문에 리액트를 전혀 모른 채 학습을 시작하면 다소 어렵게 느껴질 수 있습니다. 만약 리액트를 배워본 적이 없다면 제가 쓴 『소플의 처음 만난 리액트』을 읽거나 함께 제공되는 무료 동영상 강의를 먼저 보고 난 뒤에 이 책을 읽는 것을 추천합니다.

Q 이 책의 특징은 무엇인가요?

A 이 책은 최신 리액드 19와 Next.js 15 버전을 기반으로 작성되었으며 현재의 개발 트렌드에 맞는 내용을 학습할 수 있도록 구성되어 있습니다. 복잡한 개념도 쉽게 이해할 수 있도록 풍부한 그림과 시각 자료를 활용했고 각 장은 개념 학습 후 실습을 적용해볼 수 있는 흐름으로 구성해 학습 효과를 높였습니다. 다시 말해 개념만 이해하는 데 그치지 않고 실습으로 실제 개발 역량을 키울 수 있도록 구성된 점도 이 책의 중요한 특징입니다. 특히 마지막 장에서는 앞에서 배운 내용을 바탕으로 Next.js 기반 풀스택 애플리케이션을 처음부터 끝까지 직접 만들어봅니다. 단순한 기술 학습을 넘어 실무와 연결되는 실전 경험까지 쌓을 수 있는 구성이라는 점에서 매우 실용적인 입문서라고 말할 수 있습니다.

Q 독자에게 하고 싶은 말이 있다면?

A 많은 책과 강의가 개념을 지나치게 단순화하거나 따라 하기 위주의 방식으로만 구성되어 있어 독자들이 실제로 기술을 이해하고 활용하는 데 어려움을 겪는 경우가 많습니다. 이 책은 그런 한계를 보완하고자 했습니다. Next.js의 핵심 개념을 체계적으로 설명하고 그 내용을 곧바로 실습해보면서 실제 개발 역량을 키울 수 있도록 구성했습니다. 또한 복잡한 내용도 쉽게 이해할 수 있도록 다양한 그림과 시각 자료를 적극 활용했습니다. 이 책이 Next.js에 처음 입문하는 분들에게 든든한 출발점이자 실무에 자신 있게 도전할 수 있는 발판이 되기를 바랍니다.

저자의 말

2019년, 프리랜서 개발자로 일하던 중 진행하던 리액트 프로젝트에 SSR(서버 사이드 렌더링)을 도입해야 하는 상황이 생겼습니다. 웹사이트의 다양한 페이지를 서버에서 미리 렌더링해 SEO(검색엔진최적화)를 개선해야 했기 때문입니다. 하지만 직접 SSR을 구현하는 일은 생각보다 복잡하고 많은 시간이 소요되는 작업이었습니다. 여러 방법을 검토한 끝에 저는 Next.js라는 프레임워크를 사용해보기로 결정했습니다.

당시 저에게 Next.js는 낯선 기술이었지만 짧은 시간 안에 빠르게 익혀 기존 프로젝트를 성공적으로 마이그레이션했습니다. 이 경험을 통해 SSR과 다양한 최적화 작업을 훨씬 빠르고 효율적으로 적용할 수 있다는 것을 깨달았습니다. 만족스러운 첫 Next.js 프로젝트 이후로 약 6년 동안 소규모 프로젝트부터 대규모 프로젝트까지 대부분을 Next.js로 개발해왔습니다. 이 과정에서 Next.js가 얼마나 강력하고 실용적인 도구인지 체감하게 되었지만 동시에 입문자에게는 다소 진입장벽이 높을 수 있다는 점도 느꼈습니다. 프레임워크는 라이브러리보다 규모가 크고 구조가 복잡하기 때문에 전체적인 맥락을 이해하고 활용하는 데 시간이 걸릴 수밖에 없기 때문입니다.

그래서 저는 입문자가 Next.js를 보다 쉽게 배우고, 스스로 성장해 나갈 수 있도록 강의를 제작했고 나아가 그 강의를 기반으로 이 책을 집필하게 되었습니다. 이 책이 Next.js의 모든 내용을 완벽하게 다루지는 못하더라도 처음 Next.js를 배우는 분들이 핵심 개념을 이해하고 앞으로의 개발 방향을 잡는 데 든든한 안내서가 될 것이라고 생각합니다. 『소플의 처음 만난 Next.js』는 저의 세 번째 책입니다. 이 책을 집필하며 다시 한번 소프트웨어 교육에 대한 제 꿈을 되새기게 되었습니다. 누군가에게 지식을 최대한 쉽게 알려주고 그 지식을 배운 이들이 성장하는 모습을 보는 것은 정말 보람찬 일입니다. 이 책을 읽고 있는 여러분도 분명 각자의 꿈을 향해 나아가고 있으리라 생각합니다. 그 길이 때로는 버겁고 낯설 수 있지만 포기하지 않고 꾸준히 걸어가다 보면 언젠가 그 꿈에 다가가 있는 자신을 발견하게 될 것입니다.

이 책에 대하여

이 책은 Next.js를 처음 접하는 분들도 실습을 통해 자연스럽게 기본기를 쌓을 수 있도록 구성했습니다. 단순히 기능을 나열하는 것이 아니라 개발의 흐름을 따라가며 왜 필요한지, 어떻게 작동하는지를 이해할 수 있도록 돕습니다.

개발 환경 세팅부터 차근차근

Node.js, VS Code 설치부터 타입스크립트 기초까지, 웹 개발을 처음 시작하는 분도 무리 없이 따라올 수 있도록 준비 과정을 자세히 다룹니다.

Next.js의 핵심 개념을 체계적으로 학습

CSR, SSR, SSG 같은 렌더링 방식부터 파일 기반 라우팅, 데이터 페칭, API 작성까지 Next.js의 핵심 기능을 직접 실습하며 익힐 수 있도록 구성했습니다.

실습 위주 구성

설명에 그치지 않고 모든 내용을 실습을 통해 바로 확인할 수 있도록 구성되어 Next.js의 다양한 기능을 자연스럽게 습득할 수 있습니다.

기초부터 실전 프로젝트까지

기본기를 다진 후에는 하나의 완성된 웹 애플리케이션을 만드는 프로젝트를 통해 지금까지 배운 내용을 종합적으로 활용해볼 수 있습니다.

이 책에 대하여

대상 독자

초급 — 초중급 — 중급 — 중고급 — 고급

이 책은 Next.js를 처음 배우려는 모든 개발자를 대상으로 합니다. 리액트 기초 지식을 갖춘 독자라면 더욱 쉽게 접근할 수 있으며 다음과 같은 분들에게 특히 적합합니다.

- 리액트 기반 웹 개발을 더 체계적으로 배우고 싶은 개발자
- Next.js를 이용해 SSR, SSG를 적용한 SEO 최적화 웹사이트를 구축하고 싶은 개발자
- Next.js를 이용해 직접 웹 애플리케이션을 만들어 보고 싶은 분
- Next.js를 활용한 실무 프로젝트 경험을 쌓고 싶은 프론트엔드 개발자

이 책에서 다루는 내용

이 책은 크게 다음 네 부분으로 나눌 수 있으며, 각 장은 Next.js의 핵심 개념부터 실전 활용까지 단계적으로 학습할 수 있도록 구성되어 있습니다.

웹 개발의 첫걸음, Next.js와의 첫 만남(0~2장)

Next.js를 배우기 위한 준비 단계로 타입스크립트의 기본 개념을 간단히 익히고 Node.js와 npm 그리고 VS Code를 설치하여 개발 환경을 설정합니다. 이어 리액트와 Next.js의 관계를 이해하고 CSR, SSR, SSG와 같은 렌더링 방식의 차이를 살펴봅니다. Next.js의 탄생 배경을 통해 프레임워크의 필요성을 배우고 직접 Next.js 프로젝트를 생성하며 기본 폴더 구조를 익히는 실습을 진행합니다.

Next.js를 이해하는 가장 빠른 길, 라우팅의 세계로(3~5장)

Next.js의 핵심인 라우팅 시스템을 본격적으로 학습합니다. 먼저 폴더 구조를 기반으로 하는 전통적인 페이지스 라우터를 익히고 최신 앱 라우터의 개념과 사용법을 실습합니다. 동적 라우트, 병렬 라우트, 인터셉팅 라우트 등 다양한 라우팅 기법을 단계별로 체험하며 Next.js의 기본적인 작동 원리와 페이지 구성 방식을 익힙니다.

Next.js의 진짜 힘을 경험하다, 실전 기능 마스터(6~15장)

실제 서비스 개발에 필요한 다양한 기능을 익혀봅니다. 서버와 클라이언트 컴포넌트를 구분하고 미들웨어를 이용해 요청 흐름을 제어하는 방법을 학습합니다. 다양한 렌더링 전략(SSR, SSG, ISR)을 적용해 사이트 성능을 높이고, 메타데이터 설정을 통해 SEO를 강화하는 방법도 익힙니다. 데이터베이스 연동, 사용자 인증, 파일 최적화 등 실무에 필요한 기술을 차근차근 쌓아나갑니다.

Next.js 웹 애플리케이션 구축하기(16장)

지금까지 배운 내용을 종합해 Next.js로 실제 웹 애플리케이션(미니 커뮤니티 사이트)을 만드는 프로젝트를 진행합니다. 동적 라우트, 데이터 연동, 서버 기능 통합을 실습하며 하나의 완성된 서비스를 직접 구축해봅니다. 이 과정을 통해 Next.js를 활용한 실전 개발 역량을 자연스럽게 체득할 수 있습니다.

이 책에 대하여

이 책의 구성

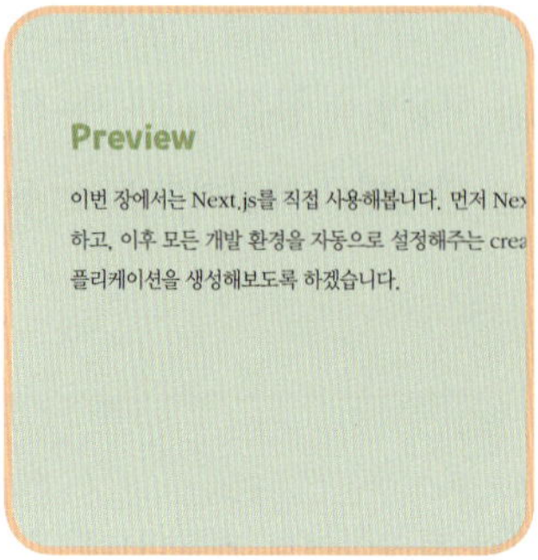
Preview

이번 장에서는 Next.js를 직접 사용해봅니다. 먼저 Ne
하고, 이후 모든 개발 환경을 자동으로 설정해주는 crea
플리케이션을 생성해보도록 하겠습니다.

1 PREVIEW

각 장에서 배우게 될 내용을 간략하게 정리합니다.

2 로드맵

각 장에서 배울 주제 및 주요 개념을 큰 맥락에서 볼 수 있도록 그림으로 제시합니다.

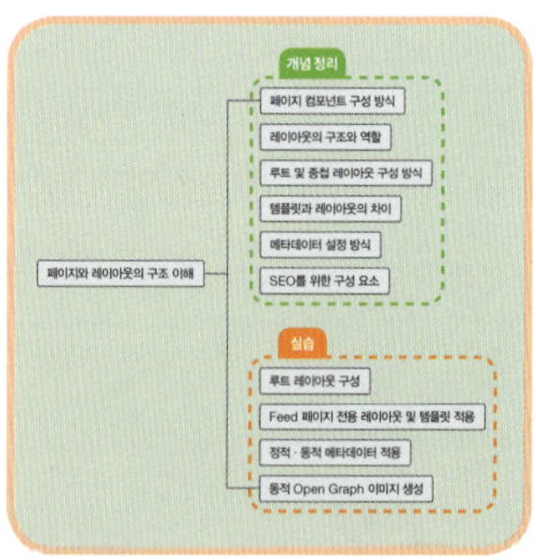

3 NOTE

본문과 관련된 도움말이나 참고로 알아두면 좋은 내용을 담았습니다.

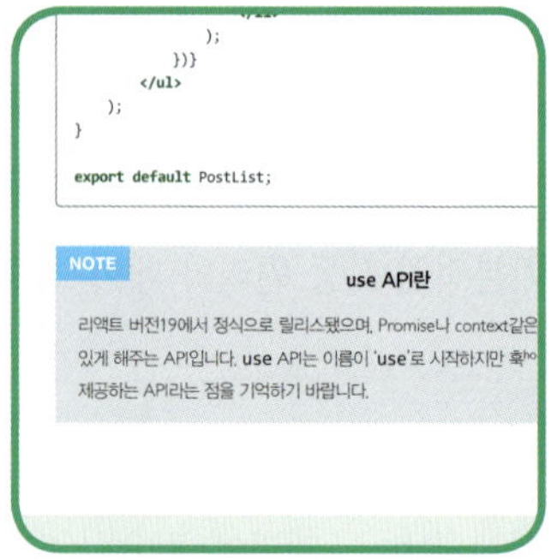
```
        );
      })}
    </ul>
  );
}

export default PostList;
```

NOTE use API란

리액트 버전19에서 정식으로 릴리스됐으며, Promise나 context같은
있게 해주는 API입니다. use API는 이름이 'use'로 시작하지만 훅
제공하는 API라는 점을 기억하기 바랍니다.

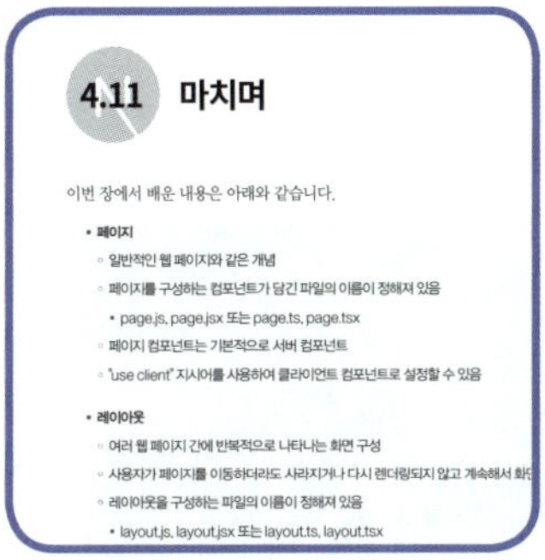

4.11 마치며

이번 장에서 배운 내용은 아래와 같습니다.

- 페이지
  - 일반적인 웹 페이지와 같은 개념
  - 페이지를 구성하는 컴포넌트가 담긴 파일의 이름이 정해져 있음
    - page.js, page.jsx 또는 page.ts, page.tsx
  - 페이지 컴포넌트는 기본적으로 서버 컴포넌트
  - 'use client' 지시어를 사용하여 클라이언트 컴포넌트로 설정할 수 있음
- 레이아웃
  - 여러 웹 페이지 간에 반복적으로 나타나는 화면 구성
  - 사용자가 페이지를 이동하더라도 사라지거나 다시 렌더링되지 않고 계속해서 화
  - 레이아웃을 구성하는 파일의 이름이 정해져 있음
    - layout.js, layout.jsx 또는 layout.ts, layout.tsx

실습

앞에서 배운 주요 개념을 바탕으로 간단한 실습을 진행해보며 Next.js의 유용한 기능을 익힙니다.

미니 프로젝트

0~15장까지 배운 내용을 토대로 미니 커뮤니티 사이트를 만드는 프로젝트를 진행합니다.

4

5

6

요약

각 장의 핵심 내용을 요약 정리하여 배운 내용을 복습합니다.

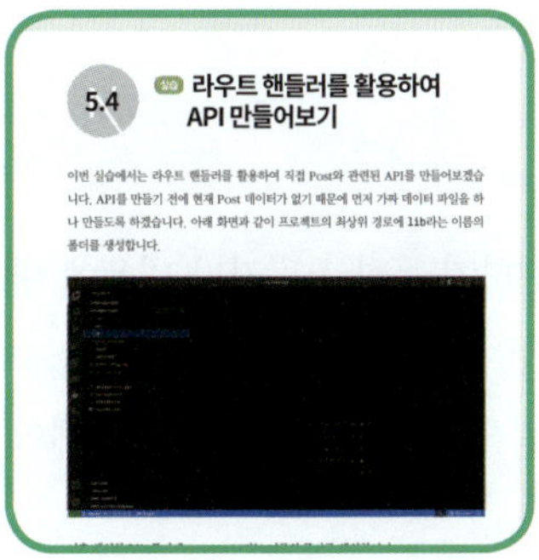

5.4 실습 라우트 핸들러를 활용하여 API 만들어보기

이번 실습에서는 라우트 핸들러를 활용하여 직접 Post와 관련된 API를 만들어보겠습니다. API를 만들기 전에 현재 Post 데이터가 없기 때문에 먼저 가짜 데이터 파일을 하나 만들도록 하겠습니다. 아래 화면과 같이 프로젝트의 최상위 경로에 lib라는 이름의 폴더를 생성합니다.

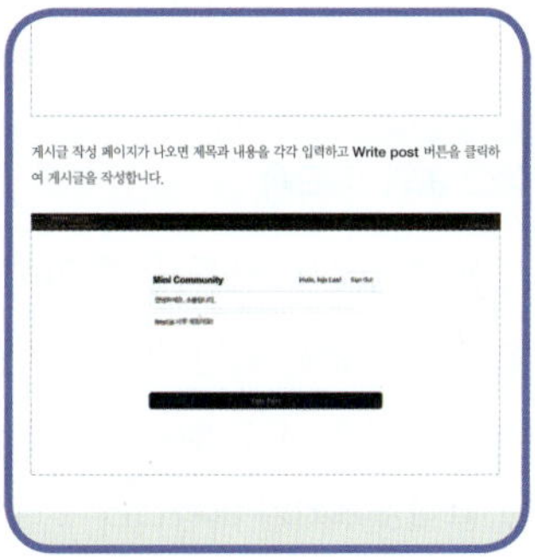

게시글 작성 페이지가 나오면 제목과 내용을 각각 입력하고 Write post 버튼을 클릭하여 게시글을 작성합니다.

이 책에 대하여

이 책의 연계 강의

이 책은 저자의 동영상 강의인 〈처음 만난 Next.js〉와 연계하여 학습할 수 있도록 구성되어 있습니다.

https://www.frontoverflow.com/courses/nextjs

소스코드 다운로드

소스코드는 다음 깃허브 주소에서 다운로드받을 수 있습니다.

실습 소스코드

https://github.com/soaple/first-met-nextjs-practice

미니 프로젝트 소스코드

https://github.com/soaple/mini-community/

정오표와 피드백

편집 과정에서 오탈자를 확인하는 절차를 거쳤음에도 미처 발견하지 못한 오탈자나 내용에 대한 오류 문의는 출판사 도서 정보 페이지에 등록하거나 저자 메일로 보내주세요. 독자의 소중한 피드백은 다음 쇄에 반영하겠습니다. 책과 관련한 궁금한 점은 저자의 홈페이지나 이메일로 문의해주시길 바랍니다.

목차

목차

CHAPTER 04 페이지와 레이아웃

CHAPTER 05 라우트 핸들러

목차

CHAPTER 09 렌더링

CHAPTER 10 캐싱

목차

CHAPTER 11 스타일링

CHAPTER 12 최적화

목차

Chapter 0

준비하기

Preview

이번 장에서는 Next.js를 배우기 위해 알아야 할 기초 지식을 배웁니다. 책에서 실습에 사용할 타입스크립트 문법에 대해 간단하게 살펴보겠습니다. 그리고 이번 책에서 실습을 진행하는 데 필요한 환경을 구축하는 것으로 실습에 필요한 준비를 하겠습니다. 이미 아는 내용이라면 건너뛰어도 무방하지만, 한 번 더 기억을 상기시키는 차원에서 이번 장을 읽고 넘어가는 것도 좋습니다. 그럼 시작해볼까요?

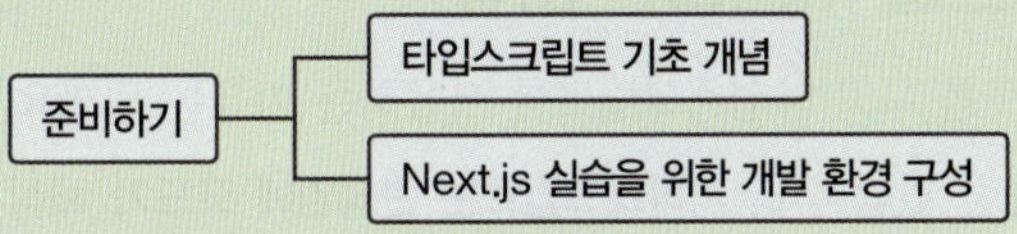

0.1 타입스크립트

먼저 타입스크립트TypeScript에 대해 알아보겠습니다.

1 타입스크립트란

타입스크립트는 마이크로소프트에서 개발한 오픈소스 프로그래밍 언어입니다. 이름에서 유추할 수 있듯이 타입스크립트는 **자바스크립트를 확장하여 정적 타입을 지원하도록 만든 언어**입니다. 자바스크립트를 확장했기 때문에 모든 자바스크립트 문법을 지원하며, 그래서 타입스크립트를 자바스크립트의 슈퍼셋superset이라고도 부릅니다. 타입스크립트는 강력한 타입 시스템을 통해 코드의 가독성을 향상시키고 개발자의 실수를 줄여주는 등 여러 가지 장점을 제공합니다.

2 타입스크립트를 사용하는 이유

그렇다면 자바스크립트를 두고 타입스크립트를 사용하는 이유는 뭘까요? 그 이유는 바로 자바스크립트의 특징과 관련 있습니다. **자바스크립트는 런타임에 코드가 해석**된다는 특징이 있습니다. 그래서 변수 타입이 동적으로 정해지게 되는데, 이것을 **동적 타이핑**dynamic typing이라고 부릅니다. 그리고 자바스크립트가 동적 타이핑 언어이기 때문에 여기서 여러 가지 문제가 발생하게 됩니다.

아래 자바스크립트 예시 코드를 보겠습니다.

```
var a = 10;
console.log(typeof a);  // 출력 결과: number

a = "";
console.log(typeof a);  // 출력 결과: string

a = false;
console.log(typeof a);  // 출력 결과: boolean
```

이 코드에는 변수 a가 등장합니다. 그리고 이 변수는 코드가 실행되는 순간에 타입이 number가 되었다가 string이 되고, 마지막으로 boolean 타입이 됩니다. 이처럼 코드가 실행되는 순간에 변수의 타입이 동적으로 정해지기 때문에 어디서 버그가 발생할지 완벽하게 예측하기 어렵습니다.

그리고 자바스크립트에는 동등 연산자(==)와 일치 연산자(===)라는 비슷하지만 다른 역할을 하는 비교 연산자가 있는데, 이런 연산자를 개발자가 변수 타입을 잘못 예측하고 코드를 작성함으로써 잘못된 결과가 나오는 경우가 종종 발생하기도 합니다. 하지만 타입스크립트를 사용하면 코드가 실행되기 전에 변수 타입을 지정하기 때문에 이러한 버그를 미리 방지할 수 있습니다.

NOTE

자바스크립트의 동등 연산자(==)와 일치 연산자(===)

자바스크립트에서 동등 연산자(==)는 변수의 값이 일치하는지만을 비교합니다. 하지만 일치 연산자(===)는 변수의 타입과 값이 모두 일치하는지를 비교하게 됩니다. 그래서 문자열 "1"과 숫자 1을 비교할 경우, 타입은 다르지만 값이 같기 때문에 동등 연산자(==)는 true를 리턴하고, 값은 같지만 타입이 다르기 때문에 일치 연산자(===)는 false를 리턴하게 됩니다.

이처럼 **변수의 타입이 런타임이 아닌 컴파일 타임에 정해지는 것**을 **정적 타이핑**static typing이라고 부르며, 타입스크립트는 자바스크립트에 바로 이 정적 타이핑을 제공하도록 만든 언어라고 이해하면 됩니다. 타입스크립트의 정적 타입 시스템은 개발자가 코드를 작성하는 과정에서 실시간으로 타입 오류를 발견하고 경고를 통해 코드를 수정하도록 유도합니다. 그리고 VS Code 등의 통합 개발 환경IDE 도구를 통해 어떻게 코드를 수정하면 될지 알려주어 개발 생산성도 향상시킬 수 있습니다.

또한 타입스크립트는 자바스크립트의 모든 문법을 지원하므로 기존 자바스크립트로 개발된 프로젝트의 코드를 한 번에 타입스크립트로 이전할 필요 없이, 일부 코드만을 점진적으로 타입스크립트로 이전하는 형태로도 사용 가능합니다. 이러한 이유로 자바스크립트로 개발되어 있던 웹사이트도 타입스크립트를 편리하게 도입할 수 있었고, 현재 웹 개발에 있어서는 선택이 아닌 필수 언어로 자리 잡게 되었습니다.

3 타입스크립트 기초 문법

타입스크립트의 기초 문법에 대해 간단하게 살펴보겠습니다. 자바스크립트 개발에 익숙한 분은 타입스크립트 문법을 굉장히 쉽게 따라올 수 있을 것입니다. 기본적으로 타입스크립트는 변수의 타입을 명시하거나 함수의 매개변수와 반환값의 타입을 지정하는 형태로 사용하게 됩니다.

먼저 변수를 선언하는 방법은 다음과 같습니다. 변수를 선언할 때 **변수명 뒤에 콜론(:)과 함께 타입을 지정**해주면 됩니다.

```
let message: string = "Hello, TypeScript!";
let count: number = 100;
let isFinished: boolean = false;
```

다음으로 함수를 정의하는 방법은 다음과 같습니다. **함수의 매개변수(파라미터)에 각각 타입을 지정**할 수 있으며, **함수의 반환값에 대한 타입도 지정**할 수 있습니다.

```
function greeting(name: string): string {
    return `Hello, ${name}!`;
}

function sum(num1: number, num2: number): number {
    return num1 + num2;
}

function getStrLength(str: string): number {
    return str.length;
}
```

그리고 배열과 객체의 타입을 지정하는 방법은 다음과 같습니다. 배열의 경우 타입 뒤에 **배열을 나타내는 대괄호([])**를 붙여 작성하면 됩니다. 그리고 객체의 경우에는 **객체의 모양을 직접 작성**해서 넣으면 됩니다.

```
let numbers: number[] = [1, 2, 3, 4, 5];
let profile: { name: string, gender: string } = { name: "Inje Lee", gender: "male" };
```

타입스크립트에서는 개발자가 직접 타입을 정의해서 사용할 수 있습니다. **타입을 정의하는 방법으로는 type과 interface를 사용**하는 방법이 있습니다. type은 주로 다양한 타입을 조합하거나 유니온(unions), 교차 타입(intersections) 등의 복잡한 타입을 정의할 때 사용하고, interface는 주로 객체의 구조를 정의하거나 상속(extends)을 통해 타입을 확장할 때 사용합니다. 다음 코드는 각각 type과 interface를 사용하여 타입을 정의하는 예시입니다.

```
type Gender = "male" | "female";

interface Profile {
    name: string;
    gender: Gender;
};

let profile: Profile = { name: "Inje Lee", gender: "male" };
```

마지막으로 타입스크립트에서는 **제네릭 타입**generic type을 사용할 수 있습니다. 제네릭 타입이란 **함수나 클래스를 정의할 때 타입을 파라미터화하여 해당 함수나 클래스가 여러 종류의 타입을 처리할 수 있도록 하는 것**을 의미합니다. 그래서 제네릭 타입을 사용하면 중복되는 코드를 줄이고 다양한 경우에 있어 유연하게 타입을 처리할 수 있습니다.

제네릭 타입은 타입 매개변수를 사용하여 정의하며 일반적으로 T를 사용하거나 다른 대문자 알파벳을 사용해서 표기합니다. 이 타입 매개변수는 함수나 클래스 내에서 타입을 나타내는 데 사용됩니다. 다음은 제네릭 타입을 사용한 예시 코드입니다.

```
function reverse<T>(array: T[]): T[] {
    return array.reverse();
}
```

앞의 코드는 배열을 역순으로 만들어서 반환하는 함수입니다. 이 함수의 입력으로는 문자열 배열이 올 수도 있고, 숫자 배열이 올 수도 있으며, 객체 배열이 올 수도 있습니다. 그리고 함수의 반환값은 해당 타입의 배열이 되어야 합니다. 그래서 이러한 모든 경우를 유연하게 처리하기 위해서는 제네릭 타입을 사용해야 합니다.

위 코드에서 `reverse` 함수는 T라는 제네릭 타입 매개변수를 가지고 있습니다. 이 매개변수는 함수를 호출할 때 실제 타입으로 대체됩니다. 따라서 `reverse` 함수는 다양한 타입의 배열을 입력으로 받을 수 있고, 해당 배열과 동일한 타입의 배열을 반환합니다.

지금까지 기본적인 타입스크립트 사용법을 살펴봤습니다. 지금까지 살펴본 타입스크립트의 문법은 굉장히 일부이지만 이 책에서 실습을 진행하기에는 충분합니다. 타입스크립트 문법만 자세히 다룬다면 책 한 권 이상의 분량이 나오기 때문에 이 책에서는 꼭 필요한 문법만을 다루었습니다. 타입스크립트에 대한 더 자세한 내용이 궁금한 분은 관련된 책이나 아래 공식 웹사이트 링크를 참고하기 바랍니다.

https://www.typescriptlang.org/

0.2 실습 Node.js와 npm 설치하기

이 책 실습을 위해 Node.js와 npm을 설치하겠습니다. Node.js는 쉽게 말해서 자바스크립트로 네트워크 애플리케이션을 개발할 수 있게 해주는 환경이라고 생각하면 됩니다. 그리고 npm은 node package manager의 약자로 Node.js를 위한 패키지 매니저입니다. 패키지 매니저가 하는 역할은 프로젝트에서 필요로 하는 다양한 외부 패키지들의 버전과 의존성을 관리하고 설치 및 삭제를 편하게 하도록 돕는 역할을 합니다. 참고로 npm은 Node.js를 설치하면 자동으로 함께 설치됩니다. Node.js를 설치하기 위해 아래 주소로 접속합니다.

https://nodejs.org/en/

그러면 다음과 같은 화면이 나타날 것입니다. 이 화면의 왼쪽에는 다운로드 버튼이 있습니다. 이 버튼을 눌러 Node.js 22번대 LTS 버전을 다운로드하세요. 꼭 22번대 버전을 사용해야 하는 것은 아니지만 원활한 실습을 위해 Node.js는 최소 18.0.0 이상, npm은 8.6.0 이상이어야 합니다. 만약 자신의 운영체제에 맞는 설치 파일이 보이지 않는다면 상단 메뉴에서 **Download**를 클릭한 뒤 나타나는 페이지에서 운영체제에 맞는 설치 파일을 직접 선택해 다운로드하면 됩니다.

▶ Node.js 웹사이트

Node.js를 설치했으면 macOS의 터미널이나 윈도우의 파워셸PowerShell을 열어서 다음 명령어를 입력하고 엔터키를 누릅니다. 그러면 설치된 Node.js 버전이 출력되는 것을 확인할 수 있습니다.

```
$ node --version
v22.14.0
```

그리고 아까 Node.js를 설치하면 npm이 함께 설치된다고 설명했습니다. 위와 동일하게 설치된 npm의 버전을 확인하기 위해 아래 명령어를 입력하고 엔터키를 누르면 설치된 npm 버전이 출력되는 것을 볼 수 있습니다.

```
$ npm --version
v10.8.3
```

이렇게 Node.js와 npm이 모두 설치된 것을 확인했다면 다음으로 넘어갑니다.

0.3 실습 VS Code 설치하기

코딩할 때 단순히 메모장 같은 텍스트 편집 프로그램을 사용할 수도 있지만 코드 자동 정렬, 함수 참조 찾기 등 부가적인 기능을 제공하는 프로그램을 사용하면 더 수월하게 코딩할 수 있습니다. 이러한 기능을 제공하는 프로그램을 통합 개발 환경IDE, Integrated Development Environment이라고 부릅니다.

이 책에서는 IDE로 VS Code를 사용합니다. VS Code는 마이크로소프트에서 개발했고 무료로 사용 가능한 IDE입니다. VS Code에는 쉽게 설치해서 사용할 수 있는 수많은 플러그인이 있어 단순히 자바스크립트나 리액트 개발뿐만 아니라 다양한 프로그래밍 언어로 코딩을 할 때도 유용합니다. 이제 VS Code를 설치하고 리액트 개발을 위한 환경 설정 방법을 알아보겠습니다. VS Code를 다운로드하기 위해 아래 주소로 접속합니다.

https://code.visualstudio.com/

다음과 같은 화면이 나오면 파란색 다운로드 버튼을 눌러 설치 파일을 다운로드합니다. 윈도우 환경에서는 윈도우에 맞는 설치 파일이 보이며 마찬가지로 다운로드 버튼을 눌러 설치 파일을 다운로드합니다. 다운로드가 완료되면 설치 파일을 실행하여 VS Code를 설치합니다.

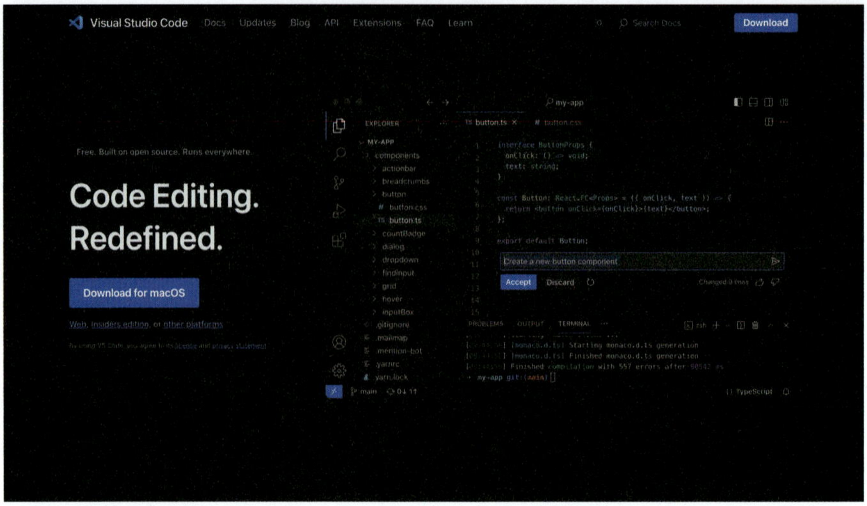

▶ VS Code 웹사이트

VS Code를 설치했으면 실행해보겠습니다. VS Code를 실행하면 다음과 같은 화면이 나옵니다. 지금은 아무것도 없는 빈 화면만 보입니다.

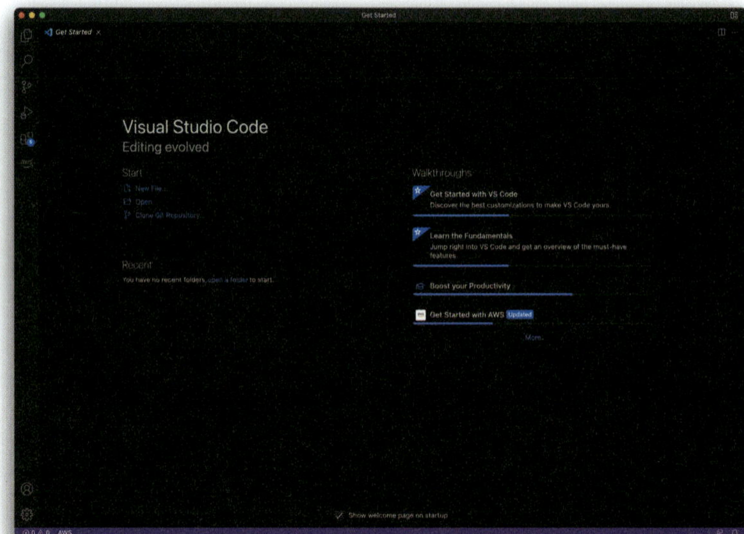

▶ VS Code 실행 화면

상단 메뉴에서 `Terminal` > `New Terminal`을 선택하면 하단에 VS Code에 내장되어 있는 터미널이 나오게 됩니다. 이제 앞으로는 이 터미널을 이용해서 커맨드 라인 명령어를 실행합니다.

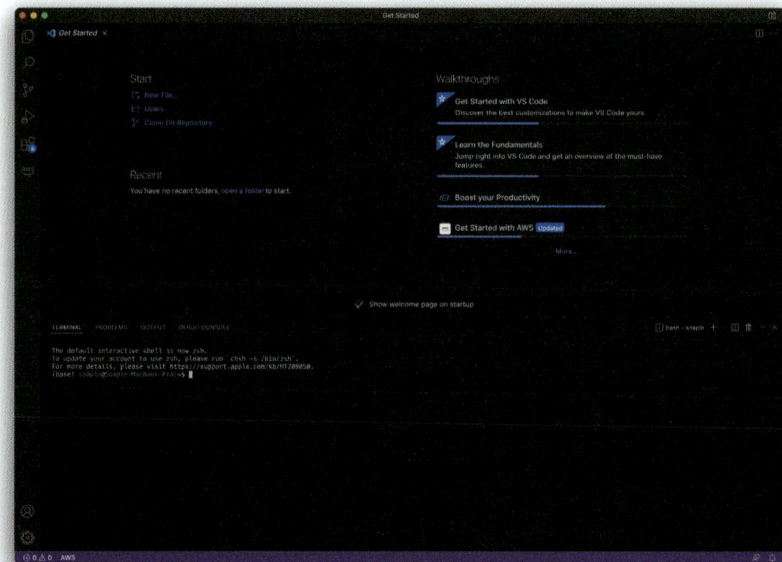

▶ VS Code 터미널

0.4 마치며

이번 장에서 배운 내용입니다.

- 타입스크립트
  - 타입스크립트란
    - 마이크로소프트에서 개발한 오픈소스 프로그래밍 언어
    - 자바스크립트를 확장하여 정적 타입을 지원하도록 만든 언어
    - 모든 자바스크립트 문법을 지원(자바스크립트의 슈퍼셋)
    - 강력한 타입 시스템을 통해 코드의 가독성을 향상시키고 개발자의 실수를 줄여줌
  - 타입스크립트를 사용하는 이유
    - 자바스크립트는 동적 타이핑 언어이기 때문에 여러 가지 문제 발생
    - 타입스크립트는 자바스크립트에 정적 타이핑을 제공하도록 만든 언어
    - 타입스크립트는 코드가 실행되기 이전에 변수의 타입을 지정해주므로 버그를 미리 방지할 수 있음
  - 타입스크립트 기초 문법
    - 변수 선언: 변수명 뒤에 콜론(`:`)과 함께 타입 지정
    - 함수 선언: 함수의 매개변수(파라미터)와 반환값에 각각 타입을 지정
    - 배열 선언: 배열을 나타내는 대괄호([])를 붙여 작성
    - 객체 선언: 객체의 모양을 직접 작성
    - 타입 정의
      - type: 다양한 타입을 조합하거나 유니온(`unions`), 교차 타입(`intersections`) 등의 복잡한 타입을 정의할 때 사용
      - interface: 객체의 구조를 정의하거나 상속(`extends`)을 통해 타입을 확장할 때 사용
    - 제네릭 타입
      - 함수나 클래스를 정의할 때 타입을 파라미터화하여 해당 함수나 클래스가 여러 종류의 타입을 처리할 수 있도록 하는 것

Chapter

1

Next.js 소개

Preview

이번 장에서는 앞으로 배울 Next.js를 소개합니다. 먼저 리액트와 Next.js 관계를 알아보면서 라이브러리와 프레임워크의 차이점에 대해 살펴봅니다. 그리고 CSR과 SSR이라는 두 가지 렌더링 방식을 알아봅니다. 또한 SSG라는 정적 웹사이트의 개념과 특징을 살펴보고, 마지막으로 Next.js의 탄생 배경을 살펴보도록 하겠습니다.

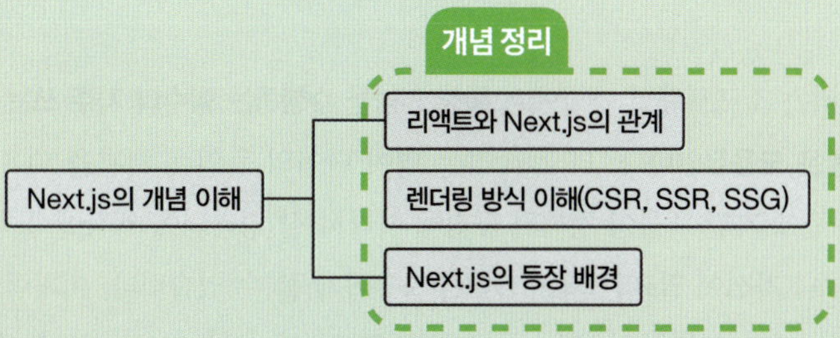

1.1 리액트와 Next.js

이번 절에서는 리액트React와 Next.js의 관계를 알아보고 각각의 차이점을 비교합니다.

1 라이브러리와 프레임워크

리액트와 Next.js를 비교하기 전에 먼저 **라이브러리**library와 **프레임워크**framework 개념을 짚고 넘어가겠습니다. 라이브러리와 프레임워크는 그 역할이 비슷하기 때문에 평소 개념을 엄격하게 구분해서 사용하지는 않습니다. 다만, 둘 사이의 차이점에 대해서 알고 있어야 앞으로 배울 Next.js에 대해 잘 이해할 수 있습니다.

라이브러리

먼저 라이브러리는 소프트웨어 개발에서 **특정 기능을 수행하는 함수나 자주 쓰는 데이터 등을 잘 정리해서 모아놓은 모음집**입니다. Library라는 영어 단어의 뜻인 도서관을 떠올리면 이해하기 쉽습니다. 도서관에 가면 책들이 정해진 규칙에 따라서 잘 정리되어 책장에 꽂혀 있는 것을 볼 수 있으며, 누구나 자신이 필요한 책을 꺼내서 자유롭게 볼 수 있습니다. 이처럼 소프트웨어 개발에 있어 라이브러리 또한 특정 기능이나 역할별로 잘 정리해두고 언제든지 자유롭게 꺼내서 사용할 수 있도록 해둔 것입니다. 여기서 '**자유롭게**'라는 부분을 기억해두기 바랍니다.

이러한 라이브러리를 사용하게 되면 반복적으로 사용하는 기능을 매번 다시 구현할 필요 없이, 라이브러리에서 제공하는 기능을 곧바로 사용하면 되어 개발 생산성이 올라갑니다. 그리고 우리가 알고 있는 리액트는 사용자 인터페이스user interface를 위한 자바스크립트 라이브러리입니다.

프레임워크

그렇다면 프레임워크는 뭘까요? 프레임워크는 **소프트웨어 개발을 위해 재사용 가능한 일련의 라이브러리나 클래스를 제공하는 구조화된 플랫폼**입니다. 여기서 '**구조화**'되어 있다는 부분을 기억하기 바랍니다. Framework라는 영어 단어는 '틀'을 의미하는 frame과 '일하다'라는 뜻을 가진 동사 work가 합쳐져서 **'틀에 맞춰서 일한다'**는 의미를 가지고 있습니다.

이름이 가진 의미처럼 프레임워크는 **정해진 규칙과 명세를 따라서 개발하도록 요구**합니다. 앞에서 자유롭게 사용할 수 있었던 라이브러리와는 차이가 있는 부분이죠. 그래서 프레임워크는 **제어의 역전**Inversion of Control이라는 특징을 갖고 있는데, 이것은 개발자가 아닌 프레임워크가 애플리케이션의 흐름을 제어하는 것을 의미합니다. 그래서 개발자는 프레임워크가 정의한 구조와 규칙에 따라서 코드를 작성해야 합니다. 그리고 우리가 앞으로 배우게 될 Next.js는 프레임워크에 속합니다.

라이브러리와 프레임워크의 차이점

여기까지 읽으면서 이미 라이브러리와 프레임워크의 차이점에 대해 감을 잡은 독자분도 있을 겁니다. 가장 큰 차이점은 **개발자가 애플리케이션의 전체 흐름을 제어하고 필요한 기능을 자유롭게 가져다 쓸 수 있는 라이브러리와는 달리, 프레임워크는 애플리케이션의 흐름을 직접 제어한다는 점**입니다. 또한 라이브러리는 조금 더 구체화된 특정 기능 단위로 제공되는 것이 일반적이지만, 프레임워크는 많은 기능이 하나로 통합된 형태로 제공됩니다. 그래서 보통 프레임워크가 라이브러리보다 규모가 더 큰 경우가 많습니다.

라이브러리를 사용하면 개발에 있어서 자유도는 높지만 여러 애플리케이션의 구조가 통일되지 않고 제각각이 될 수 있습니다. 반면 프레임워크를 사용하면 자유도는 낮지만 여러 애플리케이션이 일관된 구조와 흐름을 갖는다는 장점이 있습니다. 이러한 차이점을 이해하고 라이브러리와 프레임워크를 사용하는 것이 필요합니다.

2 리액트와 Next.js의 관계

그렇다면 리액트와 Next.js는 어떤 관계일까요? 이미 많은 분들이 알고 있겠지만 리액트는 자바스크립트 UI 라이브러리입니다. 효율적으로 화면을 만들기 위한 도구라고 볼 수 있죠. 그리고 Next.js는 바로 리액트 기반의 프레임워크입니다. 즉, **리액트를 사용해서 웹 애플리케이션을 개발하는 과정에 일관된 구조와 흐름을 넣은 것이 바로 Next.js라는 프레임워크**라고 이해하면 됩니다.

최근에는 리액트를 기반으로 웹 애플리케이션을 개발할 때 단순히 리액트만을 사용해서 개발하지 않고 대부분 Next.js를 사용하는 추세입니다. 그 이유는 앞서 설명한 프레임워크의 장점과도 연관이 있는데, 자유도는 낮지만 그만큼 일관된 구조와 흐름을 유지하므로 개발 측면에서 장점이 많기 때문입니다. 또한 Next.js에서는 직접 구현하려면 꽤 시간이 걸리는 기능을 단순히 설정만 조금 변경함으로써 적용할 수 있어 개발에 드는 시간도 단축시켜줍니다. 앞으로 리액트와 Next.js의 이러한 관계를 잘 이해하고 Next.js를 학습해보기 바랍니다.

1.2 CSR vs SSR

지금부터는 다양한 렌더링 방식에 대해서 살펴보겠습니다.

1 CSR

CSR은 **Client Side Rendering**의 약자로 렌더링이 클라이언트에서 이뤄지는 것을 의미합니다. 여기서 클라이언트는 웹 브라우저를 의미합니다. 즉, 웹 페이지의 렌더링이 사용자 웹 브라우저에서 이뤄지는 것이 CSR입니다. CSR은 가장 전통적이고 일반적인 렌더링 방식입니다. 다음 그림은 CSR의 작동 과정을 보여줍니다.

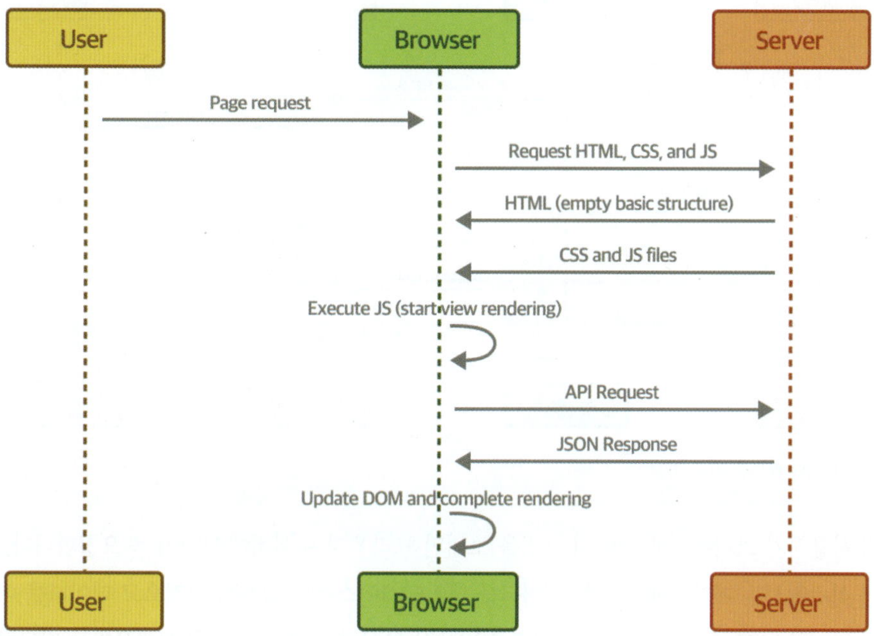

▶ 클라이언트 사이드 렌더링 작동 과정

먼저 사용자가 브라우저에 페이지 요청을 보내면 브라우저는 서버에 HTML, CSS, 자바스크립트 파일을 요청합니다. 그러면 서버에서는 요청에 대한 응답으로 기본 구조의 HTML과 CSS, 자바스크립트 파일을 전달해줍니다. 이후 브라우저에서는 받은 자바스크립트 코드를 해석하고 실행합니다. 만약 코드상에 서버로 API 요청을 보내는 코드가 있다면 브라우저는 서버로 API 요청을 전송하고 JSON 형태의 응답을 받아서 DOM을 업데이트하고 렌더링을 완료하게 됩니다. 이러한 일련의 과정이 일반적인 Client Side Rendering이라고 이해하면 됩니다.

2 SSR

SSR은 **Server Side Rendering**의 약자로 렌더링이 서버에서 이뤄지는 것을 의미합니다. 즉, 서버에서 렌더링을 한 결과물을 클라이언트에 보내주는 것이죠. 다음 그림은 SSR의 작동 과정을 나타낸 것입니다.

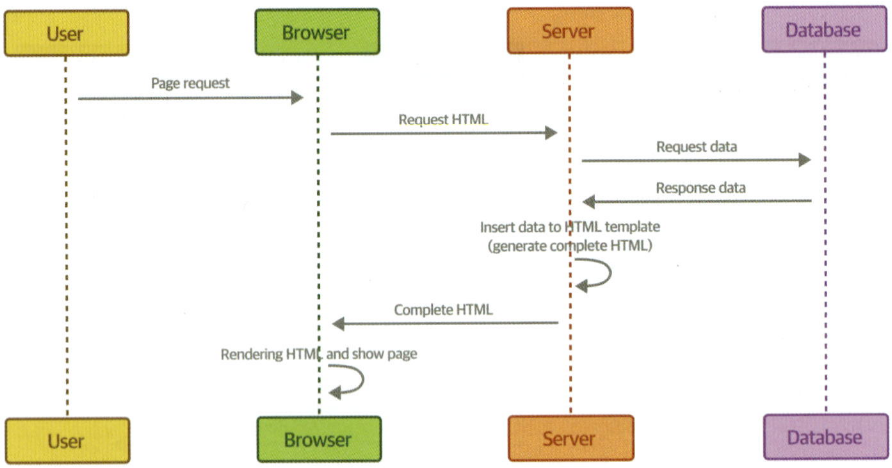

▶ 서버 사이드 렌더링 작동 과정

먼저 사용자가 브라우저에 페이지 요청을 보내면 브라우저는 서버에 HTML을 요청합니다. 그러면 서버에서는 페이지에 필요한 데이터를 데이터베이스에 요청해서 가져오고 데이터를 이용해서 완전한 HTML을 생성합니다. 이후 서버에서 완성된 HTML을 다시 브라우저로 전달하고 브라우저는 HTML을 렌더링하여 페이지를 표시하게 됩니다. 이처럼 서버에서 렌더링하여 완전한 HTML을 보내주는 일련의 과정이 일반적인 Server Side Rendering 과정입니다.

1.3 SSG

SSG는 **Static Site Generation**의 약자로 정적 웹사이트 생성을 의미합니다. 정적 웹사이트는 말 그대로 서버에서 동적으로 생성되는 내용 없이 미리 생성된 정적인 파일들로 구성되어 있습니다. 우리가 평소에 볼 수 있는 가장 흔한 정적 웹사이트로는 GitHub Pages에 배포해서 운영하는 개발 블로그가 있습니다. 그리고 이러한 정적 웹사이트를 생성해주는 도구나 프레임워크를 **Static Site Generator**라고 부릅니다.

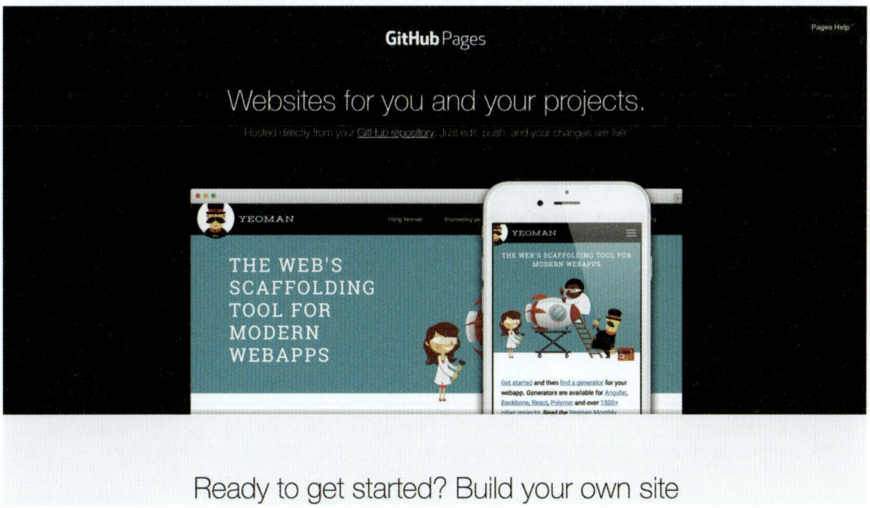

▶ GitHub Pages

정적인 웹사이트는 다음과 같은 특징을 갖고 있습니다.

빠른 로딩 속도

정적 웹사이트는 서버에서 동적으로 생성되는 것이 아니기 때문에 로딩 속도가 굉장히 빠릅니다. 사용자가 웹페이지를 요청할 때 서버에서 페이지를 생성하는 과정이 없기 때문에 페이지가 굉장히 빠르게 화면에 뜨게 됩니다.

낮은 보안 위험

동적 웹사이트와는 달리 정적 웹사이트는 데이터베이스와 같은 백엔드 시스템을 사용하지 않기 때문에 보안 위험이 적습니다. 이는 해킹이나 데이터 유출과 같은 보안 문제를 줄여줍니다.

저렴한 호스팅 비용

정적 웹사이트는 AWS S3 등 클라우드 스토리지를 사용하여 간단하게 파일을 업로드하여 호스팅할 수 있습니다. 별도로 서버가 돌아가는 형태가 아니기 때문에 호스팅 비용이 굉장히 저렴합니다.

검색엔진최적화

정적 웹사이트는 검색엔진에서 잘 검색될 수 있도록 코드가 최적화되어 있습니다. 별도의 서버 통신이나 렌더링 과정 없이도 이미 페이지의 콘텐츠가 다 생성되어 있기 때문입니다. 따라서 검색엔진에서 높은 순위를 얻는 데 도움이 됩니다.

이처럼 정적 웹사이트에는 다양한 장점이 있습니다. 새로운 페이지나 콘텐츠가 추가될 때마다 매번 다시 빌드해서 배포해야 한다는 단점이 있지만 한 번만 배포해두면 다양한 장점을 누릴 수 있습니다. 그리고 Next.js에서는 특정 페이지만을 정적 웹사이트 형태로 배포할 수 있는 기능을 제공합니다. 이 부분에 관한 내용은 뒤에서 Next.js를 사용하면서 알아보도록 하겠습니다.

1.4 Next.js 탄생 배경

Next.js는 2016년 10월에 ZEIT라는 회사에서 개발하기 시작한 오픈소스 리액트 프레임워크입니다. ZEIT의 목표는 **1인 개발자가 손쉽게 앱을 개발하고 배포할 수 있도록 지원하는 것**이었습니다. 웹 개발자가 하나의 웹 서비스를 개발하기 위해서는 단순히 웹사이트의 화면을 개발하는 것 이외에 API 개발 및 연동, 웹사이트 배포, DNS 설정 등의 작업이 필요합니다. 이러한 작업을 1인 개발자가 모두 처리하기는 아무래도 쉽지 않습니다.

그래서 ZEIT에서 첫 번째로 출시한 제품이 바로 **now**라는 웹사이트 배포 서비스였습니다. now는 당시 now.sh라는 주소로 서비스를 제공했는데, 웹사이트를 무료로 쉽게 배포할 수 있게 함으로써 많은 개발자의 사랑을 받았습니다. 그리고 그 과정에서 리액트로 웹 애플리케이션을 개발하는 과정을 조금 더 쉽게 만들기 위해서 Next.js가 탄생하게 되었습니다. Next.js의 GitHub 저장소 첫 commit에서는 Next.js를 아래와 같이 정의하고 있습니다.

> "A minimalistic framework for server-rendered React applications"

서버에서 렌더링되는 리액트 애플리케이션을 위한 필수 기능만 갖춘 가볍고 효율적인 프레임워크라는 뜻입니다. 이러한 정의를 바탕으로 Next.js는 처음부터 다음과 같은 특징을 가질 수 있도록 설계 및 개발되었습니다.

SSR

리액트에서는 기본적으로 CSR[Client Side Rendering]을 사용합니다. 그래서 초기 로딩 속도가 느리고 검색엔진최적화[SEO] 측면에서도 좋지 않습니다. 하지만 이러한 문제를 해결하기 위해서 개발자가 직접 SSR[Server Side Rendering]을 개발하려면 난도도 높을뿐더러 굉장히 복잡한 과정을 거치게 됩니다. 그래서 Next.js는 처음부터 SSR을 손쉽게 개발할 수 있도록 하여 빠른 페이지 로딩 및 검색엔진최적화에 유리하도록 만들었습니다. 이러한 특징 때문에 Next.js는 초창기에 SSR을 위한 리액트 프레임워크로 개발자들에게 많이 알려지게 되었습니다.

SSG

우리가 개발하는 웹사이트에는 여러 개의 페이지가 존재할 수 있지만 항상 모든 페이지가 동적으로 데이터가 로딩되어야 하는 것은 아닙니다. 예를 들면, 사전에 모두 작성된 블로그 글 같은 고정된 콘텐츠가 표시되는 페이지들은 정적 페이지로 제공해도 됩니다. 정적 페이지는 이미 페이지가 생성되어 있기 때문에 굉장히 빠르게 페이지를 사용자에게 보여줄 수 있으며 보안 측면에서도 유리합니다. Next.js에서는 빌드 시점에 정적 페이지들을 분류하여 자동으로 정적 페이지를 생성해주는 기능을 포함하고 있습니다.

손쉬운 라우팅

기존 리액트 기반의 웹 애플리케이션에서 페이지 간 라우팅Routing을 구현하기 위해서는 리액트 라우터React Router와 같은 별도의 라이브러리를 사용해야 했습니다. 이러한 점은 리액트에 처음 입문하는 개발자에게는 하나의 진입장벽이 되기도 했고, 복잡한 라우팅을 구현하려면 설정이 복잡해지는 문제가 있었습니다. 그래서 Next.js에서는 파일 기반 라우팅 방식을 도입하여 파일 및 폴더 구조에 따라 자동으로 라우팅되도록 단순화시켰습니다. 참고로 이때 개발된 라우터가 페이지스 라우터Pages Router입니다. 라우터에 대해서는 뒤에서 더 자세히 다룹니다.

백엔드 기능 통합

만약 1인 개발자나 프론트엔드 개발자가 백엔드 서버와 API까지 모두 다 개발해야 한다면 굉장히 시간도 오래 걸리고 어려울 것입니다. 또한 서버를 배포하고 운영, 관리하는 데에도 리소스가 많이 필요합니다. 그래서 Next.js에서는 API 라우트API Routes라는 것을 통해 간단한 백엔드 기능을 프레임워크 내에서 구현할 수 있게 만들었습니다. API 라우트를 통해 별도의 서버 구현이나 설정 없이도 간단한 API를 개발하고 손쉽게 연동할 수 있습니다.

최적화

Next.js는 여러 가지 최적화를 자동으로 제공하거나 손쉽게 적용할 수 있도록 개발되었습니다. 자동 코드 분할Code Splitting을 통해 번들 사이즈를 최적화하며, 핫 리로딩Hot Reloading을 통해 개발 과정에서의 개발자 경험을 크게 향상시켰습니다. 또한 이미지 최적화optimization나 스타일링 같은 것도 손쉽게 적용할 수 있도록 개발되었습니다.

지금까지 살펴본 것처럼 Next.js는 처음부터 웹 애플리케이션 개발 과정에 거의 필수적으로 필요한 기능을 손쉽게 구현할 수 있도록 설계되었으며, 개발 과정을 단순화함으로써 개발자들의 편의를 크게 향상시켰습니다. 이러한 매력 때문에 다른 프레임워크에 비해 굉장히 빠르게 성장할 수 있었고, 현재 전 세계에서 가장 많이 사용하는 대표적인 리액트 프레임워크가 되었습니다.

개발자 생태계에서의 빠른 성장을 발판 삼아 2020년 ZEIT는 Vercel이라는 이름으로 사명을 변경하고, 기존에 운영하던 now.sh라는 서비스 이름 또한 회사 이름과 동일하게 Vercel로 변경했습니다. 그리고 현재 Next.js를 다음과 같이 정의하고 있습니다.

"The React Framework for the Web"

1.5 마치며

이번 장에서 배운 내용은 아래와 같습니다.

- **리액트와 Next.js**
  - 라이브러리와 프레임워크
    - 라이브러리: 특정 기능을 수행하는 함수나 자주 쓰는 데이터 등을 잘 정리해서 모아놓은 모음집
    - 프레임워크: 소프트웨어 개발을 위해 재사용 가능한 일련의 라이브러리나 클래스를 제공하는 구조화된 플랫폼
    - 차이점: 프레임워크는 애플리케이션의 흐름을 직접 제어
  - 리액트와 Next.js의 관계
    - Next.js는 리액트를 사용해서 웹 애플리케이션을 개발하는 과정에 일관된 구조와 흐름을 넣은 프레임워크
    - 자유도는 낮지만 일관된 구조와 흐름을 갖기 때문에 개발 측면에서 장점이 많음
    - 직접 구현하려면 복잡한 기능을 Next.js 설정을 약간 변경함으로써 적용 가능
- **CSR vs SSR**
  - CSR(Client Side Rendering)
    - 렌더링이 클라이언트(웹 브라우저)에서 이뤄지는 것
    - 가장 전통적이고 일반적인 렌더링 방식
  - SSR(Server Side Rendering)
    - 렌더링이 서버에서 이뤄지는 것
    - 서버에서 렌더링을 하여 완전한 HTML을 클라이언트에 보내주는 방식
- **SSG(Static Site Generation)**
  - 정적 웹사이트 생성을 의미
  - 서버에서 동적으로 생성되는 내용 없이 미리 생성된 정적인 파일들로 구성된 웹사이트

- **Next.js 탄생 배경**
  - 2016년 10월 ZEIT(현 Vercel)라는 회사에서 개발하기 시작한 오픈소스 리액트 프레임워크
  - 1인 개발자가 손쉽게 앱을 개발하고 배포할 수 있도록 지원하기 위한 목적으로 출발
  - SSR, SSG, 손쉬운 라우팅, 백엔드 기능 통합, 최적화 등의 기능을 지원

Chapter

2

Next.js 시작하기

Preview

이번 장에서는 Next.js를 직접 사용해봅니다. 먼저 Next.js를 사용하기 위한 개발 환경을 설정하고, 이후 모든 개발 환경을 자동으로 설정해주는 create-next-app을 사용해서 Next.js 애플리케이션을 생성해보도록 하겠습니다.

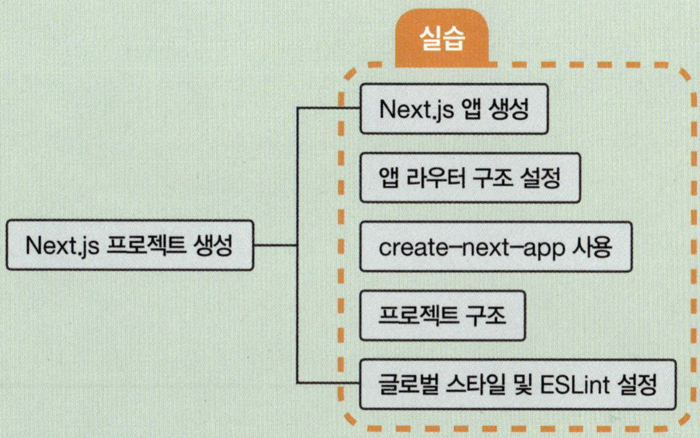

NEXT.JS

2.1 실습 직접 Next.js 앱 생성하기

이번 실습에서는 직접 Next.js 앱을 생성합니다. 먼저 프로젝트를 생성할 폴더를 하나 만들고 VS Code를 실행하고 해당 폴더를 엽니다.

이후 VS Code에서 다음 화면과 같이 터미널을 실행합니다. 터미널의 기본 경로가 생성한 폴더로 되어 있는 것을 볼 수 있습니다.

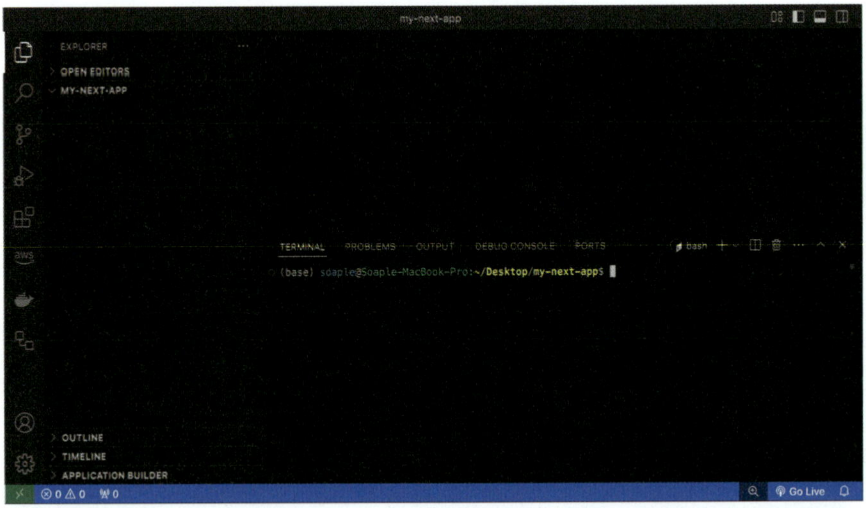

다음으로 터미널에서 다음과 같이 npm의 init 명령어를 사용해서 프로젝트를 초기화합니다.

```
npm init
```

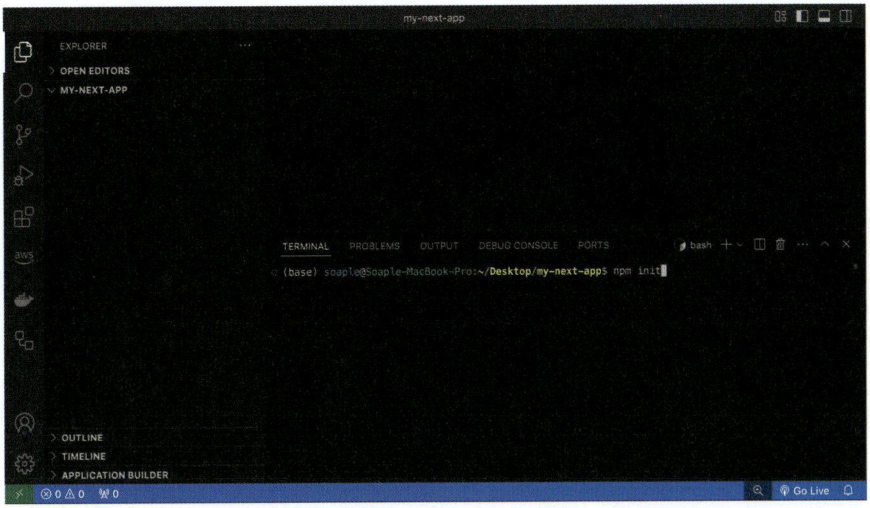

그러면 다음과 같이 초기화에 필요한 여러 가지 정보를 입력하라고 나옵니다. 여기서는 전부 기본 정보를 그대로 사용할 것이므로 엔터를 계속 눌러 넘어갑니다.

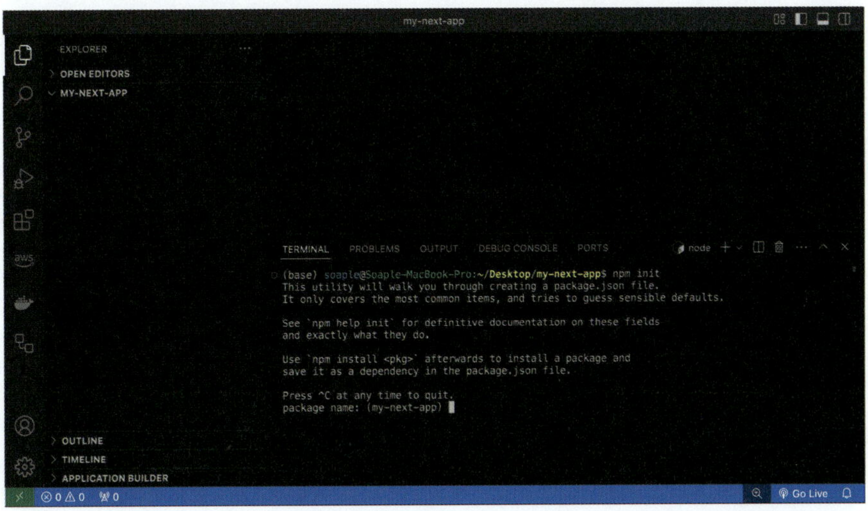

마지막까지 모든 내용을 확인하고 프로젝트 초기화가 끝나면 다음 화면과 같이 `package.json` 파일이 하나 생성되는 것을 볼 수 있습니다.

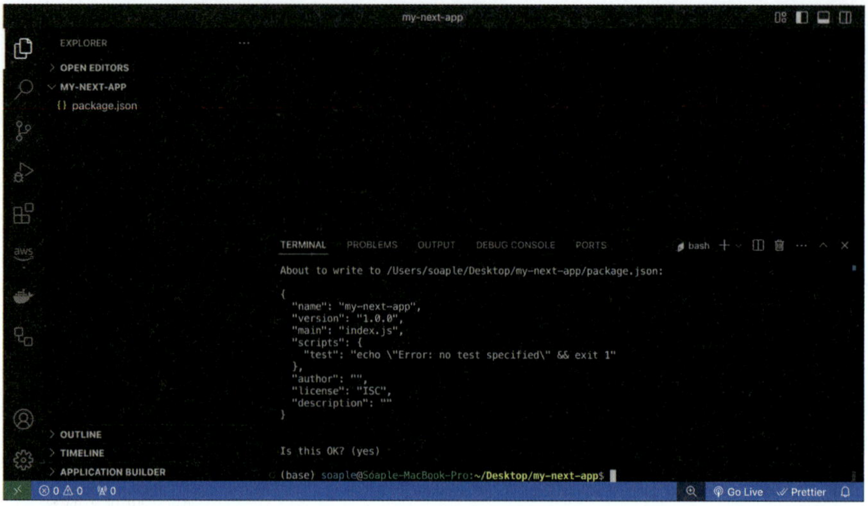

생성된 `package.json` 파일을 열어보면 아래와 같이 우리가 설정한 내용이 들어가 있는 것을 볼 수 있습니다.

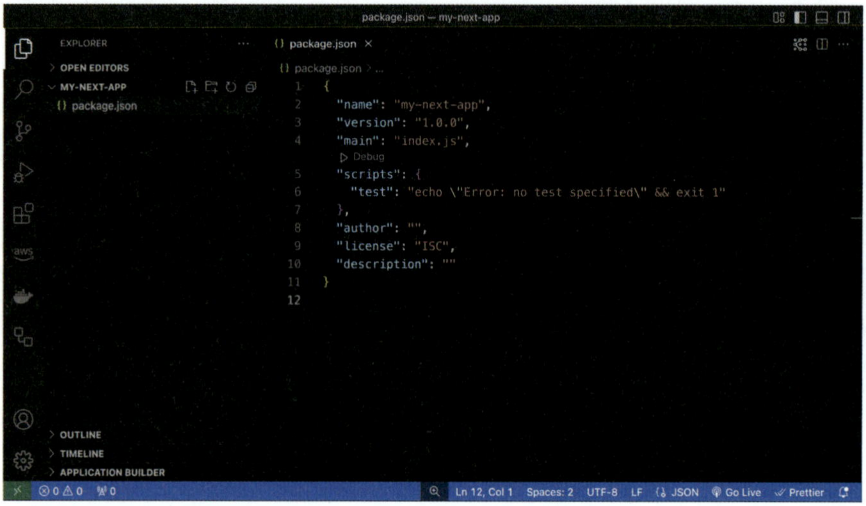

이제 다음으로 리액트와 Next.js를 설치하겠습니다. 아래 `npm install` 명령어를 사용해서 리액트와 Next.js를 설치합니다.

```
npm install next@latest react@latest react-dom@latest
```

다음과 같이 리액트와 Next.js가 설치되었습니다.

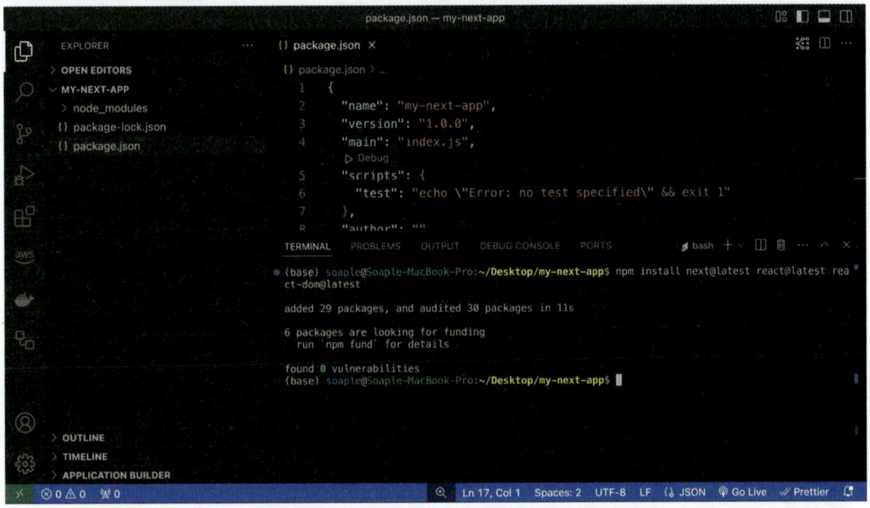

이후 다시 `package.json` 파일을 확인해보면 프로젝트의 의존성 패키지 목록을 나타내는 `dependencies` 항목에 방금 설치한 리액트와 Next.js가 들어 있는 것을 볼 수 있습니다.

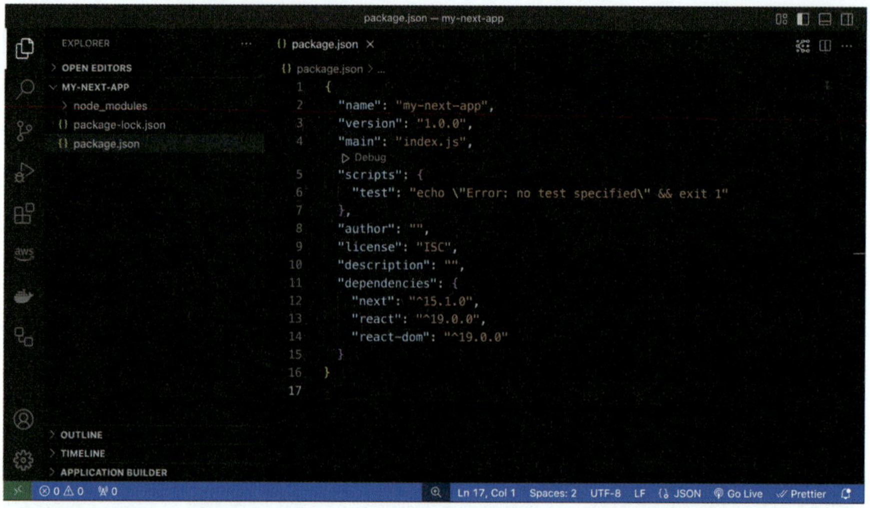

이제 Next.js를 사용해서 개발 모드로 실행하거나 빌드, 프로덕션 실행 등의 작업을 수행하기 위한 스크립트를 추가해야 합니다. `package.json`의 `scripts` 항목을 아래와 같이 수정합니다.

```
{
    ...
    "scripts": {
        "dev": "next dev",
        "build": "next build",
        "start": "next start",
        "lint": "next lint"
    }
    ...
}
```

여기서 나오는 각 명령어의 역할은 아래와 같습니다.

- `dev`: Next.js를 개발 모드로 실행
- `build`: 프로덕션을 위해 Next.js 애플리케이션을 빌드

- `start`: Next.js를 프로덕션 모드로 실행 (빌드 이후 사용)
- `lint`: Next.js의 ESLint 설정에 따라 lint를 실행 (lint는 코드상의 문제점을 찾아내는 것)

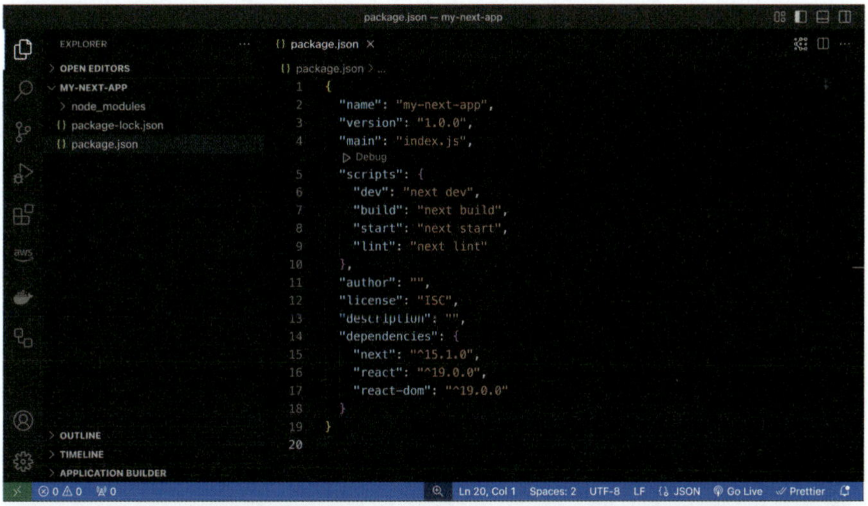

`scripts` 항목을 모두 수정했다면 다음으로는 **app** 디렉터리를 생성해야 합니다. 뒤에서 자세히 배울 텐데 Next.js의 **app** 디렉터리는 **폴더 구조 기반의 라우터**라고 생각하면 됩니다. 기존의 일반적인 리액트 앱에서 리액트 라우터 같은 라이브러리를 사용해서 라우팅을 처리하던 것을 Next.js에서는 폴더 구조를 기반으로 처리한다고 이해하면 됩니다.

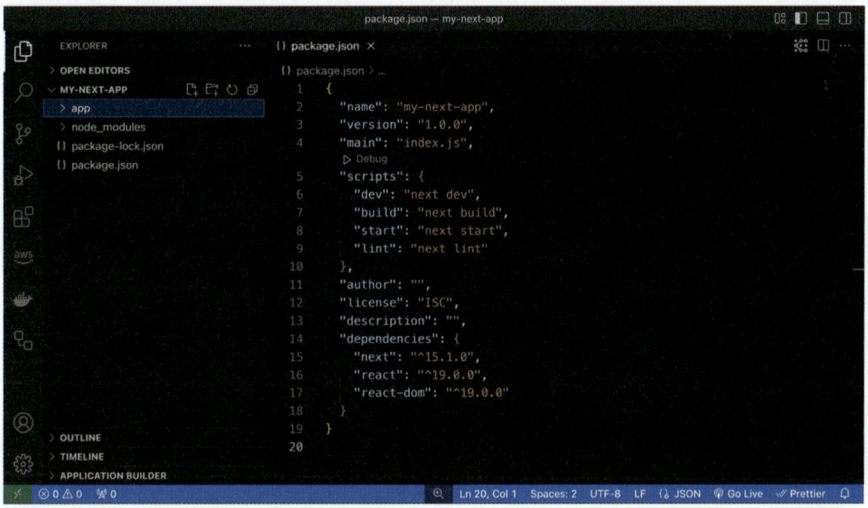

app 디렉터리를 생성한 이후에 폴더 내에 layout.tsx 파일을 생성합니다. layout.tsx 파일은 Next.js의 앱 라우터App Router에서 **레이아웃을 담당하는 컴포넌트**이며, 사전에 이름이 이미 예약되어 있다고 이해하면 됩니다. 참고로 우리는 TypeScript를 사용할 것이기 때문에, 앞으로 나오는 모든 컴포넌트 파일의 확장자를 .tsx로 생성할 예정입니다.

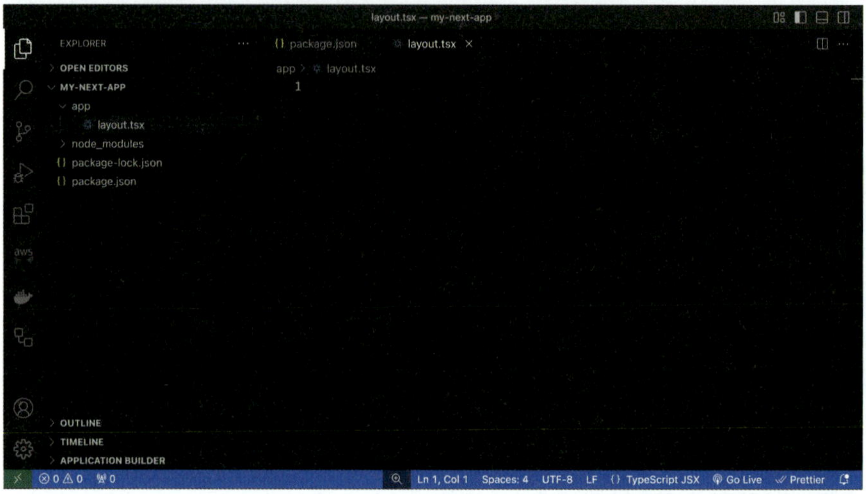

파일을 생성했다면 아래와 같이 RootLayout 컴포넌트 코드를 작성합니다.

```
import React from 'react';

export default function RootLayout({
    children,
}: {
    children: React.ReactNode;
}) {
    return (
        <html lang='en'>
            <body>{children}</body>
        </html>
    );
}
```

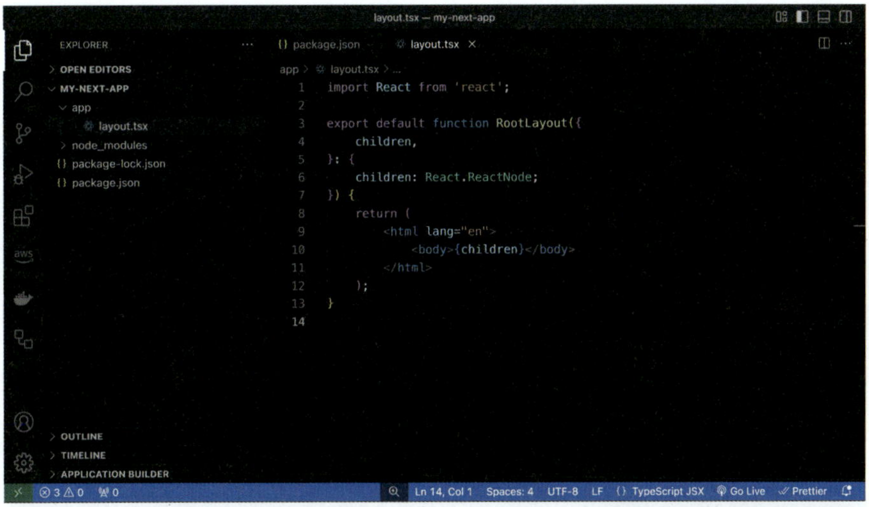

다음으로는 실제 페이지를 담당할 페이지 컴포넌트를 만들어야 합니다. app 디렉터리에 `page.tsx` 파일을 생성합니다. `page.tsx` 파일은 Next.js의 앱 라우터에서 **페이지를 담당하는 컴포넌트**이며, 이것도 사전에 이름이 이미 예약되어 있다고 이해하면 됩니다.

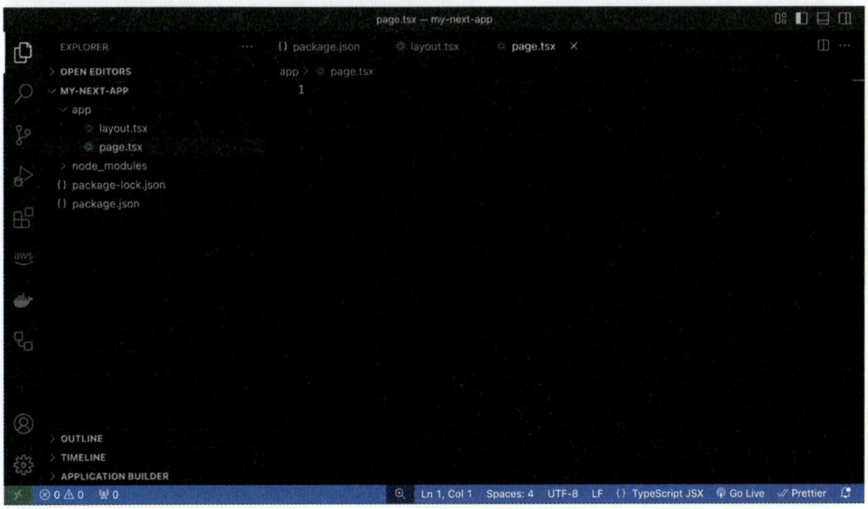

파일을 생성했다면 아래와 같이 Page 컴포넌트 코드를 작성합니다. 아주 간단한 형태의 리액트 함수 컴포넌트 코드입니다.

```
import React from 'react';

function Page() {
    return <h1>Hello, Next.js!</h1>;
}

export default Page;
```

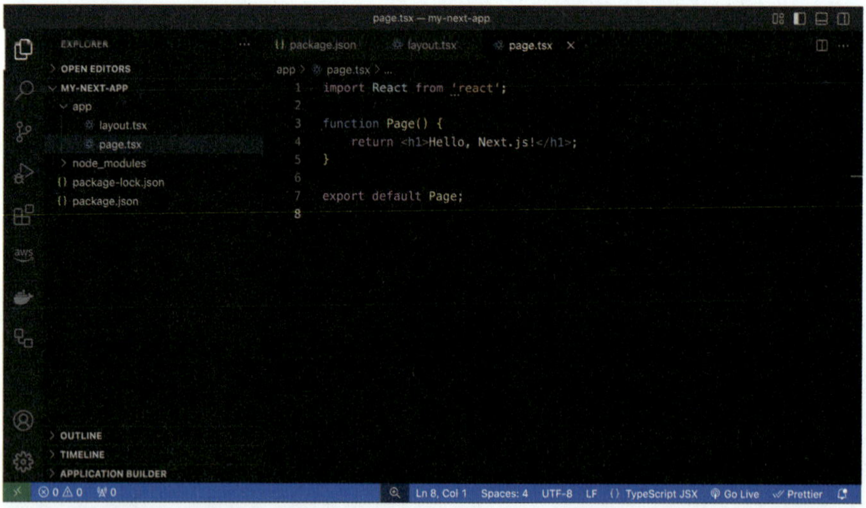

이제 모든 코드 작성이 끝났습니다. Next.js 앱을 개발 모드로 실행하기 위해 다음 화면처럼 터미널에서 npm run dev 명령어를 실행합니다.

```
npm run dev
```

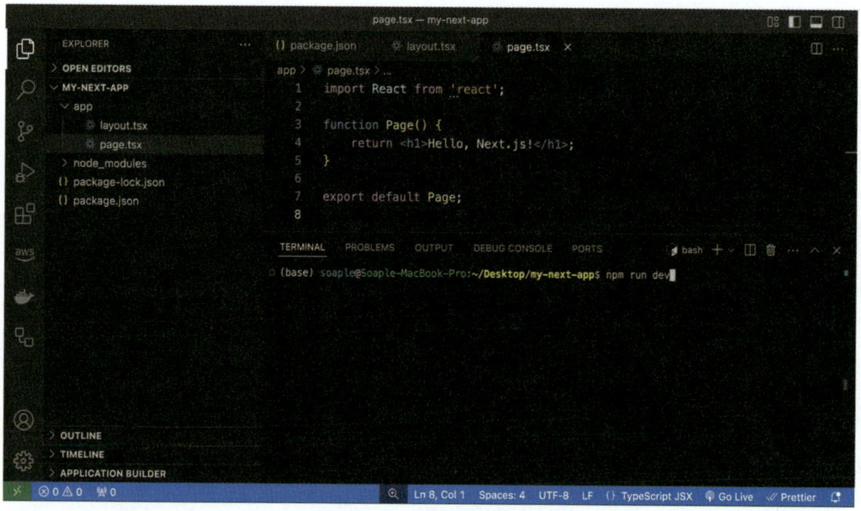

그러면 자동으로 Next.js 타입 설정을 위한 `next-env.d.ts` 파일과 타입스크립트 설정을 담고 있는 `tsconfig.json` 파일이 생성되고 Next.js 애플리케이션이 개발 모드로 실행됩니다.

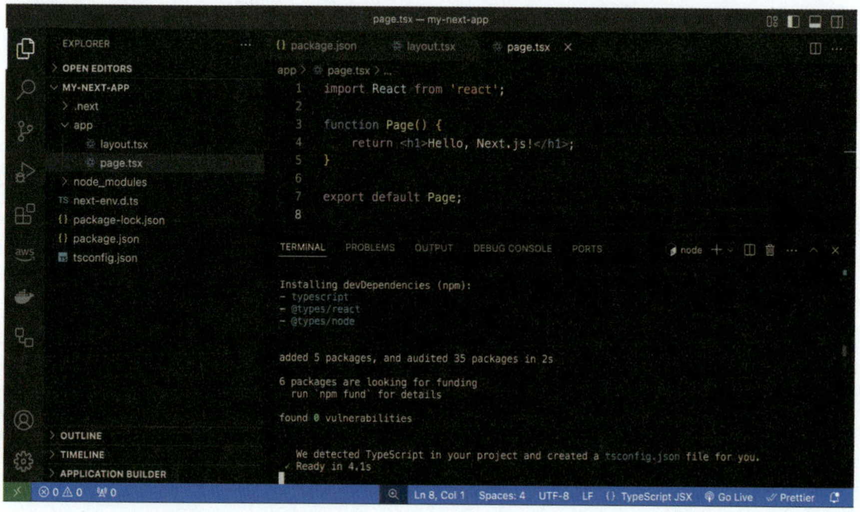

이후 브라우저에서 `localhost:3000`으로 접속하면 작성한 페이지가 화면에 나오는 것을 볼 수 있습니다.

이렇게 해서 직접 Next.js 앱을 생성하고 개발 모드로 실행까지 완료했습니다.

실습 2.2 create-next-app을 사용해서 Next.js 앱 생성

이번 실습에서는 create-next-app을 사용해서 Next.js 앱을 생성해보도록 하겠습니다. create-next-app은 리액트에서 앱을 생성할 때 사용하는 create-react-app과 비슷하게 **Next.js 앱을 생성하는 명령어**라고 이해하면 됩니다. 앞에서 실습한 것처럼 Next.js 앱을 직접 생성하고 개발 환경을 하나하나 설정할 수도 있지만, 그렇게 하면 설정할 것도 많고 번거롭기 때문에 일반적으로 Next.js 앱을 생성할 때는 create-next-app을 사용합니다.

다음과 같이 npm 패키지를 설치install하고 곧바로 실행execute해주는 npx 명령어를 사용해서 create-next-app을 실행합니다.

```
npx create-next-app@latest
```

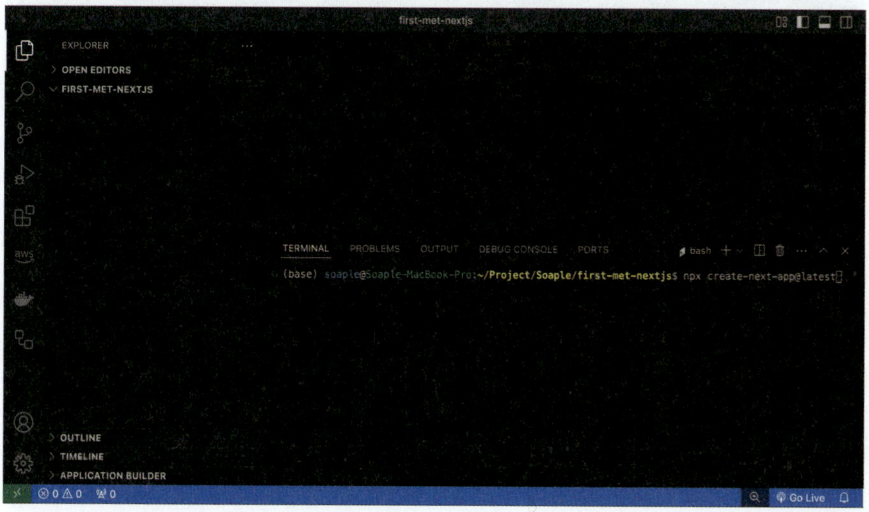

그러면 다음처럼 Next.js 앱 생성에 필요한 정보들을 입력하는 프롬프트가 나오게 됩니다. 아래 설정을 참고해서 동일하게 선택하여 진행합니다.

```
✔ What is your project named? … my-next-app
=> 프로젝트 이름 입력
✔ Would you like to use TypeScript? … No / Yes
=> TypeScript 사용 여부 (Yes 선택)
✔ Would you like to use ESLint? … No / Yes
=> ESLint 사용 여부 (Yes 선택)
✔ Would you like to use Tailwind CSS? … No / Yes
=> Tailwind CSS 사용 여부 (No 선택)
✔ Would you like your code inside a `src/` directory? … No / Yes
=> 소스코드를 `src/` 폴더에 넣을지 여부 (No 선택)
✔ Would you like to use App Router? (recommended) … No / Yes
=> App Router 사용 여부 (Yes 선택)
✔ Would you like to use Turbopack for `next dev`? … No / Yes
=> 개발모드에서 Turbopack 사용 여부 (Yes 선택)
✔ Would you like to customize the import alias (`@/*` by default)? … No / Yes
=> 절대 경로 import alias 변경 여부 (No 선택)
```

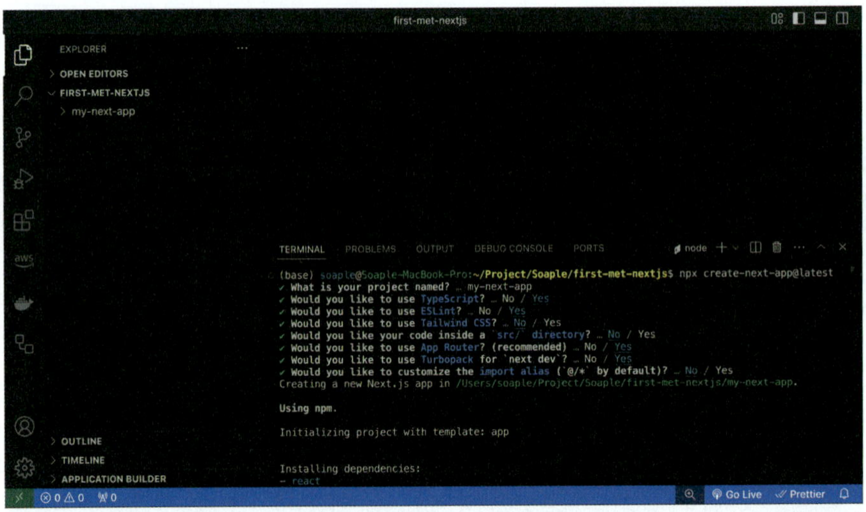

모든 설정을 마치면 다음과 같이 필요한 패키지들이 자동으로 설치되고 Next.js 앱이 생성됩니다.

그리고 잠시 후에 생성이 완료되는 것을 볼 수 있습니다.

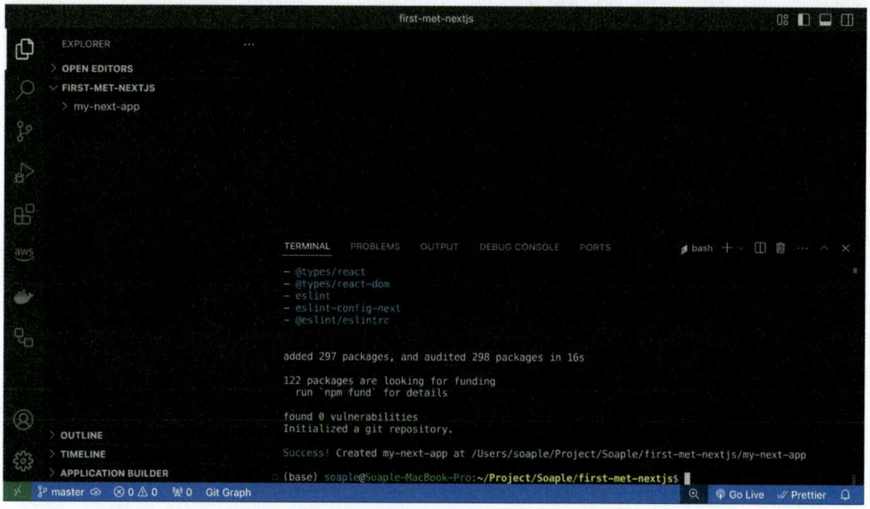

이후 터미널에서 디렉터리를 변경하는 `cd` 명령어를 사용해서 생성된 애플리케이션 디렉터리로 이동합니다.

```
cd my-next-app
```

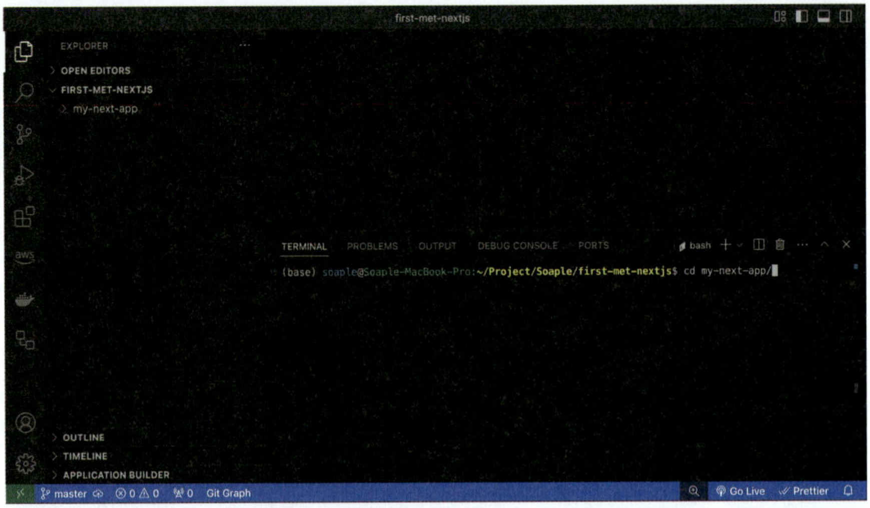

애플리케이션 디렉터리에서 `npm run dev` 명령어를 실행하여 Next.js 앱을 개발 모드로 실행합니다.

```
npm run dev
```

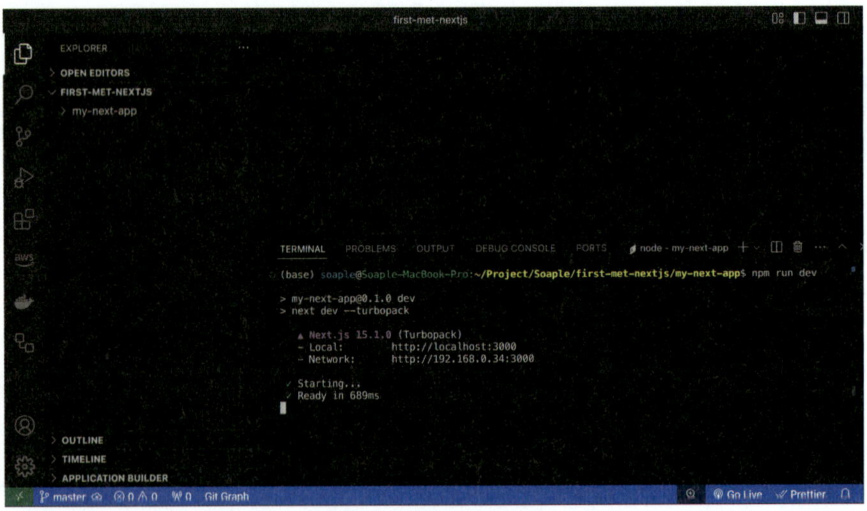

실행한 이후 브라우저에서 `localhost:3000`으로 접속해보면 다음 화면처럼 Next.js 앱이 나오는 것을 볼 수 있습니다.

이렇게 `create-next-app`을 사용해서 Next.js 앱을 생성해보았습니다.

Next.js 프로젝트 디렉터리 구조

여기서 잠시 `create-next-app`를 사용해서 생성한 Next.js 프로젝트의 디렉터리 구조를 살펴보도록 하겠습니다. 아래 화면에는 방금 생성한 Next.js 프로젝트의 폴더와 파일들이 나타나 있습니다.

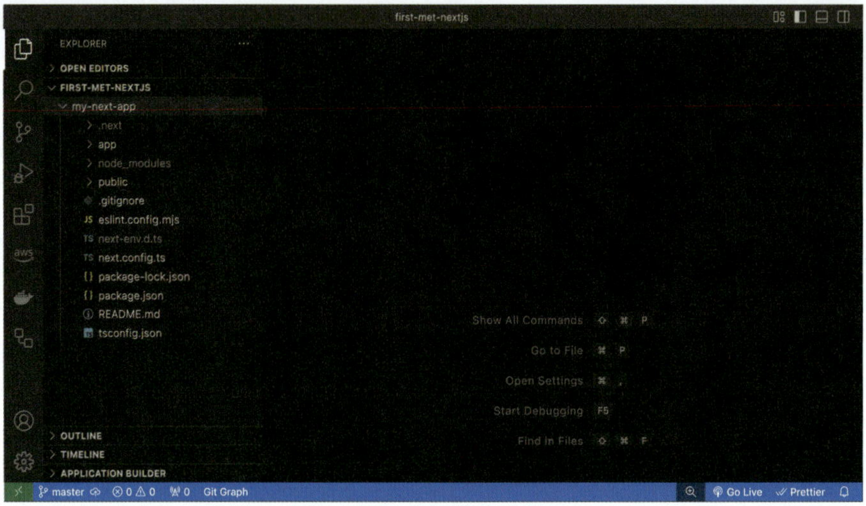

여기서 각 폴더의 역할은 아래와 같습니다.

- `.next`: Next.js에서 빌드하는 파일이 관리되는 폴더
- `app`: 폴더 구조 기반의 라우터인 App Router용 폴더
- `node_modules`: node 패키지들이 설치되는 폴더
- `public`: 이미지, 사이트맵 등의 public 리소스를 위한 폴더

그리고 각 파일의 역할은 아래와 같습니다.

- `.gitignore`: git에서 무시할 파일들의 목록을 담고 있는 파일
- `eslint.config.mjs`: ESLint 설정 파일
- `next-env.d.ts`: Next.js 타입 설정을 위한 파일
- `next.config.ts`: Next.js 앱의 설정을 담고 있는 파일
- `package.json`, `package-lock.json`: 의존성 패키지, 스크립트 등을 관리하기 위한 파일
- `README.md`: 프로젝트 관련 정보를 기록하는 Markdown 파일
- `tsconfig.json`: TypeScript 설정을 담고 있는 파일

그리고 추가로 `app` 디렉터리를 펼쳐보면 아래 화면과 같이 몇 가지 파일들이 나오는데 각 파일의 역할은 아래와 같습니다.

- `favicon.ico`: Favicon 파일
- `globals.css`: 전역적으로 적용되는 CSS 스타일을 담고 있는 파일
- `layout.tsx`: 레이아웃 컴포넌트 파일
- `page.module.css`: 페이지에서 사용하는 CSS 스타일을 담고 있는 파일
- `page.tsx`: 페이지 컴포넌트 파일

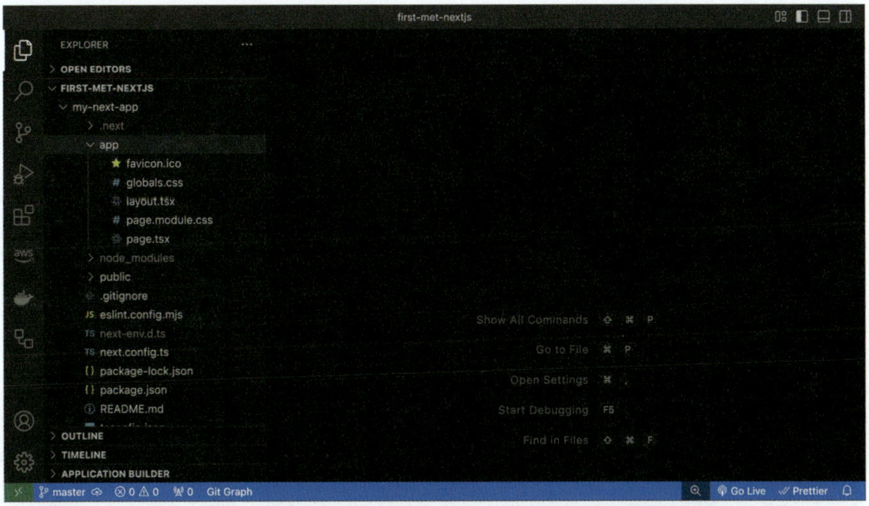

이러한 Next.js 프로젝트의 기본 구조를 잘 기억해두기 바랍니다.

2.3 실습 글로벌 스타일 설정 및 ESLint 규칙 변경

이번 실습에서는 앞으로의 실습을 위해서 글로벌 스타일Global Styles을 설정하고 ESLint 규칙을 변경해보도록 하겠습니다. 먼저 VS Code로 앞에서 생성한 Next.js 애플리케이션을 엽니다. 이후 화면과 같이 `app` 디렉터리 내에 있는 `globals.css` 파일을 엽니다.

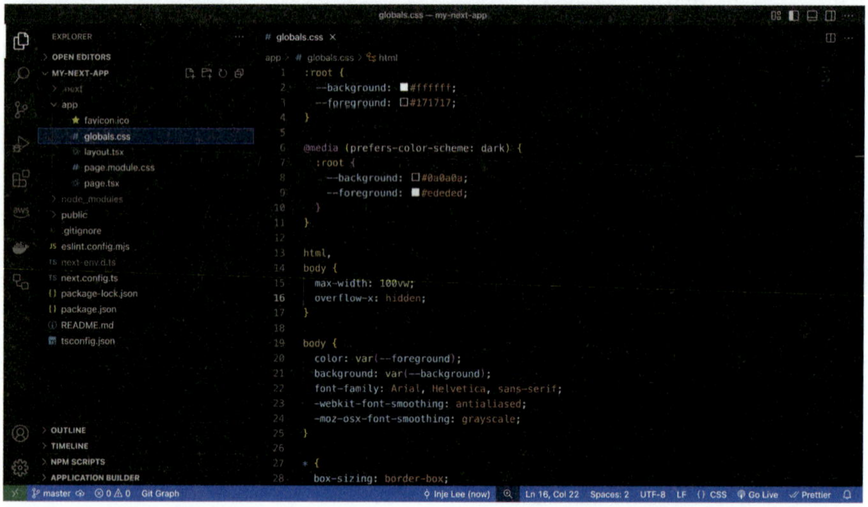

`globals.css` 파일의 제일 하단에 아래 코드와 같이 추가로 스타일을 작성합니다. 여기서는 CSS의 `class` 선택자를 사용하여 스타일을 정의했습니다.

```css
/* app/globals.css */

...

.box {
    padding: 8;
    border: 2px solid black;
    border-radius: 8;
}

.layout {
    background-color: #0090FF;
}

.template {
    background-color: #00A2C7;
}

.slot-default {
    background-color: lightgray;
}

.slot-1 {
    background-color: #FFE629;
}

.slot-2 {
    background-color: #BDEE63;
}

.page {
    background-color: #F76B15;
}
```

참고로 여기서 선언한 스타일은 이후에 이어지는 실습에서 계속해서 사용할 예정입니다.

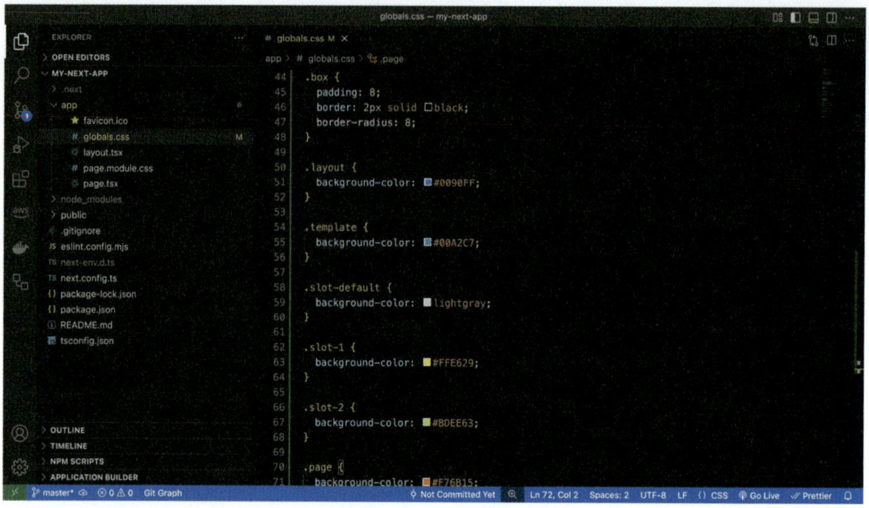

다음으로는 ESLint의 규칙을 변경하도록 하겠습니다. 프로젝트 최상위 경로에 있는 `eslint.config.mjs` 파일을 엽니다.

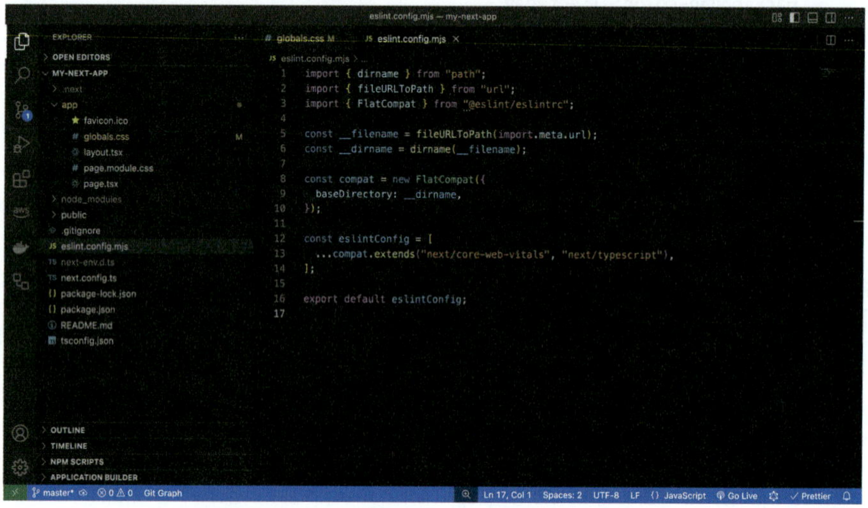

이후 다음 코드와 같이 `eslintConfig`에 `rules` 항목을 추가로 작성합니다. 이 타입스크립트 규칙은 앞으로 실습을 원활하게 진행하기 위해서 비활성화하는 것이라고 이해

하면 됩니다. 나중에 실제 프로젝트를 진행할 때는 최대한 모든 타입스크립트 규칙을 다 활용해서 진행하는 것이 좋습니다.

```
// eslint.config.mjs

import { dirname } from 'path';
import { fileURLToPath } from 'url';
import { FlatCompat } from '@eslint/eslintrc';

const __filename = fileURLToPath(import.meta.url);
const __dirname = dirname(__filename);

const compat = new FlatCompat({
    baseDirectory: __dirname,
});

const eslintConfig = [
    ...compat.extends('next/core-web-vitals', 'next/typescript'),
    {
        rules: {
            '@typescript-eslint/ban-ts-comment': 'off',
            '@typescript-eslint/no-unused-vars': 'off',
            '@typescript-eslint/no-explicit-any': 'off',
            '@typescript-eslint/no-empty-object-type': 'off',
        },
    },
];

export default eslintConfig;
```

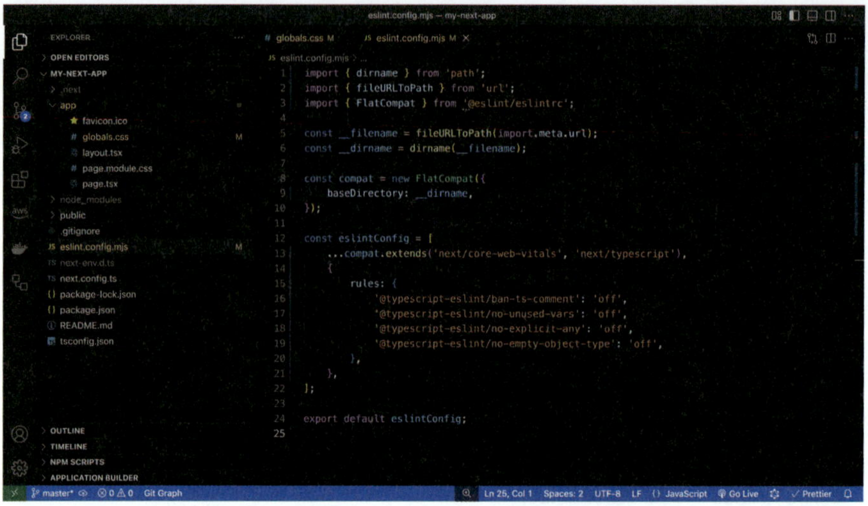

이렇게 해서 앞으로의 실습을 위한 준비를 모두 마쳤습니다.

2.4 마치며

이번 장에서 배운 내용은 아래와 같습니다.

- **직접 Next.js 앱 생성**
- **create-next-app을 사용해서 Next.js 앱 생성**
- **글로벌 스타일 설정 및 ESLint 규칙 변경**

Chapter

3

라우팅

Preview

이번 장에서는 라우팅에 대해서 살펴보도록 하겠습니다. 먼저 라우팅 기초 개념을 학습하고, 이후 Next.js에서 라우팅을 담당하는 페이지스 라우터와 앱 라우터에 대해서 각각 살펴보겠습니다. 그리고 마지막으로 라우팅과 관련된 컴포넌트와 훅, 그리고 함수에 대해서 알아봅니다. 이번 장은 Next.js의 핵심이자 굉장히 중요한 부분이기 때문에 제대로 이해할 때까지 반복적으로 학습하기 바랍니다.

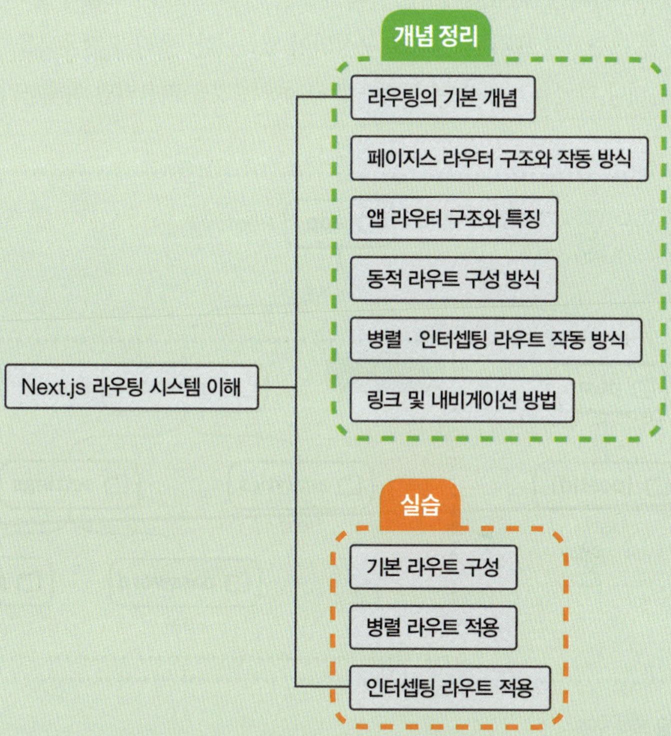

3.1 라우팅 기초

라우팅routing은 웹사이트의 **여러 페이지 사이를 이동하는 것**을 의미합니다. 우리가 웹사이트에서 링크를 누르면 다른 페이지로 이동하는 과정이 바로 라우팅이라고 이해하면 됩니다. 그리고 여기서 각각의 경로를 라우트route라고 부릅니다.

뒤에서 자세히 배우겠지만 Next.js에서는 폴더 구조를 기반으로 라우트를 구성하기 때문에, 각 라우트들이 다음 그림처럼 트리tree 형태로 구성되어 있습니다. 우리가 컴퓨터를 사용할 때 폴더 안에 다른 폴더나 파일을 넣어서 계층 형태로 구성하는 것을 떠올리면 이해하기 쉽습니다.

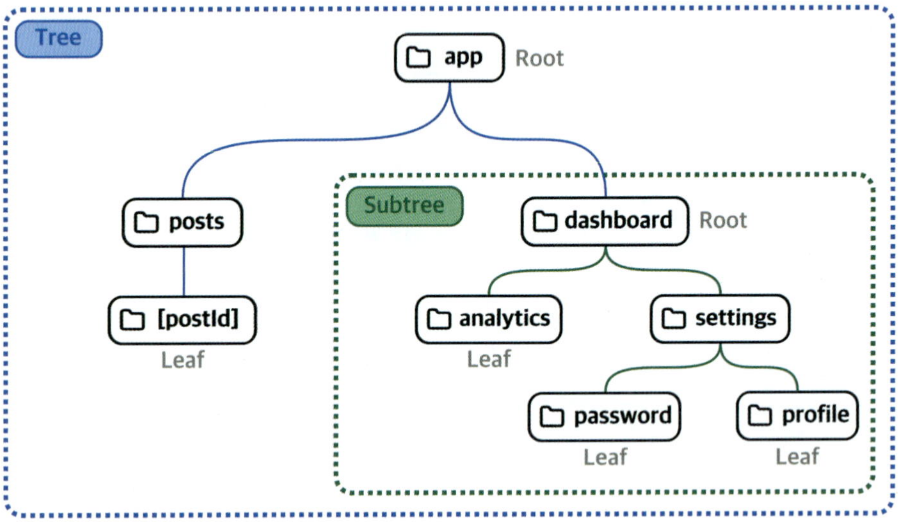

▶ Next.js 라우팅 트리 구조

그림에 나타난 각 요소의 역할은 다음과 같습니다.

- **Tree**: 계층적 구조를 시각화하는 데 사용하는 도식
- **Subtree**: 새로운 Root(첫 번째)에서 시작하여 Leaf(마지막)에서 끝나는 Tree의 일부
- **Root**: Tree 또는 Subtree의 첫 번째 노드
- **Leaf**: 자식이 없는 Subtree의 노드

그리고 이렇게 트리에 존재하는 각 노드node들은 다음 그림과 같이 URL 경로의 각 세그먼트에 매핑됩니다.

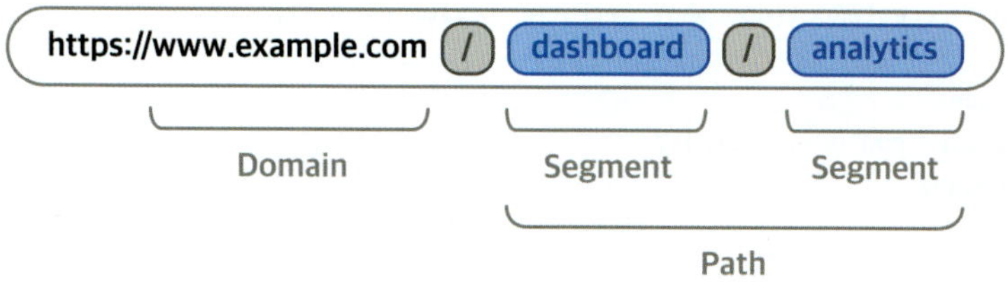

▶ URL 구성 요소

- **URL 세그먼트(URL Segment)**: URL 경로의 일부이며 슬래시(/)로 구분
- **URL 경로(URL Path)**: URL에서 도메인 다음에 나오는 부분을 의미하며 세그먼트들의 조합

Next.js를 사용해서 개발할 때는 이러한 구조를 잘 기억해두는 것이 중요합니다. 일반적으로 리액트만을 사용해서 웹사이트를 개발할 때는 다음 예시 코드와 같이 리액트 라우터를 사용하게 되는데, 각 경로를 자바스크립트 객체 형태로 구성하는 리액트 라우터의 방식과는 차이가 있기 때문입니다.

```
import React from 'react';
import ReactDOM from 'react-dom/client';
import { createBrowserRouter, RouterProvider } from 'react-router-dom';
import IndexPage from './pages/IndexPage';
import PostsPage from './pages/PostsPage';
import ContactsPage from './pages/ContactsPage';

const router = createBrowserRouter([
    {
        path: '/',
        element: <IndexPage />,
    },
    {
        path: '/posts',
        element: <PostsPage />,
    },
    {
        path: '/contacts',
```

```
        element: <ContactsPage />,
    },
]);

const root = ReactDOM.createRoot(document.getElementById('root'));
root.render(
    <React.StrictMode>
        <RouterProvider router={router} />
    </React.StrictMode>
);
```

3.2 페이지스 라우터

페이지스 라우터Pages Router는 Next.js 버전 12까지 페이지 라우팅을 담당하던 라우터입니다. 현재 최신 버전의 Next.js에서도 페이지스 라우터를 사용할 수는 있지만 바로 다음 절에 나오는 앱 라우터App Router를 사용하도록 권장하고 있습니다.

우리는 곧바로 앱 라우터를 배우지 않고 Next.js가 발전해온 과정을 이해하기 위해서 먼저 페이지스 라우터를 익히고 넘어가겠습니다. 지나간 기술을 이해하고 새로운 기술을 학습하는 것이 해당 기술을 제대로 이해하고 사용하는 좋은 방법이기 때문입니다. 그리고 아직 이전 버전 Next.js로 서비스를 운영하고 있는 회사가 있어 페이지스 라우터에 대해서도 이해하는 것이 꼭 필요합니다.

1 페이지스 라우터란

페이지스 라우터는 파일 시스템file system을 기반으로 한 라우터입니다. 이 말은 우리가 평소에 흔히 사용하는 **폴더와 파일의 구조를 이용해서 라우팅을 처리**한다고 이해하면 됩니다. 기존에 리액트만을 사용하는 애플리케이션에서는 리액트 라우터를 사용해서 개발자가 정의한 각 경로에 따라 다른 페이지를 보여주었습니다. 하지만 Next.js의 페이지스 라우터에서는 폴더와 파일의 경로를 이용하여 각각의 경로를 지정하게 됩니다.

그래서 다음 그림과 같이 pages 폴더 내에 폴더와 파일을 중첩하여 경로를 구성하게 됩니다. 이렇게 폴더 구조를 사용해서 경로를 구성하는 방식이 처음에는 적응 안 될 수도 있지만, 익숙하게 되면 오히려 명확하고 시각적으로 경로를 볼 수 있기 때문에 편리합니다.

```
pages/
├── index.js            # → /
├── about.js            # → /about
├── contact.js          # → /contact
├── blog/
│   ├── index.js       # → /blog
```

```
│   ├── [slug].js          # → /blog/:slug
│   └── categories/
│       ├── index.js       # → /blog/categories
│       └── [category].js  # → /blog/categories/:category
├── products/
│   ├── index.js           # → /products
│   ├── [id].js            # → /products/:id
│   └── [...slug].js       # → /products/* (catch-all route)
├── _app.js                # App 컴포넌트
├── _document.js           # Document
├── 404.js                 # 커스텀 404 페이지
└── api/
    ├── hello.js           # → /api/hello
    └── users/
        ├── index.js       # → /api/users
        └── [id].js        # → /api/users/:id
```

2 커스텀 앱

Next.js의 페이지스 라우터에서는 페이지를 초기화하기 위해서 App 컴포넌트를 사용합니다. App 컴포넌트는 **애플리케이션의 가장 최상위 컴포넌트**라고 이해하면 됩니다. 그리고 App 컴포넌트를 커스터마이징하면 페이지 초기화 이외에도 아래와 같은 기능을 구현할 수 있습니다.

- 각 페이지에 대한 공통 레이아웃 지정
- 페이지로 추가적인 데이터 전달
- 전역적으로 적용되는 글로벌 CSS 적용

커스텀 App 컴포넌트를 사용하기 위해서는 pages 디렉터리 내에 `_app.tsx` 파일을 아래와 같이 작성하면 됩니다.

```
// pages/_app.tsx

import type { AppProps } from 'next/app';

function MyApp(props: AppProps) {
    const { Component, pageProps } = props;
```

```
    return <Component {...pageProps} />;
}

export default MyApp;
```

만약 여기서 공통 레이아웃을 적용하고 싶을 경우에는 다음처럼 해당 레이아웃 컴포넌트로 감싸주면 됩니다.

```
// pages/_app.tsx

import type { AppProps } from 'next/app';
import RootLayout from '@/components/RootLayout';

function MyApp(props: AppProps) {
    const { Component, pageProps } = props;

    return (
        <RootLayout>
            <Component {...pageProps} />
        </RootLayout>
    );
}

export default MyApp;
```

3 커스텀 도큐먼트

일반적인 SPA[single page application]에는 단 하나의 HTML 파일이 존재하는 것과 다르게, Next.js 애플리케이션에는 `index.html` 파일이 존재하지 않습니다. 다만, `index.html` 파일이 완전히 존재하지 않는 것이 아니라 **내부적으로 자동으로 생성**된다고 보면 됩니다. 그리고 이러한 단일 페이지의 역할을 하는 것이 바로 도큐먼트[document]입니다. 그래서 도큐먼트를 커스터마이징하면 페이지를 렌더링할 때 사용되는 `<html>`과 `<body>` 태그를 수정할 수 있습니다.

기본 도큐먼트를 덮어 쓰기 위해서는 `pages` 디렉터리 내에 `_document.tsx` 파일을 아래와 같이 작성하면 됩니다.

```
// pages/_document.tsx

import { Html, Head, Main, NextScript } from 'next/document';

function Document() {
    return (
        <Html lang="en">
            <Head />
            <body>
                <Main />
                <NextScript />
            </body>
        </Html>
    );
}

export default Document;
```

커스텀 도큐먼트에서는 애플리케이션 전체에 걸쳐서 사용되는 폰트나 외부 스크립트 파일 등을 Script 컴포넌트를 사용해서 가져오도록 할 수 있습니다. 또한 일반적인 리액트 애플리케이션에서 index.html 파일에 작성해야 했던 코드를 여기에 넣을 수 있다고 이해하면 됩니다.

4 라우트

지금부터는 페이지스 라우터의 다양한 라우트에 대해 알아보겠습니다.

인덱스 라우트(Index Routes)

우리가 특정 웹사이트의 루트(root) 경로로 방문했을 때 나오는 페이지를 일반적으로 **인덱스 페이지**라고 부릅니다. 그리고 페이지스 라우터에서는 다음과 같이 pages 폴더 내에 **각 폴더에 index.js 파일을 위치시킴**으로써 사용자가 각 경로에 접속했을 때 보여줄 페이지를 지정할 수 있습니다.

```
pages/index.js → /로 접속했을 때 나옴
pages/blog/index.js → /blog로 접속했을 때 나옴
```

아래 코드는 아주 간단한 형태의 인덱스 페이지 코드입니다. 여기에 페이지의 내용을 직접 작성해도 되고 다른 컴포넌트를 임포트해서 사용해도 됩니다.

```
function IndexPage() {
    return <div>IndexPage</div>
}

export default IndexPage;
```

중첩 라우트(Nested Routes)

웹사이트를 개발하다 보면 복잡한 형태의 경로를 구성해야 할 필요가 있습니다. 페이지스 라우터에서는 아래와 같이 pages 폴더 내에 **폴더와 파일을 중첩시키는 형태**로 복잡한 라우팅 경로를 구성할 수 있습니다.

```
pages/blog/first-post.js → /blog/first-post
pages/dashboard/settings/username.js → /dashboard/settings/username
```

즉, 복잡한 경로를 구성하려면 폴더 내에 폴더를 만들고, 또 그 안에 폴더를 만드는 형태로 개발하면 됩니다. 이러한 방식은 VS Code 같은 IDE의 왼쪽 파일 탐색기에서 경로들을 트리 형태로 볼 수 있어서 관리하기 편리하다고 할 수 있습니다.

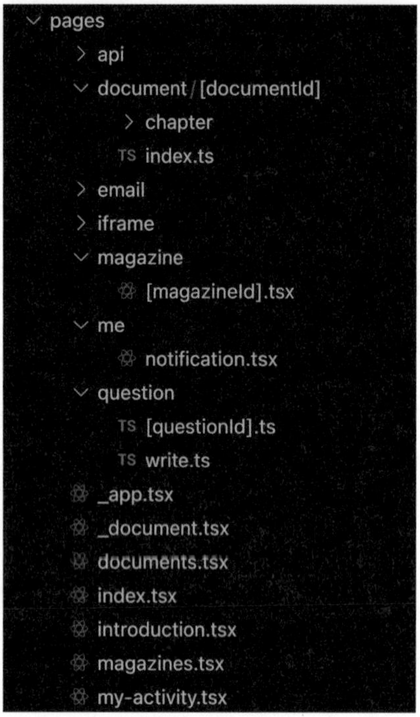

▶ 페이지스 라우터 폴더 구조

동적 라우트(Dynamic Routes)

웹사이트를 개발하다 보면 동적으로 변하는 경로에 대응해야 할 경우가 있습니다. 이러한 경우를 위해 페이지스 라우터에서는 다음과 같이 **대괄호를 사용하는 형태**로 동적으로 변하는 경로를 구성할 수 있습니다.

```
pages/posts/[postId].js → /posts/1, /posts/2, /posts/3, …
pages/users/[nickname].js → /users/inje, /users/soaple, …
```

여기서 대괄호 안에 있는 이름(postId, nickname)이 **페이지로 전달될 쿼리 파라미터의 이름**이 되며, 우리는 이 값을 사용해서 예시 코드와 같이 동적으로 해당되는 페이지를 보여줄 수 있습니다.

```
// [postId].ts 파일 예시 코드

import type { GetServerSidePropsContext } from 'next';

export async function getServerSideProps(context: GetServerSidePropsContext) {
    const { postId } = context.query;

    const post = await fetchPostById(postId);

    return {
        props: {
            post,
        },
    };
}
```

5 레이아웃 패턴

지금부터는 페이지스 라우터의 다양한 레이아웃 패턴에 대해 살펴보도록 하겠습니다.

HOC(Higher Order Component)

페이지스 라우터에서는 여러 페이지를 하나의 레이아웃으로 보여주기 위해 다음 코드처럼 Layout 컴포넌트를 만들어서 각 페이지의 상위 컴포넌트로 감싸주는 방법을 사용합니다. 리액트에서 흔히 **HOC**Higher Order Component라고 부르는 방식입니다.

```
import { type PropsWithChildren } from 'react';
import Header from './Header';
import Footer from './Footer';

function Layout(props: PropsWithChildren) {
    const { children } = props;

    return (
        <>
            <Header />
```

```
            <main>{children}</main>
            <Footer />
        </>
    )
}

export default Layout;
```

예를 들어 위 레이아웃을 커스텀 App 컴포넌트를 사용해서 모든 페이지에 적용하게 되면, 페이지를 이동하더라도 Header와 Footer 컴포넌트는 고정되어 있고 중간에 나오는 실제 콘텐츠의 내용만 바뀌게 됩니다.

페이지별 레이아웃

그렇다면 각 페이지 별로 다른 레이아웃을 적용하고 싶을 때는 어떻게 해야 할까요? 그럴 때는 **페이지별 레이아웃**Per-Page Layouts이라고 부르는 방법을 사용하면 됩니다. 페이지별 레이아웃은 **각 페이지에 getLayout 속성을 추가하여 레이아웃을 제공하는 방법**입니다.

아래 코드는 페이지별 레이아웃을 사용하는 예시를 나타낸 것입니다. 여기서는 루트 레이아웃에 해당 페이지에만 적용할 레이아웃을 중첩시키는 형태로 getLayout 함수를 작성하였습니다.

```
// pages/index.js

import Layout from '@/components/Layout';
import NestedLayout from '@/components/NestedLayout';

function Page() {
    return (
        /** 실제 페이지 콘텐츠 */
    );
}

Page.getLayout = function getLayout(page) {
    return (
        <Layout>
            <NestedLayout>{page}</NestedLayout>
```

```
        </Layout>
    );
}

export default Page;
```

그리고 커스텀 App 컴포넌트에서 아래와 같이 페이지 컴포넌트에 **getLayout** 함수가 존재하는지 판단하고, 만약 존재할 경우 해당 페이지만을 위한 레이아웃을 적용하도록 구현하면 됩니다.

```
// pages/_app.js

export default function MyApp({ Component, pageProps }) {
    // getLayout이 있는 경우 해당 페이지만을 위한 레이아웃이 적용됨
    const getLayout = Component.getLayout ?? ((page) => page);

    return getLayout(<Component {...pageProps} />);
}
```

3.3 앱 라우터

앱 라우터가 처음 등장한 것은 Next.js 버전 13에서입니다. 당시 정식 출시가 아닌 실험적인 기능으로 소개되었으며, 현재 **최신 버전의 Next.js에서는 표준 방법으로 권장되는 라우터**입니다. 즉, 앞에서 설명한 페이지스 라우터의 후속 버전이라고 보면 됩니다.

앱 라우터는 아래 그림처럼 app이라는 이름의 폴더를 기준으로 작동합니다. 그리고 pages 폴더를 기반으로 작동하는 페이지스 라우터와 함께 사용할 수도 있습니다.

▶ 앱 라우터를 위한 app 폴더

앱 라우터는 **리액트 서버 컴포넌트**React Server Components**를 기반으로 구축된 라우터**입니다. 그래서 서버 컴포넌트를 사용해서 웹 애플리케이션을 구축하기 위해서는 앱 라우터를 사용해야 하며, **app 폴더에 포함된 리액트 컴포넌트는 기본적으로 서버 컴포넌트로 간주**됩니다.

NOTE

리액트 서버 컴포넌트란

서버 컴포넌트server components는 서버에서 컴포넌트를 렌더링하고 그 결과를 클라이언트로 전송함으로써 클라이언트 측의 렌더링 부담을 줄이고 성능을 향상시키는 데 도움을 주는 리액트의 컴포넌트입니다.

1 라우트 정의하기

앱 라우터는 페이지스 라우터와 마찬가지로 **폴더 구조 기반의 라우터**입니다. 그래서 앱 라우터에서 각 페이지의 경로를 정의하기 위해서는 **app 폴더 내에 정해진 규칙에 맞게 폴더와 파일을 중첩**시키면 됩니다. 여기서 폴더는 경로를 나타내며, 파일은 실제 UI를 담당하는 컴포넌트가 됩니다.

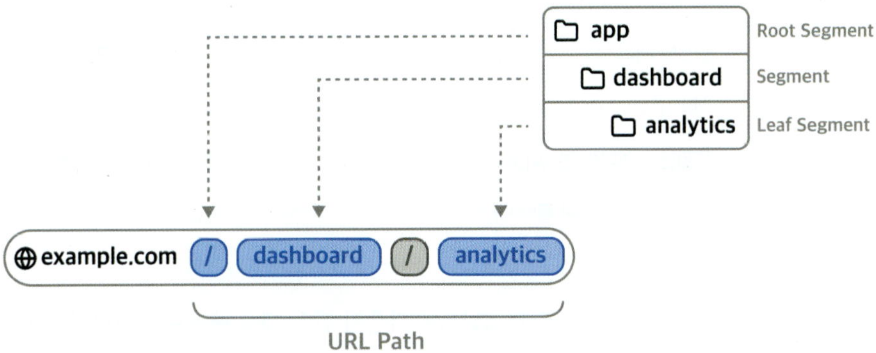

▶ 각 세그먼트의 URL 경로 매핑

위 그림과 같이 각 폴더는 라우트 세그먼트route segment를 나타내며, 각 라우트 세그먼트는 URL path의 해당 세그먼트에 매핑됩니다. 결과적으로 `/dashboard/analytics` 라우트는 아래 세 가지 세그먼트의 조합이 됩니다.

- `/`: Root segment
- `dashboard`: Segment
- `analytics`: Leaf segment

그리고 폴더 내에 들어가는 파일의 이름은 임의로 지으면 되는 것이 아니라 표와 같이 **역할에 따라 정해진 파일 이름**을 사용해야 합니다. 참고로 파일의 확장자는 `.js`, `.jsx`, 또는 타입스크립트를 사용할 경우 `.tsx`를 사용할 수 있습니다.

파일 이름	설명	역할
layout	세그먼트와 그 자식을 위한 공통 UI	레이아웃
page	공개적으로 접근 가능한 라우트에 대한 고유 UI	페이지
loading	세그먼트와 그 자식을 위한 로딩 UI	로딩 화면
not-found	세그먼트와 그 자식을 위한 Not found UI	Not found 페이지
error	세그먼트와 그 자식을 위한 에러 UI	에러 화면
global-error	글로벌 에러 UI	글로벌 에러 화면
route	서버사이드 API 엔드포인트	API 엔드포인트
template	특별한 재렌더링 레이아웃 UI	재렌더링되는 레이아웃
default	병렬 라우트를 위한 폴백 UI	대체 UI

이렇게 정의된 각 파일에 정의된 리액트 컴포넌트는 다음과 같은 계층 구조로 렌더링됩니다.

- `layout.js`
- `template.js`
- `error.js`: 리액트 에러 경계(Error Boundary) – 일반 오류 처리
- `loading.js`: 리액트 Suspense 경계(Suspense Boundary) – 로딩 상태 처리
- `not-found.js`: 리액트 에러 경계(Error Boundary) – 404 Not Found 처리
- `page.js` 또는 중첩된 `layout.js`

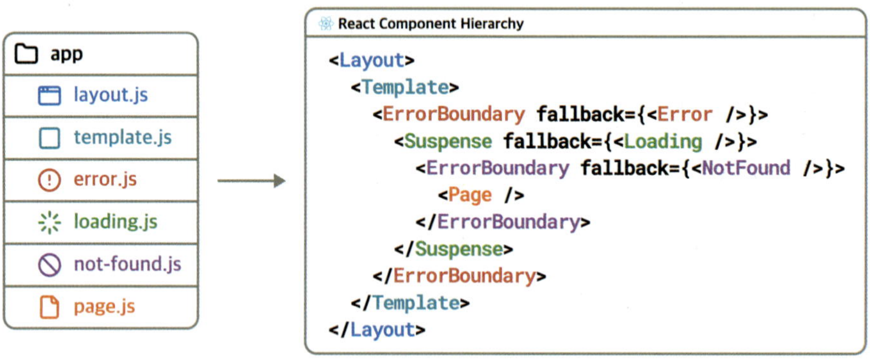

▶ 파일 이름 규칙과 컴포넌트 계층 구조

또한 중첩 경로에서는 다음 그림과 같이 **세그먼트의 컴포넌트가 상위 세그먼트의 컴포넌트 내에 중첩**된다고 이해하면 됩니다.

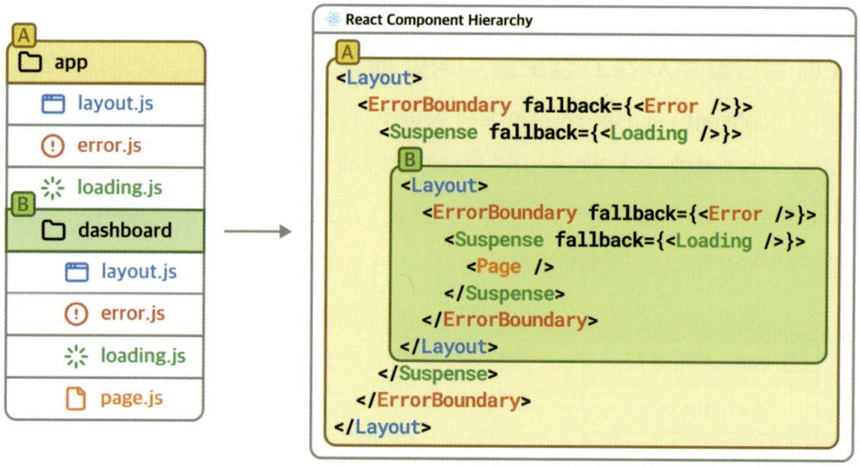

▶ 중첩된 파일 이름 규칙과 컴포넌트 계층 구조

이처럼 Next.js의 앱 라우터에서는 일반적인 리액트 애플리케이션과 다르게 폴더와 파일을 이용해서 라우트를 구성하게 됩니다. 따라서 앱 라우터에서 라우트를 구성하는 방법과 정해진 각 파일 이름과 역할에 대해서 잘 기억해두는 것이 중요합니다. 참고로 레이아웃과 페이지에 대한 자세한 내용은 4장에서 자세히 배울 예정입니다.

2 라우트 그룹

앞에서 배운 것처럼 app 폴더에서 중첩된 폴더는 기본적으로 URL의 각 경로에 매핑됩니다. 하지만 개발을 하다 보면 폴더가 경로에 포함되지 않도록 하고 싶은 경우가 발생하게 됩니다. 이러한 경우에 사용할 수 있는 것이 바로 라우트들을 그룹화하는 **라우트 그룹**route groups이라는 기능입니다.

라우트 그룹은 **폴더가 URL의 경로에 포함되는 것을 방지**하고, app 폴더에 있는 라우트 세그먼트와 파일들을 **논리적으로 그룹화** 할 수 있게 해주는 기능입니다. 라우트 그룹을 사용하면 여러 개의 라우트를 그룹으로 묶거나, 중첩된 레이아웃을 같은 라우트 세그먼트 레벨로 만들 수 있습니다.

라우트 그룹을 사용하는 방법은 app 폴더 내에 **(폴더 이름) 형태로 괄호로 감싼 이름의 폴더**를 만들고, 그 안에 그룹화 할 폴더 또는 파일들을 넣으면 됩니다. 다음은 라우트 그룹을 사용하면 유용한 여러 가지 경우를 나타낸 것입니다.

URL 경로에 영향을 주지 않고 경로를 구성할 때

다음 그림처럼 `(content)`, `(user)`라는 이름의 폴더를 만들어서 각각 콘텐츠, 사용자에 관련된 라우트들을 그룹화하면 해당 폴더의 이름은 URL 경로에 영향을 주지 않게 됩니다. 그래서 각 페이지의 경로는 그룹화하기 전과 동일하게 `/about`, `/blog`, `/account`가 됩니다. 경로는 변하지 않았지만 논리적으로 그룹화함으로써 관리하기에 용이하다고 볼 수 있습니다.

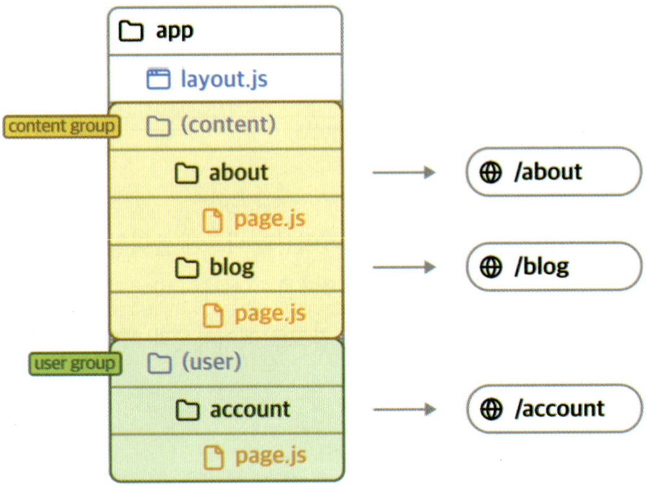

▶ 라우트 그룹 구성

각 세그먼트에 선택적으로 레이아웃을 적용할 때

라우트 그룹을 사용하면 각 세그먼트에 선택적으로 레이아웃을 적용할 수 있습니다.

먼저 다음 그림과 같이 각 라우트 그룹에 `layout.js` 파일을 작성해서 넣어주면 **각 그룹에 다른 레이아웃**을 적용할 수 있습니다.

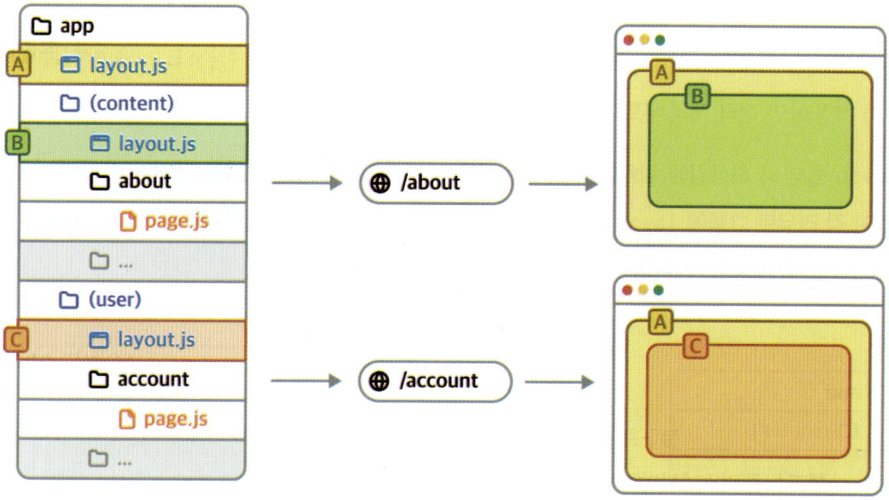

▶ 라우트 그룹을 사용한 다중 레이아웃 적용

또한 아래 그림과 같이 레이아웃을 적용하고 싶은 라우트만을 그룹화해서 레이아웃을 적용하면, `(content)`라는 라우트 그룹에 속한 페이지들(예: `about`, `blog`)에는 해당 라우트 그룹의 레이아웃이 적용되며, 라우트 그룹에 속하지 않은 페이지들(예: `settings`)에는 적용되지 않습니다.

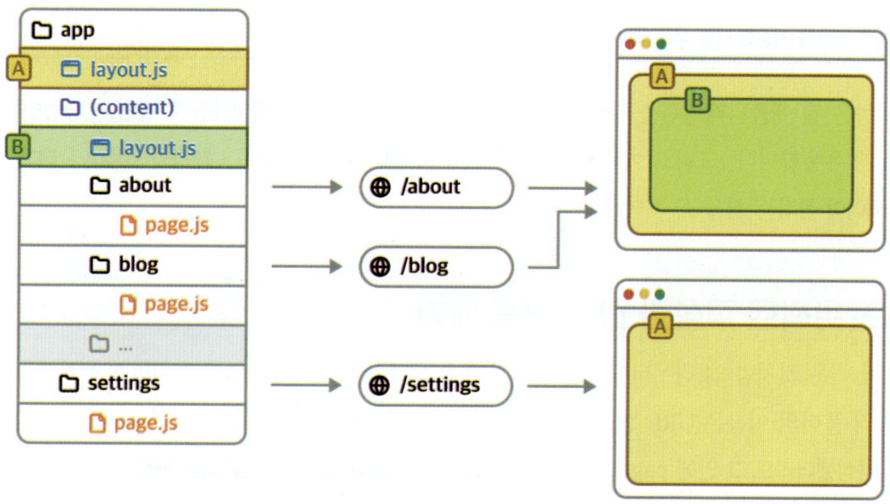

▶ 라우트 그룹을 사용한 선택적 레이아웃 적용

여러 개의 루트 레이아웃을 만들고 싶을 때

일반적으로 앱 라우터에서 루트 레이아웃Roor Layout은 하나만 만들 수 있습니다. 하지만 라우트 그룹을 사용하면 **여러 개의 루트 레이아웃**을 만들 수도 있습니다.

먼저 app 폴더의 **최상위에 위치한 루트 레이아웃 파일(`layout.js` 파일)을 제거**하고, 아래 그림과 같이 **각 라우트 그룹에 `layout.js` 파일을 작성**하면 됩니다. 이렇게 하게 되면 `(content)`와 `(user)`는 각각의 루트 레이아웃을 갖게 됩니다.

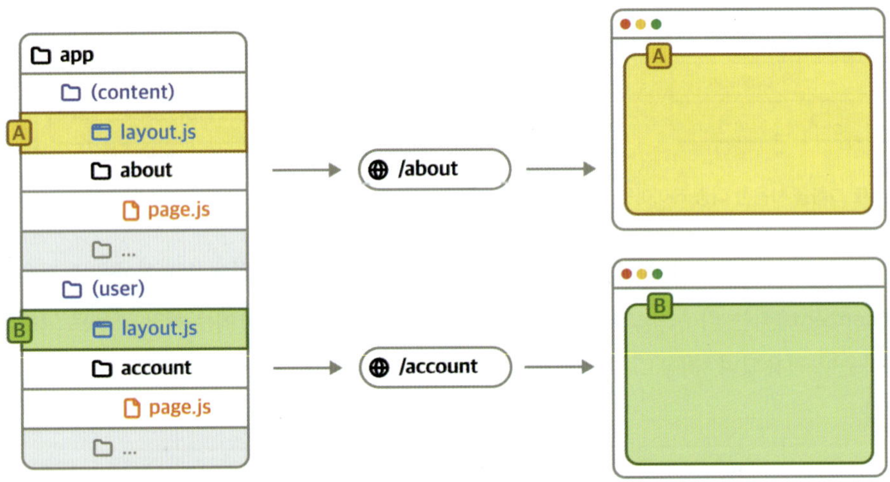

▶ 라우트 그룹을 사용한 다중 루트 레이아웃 적용

이 기능은 웹 애플리케이션을 완전히 다른 두 개의 UI로 나눠서 다른 사용자 경험을 제공하고 싶을 때 유용합니다. 그리고 이렇게 할 경우 **각 루트 레이아웃에 `<html>` 태그와 `<body>` 태그가 추가되어야 한다**는 점을 꼭 기억하기 바랍니다.

3 프로젝트 구성과 파일 공동 배치

앞에서 배운 것처럼 앱 라우터에서는 폴더의 계층 구조를 통해 라우트를 정의하게 됩니다. 그리고 각 폴더의 이름은 URL 경로의 각 세그먼트에 매핑됩니다. 하지만 여기서 주의할 점은 **폴더를 생성했더라도 그 안에 `page.js` 또는 `route.js` 파일이 존재하지 않으면, 해당 라우트는 공개적으로 접근할 수 없다**는 점입니다. 마치 다음 그림과 같이 말이죠.

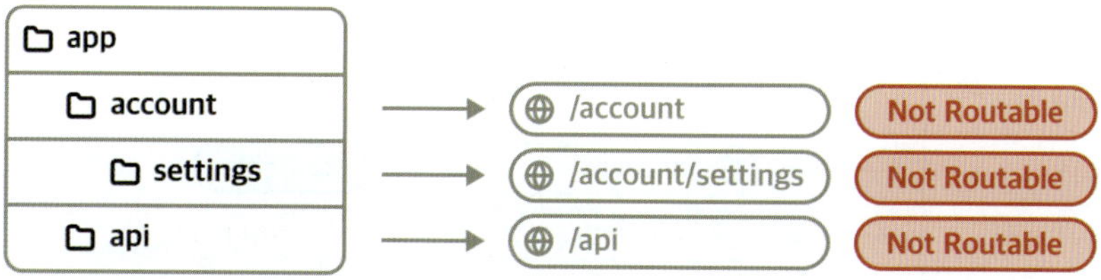

▶ 공개적으로 접근 불가능한 라우트

그래서 아래 그림과 같이 폴더 내에 `page.js` 또는 `route.js` 파일을 생성해야만 해당 경로로 공개적으로 접근이 가능해집니다. 하지만 여기서도 한 가지 주의할 점은 **`page.js` 또는 `route.js` 파일이 반환하는 내용만 클라이언트에 전송된다**는 점입니다. 즉, **같은 폴더 내에 있는 다른 이름의 파일들은 접근 불가능**합니다.

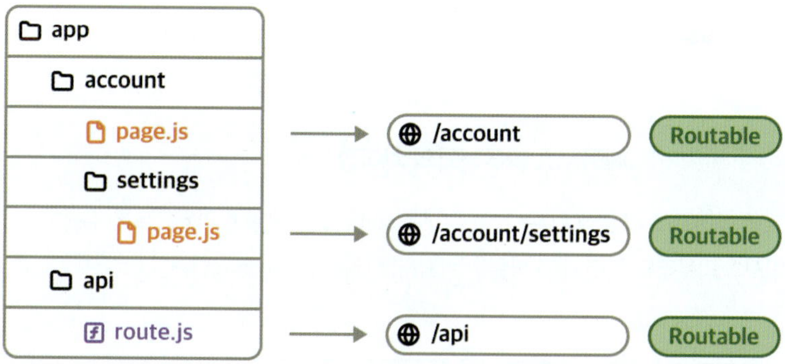

▶ 공개적으로 접근 가능한 라우트

결론적으로 **`page.js` 또는 `route.js` 파일이 아닌 다른 파일을 앱 라우터 내에 있는 폴더에 넣어서 안전하게 사용**할 수 있습니다. 다음 그림과 같이 다른 컴포넌트 파일, 상수 파일, DB 접근 정보를 담고 있는 파일 등을 같은 폴더에 위치시켜서 사용해도 문제가 없다는 것입니다.

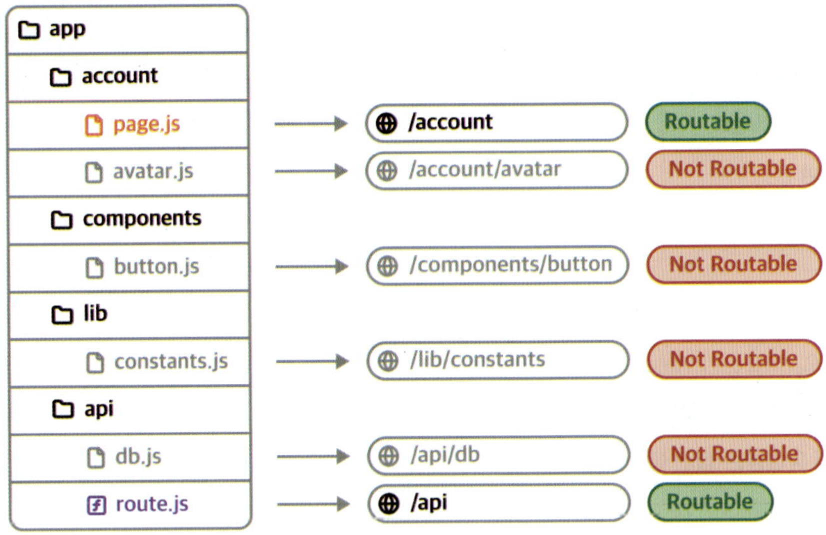

▶ 앱 라우터 폴더 내의 여러 파일들과 접근 가능 여부

> **NOTE**
>
> **페이지스 라우터와의 차이점**
>
> 앱 라우터와는 다르게 페이지스 라우터에서는 pages 디렉터리의 모든 파일이 라우트로 간주됩니다. 그렇기 때문에 페이지스 라우터의 폴더 내에 파일을 위치시킬 때는 주의가 필요합니다.

4 동적 라우트

웹사이트를 개발하다 보면 동적으로 경로가 정해져야 하는 경우가 있습니다. 예를 들면 `/post/1`, `/post/2`처럼 URL 세그먼트에 동적인 파라미터의 값이 들어가는 경우가 있습니다. Next.js에서는 이러한 경우를 위해 동적인 데이터로부터 라우트를 생성해주는 동적 세그먼트 Dynamic Segments 기능을 제공합니다. 동적 세그먼트 기능은 **페이지를 요청하는 시점에 세그먼트를 채우거나(동적 세그먼트), 또는 빌드 시점에 프리렌더링**prerendering**(정적 파라미터)하는 기능**입니다.

동적 세그먼트 사용 방법

동적 세그먼트를 사용하기 위해서는 앱 라우터의 폴더 내에서 **폴더의 이름을 대괄호로 감싸서 작성**하면 됩니다. 예를 들면, [id] 또는 [slug]처럼 말이죠. 그리고 여기서 대괄호 안에 있는 문자열은 해당 값의 이름이자 값에 접근하기 위한 키 값이 됩니다. 이러한 동적인 값들은 **params라는 prop으로 layout, page, route, 그리고 generateMetadata() 함수로 전달**됩니다.

아래 코드는 동적 세그먼트를 사용한 예시 코드입니다. 여기에서는 동적 파라미터의 이름이 postId가 됩니다.

```
// app/post/[postId]/page.tsx

interface PageProps {
    params: { postId: string };
}

function Page(props: PageProps) {
    const { params } = props;

    return <div>Post ID: {params.postId}</div>;
}

export default Page;
```

아래 표와 같이 접속한 각 경로에 따라 동적으로 파라미터의 값이 변경된다고 이해하면 됩니다. 참고로 이렇게 전달된 값의 타입은 문자열이 됩니다.

라우트	예시 URL	파라미터
app/post/[postId]/page.js	/post/1	{ postId: '1' }
app/post/[postId]/page.js	/post/2	{ postId: '2' }
app/post/[postId]/page.js	/post/3	{ postId: '3' }

동적 파라미터(Static Params) 사용 방법

동적 세그먼트를 사용하면 동적인 모든 값에 대해서 경로를 매핑할 수 있습니다. 하지만 일반적으로 블로그 글 같은 정적인 콘텐츠를 주로 보여주는 웹사이트의 경우에는 **동적인 값의 범위가 한정**되어 있습니다. 예를 들면, 블로그 글의 아이디가 1부터 시작하고 총 10개의 글이 있다고 하면, 1~10까지의 값만을 가질 수 있는 것이죠.

이러한 경우 **페이지 파일에서 generateStaticParams ( ) 함수를 익스포트**함으로써 빌드 시점에 동적 세그먼트 기능을 사용하면서도 각 경로를 정적으로 생성할 수 있습니다. 아래 예시 코드는 generateStaticParams() 함수를 사용하여 빌드 시점에 데이터베이스에 존재하는 모든 postId 값에 대해 정적인 경로를 생성하도록 만든 것입니다.

```
// app/post/[postId]/page.tsx

export async function generateStaticParams() {
    const posts = await fetch('https://api.example.com/posts').then((res) =>
        res.json()
    );

    return posts.map((post) => ({
        postId: post.id,
    }));
}

...
```

여기서 굳이 generateStaticParams() 함수를 사용하지 않아도 서비스를 운영하는 데 큰 지장은 없습니다. 하지만 이렇게 정적인 경로를 생성하도록 하면 각 페이지들도 **정적 페이지**로 생성할 수 있고, 그로 인해 **데이터베이스 접근 없이도 사용자에게 빠르게 페이지를 보여줄 수 있다**는 장점이 있습니다. 데이터베이스에 접근해서 데이터를 가져와서 렌더링하는 것보다 미리 생성되어 있는 정적인 페이지를 곧바로 보여주는 것이 훨씬 더 빠르기 때문이죠.

또한 generateStaticParams() 함수 내에서 fetch 요청을 사용하여 데이터를 가져오면 이러한 요청이 자동으로 캐싱됩니다. 그래서 다른 레이아웃이나 페이지에서 동일한 요청을 할 경우 중복으로 요청을 보내지 않고 캐싱된 데이터를 사용하기 때문에 빌드 시간을 단축시킬 수 있습니다.

모든 세그먼트 포착하기

동적 세그먼트는 `[...folderName]`처럼 **대괄호 안에 줄임표(...)** 를 추가하여 이후의 모든 세그먼트를 포착하도록 확장할 수 있습니다.

예를 들어 아래 표에 나타난 것처럼 `app/search/[...keyword]/page.js`는 `/search/food`뿐만 아니라 `/search/food/drinks`, `/search/food/drinks/soda` 등도 포착하게 됩니다. 참고로 이때 전달되는 값의 타입은 문자열 배열이 됩니다.

라우트	예시 URL	파라미터
app/search/[...keyword]/page.js	/search/food	{ keyword: ['food'] }
app/search/[...keyword]/page.js	/search/food/drinks	{ keyword: ['food', 'drinks'] }
app/search/[...keyword]/page.js	/search/food/drinks/soda	{ keyword: ['food', 'drinks', 'soda'] }

모든 세그먼트를 선택적으로 포착하기

위에서 배운 방법을 사용하면 모든 세그먼트를 포착할 수 있지만, 그렇지 않고 선택적optional으로 포착하고 싶은 경우가 있을 수 있습니다. 그런 경우에는 [[...folderName]]처럼 **이중 대괄호와 줄임표(...)** 를 사용하면 됩니다. 이러한 선택적 세그먼트 방식의 경우 **매개변수(파라미터)가 없어도 해당 경로로 라우팅이 된다**는 특징이 있습니다.

예를 들어 `app/search/[[...keyword]]/page.js`는 `/search/food`, `/search/food/drinks`, `/search/food/drinks/soda`뿐만 아니라 `/search`도 포착하게 되는 것입니다. 앞에 나온 대괄호를 하나만 사용하는 방식과는 차이가 있습니다.

라우트	예시 URL	파라미터
app/search/[[...keyword]]/page.js	/search	{}
app/search/[[...keyword]]/page.js	/search/food	{ keyword: ['food'] }

라우트	예시 URL	파라미터
app/search/[[...keyword]]/page.js	/search/food/drinks	{ keyword: ['food', 'drinks'] }
app/search/[[...keyword]]/page.js	/search/food/drinks/soda	{ keyword: ['food', 'drinks', 'soda'] }

동적 파라미터의 타입 명시하기

타입스크립트를 사용해서 동적 라우트를 구성하는 경우, 동적으로 구성된 라우트 세그먼트에 따라 파라미터에 대한 타입을 명시할 수 있습니다.

아래 코드는 params(파라미터)에 포함된 postId가 문자열임을 명시하는 코드입니다. 이렇게 params의 타입을 명시함으로써 코드의 가독성과 안정성을 높일 수 있습니다.

```
// app/post/[postId]/page.tsx

interface PageProps {
    params: { postId: string };
}

function Page(props: PageProps) {
    const { params } = props;

    return <div>Post ID: {params.postId}</div>;
}

export default Page;
```

아래 표는 각 라우트에 대해 params의 타입을 정의하는 예시를 나타낸 것입니다.

라우트	params 타입 정의
app/post/[postId]/page.js	{ postId: string }
app/search/[...keyword]/page.js	{ keyword: string[] }

라우트	params 타입 정의
app/search/[[...keyword]]/page.js	{ keyword?: string[] }
app/[categoryId]/[itemId]/page.js	{ categoryId: string; itemId: string }

이처럼 **동적 라우트를 사용할 경우에는 각 파라미터의 타입을 명시해주는 것이 좋다**는 것을 기억하기 바랍니다.

5 병렬 라우트

병렬 라우트parallel routes는 병렬적으로 여러 개의 라우트를 렌더링 할 수 있게 해주는 기능입니다. 병렬 라우트를 사용하면 **동일한 레이아웃 내에서 하나 이상의 페이지를 동시에 렌더링 하거나 조건부로 렌더링**할 수 있습니다.

병렬 라우트는 주로 동적으로 콘텐츠가 결정되는 페이지에 사용하면 유용합니다. 예를 들어 다음 그림과 같이 대시보드 페이지에서 팀과 관련된 콘텐츠와 분석과 관련된 콘텐츠가 존재하는 경우 병렬 라우트를 사용하면 팀 페이지와 분석 페이지를 동시에 렌더링할 수 있습니다.

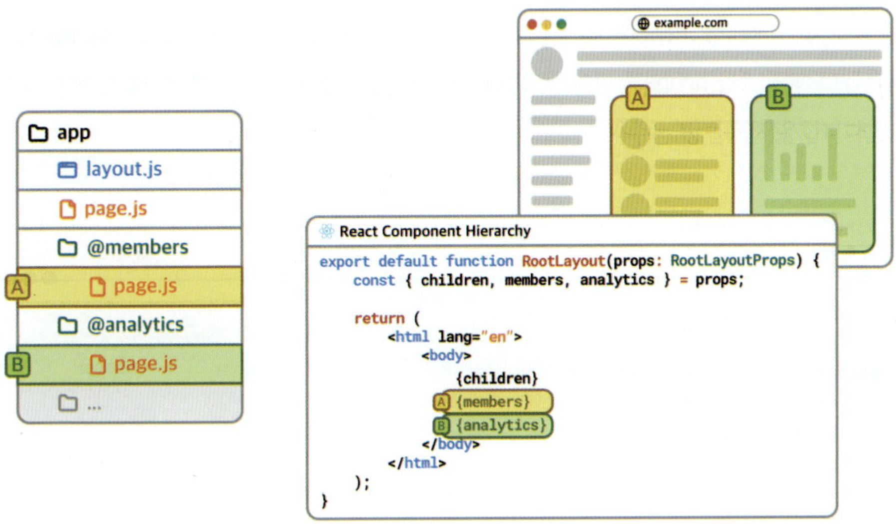

▶ 병렬 라우트

슬롯

병렬 라우트는 이름을 가진 **슬롯**slots을 사용해서 생성됩니다. 슬롯은 쉽게 말해서 **병렬 라우트를 통해 화면에 렌더링 되는 각 영역**을 의미한다고 보면 됩니다. 슬롯을 정의하기 위해서는 app 폴더 내에 **`@folder` 형태**의 이름을 가진 폴더를 생성하면 됩니다. 아래 그림은 `@members`와 `@analytics` 두 개의 슬롯을 정의한 예시를 나타낸 것입니다.

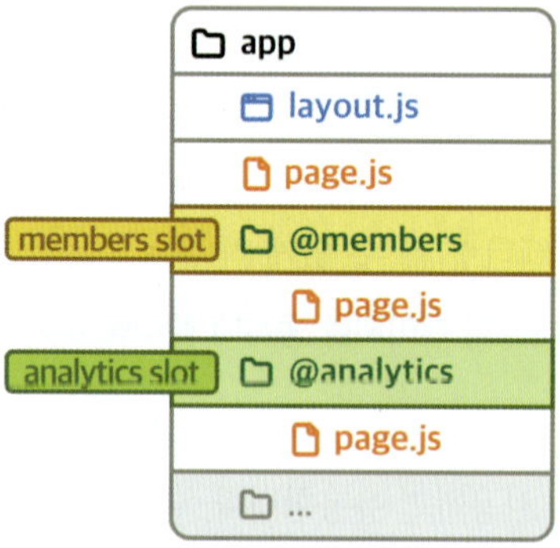

▶ 병렬 라우트의 슬롯

이렇게 정의된 슬롯은 공통된 부모 레이아웃에 `props`로 전달됩니다. 이때 키는 슬롯의 이름이 되고 값은 `React.ReactNode` 타입의 리액트 노드가 됩니다. 아래 코드는 `@members`와 `@analytics` 슬롯을 `props`로 받아서, `children prop`과 함께 병렬로 렌더링하는 예시 코드입니다.

```
// app/layout.tsx

interface RootLayoutProps {
    children: React.ReactNode;
    members: React.ReactNode;
    analytics: React.ReactNode;
}

function RootLayout(props: RootLayoutProps) {
    const { children, members, analytics } = props;
```

```
    return (
        <html lang="en">
            <body>
                {children}
                {members}
                {analytics}
            </body>
        </html>
    );
}

export default RootLayout;
```

슬롯을 사용할 때 유의할 점은 **슬롯은 라우트 세그먼트가 아니기 때문에 URL 구조에 영향을 주지 않는다는 점**입니다. 예를 들어, `/@analytics/views`의 경우, `@analytics`는 슬롯이기 때문에 URL은 `/views`가 됩니다.

슬롯 활성 상태와 내비게이션

기본적으로 Next.js는 각 슬롯의 활성 상태(또는 하위 페이지)를 추적합니다. 그러나 슬롯 내에 렌더링되는 콘텐츠는 다음과 같이 내비게이션 유형에 따라 달라집니다.

- **소프트 내비게이션(Soft Navigation)**
  - 클라이언트 사이드 내비게이션 동안 Next.js는 부분 렌더링을 수행하여 현재 URL과 일치하지 않더라도 다른 슬롯의 활성 하위 페이지를 유지하면서 슬롯 내의 하위 페이지를 변경
- **하드 내비게이션(Hard Navigation)**
  - 전체 페이지 로드(브라우저 새로고침) 후, Next.js는 현재 URL과 일치하지 않는 슬롯의 활성 상태를 결정할 수 없음
  - 일치하지 않는 슬롯에 대해 `default.js` 파일을 렌더링하거나, `default.js`가 없으면 404를 렌더링

> **NOTE**
>
> 일치하지 않는 라우트에 대한 404 페이지는 의도하지 않은 페이지에서 병렬 라우트를 실수로 렌더링하지 않도록 도와줍니다.

병렬 라우트의 default.js

`default.js` 파일은 병렬 라우트에서 **경로가 일치하지 않는 슬롯**에 대해 초기 로드나 전체 페이지 새로고침 시에 화면에 보여줄 **대체 컴포넌트**를 정의하는 파일입니다. 예를 들어 아래와 같은 폴더 구조에서 `@members` 슬롯에는 `/settings` 페이지가 있지만 `@analytics` 슬롯에는 없습니다.

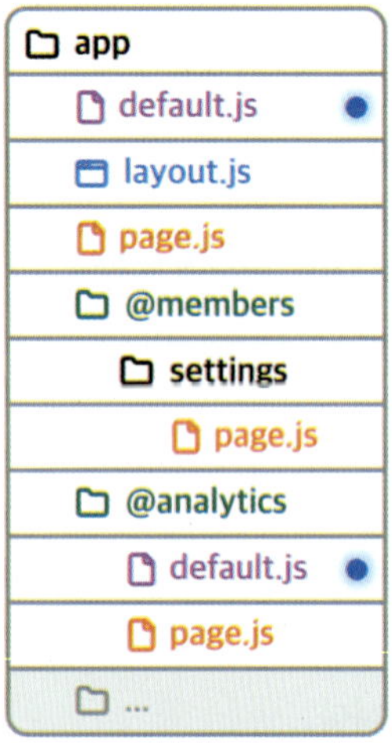

▶ 일치하지 않는 경로에 대한 병렬 라우트

사용자가 `/` 경로에서 `/settings` 경로로 이동할 때(소프트 내비게이션), `@members` 슬롯은 `/settings` 페이지를 렌더링하면서 현재 `@analytics` 슬롯의 활성 페이지를 유지합니다. 하지만 브라우저 새로고침 시(하드 내비게이션)에는 `@analytics` 슬롯에 대해 `default.js`를 렌더링합니다. `default.js`가 없는 경우 404가 대신 렌더링됩니다.

또한 `children`은 암묵적인 슬롯이기 때문에 Next.js가 부모 페이지의 활성 상태를 복구할 수 없는 경우 `children`을 대신해서 렌더링하기 위해 `app/default.js` 파일을 생성해야 합니다.

useSelectedLayoutSegment 훅

`useSelectedLayoutSegment()`와 `useSelectedLayoutSegments()` 훅을 사용하면 `parallelRoutesKey` 매개변수를 통해 **슬롯 내에서 활성 상태인 라우트 세그먼트**를 읽을 수 있습니다.

```
const segment = useSelectedLayoutSegment(parallelRoutesKey?: string);
const segments = useSelectedLayoutSegments(parallelRoutesKey?: string);
```

다음은 useSelectedLayoutSegment() 훅을 사용하는 예시 코드입니다. 이 경우 사용자가 /settings 경로(app/@members/settings)로 접속하게 되면 segment는 "settings"가 됩니다.

```
'use client';

import { useSelectedLayoutSegment } from 'next/navigation';

export default function Layout({ members }: { members: React.ReactNode }) {
    const segment = useSelectedLayoutSegment('members');

    return <p>활성 상태인 segment: {segment}</p>
}
```

6 인터셉팅 라우트

인터셉팅 라우트intercepting routes는 이름이 가진 의미 그대로 **현재 레이아웃 내에서 다른 라우트를 가로채서 로드할 수 있는 기능**입니다. 이 기능은 사용자가 다른 컨텍스트로 전환하지 않고도 특정 라우트의 콘텐츠를 표시하려는 경우에 유용합니다.

이를테면 다음 그림과 같이 피드에서 사진을 클릭할 때 사진을 피드 위에 오버레이하는 모달로 표시할 수 있습니다. 이 경우 Next.js는 /photo/123 라우트를 가로채어 URL을 마스킹하고 이를 /feed 위에 오버레이합니다.

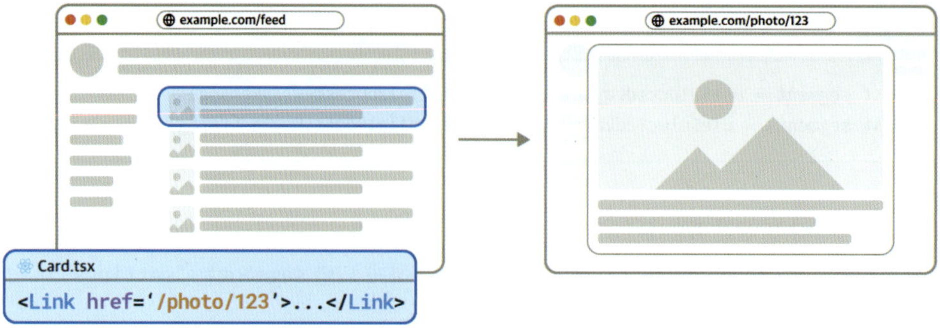

▶ 후속 탐색(soft navigate) 시 인터셉팅 라우트

그러나 아래 그림과 같이 브라우저의 주소창에 /photo/123 경로를 직접 입력하거나, 공유된 URL을 클릭해서 해당 페이지로 이동할 때는 모달 대신 전체 사진 페이지가 렌더링되어야 합니다. 즉, 이때는 라우트 가로채기가 발생하지 않아야 합니다.

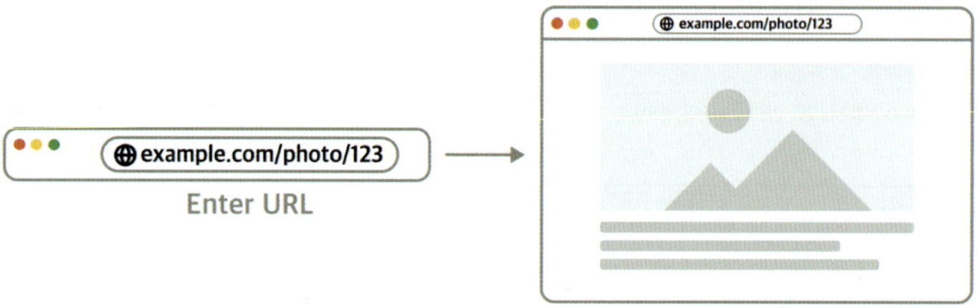

▶ 첫 탐색(hard navigate) 시 인터셉팅 라우트

인터셉팅 라우트 사용 방법

인터셉팅 라우트는 괄호와 점을 사용하여 **(..) 형태**로 정의할 수 있으며, 이는 세그먼트에 대해 상대 경로 컨벤션 ../와 유사합니다. 인터셉팅 라우트의 기호와 의미는 다음과 같습니다.

- (.): 동일한 레벨의 세그먼트와 일치
- (..): 한 레벨 위의 세그먼트와 일치
- (..)(..): 두 레벨 위의 세그먼트와 일치
- (...): 루트 앱 디렉터리에서 세그먼트와 일치

예를 들어 feed 세그먼트 내에서 photo 세그먼트를 인터셉트하려면 아래와 같이 (..)photo

디렉터리를 생성하면 됩니다.

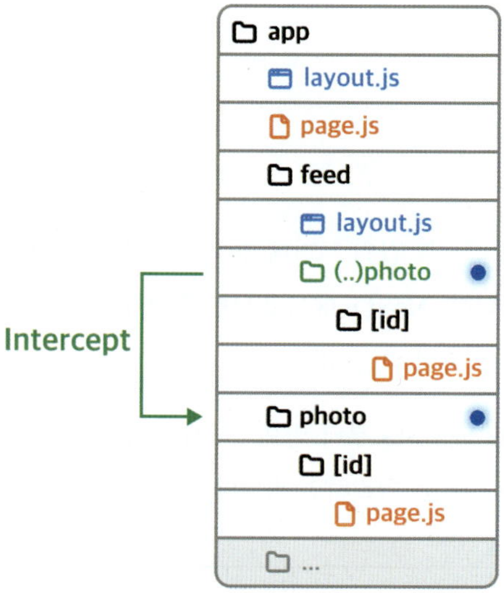

▶ 폴더 구조와 인터셉팅 라우트

NOTE

`(..)` 형태는 라우트 세그먼트에 기반을 두고 있으며 파일 시스템의 상대 경로와는 무관합니다.

3.4 링크와 내비게이션

1 <Link> 컴포넌트

`<Link>` 컴포넌트는 HTML의 `<a>` 태그를 확장하여 라우트 간의 프리페칭prefetching과 클라이언트 사이드 내비게이션을 제공하는 내장 컴포넌트입니다. **Next.js에서 라우트 간 이동을 위해서는 주로 이 `<Link>` 컴포넌트를 사용**한다는 점을 꼭 기억하기 바랍니다.

`<Link>` 컴포넌트는 다음 예시 코드처럼 `next/link` 패키지로부터 임포트해서 사용하면 됩니다. 그리고 `<Link>` 컴포넌트의 `href` 속성에 이동할 경로를 입력하면 됩니다.

```
import Link from 'next/link';

export default function Page() {
    return <Link href='/home'>Home</Link>;
}
```

2 useRouter() 훅

`useRouter()` 훅은 **클라이언트 컴포넌트에서 라우터를 사용해서 라우트를 변경할 수 있게 해주는 훅**입니다. 예시 코드와 같이 `next/navigation` 패키지로부터 임포트해서 사용하면 됩니다.

```
'use client';

import { useRouter } from 'next/navigation';

function Page() {
    const router = useRouter();

    return (
```

```
        <button
            type='button'
            onClick={() => router.push('/home')}>
            Home
        </button>
    );
}

export default Page;
```

하지만 위처럼 라우터를 사용해서 이벤트 핸들러로 라우트를 변경할 경우 웹사이트에서 버튼이나 링크 위에 커서를 올려도 어떤 페이지로 링크가 걸려 있는지 확인할 수 없으며, 단축키(예: macOS에서 command + 클릭)를 사용해서 링크를 새 탭에서 띄우는 것도 불가능합니다. 그래서 **특별한 경우가 아니면 <Link> 컴포넌트를 사용해서 라우트를 변경하는 것**이 좋습니다.

3 redirect() 함수

서버 컴포넌트에서 특정 조건에 따라 다른 경로로 리디렉션[redirection]하고 싶을 경우에는 다음 코드와 같이 redirect() 함수를 사용하면 됩니다.

```
import { redirect, RedirectType } from 'next/navigation';
import { getSession } from '@/lib/authManager';

export default async function Page() {
    const session = await getSession();

    if (!session) {
        redirect('/', RedirectType.replace);
    }

    // ...
}
```

그리고 redirect() 함수를 사용할 때는 알아야 할 점이 몇 가지 있습니다. 먼저 redirect() 함수는 307(Temporary Redirect) HTTP 상태 코드를 기본으로 반환하며, 서버 액션[server]

actions에서 POST 요청의 결과로 성공 페이지로 리디렉션할 경우 일반적으로 303(See Other) HTTP 상태 코드를 반환합니다.

그리고 **redirect() 함수는 내부적으로 오류를 throw하기 때문에, 반드시 try/catch 블록 외부에서 호출**해야 합니다. 만약 아래 코드와 같이 redirect() 함수를 try/catch 블록으로 감싸면 리디렉션이 제대로 작동하지 않게 됩니다.

```
import { redirect, RedirectType } from 'next/navigation';
import { getSession } from '@/lib/authManager';

export default async function Page() {
    const session = await getSession();

    if (!session) {
        //  try/catch 블록으로 감싸면 안됨!
        try {
            redirect('/', RedirectType.replace);
        } catch (error) {
            // ...
        }
    }

    // ...
}
```

또한, 클라이언트 컴포넌트에서 렌더링 중에는 redirect() 함수를 호출할 수 있지만, 이벤트 핸들러 내부에서는 호출할 수 없습니다. 그래서 이러한 경우에는 useRouter() 훅을 사용하는 것이 적합합니다. 그리고 redirect() 함수는 절대 URL을 지원하므로 외부 링크로의 리디렉션도 가능합니다.

마지막으로 렌더링 프로세스 이전에 리디렉션을 수행해야 한다면 next.config.js나 미들웨어middleware를 활용하는 것이 좋습니다.

3.5 실습 라우트 구성하기

이번 실습에서는 라우트를 구성해보도록 하겠습니다. 먼저 아래 화면과 같이 app 디렉터리에 있는 `page.tsx` 파일을 엽니다.

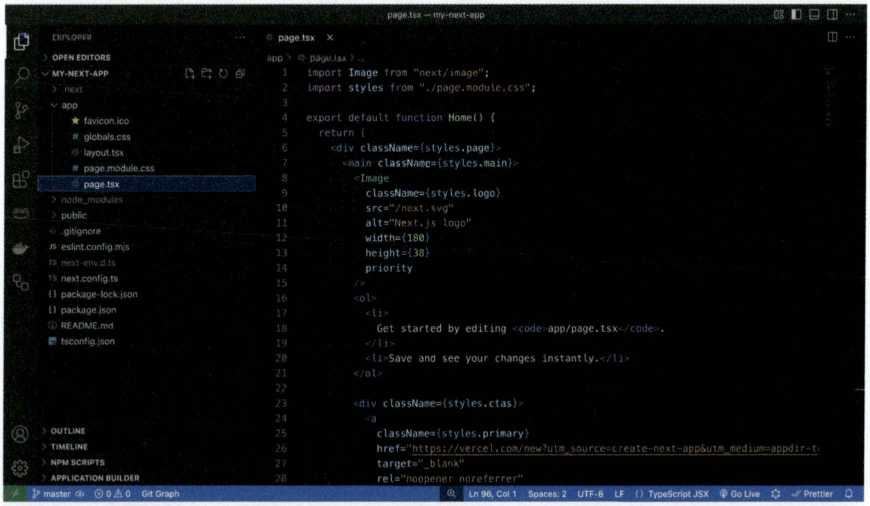

이후 기존 코드를 모두 삭제하고 다음과 같이 코드를 작성합니다. 이 코드는 아주 간단한 형태의 페이지 컴포넌트 코드입니다.

```
// app/page.tsx

function IndexPage() {
    return <div className='box page'>IndexPage</div>;
}

export default IndexPage;
```

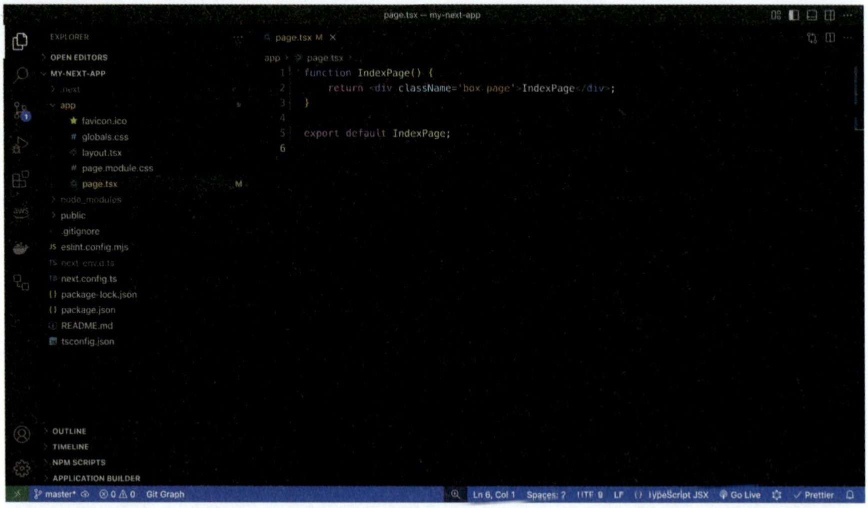

다음으로는 아래 화면과 같이 app 디렉터리에 **feed**라는 이름의 폴더를 생성합니다.

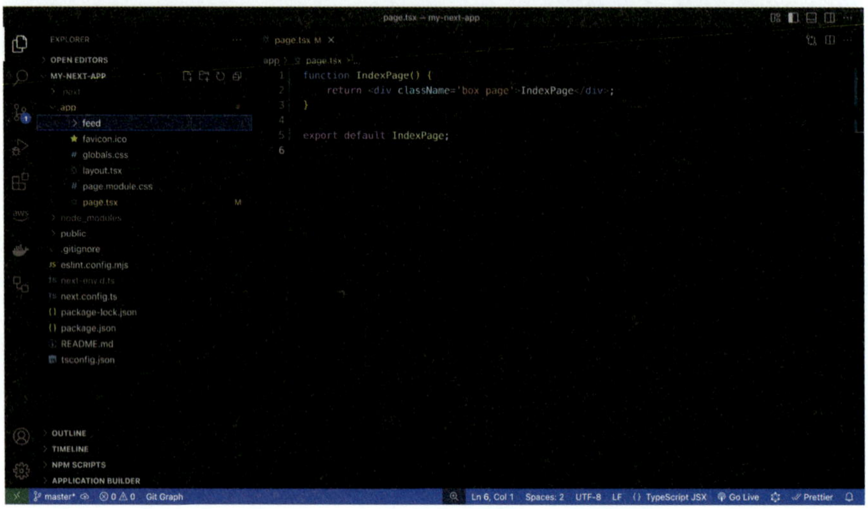

생성한 **feed** 폴더에 다음 화면과 같이 **page.tsx** 파일을 생성합니다.

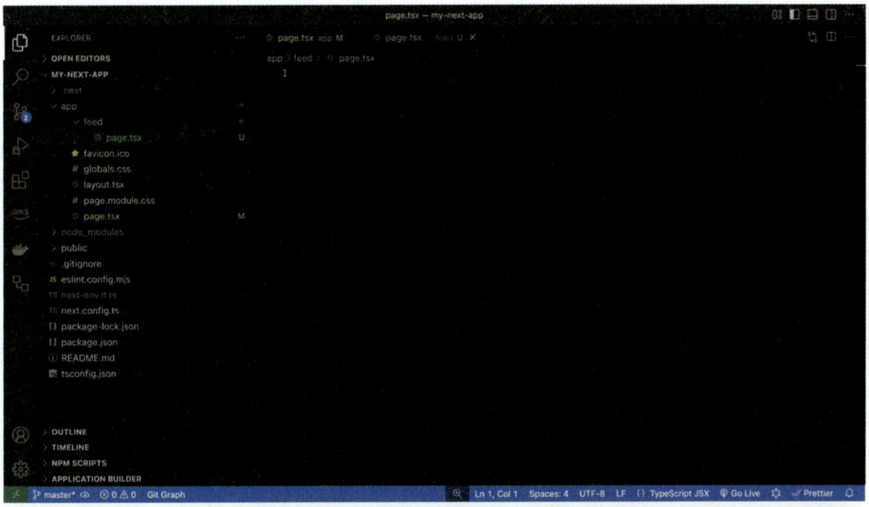

이후 page.tsx 파일에 다음처럼 코드를 작성합니다. 이 코드는 배열을 사용해서 10개의 Post 아이템을 렌더링하는 코드입니다. 현재 피드 페이지에 표시할 데이터가 없기 때문에 임시로 배열을 사용해서 렌더링하는 것이라고 이해하면 됩니다.

```
// app/feed/page.tsx

import Link from 'next/link';

function FeedPage() {
    return (
        <div className='box page'>
            <h4>Page</h4>
            <ul style={{ listStylePosition: 'inside' }}>
                {[...new Array(10)].map((item, index) => {
                    const postId = index + 1;
                    return (
                        <li key={index}>
                            <Link href={`/posts/${postId}`}>
                                {`Post item ${postId}`}
                            </Link>
                        </li>
```

```
                    );
                })}
            </ul>
        </div>
    );
}

export default FeedPage;
```

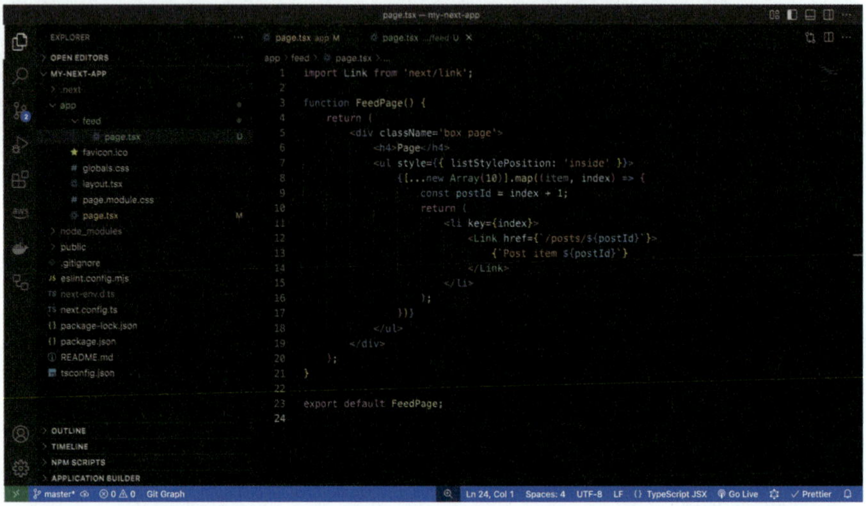

다음으로는 아래 화면과 같이 app 디렉터리에 search라는 이름의 폴더를 생성합니다.

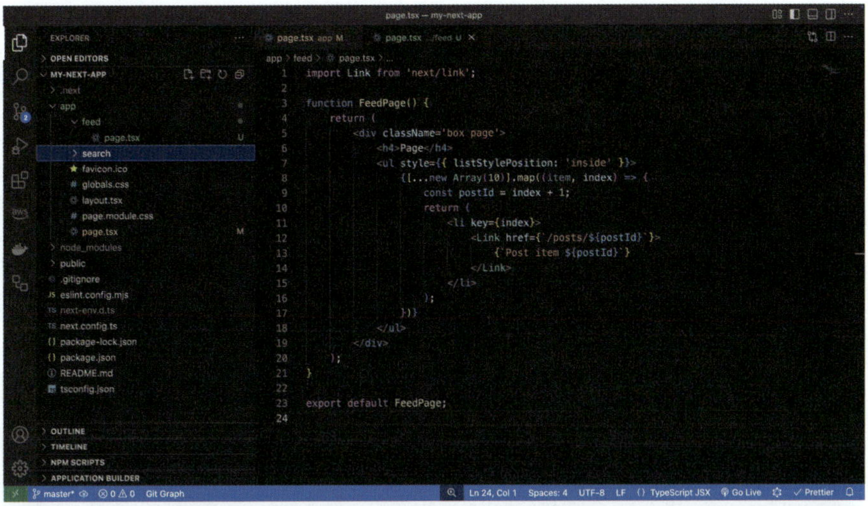

생성한 search 폴더에 다음처럼 `page.tsx` 파일을 생성합니다.

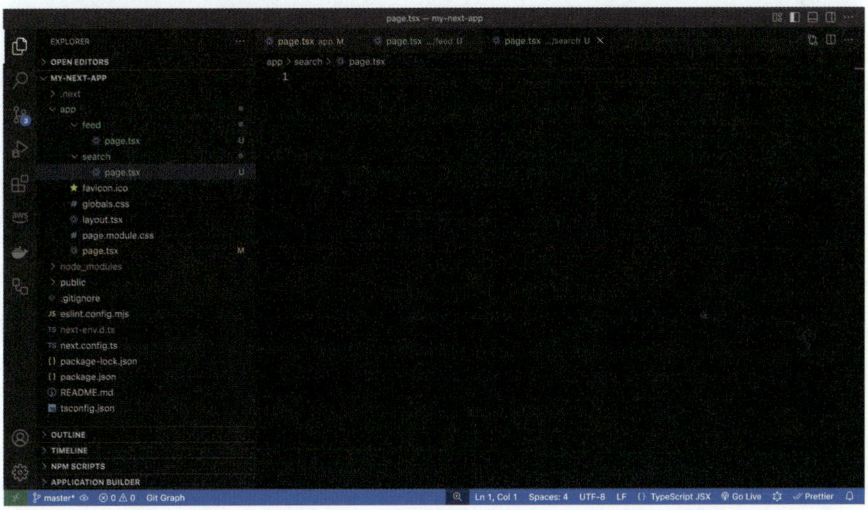

이후 `page.tsx` 파일에 다음과 같은 코드를 작성합니다. 이 코드는 아주 간단한 형태의 페이지 컴포넌트 코드입니다.

```
// app/search/page.tsx

function SearchPage() {
    return <div className='box page'>SearchPage</div>;
}

export default SearchPage;
```

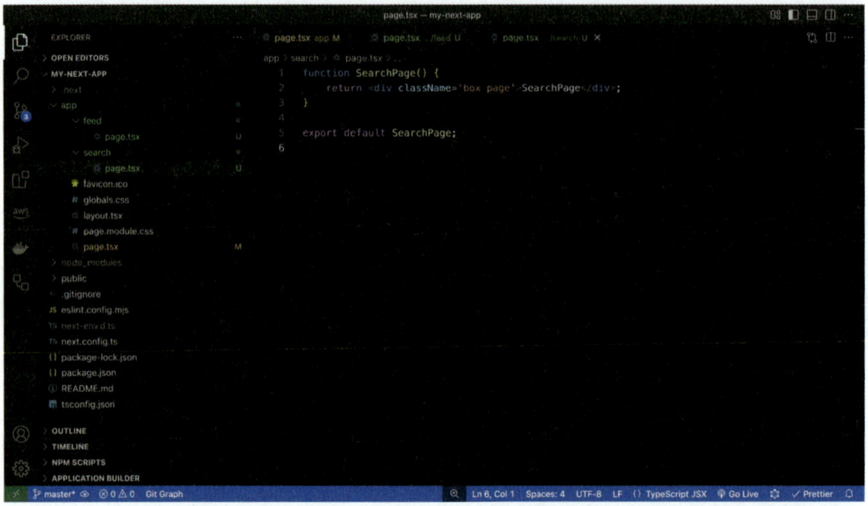

다음으로는 화면처럼 app 디렉터리에 **settings**라는 이름의 폴더를 생성합니다.

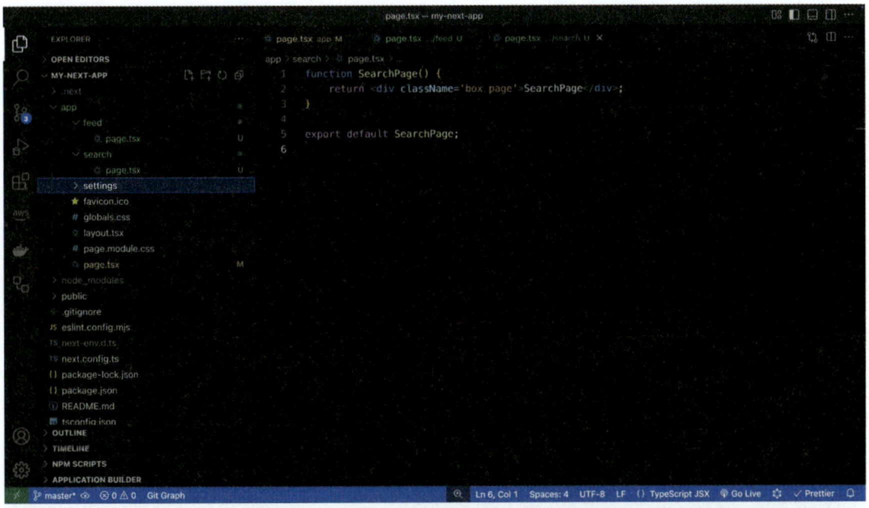

생성한 settings 폴더에 화면과 같이 page.tsx 파일을 생성합니다.

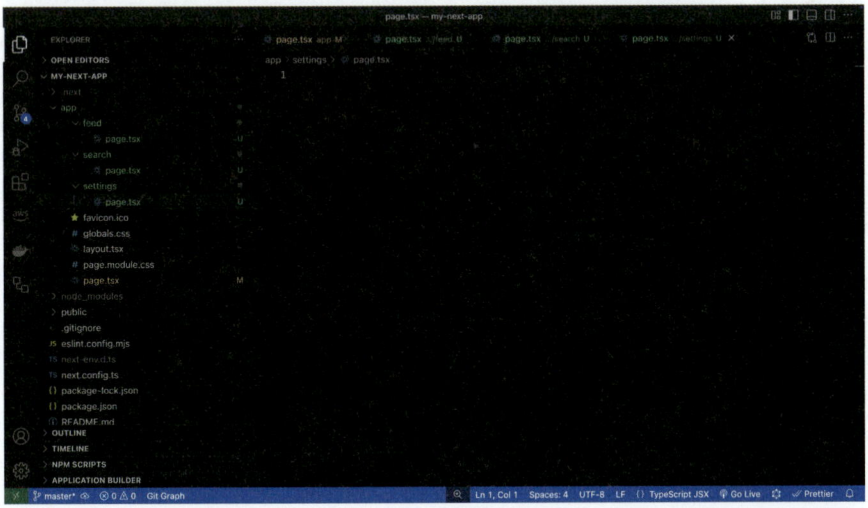

이후 page.tsx 파일에 아래의 코드를 작성합니다. 이 코드는 아주 간단한 형태의 페이지 컴포넌트 코드입니다.

```
// app/settings/page.tsx

function SettingsPage() {
    return <div className='box page'>SettingsPage</div>;
}

export default SettingsPage;
```

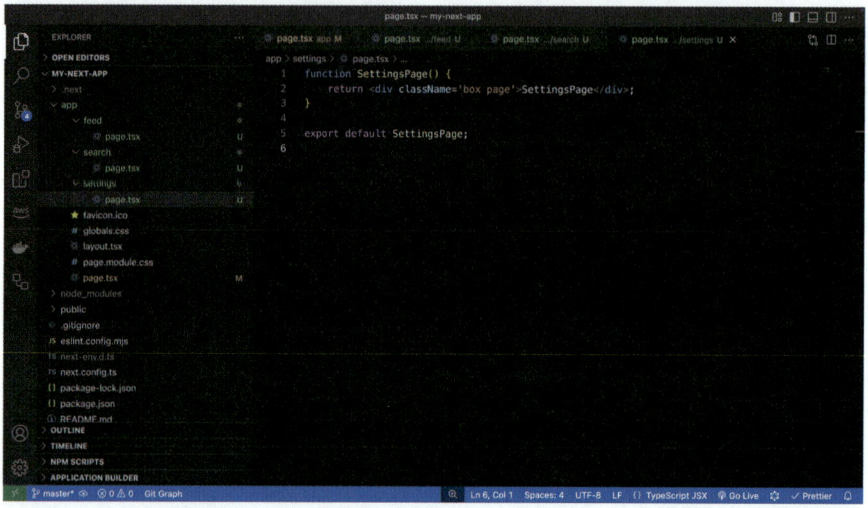

이렇게 해서 기본적인 라우트를 모두 구성했습니다. 이제 실제로 라우트가 모두 잘 작동하는지 테스트해보겠습니다. 먼저 VS Code에서 터미널을 열고 다음 명령어를 실행하여 Next.js 애플리케이션을 실행합니다.

```
npm run dev
```

그러면 화면과 같이 `localhost:3000`에서 애플리케이션이 작동하는 것을 볼 수 있습니다.

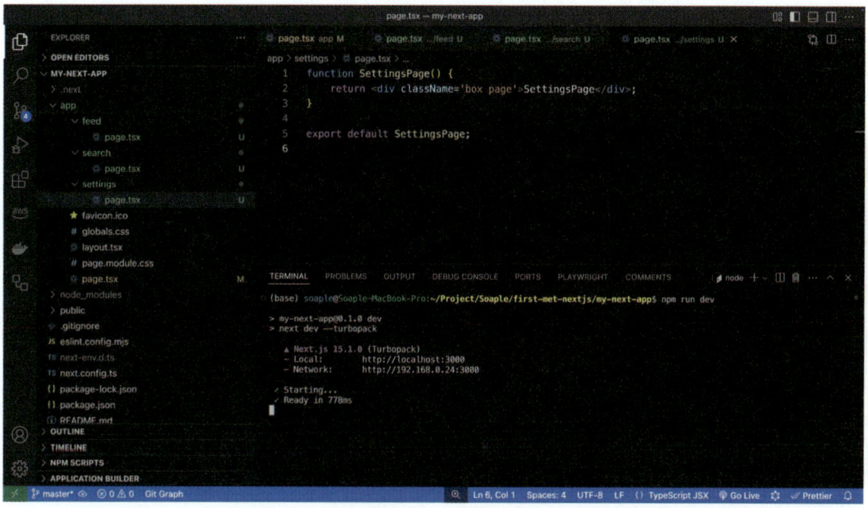

이제 브라우저에서 `localhost:3000`으로 접속합니다. 그러면 다음 화면과 같이 인덱스 페이지가 나오는 것을 볼 수 있습니다. 이 페이지는 웹사이트에 처음 방문했을 때(/ 경로) 나오는 페이지라고 이해하면 됩니다.

▶ 인덱스 페이지

이제 브라우저의 주소창에 `localhost:3000/feed`라고 주소를 입력하고 엔터키를 눌러보겠습니다. 그러면 다음처럼 같이 Feed 페이지가 나오게 됩니다.

▶ Feed 페이지

다음으로 브라우저의 주소창에 `localhost:3000/search`라고 주소를 입력하고 엔터키를 누릅니다. 그러면 Search 페이지가 나오게 됩니다.

▶ Search 페이지

마지막으로 브라우저의 주소창에 `localhost:3000/settings`라고 주소를 입력하고 엔터키를 누릅니다. 그러면 다음처럼 Settings 페이지가 나오게 됩니다.

▶ Settings 페이지

이렇게 해서 우리가 구성한 라우트들이 모두 다 잘 나오는 것을 확인했습니다. 이처럼 Next.js의 앱 라우터에서는 폴더 구조를 기반으로 라우트를 구성한다는 점을 꼭 기억하기 바랍니다.

3.6 실습 병렬 라우트 사용하기

이번 실습에서는 병렬 라우트를 사용해보겠습니다. 병렬 라우트를 사용하기 위해서는 먼저 슬롯을 만들어야 합니다. 앞에서 배운 것처럼 앱 라우터에서 슬롯은 폴더 이름을 @으로 시작하도록 하면 되고, 여기에서는 총 두 개의 슬롯을 만들어보도록 하겠습니다.

먼저 다음과 같이 `app` 디렉터리에 `@trends`라는 이름의 폴더를 생성합니다.

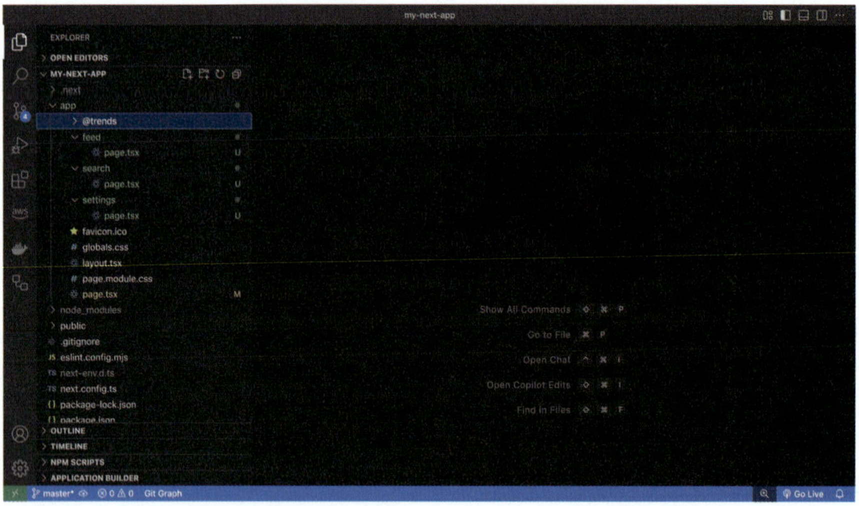

생성한 `@trends` 폴더에 다음 화면처럼 `default.tsx` 파일을 생성합니다. 앞에서 배운 것처럼 `default.tsx` 파일은 병렬 라우트에서 **경로가 일치하지 않는 슬롯**에 대해 초기 로드나 전체 페이지 새로고침 시에 화면에 보여줄 **대체 컴포넌트**를 정의하는 파일입니다.

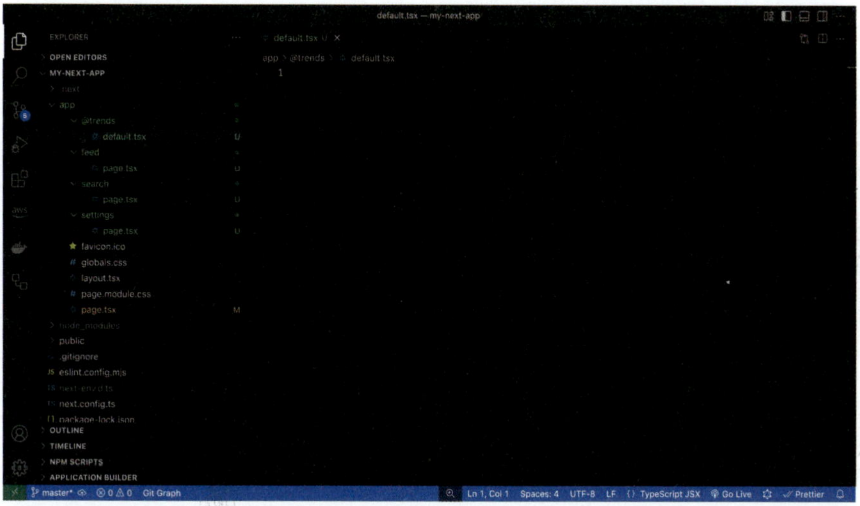

파일을 생성한 이후 default.tsx 파일에 다음 코드를 작성합니다. 이 코드는 아주 간단한 형태의 페이지 컴포넌트 코드입니다.

```
// app/@trends/default.tsx

function TrendsPage() {
    return <div className='box slot-default'>Trends Slot default.js</div>;
}

export default TrendsPage;
```

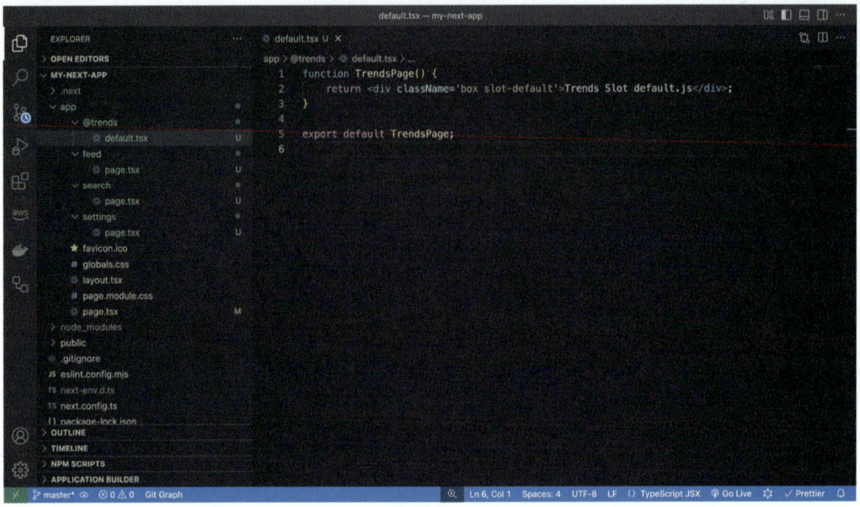

다음으로는 @trends 폴더에 다음 화면과 같이 page.tsx 파일을 생성합니다. 이 파일은 **경로가 일치하는 슬롯**에 대해 화면에 보여줄 컴포넌트를 정의하는 파일입니다.

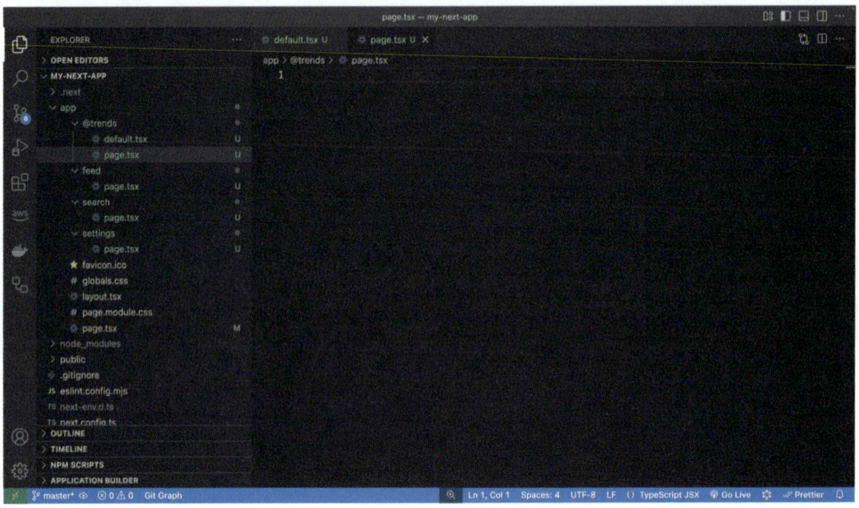

이후 page.tsx 파일에 다음의 코드를 작성합니다. 이 코드는 아주 간단한 형태의 페이지 컴포넌트 코드입니다.

```
// app/@trends/page.tsx

function TrendsPage() {
    return <div className='box slot-1'>Trends Slot</div>;
}

export default TrendsPage;
```

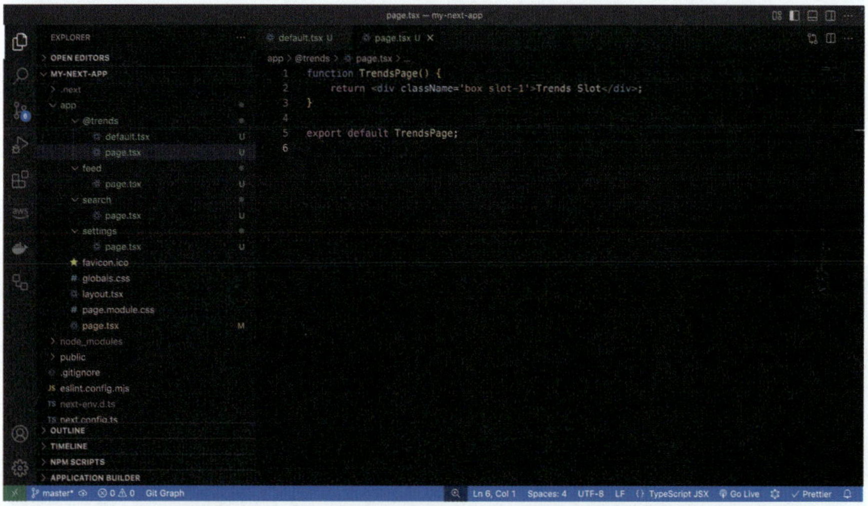

그리고 화면과 같이 app 디렉터리에 @users라는 이름의 폴더를 생성합니다.

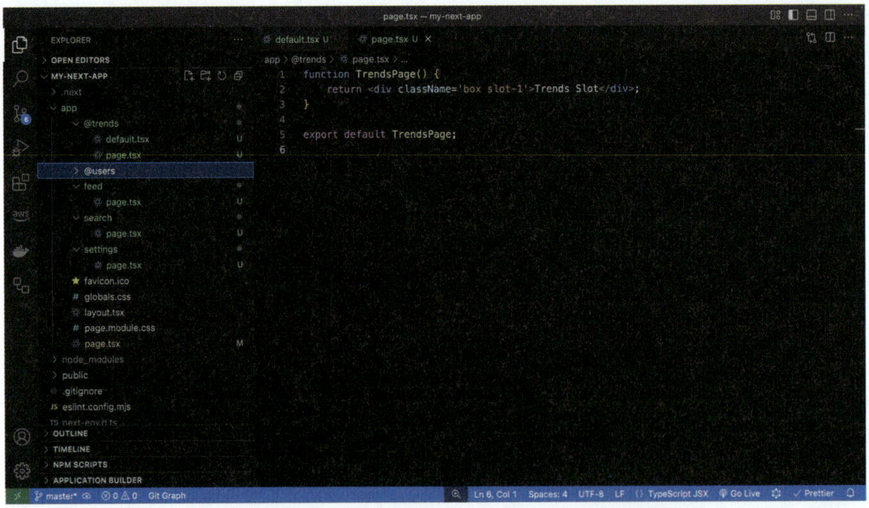

생성한 @users 폴더에 다음 화면과 같이 `default.tsx` 파일을 생성합니다.

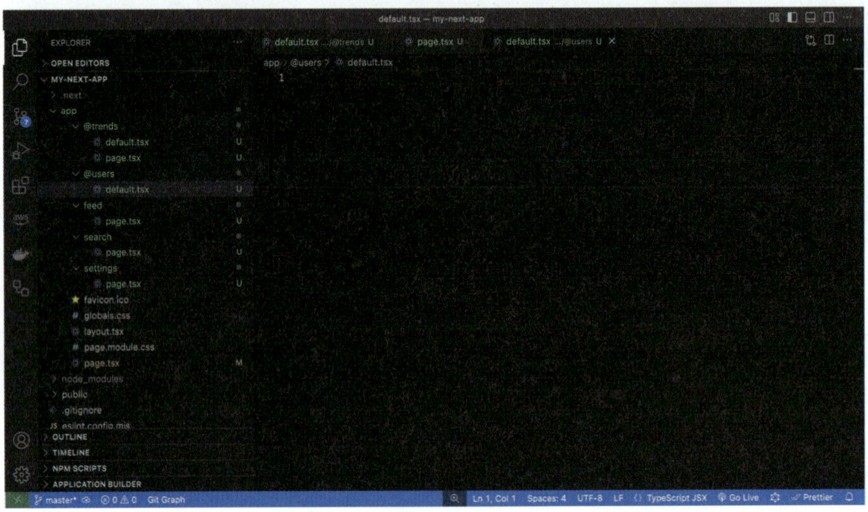

파일을 생성한 이후 `default.tsx` 파일에 다음처럼 코드를 작성합니다. 이 코드는 아주 간단한 형태의 페이지 컴포넌트 코드입니다.

```
// app/@users/default.tsx

function UsersPage() {
    return <div className='box slot-default'>Users Slot default.js</div>;
}

export default UsersPage;
```

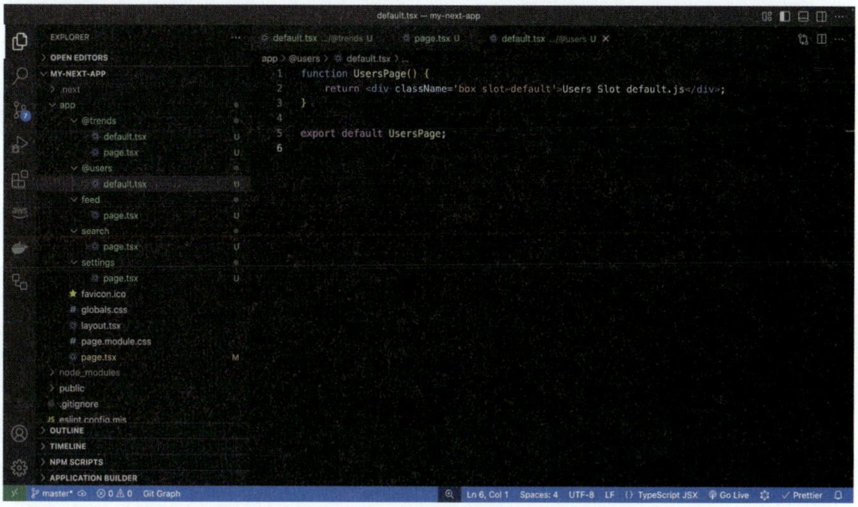

다음으로는 @users 폴더에 화면과 같이 page.tsx 파일을 생성합니다.

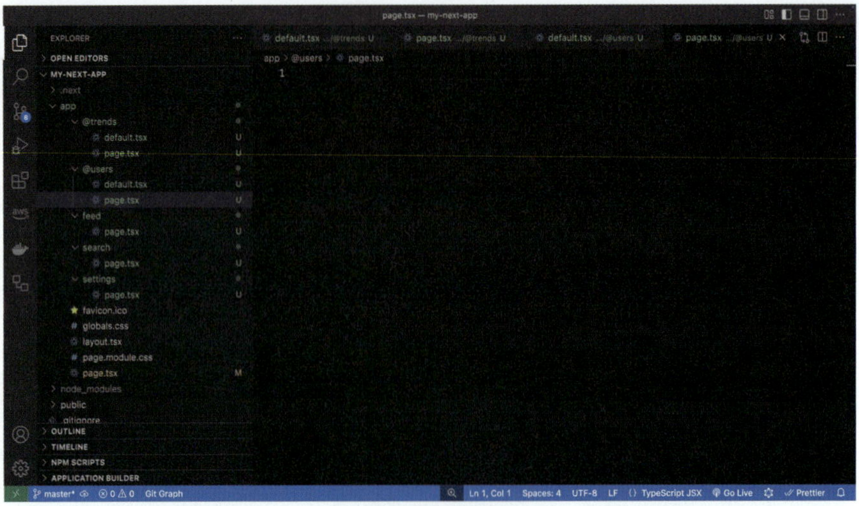

이후 page.tsx 파일에 다음과 같이 코드를 작성합니다. 이 코드는 아주 간단한 형태의 페이지 컴포넌트 코드입니다.

```
// app/@users/page.tsx

function UsersPage() {
    return <div className='box slot-2'>Users Slot</div>;
}

export default UsersPage;
```

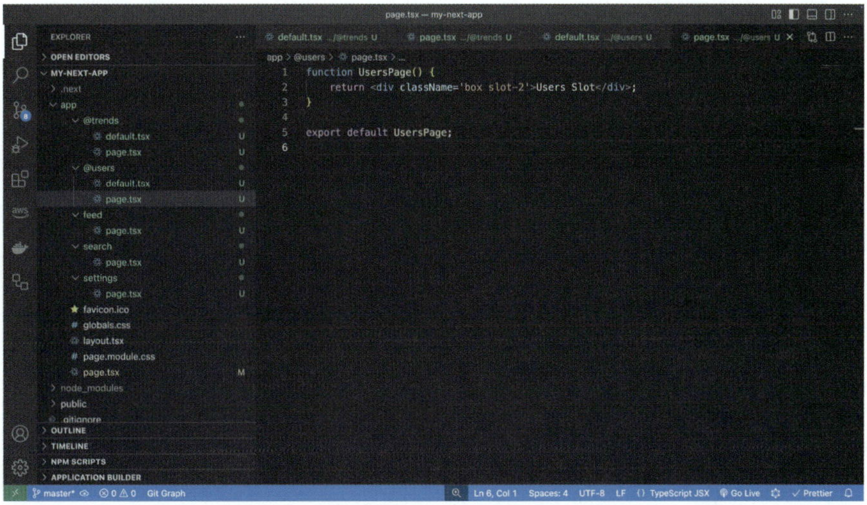

이렇게 해서 총 두 개의 슬롯을 갖도록 병렬 라우트를 모두 구성했습니다. 다음으로는 슬롯들이 화면에 렌더링되도록 루트 레이아웃을 수정해야 합니다. 다음 화면과 같이 app 폴더에 있는 `layout.tsx` 파일을 엽니다.

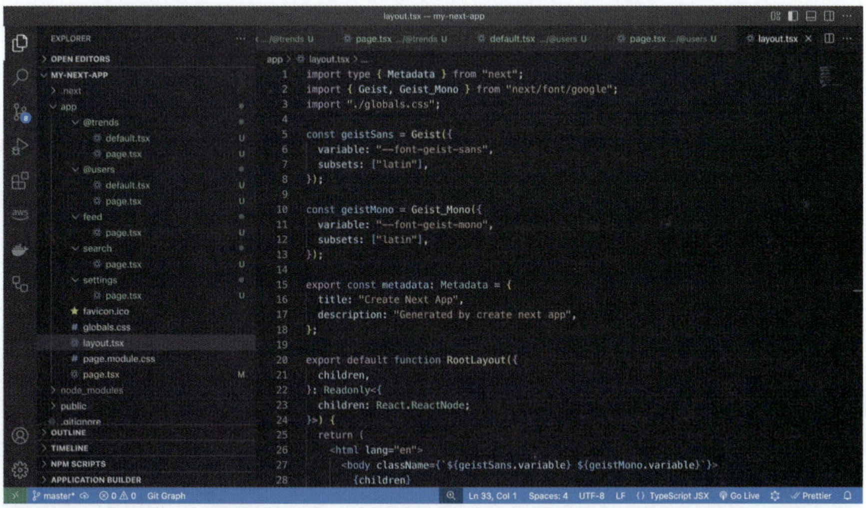

이후 `layout.tsx` 파일의 코드를 다음과 같이 수정합니다. 수정된 코드는 props로부터 trends와 users 슬롯을 가져와서 화면에 렌더링하는 코드입니다.

```
// app/layout.tsx

...

interface RootLayoutProps {
    children: React.ReactNode;
    trends: React.ReactNode;
    users: React.ReactNode;
}

export default function RootLayout(props: Readonly<RootLayoutProps>) {
    const { children, trends, users } = props;

    return (
        <html lang='en'>
            <body className={`${geistSans.variable} ${geistMono.variable}`}>
                {children}
                {trends}
                {users}
            </body>
        </html>
    );
}
```

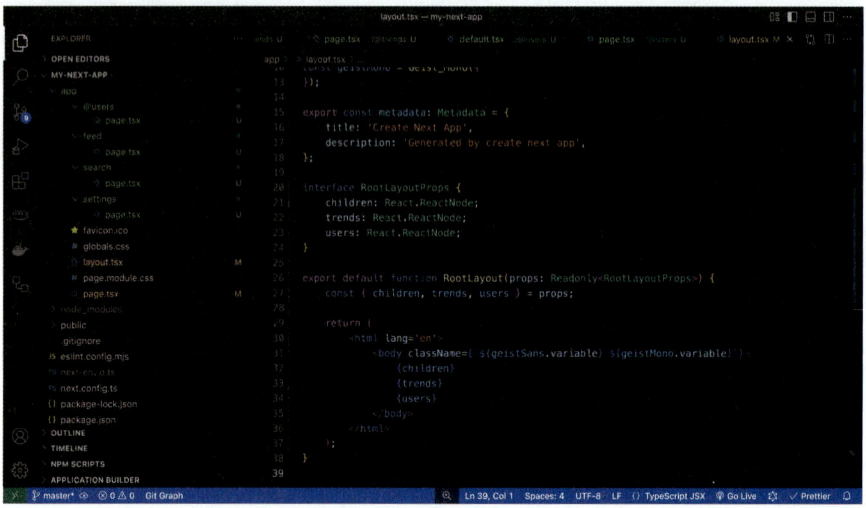

코드를 모두 수정한 이후 애플리케이션을 개발 모드로 실행하고 브라우저에서 접속해 보면 다음과 같이 두 개의 슬롯이 모두 화면에 나타나는 것을 볼 수 있습니다.

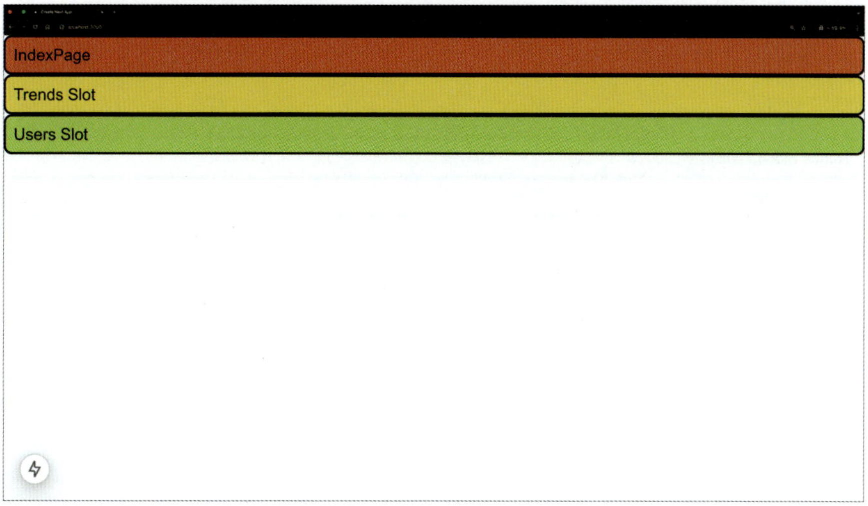

이번에는 브라우저의 주소창에 `localhost:3000/feed`라고 주소를 입력하고 엔터키를 누릅니다. 그러면 아래 화면과 같이 Feed 페이지가 나오는데, 이때 두 개의 슬롯은 모두 `default.js`가 렌더링되는 것을 볼 수 있습니다. 그 이유는 슬롯들의 경로는 `/`이고 현재 접속한 경로는 `/feed`로 경로가 일치하지 않기 때문입니다. 참고로 경로가 일치하지 않는 모든 경우에 `default.js`가 렌더링되는 것은 아니고 초기 로드나 전체 페이지 새로고침 시에만 렌더링됩니다.

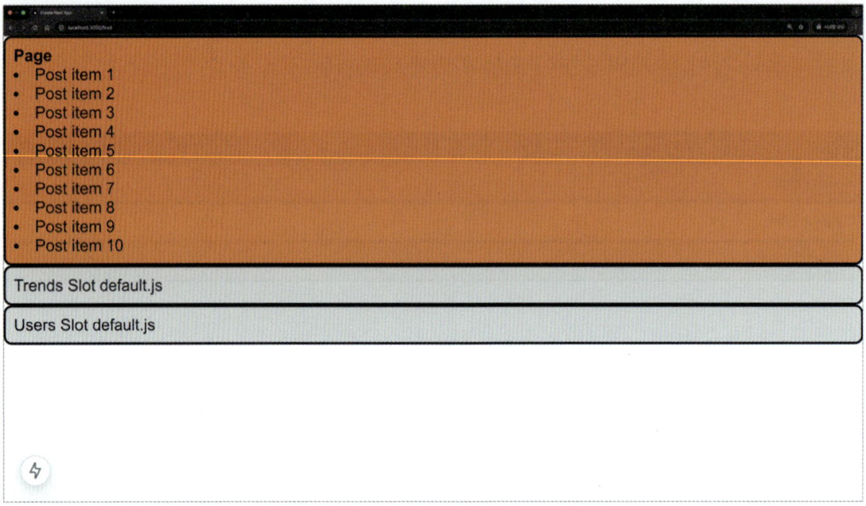

이렇게 해서 병렬 라우트의 슬롯을 구성해보고 실제로 렌더링되는 것까지 확인해보았습니다.

3.7 실습 인터셉팅 라우트 사용하기

이번 실습에서는 인터셉팅 라우트를 사용해보겠습니다. 먼저 다음과 같이 app 디렉터리에 posts라는 이름의 폴더를 생성합니다.

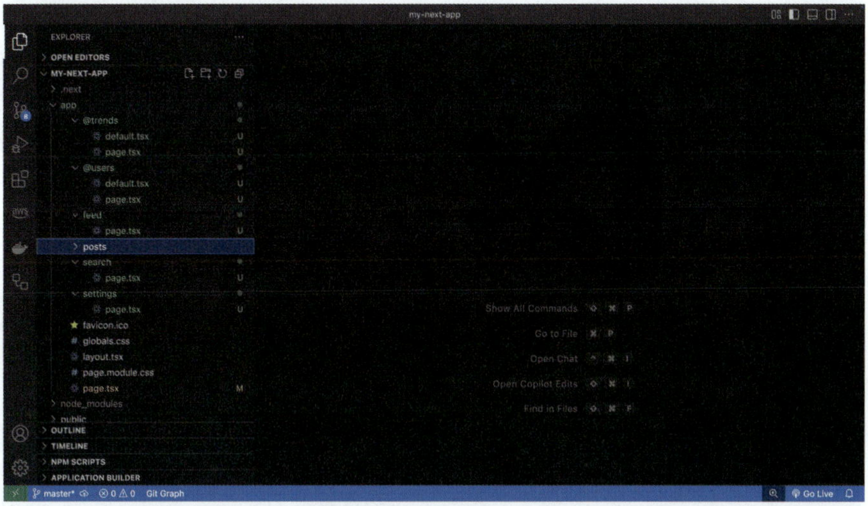

이후 생성한 `posts` 폴더에 다음 화면과 같이 `[postId]`라는 이름의 폴더를 생성합니다. 참고로 대괄호를 사용하는 형태는 주소에 포함된 동적인 파라미터들을 사용하기 위한 동적 세그먼트입니다.

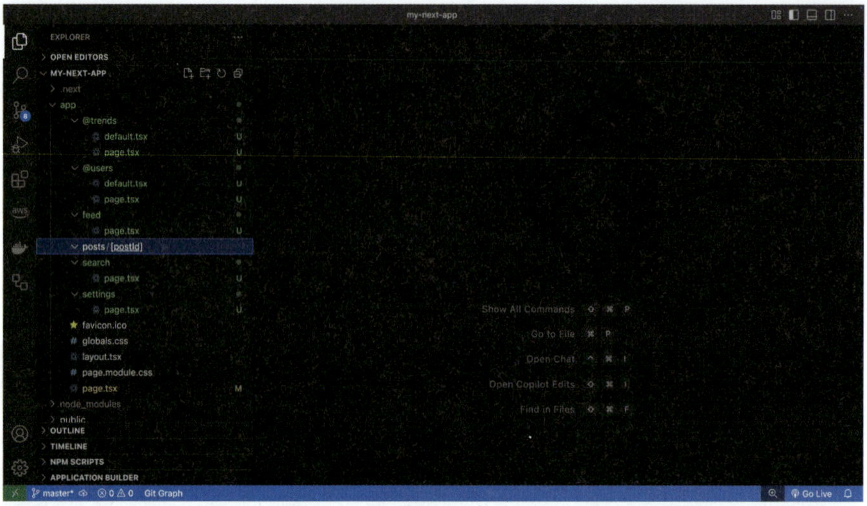

다음으로는 생성한 `[postId]` 폴더에 화면과 같이 `page.tsx` 파일을 생성합니다.

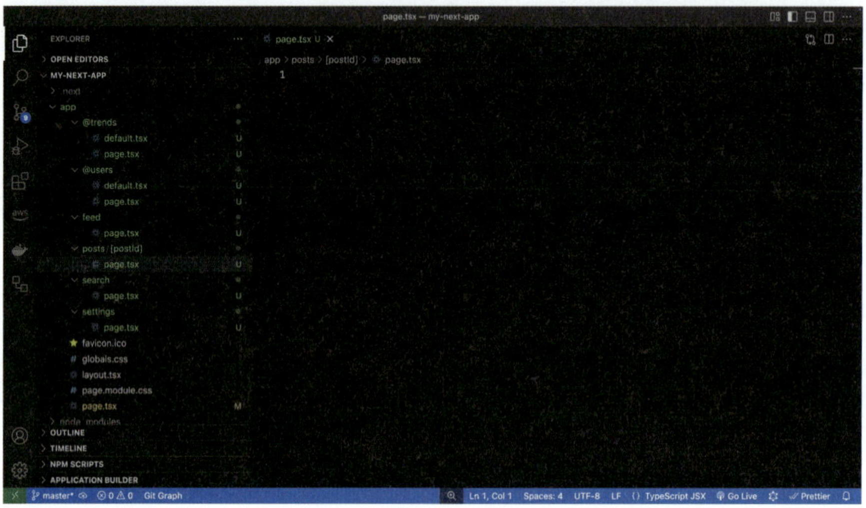

이후 `page.tsx` 파일에 다음의 코드를 작성합니다. 이 코드는 동적 세그먼트에 포함된 `postId` 값을 화면에 표시하는 아주 간단한 형태의 페이지 컴포넌트 코드입니다.

```
// app/posts/[postId]/page.tsx

interface PageProps {
    params: Promise<{ postId: string }>;
}

async function PostItemPage(props: PageProps) {
    const { params } = props;
    const { postId } = await params;

    return (
        <div className='box page'>
            <p>{`PostItemPage ${postId}`}</p>
        </div>
    );
}

export default PostItemPage;
```

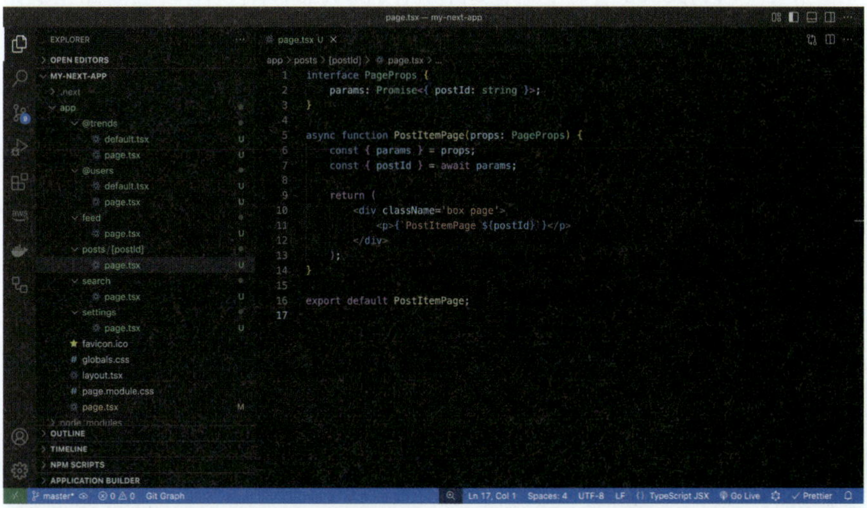

이제 방금 만든 페이지를 가로채도록 인터셉팅 라우트를 구성해보겠습니다. 다음 화면과 같이 app 폴더 내에 있는 feed 폴더에 `(..)posts`라는 이름의 폴더를 생성합니다.

참고로 여기에서는 **한 레벨 위의 세그먼트와 일치**시키기 위해서 인터셉팅 라우트의 다양한 사용 방법 중 (..)를 사용했습니다.

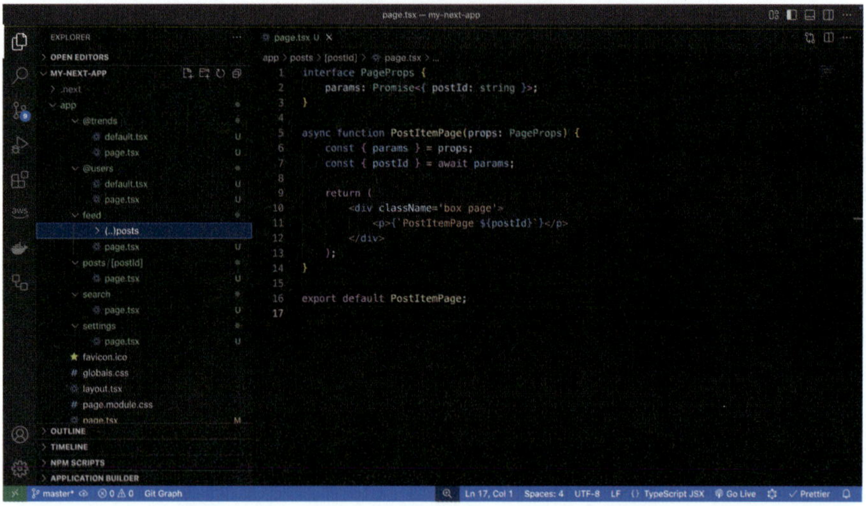

이후 생성한 (..)posts 폴더에 다음 화면처럼 [postId]라는 이름의 폴더를 생성합니다.

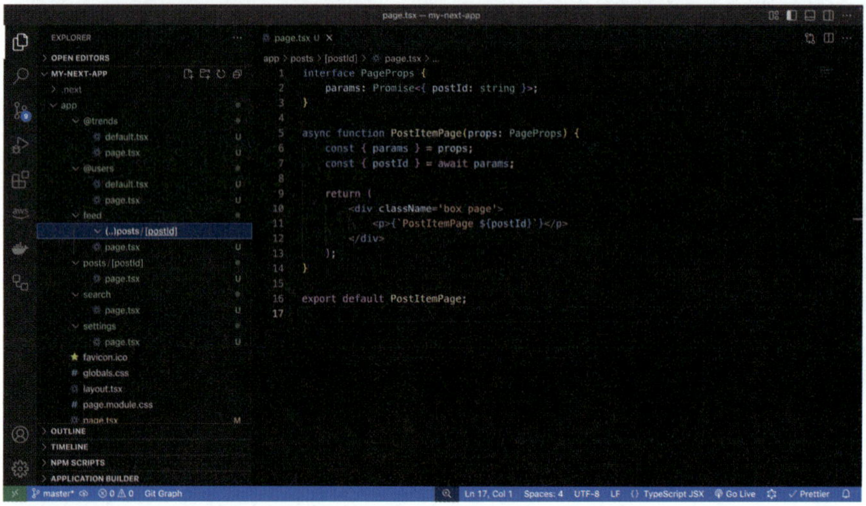

다음으로는 [postId] 폴더에 화면처럼 page.tsx 파일을 생성합니다.

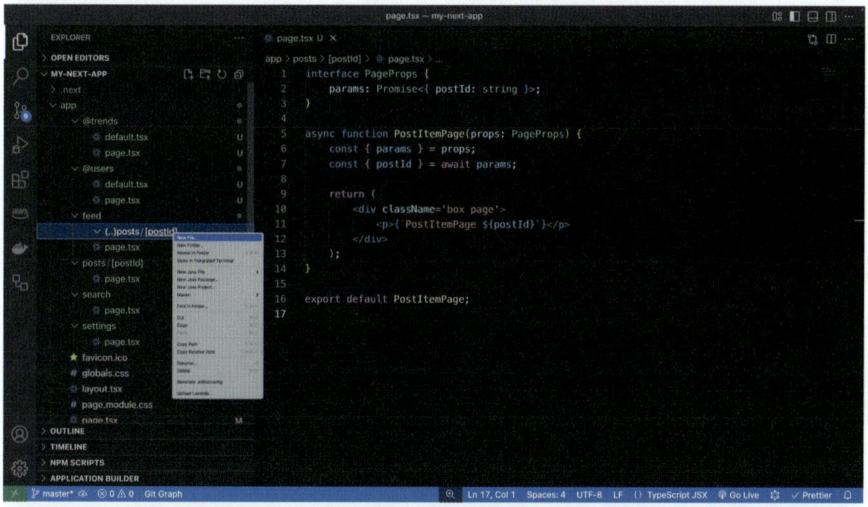

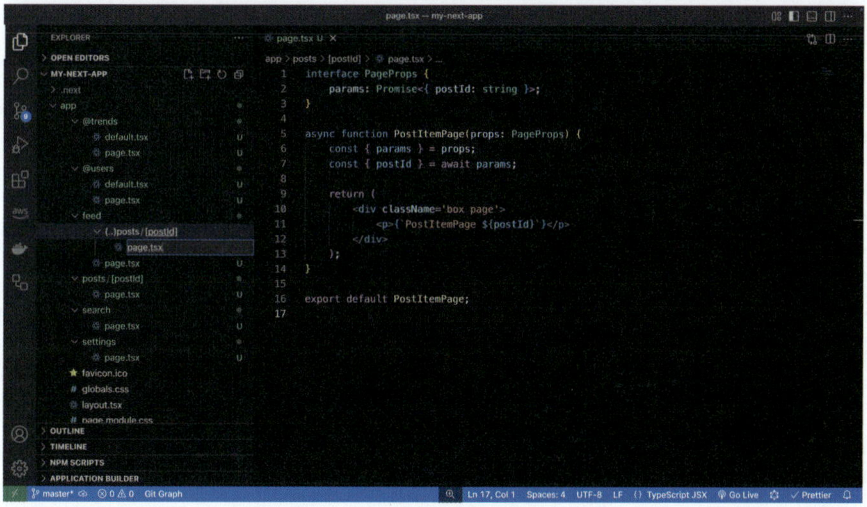

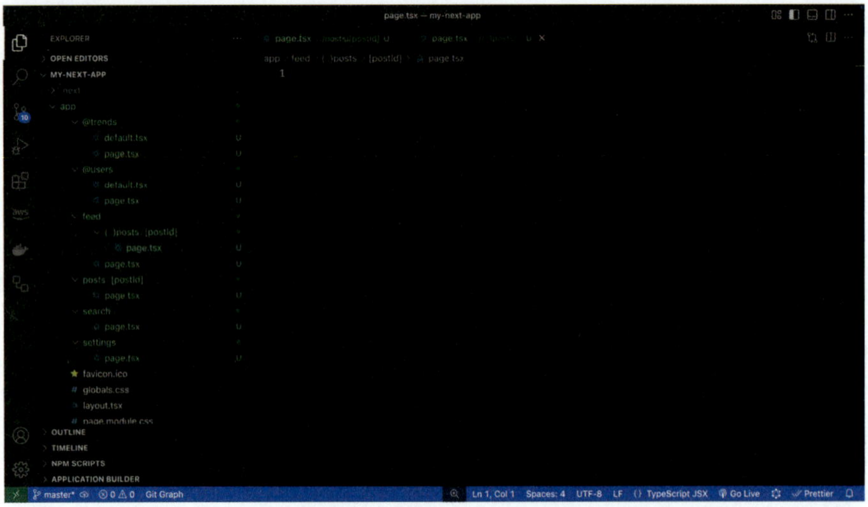

이후 page.tsx 파일에 다음과 같이 코드를 작성합니다. 이 코드는 /feed 경로를 통해서 /posts/[postId] 경로에 접속하는 경우 가로챈 경로를 표시할 아주 간단한 형태의 페이지 컴포넌트 코드입니다.

```
// app/feed/(..)posts/[postId]/page.tsx

interface PageProps {
    params: Promise<{ postId: string }>;
}

async function PostItemPage(props: PageProps) {
    const { params } = props;
    const { postId } = await params;

    return (
        <div className='box page'>
            <p>{`Intercepted PostItemPage ${postId}`}</p>
        </div>
    );
}

export default PostItemPage;
```

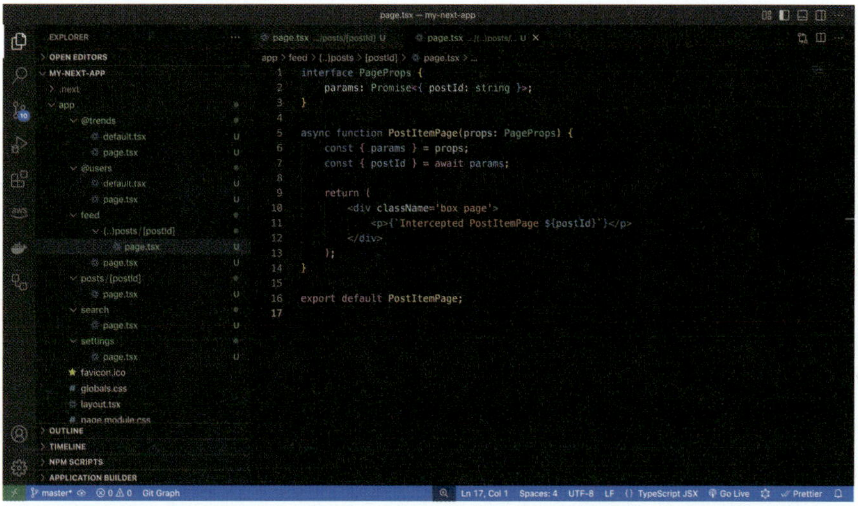

코드를 모두 작성했다면 이제 경로를 제대로 가로채는지 확인해보겠습니다. 먼저 애플리케이션을 개발 모드로 실행하고 브라우저에서 `localhost:3000/feed`에 접속합니다. 그러면 화면처럼 Feed 페이지가 나오고 총 10개의 Post item이 화면에 나타나는 것을 볼 수 있습니다. 여기서 **Post item 1**을 클릭합니다.

그러면 다음 화면과 같이 경로가 `localhost:3000/posts/1`로 바뀌고 가로챈 Post

Item 페이지가 나오는 것을 볼 수 있습니다. 즉, 이 경우는 경로를 가로챈 것입니다. 이제 이 상태에서 브라우저를 새로고침합니다.

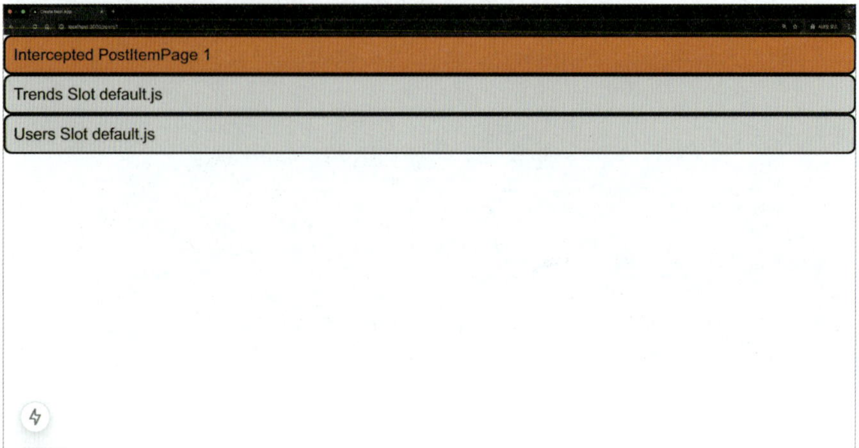

그러면 경로는 동일하지만 화면에 나타나는 Post Item 페이지가 달라지는 것을 볼 수 있습니다. 이 경우는 경로를 가로채지 않고 원래 경로에 존재하는 페이지 컴포넌트가 렌더링된 것입니다.

이렇게 해서 인터셉팅 라우트를 구성하고 실제로 작동하는 것까지 확인했습니다.

3.8 마치며

이번 장에서 배운 내용은 아래와 같습니다.

- **라우팅**
  - 여러 페이지들 사이를 이동하는 것
  - Next.js에서는 폴더 구조를 기반으로 라우트들을 구성
  - URL 세그먼트: URL 경로의 일부이며 슬래시(/)로 구분
  - URL 경로: URL에서 도메인 다음에 나오는 부분을 의미하며, 세그먼트의 조합
- **페이지스 라우터**
  - Next.js 버전12까지 페이지 라우팅을 담당하던 라우터
  - pages 폴더 내에 폴더와 파일을 중첩하여 경로를 구성
  - 커스텀 앱
    - App 컴포넌트 파일(`/pages/_app.tsx`)을 수정해서 사용
  - 커스텀 도큐먼트
    - 도큐먼트는 SPA의 단일 페이지의 역할을 하는 것
    - Document 컴포넌트 파일(`/pages/_document.tsx`)을 수정해서 사용
  - 라우트
    - 인덱스 라우트
      - pages 폴더 내에 각 폴더에 index.js 파일을 위치시킴으로써 사용자가 각 경로에 접속했을 때 보여줄 페이지를 지정
      - 예시: `pages/index.js` → `/`
    - 중첩 라우트
      - pages 폴더 내에 폴더와 파일을 중첩시키는 형태로 복잡한 라우팅 경로를 구성
      - 예시: `pages/blog/first-post.js` → `/blog/first-post`
    - 동적 라우트
      - 대괄호를 사용하는 형태로 동적으로 변하는 경로를 구성
      - 대괄호 안에 있는 이름이 페이지로 전달될 쿼리 파라미터의 이름이 됨
      - 예시: `pages/posts/[postId].js` → `/posts/1, /posts/2, /posts/3,` …

- 레이아웃 패턴
  - 공통 레이아웃
    - `Layout` 컴포넌트를 만들어서 각 페이지의 상위 컴포넌트로 감싸주는 방법을 사용
    - 리액트에서 HOC(Higher Order Component)라고 부르는 방식
  - 페이지별 레이아웃
    - 각 페이지에 `getLayout` 속성을 추가하여 레이아웃을 제공하는 방법

- **앱 라우터**
  - Next.js 버전13에서 실험적으로 등장
  - 리액트 서버 컴포넌트를 기반으로 구축된 라우터
  - 라우트 정의하기
    - app 폴더 내에 정해진 규칙에 맞게 폴더와 파일을 중첩시키면 됨
    - 폴더 내에 들어가는 파일의 이름을 규칙에 맞게 작성해야 함
      - `layout`: 레이아웃
      - `page`: 페이지
      - `loading`: 로딩 화면
      - `not-found`: Not found 페이지
      - `error`: 에러 화면
      - `global-error`: 글로벌 에러 화면
      - `route`: API 엔드포인트
      - `template`: 재렌더링되는 레이아웃
      - `default`: 병렬 라우트를 위한 대체 UI
    - 아래와 같은 계층 구조로 렌더링됨
      - `layout.js`
      - `template.js`
      - `error.js`: 리액트 에러 경계
      - `loading.js`: 리액트 Suspense 경계
      - `not-found.js`: 리액트 에러 경계
      - `page.js` 또는 중첩된 `layout.js`
  - 라우트 그룹
    - 폴더가 URL의 경로에 포함되는 것을 방지하고, app 폴더에 있는 route segments와 파일을 논리적으로 그룹화할 수 있게 해주는 기능

- app 폴더 내에 (폴더 이름) 형태로 괄호로 감싼 이름의 폴더를 만들고 그 안에 그룹화할 폴더 또는 파일을 넣어서 사용
- 사용 사례
  - URL 경로에 영향을 주지 않고 경로를 구성할 때
  - 각 세그먼트에 선택적으로 레이아웃을 적용할 때
  - 여러 개의 루트 레이아웃을 만들고 싶을 때

◦ 프로젝트 구성과 파일 공동 배치

- 폴더를 생성했더라도 그 안에 `page.js` 또는 `route.js` 파일이 존재하지 않으면, 해당 라우트는 공개적으로 접근할 수 없음
- `page.js` 또는 `route.js` 파일이 반환하는 내용만 클라이언트에 전송됨
- `page.js` 또는 `route.js` 파일이 아닌 다른 파일들을 앱 라우터 내에 있는 폴더에 넣어서 안전하게 사용할 수 있음

◦ 동적 라우트

- 동적인 데이터로부터 라우트를 생성해주는 기능
- 동적 세그먼트
  - 폴더의 이름을 대괄호로 감싸서 작성 (예: `[id]`, `[slug]`)
- 정적 파라미터 생성하기
  - `generateStaticParams` 함수를 사용하면 빌드 시점에 동적 세그먼트 기능을 사용하면서도 각 경로를 정적으로 생성할 수 있음
- 모든 세그먼트 포착하기
  - 대괄호 안에 줄임표를 추가(`[...folderName]`)하여 이후의 모든 세그먼트를 포착할 수 있도록 확장 가능
- 모든 세그먼트를 선택적으로 포착하기
  - 이중 대괄호(`[[...folderName]]`)를 사용하여 이후의 모든 세그먼트를 선택적으로 포착 가능
  - 매개변수가 없어도 해당 경로로 라우팅됨

◦ 병렬 라우트

- 병렬적으로 여러 개의 라우트들을 렌더링할 수 있게 해주는 기능
- 동일한 레이아웃 내에서 하나 이상의 페이지를 동시에 렌더링하거나 조건부로 렌더링할 수 있음
- `@folder` 형태로 슬롯을 정의하여 사용
- 슬롯은 라우트 세그먼트가 아니며 URL 구조에 영향을 주지 않음

◦ 인터셉팅 라우트

- 현재 레이아웃 내에서 애플리케이션의 다른 라우트를 로드하는 기능

    - (..) 컨벤션으로 정의할 수 있음

- **링크와 내비게이션**
  - <Link> 컴포넌트
    - HTML의 <a> 태그를 확장하여 라우트 간의 프리페칭과 클라이언트 사이드 내비게이션을 제공하는 내장 컴포넌트
    - next/link 패키지로부터 임포트해서 사용
  - useRouter() 훅
    - 클라이언트 컴포넌트에서 라우터를 사용해서 라우트를 변경할 수 있게 해주는 훅
    - next/navigation 패키지로부터 임포트해서 사용
    - 특별한 경우가 아니면 <Link> 컴포넌트를 사용해서 라우트를 변경하는 것이 좋음
      - 웹사이트에서 버튼이나 링크 위에 커서를 올려도 어떤 페이지로 링크가 걸려 있는지 확인할 수 없기 때문
  - redirect() 함수
    - 서버 컴포넌트에서 특정 조건에 따라 리디렉션을 시키고 싶을 경우 사용

Chapter 4

페이지와 레이아웃

Preview

이번 장에서는 먼저 Next.js의 페이지, 레이아웃 그리고 템플릿의 개념과 사용 방법에 대해서 배우고, 이후 검색엔진최적화와 관련된 메타데이터에 대해서 배워보도록 하겠습니다. 참고로 지금부터 나오는 모든 내용은 앱 라우터를 기준으로 하고 있습니다. Next.js가 SSR을 위해 탄생했고, 또한 그에 최적화된 프레임워크이기 때문에 이번 장에서 배우는 내용에 대해서 제대로 이해하고 넘어가기 바랍니다.

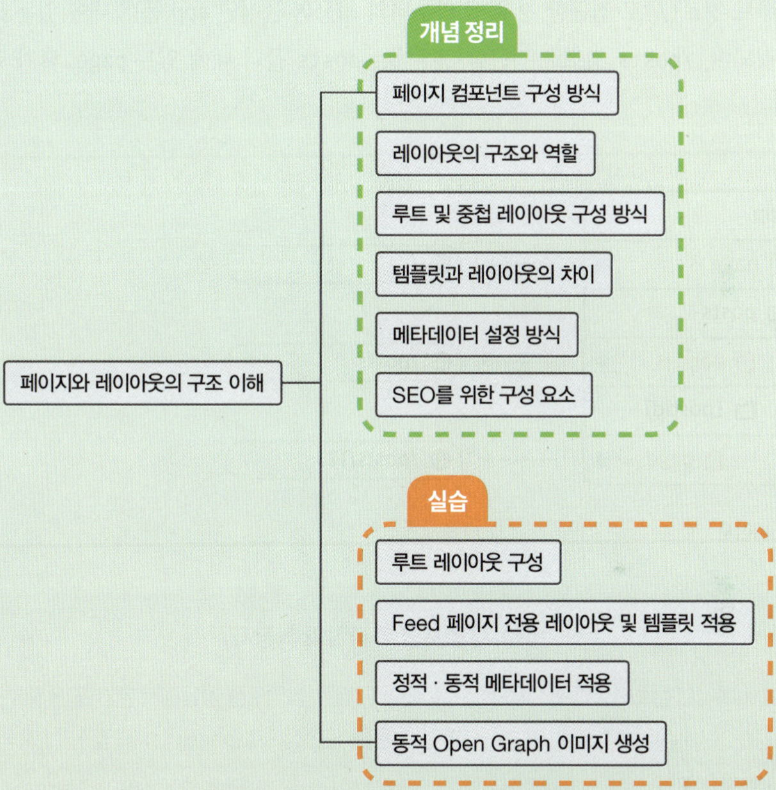

NEXT.JS

4.1 페이지

Next.js의 페이지pages는 우리가 일반적으로 알고 있는 웹 페이지와 같은 개념이라고 생각하면 됩니다. 한 가지 다른 점은 Next.js에서는 페이지를 구성하는 컴포넌트가 담긴 파일의 이름을 `page.js`(타입스크립트의 경우 `page.ts`)로 정했다는 점입니다. 그래서 다음 그림처럼 웹사이트의 루트 경로(/)로 접근할 경우 앱 라우터의 최상위 폴더인 app 폴더 내에 있는 `page.js`가 렌더링되며, `/posts` 경로로 접근할 경우에는 `posts` 폴더 내에 있는 `page.js`가 렌더링됩니다.

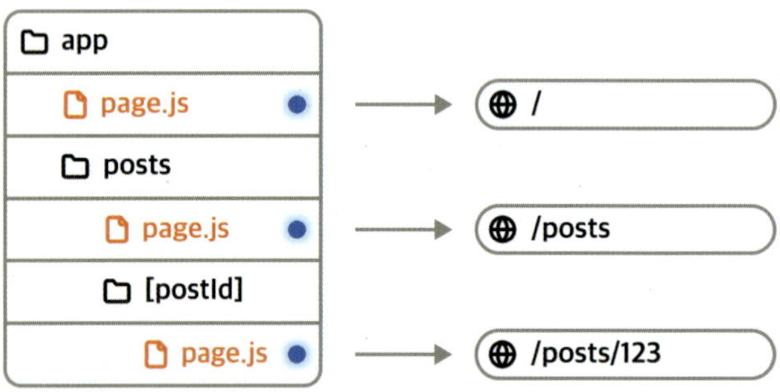

▶ 경로별 페이지

> **NOTE**
>
> **페이지 컴포넌트 파일의 확장자**
>
> 그림에서 페이지 컴포넌트의 확장자는 `.js`로 되어 있지만, 리액트를 사용해서 개발할 때 대부분 JSX를 사용하기 때문에 페이지 컴포넌트의 파일 이름은 일반적으로 `page.jsx`(타입스크립트의 경우 `page.tsx`)가 됩니다.

아래 코드는 아주 간단한 형태의 `page.tsx` 파일의 예시 코드입니다. 페이지 컴포넌트라고 해서 특별한 것이 아니라 우리가 일반적으로 알고 있는 리액트 컴포넌트라고 보면 됩니다. Next.js에서는 이 파일을 어떤 폴더 내에 위치시키느냐에 따라서 해당 경로로 접속했을 때 나오는 페이지가 달라집니다.

```
// app/page.tsx

function Page() {
    return <h1>안녕하세요, 소플입니다!</h1>
}

export default Page;
```

이전 장에서 앱 라우터에 대해 배울 때 나왔던 것처럼, Next.js에서는 아래 그림과 같이 app 폴더 내에 중첩된 폴더 구조를 통해 라우트를 구성하게 됩니다.

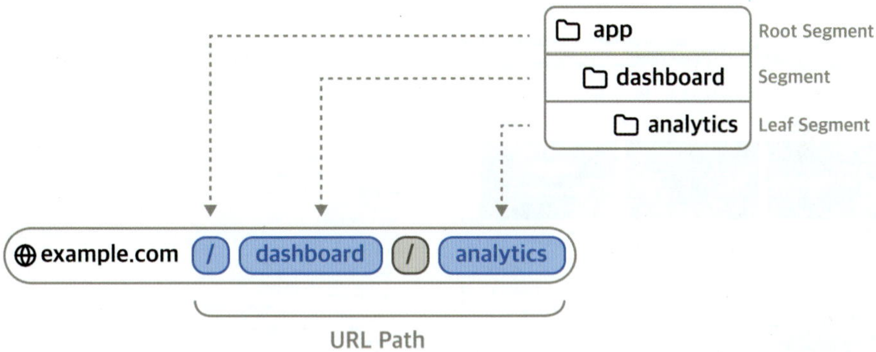

▶ 각 세그먼트의 URL 경로 매핑

페이지 컴포넌트는 기본적으로 서버 컴포넌트이지만 "use client" 지시어를 사용하여 클라이언트 컴포넌트로 설정할 수 있습니다. 만약 서버 컴포넌트 형태로 구현하게 되면 페이지 컴포넌트 내에서 곧바로 서버로부터 데이터를 받아와서 SSR[Server Side Rendering]을 할 수 있습니다.

4.2 레이아웃

웹사이트에서 레이아웃layout은 **여러 웹 페이지 간에 반복적으로 나타나는 화면 구성**을 의미합니다. 이러한 레이아웃은 사용자가 페이지를 이동하더라도 사라지거나 다시 렌더링되지 않고 계속해서 화면에 존재하게 됩니다. 일반적인 웹사이트는 가장 상단에 나오는 헤더header와 하단에 나오는 푸터footer가 페이지를 이동하더라도 사라지지 않고 고정적으로 나오는데, 이것은 헤더와 푸터가 모두 레이아웃에 속해 있기 때문입니다. 다음 예시 화면에 나타난 두 개의 페이지는 서로 다른 페이지이지만 헤더는 레이아웃에 속해 있어 동일하게 나오는 것을 볼 수 있습니다.

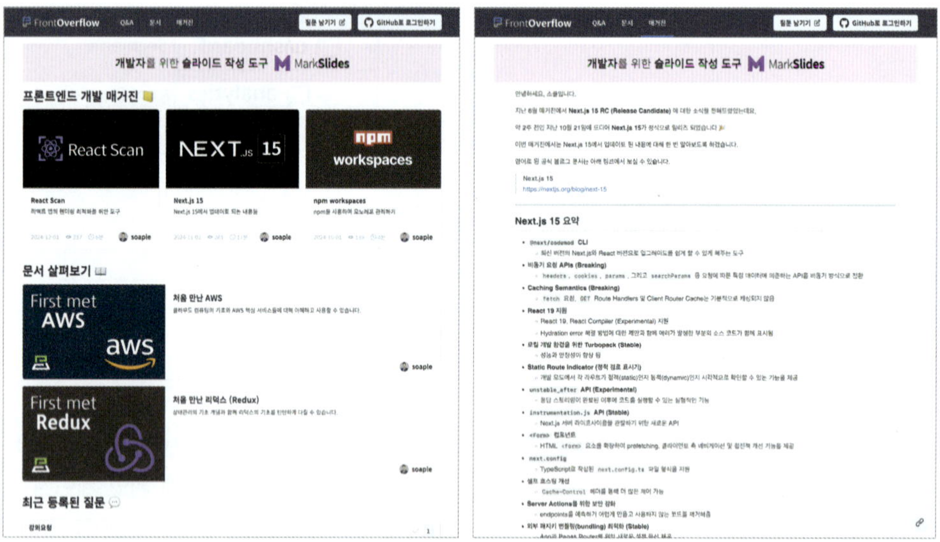

▶ 레이아웃 예시

Next.js의 앱 라우터에서 이러한 레이아웃을 구성하기 위해서는 다음 그림과 같이 **`layout.js`**라는 정해진 파일명을 사용하면 됩니다. 참고로 페이지 컴포넌트와 동일하게 JSX를 사용할 경우 파일명은 `layout.jsx`, 타입스크립트의 경우 `layout.tsx`가 됩니다.

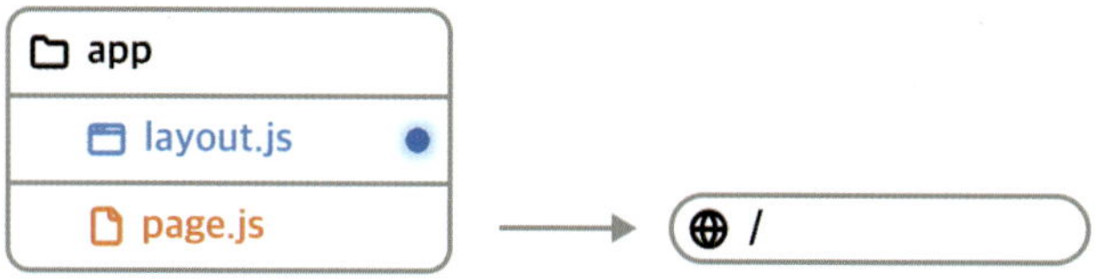

▶ 레이아웃 파일

아래 그림은 레이아웃을 적용하는 예시를 나타낸 것입니다. 이 경우에 /posts로 접속하거나 /posts/1, /posts/2 등으로 접속했을 때 모두 /app/posts/layout.js 파일에 있는 레이아웃이 적용됩니다. 그래서 레이아웃을 **페이지의 상위 컴포넌트**HOC, Higher Order Component라고 생각하면 이해하기 쉽습니다.

▶ 특정 경로에만 적용되는 레이아웃

Next.js 레이아웃의 한 가지 중요한 특징은 **경로 이동 시에도 상태**state**가 보존된다는 점**입니다. 즉, **경로가 변경되더라도 사용자와 상호작용 가능한 상태를 유지하며 재렌더링되지 않습니다**. 레이아웃의 이러한 특징을 잘 이해하고 사용하는 것이 중요합니다. 그렇지 않으면 페이지를 이동했는데 레이아웃에 재렌더링이 발생하지 않고 그대로인 것에 대해서 의문을 가지고 디버깅하는데 시간을 허비할 수 있기 때문입니다.

1 루트 레이아웃

Next.js 애플리케이션의 최상위 레이아웃을 루트 레이아웃root layout이라고 부릅니다. 루트 레이아웃은 이름이 가진 의미 그대로 **애플리케이션 전체에 적용되는 레이아웃**입니다. 그래서 앱 라우터를 사용하는 모든 Next.js 애플리케이션에는 **루트 레이아웃이 필수적으로 존재**해야 합니다. 루트 레이아웃은 다음 그림처럼 앱 라우터의 최상위 경로(app 폴더의 최상위 레벨)에 위치하게 되며, 이를 통해 애플리케이션 전체에 적용할 공통적인 레이아웃을 정의하게 됩니다.

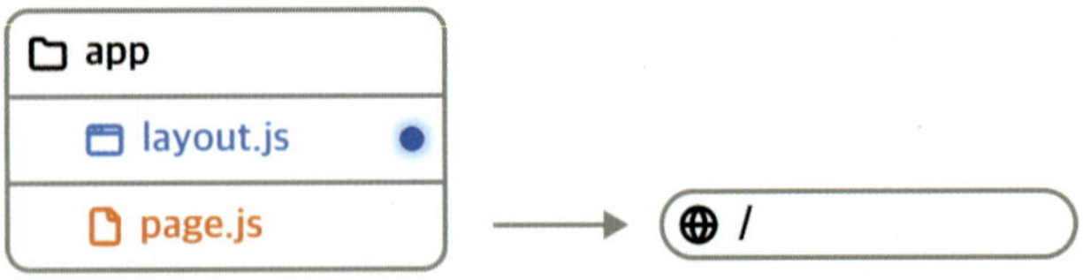

▶ 레이아웃 파일

앱 라우터의 루트 레이아웃은 `html` 태그와 `body` 태그를 필수적으로 포함해야 합니다. 앞서 배웠던 페이지스 라우터에서는 도큐먼트(`_document.tsx` 파일)를 사용해서 `index.html` 파일을 구성하게 되는데, 앱 라우터에서는 루트 레이아웃이 그 역할을 한다고 이해하면 됩니다.

다음 코드는 타입스크립트로 작성한 루트 레이아웃 예시 코드입니다. 레이아웃은 페이지를 포함하는 컴포넌트이기 때문에 아래 코드처럼 리액트 컴포넌트의 **`children` 속성**을 거의 필수적으로 사용합니다. 여기서 `children`은 페이지 또는 하위에 중첩된 레이아웃이 될 수 있습니다.

```
// app/layout.tsx

interface RootLayoutProps {
    children: React.ReactNode;
}

function RootLayout(props: RootLayoutProps) {
    const { children } = props;

    return (
        <html lang="en">
            <body>
                {/* 실제 레이아웃 UI */}
                <main>
                    <header></header>
                    {children}
                    <footer></footer>
                </main>
            </body>
```

```
        </html>
    );
}

export default RootLayout;
```

2 중첩 레이아웃

웹사이트를 개발하다 보면 **루트 레이아웃 내에 각 경로별로 또 다른 레이아웃을 중첩해서 적용하고 싶은 경우**가 있습니다. 그럴 경우 다음 그림과 같이 해당 경로의 폴더 내에 **별도의 `layout.js` 파일**을 작성하면 됩니다.

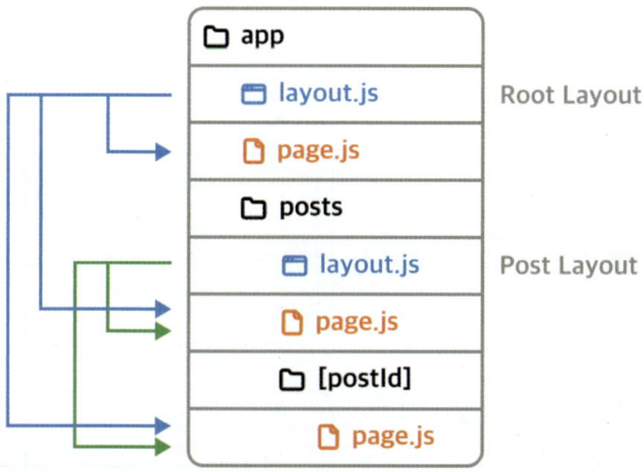

▶ 중첩 레이아웃

아래 코드는 posts 폴더 내에 작성한 레이아웃 예시 코드입니다.

```
// app/posts/layout.tsx

interface PostLayoutProps {
    children: React.ReactNode;
}

function PostLayout(props: PostLayoutProps) {
```

```
    const { children } = props;

    return <section>{children}</section>;
}

export default PostLayout;
```

위와 같이 중첩 레이아웃을 작성하면 다음 그림처럼 루트 레이아웃과 포스트 레이아웃post layout이 중첩되어 나타나게 됩니다. 물론 포스트 레이아웃은 /posts에 속한 경로로 접속했을 때만 중첩되어 나타나게 되며, / 경로로 접속했을 때는 루트 레이아웃만 나타나게 됩니다. 여기서 기억할 점은 **루트 레이아웃을 포함해서 해당 페이지가 있는 폴더에 이르기까지 존재하는 모든 레이아웃이 다 중첩**된다는 점입니다. 그래서 하나의 페이지에 하나의 레이아웃만 적용되는 것이 아니라 하나의 페이지에 여러 개의 레이아웃이 중첩될 수 있습니다.

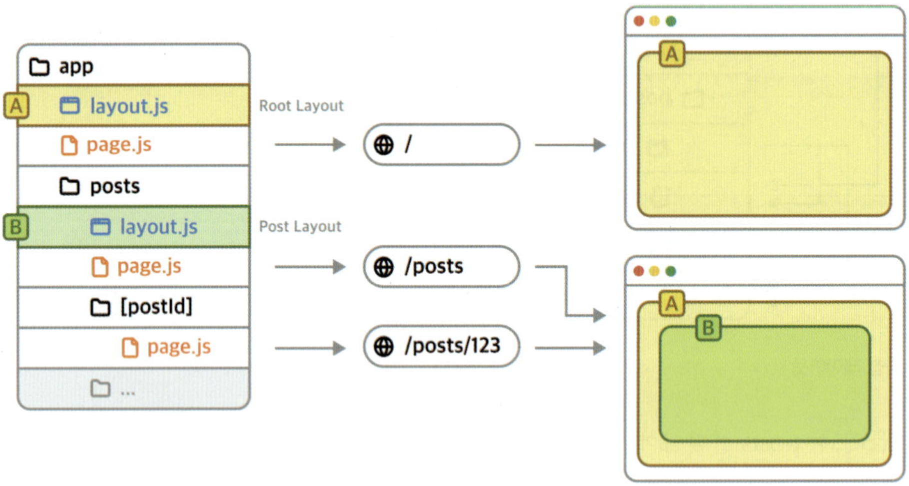

▶ 중첩 레이아웃과 화면 구성

만약 특정 페이지에서 레이아웃을 중첩시키지 않고, 독립적인 레이아웃을 적용하고 싶다면 이전 장에서 나왔던 **라우트 그룹**을 사용해서 여러 개의 루트 레이아웃을 만들면 됩니다. app 폴더의 최상위에 위치한 루트 레이아웃 파일(layout.js 파일)을 제거하고, 다음 그림과 같이 각 라우트 그룹에 layout.js 파일을 작성하는 것이죠. 이때 **각 루트 레이아웃에 <html> 태그와 <body> 태그가 추가되어야 한다는 점**을 꼭 기억하기 바랍니다.

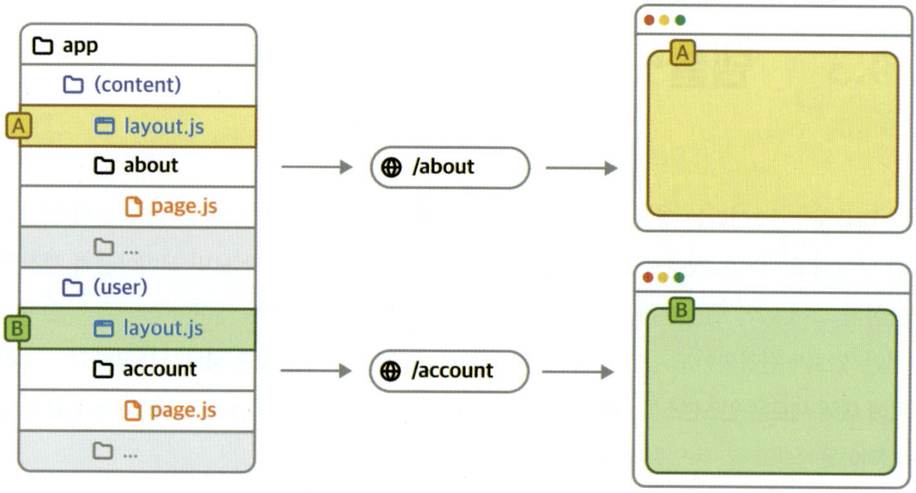

▶ 라우트 그룹을 사용한 다중 루트 레이아웃

4.3 템플릿

먼저 템플릿template이라는 영어 단어는 **틀**이라는 뜻을 갖고 있습니다. 그리고 Next.js의 템플릿 또한 단어의 의미처럼 페이지의 틀을 잡아주는 역할을 합니다. 역할만 보면 레이아웃과 굉장히 비슷하게 느껴지죠. 템플릿은 하위 컴포넌트들을 감싼다는 점에서는 레이아웃과 유사합니다. 하지만 경로가 변경되어도 상태가 유지되는 레이아웃과 달리, **템플릿은 경로가 변경될 때마다 각 경로에 대해 새로운 인스턴스를 생성**합니다. 즉, 템플릿을 한마디로 표현하면 **상태가 유지되지 않는 레이아웃**이라고 할 수 있습니다.

예를 들어 다른 경로에 존재하지만 동일한 템플릿이 적용되는 페이지가 존재한다고 했을 때, 경로가 변경되면 하위 컴포넌트가 새로 마운트되고 DOM 엘리먼트element들이 새로 생성되며, 클라이언트 컴포넌트의 상태가 유지되지 않으며, effect들이 다시 동기화됩니다.

이러한 템플릿을 사용하는 경우로는 **경로가 변경되었을 때 `useEffect()` 훅을 다시 실행하거나, 클라이언트 컴포넌트를 다시 마운트하고 싶은 경우** 등이 있습니다. 템플릿을 정의하는 방법은 다음 그림처럼 각 경로 폴더 내에 **`template.js`라는 이름의 파일**을 만들면 됩니다.

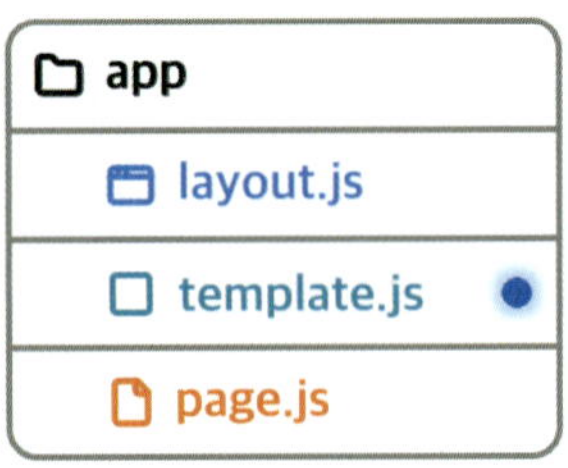

▶ 템플릿 파일

다음 코드는 아주 간단한 형태의 템플릿 예시 코드입니다. 템플릿 역시 레이아웃과 동일하게 **`children` prop을 사용하여 하위 컴포넌트를 렌더링**합니다.

```tsx
// app/template.tsx

interface TemplateProps {
    children: React.ReactNode;
};

function Template(props: TemplateProps) {
    const { children } = props;

    return <div>{children}</div>
}

export default Template;
```

만약 동일한 경로 폴더 내에 레이아웃과 템플릿이 모두 존재할 경우 다음과 같은 형태로 중첩이 됩니다. 먼저 레이아웃이 가장 바깥에서 감싸고 있고, 그 내부에 템플릿이 하위 children을 감싸는 형태가 됩니다.

```
<Layout>
    {/* NOTE: 템플릿에는 고유한 키 값이 필요함 */}
    <Template key={routeParam}>{children}</Template>
</Layout>
```

이해를 돕기 위해 3장에서 살펴본 앱 라우터의 컴포넌트 계층 구조를 다시 한번 보겠습니다. 이 그림을 보면 레이아웃이 최상위에 위치하고, 그다음 템플릿이 위치하는 것을 볼 수 있습니다. 이러한 앱 라우터의 각 파일과 컴포넌트 계층 구조를 잘 기억해두기 바랍니다.

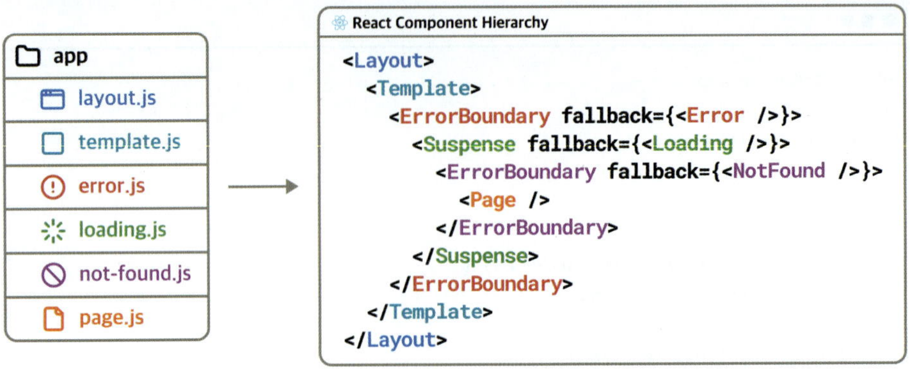

▶ 파일 이름 규칙과 컴포넌트 계층 구조

4.4 메타데이터

지금부터는 메타데이터metadata의 개념과 Next.js에서 제공하는 정적 메타데이터Static Metadata와 동적 메타데이터Dynamic Metadata 기능에 대해서 살펴보겠습니다.

1 메타데이터란

일반적으로 웹사이트에서 메타데이터라고 하면 해당 웹사이트의 제목, 설명, 미리보기 이미지 등 **웹사이트의 정체성을 나타내는 다양한 속성**들을 의미합니다. 그리고 이러한 메타데이터는 다음 코드와 같이 HTML의 <head> 태그 내에 들어가게 됩니다.

```
<html>
    <head>
        <meta charset="utf-8">
        <meta name="viewport" content="width=device-width, initial-scale=1">
        <title>소플 - soaple.io</title>
        <meta name="description" content="소플">
        <meta property="og:title" content="소플 - soaple.io">
        <meta property="og:description" content="소플">
        <meta property="og:url" content="https://www.soaple.io/">
        <meta property="og:type" content="website">
        <meta property="og:image" content="https://www.soaple.io/image/og_image.
png">
        <meta property="og:image:alt" content="Soaple cover image">
        <meta property="og:image:type" content="image/png">
        <meta property="og:image:width" content="1200">
        <meta property="og:image:height" content="630">
        <meta property="og:site_name" content="Soaple">
        <link rel="canonical" href="https://www.soaple.io/">
        <link rel="manifest" href="/manifest.json">
        <link rel="shortcut icon" type="image/x-icon" href="/favicon.ico">
        <meta name="theme-color" content="#9DCC59">
    </head>
    <body>
```

```
        ...
    </body>
</html>
```

웹사이트를 만들 때는 메타데이터를 잘 작성하는 것이 중요합니다. 왜냐하면 다음처럼 웹사이트의 링크가 공유되었을 때나, 검색 엔진의 검색 결과를 통해 노출되었을 때 사용자들이 메타데이터를 통해서 어떤 웹사이트인지 파악할 수 있기 때문입니다.

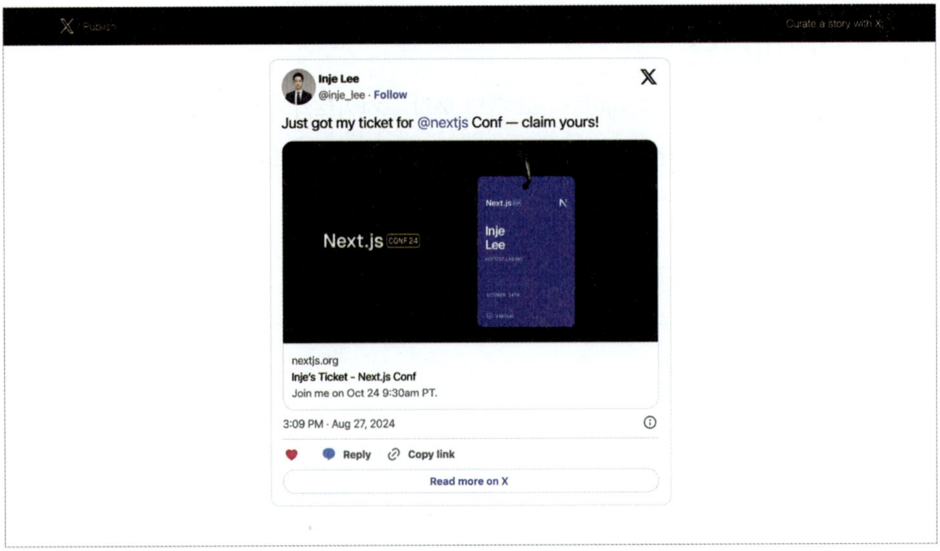

▶ 공유된 링크의 메타데이터

우리가 직접 <head>태그 내에 메타데이터를 작성할 수도 있지만 Next.js에서는 조금 더 편리하게 메타데이터를 정적으로 설정하거나 동적으로 설정할 수 있는 기능을 제공합니다. 지금부터는 각 기능에 대해서 하나씩 살펴보겠습니다.

2 정적 메타데이터

정적 메타데이터는 말 그대로 **정적인 메타데이터**를 의미합니다. 즉, 동적으로 변하지 않는 메타데이터이기 때문에 고정된 값을 설정해놓으면 그 값이 계속해서 사용됩니다.

Next.js에서 정적 메타데이터를 설정하려면 다음 예시 코드와 같이 **layout.tsx 또는 page.tsx 파일에서 metadata 객체를 익스포트**하면 됩니다. 이때 metadata의 타입은 next 패키지의 Metadata 타입으로 지정하면 됩니다.

```
// layout.tsx 또는 page.tsx 파일에서 정적 메타데이터를 설정하는 예시 코드

import type { Metadata } from 'next';

export const metadata: Metadata = {
    title: '소플의 홈페이지',
    description: '안녕하세요, 소플의 홈페이지입니다.',
}

export default function Page() {
    ...
}
```

그리고 Next.js에서는 이렇게 익스포트된 metadata 객체를 사용해서 해당 페이지의 메타데이터를 설정하게 됩니다.

3 동적 메타데이터

동적 메타데이터는 정적 메타데이터와는 다르게 **동적으로 변하는 메타데이터**를 의미합니다. 이러한 메타데이터는 현재 경로의 파라미터나 외부 데이터 혹은 상위 메타데이터에 따라 달라질 수 있습니다. 동적 메타데이터가 필요한 경우는 각 페이지마다 다른 메타데이터를 설정해야 하는 경우입니다. 블로그에서 각 게시글 페이지마다 다른 제목과 설명, 미리보기 이미지 등을 설정해야 하는 경우가 그 예입니다.

Next.js에서 동적 메타데이터를 설정하기 위해서는 다음 코드처럼 **layout.tsx 또는 page.tsx 파일에서 metadata 객체를 반환하는 generateMetadata() 함수를 익스포트**하면 됩니다. 이때 generateMetadata() 함수가 반환하는 타입은 Promise<Metadata>로 지정하면 됩니다.

```
// layout.tsx 또는 page.tsx 파일에서 동적 메타데이터를 설정하는 예시 코드

import { Metadata, ResolvingMetadata } from 'next';

type Props = {
    params: { id: string };
    searchParams: { [key: string]: string | string[] | undefined };
};

export async function generateMetadata(
    props: Props,
    parent: ResolvingMetadata
): Promise<Metadata> {
    const { params, searchParams } = props;

    // 경로 파라미터 추출
    const { id } = await params;

    // API 서버로부터 데이터 받아오기
    const post = await fetch(`https://api.sample.com/post/${id}`).then((res) =>
res.json());

    // (선택) 상위 메타데이터를 가져와서 확장
    const previousImages = (await parent).openGraph?.images || [];

    return {
        title: post.title,
        description: post.description,
        openGraph: {
            images: [post.coverImageUrl, ...previousImages],
        },
    };
}

export default function Page(props: Props) {
    ...
}
```

이렇게 하면 경로 파라미터의 값에 따라서 다른 메타데이터가 나타나게 됩니다. 위 예시에서는 경로 파라미터에 포함된 게시글의 아이디 값에 따라서 해당 게시글의 제목과 설명, 커버 이미지가 메타데이터에 들어가게 됩니다.

NOTE

메타데이터를 설정할 때 유의할 점

`metadata` 객체와 `generateMetadata()` 함수는 **서버 컴포넌트**에서만 사용할 수 있습니다. 또한 같은 경로에 대해서 `metadata` 객체와 `generateMetadata()` 함수를 동시에 익스포트할 수 없고 둘 중 하나만 익스포트해야 합니다. 즉, 정적 메타데이터 또는 동적 메타데이터 둘 중 하나만 사용해야 한다는 것입니다.

4 SEO

SEO는 Search Engine Optimization의 약자로 **검색엔진최적화**라고 합니다. 검색엔진최적화라는 것은 우리가 만든 **웹사이트가 검색엔진에서 더 높은 순위에 나올 수 있도록 최적화하는 과정**이라고 보면 됩니다. SEO가 중요한 이유는 검색 결과에서 웹사이트가 보다 더 높은 순위에 나오게 함으로써 더 많은 사람에게 노출될 수 있고, 그로 인해 별다른 광고 비용 없이도 방문자 수나 회원 수를 자연스럽게 늘릴 수 있기 때문입니다. 그래서 SEO는 내가 만든 서비스나 웹사이트를 키우는 데 가장 중요하고 효과적인 방법 중 하나입니다.

이러한 검색엔진 최적화를 위해서는 다양한 부분의 노력이 필요합니다. 그중 기본적이며 손쉽게 할 수 있는 것이 바로 검색엔진에 **메타데이터를 잘 제공하는 것**입니다. Next.js에서는 앞에서 배운 것처럼 정적 메타데이터 또는 동적 메타데이터를 사용해서 각 페이지의 메타데이터를 설정할 수 있습니다. 그리고 이러한 메타데이터를 통해 검색엔진에서 특정 키워드로 검색했을 때 더 상위에 노출되는 것을 기대할 수 있습니다.

robots.txt 설정하기

`robots.txt` 파일은 웹사이트의 루트 경로에 위치한 텍스트 파일로 **웹 크롤러(로봇)들이 해당 사이트의 어떤 부분을 크롤링해도 되는지 또는 크롤링하지 말아야 하는지를 명시하는 규칙을 포함하고 있는 파일**입니다. 웹사이트 소유자는 `robots.txt` 파일을 통해 검색 엔진 및 기타 크롤러의 접근을 제어할 수 있습니다.

Next.js의 앱 라우터에서 `robots.txt` 파일을 설정하기 위해서는 다음과 같이 `app` 디렉터리의 최상위 경로에 **`robots.txt`** 파일을 추가하면 됩니다.

app/robots.txt 파일 예시

```
User-Agent: *
Allow: /
Disallow: /private/

Sitemap: https://www.soaple.io/sitemap.xml
```

만약 `robots.txt` 파일을 동적으로 생성하고 싶다면 `app` 디렉터리의 최상위 경로에 **`robots.ts` 파일**을 생성하고 다음 코드와 같이 `robots()` 함수를 디폴트 익스포트default export(기본 내보내기)하면 됩니다.

```
// app/robots.ts

import { MetadataRoute } from 'next';

export default function robots(): MetadataRoute.Robots {
    return {
        rules: {
            userAgent: '*',
            allow: '/',
            disallow: '/private/',
        },
        sitemap: 'https://www.soaple.io/sitemap.xml',
    };
}
```

이렇게 함으로써 검색 엔진 크롤러에게 사이트의 어떤 부분에 액세스할 수 있는지를 알려줄 수 있습니다.

사이트맵 설정하기

사이트맵sitemap은 단어의 의미처럼 **웹사이트의 구조를 한 눈에 파악할 수 있는 지도**를 나타냅니다. 웹사이트에 어떤 페이지들이 존재하는지, 마지막으로 변경된 시점은 언제인지 등의 정보를 담고 있습니다. 사이트맵은 XML 형식으로 작성하며 웹사이트의 구조와 콘텐츠에 대한 정보를 포함합니다. SEO 관점에서 사이트맵이 중요한 이유는 **검색 엔진이 웹사이트를 더 효율적으로 크롤링하고 색인화할 수 있도록 도와주기 때문**입니다.

Next.js의 앱 라우터에서 사이트맵을 설정하기 위해서는 다음처럼 app 디렉터리의 최상위 경로에 **sitemap.xml 파일**을 추가하면 됩니다.

app/sitemap.xml 파일 예시

```
<urlset xmlns="http://www.sitemaps.org/schemas/sitemap/0.9">
  <url>
    <loc>http://www.example.com/</loc>
    <lastmod>2024-07-30T16:02:34.074Z</lastmod>
    <changefreq>monthly</changefreq>
    <priority>1.0</priority>
  </url>
  <url>
    <loc>http://www.example.com/about</loc>
    <lastmod>2024-01-28T12:01:74.056Z</lastmod>
    <changefreq>yearly</changefreq>
    <priority>0.8</priority>
  </url>
</urlset>
```

만약 /app/sitemap.xml 파일을 동적으로 생성하고 싶다면, app 디렉터리의 최상위 경로에 **sitemap.ts** 파일을 생성하고 다음 코드와 같이 sitemap() 함수를 작성하여 디폴트 익스포트하면 됩니다. 여기서 sitemap() 함수는 사이트맵에 들어갈 웹사이트의 각 경로와 세부 정보를 담은 객체들을 배열 형태로 반환하면 됩니다.

```
import { MetadataRoute } from 'next';

export default function sitemap(): MetadataRoute.Sitemap {
    return [
        {
            url: 'https://www.example.com',
            lastModified: new Date(),
            changeFrequency: 'monthly',
```

```
            priority: 1,
        },
        {
            url: 'https://www.example.com/about',
            lastModified: new Date(),
            changeFrequency: 'yearly',
            priority: 0.8,
        },
    ];
}
```

4.5 실습 루트 레이아웃 만들기

이번 실습에서는 루트 레이아웃을 만들어 보도록 하겠습니다. 먼저 app 폴더에 있는 layout.tsx 파일을 엽니다. 앞에서 배운 것처럼 이 파일이 루트 레이아웃을 담당하는 파일입니다.

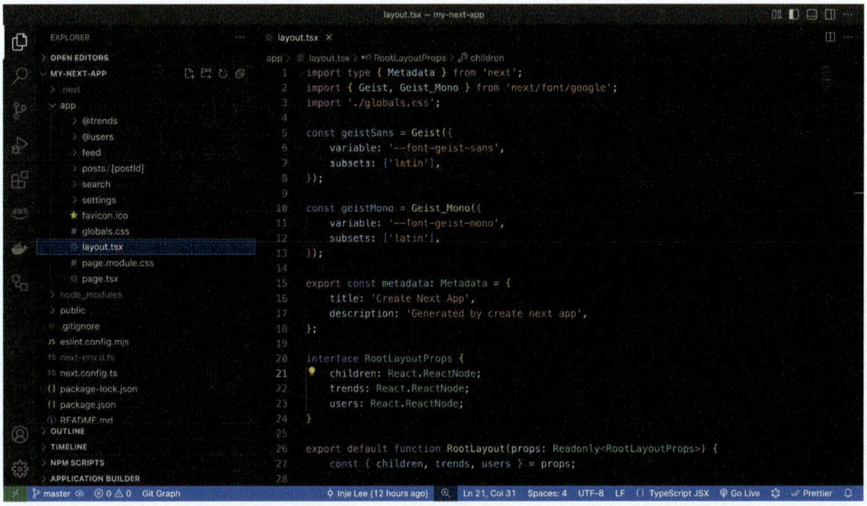

이후 layout.tsx 파일의 코드를 다음과 같이 수정합니다. next/link 패키지로부터 Link 컴포넌트를 임포트해서 상단 내비게이션 바에 각 페이지로 이동할 수 있도록 메뉴를 추가하고, 병렬 라우트의 슬롯이 오른쪽에 나오도록 페이지 레이아웃을 변경했습니다.

```
// app/layout.tsx

import type { Metadata } from 'next';
```

```
import Link from 'next/link';
import { Geist, Geist_Mono } from 'next/font/google';
import './globals.css';

const geistSans = Geist({
    variable: '--font-geist-sans',
    subsets: ['latin'],
});

const geistMono = Geist_Mono({
    variable: '--font-geist-mono',
    subsets: ['latin'],
});

export const metadata: Metadata = {
    title: 'Create Next App',
    description: 'Generated by create next app',
};

interface RootLayoutProps {
    children: React.ReactNode;
    trends: React.ReactNode;
    users: React.ReactNode;
}

export default function RootLayout(props: Readonly<RootLayoutProps>) {
    const { children, trends, users } = props;

    return (
        <html lang='en'>
            <body
                style={{ maxWidth: 480, margin: 'auto' }}
                className={`${geistSans.variable} ${geistMono.variable}`}>
                <nav style={{ padding: '16px 0px', display: 'flex', gap: 16
}}>
                    <Link href='/'>Home</Link>
                    <Link href='/feed'>Feed</Link>
                    <Link href='/search'>Search</Link>
                    <Link href='/settings'>Settings</Link>
                </nav>

                <div style={{ display: 'flex', gap: 16 }}>
```

```
                <main style={{ flex: 2 }}>{children}</main>

                <div
                    style={{
                        flex: 1,
                        display: 'flex',
                        flexDirection: 'column',
                        gap: 16,
                    }}>
                    {trends}
                    {users}
                </div>
            </div>
        </body>
    </html>
  );
}
```

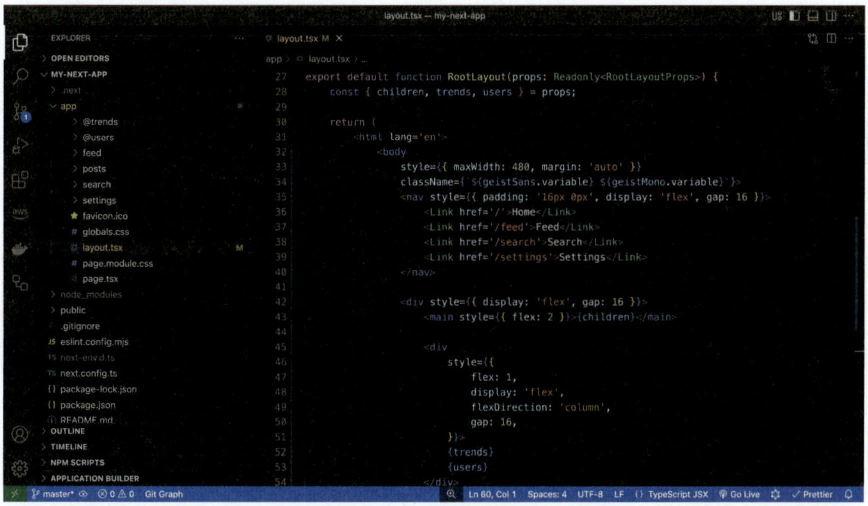

코드를 모두 수정한 이후 애플리케이션을 개발 모드로 실행하고 브라우저에서 접속하면 다음 화면처럼 변경된 레이아웃을 볼 수 있습니다. 그리고 병렬 라우트의 2개 슬롯이 모두 활성화된 상태로 화면에 나타나는 것도 볼 수 있습니다. 여기서 상단의 **Feed** 메뉴를 클릭합니다.

그러면 다음 화면처럼 Feed 페이지로 이동하고, 오른쪽에 있는 병렬 라우트의 2개 슬롯은 여전히 활성 상태를 유지하는 것을 볼 수 있습니다. 여기서 Post item을 하나 클릭합니다.

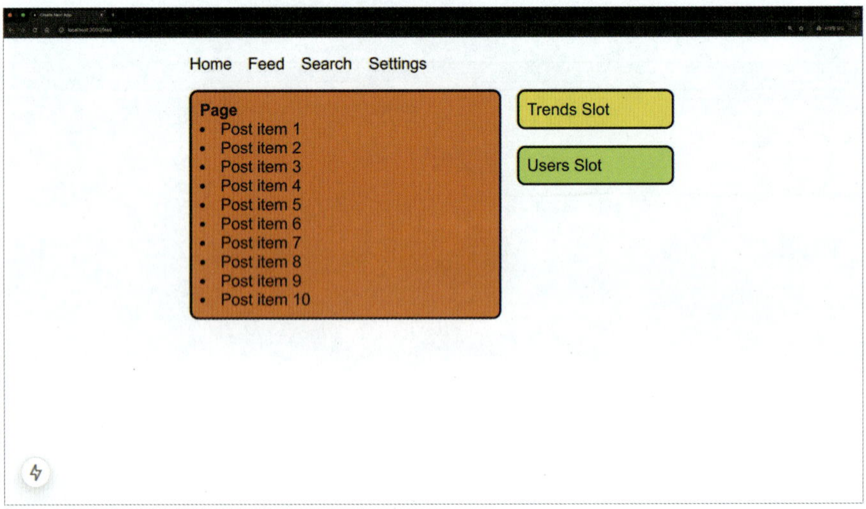

그러면 다음 화면과 같이 해당되는 Post Item 페이지가 나오고, 슬롯들도 여전히 활성 상태를 유지하는 것을 볼 수 있습니다. 이번에는 브라우저의 새로고침 버튼을 눌러서

페이지 전체를 다시 로딩시켜보겠습니다.

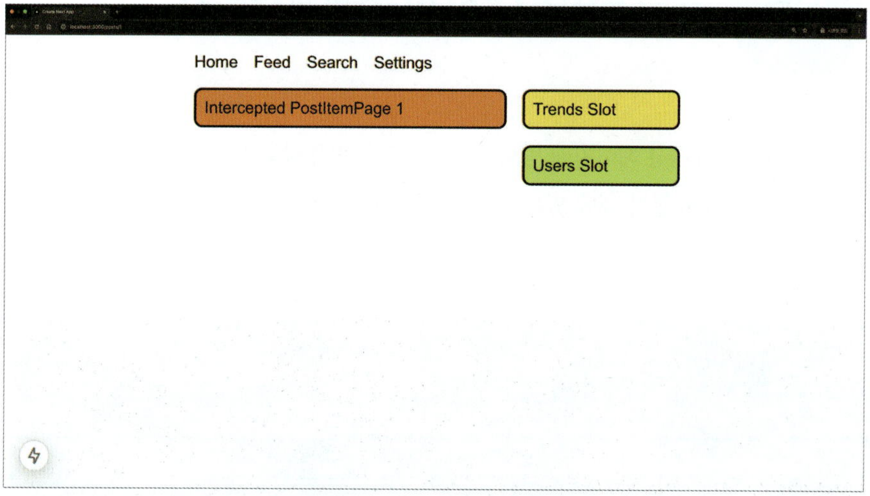

그러면 동일한 Post Item 페이지가 나오지만 병렬 라우트의 2개 슬롯은 모두 `default.js`를 렌더링하는 것을 볼 수 있습니다. 앞에서는 처음 / 경로로 접속하여 슬롯들이 활성화된 상태에서 다른 경로를 탐색했기 때문에 슬롯 활성 상태가 유지되었습니다. 하지만 이 경우에는 경로가 일치하지 않는 페이지에서 초기 로딩을 시도했기 때문에 `default.js`가 렌더링되는 것이라고 이해하면 됩니다.

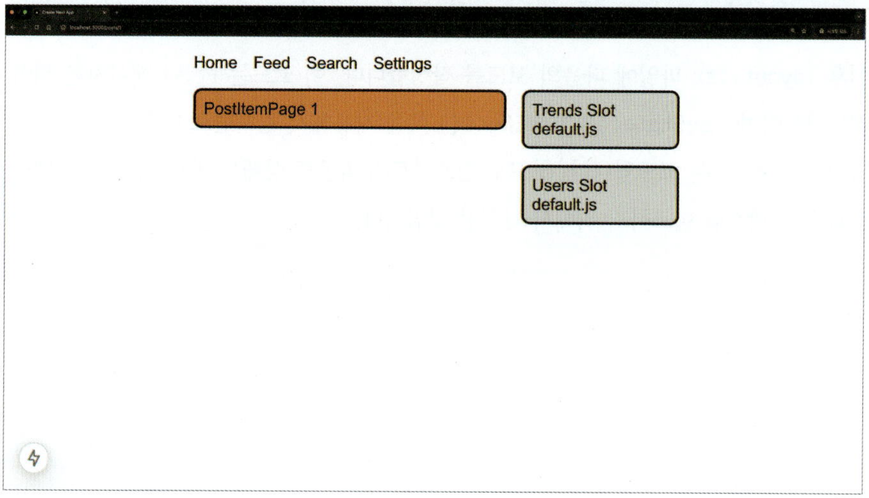

4.6 실습 Feed 레이아웃 만들기

이번 실습에서는 Feed 페이지에 별도의 레이아웃을 적용해보도록 하겠습니다. 먼저 다음 화면과 같이 app 폴더 내에 있는 feed 폴더에 layout.tsx라는 이름의 파일을 생성합니다.

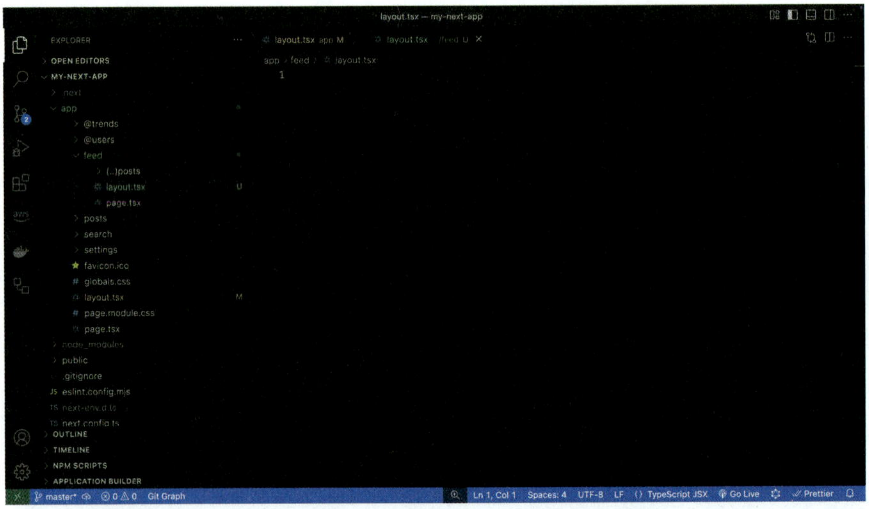

이후 layout.tsx 파일에 다음의 코드를 작성합니다. 이 코드는 Feed 페이지를 위한 레이아웃이며, useState()와 useEffect() 훅을 사용해서 컴포넌트 마운트 상태를 시각적으로 보여주는 코드입니다. 참고로 컴포넌트의 마운트 상태는 바로 뒤에 나올 템플릿과 작동 방식을 비교하기 위해서 작성한 것입니다.

```
// app/feed/layout.tsx

'use client';

import { useEffect, useState } from 'react';

interface FeedLayoutProps {
    children: React.ReactNode;
}

function FeedLayout(props: FeedLayoutProps) {
    const { children } = props;

    const [status, setStatus] = useState('mounting...');

    useEffect(() => {
        setTimeout(() => {
            setStatus('mounted.');
        }, 1000);
    }, []);

    return (
        <div className='box layout'>
            <h4>{`FeedLayout: ${status}`}</h4>
            <div style={{ padding: 8 }}>{children}</div>
        </div>
    );
}

export default FeedLayout;
```

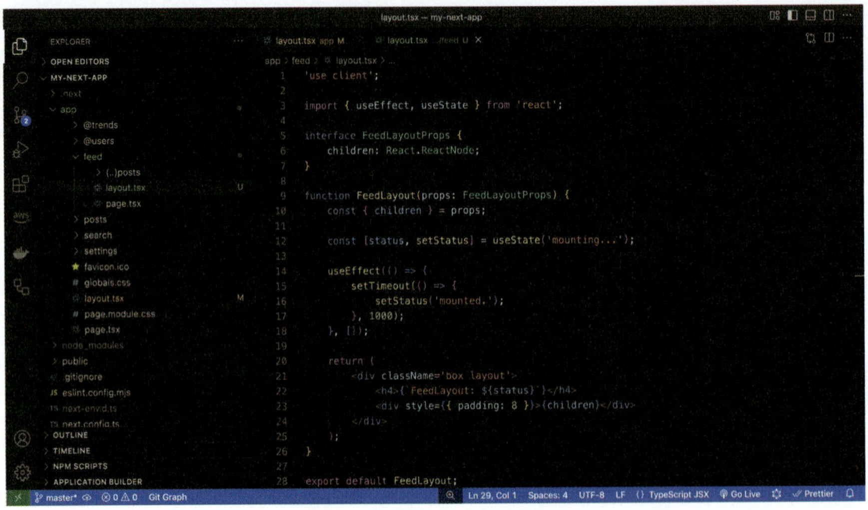

코드를 모두 수정한 이후에 애플리케이션을 개발 모드로 실행하고 브라우저에서 /feed 경로로 접속해보면 다음 화면과 같이 변경된 Feed 페이지의 레이아웃을 볼 수 있습니다. 그리고 처음에는 컴포넌트가 마운팅 중으로 나오는 것을 볼 수 있습니다.

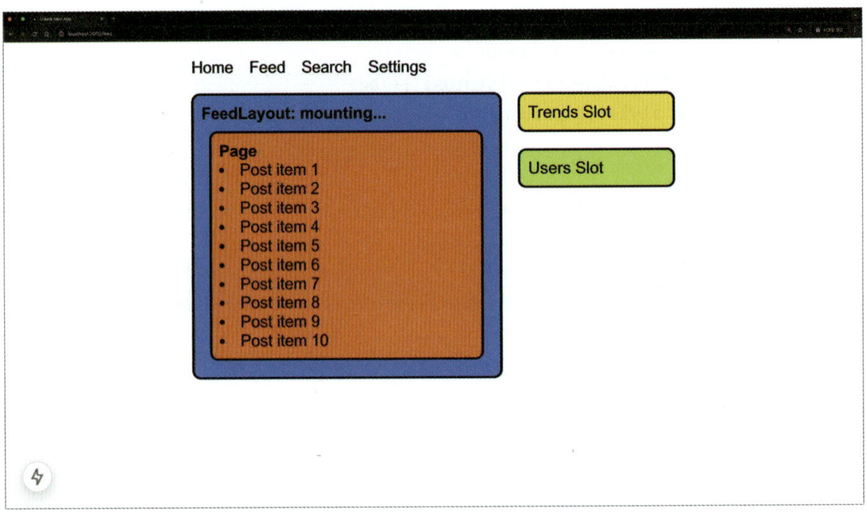

그리고 시간이 1초 지나면 다음 화면처럼 컴포넌트의 마운트 상태가 마운트 완료로 나오는 것을 볼 수 있습니다. 여기서 Post item을 하나 클릭합니다.

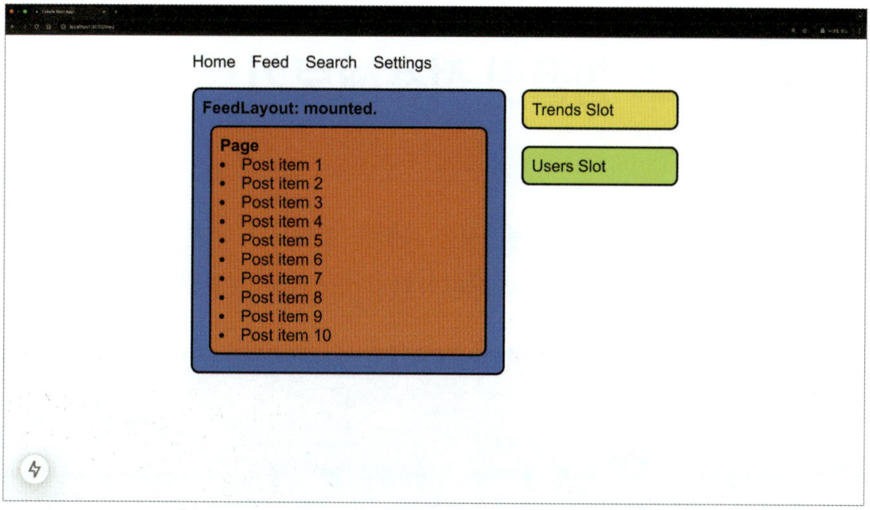

그러면 다음 화면과 같이 해당되는 Post Item 페이지가 Feed 레이아웃과 함께 나오는 것을 볼 수 있습니다. 이처럼 특정 경로에 `layout.tsx` 파일을 작성하면 해당 경로의 모든 하위 경로에 대해서 레이아웃이 적용된다는 것을 기억하기 바랍니다.

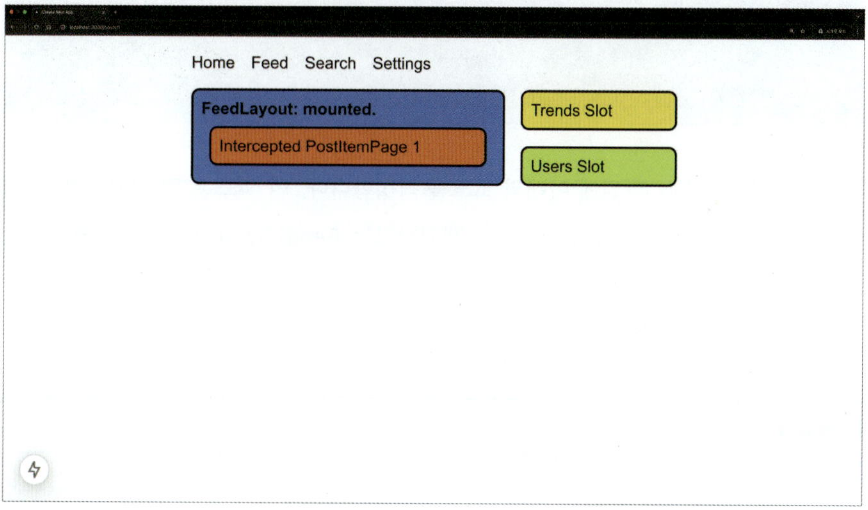

4.7 실습 템플릿 적용해보기

이번 실습에서는 Feed 페이지에 템플릿을 적용해보겠습니다. 먼저 다음 화면과 같이 `app` 폴더 내에 있는 `feed` 폴더에 `template.tsx`라는 이름의 파일을 생성합니다.

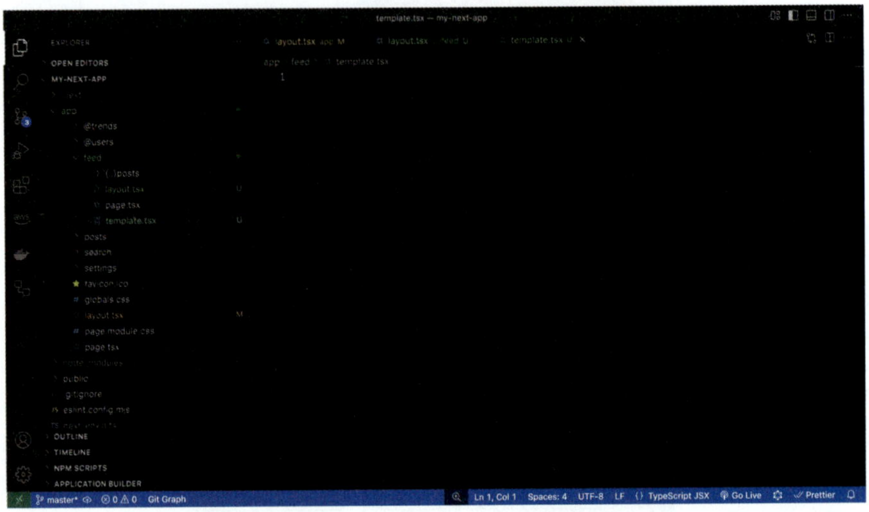

이후 `template.tsx` 파일에 아래의 코드를 작성합니다. 이 코드는 컴포넌트 이름, 최상위 `div` 태그의 `className` 속성을 제외하고는 `FeedLayout`과 동일한 코드입니다. 여기에서도 템플릿의 마운트 상태를 시각적으로 확인하기 위해서 `useState()`와 `useEffect()` 훅을 사용했습니다.

```
// app/feed/template.tsx

'use client';

import { useEffect, useState } from 'react';
```

```
interface FeedTemplateProps {
    children: React.ReactNode;
}

function FeedTemplate(props: FeedTemplateProps) {
    const { children } = props;

    const [status, setStatus] = useState('mounting...');

    useEffect(() => {
        setTimeout(() => {
            setStatus('mounted.');
        }, 1000);
    }, []);

    return (
        <div className='box template'>
            <h4>{`FeedTemplate: ${status}`}</h4>
            <div style={{ padding: 8 }}>{children}</div>
        </div>
    );
}

export default FeedTemplate;
```

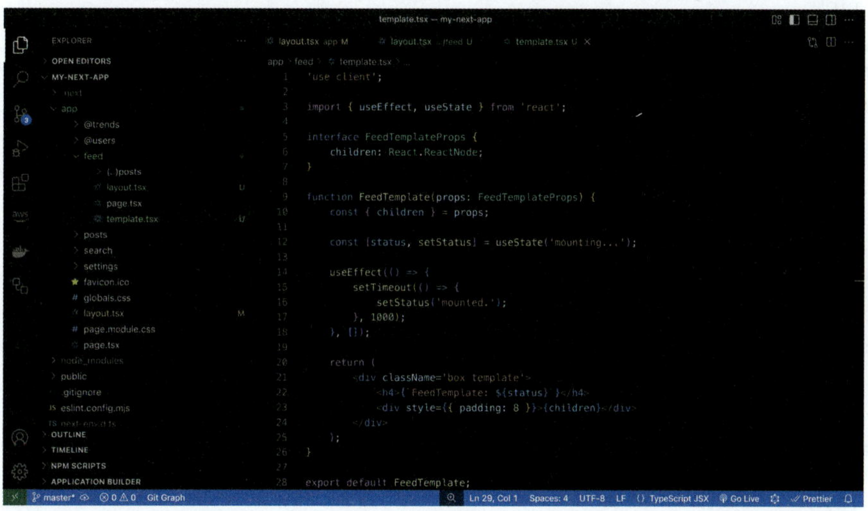

코드를 모두 수정한 이후에 애플리케이션을 개발 모드로 실행하고 브라우저에서 /feed 경로로 접속해보면 다음처럼 레이아웃과 템플릿이 나오는 것을 볼 수 있습니다. 여기서 템플릿이 레이아웃보다 하위에 위치한다는 점을 기억하기 바랍니다. 그리고 처음에는 레이아웃과 템플릿 모두 마운팅 중으로 나오는 것을 볼 수 있습니다.

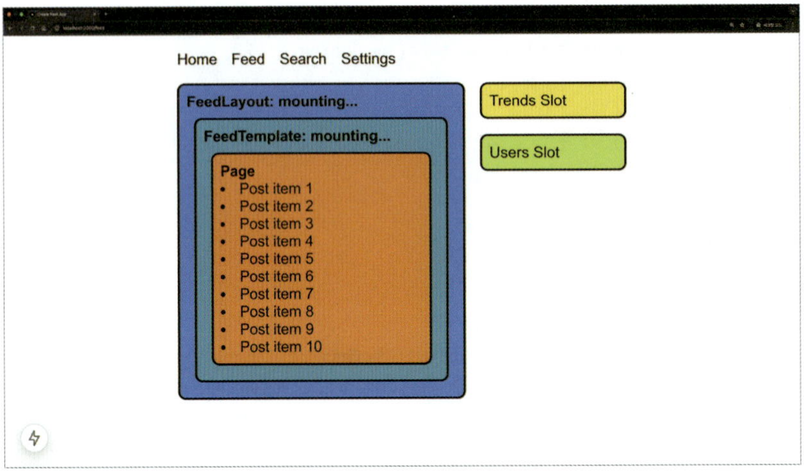

그리고 시간이 1초 지나면 다음 화면과 같이 레이아웃과 템플릿의 마운트 상태가 모두 마운트 완료된 것으로 나오는 것을 볼 수 있습니다. 여기서 Post item을 하나 클릭합니다.

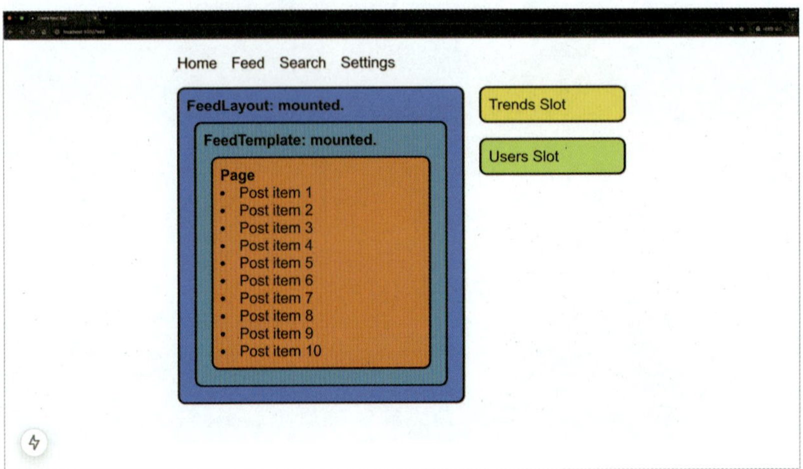

그러면 다음과 같이 해당되는 Post Item 페이지가 나오게 되는데, 이때 템플릿은 다시 마운트가 시작되는 것을 볼 수 있습니다.

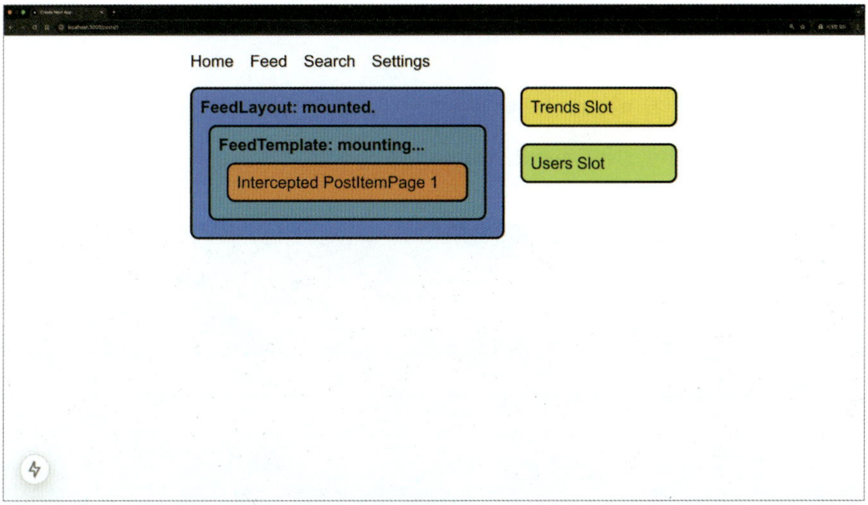

그리고 이후 시간이 1초 지나면 다음 화면처럼 템플릿이 마운트 완료된 상태로 나오게 됩니다. 앞에서 배운 것처럼 템플릿은 **상태가 유지되지 않는 레이아웃**입니다. 그렇기 때문에 경로가 바뀔 때마다 매번 다시 마운트된다고 이해하면 됩니다.

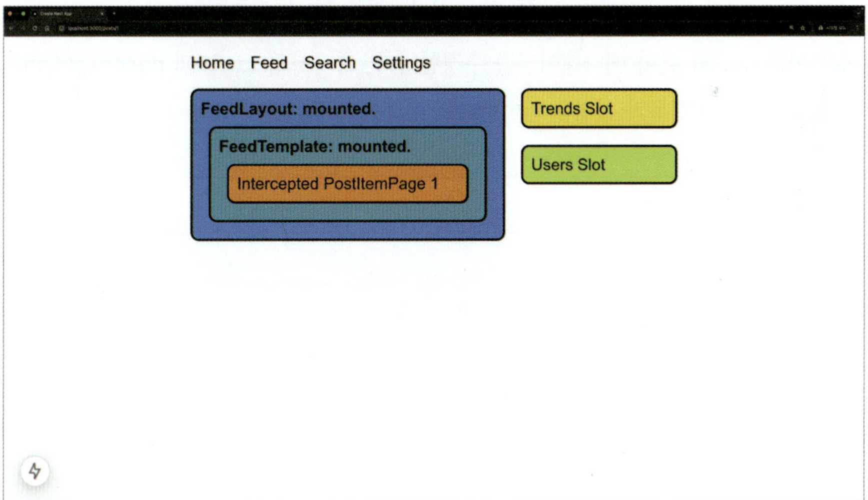

4.8 실습 정적 메타데이터 사용해보기

이번 실습에서는 정적 메타데이터를 사용해보겠습니다. 먼저 루트 레이아웃을 수정하기 위해서 app 폴더에 있는 `layout.tsx` 파일을 엽니다.

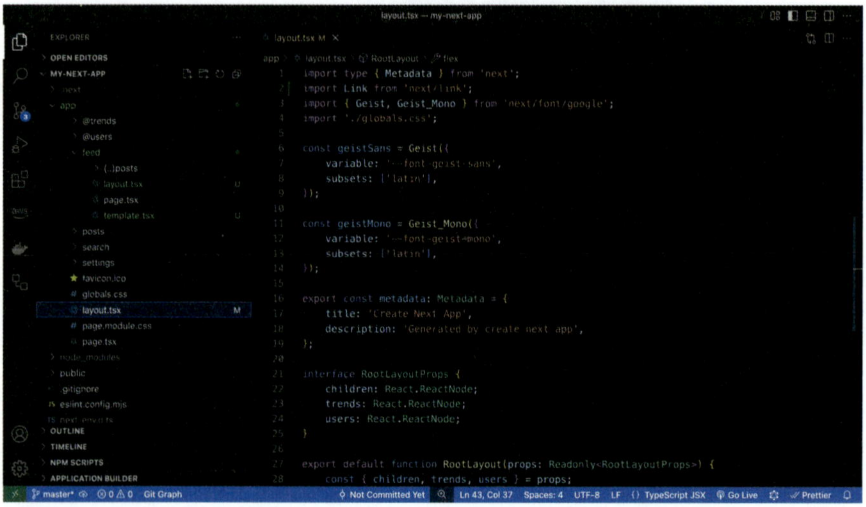

이후 아래 코드와 같이 메타데이터를 수정합니다. 여기서의 `title`과 `description`은 각각 웹사이트의 제목과 설명을 의미한다고 이해하면 됩니다.

```
// app/layout.tsx

import Link from 'next/link';
import type { Metadata } from 'next';

...
```

```
export const metadata: Metadata = {
    title: 'My Next App',
    description: 'Welcome to My Next App',
};

...
```

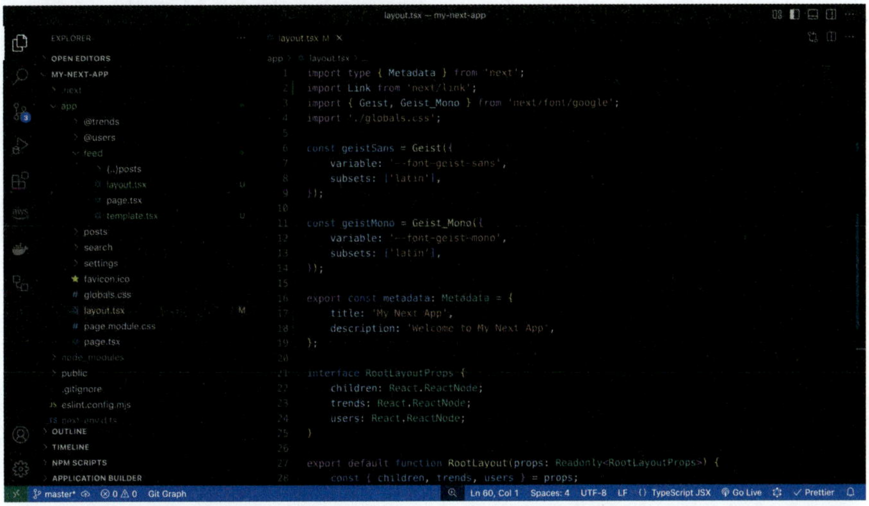

코드를 모두 수정한 후 애플리케이션을 개발 모드로 실행하고 브라우저에서 `localhost:3000`으로 접속한 다음 크롬 개발자 도구를 열어서 **Elements** 탭을 확인합니다. 그러면 화면과 같이 `<head>` 태그의 하위에 위치한 `<title>` 태그에 우리가 입력한 'My Next App'이라는 제목이 나오는 것을 볼 수 있고, 그 아래 'Welcome to My Next App'이라는 설명이 나오는 것을 볼 수 있습니다.

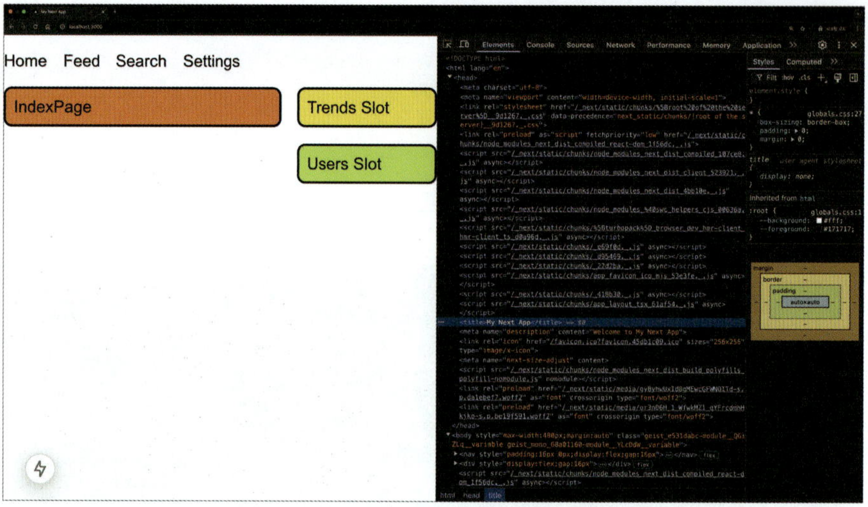

이처럼 동적 메타데이터는 고정된 메타데이터를 제공하기 위해서 사용하는 것이라고 이해하면 됩니다.

4.9 실습 동적 메타데이터 사용해보기

이번 실습에서는 동적 메타데이터를 사용해보겠습니다. 먼저 `app/posts/[postId]` 폴더에 있는 `page.tsx` 파일을 엽니다.

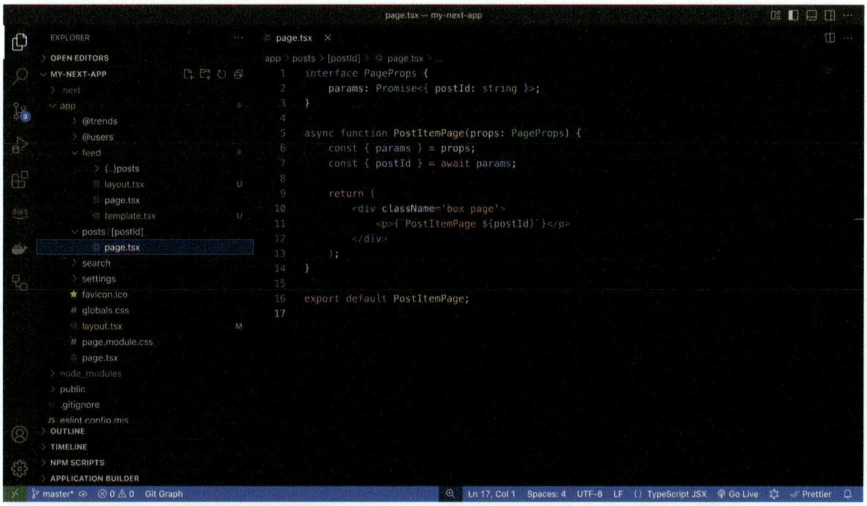

이후 다음 코드와 같이 `generateMetadata()` 함수를 작성합니다. 이 코드는 동적 세그먼트를 통해 `postId` 값을 받아오고, 이를 사용해서 동적으로 `Metadata` 객체를 만들어서 반환하는 코드입니다. 이렇게 하면 Next.js에서 각 페이지마다 동적으로 메타데이터를 생성해줍니다.

```
// app/posts/[postId]/page.tsx

import type { Metadata } from 'next';
```

```
interface PageProps {
    params: Promise<{ postId: string }>;
}

export async function generateMetadata(props: PageProps): Promise<Metadata> {
    const { params } = props;
    const { postId } = await params;

    return {
        title: `Title (Post ID: ${postId})`,
        description: `Description (Post ID: ${postId})`,
    };
}

...
```

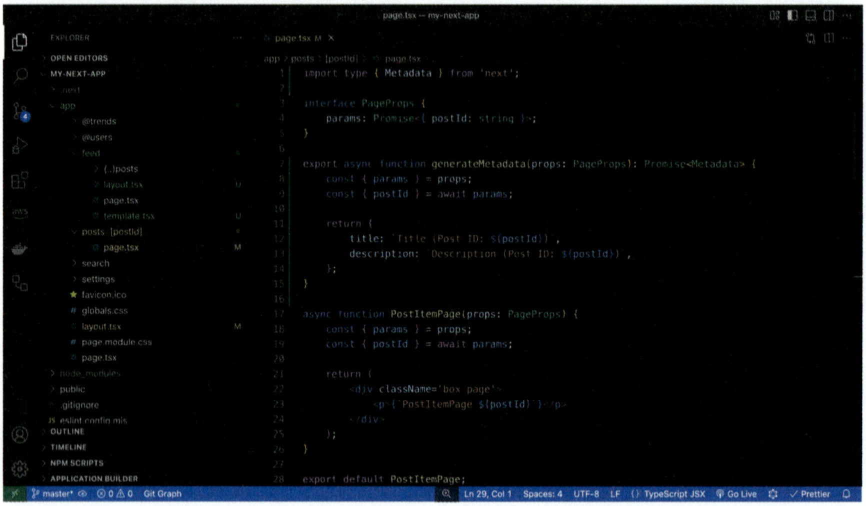

코드를 모두 수정하고 애플리케이션을 개발 모드로 실행하고 브라우저에서 `localhost:3000`으로 접속합니다. 접속한 이후 Feed 페이지로 이동하고, Feed 페이지에서 Post item을 클릭하여 Post Item 페이지로 이동합니다. 이후 크롬 개발자 도구를 열어서 **Elements** 탭을 확인하면 다음 화면처럼 `title`과 `description`이 바뀌지 않고 그대로 나오는 것을 볼 수 있습니다. 그 이유는 현재 우리가 보고 있는 페이지는 인터셉트된 경로에 존재하는 Post 페이지(`app/feed/(..)posts/[postId]/page.tsx`)이기 때문입니다. 우리가 동적 메타데이터를 적용한 페이지는 인터셉트되지 않은 원래의 페이지(`app/posts/[postId]/page.tsx`)였습니다. 이 상태에서 브라우저의 새로고침 버튼을 클릭하여 페이지를 전체 새로고침 합니다.

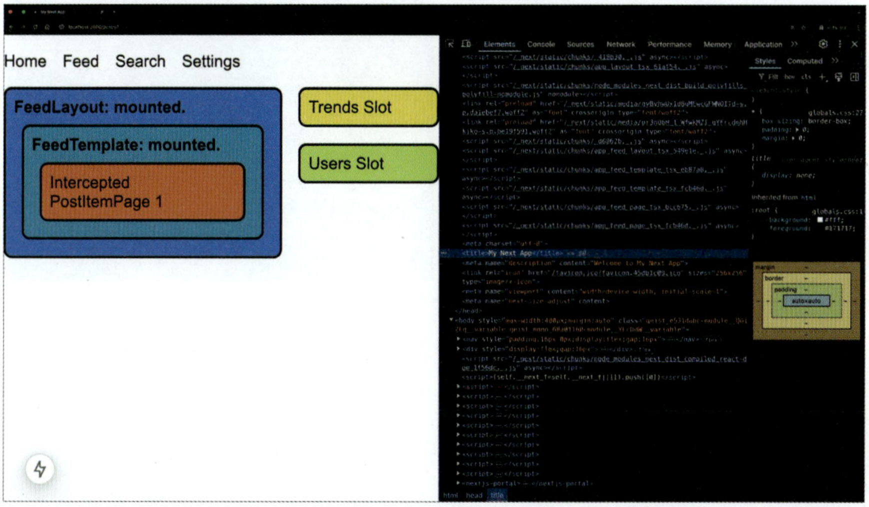

그러면 다음 화면과 같이 인터셉트되지 않은 원래의 Post Item 페이지가 나오게 되고, 크롬 개발자 도구의 **Elements** 탭을 확인하면 `title`과 `description`이 각각 동적으로 생성된 값으로 바뀌어 있는 것을 볼 수 있습니다.

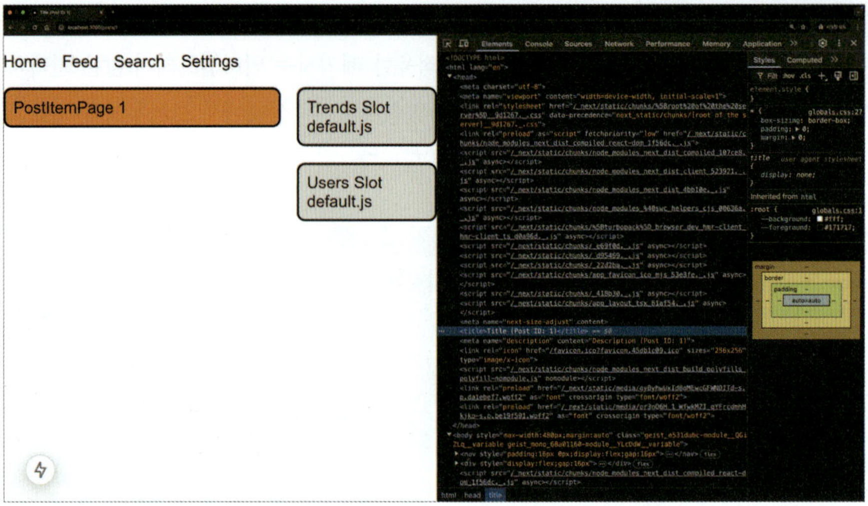

이처럼 Next.js에서는 `generateMetadata()` 함수를 작성함으로써 편리하게 동적 메타데이터를 적용할 수 있습니다.

4.10 실습 동적으로 Open Graph 이미지 생성하기

이번 실습에서는 동적으로 Open Graph 이미지를 생성해서 동적 메타데이터에 적용해보겠습니다. 참고로 여기에서는 동적으로 이미지를 생성하기 위해 뒤에 나올 라우트 핸들러Route Handlers를 사용합니다. 아직 배우지는 않았지만 Next.js에서 API를 만들 수 있게 해주는 기능으로 간단하게 이해하고 실습을 진행하겠습니다.

먼저 다음 화면과 같이 app 폴더에 api라는 이름의 폴더를 생성합니다.

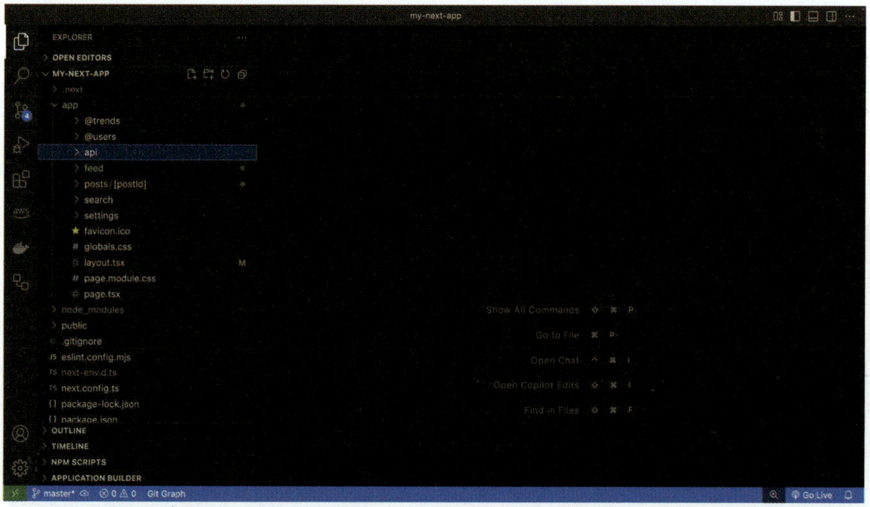

이후 생성한 api 폴더에 다음 화면과 같이 og라는 이름의 폴더를 생성합니다.

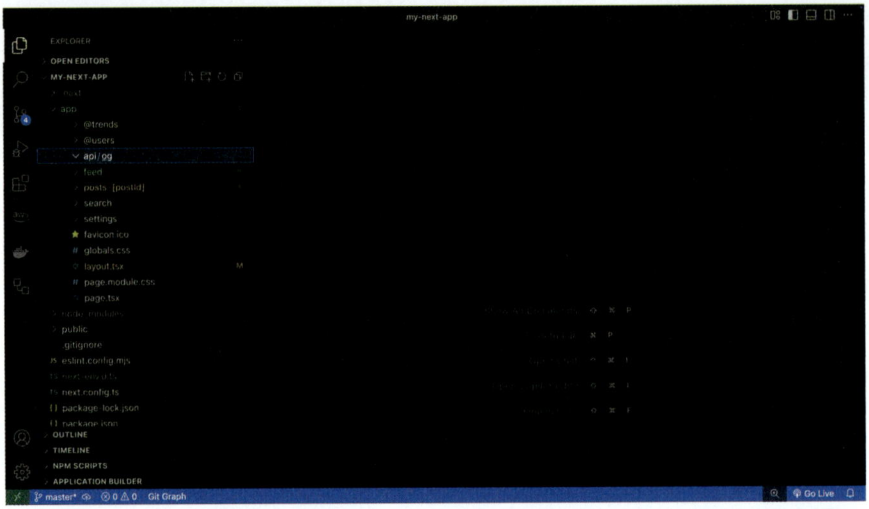

다음으로는 생성한 og 폴더에 `route.tsx`라는 이름의 파일을 생성합니다. 참고로 지금 생성할 라우트 핸들러에서는 JSX 문법을 사용할 예정이기 때문에 파일 확장자가 `.ts`가 아닌 `.tsx`가 되어야 한다는 점을 유의하기 바랍니다.

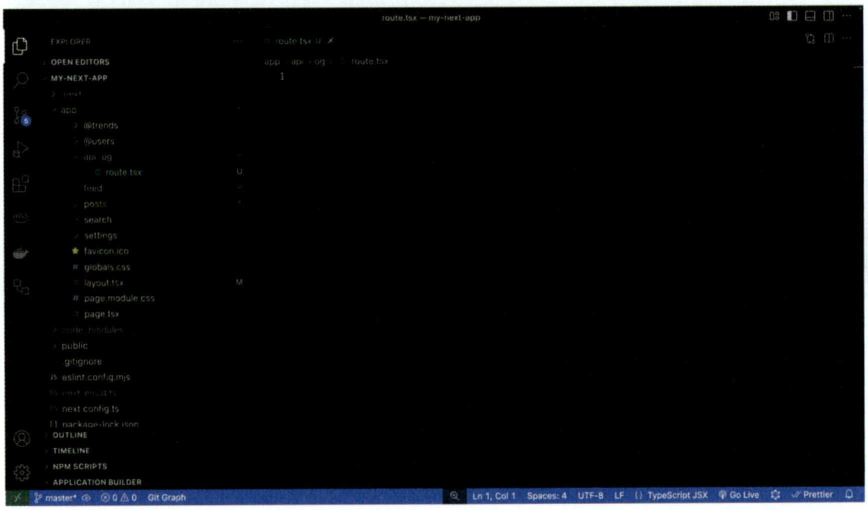

이후 생성한 route.tsx 파일에 다음과 같은 코드를 작성합니다. 이 코드는 title을 searchParams로 받고, next/og 패키지에서 제공하는 ImageResponse를 사용하여 동적으로 이미지를 생성하여 응답하는 코드입니다.

```
// app/api/og/route.tsx

import { NextRequest, NextResponse } from 'next/server';
import { ImageResponse } from 'next/og';

export async function GET(request: NextRequest) {
    const title = request.nextUrl.searchParams.get('title');
    if (!title) {
        return NextResponse.json('title does not specified.', {
            status: 400,
        });
    }

    return new ImageResponse(
        (
            <div
                style={{
                    width: '100%',
                    height: '100%',
                    display: 'flex',
                    alignItems: 'center',
                    justifyContent: 'center',
                    background: 'white',
                    fontSize: 96,
                }}>
                {title}
            </div>
        ),
        {
            width: 1200,
            height: 630,
        }
    );
}
```

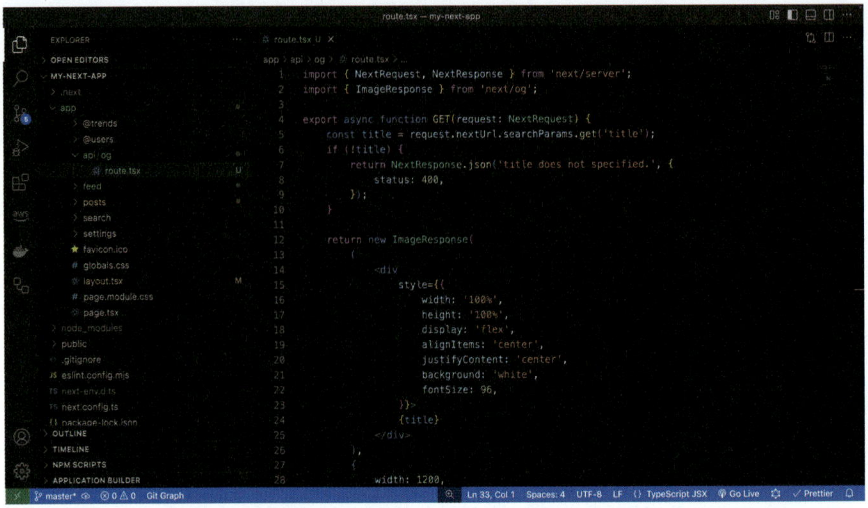

다음으로는 앞에서 작성한 Post 페이지의 `generateMetadata()` 함수를 수정해야 합니다. 먼저 화면과 같이 `app/posts/[postId]/page.tsx` 파일을 엽니다.

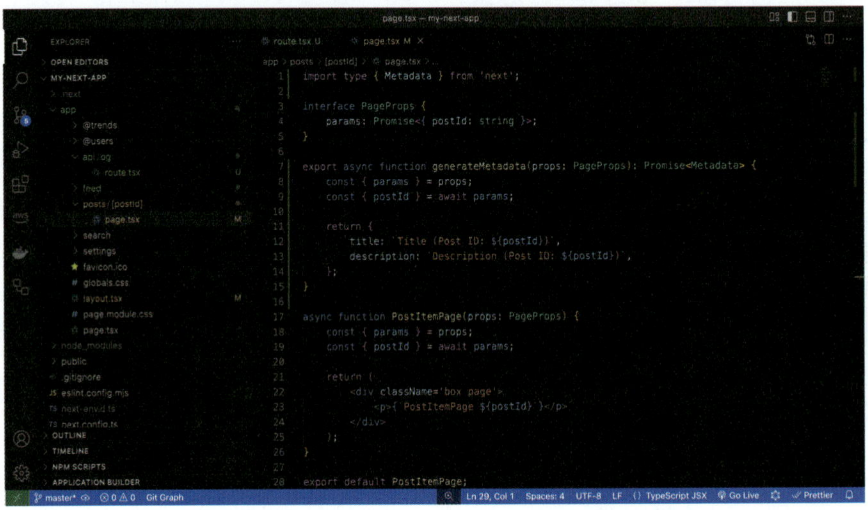

그리고 다음 코드와 같이 `Metadata`에 `openGraph` 속성을 작성합니다. 이 코드는 우리가 만든 동적인 이미지를 생성하기 위한 API 주소를 메타데이터에 넣어주는 코드입니다.

```tsx
// app/posts/[postId]/page.tsx

import type { Metadata } from 'next';

interface PageProps {
    params: Promise<{ postId: string }>;
}

export async function generateMetadata(props: PageProps): Promise<Metadata> {
    const { params } = props;
    const { postId } = await params;

    return {
        title: `Title (Post ID: ${postId})`,
        description: `Description (Post ID: ${postId})`,
        openGraph: {
            images: [`/api/og?title=${`Post ID: ${postId}`}`],
        },
    };
}

...
```

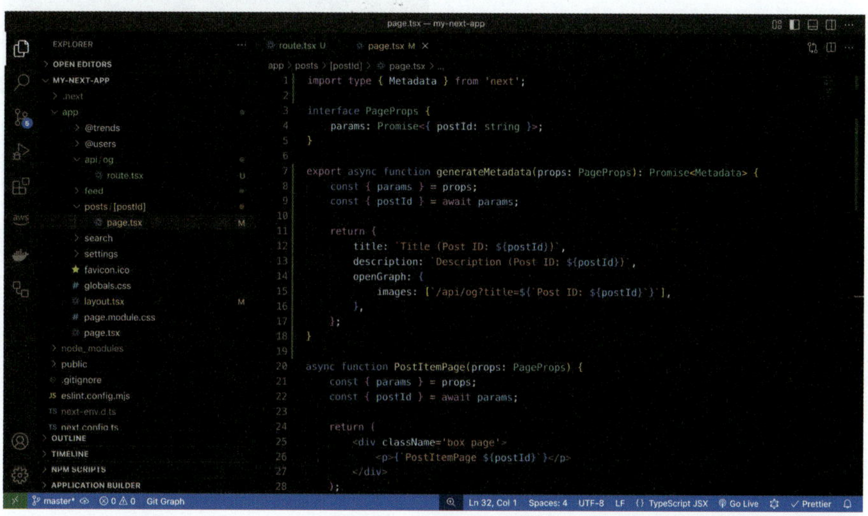

코드를 모두 수정한 이후에 애플리케이션을 개발 모드로 실행하고 브라우저에서 Post Item 페이지에 접속합니다. 이때 인터셉트되지 않은 원래의 페이지가 나올 수 있도록 경로에 직접 접속하거나 해당 경로에 접속한 이후 새로고침을 해야 한다는 점을 유의하기 바랍니다. 접속한 이후 크롬 개발자 도구의 **Elements** 탭을 확인하면 다음과 같이 `og:image`라는 속성을 가진 메타데이터가 있고, `content` 속성의 값이 우리가 입력한 값으로 나오는 것을 볼 수 있습니다. 여기서 `content` 속성의 값을 복사하여 브라우저에서 직접 접속합니다.

```
<meta property="og:image" content="http://localhost:3000/api/
og?title=Post%20ID:%201">
```

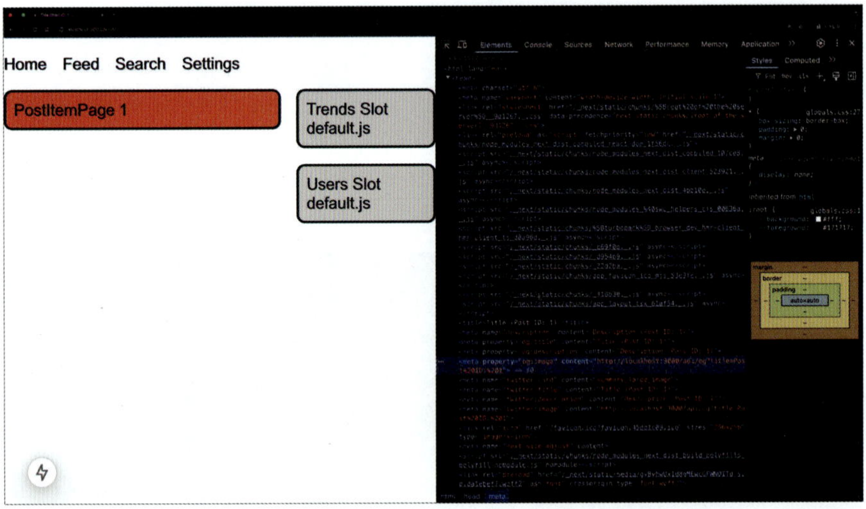

그러면 다음 화면과 같은 동적으로 생성된 이미지가 나오는 것을 볼 수 있습니다. 참고로 이미지의 폰트나 스타일은 `app/api/og/route.tsx` 파일을 수정함으로써 원하는 대로 변경할 수 있습니다.

이처럼 Next.js에서는 편리하게 동적으로 Open Graph 이미지를 생성해서 적용할 수 있습니다.

4.11 마치며

이번 장에서 배운 내용은 아래와 같습니다.

- **페이지**
  - 일반적인 웹 페이지와 같은 개념
  - 페이지를 구성하는 컴포넌트가 담긴 파일의 이름이 정해져 있음
    - page.js, page.jsx 또는 page.ts, page.tsx
  - 페이지 컴포넌트는 기본적으로 서버 컴포넌트
  - "use client" 지시어를 사용하여 클라이언트 컴포넌트로 설정할 수 있음
- **레이아웃**
  - 여러 웹 페이지 간에 반복적으로 나타나는 화면 구성
  - 사용자가 페이지를 이동하더라도 사라지거나 다시 렌더링되지 않고 계속해서 화면에 존재하게 됨
  - 레이아웃을 구성하는 파일의 이름이 정해져 있음
    - layout.js, layout.jsx 또는 layout.ts, layout.tsx
  - 루트 레이아웃
    - Next.js 애플리케이션의 최상위 레이아웃(애플리케이션 전체에 적용됨)
    - 앱 라우터를 사용하는 모든 Next.js 애플리케이션에는 루트 레이아웃이 필수적으로 존재해야 함
  - 중첩 레이아웃
    - 각 페이지 또는 경로 별로 다른 레이아웃을 적용하고 싶을 때 사용
    - 루트 레이아웃을 포함해서 해당 페이지가 있는 폴더에 이르기까지 존재하는 모든 레이아웃이 다 중첩됨
- **템플릿**
  - 레이아웃과 유사하게 페이지의 틀을 잡아주는 역할
  - 템플릿은 경로가 변경될 때마다 각 경로에 대해 새로운 인스턴스를 생성
    - 상태가 유지되지 않는 레이아웃
- **메타데이터**
  - 메타데이터란
    - 웹사이트의 제목, 설명, 미리보기 이미지 등 웹사이트의 정체성을 나타내는 다양한 속성을 의미

    - 사용자들이 메타데이터를 통해서 어떤 웹사이트인지 파악할 수 있음
        - 웹사이트의 링크가 공유되었을 때
        - 검색엔진의 검색 결과를 통해 노출되었을 때
- 정적 메타데이터
    - 정적인 메타데이터
    - layout.tsx 또는 page.tsx 파일에서 메타데이터 객체를 익스포트하면 됨
- 동적 메타데이터
    - 동적으로 변하는 메타데이터
    - 각 페이지마다 다른 메타데이터를 설정해야 하는 경우에 사용
    - layout.tsx 또는 page.tsx 파일에서 메타데이터 객체를 반환하는 generateMetadata() 함수를 익스포트하면 됨
- SEO(검색엔진최적화)
    - 웹사이트가 검색엔진에서 더 높은 순위에 나올 수 있도록 최적화하는 과정
    - 메타데이터를 잘 제공하는 것이 중요
    - 추가로 robots.txt 설정, 사이트맵 설정도 필요

Chapter

5

라우트 핸들러

Preview

이번 장에서는 Next.js의 라우트 핸들러에 대해서 배웁니다. 앞에서 Next.js는 풀스택 애플리케이션을 개발하기 위한 프레임워크라고 소개했습니다. 그래서 Next.js를 사용하면 단순히 프론트엔드 페이지만 개발할 수 있는 것이 아니라 백엔드 API도 같은 프로젝트 내에 함께 개발해서 연동할 수 있습니다. 그렇게 백엔드 API를 개발할 수 있도록 해주는 것이 바로 이번 장에서 배울 라우트 핸들러입니다.

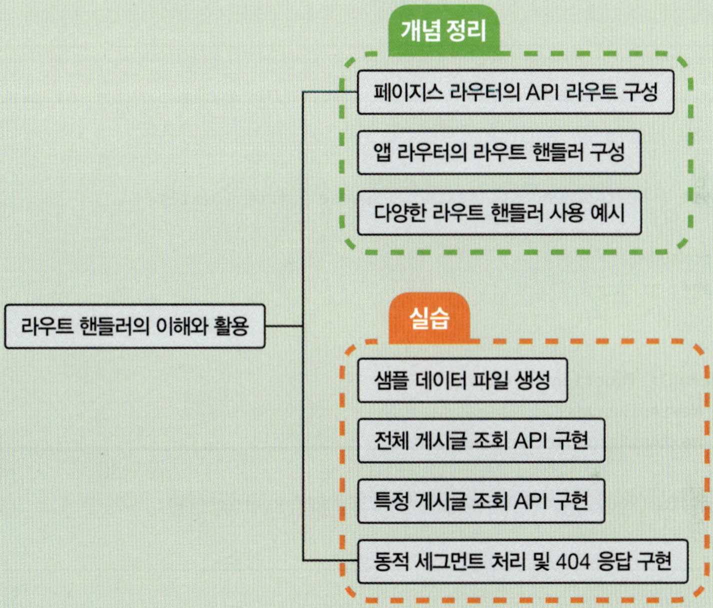

5.1 페이지스 라우터의 API 라우트

먼저 기존 Next.js 13버전까지 주로 사용하던 페이지스 라우터의 API 라우트에 대해서 알아보겠습니다. API 라우트API Routes는 기존 **페이지스 라우터에서 Public API를 만들 수 있도록 해주는 기능**입니다.

API 라우트를 사용하는 방법은 pages 폴더 내에 api라는 이름의 폴더를 만들고, 그 안에 각 경로에 따른 API 코드를 아래 예시 코드와 같이 구현하기만 하면 됩니다.

```
// pages/api/hello.ts

import type { NextApiRequest, NextApiResponse } from 'next';

type ResponseData = {
    message: string;
};

export default function handler(
    req: NextApiRequest,
    res: NextApiResponse<ResponseData>
) {
    res.status(200).json({ message: 'Hello, API Routes!' });
}
```

이렇게 작성된 pages/api 폴더의 모든 파일은 /api/* 경로에 매핑되며 **페이지가 아닌 API 엔드포인트로 처리**됩니다. 아래 예시는 pages/api 폴더 내의 파일과 실제 매핑되는 경로를 나타낸 것입니다.

```
pages/api/signin.ts → https://<your_domain>/api/signin
pages/api/posts/[postId]/index.ts → https://<your_domain>/api/posts/1
pages/api/posts/[postId]/comments.ts → https://<your_domain>/api/posts/1/comments
```

NOTE

API 라우트와 번들 크기

API 라우트로 작성한 코드는 서버 측 전용 번들이기 때문에 클라이언트 측 번들 크기를 늘리지 않습니다.

5.2 앱 라우터의 라우트 핸들러

라우트 핸들러Route Handlers는 **웹의 Request와 Response API를 활용하여 백엔드 API를 만들 수 있게 해주는 앱 라우터의 기능**입니다. 페이지스 라우터에 API 라우트가 있었다면, 앱 라우터에는 라우트 핸들러가 있는 것이죠. 라우트 핸들러를 사용하기 위해서는 app 폴더 내에 만들고자 하는 API 경로대로 폴더를 만들고, 그 안에 **route.js** 또는 **route.ts**라는 이름의 파일을 만들어서 API와 관련된 코드를 작성하면 됩니다.

라우트 핸들러를 사용할 때 유의할 점은 라우트 핸들러는 app 폴더 내부 어디에나 위치할 수 있지만, 아래 표에 나타난 것처럼 **page.js와 동일한 라우트 세그먼트 레벨에 route.js 파일이 존재해서는 안 됩니다**. 만약 그렇게 할 경우 충돌이 발생하게 되어 제대로 작동하지 않게 됩니다. 그래서 보통은 충돌을 막기 위해서 app 폴더 내에 api라는 폴더를 만들고 그 안에 라우트 핸들러를 배치합니다.

Page	Route	Result
app/page.js	app/route.js	충돌 발생
app/page.js	app/api/route.js	유효함
app/[user]/page.js	app/api/route.js	유효함

다음 코드는 라우트 핸들러를 사용해서 데이터베이스로부터 데이터를 가져오는 간단한 예시 코드입니다.

```
// app/api/posts/route.ts

export async function GET(request: Request) {
    // 데이터베이스로부터 posts 데이터 가져오기
    const posts = await db.query.posts.findMany({ ... });
```

```
    // 응답 반환
    return Response.json(posts);
}
```

라우트 핸들러는 HTTP 메서드 중에서 GET, POST, PUT, PATCH, DELETE, HEAD 그리고 OPTIONS에 대한 요청을 처리할 수 있으며, 그 외에는 405(Method Not Allowed) 응답을 하게 됩니다. 아래 코드는 다양한 HTTP 메서드를 사용하는 route.ts 파일 작성 예시를 나타낸 것입니다. 이 코드에서 볼 수 있듯이 **익스포트하는 함수의 이름을 HTTP 메서드 이름으로 작성**하면 됩니다.

```
// app/api/route.ts

export async function GET(request: Request) {}
export async function POST(request: Request) {}
export async function PUT(request: Request) {}
export async function PATCH(request: Request) {}
export async function DELETE(request: Request) {}
export async function HEAD(request: Request) {}
export async function OPTIONS(request: Request) {}
```

또한 기존에 웹에서 제공하는 Request와 Response를 확장한 **NextRequest**와 **NextResponse**를 활용하면, 여러 가지 부가적인 상황에 필요한 기능을 편리하게 함수 형태로 호출해서 사용할 수 있습니다. 아래 코드는 NextRequest와 NextResponse를 사용한 예시 코드입니다.

```
// app/api/posts/route.ts

import { NextRequest, NextResponse } from 'next';

export async function GET(request: NextRequest) {
    // request로부터 search params 가져오기
    const searchParams = request.nextUrl.searchParams;
    const offset = searchParams.get('offset');
    const limit = searchParams.get('limit');
```

```
    // 데이터베이스로부터 posts 데이터 일부 가져오기
    const posts = await db.query.posts.findMany({
        ...
        offset,
        limit,
    });

    // 응답 반환
    return NextResponse.json(posts);
}
```

참고로 라우트 핸들러는 기본적으로 캐싱되지 않습니다. 하지만 GET 메서드에 대해서는 캐싱을 선택적으로 적용할 수 있습니다. GET 메서드를 캐싱하려면 다음 코드와 같이 라우트 핸들러 파일에 `export const dynamic = 'force-static'`과 같은 라우트 설정 옵션을 사용하면 됩니다.

```
// app/api/route.ts

export const dynamic = 'force-static';

export async function GET() {
    const res = await fetch('https://data.mongodb-api.com/...', {
        headers: {
            'Content-Type': 'application/json',
            'API-Key': process.env.DATA_API_KEY,
        },
    });
    const data = await res.json();

    return Response.json({ data });
}
```

그리고 `sitemap.ts`, `opengraph-image.tsx`, `icon.tsx`와 같은 특수 라우트 핸들러 및 기타 메타데이터 파일은 동적 API나 동적 구성 옵션을 사용하지 않는 한 기본적으로 정적인 상태로 유지됩니다.

5.3 라우트 핸들러 사용 예시

지금부터는 라우트 핸들러의 다양한 사용 예시를 살펴보도록 하겠습니다.

쿠키 다루기

라우트 핸들러에서는 next/headers 패키지의 cookies() 함수를 사용해서 쿠키Cookie를 읽거나 쓸 수 있습니다. 아래 코드는 token이라는 쿠키를 읽어온 이후 응답에서 Set-Cookie 헤더를 사용하여 토큰 값을 클라이언트에 전송하는 코드입니다.

```
import { cookies } from 'next/headers';

export async function GET(request: Request) {
    const cookieStore = await cookies();
    const token = cookieStore.get('token');

    return new Response('Succeeded', {
        status: 200,
        headers: { 'Set-Cookie': `token=${token.value}` },
    });
}
```

> **NOTE**
>
> **Set-Cookie 헤더란**
>
> Set-Cookie 헤더는 서버가 클라이언트(브라우저)에게 쿠키를 설정하도록 지시하는 HTTP 응답 헤더입니다. 이렇게 클라이언트에 설정된 쿠키는 이후의 요청에서 조건에 따라 자동으로 포함되어 전송되며, 이를 통해 세션 유지나 사용자 인증 등의 기능을 수행할 수 있습니다.

헤더 다루기

라우트 핸들러에서는 next/headers 패키지의 headers() 함수를 사용하여 요청 헤더의 값을 읽어올 수 있습니다. 참고로 헤더의 값은 읽기 전용이라는 점을 기억하기 바랍니다. 아래 코드는 referer라는 헤더 값을 읽어온 이후 응답 헤더에 포함시켜서 전송하는 코드입니다.

```
import { headers } from 'next/headers';

export async function GET(request: Request) {
    const headersList = await headers();
    const referer = headersList.get('referer');

    return new Response('Succeeded', {
        status: 200,
        headers: { referer: referer },
    });
}
```

동적 라우트 세그먼트

이전 장에서 앱 라우터의 동적 라우트를 배울 때 나왔던 것과 동일하게 라우트 핸들러에서도 동적 세그먼트Dynamic Segments를 사용할 수 있습니다. 다음 코드는 slug라는 이름의 동적 세그먼트를 사용하는 예시 코드입니다.

```
interface RequestPayload {
    params: Promise<{ slug: string }>;
}

export async function GET(request: Request, payload: RequestPayload) {
    const { params } = payload;
    const { slug } = await params;

    // ...
}
```

URL 쿼리 파라미터

라우트 핸들러에서는 요청에 포함된 쿼리 파라미터의 값을 읽어서 사용할 수 있습니다. 이때 쿼리 파라미터를 읽어오는 등의 기능을 편하게 처리할 수 있도록 하기 위해서 `Request`를 확장한 `NextRequest`를 사용하면 됩니다. 아래 코드는 `NextRequest`를 사용해서 `searchParams`으로부터 `offset`과 `limit`라는 쿼리 파라미터의 값을 읽어오는 예시 코드입니다.

```
import { type NextRequest } from 'next/server';

export function GET(request: NextRequest) {
    const searchParams = request.nextUrl.searchParams;
    const offset = searchParams.get('offset');
    const limit = searchParams.get('limit');

    // ...
}
```

Request Body 데이터 읽기

라우트 핸들러에서는 아래 코드와 같이 표준 Web API 함수를 사용해서 Request Body의 데이터를 읽어올 수 있습니다.

```
export async function POST(request: Request) {
    const data = await request.json();

    // ...
}
```

그리고 JSON이 아닌 FormData 형태로 전송된 데이터를 읽어올 때는 다음과 같이 `request.formData()` 함수를 사용하면 됩니다.

```
export async function POST(request: Request) {
    const formData = await request.formData();
    const title = formData.get('title');
    const content = formData.get('content');

    // ...
}
```

참고로 이렇게 Request Body로부터 데이터를 읽어오는 것은 주로 POST 요청에서 사용됩니다.

5.4 실습 라우트 핸들러를 활용하여 API 만들어보기

이번 실습에서는 라우트 핸들러를 활용하여 직접 Post와 관련된 API를 만들어보겠습니다. API를 만들기 전에 현재 Post 데이터가 없기 때문에 먼저 가짜 데이터 파일을 하나 만들도록 하겠습니다. 아래 화면과 같이 프로젝트의 최상위 경로에 `lib`라는 이름의 폴더를 생성합니다.

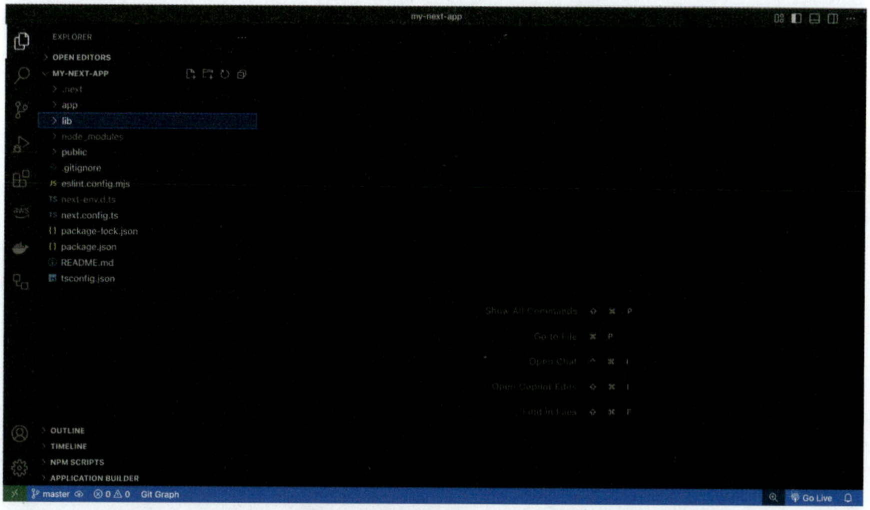

이후 생성한 `lib` 폴더에 `constants`라는 이름의 폴더를 생성합니다.

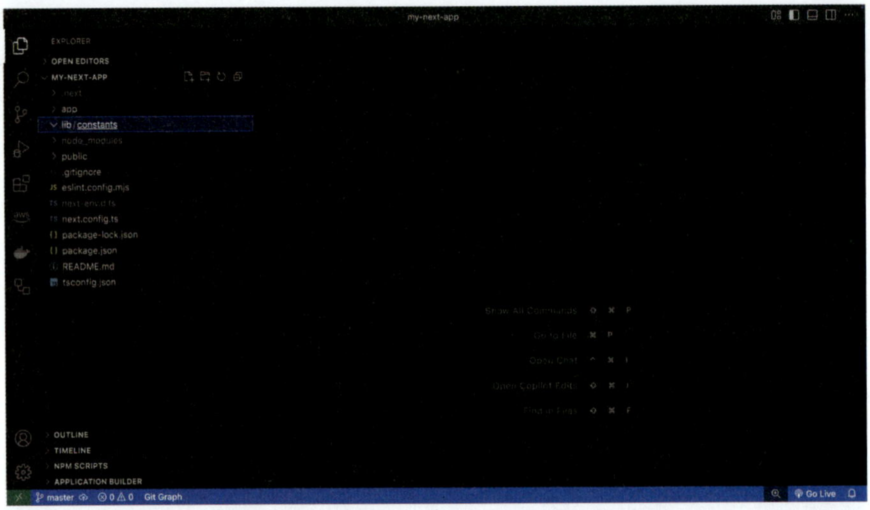

다음으로는 `constants` 폴더에 `sample-posts.json`이라는 이름의 JSON 파일을 하나 생성합니다.

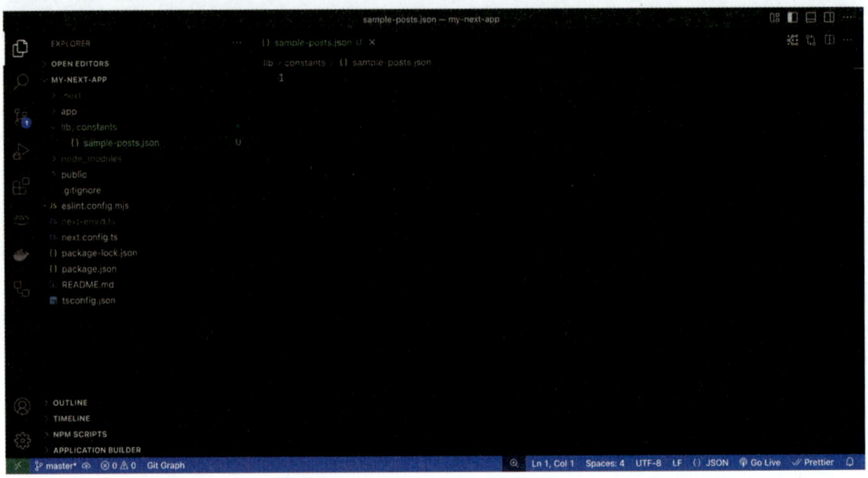

생성한 `sample-posts.json` 파일에 다음과 같이 데이터를 입력해야 합니다. 데이터를 직접 입력하려면 번거롭기 때문에 아래 링크에 접속해서 복사해서 사용하기 바랍니다.

🔗 https://github.com/soaple/first-met-nextjs-practice/blob/master/lib/constants/sample-posts.json

```
// lib/constants/sample-posts.json

[
    {
        "id": "1",
        "title": "🌅 감성 가득한 노을",
        "content": "오늘 하루도 수고했어! 노을 보면서 힐링하는 시간 ☁️✨",
        "image": "https://images.unsplash.com/photo-1495567720989-
cebdbdd97913"
    },
    {
        "id": "2",
        "title": "☕ 아침의 시작, 커피 한 잔",
        "content": "커피 한 잔과 함께하는 여유로운 아침. 오늘도 화이팅! ",
        "image": "https://images.unsplash.com/photo-1535876702291-
5b30e2a2ab95"
    },
    {
        "id": "3",
        "title": "🛫 여행 가고 싶은 날",
        "content": "여행이 너무 가고 싶다... 어디든 떠나볼까? ✈️💙",
        "image": "https://images.unsplash.com/photo-1501785888041-
af3ef285b470"
    },
    {
        "id": "4",
        "title": "🍽 오늘의 맛있는 한 끼",
        "content": "맛있는 음식이 주는 행복, 오늘은 뭘 먹을까? 😋",
        "image": "https://images.unsplash.com/photo-1572424117831-
005b5e9b3ae4"
    },
    {
        "id": "5",
        "title": "💡 오늘의 한 마디",
        "content": "'작은 변화가 큰 차이를 만든다.' 오늘도 긍정적인 하루 보내자!
💪",
        "image": "https://images.unsplash.com/photo-1509909756405-
be0199881695"
    }
]
```

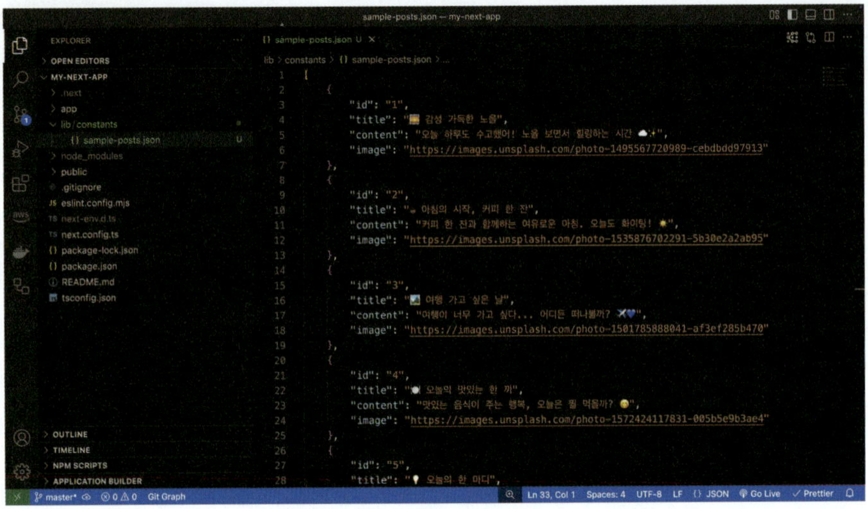

이제 데이터가 준비되었기 때문에 실제 API를 구현해보도록 하겠습니다. 먼저 Post 전체를 가져오는 API를 만들기 위해 다음 화면과 같이 `app` 폴더 내에 있는 `api` 폴더에 `posts`라는 이름의 폴더를 생성합니다.

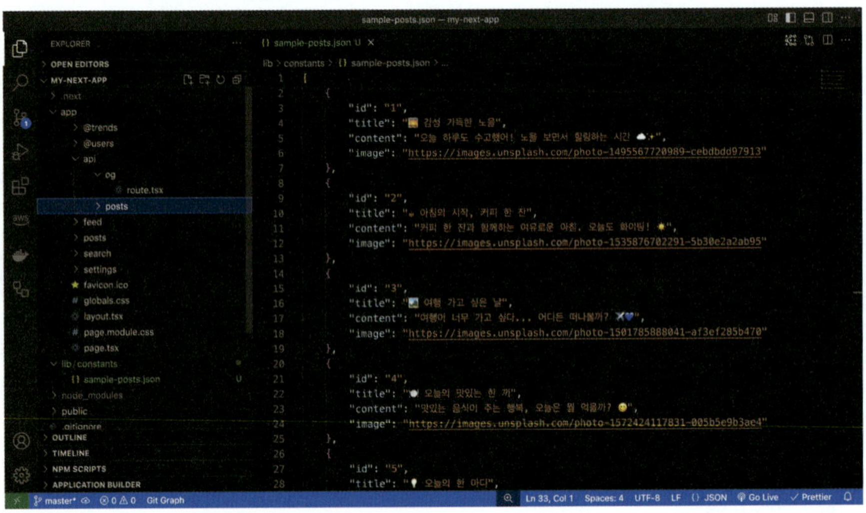

이후 생성한 posts 폴더에 다음처럼 route.ts 파일을 생성합니다.

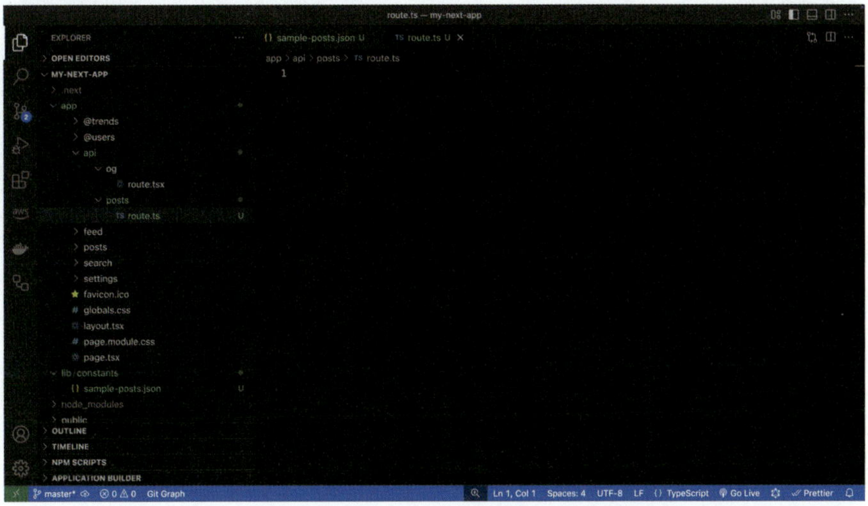

다음으로는 생성한 route.ts 파일에 아래와 같이 코드를 작성합니다. 이 코드는 sample-posts.json 파일을 읽어와서 그대로 응답하는 아주 간단한 형태의 API 코드입니다.

```
// app/api/posts/route.ts

import { NextResponse } from 'next/server';
import samplePosts from '@/lib/constants/sample-posts.json';

export async function GET() {
    return NextResponse.json(samplePosts, {
        status: 200,
    });
}
```

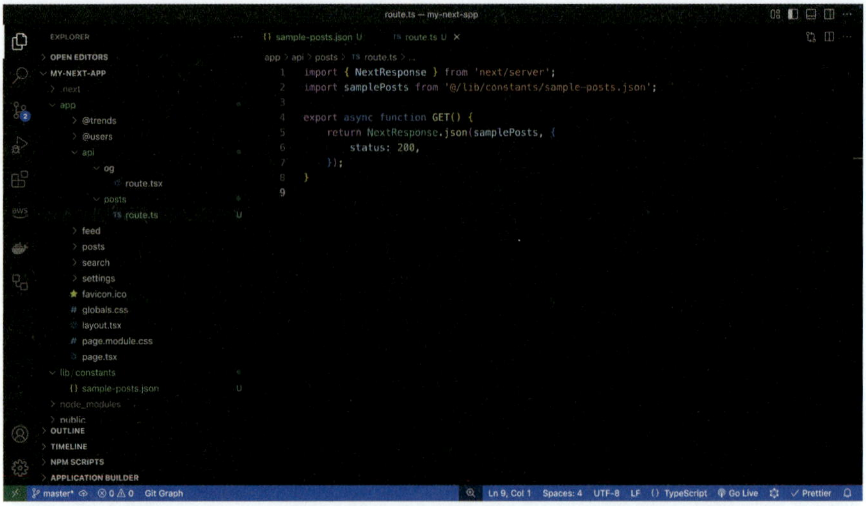

다음으로는 Post 아이템 하나만을 가져오는 API를 만들기 위해 화면과 같이 `posts` 폴더에 `[postId]`라는 이름의 폴더를 생성합니다. 참고로 Post의 ID는 동적인 값이기 때문에 동적 세그먼트를 사용하는 것입니다.

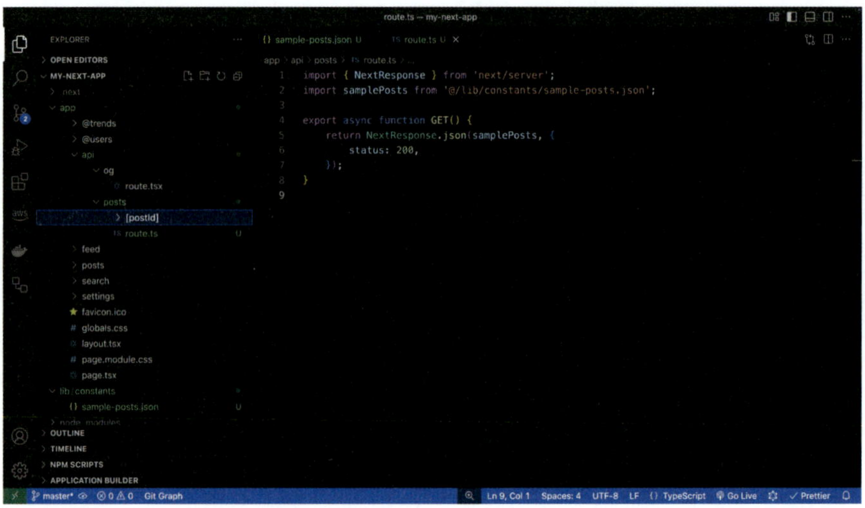

이후 생성한 `[postId]` 폴더에 아래 화면과 같이 `route.ts` 파일을 생성합니다.

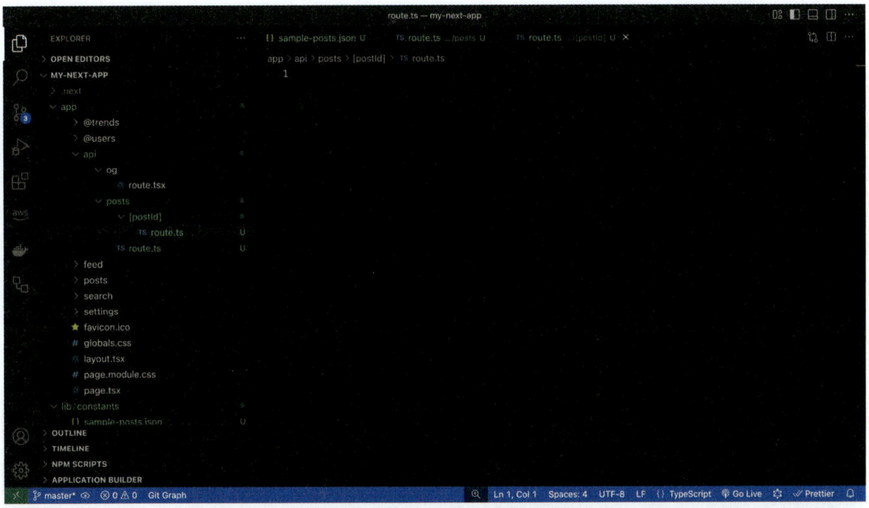

다음으로는 생성한 `route.ts` 파일에 다음처럼 코드를 작성합니다. 이 코드는 `sample-posts.json` 파일에 포함된 Post 중에서 요청한 `postId`와 일치하는 Post를 찾아서 응답하는 API 코드입니다. 만약 일치하는 Post가 없는 경우에는 `404(Not Found)` 응답을 하게 됩니다.

```
// app/api/posts/[postId]/route.ts

import { NextRequest, NextResponse } from 'next/server';
import samplePosts from '@/lib/constants/sample-posts.json';

interface RequestPayload {
    params: Promise<{ postId: string }>;
}

export async function GET(request: NextRequest, payload: RequestPayload) {
    const { postId } = await payload.params;

    const post = samplePosts.find((post) => {
        return post.id === postId;
    });
```

```
    if (!post) {
        return NextResponse.json('Not found', {
            status: 404,
        });
    }

    return NextResponse.json(post, {
        status: 200,
    });
}
```

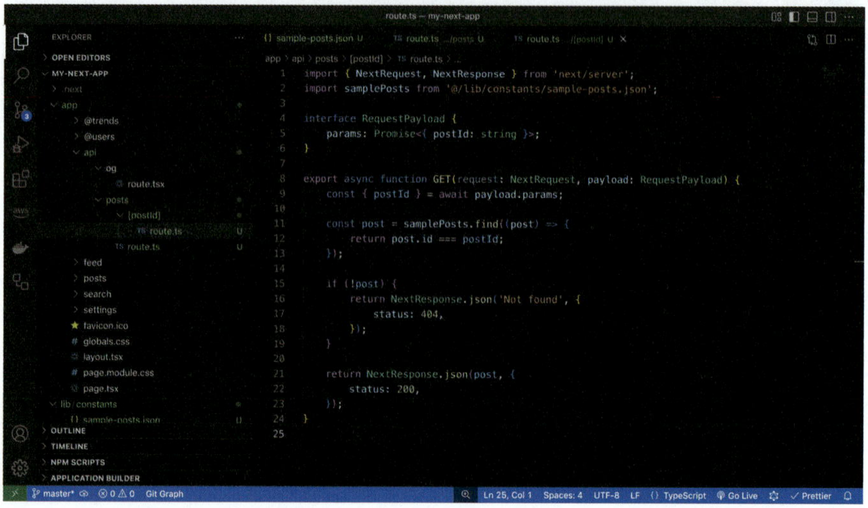

모든 코드를 작성한 이후에 애플리케이션을 개발 모드로 실행하고, 먼저 브라우저에서 `http://localhost:3000/api/posts`로 접속합니다. 그러면 화면처럼 우리가 만든 `sample-posts.json` 파일의 데이터가 응답으로 전송되는 것을 볼 수 있습니다.

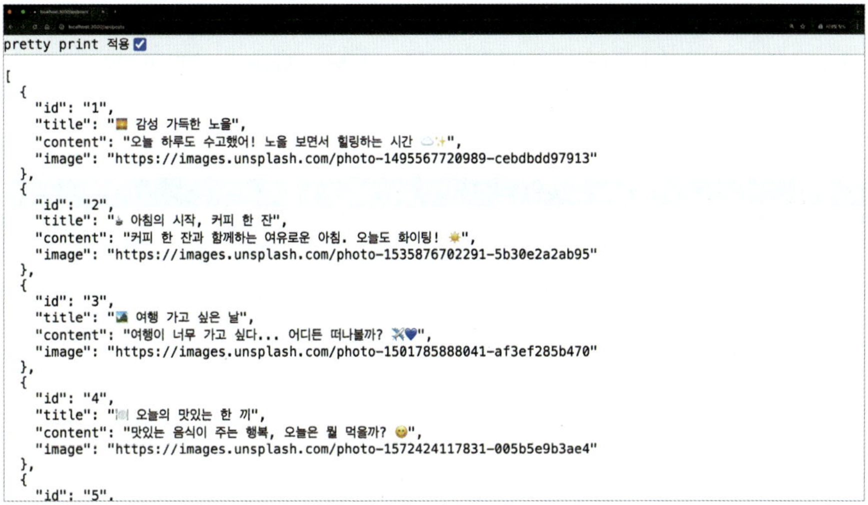

```
pretty print 적용 ☑

[
  {
    "id": "1",
    "title": "🌅 감성 가득한 노을",
    "content": "오늘 하루도 수고했어! 노을 보면서 힐링하는 시간 ☁️✨",
    "image": "https://images.unsplash.com/photo-1495567720989-cebdbdd97913"
  },
  {
    "id": "2",
    "title": "☕ 아침의 시작, 커피 한 잔",
    "content": "커피 한 잔과 함께하는 여유로운 아침. 오늘도 화이팅! 🌞",
    "image": "https://images.unsplash.com/photo-1535876702291-5b30e2a2ab95"
  },
  {
    "id": "3",
    "title": "🏞️ 여행 가고 싶은 날",
    "content": "여행이 너무 가고 싶다... 어디든 떠나볼까? ✈️💙",
    "image": "https://images.unsplash.com/photo-1501785888041-af3ef285b470"
  },
  {
    "id": "4",
    "title": "🍽️ 오늘의 맛있는 한 끼",
    "content": "맛있는 음식이 주는 행복, 오늘은 뭘 먹을까? 😋",
    "image": "https://images.unsplash.com/photo-1572424117831-005b5e9b3ae4"
  },
  {
    "id": "5",
```

다음으로는 Post 아이템 하나만을 가져오는 API를 테스트하기 위해 `http://localhost:3000/api/posts/1`로 접속합니다. 그러면 화면과 같이 `id`의 값이 `"1"`인 Post 하나만 응답으로 전송되는 것을 볼 수 있습니다.

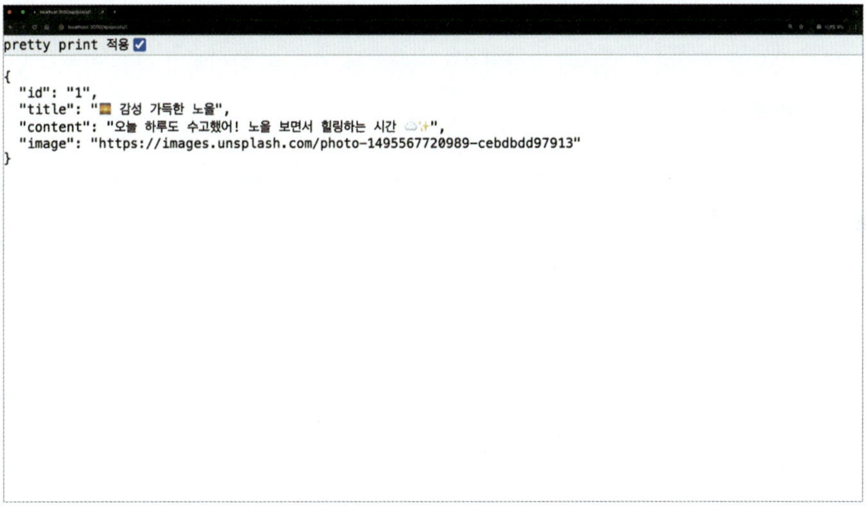

```
pretty print 적용 ☑

{
  "id": "1",
  "title": "🌅 감성 가득한 노을",
  "content": "오늘 하루도 수고했어! 노을 보면서 힐링하는 시간 ☁️✨",
  "image": "https://images.unsplash.com/photo-1495567720989-cebdbdd97913"
}
```

마지막으로 존재하지 않는 Post를 요청하기 위해서 `http://localhost:3000/api/posts/7`로 접속합니다. 그러면 화면에 보듯이 `404(Not Found)` 응답이 오는 것을 볼 수 있습니다.

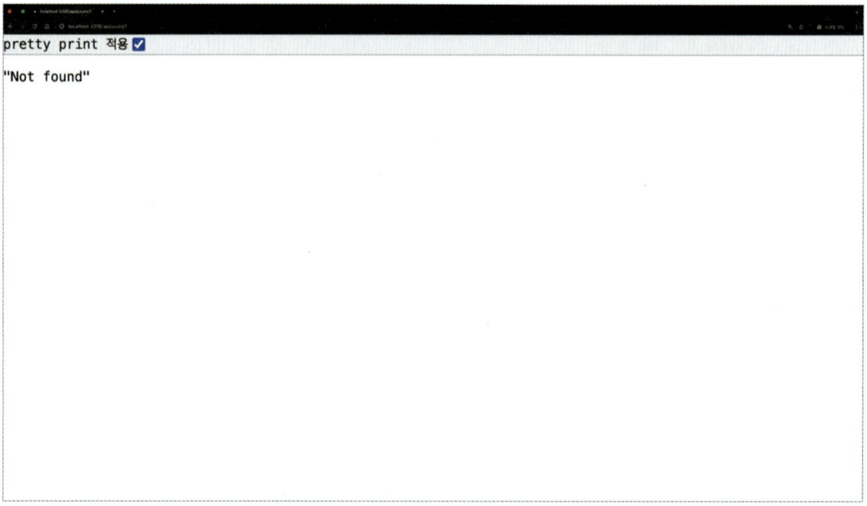

이렇게 해서 라우트 핸들러를 사용해서 API를 구현했습니다. 지금 만든 API는 이후 실습에서 사용할 예정이기 때문에 정상적으로 작동하는 것을 꼭 확인하고 다음 장으로 넘어가기 바랍니다.

5.5 마치며

이번 장에서 배운 내용은 아래와 같습니다.

- **페이지스 라우터의 API 라우트**
  - 페이지스 라우터에서 Public API를 만들 수 있게 해주는 기능
    - `pages` 폴더 내에 `api`라는 이름의 폴더를 만들고, 그 안에 각 경로에 따른 API 코드를 작성하여 사용
    - `pages/api` 폴더 내의 모든 파일은 `/api/*` 경로에 매핑되며, 페이지가 아닌 API 엔드포인트로 처리됨
- **앱 라우터의 라우트 핸들러**
  - 웹의 Request와 Response API를 활용하여 백엔드 API를 만들 수 있게 해주는 기능
  - `app` 폴더 내에 `route.js` 또는 `route.ts`라는 이름의 파일을 만들고, 그 안에 API와 관련된 코드를 작성하여 사용
  - `GET`, `POST`, `PUT`, `PATCH`, `DELETE`, `HEAD`, `OPTIONS`에 대한 요청을 처리할 수 있음
    - 그 외에는 `405 (Method Not Allowed)` 응답
  - `NextRequest`와 `NextResponse`
    - `Request`와 `Response`를 확장한 것
    - 여러 가지 부가적인 상황에 필요한 기능을 편리하게 함수 형태로 호출해서 사용할 수 있음
- **라우트 핸들러 사용 예시**
  - 쿠키 다루기
  - 헤더 다루기
  - 동적 라우트 세그먼트
  - URL 쿼리 파라미터
  - Request Body 데이터 읽기

Chapter 6

미들웨어

Preview

이번 장에서는 Next.js의 미들웨어에 대해 알아보겠습니다. Next.js에서는 미들웨어를 활용하여 모든 요청에 대한 공통적인 작업을 한곳에서 처리할 수 있습니다. 규모가 작은 프로젝트에서는 미들웨어를 쓸 일이 많지는 않지만 알아두면 큰 프로젝트를 할 때 분명 도움이 될 것입니다.

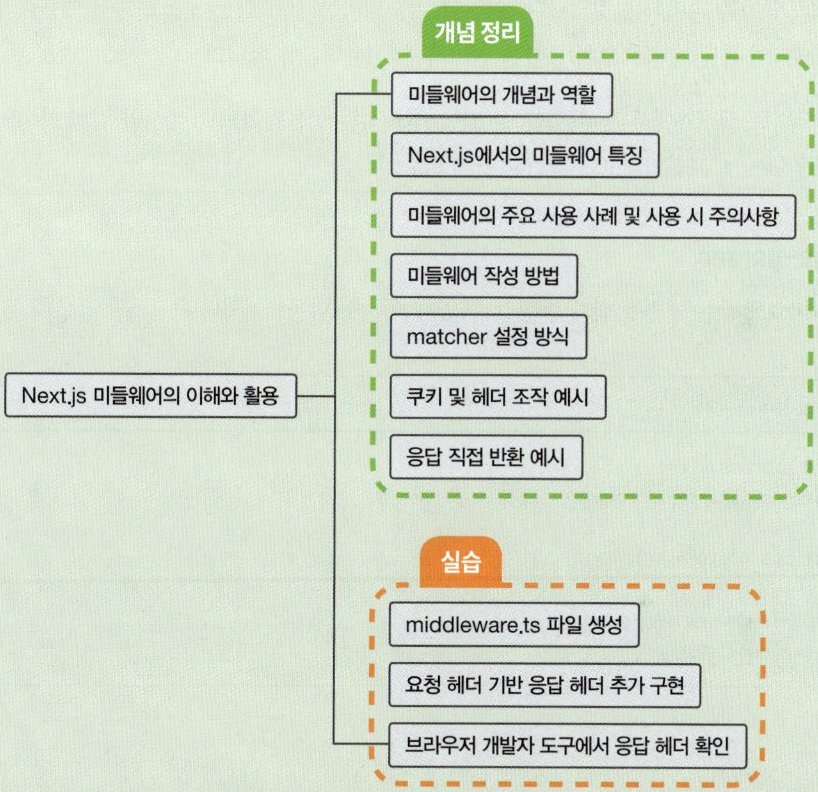

6.1 미들웨어란

일반적으로 미들웨어middleware라고 하면 **컴퓨터 시스템에서 응용 프로그램과 운영체제의 중간 계층에서 작동하는 프로그램**을 의미합니다. 미들웨어라는 이름이 가진 의미처럼 중간에서 작동하는 소프트웨어를 의미하는 것입니다. 이러한 미들웨어는 서로 다른 소프트웨어 애플리케이션 간의 상호작용을 쉽게 함으로써 통합을 편리하게 하는 역할을 합니다.

자바스크립트 생태계에서 흔히 접할 수 있는 대표적인 미들웨어로는 예시와 같이 Node.js의 익스프레스Express 프레임워크와 관련된 것이 있습니다.

cookie-parser

`cookie-parser`는 쿠키를 쉽게 파싱할 수 있게 해주는 미들웨어입니다.

```
const express = require('express');
const cookieParser = require('cookie-parser');

const app = express();

// cookie-parser 미들웨어 사용
app.use(cookieParser());
```

cors

`cors`는 CORSCross-Origin Resource Sharing를 설정하는 미들웨어로, 다른 도메인에서의 요청을 허용하거나 제한할 수 있게 합니다.

```
const express = require('express');
const cors = require('cors');

const app = express();

// cors 미들웨어 사용
app.use(cors());
```

helmet

helmet은 보안 관련 HTTP 헤더를 설정해주는 미들웨어로 웹 애플리케이션을 다양한 보안 공격으로부터 보호할 수 있게 합니다.

```
const express = require('express');
const helmet = require('helmet');

const app = express();

// helmet 미들웨어 사용
app.use(helmet());
```

익스프레스 프레임워크에서 이러한 미들웨어를 잘 사용하면 직접 구현하려면 까다로운 기능을 쉽게 적용할 수 있습니다. 이러한 미들웨어의 역할을 잘 기억하면서 다음으로 넘어가기 바랍니다.

6.2 Next.js의 미들웨어

그렇다면 Next.js에서 미들웨어는 어떤 역할을 할까요? 지금부터는 Next.js의 미들웨어에 대해서 살펴보도록 하겠습니다.

Next.js의 미들웨어는 **서버에서 요청에 대해 응답하기 전에 실행되는 코드 또는 프로그램**을 의미합니다. 여기서 서버는 우리가 일반적으로 말하는 백엔드 서버가 아니라 **Next.js 애플리케이션이 실행되는 서버**를 의미합니다. 그래서 미들웨어를 사용하면 요청이 완료되기 전에 원하는 코드를 실행할 수 있습니다. 예를 들면 미들웨어에서 Request 또는 Response 헤더를 다시 작성할 수도 있고, 특정 경로로 리디렉션을 시키거나 Response를 직접 수정할 수도 있습니다.

1 미들웨어 사용 사례

Next.js에서 미들웨어를 사용하는 경우를 살펴보겠습니다. 가장 대표적으로 **인증이나 권한과 관련된 경우**가 있습니다. 요청에 응답하기 전에 사용자의 로그인 여부나 권한을 먼저 확인해서 각 상황에 맞게 처리할 수 있는 것이죠. 그리고 **서버 측에서 리디렉션을 하고 싶은 경우**에도 미들웨어를 사용할 수 있습니다. 미들웨어를 사용하면 사용자나 권한여부에 따라서 특정 페이지로 리디렉션시킬 수 있습니다. 비슷한 사용 사례로 **Path Rewriting(경로 재작성)**이 있습니다. 리디렉션은 특정 페이지로 보내는 것인 반면 Path Rewriting은 **경로는 유지하면서 다른 페이지를 보여줄 수 있는 기능**입니다. 이러한 기능을 활용하면 요청에 따라 다른 페이지를 보여줌으로써 A/B 테스트를 하거나 각종 기능들을 테스트 할 수 있습니다. 마지막으로 봇을 탐지하거나 로깅 및 분석 데이터를 쌓는 경우에도 미들웨어를 활용할 수 있습니다.

이처럼 미들웨어를 사용하면 다양한 경우에 대해 유연하게 대처할 수 있지만, 미들웨어를 사용하면 안 좋은 사례도 있습니다. 대표적으로 미들웨어에서 **크고 복잡한 데이터를 가져오거나 조작하는 동작**을 수행하면 안 됩니다. 왜냐하면 애초에 미들웨어가 그러한 작업을 위해서 설계된 것이 아니기 때문입니다. 그래서 이러한 작업은 라우트 핸들러 또는 실제 서버 측에서 수행되어야 합니다. 이와 비슷하게 **계산 비용**computation cost**이 많이 드는 작업** 또한 미들웨어에서 수행하면 안 됩니다. 이러한 작업을 미들웨어에서 수행하게 되면 지연 시간이 늘어나서 페이지 로딩이 느려질 수 있기 때문입니다. 그리고 **전체적인 세션 관리를 모두 미들웨어를 통해서 하거나**, 직접 **데이터베이스와 관련된 작업**을 수행하는 것도 좋지 않은 미들웨어 사용 사례라고 할 수 있습니다. 한 마디로 정리하면 미들웨어에서는 시간이 오래 걸리는 작업은 하지 않는 것이 좋습니다.

이처럼 미들웨어를 사용하면 좋은 경우와 좋지 않은 경우를 잘 기억하고 용도에 맞게 사용하는 것이 중요합니다.

2 미들웨어 사용 방법

Next.js에서 미들웨어를 사용 하는 방법은 아래 그림과 같이 프로젝트의 루트 경로에 `middleware.ts`파일을 작성하면 됩니다. 만약 `src` 폴더를 사용한다면 `src` 폴더 안에 `middleware.ts`파일을 작성하면 됩니다.

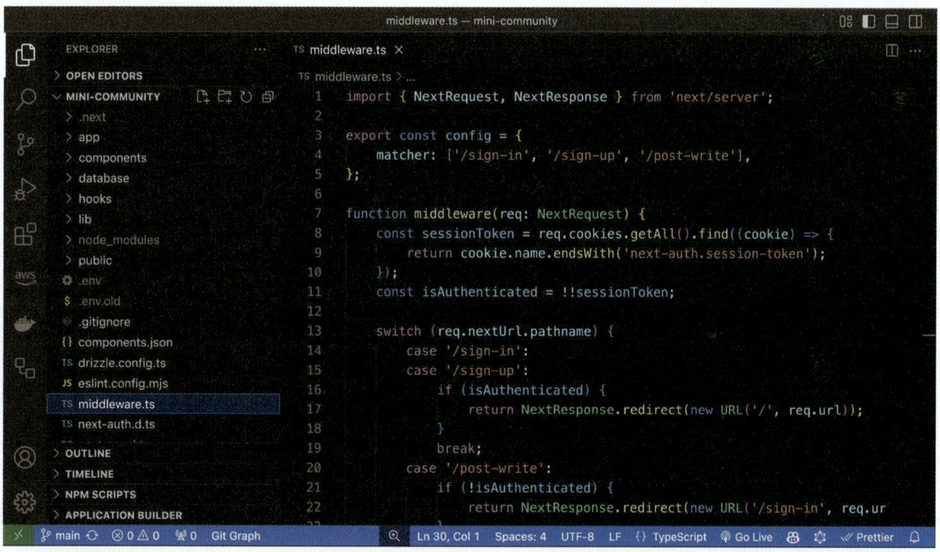

▶ 미들웨어 예시

아래 코드는 Next.js의 미들웨어 예시 코드입니다. 이 미들웨어는 `/v1`으로 시작하는 모든 경로 요청을 `/v2`라는 경로로 리디렉션시켜줍니다. 이렇게 하면 웹사이트를 전체 리뉴얼했을 때 쉽게 새로운 버전의 페이지로 사용자들을 리디렉션시킬 수 있습니다.

```
// middleware.ts

import { NextResponse } from 'next/server';
import type { NextRequest } from 'next/server';

export function middleware(request: NextRequest) {
    return NextResponse.redirect(new URL('/v2', request.url));
}

export const config = {
    matcher: '/v1/:path*',
};
```

참고로 Next.js에서 미들웨어는 **모든 라우트 경로에 대해 실행**됩니다. 그래서 특정 경로에서만 미들웨어를 실행하거나, 반대로 일부 경로를 제외한 나머지 모든 경로에서 미들웨어를 실행하고 싶을 경우에 경로를 매칭해주는 **Matcher**를 잘 사용하는 것이 중요합니다.

Matcher를 사용하는 방법은 아래와 같이 `middleware.ts` 파일의 config 옵션에 `matcher`를 규칙에 맞게 작성하면 됩니다. 특정 경로에 대해서만 작성하거나, 여러 개의 경로에 대해서 작성하거나, 정규 표현식을 사용해서 작성할 수 있습니다. 그리고 `missing` 또는 `has` 옵션을 사용해서 작성할 수도 있습니다.

```
// 특정 경로에 대해서만 작성한 경우
export const config = {
    matcher: '/blog/:path*',
}
// 여러 개의 경로에 대해서 작성한 경우
export const config = {
    matcher: ['/blog/:path*', '/user/:path*'],
};
// 정규 표현식(Regular Expression)을 사용해서 작성한 경우
export const config = {
    matcher: [
        '/((?!api|_next/static|_next/image|favicon.ico).*)',
    ],
};
```

```
// missing 또는 has 옵션을 사용해서 작성한 경우
export const config = {
    matcher: [
        {
            source: '/((?!api|_next/static|_next/image|favicon.ico).*)',
            missing: [
                { type: 'header', key: 'next-router-prefetch' },
                { type: 'header', key: 'purpose', value: 'prefetch' },
            ],
        },
        {
            source: '/((?!api|_next/static|_next/image|favicon.ico).*)',
            has: [
                { type: 'header', key: 'next-router-prefetch' },
                { type: 'header', key: 'purpose', value: 'prefetch' },
            ],
        },
    ],
};
```

matcher의 값을 작성할 때 지켜야 할 규칙은 아래와 같습니다.

- 무조건 /로 시작해야 함
- 명명된 파라미터named parameters를 포함할 수 있음
    - 예시: /posts/:postId는 /posts/1, /posts/2 등과 모두 매칭됨
- modifiers를 포함할 수 있음
    - *: zero or more
    - ?: zero or one
    - +: one or more
- 괄호 안에 정규 표현식을 사용할 수 있음
    - /blog/(.*)는 /blog/:path*와 동일

참고로 matcher의 값은 빌드 타임에 정적으로 분석되기 때문에 **동적인 값을 넣으면 안 되고 상수 형태의 값만을 사용해야 한다**는 점에 유의하기 바랍니다.

3 미들웨어 사용 예시

지금부터는 Next.js에서 미들웨어를 사용하는 다양한 예시들을 하나씩 살펴보도록 하겠습니다.

쿠키 조작하기

미들웨어를 사용하면 아래와 같이 요청에 포함된 쿠키의 값을 조작하거나, 응답에 포함시킬 쿠키를 쉽게 넣을 수 있습니다.

```
import { NextResponse } from 'next/server';
import type { NextRequest } from 'next/server';

// 요청에 "Cookie:author=soaple" header가 존재한다고 가정
export function middleware(request: NextRequest) {
    // Cookie 값 가져오기
    let cookie = request.cookies.get('author');
    console.log(cookie);
    // 출력 결과: { name: 'author', value: 'soaple', Path: '/' }

    const allCookies = request.cookies.getAll();
    console.log(allCookies);
    // 출력 결과: [{ name: 'author', value: 'soaple' }]

    request.cookies.has('author'); // 결과: true
    request.cookies.delete('author');
    request.cookies.has('author'); // 결과: false

    // 응답 Cookie 추가
    const response = NextResponse.next();
    response.cookies.set('framework', 'nextjs');
    response.cookies.set({
        name: 'framework',
        value: 'nextjs',
        path: '/',
    });
    cookie = response.cookies.get('framework');
    console.log(cookie);
    // 출력 결과: { name: 'framework', value: 'nextjs', Path: '/' }
```

```
    // 응답에 `Set-Cookie:framework=nextjs;path=/` header가 포함됨
    return response;
}
```

요청 및 응답 헤더 조작하기

미들웨어에서는 다음과 같이 NextResponse API를 사용하여 요청 및 응답 헤더를 조작할 수 있습니다.

```
import { NextResponse } from 'next/server';
import type { NextRequest } from 'next/server';

export function middleware(request: NextRequest) {
    // 요청 헤더를 복제해서 새로운 헤더 추가
    const requestHeaders = new Headers(request.headers);
    requestHeaders.set('x-hello-from-middleware-1', 'hello');

    // NextResponse.next()를 사용하여 요청 헤더 설정
    const response = NextResponse.next({
        request: {
            // 새로운 요청 헤더
            headers: requestHeaders,
        },
    });

    // 새로운 응답 헤더 설정
    response.headers.set('x-hello-from-middleware-2', 'hello');

    return response;
}
```

Response 직접 반환

미들웨어에서는 Response 또는 NextResponse 인스턴스를 직접 반환함으로써 곧바로 응답할 수도 있습니다. 아래 코드는 인증된 사용자만 API 경로에 접근할 수 있도록 하는 예시 코드입니다.

```
import { NextRequest } from 'next/server';
// isAuthenticated()는 요청에 대해 인증여부를 확인해주는 함수라고 가정
import { isAuthenticated } from '@/lib/auth';

export const config = {
    matcher: '/api/:path*',
};

export function middleware(request: NextRequest) {
    if (!isAuthenticated(request)) {
        return Response.json(
            { success: false, message: 'Unauthorized' },
            { status: 401 }
        );
    }
}
```

6.3 실습 미들웨어 사용해보기

이번 실습에서는 미들웨어를 직접 사용해보겠습니다. 먼저 화면과 같이 프로젝트 최상위 경로에 `middleware.ts`라는 이름의 파일을 생성합니다.

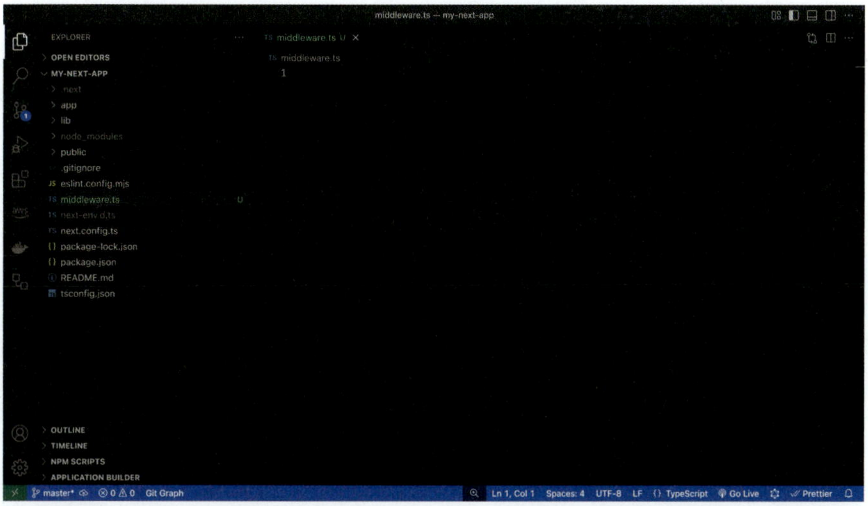

이후 다음과 같이 미들웨어 코드를 작성합니다. 이 코드는 요청 헤더를 기반으로 새로운 응답을 생성하고, 응답 헤더에 `x-hello-from-middleware`라는 키key와 `my-middleware`라는 값value을 가진 헤더를 추가하는 코드입니다.

```
// middleware.ts

import { NextResponse } from 'next/server';
import type { NextRequest } from 'next/server';

export function middleware(request: NextRequest) {
```

```
    const response = NextResponse.next({
        request: {
            headers: request.headers,
        },
    });

    response.headers.set('x-hello-from-middleware', 'my-middleware');

    return response;
}
```

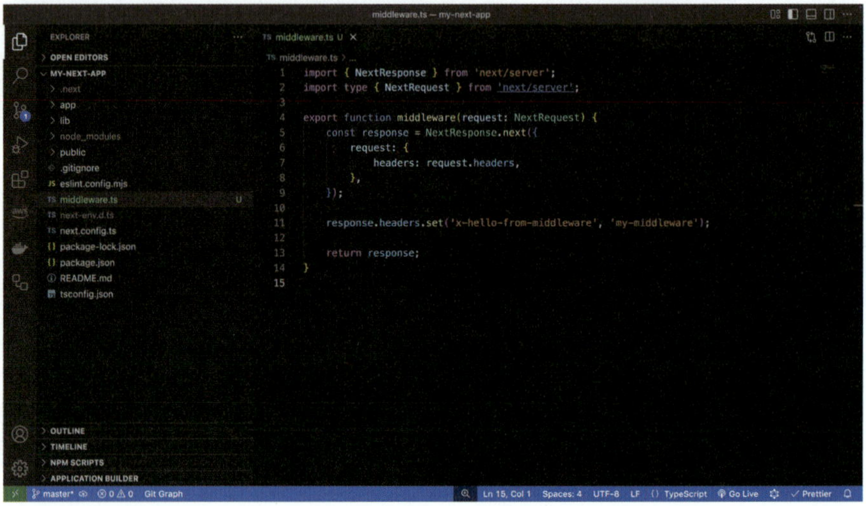

코드를 작성한 이후에 애플리케이션을 개발 모드로 실행하고 브라우저에서 개발자 도구의 **Network** 탭을 열어둔 상태로 `localhost:3000`으로 접속합니다. 그러면 다음 화면과 같이 서버로부터 받아오는 리소스에 대한 기록이 나오게 됩니다. 여기서 상단에 있는 `localhost`를 클릭합니다.

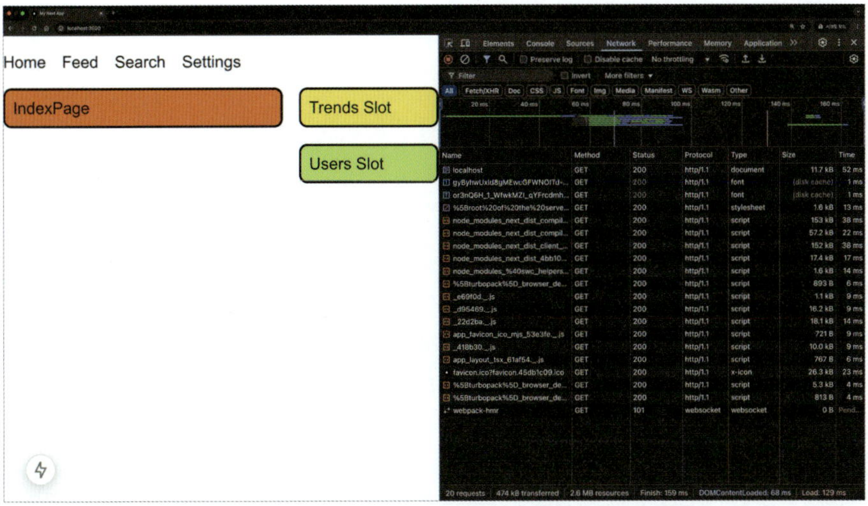

그러면 아래 화면과 같이 **'Response Headers'**라는 섹션 하단에 `X-Hello-From-Middleware`라는 항목을 볼 수 있습니다. Next.js 미들웨어를 사용해서 추가한 응답 헤더가 잘 나오는 것입니다.

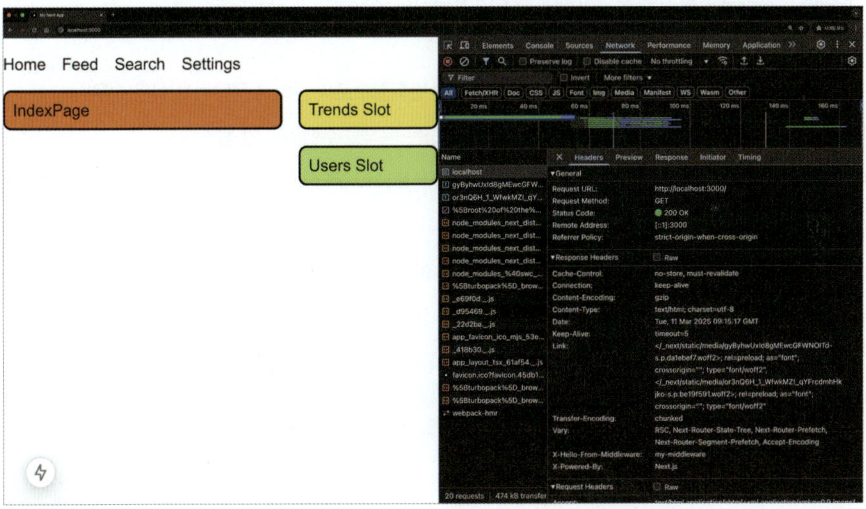

이처럼 Next.js의 미들웨어를 활용하면 다양한 작업을 한곳에서 편리하게 처리할 수 있습니다.

6.4 마치며

이번 장에서 배운 내용은 아래와 같습니다.

- **미들웨어**
  - 컴퓨터 시스템에서 응용 프로그램과 운영체제의 중간 계층에서 작동하는 프로그램
  - 서로 다른 소프트웨어 애플리케이션 간의 상호작용을 쉽게 해줌으로써 통합을 편리하게 하는 역할

- **Next.js 미들웨어**
  - 서버에서 요청에 대해 응답하기 전에 실행되는 코드 또는 프로그램
  - 요청이 완료되기 전에 코드를 실행할 수 있음
  - 사용 사례
    - 사용자의 로그인 여부나 권한을 확인해서 각 상황에 맞게 처리하고 싶은 경우
    - 서버 측에서 리디렉션을 하고 싶은 경우
    - 요청에 포함된 쿠키의 값을 조작하거나, 응답에 포함시킬 쿠키를 넣고 싶은 경우
    - 요청 및 응답 헤더를 설정하고 싶은 경우
    - `Response` 또는 `NextResponse` 인스턴스를 직접 반환함으로써 곧바로 응답하고 싶은 경우
  - 미들웨어에서 크고 복잡한 데이터를 가져오거나 조작하는 동작을 수행하면 안 됨
  - 프로젝트의 최상위 경로에 `middleware.ts`파일을 작성하여 사용
    - 기본적으로 모든 라우트 경로에 대해 실행됨
    - Matcher를 사용하면 특정 경로에서만 미들웨어를 실행하거나, 일부 경로를 제외한 나머지 모든 경로에서 미들웨어를 실행할 수 있음
  - 미들웨어 사용 예시
    - 쿠키 조작
    - 요청 및 응답 헤더 조작
    - Response 직접 반환

Chapter 7

데이터 페칭

Preview

이번 장에서는 데이터 페칭data fetching을 주제로 Next.js에서 서버로부터 데이터를 받아오는 방법에 대해서 살펴보겠습니다. 먼저 `fetch`를 사용해서 데이터를 받아오는 방법부터 살펴보고, 이후 서버 액션에 대해서 살펴봅니다. 그리고 마지막으로 데이터를 받아오는 과정을 구현하기 위한 유용한 패턴과 실제 예시 코드를 살펴보겠습니다. 서버로부터 데이터를 받는 것은 거의 모든 웹 애플리케이션에 필수적인 요소이므로 이번 장에서 잘 익히고 넘어가기 바랍니다.

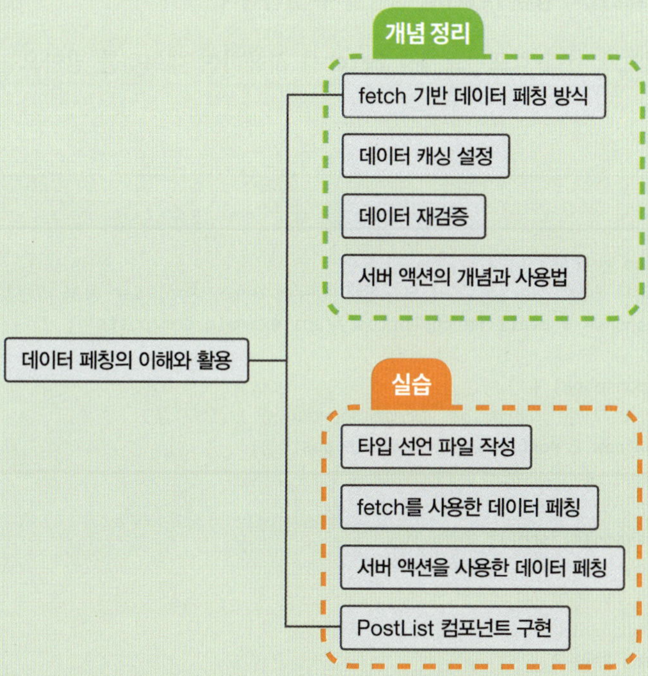

7.1 fetch

먼저 fetch를 사용해서 서버로부터 데이터를 받아오는 방법에 대해서 살펴보겠습니다. 일반적으로 웹 애플리케이션을 개발할 때 Web API에서 제공하는 fetch를 사용하게 됩니다. Next.js는 이러한 **네이티브 fetch Web API를 확장**하여 서버에서 **각 fetch 요청의 캐싱 및 재검증 동작**을 구성할 수 있게 해줍니다. Next.js에서는 서버 컴포넌트, 라우트 핸들러, 서버 액션에서 async/await와 함께 fetch를 사용할 수 있습니다.

다음 코드는 리액트 서버 컴포넌트에서 fetch를 사용하여 데이터를 받아오는 예시 코드입니다.

```
async function getPosts() {
    // 리턴 값은 직렬화(serialized)되지 않기 때문에 Date, Map, Set 등을 리턴할 수 있음
    const response = await fetch('https://api.example.com/posts');

    if (!response.ok) {
        // 가장 가까운 `error.js` Error Boundary를 활성화시킴
        throw new Error('Failed to fetch posts');
    }

    return response.json();
}

// Server Components
async function Page() {
    // 데이터 페칭
    const posts = await getPosts();

    return (
        <main>
            {posts.map((post) => {
                return <div>{post.title}</div>;
            })}
        </main>
    );
```

```
}

export default Page;
```

이처럼 서버 컴포넌트에서는 서버 측에서 곧바로 비동기 요청을 처리할 수 있다고 이해하면 됩니다.

1 데이터 캐싱

일반적으로 캐싱caching은 **자주 사용되는 데이터를 캐시에 저장해놓고 다시 사용함으로써 불필요한 연산을 줄이는 방법**을 의미합니다. 데이터 페칭 관점에서의 캐싱은 **서버로부터 받아온 데이터를 캐시에 저장해놓고, 동일한 요청이 왔을 때 다시 서버에 요청하지 않고 캐시에 저장된 데이터를 사용하는 것**을 의미합니다.

현재 최신 버전의 Next.js에서는 기본적으로 fetch에서 반환된 데이터를 **데이터 캐시**Data Cache**에 자동으로 캐싱하지 않습니다.** 만약 캐시를 강제로 사용하도록 하고 싶다면 예시 코드처럼 cache 옵션의 값을 force-cache로 설정하면 됩니다.

```
fetch('https://api.example.com/posts', { cache: 'force-cache' });
```

이렇게 캐싱이 적용되면 애플리케이션을 빌드하는 시점이나 요청이 발생하는 시점에 가져온 데이터를 캐싱하게 되며, 이렇게 캐싱된 데이터는 동일한 요청이 발생했을 때 사용됩니다. 물론 무조건 캐싱된 데이터를 사용하는 것은 아니며 **캐싱 전략에 따라서 작동**하게 된다는 것을 기억하기 바랍니다.

2 데이터 재검증

캐싱과 항상 같이 나오는 개념이 바로 재검증revalidation입니다. 재검증은 **캐시된 데이터를 최신 상태로 유지하기 위해 서버에서 새로운 데이터를 받아와 기존 데이터를 갱신하는 과정**입니다. 재검증이 필요한 이유는 캐싱된 데이터가 항상 최신 데이터가 아니기 때문입니다. 캐싱된 시점부터 시간이 조금이라도 지난 이후에는 오래된 데이터로 간주되는 것이죠.

만약 데이터 재검증을 하지 않고 계속해서 캐싱된 데이터를 사용하게 되면 오래된 데이터를 사용하게 되는 것이고, 사용자에게는 잘못된 데이터를 보여주는 결과를 초래할 수 있습니다. 그리고 이렇게 **시간이 지난 데이터를 스테일**stale **데이터**라고 부릅니다. 참고로 stale이라는 단어는 '썩은', '신선하지 않은'이라는 뜻을 갖고 있습니다. 직역하면 시간이 지나서 썩은 데이터를 스테일 데이터라고 하는 것이죠.

캐싱된 데이터는 다음과 같은 두 가지 방식으로 재검증할 수 있습니다.

시간 기반 재검증

시간 기반 재검증Time-based Revalidation은 이름이 가진 의미대로 **시간을 기반으로 재검증**하는 방식입니다. 데이터가 캐싱되고 **일정 시간이 지난 이후에 데이터를 자동으로 재검증**하는 것이죠. 이 방식은 데이터가 자주 변경되지 않고 항상 최신 데이터가 필요한 것이 아닐 경우에 주로 사용합니다.

다음의 코드는 특정 시간 간격(여기서는 3600초)으로 데이터를 재검증하기 위한 예시 코드입니다. `fetch`의 `next.revalidate` 옵션에 시간 간격 값을 넣음으로써 캐싱된 데이터의 수명(초 단위)을 설정할 수 있습니다.

```
// 최대 1시간 이후 재검증
fetch('https://api.example.com/posts', { next: { revalidate: 3600 } });
```

그리고 라우트 세그먼트 내의 모든 `fetch` 요청을 재검증하려면 아래와 같이 라우트 세그먼트 설정 옵션Config Options을 사용하면 됩니다.

```
// 값으로 false, 0, number 사용 가능
export const revalidate = 3600;  // 3600초(1시간)마다 재검증
```

다음 그림은 시간 기반 재검증 작동 방식을 나타난 것입니다. 이 그림에서는 시간 간격이 60초로 설정되어 있는 것을 볼 수 있습니다. 즉, 60초 이후에 들어오는 요청에 대해서는 재검증을

거치게 됩니다.

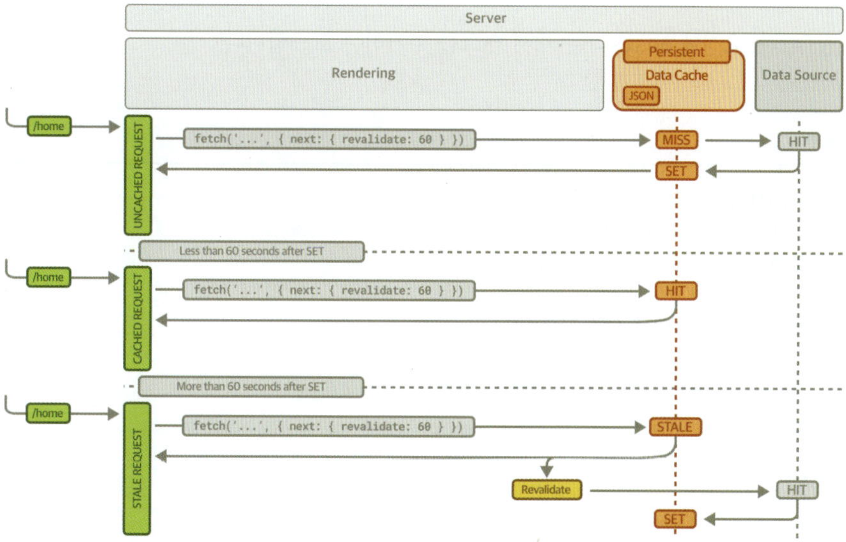

▶ 시간 기반 재검증

만약 정적으로 렌더링된 라우트에서 여러 `fetch` 요청이 있고 각각이 다른 재검증 주기를 가지고 있는 경우, **가장 짧은 시간**이 모든 요청에 적용됩니다. 그리고 동적으로 렌더링된 라우트에서는 각 `fetch` 요청이 독립적으로 재검증됩니다.

온디맨드 재검증

온디맨드 재검증On-demand Revalidation은 **필요한 경우에 직접 재검증을 요청**하는 방식입니다. 태그 또는 경로를 기반으로 한 번에 데이터 그룹 전체를 재검증하게 됩니다. 시간 기반 재검증 방식에서는 정해진 시간 간격이 지나기 전까지는 최신 데이터를 보여줄 수 없습니다. 그래서 **당장 최신 데이터를 보여줘야 할 필요가 있을 경우**에는 온디맨드 재검증을 사용하는 것이 좋습니다.

온디맨드 재검증을 사용하려면 서버 액션 또는 라우트 핸들러 내에서 **`revalidatePath()` 함수**를 사용하여 **특정 경로에 대해 재검증**을 하거나, **`revalidateTag()` 함수**를 사용해서 **특정 캐시 태그에 대해 재검증**을 할 수 있습니다.

Next.js는 라우트 전체에서 `fetch` 요청을 무효화하기 위한 **캐시 태깅 시스템**cache tagging system을 갖추고 있습니다. 그래서 `fetch`를 사용할 때 하나 이상의 태그로 캐시 항목에 태그를 할당할 수 있으며, next/cache 패키지의 revalidateTag() 함수를 호출하여 해당 태그와 관련된 모든 항목을 재검증할 수 있습니다.

다음은 fetch 요청에 posts라는 캐시 태그를 추가하는 코드입니다.

```
async function Page() {
    const res = await fetch('https://api.example.com/posts', {
        next: { tags: ['posts'] },
    });
    const data = await res.json();

    ...
}

export default Page;
```

이후 다음 코드처럼 서버 액션에서 posts라는 캐시 태그에 대해 revalidateTag() 함수를 호출함으로써 posts 태그가 지정된 fetch 호출을 모두 재검증할 수 있습니다.

```
'use server';

import { revalidateTag } from 'next/cache';

export default async function action() {
    revalidateTag('posts');
}
```

NOTE

재검증 과정에서의 에러 처리

만약 데이터를 재검증하는 과정에서 오류가 발생하면 마지막으로 캐싱된 데이터는 계속해서 사용되며, 다음 요청에서 데이터를 다시 재검증하게 됩니다.

7.2 서버 액션

서버 액션Server Actions은 리액트 버전19에서 정식 출시된 기능으로, **클라이언트 컴포넌트가 서버에서 실행되는 비동기 함수를 호출할 수 있게 해주는 기능**입니다. 쉽게 말하면 클라이언트 컴포넌트에서 서버 측 데이터를 가져오거나 데이터베이스에 쿼리를 보낼 수 있게 해주는 것입니다.

서버 액션을 사용하기 위해서는 **`'use server'` 지시어**를 사용하면 됩니다. 이 지시어를 비동기 함수의 맨 위에 작성하여 해당 함수를 서버 액션으로 정의할 수도 있고, 파일의 맨 위에 작성하여 해당 파일의 모든 익스포트를 서버 액션으로 정의할 수 있습니다.

Next.js에서는 서버 컴포넌트와 클라이언트 컴포넌트에서 서버 액션을 사용하여 폼form을 제출하거나 데이터 변경을 처리하는 데 사용할 수 있습니다. `'use server'` 지시어와 함께 서버 액션이 정의되면 Next.js는 자동으로 **해당 서버 함수에 대한 참조를 생성하고, 그 참조를 클라이언트 컴포넌트에 전달**합니다. 그리고 클라이언트에서 해당 함수가 호출되면 리액트는 서버에 요청을 보내서 **그 함수를 실행하고 결과를 반환**하게 됩니다.

서버 액션은 서버 컴포넌트에서 생성하여 클라이언트 컴포넌트의 props로 전달할 수도 있고, 클라이언트 컴포넌트에서 임포트하여 사용할 수도 있습니다. 지금부터 각 방법에 대해서 살펴보도록 하겠습니다.

1 서버 컴포넌트에서 서버 액션 사용하기

서버 컴포넌트에서는 **인라인 함수 레벨 또는 모듈 레벨에서 `'use server'` 지시어를 사용**하여 서버 액션을 정의할 수 있습니다. 다음은 인라인 함수 레벨에서 서버 액션을 정의한 예시 코드입니다.

```
import Button from './Button';

function WritePost() {
```

```
    async function createPostAction() {
        // Server Actions 정의
        'use server';

        await db.posts.create();
    }

    return <Button onClick={createPostAction} />;
}

export default WritePost;
```

위와 같이 서버 액션을 정의하면 리액트가 WritePost라는 서버 컴포넌트를 렌더링할 때 createPostAction() 함수의 레퍼런스를 생성하고 그것을 Button이라는 클라이언트 컴포넌트로 전달하게 됩니다. 다음은 Button 컴포넌트의 코드를 나타낸 것인데, 여기서 onClick을 콘솔 로그로 출력해보면 레퍼런스가 들어 있는 것을 볼 수 있습니다.

```
'use client';

function Button({ onClick }) {
    console.log(onClick);
    // {$$typeof: Symbol.for("react.server.reference"), $$id: 'createPostAction'}
    return <button onClick={onClick}>게시글 작성</button>;
}

export default Button;
```

이 상태에서 사용자가 버튼을 클릭하면 리액트는 createPostAction() 함수의 레퍼런스와 함께 해당 함수를 실행하도록 서버에 요청하게 됩니다. 이러한 흐름이 서버 컴포넌트에서 서버 액션이 작동하는 흐름이라고 보면 됩니다.

2 클라이언트 컴포넌트에서 서버 액션 사용하기

그렇다면 클라이언트 컴포넌트에서 서버 액션을 사용하려면 어떻게 해야 할까요? 클라이언트 컴포넌트에서는 **'use server' 지시어를 사용하는 파일로부터 서버 액션을 가져올 수 있습니다.**

먼저 다음 코드와 같이 'use server' 지시어를 사용하고 서버 액션이 정의된 별도의 파일을 작성합니다.

```
// actions.ts

'use server';

export async function createPostAction() {
    await db.posts.create();
}
```

이후 아래 코드와 같이 정의한 서버 액션을 클라이언트 컴포넌트에서 임포트해서 사용하면 됩니다.

```
'use client';

import { createPostAction } from './actions';

function WritePost() {
    console.log(createPostAction);
    // {$$typeof: Symbol.for("react.server.reference"), $$id: 'createPostAction'}
    return <button onClick={createPostAction}>게시글 작성</button>;
}

export default WritePost;
```

이렇게 하게 되면 번들러가 WritePost 클라이언트 컴포넌트를 빌드할 때 번들 안에 createPostAction() 함수에 대한 레퍼런스를 생성합니다. 그리고 버튼이 클릭되면 리액트는 제공된 레퍼런스를 사용하여 createPostAction() 함수를 실행하기 위해 서버에 요청을 보내게 됩니다.

그리고 추가로 다음과 같이 서버 액션을 클라이언트 컴포넌트에 props로 전달해서 사용할 수도 있습니다.

```
<ClientComponent myAction={myAction} />
```

```
'use client';

function ClientComponent(props) {
    const { myAction } = props;

    return <form action={myAction}>{/* ... */}</form>
}

export default ClientComponent;
```

7.3 실습 서버에서 데이터 받아오기

이번 실습에서는 앞에서 라우트 핸들러를 사용해서 만든 API를 활용해서 서버에서 데이터를 받아오도록 하겠습니다. API를 연동하기 전에 서버로부터 받은 데이터의 타입을 지정하기 위해 먼저 타입 선언 파일(`.d.ts` 확장자)을 하나 만들겠습니다. 다음 화면과 같이 `lib` 폴더에 `types`라는 이름으로 폴더를 생성합니다.

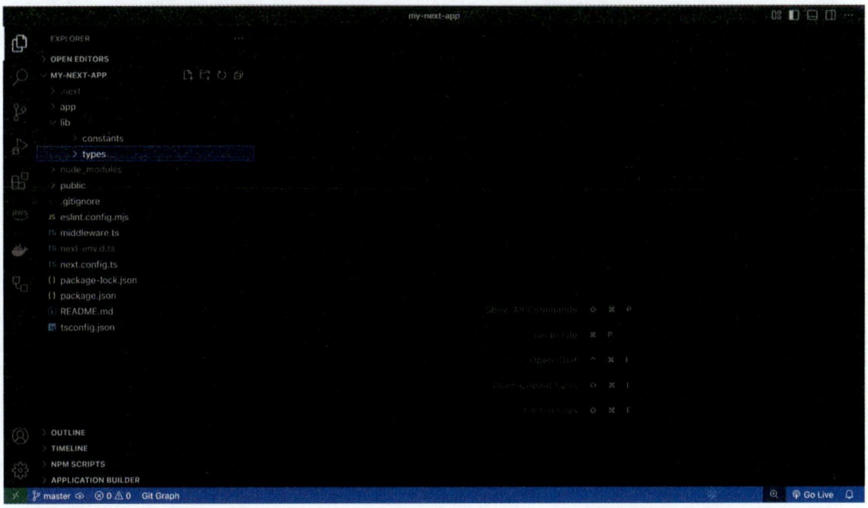

생성한 `types` 폴더에 `my-next-app.d.ts`라는 이름의 파일을 생성합니다.

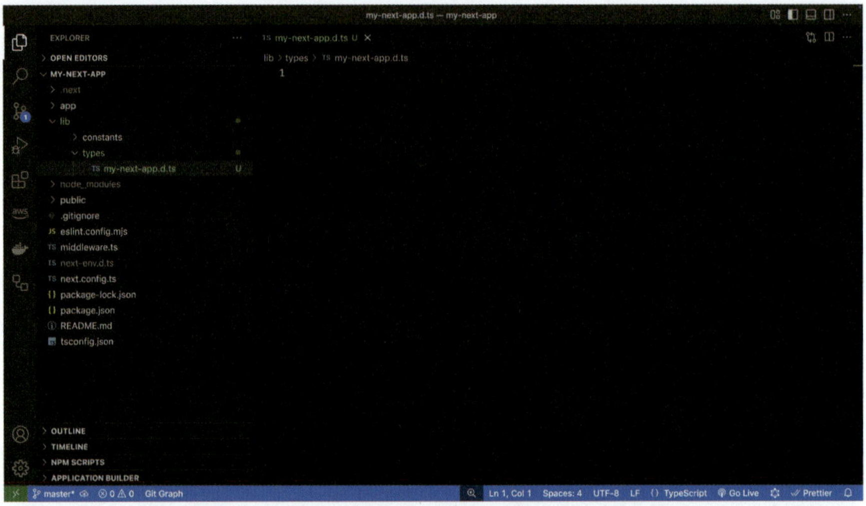

이후 생성한 `my-next-app.d.ts` 파일에 다음의 코드를 작성합니다. 이 코드는 우리가 만든 가짜 데이터에 포함된 Post를 다루기 위한 타입입니다.

```
// lib/types/my-next-app.d.ts

declare namespace MyNextApp {
    type Post = {
        id: string;
        title: string;
        content: string;
        image: string;
    };
}
```

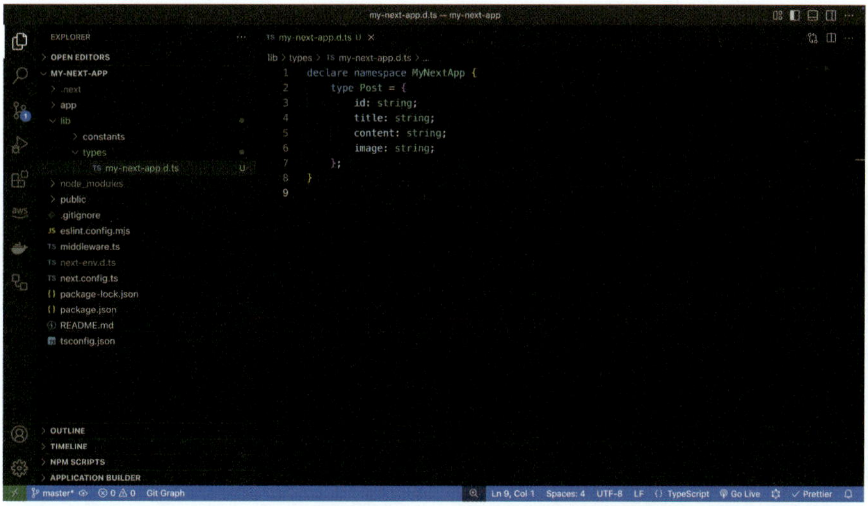

타입 선언 파일을 생성한 이후에 다음 화면과 같이 `app/feed` 폴더에 있는 `page.tsx` 파일을 엽니다.

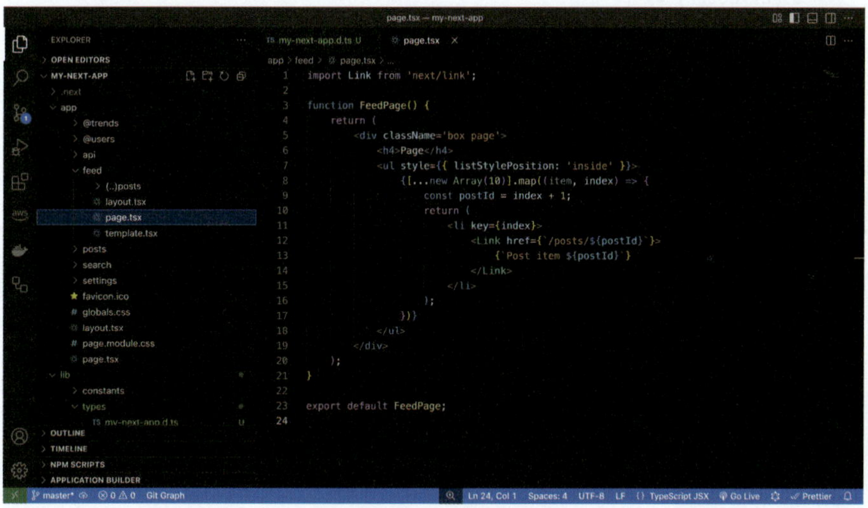

그리고 다음과 같이 `page.tsx` 파일의 코드를 수정합니다. 이 코드에서는 먼저 컴포넌트가 마운트된 이후 `useEffect()` 훅의 Effect 함수를 통해 우리가 라우트 핸들러를 사용해서 만든 API(`/api/posts`)를 호출하고 응답으로 Post 데이터를 받아서 상태에

업데이트합니다. 그리고 이렇게 업데이트된 상태를 사용해서 실제 화면에 각 Post 아이템을 렌더링하게 됩니다. 이러한 구조가 리액트 클라이언트 컴포넌트에서 데이터를 받아오기 위해 사용하는 가장 기본적인 구조라고 이해하면 되고, 여기서는 클라이언트 컴포넌트라는 것을 명시하기 위해서 파일의 최상단에 `'use client'` 지시어를 사용한 것을 볼 수 있습니다.

```
// app/feed/page.tsx

'use client';

import { useState, useEffect } from 'react';
import Link from 'next/link';

function FeedPage() {
    const [posts, setPosts] = useState<MyNextApp.Post[]>([]);

    useEffect(() => {
        async function fetchPosts() {
            const data = await fetch('/api/posts').then((response) =>
                response.json()
            );
            setPosts(data);
        }

        fetchPosts();
    }, []);

    return (
        <div className='box page'>
            <h4>Page</h4>
            <ul style={{ listStylePosition: 'inside' }}>
                {posts.map((post, index) => {
                    const postId = index + 1;
                    return (
                        <li key={index}>
                            <Link href={`/posts/${postId}`}>{post.title}</
Link>
                        </li>
```

```
                    );
                })}
            </ul>
        </div>
    );
}

export default FeedPage;
```

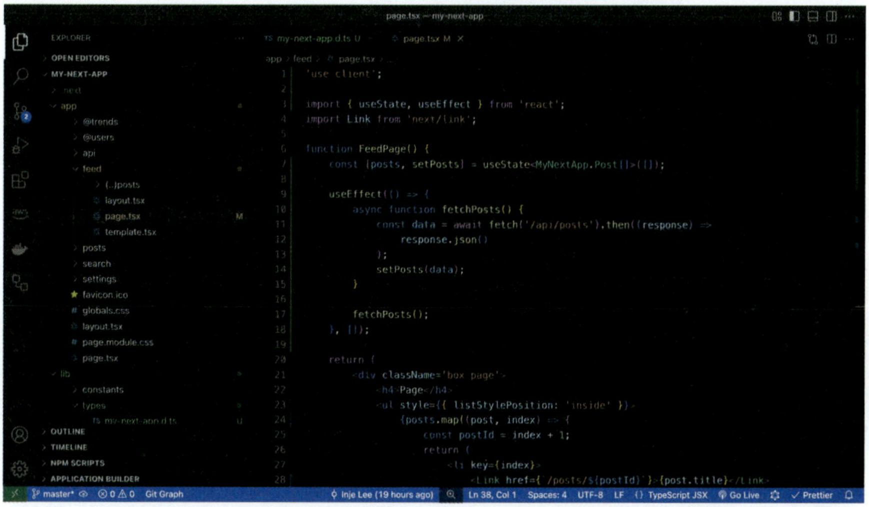

코드를 모두 수정한 이후에 애플리케이션을 개발 모드로 실행하고 브라우저에서 `localhost:3000/feed`로 접속합니다. 그러면 화면과 같이 Feed 페이지가 나오게 되고, 서버로부터 받은 데이터가 화면에 나오는 것을 볼 수 있습니다.

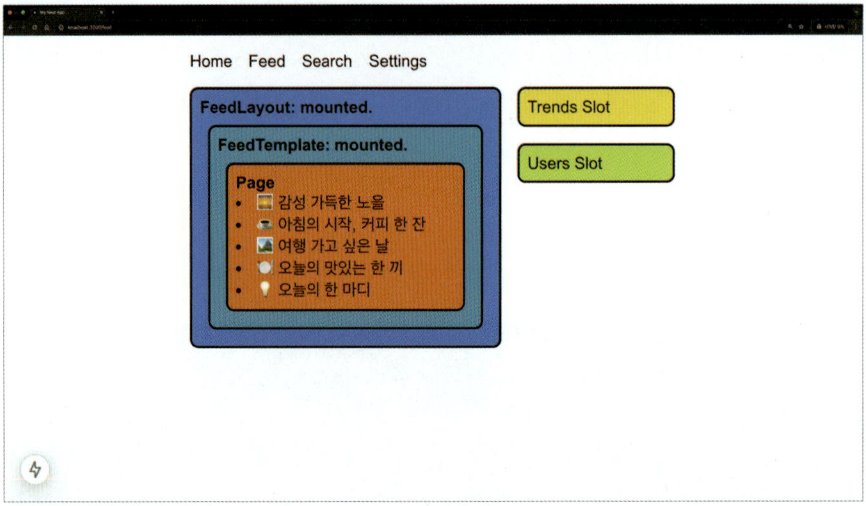

▶ Feed 페이지

참고로 이 경우는 클라이언트에서 데이터를 받아오는 것이기 때문에 새로고침을 하면 처음에는 아주 짧은 시간이지만 데이터가 비어 있다가 서버로부터 데이터를 받아온 이후에 데이터가 화면에 나타나는 것을 볼 수 있습니다. 결론적으로 사용자 입장에서는 약간의 깜빡임을 경험하게 되는 것입니다.

7.4 실습 서버 액션 사용하기

이번 실습에서는 앞에서 API를 사용해서 데이터를 받아오는 부분을 서버 액션을 사용하는 형태로 변경해보도록 하겠습니다. 먼저 화면과 같이 `lib` 폴더에 `actions` 폴더를 생성합니다.

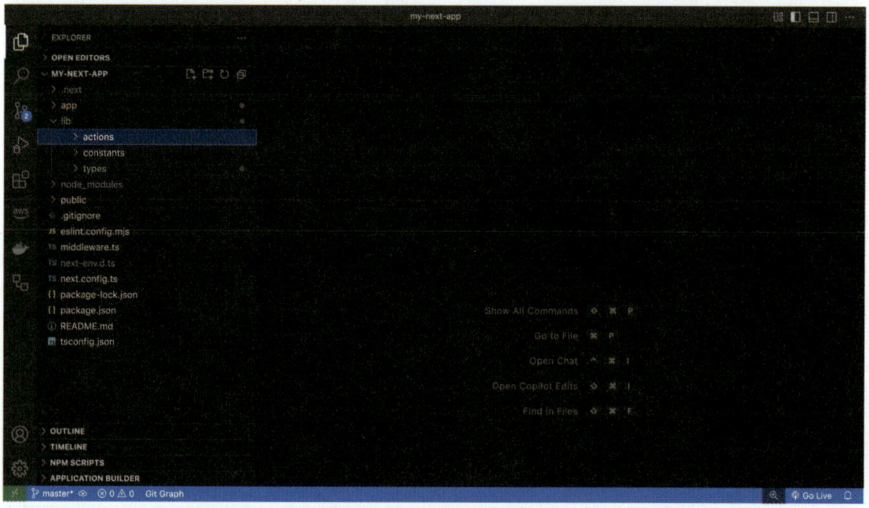

이후 생성한 `actions` 폴더에 다음과 같이 `posts.ts` 파일을 생성합니다.

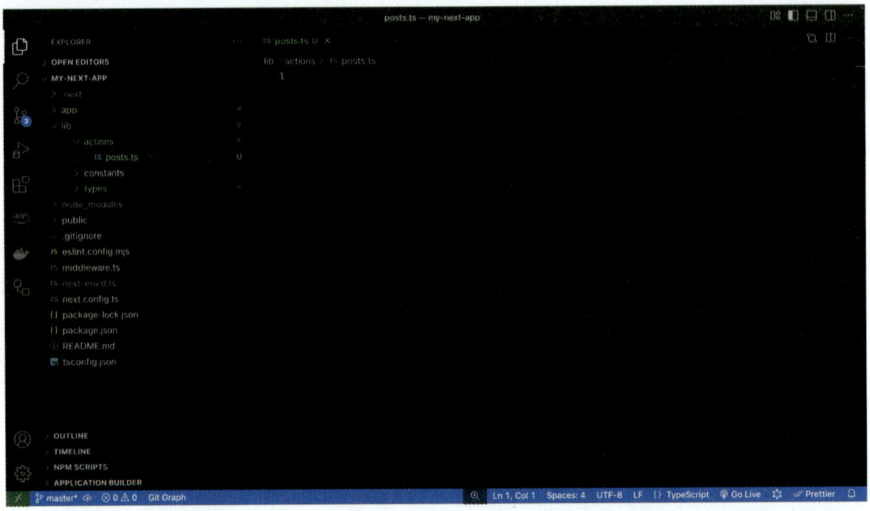

생성한 `posts.ts` 파일에 아래와 같이 코드를 작성합니다. 이 코드는 Post 데이터를 읽어오는 아주 간단한 형태의 서버 액션입니다. 파일의 최상단에 `'use server'` 지시어를 사용하여 서버 액션이라는 것을 명시하였고, 실제 작동하는 모습을 천천히 보기 위해서 2초(2000ms)가 지난 이후에 값을 반환하도록 했습니다.

```
// lib/actions/posts.ts

'use server';

import samplePosts from '@/lib/constants/sample-posts.json';

export async function readPostsAction(): Promise<MyNextApp.Post[]> {
    return new Promise((resolve) => {
        setTimeout(() => {
            resolve(samplePosts);
        }, 2000);
    });
}
```

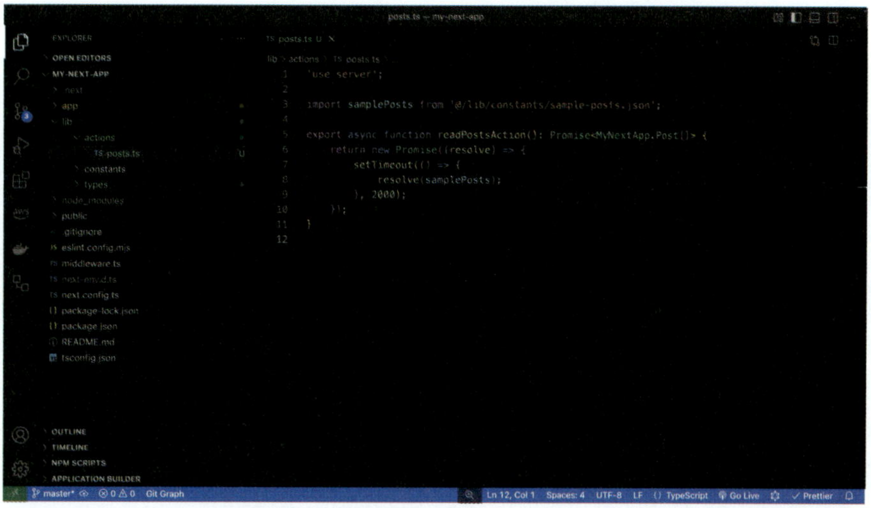

참고로 서버 액션은 **서버 환경에서 실행되는 코드**이기 때문에 서버의 자원(예: 데이터베이스, 서버 측 환경변수 등)에 직접 접근할 수 있습니다. 그래서 이 코드에서는 우리가 만든 Posts API(`/api/posts`)를 호출하지 않고 곧바로 `sample-posts.json` 파일로부터 데이터를 가져오도록 구현한 것입니다. 실제 서비스 환경에서는 보통 데이터가 파일 형태가 아닌 데이터베이스에 존재하므로 데이터베이스에 직접 쿼리를 날리고 그 결과를 반환하는 형태로 사용하게 됩니다.

다음으로는 Post 목록을 표시하는 컴포넌트를 별도로 구현하고, Post 페이지에서 이 컴포넌트를 사용해서 Post 목록을 표시하도록 변경하겠습니다. 먼저 다음 화면과 같이 프로젝트 최상위 경로에 `components`라는 이름의 폴더를 생성합니다.

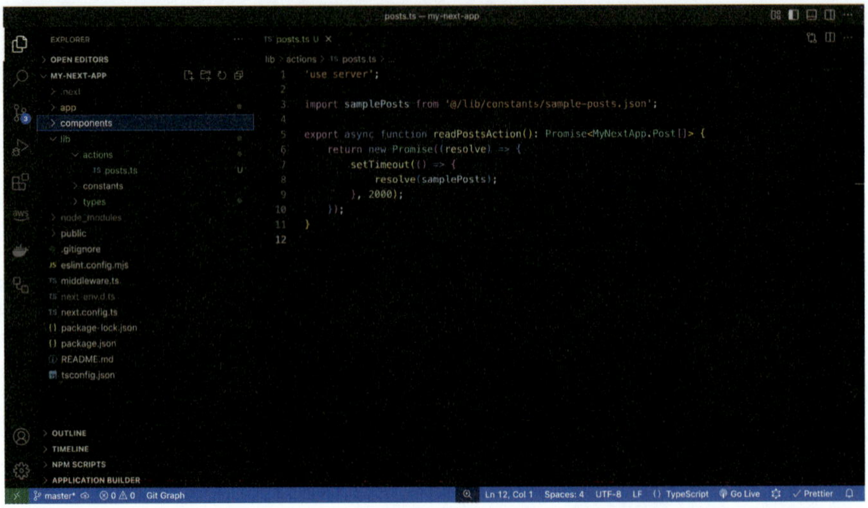

생성한 components 폴더에 다음 화면과 같이 PostList.tsx라는 이름의 파일을 생성합니다.

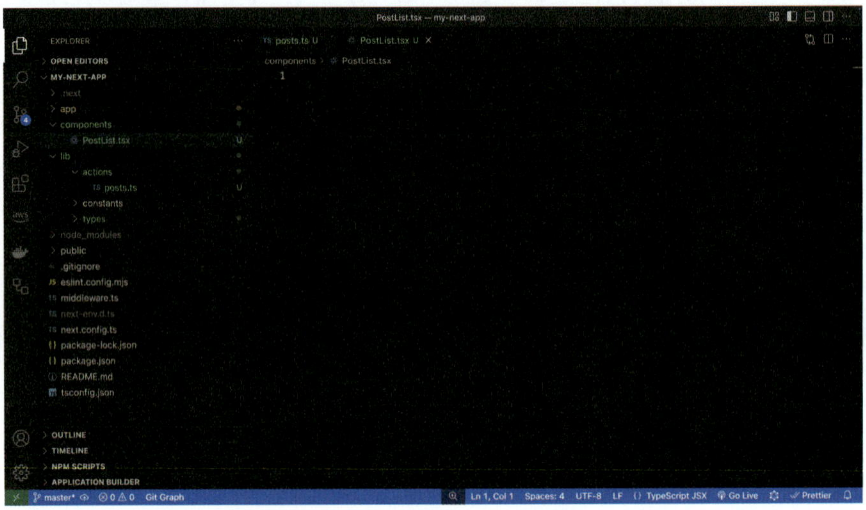

이후 PostList.tsx 파일에 다음의 코드를 작성합니다. 이 코드는 postsPromise를 props로 받고, 리액트의 use API를 사용하여 이 Promise를 처리하는 코드입니다.

```tsx
// components/PostList.tsx

'use client';

import { use } from 'react';
import Link from 'next/link';

interface PostListProps {
    postsPromise: Promise<MyNextApp.Post[]>;
}

function PostList(props: PostListProps) {
    const { postsPromise } = props;

    const posts = use(postsPromise);

    return (
        <ul style={{ listStylePosition: 'inside' }}>
            {posts.map((post) => {
                return (
                    <li key={post.id}>
                        <Link href={`/posts/${post.id}`}>{post.title}</Link>
                    </li>
                );
            })}
        </ul>
    );
}

export default PostList;
```

NOTE

use API란

리액트 버전19에서 정식으로 릴리스됐으며, Promise나 context같은 리소스의 값을 읽을 수 있게 해주는 API입니다. **use** API는 이름이 '**use**'로 시작하지만 훅[hook]이 아니라 리액트에서 제공하는 API라는 점을 기억하기 바랍니다.

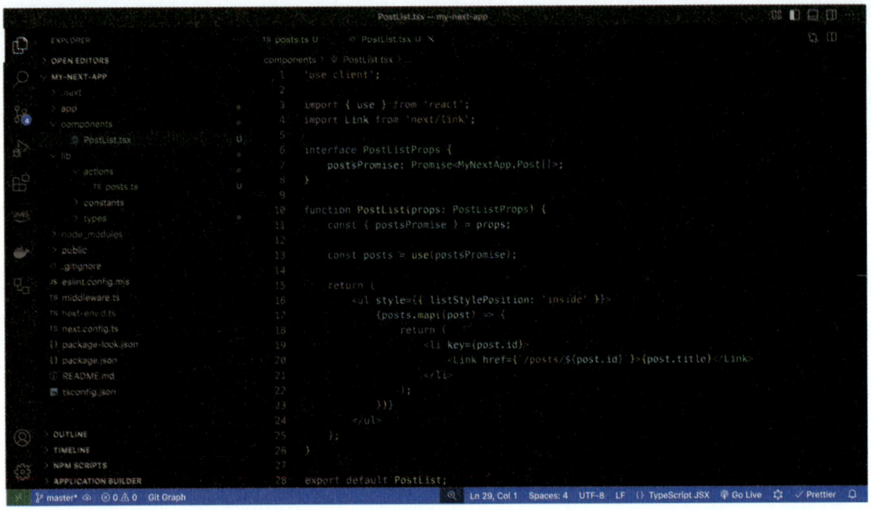

PostList 컴포넌트 코드를 모두 작성했다면, 다음으로는 실제 Feed 페이지에 적용해 보도록 하겠습니다. 먼저 다음 화면과 같이 app/feed 폴더에 있는 page.tsx 파일을 엽니다.

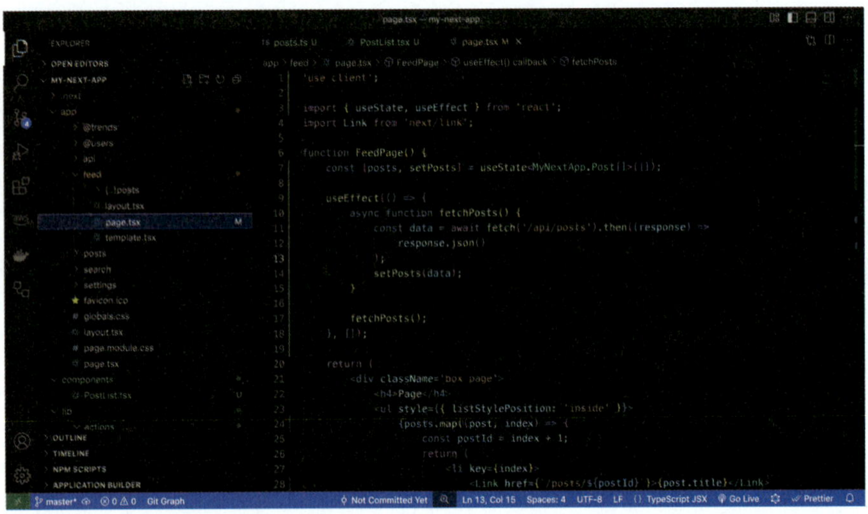

그리고 page.tsx 파일을 다음 코드와 같이 수정합니다. 이 코드는 앞에서 만든 서버 액션(readPostsAction())을 호출해서 반환받은 postsPromise를 PostList 컴포넌트에 props로 전달하는 코드입니다. 그리고 리액트의 Suspense를 사용해서 PostList 컴포넌트를 감싸고 fallback 속성을 설정함으로써 Promise가 resolve 되기 전까지 로딩 상태를 표시하도록 구현했습니다. 또한 기존에 FeedPage의 최상단에 있던 'use client' 지시어를 제거함으로써 서버 컴포넌트로 만든 것도 볼 수 있습니다.

```
// app/feed/page.tsx

import { Suspense } from 'react';
import PostList from '@/components/PostList';
import { readPostsAction } from '@/lib/actions/posts';

function FeedPage() {
    const postsPromise = readPostsAction();

    return (
        <div className='box page'>
            <h4>Page</h4>

            <Suspense fallback={<div>Loading...</div>}>
                <PostList postsPromise={postsPromise} />
            </Suspense>
        </div>
    );
}

export default FeedPage;
```

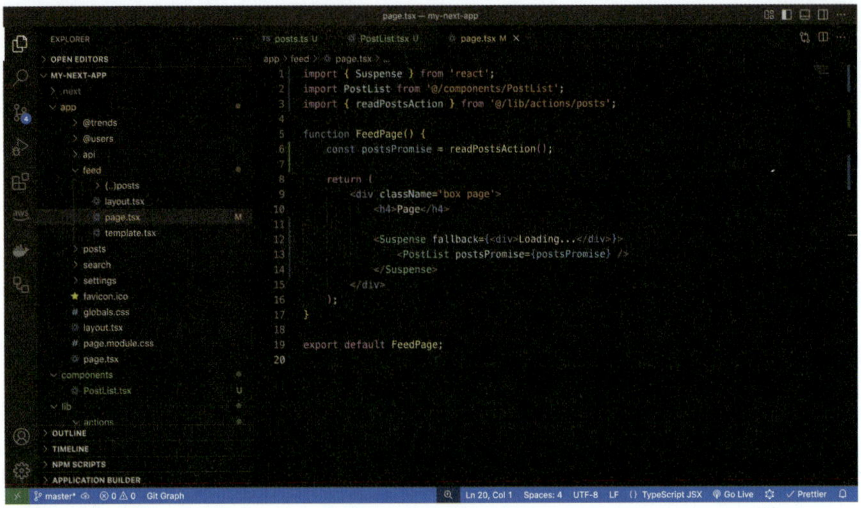

위 코드에 나타난 패턴이 조금 어렵고 생소하게 느껴질 수도 있는데, 아직은 대중화되지 않은 리액트 버전19의 `use` API를 서버 액션과 함께 사용하는 대표적인 패턴이기 때문입니다. 이러한 패턴을 잘 기억해뒀다가 나중에 실제 프로젝트에서 적용해보기 바랍니다.

코드를 모두 수정한 이후에 애플리케이션을 개발 모드로 실행하고 브라우저에서 `localhost:3000/feed`로 접속합니다. 그러면 이번에는 화면에서 깜빡임이 사라지고 화면과 같이 로딩 상태가 먼저 표시되는 것을 볼 수 있습니다.

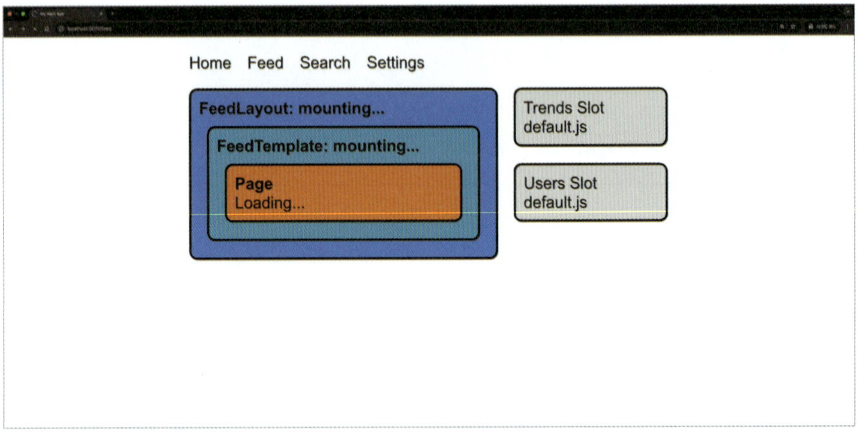

이후 시간이 2초 지나면 다음 화면과 같이 Post 데이터가 화면에 나타나는 것을 볼 수 있습니다.

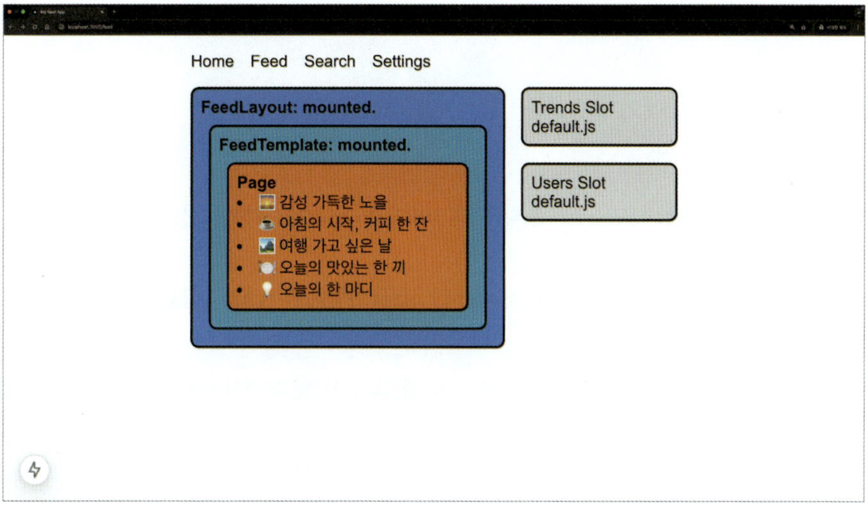

이렇게 서버 액션과 리액트의 use API, Suspense를 사용해서 데이터를 받아오도록 구현해보았습니다.

7.5 마치며

이번 장에서 배운 내용은 아래와 같습니다.

- **`fetch`**
  - Next.js는 네이티브 `fetch` Web API를 확장하여 서버에서 각 `fetch` 요청의 캐싱 및 재검증 동작을 구성할 수 있게 함
  - 서버 컴포넌트, 라우트 핸들러, 서버 액션에서 `async/await`와 함께 `fetch`를 사용할 수 있음
  - 데이터 캐싱
    - 서버로부터 받아온 데이터를 캐시에 저장해놓고, 동일한 요청이 왔을 때 다시 서버에 요청하지 않고 캐시에 저장된 데이터를 사용하는 것
    - Next.js에서는 기본적으로 fetch에서 반환된 데이터를 데이터 캐시에 자동으로 캐싱하지 않음
  - 데이터 재검증
    - 최신 데이터를 가져와서 캐싱된 데이터를 덮어 쓰는 것
    - 재검증 없이 캐싱된 데이터를 사용하면, 잘못된 데이터를 보여주는 결과를 초래할 수 있음
    - 시간 기반 재검증
      - 시간을 기반으로 재검증하는 방식
    - 온디맨드 재검증
      - 필요한 경우에 직접 재검증을 요청하는 방식
    - 다양한 방법을 사용하여 데이터 캐싱을 제외할 수 있음
- **서버 액션**
  - 클라이언트 컴포넌트가 서버에서 실행되는 비동기 함수를 호출할 수 있게 해주는 기능
  - `'use server'` 지시어를 사용
    - 비동기 함수의 맨 위에 작성하여 해당 함수를 서버 액션으로 정의
    - 파일의 맨 위에 작성하여 해당 파일의 모든 익스포트를 서버 액션으로 정의
  - 작동 방식
    - 서버 액션이 정의되면 해당 서버 함수에 대한 참조를 생성하고, 그 참조를 클라이언트 컴포넌트에 전달
    - 클라이언트에서 해당 함수가 호출되면 리액트는 서버에 요청을 보내서 그 함수를 실행하고 결과를 반환

Chapter

8

SWR

Preview

이번 장에서는 SWR에 대해서 살펴보겠습니다. 먼저 SWR 라이브러리에 대해서 소개하고 그 역할을 알아보겠습니다. 그리고 SWR을 사용해서 서버로부터 데이터를 받아오는 방법을 살펴보고, 이후 뮤테이션과 재검증을 하는 방법에 대해서 다루겠습니다.

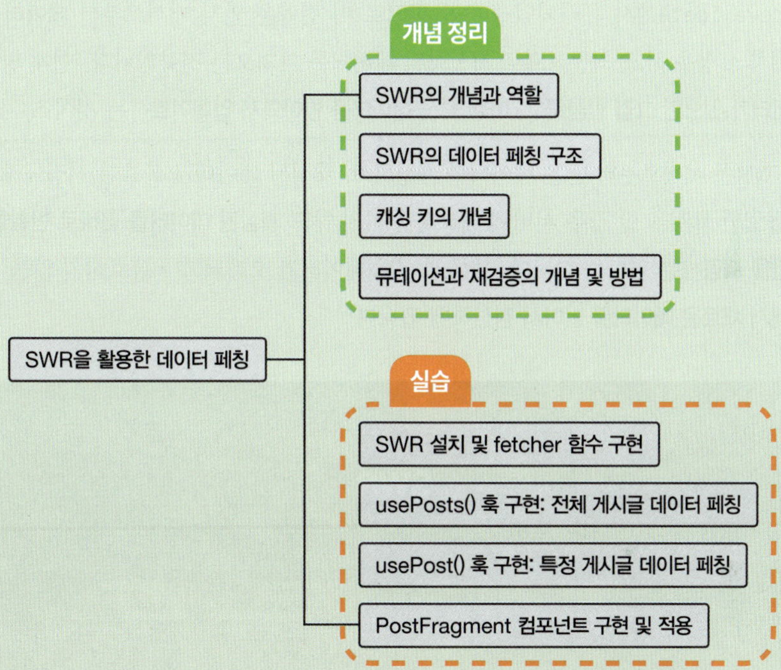

8.1 SWR 소개 및 역할

SWR은 Next.js를 만든 Vercel에서 만든 데이터 페칭fetching 및 캐싱caching 라이브러리입니다. 그래서인지 Next.js의 상승세와 더불어 더 많이 사용되는 게 아닐까 라는 생각을 해봅니다.

SWR이라는 이름은 HTTP RFC 5861에 의해 알려진 HTTP 캐시 무효 전략인 `stale-while-revalidate`에서 유래되었습니다. 참고로 이 전략은 먼저 캐시로부터 데이터를 반환한 후, 페치 요청을 하고 최종적으로 최신화된 데이터를 가져오는 전략입니다. 쉽게 말해서 **캐싱된 데이터가 있으면 그걸 반환하고, 이후 최신 데이터를 받아와서 업데이트**하는 것이죠.

이러한 SWR은 서버로부터 받은 데이터를 캐싱하고, 캐싱된 데이터가 유효한 시점에 클라이언트에서 동일한 요청을 할 경우 서버에 재요청을 하지 않고 **캐싱된 데이터를 곧바로 반환함으로써 빠른 응답을 제공**하는 역할을 합니다. 물론 캐싱된 데이터가 오래되거나 유효하지 않을 경우 다시 **서버에서 새로운 데이터를 받아서 갱신**하게 됩니다.

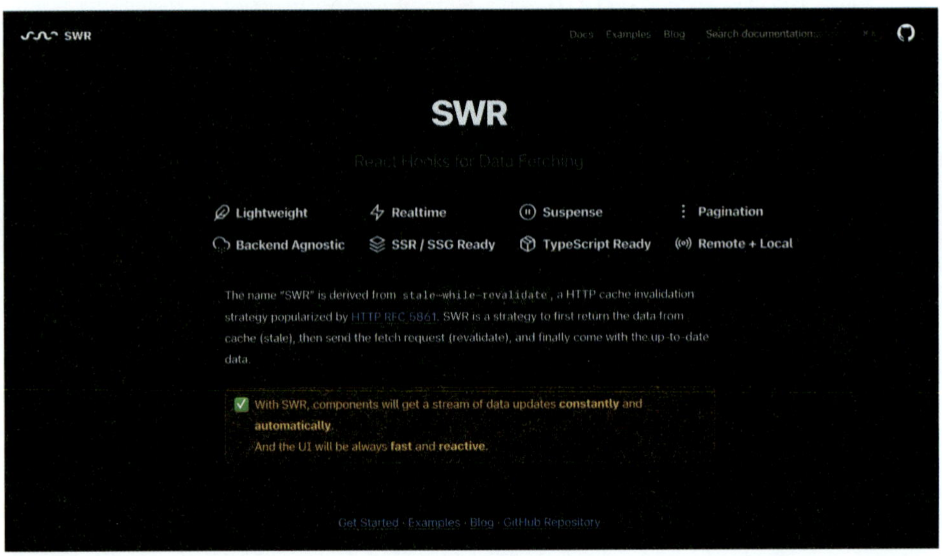

▶ SWR

그리고 SWR과 유사한 역할을 하는 다른 라이브러리로는 TanStack Query가 있습니다. TanStack Query의 리액트용 패키지를 보통 React Query라고 부르며, SWR과 마찬가지로 서버로부터 받은 데이터를 캐싱하고 관리하는 역할을 합니다. 현재 시점의 트렌드 관점에서는 TanStack Query가 더 우세합니다. 하지만 어떤 라이브러리가 더 좋다고 말할 수는 없고, 어떤 라이브러리를 사용할지는 개발자의 선택에 달려 있기 때문에 각 라이브러리를 비교하고 나에게 맞는 것을 사용하면 됩니다.

8.2 데이터 페칭

그렇다면 SWR은 어떻게 사용해야 할까요? SWR은 태생부터 **리액트 훅 형태**로 사용하도록 개발되었습니다. 그래서 아래와 같은 형태로 리액트 컴포넌트 내에서 곧바로 사용할 수 있습니다.

```
import useSWR from 'swr';

function Avatar() {
    const { isLoading, data, error } = useSWR('/api/user', fetcher);

    if (!isLoading) {
        return <Spinner />;
    }

    if (error) {
        return <div>에러 발생!</div>;
    }

    return <img src={user.avatar} alt={user.name} />;
}
```

`useSWR()` 훅의 파라미터로는 API 주소와 `fetcher`를 넘기면 되는데, `fetcher`는 서버로부터 데이터를 받는 역할을 하는 함수이며 별도로 구현해야 합니다. 아래와 같이 `fetch`를 직접 사용해서 구현하거나 Axios 같은 라이브러리를 사용해서 구현하면 됩니다.

```
// fetch 사용
const fetcher = (url) => fetch(url).then((res) => res.json());
// Axios 사용
import axios from 'axios';
```

```javascript
const fetcher = (url) => {
    return axios.get(url).then((response) => response.data);
};
```

useSWR() 훅은 파라미터로 전달받은 API 주소와 fetcher를 사용해서 서버로부터 데이터를 받아오고 캐싱을 해둡니다. 그리고 이미 캐싱된 데이터와 동일한 API 호출이 발생하면 서버에 다시 요청하지 않고 캐싱된 데이터를 반환합니다. 하지만 캐싱된 데이터가 주기적으로 최신화[revalidate]될 필요가 있기 때문에 설정된 캐싱 정책에 따라 서버로부터 데이터를 받아오게 됩니다. 예를 들면 브라우저에서 다른 탭에 갔다가 다시 돌아오거나, 특정 주기마다 갱신하거나, 다시 온라인 상태가 되었을 때 갱신하거나 등의 경우가 있습니다.

NOTE

캐싱 여부를 어떻게 판단할까?

SWR에서는 useSWR() 훅의 첫 번째 파라미터인 API 주소 또는 API 주소와 파라미터 조합으로 키를 생성합니다. 그리고 캐시에 데이터를 저장할 때는 이 키에 대한 값으로 저장하게 됩니다. 동일한 API 요청에 대해서는 키도 동일하기 때문에 이 값으로 캐시된 데이터를 찾을 수 있는 것입니다. 아래 SWR 개발자 도구의 **Cache** 탭을 참고하면 이해하는 데 도움이 될 겁니다.

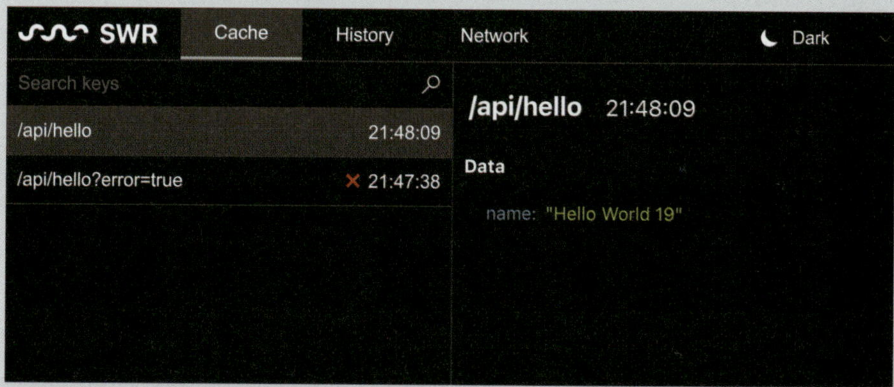

▶ SWR 개발자 도구 Cache 탭

8.3 뮤테이션과 재검증

SWR에 캐싱된 데이터는 원격에 있는 데이터가 변경될 경우 최신 데이터가 아니게 됩니다. 그래서 주기적으로 또는 수동으로 캐싱된 데이터를 검증하고 갱신할 필요가 있습니다. 앞 장에서 Next.js의 캐시에 대해 설명할 때 이미 나왔던 것처럼 이러한 **검증과 갱신 과정**을 재검증Revalidation이라고 부릅니다.

그렇다면 SWR에 캐싱된 데이터를 직접 갱신하려면 어떻게 해야 할까요? SWR에서는 **데이터를 갱신하는 것**을 **뮤테이트**mutate라고 부르며 관련된 다양한 기능을 제공합니다.

1 글로벌 뮤테이트

글로벌 뮤테이트Global Mutate는 이름 그대로 **글로벌(전역) 뮤테이터**mutator**를 사용해서 캐싱된 데이터를 갱신하는 방법**을 의미합니다. 글로벌 뮤테이트를 사용하기 위해서는 아래와 같이 useSWRConfig() 훅 또는 swr 패키지로부터 글로벌 뮤테이터를 가져오고, 가져온 글로벌 뮤테이터를 사용해서 특정 키에 대한 데이터를 갱신하면 됩니다.

```
import { useSWRConfig } from "swr";

function App() {
    const { mutate } = useSWRConfig();
    mutate(key, data, options);
}
```

```
import { mutate } from "swr";

function App() {
    mutate(key, data, options);
}
```

2 바운드 뮤테이트

바운드 뮤테이트Bound Mutate는 **특정 API 호출에 대해서만 캐싱된 데이터를 갱신하는 방법**입니다. 바운드 뮤테이트를 사용하기 위해서는 `useSWR()` 훅의 호출 결과로 반환되는 `mutate()` 함수를 호출하면 됩니다. 이 경우에는 이미 키 값이 매핑되어 있기 때문에 그냥 호출하기만 하면 해당 API에 대해 갱신이 이뤄집니다.

아래 코드는 `useSWR()` 훅을 사용하여 `'/api/user'`라는 경로로 API를 호출하는 코드를 `useUser()`라는 별도의 커스텀 훅으로 분리한 예시 코드입니다. 이렇게 하게 되면 실제 API를 호출하려는 컴포넌트에서는 `useUser()` 훅만 호출하면 되고, 데이터를 갱신하고 싶을 때는 해당 훅에서 반환하는 `mutate()` 함수를 호출하면 됩니다.

```
import useSWR from 'swr';
import fetcher from '@/lib/fetcher';

function useUser() {
    const { isLoading, data, error, mutate } = useSWR('/api/user', fetcher);

    return {
        isLoading,
        user: data,
        isError: error,
        mutate,
    };
}

export default userUser;
```

```
import useUser from '@/hooks/api/useUser';

function Content() {
    const { isLoading, user, error, mutate } = useUser();

    if (!isLoading) {
        return <div>로딩 중...</div>;
```

```
    }

    if (error) {
        return <div>에러 발생!</div>;
    }

    return (
        <div>
            <h1>안녕하세요, {user.name}</h1>
            {/* 버튼을 누르면 갱신됨 */}
            <button onClick={mutate}>갱신하기</button>
        </div>
    );
}

export default Content;
```

SWR에서는 이러한 다양한 방법으로 캐싱된 데이터를 갱신할 수 있다고 이해하면 됩니다.

8.4 실습 SWR 사용하기

이번 실습에서는 SWR을 사용해서 데이터를 페칭해보겠습니다. 먼저 아래 `npm install` 명령어를 사용해서 SWR을 설치합니다.

```
npm install swr@2.3.0
```

명령어를 실행하면 아래 화면과 같이 SWR이 설치됩니다.

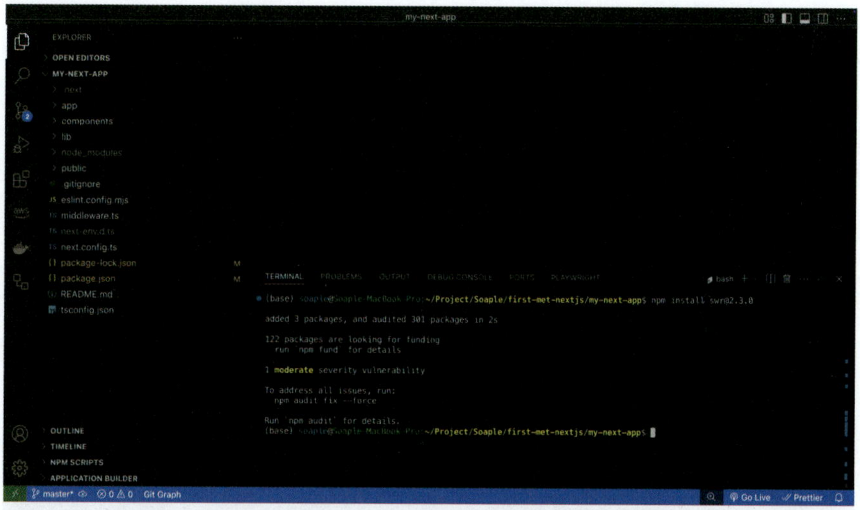

SWR을 설치한 이후에 `package.json` 파일의 `dependencies` 속성을 보면 다음 화면과 같이 `swr`이 의존성 패키지 목록에 들어 있는 것을 볼 수 있습니다.

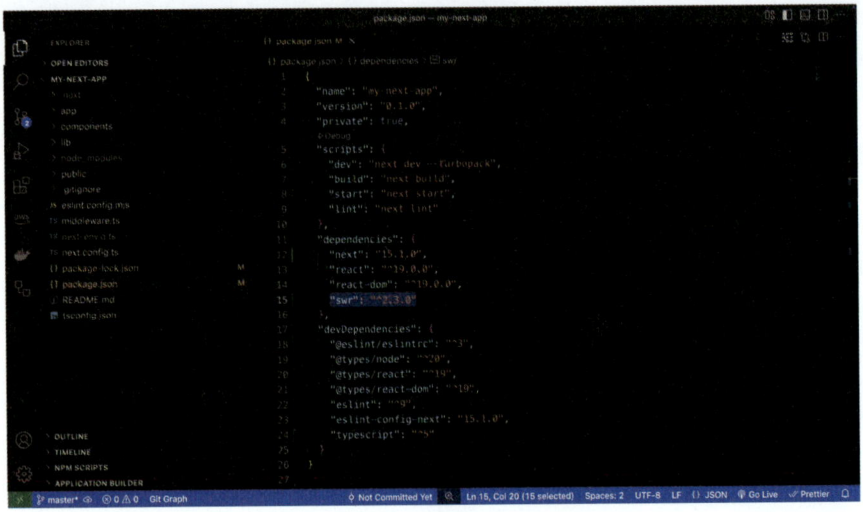

다음으로는 SWR을 사용하기 위해서 서버로부터 데이터를 받아오는 역할을 하는 `fetcher` 함수를 구현해야 합니다. 다음 화면처럼 `lib` 폴더에 `fetcher.ts`라는 이름의 파일을 생성합니다.

이후 다음 코드처럼 `fetcher()` 함수를 작성합니다. 이 코드는 `fetch()` 함수를 사용해서 데이터를 받아오는 역할을 하는 간단한 코드입니다.

```
// lib/fetcher.ts

// @ts-ignore
const fetcher = (...args) => fetch(...args).then((res) => res.json());

export default fetcher;
```

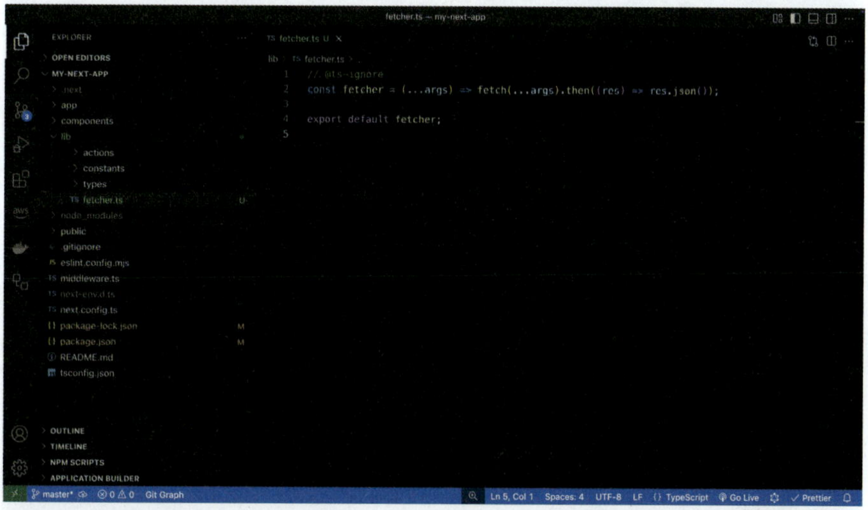

다음으로는 SWR의 훅을 사용해서 데이터를 페칭하는 훅을 만들어보도록 하겠습니다. 훅을 별도로 모아서 관리하기 위해 다음과 같이 `lib` 폴더에 hooks라는 이름의 폴더를 생성합니다.

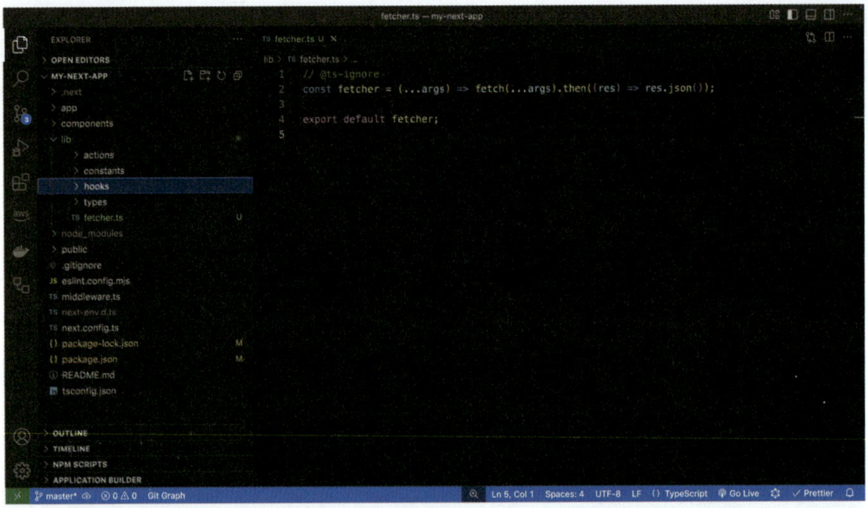

이후 hooks 폴더에 usePosts.ts라는 이름의 파일을 생성합니다.

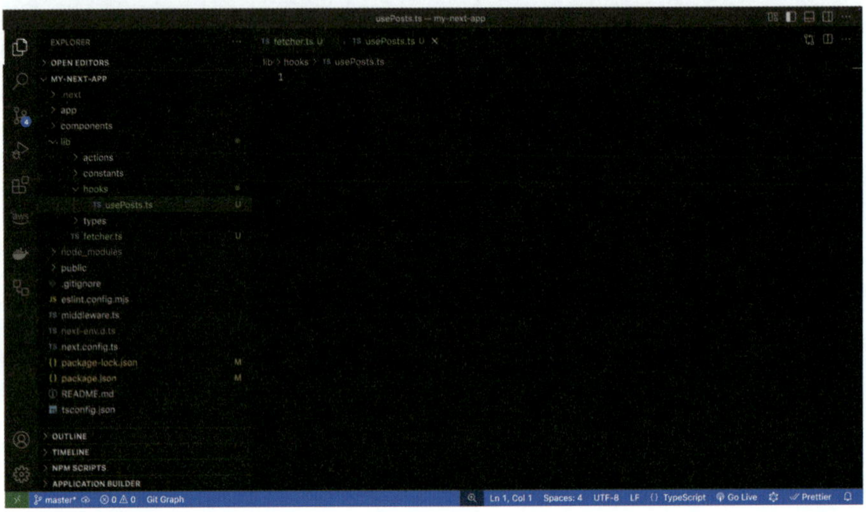

생성한 usePosts.ts 파일에 아래와 같이 코드를 작성합니다. 이 코드는 SWR의 useSWR() 훅과 앞에서 만든 fetcher() 함수를 사용해서 전체 Post 데이터를 가져오도록 하는 코드입니다. API가 반환하는 데이터의 타입을 지정하기 위해 useSWR<MyNextApp.Post[]>() 형태로 사용한 것을 볼 수 있습니다.

```
// lib/hooks/usePosts.ts

import useSWR from 'swr';
import fetcher from '@/lib/fetcher';

function usePosts() {
    const { isLoading, data, error, mutate } = useSWR<MyNextApp.Post[]>(
        '/api/posts',
        fetcher
    );

    return {
        isLoading,
        posts: data,
        error,
        mutate,
    };
}

export default usePosts;
```

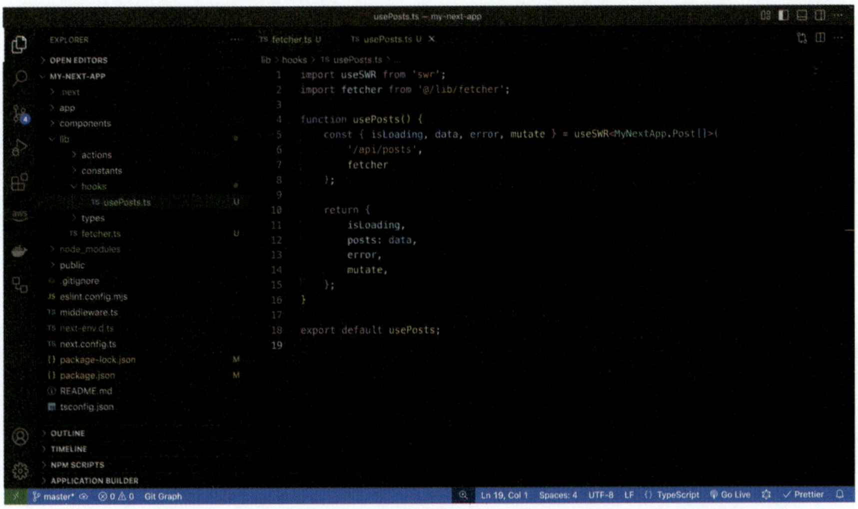

다음으로는 Post 하나만을 가져오는 훅을 만들기 위해 화면과 같이 hooks 폴더에 usePost.ts라는 이름의 파일을 생성합니다.

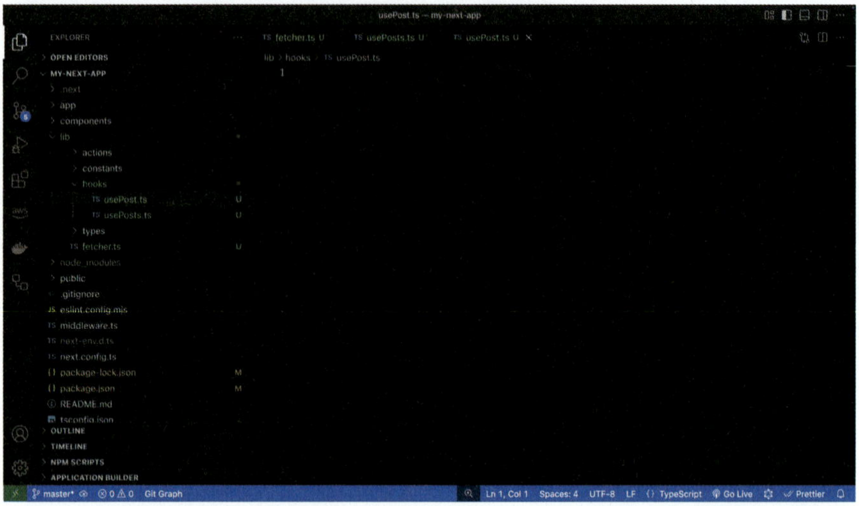

이후 생성한 usePost.ts 파일에 다음과 같이 코드를 작성합니다. 이 코드는 usePosts() 훅의 코드와 거의 동일하지만 postId를 파라미터로 받아서 해당 Post 하나만을 반환하는 API를 호출하는 코드입니다.

```
// lib/hooks/usePost.ts

import useSWR from 'swr';
import fetcher from '@/lib/fetcher';

function usePost(postId: string) {
    const { isLoading, data, error, mutate } = useSWR<MyNextApp.Post>(
        `/api/posts/${postId}`,
        fetcher
    );

    return {
        isLoading,
```

```
        post: data,
        error,
        mutate,
    };
}

export default usePost;
```

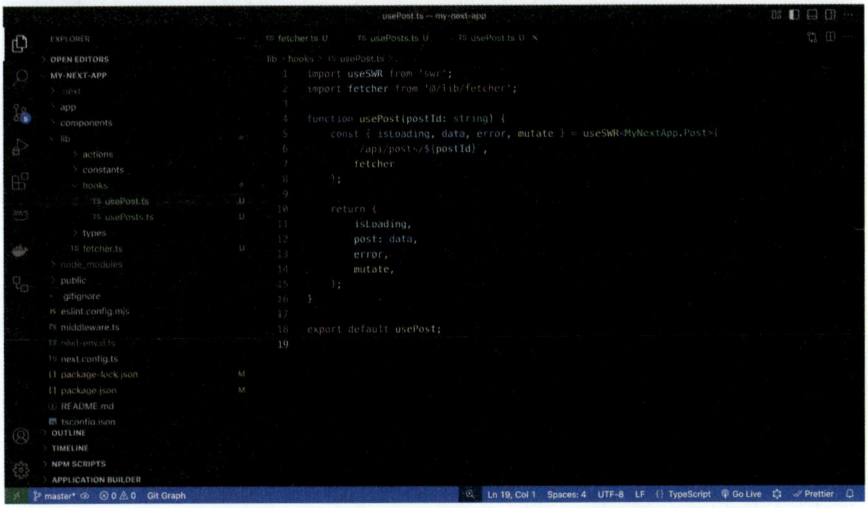

이제 앞에서 만든 훅을 실제 컴포넌트에 적용해보겠습니다. 먼저 Post 데이터를 렌더링하는 공통 컴포넌트를 하나 만들겠습니다. 다음 화면과 같이 `components` 폴더에 `PostFragment.tsx`라는 이름의 파일을 생성합니다. 참고로 'Fragment'라는 단어는 '조각', '파편'이라는 뜻을 갖고 있으며 페이지의 일부를 차지하는 컴포넌트의 이름에 주로 사용되는 용어입니다.

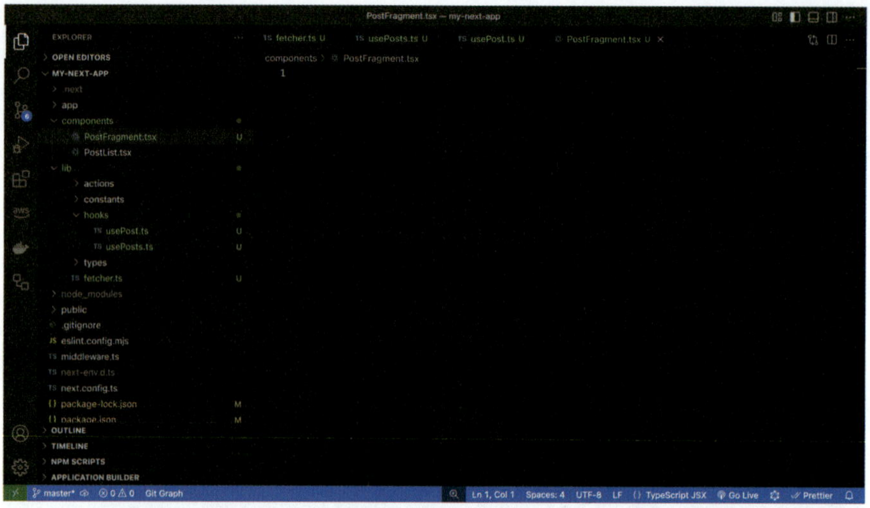

이후 생성한 `PostFragment.tsx` 파일에 다음처럼 코드를 작성합니다. `PostFragment` 컴포넌트는 `postId`를 `props`로 받아 `usePost()` 훅에 파라미터로 전달함으로써 해당되는 Post 데이터를 서버로부터 받아와서 화면에 렌더링하는 컴포넌트입니다. 이때 `usePost()` 훅에서 반환하는 `isLoading`, `post`, `error` 등의 값에 따라서 조건부 렌더링conditional rendering을 적용한 것을 볼 수 있습니다.

```
// components/PostFragment.tsx

'use client';

import usePost from '@/lib/hooks/usePost';

interface PostFragmentProps {
    postId: string;
}

function PostFragment(props: PostFragmentProps) {
    const { postId } = props;

    const { isLoading, post, error } = usePost(postId);
```

```
    if (isLoading || !post) {
        return <div>Loading...</div>;
    }

    if (error) {
        return <div>Error!</div>;
    }

    return (
        <div>
            <img
                src={post.image}
                alt='post image'
                width='256px'
                height='auto'
            />
            <h3>{post.title}</h3>
            <p>{post.content}</p>
        </div>
    );
}

export default PostFragment;
```

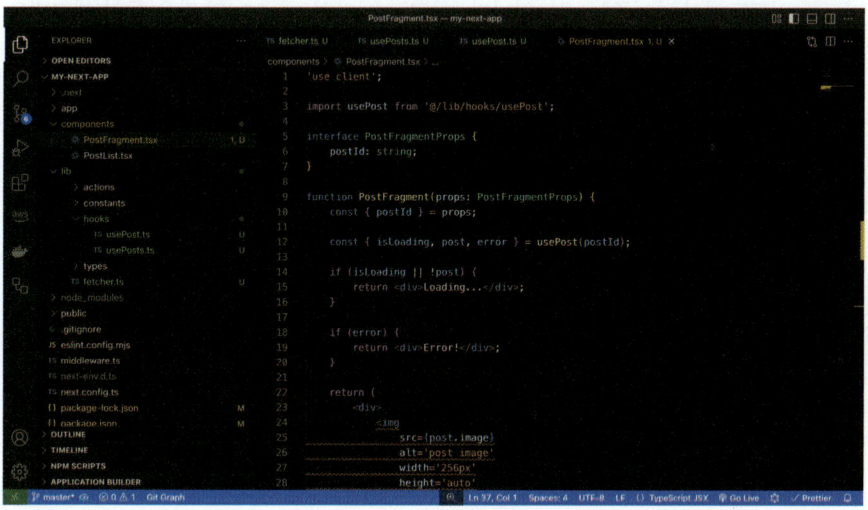

이제 `PostFragment` 컴포넌트를 실제 페이지에 적용해보겠습니다. 먼저 인터셉트되는 Post 페이지에 적용하기 위해 `app/feed/(..)posts/[postId]` 폴더에 있는 `page.tsx` 파일을 엽니다.

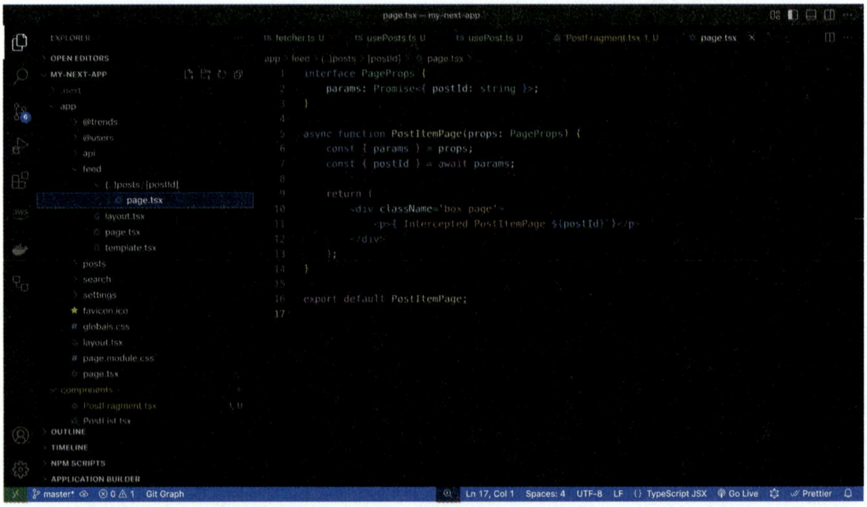

이후 `page.tsx` 파일을 다음 코드와 같이 수정합니다. 이 코드는 `PostFragment` 컴포넌트를 임포트해서 넣어주는 코드입니다. 참고로 여기서 `postId`의 값은 동적 세그먼트에 의해 동적으로 전달되는 값입니다.

```
// app/feed/(..)posts/[postId]/page.tsx

import PostFragment from '@/components/PostFragment';

interface PageProps {
    params: Promise<{ postId: string }>;
}

async function PostItemPage(props: PageProps) {
    const { params } = props;
    const { postId } = await params;
```

```
    return (
        <div className='box page'>
            <p>{`Intercepted PostItemPage ${postId}`}</p>
            <PostFragment postId={postId} />
        </div>
    );
}

export default PostItemPage;
```

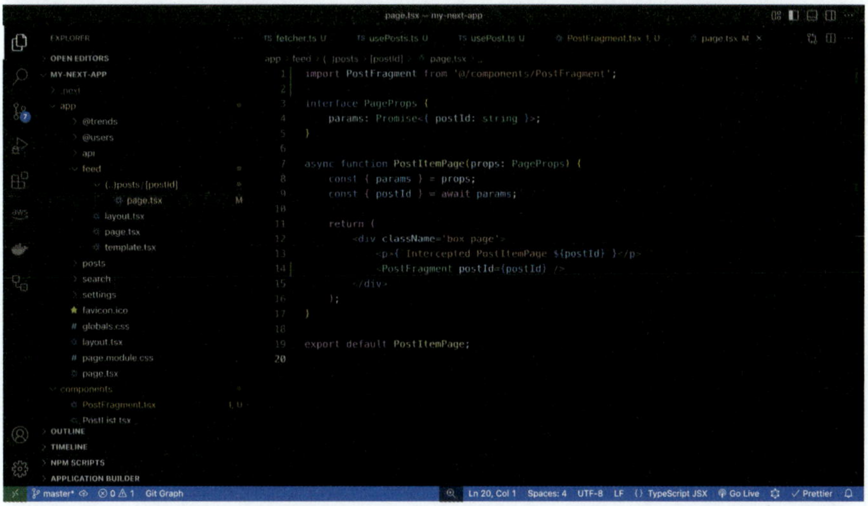

다음으로는 인터셉트되지 않는 실제 Post 페이지에 적용하기 위해, app/posts/[postId] 폴더에 있는 page.tsx 파일을 엽니다.

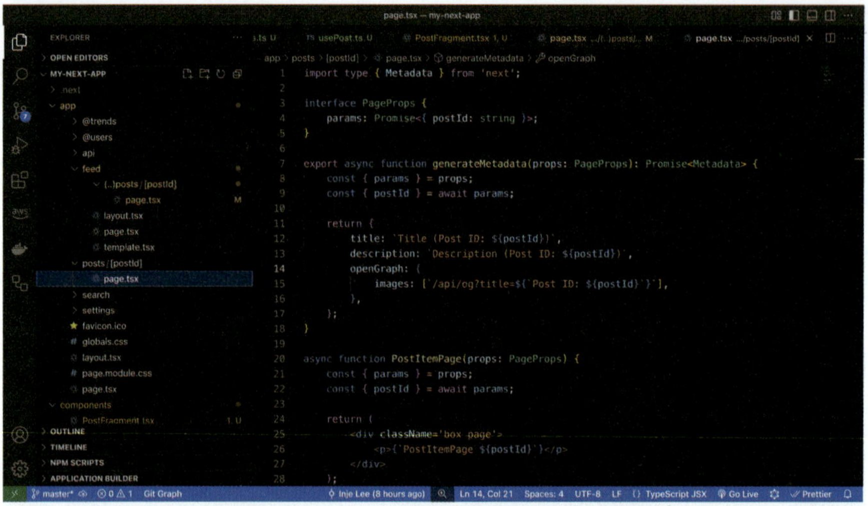

이후 page.tsx 파일을 아래 코드와 같이 수정합니다. 이 코드는 이전과 동일하게 PostFragment 컴포넌트를 임포트해서 넣어주는 코드이며, 여기서도 역시 postId가 동적 세그먼트에 의해 동적으로 전달되는 값이 됩니다.

```
// app/posts/[postId]/page.tsx

import { Metadata } from 'next';
import PostFragment from '@/components/PostFragment';

interface PageProps {
    params: Promise<{ postId: string }>;
}

...

async function PostItemPage(props: PageProps) {
    const { params } = props;
    const { postId } = await params;

    return (
        <div className='box page'>
```

```
            <p>{`PostItemPage ${postId}`}</p>
            <PostFragment postId={postId} />
        </div>
    );
}

export default PostItemPage;
```

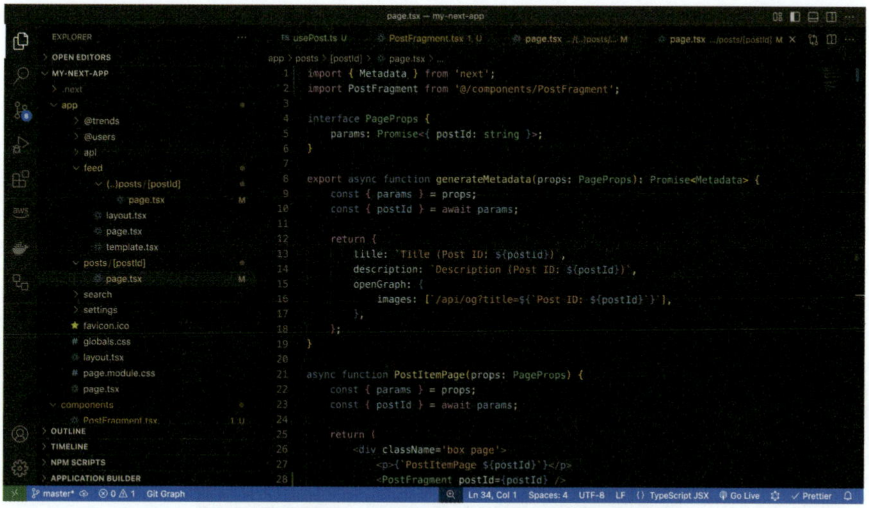

코드를 모두 수정한 이후에 애플리케이션을 개발 모드로 실행하고 브라우저에서 `localhost:3000`으로 접속하고 Feed 페이지로 이동합니다. 그러면 아래 화면과 같이 로딩 화면이 먼저 표시됩니다.

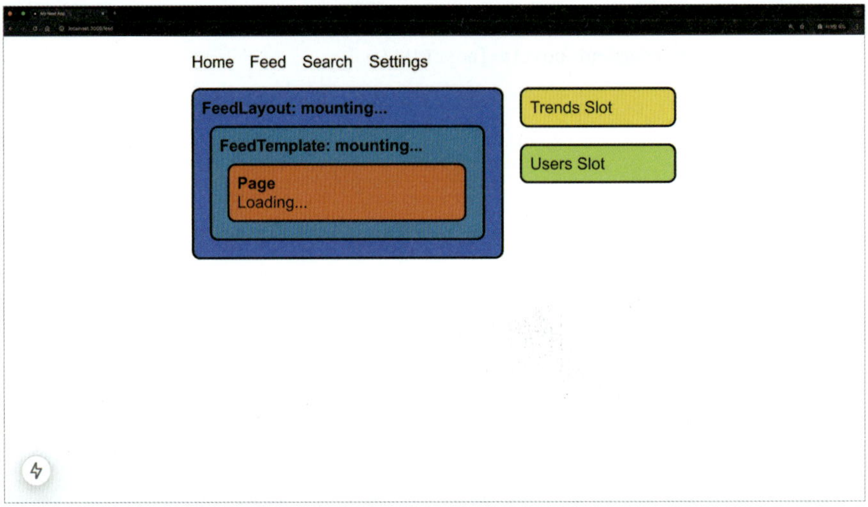

그리고 잠시 후에 다음 화면과 같이 Post 목록이 나오게 됩니다. 여기서 첫 번째 Post를 클릭합니다.

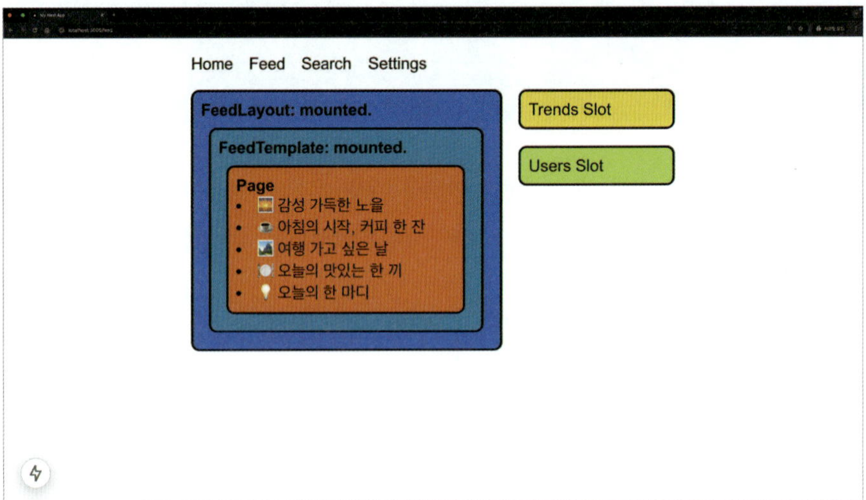

그러면 다음과 같이 인터셉트된 Post Item 페이지가 나오고 로딩 상태가 표시됩니다.

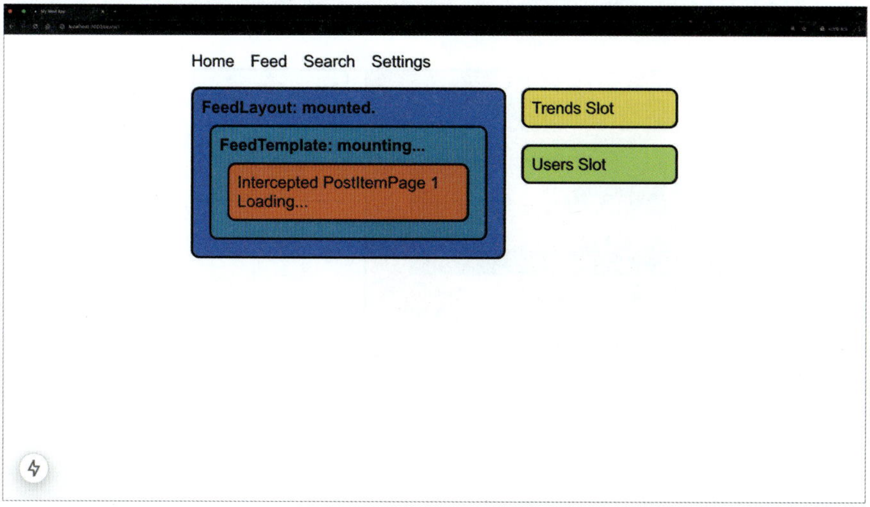

그리고 잠시 후에 화면과 같이 실제 Post 내용이 나오는 것을 볼 수 있습니다. 이 상태에서 브라우저의 새로고침 버튼을 클릭하여 전체 페이지를 다시 로딩시킵니다.

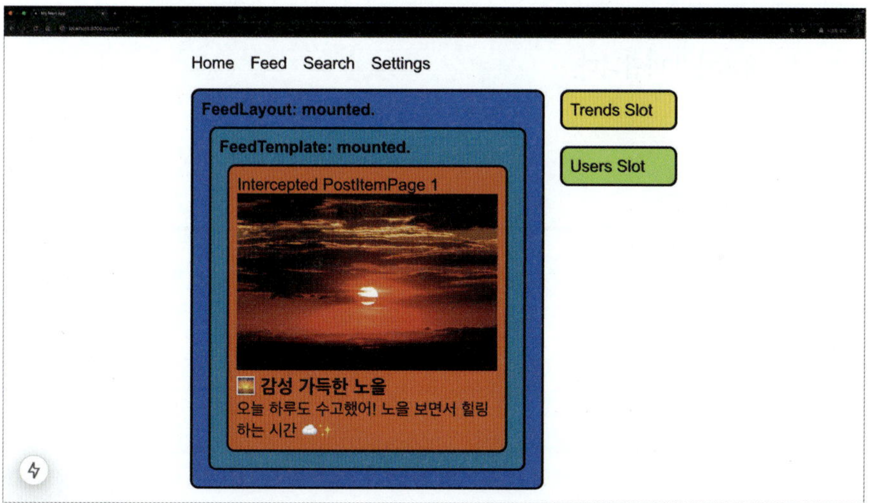

그러면 다음 화면처럼 인터셉트되지 않은 실제 Post Item 페이지가 나오는 것을 볼 수 있습니다.

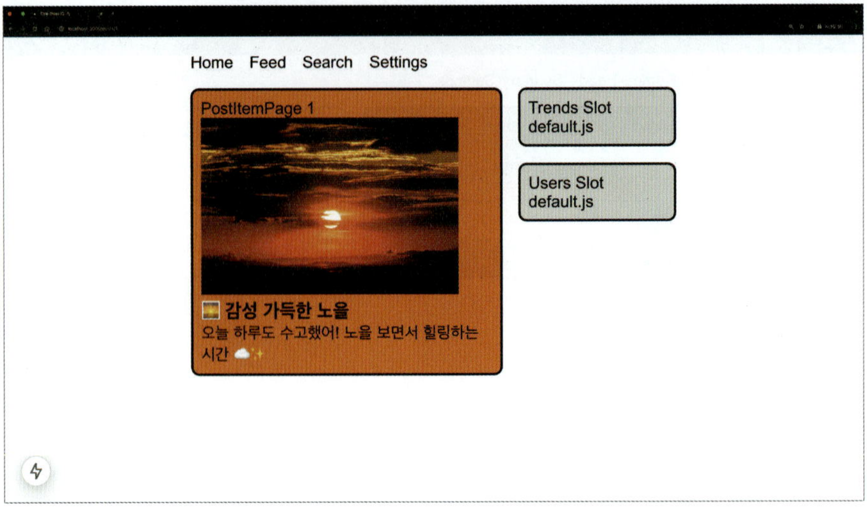

이처럼 SWR을 사용하면 데이터를 페칭하는 과정을 편리하게 처리할 수 있으며, 받아온 데이터는 클라이언트의 메모리에 캐싱되기 때문에 데이터가 만료되거나 직접 재검증하기 전까지는 중복되는 데이터 페칭 없이 계속 사용할 수 있습니다. 하지만 브라우저를 전체 새로고침하는 경우에는 메모리가 초기화되기 때문에 다시 데이터를 받아온다는 점을 유의하기 바랍니다.

8.5 마치며

이번 장에서 배운 내용은 아래와 같습니다.

- **SWR**
  - Vercel에서 만든 데이터 페칭 및 캐싱 라이브러리
  - HTTP RFC 5861에 의해 알려진 HTTP 캐시 무효 전략인 `stale-while-revalidate`에서 이름이 유래됨
    - 캐싱된 데이터가 있으면 그걸 반환하고 이후 최신 데이터를 받아서 업데이트하는 방식
  - SWR은 서버로부터 받은 데이터를 캐싱하고, 캐싱된 데이터가 유효한 시점에 클라이언트에서 동일한 요청을 할 경우 서버에 재요청을 하지 않고 캐싱된 데이터를 곧바로 반환함으로써 빠른 응답을 제공
- **데이터 페칭**
  - `useSWR()` 훅
    - 파라미터로 API 주소와 `fetcher`를 전달하여 사용
    - `fetcher`는 서버로부터 데이터를 받아오는 역할을 하는 함수이며 별도로 구현해야 함
    - 서버로부터 데이터를 받아오고 캐싱하며, 동일한 API 호출이 발생하면 서버에 다시 요청하지 않고 캐싱된 데이터를 반환
    - 각 요청에 대한 고유한 키-값을 통해 캐싱 여부를 판단
- **뮤테이션과 재검증**
  - 주기적으로 또는 수동으로 캐싱된 데이터를 검증 및 갱신하는 과정
  - SWR에서는 데이터를 갱신 것을 뮤테이트라고 부름
  - 글로벌 뮤테이트
    - 글로벌(전역) 뮤테이터를 사용해서 캐싱된 데이터를 갱신하는 방법
  - 바운드 뮤테이트
    - 특정 API 호출에 대해서만 캐싱된 데이터를 갱신하는 방법

Chapter 9
렌더링

Preview

이번 장에서는 Next.js의 다양한 렌더링 방식에 대해서 살펴보겠습니다. 먼저 렌더링 과정을 이해하기 위한 기초 지식에 대해서 살펴보고, 이후 서버 컴포넌트와 클라이언트 컴포넌트의 렌더링에 대해서 각각 살펴보도록 하겠습니다. 그리고 마지막으로 엣지와 Node.js 런타임 환경에 대해서 각각 살펴보겠습니다. 렌더링 과정을 잘 이해하는 것은 프론트엔드 개발에 있어서 매우 중요한 부분이기 때문에 이번 장에서 확실하게 이해하고 넘어가기 바랍니다.

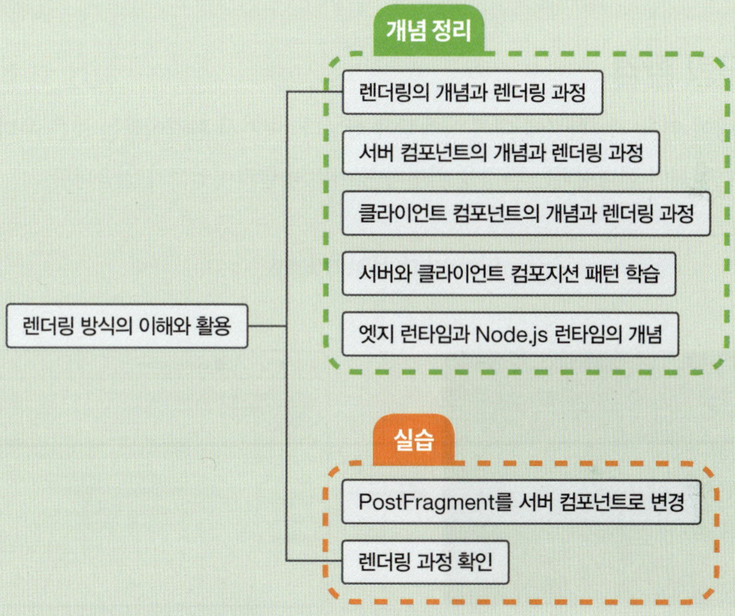

9.1 렌더링 기초

렌더링은 작성한 **코드를 실제 화면에 나타나는 사용자 인터페이스로 변환하는 작업**을 의미합니다. 이러한 렌더링은 서버에서 이뤄질 수도 있고, 클라이언트에서 이뤄질 수도 있습니다. **서버에서 렌더링이 이뤄지는 것을 SSR**Server Side Rendering이라고 하며, 반대로 **클라이언트에서 렌더링이 이뤄지는 것**을 **CSR**Client Side Rendering이라고 합니다. 렌더링 과정을 잘 이해하기 위해서는 몇 가지 기초 지식이 필요한데 지금부터 각각에 대해 하나씩 알아보겠습니다.

1 렌더링 환경

먼저 렌더링이 일어나는 환경에 대해 이해해야 합니다. 여기서 환경이라는 것은 우리가 개발한 웹 애플리케이션이 렌더링되는 환경을 의미하며 서버와 클라이언트가 있습니다.

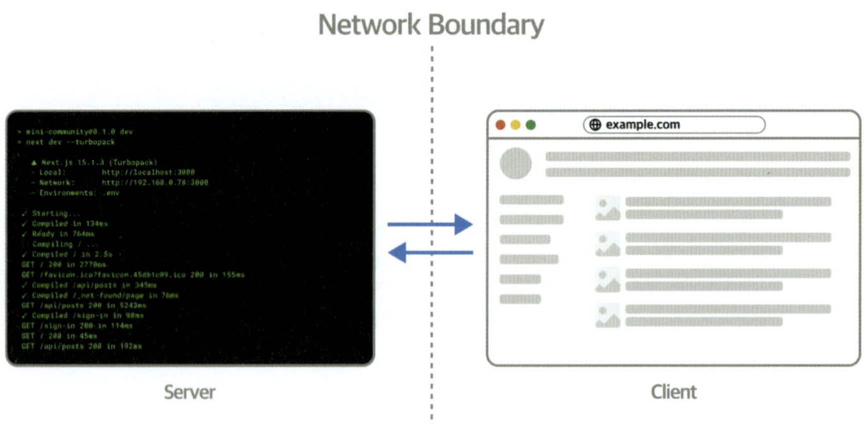

▶ 서버와 클라이언트 환경

서버는 클라우드 환경 또는 직접 구축한 온프레미스 환경에서 작동하는 컴퓨터를 의미하며, **클라이언트의 요청을 받아서 처리하는 역할**을 합니다. 그리고 **클라이언트는 실제 사용자가 사용하는 컴퓨터 또는 각종 모바일 디바이스**를 의미하며, **서버에 요청을 보내는 역할**을 합니다. 웹 애플리케이션 관점에서 클라이언트는 우리가 평소에 사용하는 브라우저라고 생각하면 됩니다.

일반적인 회사에서 서비스를 개발할 때는 서버를 담당하는 백엔드와 클라이언트를 담당하는 프론트엔드를 각각 나눠서 개발합니다. 이러한 경우 서버에서 사용하는 프로그래밍 언어나 프레임워크가 프론트엔드에서 사용하는 것과 다를 수 있습니다. 예를 들면, 서버는 자바와 스프링 프레임워크를 사용해서 개발하고 클라이언트는 자바스크립트와 리액트를 사용해서 개발하는 것이죠. 이런 경우 서버와 클라이언트의 환경이 완전히 다르기 때문에, 서로 통신을 할 때 규약을 잘 정하고 그에 따라 요청을 주고받아야 합니다.

하지만 리액트를 사용하면 자바스크립트(또는 타입스크립트)라는 하나의 프로그래밍 언어를 사용해서 렌더링에 필요한 서버 쪽 코드와 클라이언트 쪽 코드를 모두 작성할 수 있습니다. 그리고 추가로 리액트 기반 프레임워크인 Next.js를 사용하면 렌더링뿐만 아니라 서버 쪽에서 실행될 코드도 함께 작성해서 배포할 수 있습니다. 이처럼 서버와 클라이언트를 동일한 환경으로 개발하는 것은 인력이 적고 자금이 많지 않은 초기 스타트업에게 특히 유리합니다. 하지만 이러한 방식을 적용하기 전에 서버와 클라이언트 각 환경을 잘 이해하고 개발하는 것이 중요합니다. 특히 프론트엔드 개발자 관점에서는 서버 컴포넌트와 클라이언트 컴포넌트의 렌더링 과정에 대한 이해가 중요하므로에 이어지는 내용을 통해 잘 이해하기 바랍니다.

2 Request-Response 라이프사이클

그렇다면 렌더링을 위해서 서버와 클라이언트가 통신하는 과정은 어떻게 될까요? 아래는 일반적인 **클라이언트 렌더링** 과정을 순서대로 정리한 것입니다.

1. 먼저 사용자가 브라우저를 통해 웹사이트에 접속을 시도하거나, 웹사이트에서 버튼 클릭, 양식 제출 등의 작업을 수행
2. 브라우저는 사용자의 행동에 따라 서버에 HTTP 요청 전송
3. 서버에서는 요청을 받아서 처리하고 클라이언트가 요청한 자원(예: HTML, CSS, 자바스크립트 등)을 HTTP 응답으로 보냄
4. 클라이언트는 서버로부터 받은 자원을 이용하여 사용자 인터페이스를 렌더링

위와 같이 클라이언트에서 렌더링이 일어나는 경우는 그 과정이 굉장히 단순합니다. 하지만 **서버에서 렌더링**이 일어나게 된다면 어떻게 될까요? 서버에서 렌더링이 이뤄지는 경우에는 **서버에서 완성된 HTML을 만들어서 응답으로 보내게 되고**, 클라이언트는 응답으로 받은 HTML을 그대로 화면에 표시합니다.

하지만 이 과정은 그리 단순하지 않으며, 특히 리액트 서버 컴포넌트를 사용할 경우에는 렌더링이 되기까지 상당히 복잡한 과정을 거치게 됩니다. 이 과정에 대해서는 뒤에서 자세히 설명할 예정입니다. 일단 여기에서는 서버와 클라이언트 각각의 역할과 둘 사이에 **네트워크 경계** network boundary가 존재한다는 점을 잘 이해하기 바랍니다.

NOTE

네트워크 경계

서버와 클라이언트 환경을 구분하는 것은 단순히 컴퓨터가 설치된 물리적인 위치가 아니라, 네트워크 경계라고 부르는 가상의 개념적인 경계선입니다. 이 네트워크 경계를 통해 서버와 클라이언트 환경이 구분되며, 각 환경에 따라서 실행할 수 있는 코드도 달라지게 됩니다. 참고로 리액트에서는 '`use client`' 지시어를 사용하여 서버와 클라이언트의 경계를 정의할 수 있으며, '`use server`' 지시어를 사용하여 서버 쪽에서 실행될 코드를 지정할 수도 있습니다.

9.2 서버 컴포넌트

지금부터는 서버 컴포넌트server components의 개념과 렌더링 과정에 대해서 자세히 살펴보겠습니다.

서버 컴포넌트는 2020년 12월 리액트 팀을 통해 실험적인 기능으로 처음 발표되었으며, 이후 2024년 12월에 출시한 리액트 버전19에서 정식 기능이 되었습니다. 이 기능은 **서버에서 컴포넌트를 렌더링하고 그 결과를 클라이언트로 전송**함으로써 클라이언트 측의 렌더링 부담을 줄이고 성능을 향상시키는 데 도움을 주는 기능입니다. 그리고 Next.js의 **앱 라우터는 기본적으로 서버 컴포넌트를 사용**합니다. 그래서 개발자가 추가적인 구성을 하지 않고도 서버 렌더링을 자동으로 구현할 수 있고, 필요한 경우에는 `'use client'` 지시어를 사용하여 클라이언트 컴포넌트 형태로 사용할 수 있습니다.

1 서버 컴포넌트의 렌더링 과정

리액트 서버 컴포넌트React server components, RSC의 렌더링 과정에서는 다음 다이어그램과 같이 서버와 클라이언트가 함께 동작하여 사용자 인터페이스를 빠르고 효율적으로 구성하게 됩니다.

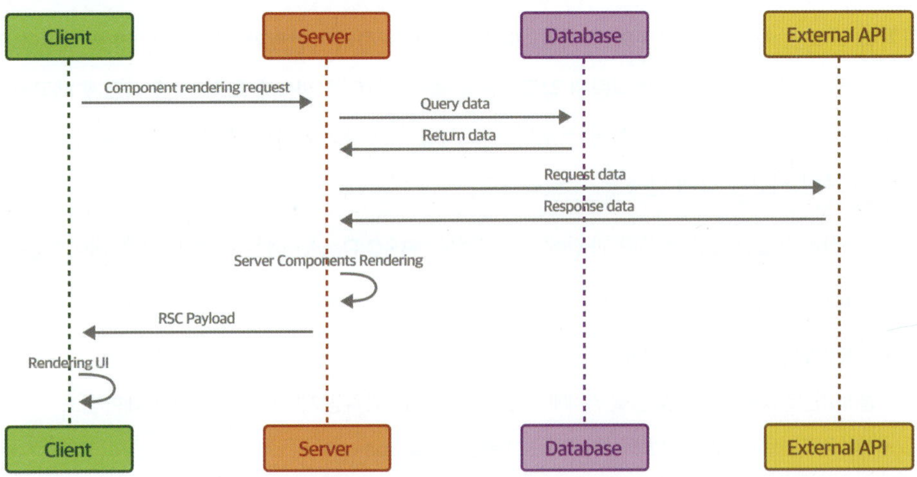

▶ 서버 컴포넌트 렌더링 과정

먼저 사용자가 웹 애플리케이션을 방문하거나 특정 사용자 요청이 발생하면 클라이언트는 서버에 컴포넌트를 렌더링하라는 요청을 보냅니다. 그러면 서버는 클라이언트에서 요청된 페이지나 컴포넌트를 인식하고 해당 컴포넌트를 렌더링하기 시작합니다.

이후 서버는 요청된 리액트 컴포넌트를 렌더링하며, 이 과정에서 서버 컴포넌트는 클라이언트 컴포넌트와 달리 서버에서 직접 실행됩니다. 서버 컴포넌트는 서버의 리소스(예: 데이터베이스 쿼리, 환경변수 등)에 접근할 수 있을 뿐만 아니라 외부 API 또한 직접 호출할 수 있기 때문에, 필요한 데이터를 직접 가져와 컴포넌트 내부에서 처리합니다.

서버에서는 리액트는 서버 컴포넌트를 **RSC Payload**React Server Component Payload라는 특수 데이터 형식으로 렌더링합니다. 서버는 생성된 RSC Payload를 클라이언트로 전송하며, 클라이언트에서 컴포넌트를 재구성하는 데 사용됩니다.

클라이언트는 서버에서 전송된 RSC Payload를 파싱하고, 이 데이터를 기반으로 서버 컴포넌트의 UI를 재구성합니다. 그리고 자체적으로 렌더링한 클라이언트 컴포넌트와 결합하여 전체 UI를 완성하게 됩니다. 이렇게 사용자는 최종적으로 완성된 웹페이지를 보게 되며 서버와 클라이언트 간 협력으로 최적화된 성능과 빠른 로딩 속도를 제공할 수 있습니다.

참고로 서버 컴포넌트는 주로 정적인 내용을 처리하지만, 클라이언트 컴포넌트는 주로 사용자와의 상호작용(예: 클릭, 입력 등)을 처리합니다. 클라이언트 컴포넌트는 클라이언트 측에서 직접 렌더링되고, 상호작용에 반응하여 상태state를 업데이트하거나 새로운 요청을 서버로 보냅니다.

이처럼 리액트 서버 컴포넌트의 렌더링 과정은 서버와 클라이언트가 협력하여 UI를 효율적으로 구성하고, **서버에서 미리 렌더링된 컴포넌트를 클라이언트로 전송해 최종 UI를 빠르게 제공하는 방식**이라고 이해하면 됩니다. 서버 컴포넌트를 사용하면 클라이언트 측의 부담을 줄일 수 있으며 초기 로딩 시간을 크게 단축할 수 있습니다.

추가로 서버 컴포넌트의 렌더링 과정에서 등장하는 **RSC Payload**는 아래와 같은 데이터를 포함하는 JSON 형식의 스트림입니다.

- 서버 컴포넌트의 렌더링된 결과
- 클라이언트 컴포넌트가 렌더링될 위치에 대한 placeholder와 해당 자바스크립트 파일에 대한 참조
- 서버 컴포넌트에서 클라이언트 컴포넌트로 전달된 모든 props

아래 그림은 실제 서버 컴포넌트 렌더링 과정에서 생성된 RSC Payload를 캡처한 것입니다. 이러한 데이터가 서버에서 클라이언트로 전송되어 서버 컴포넌트가 렌더링된다고 보면 됩니다.

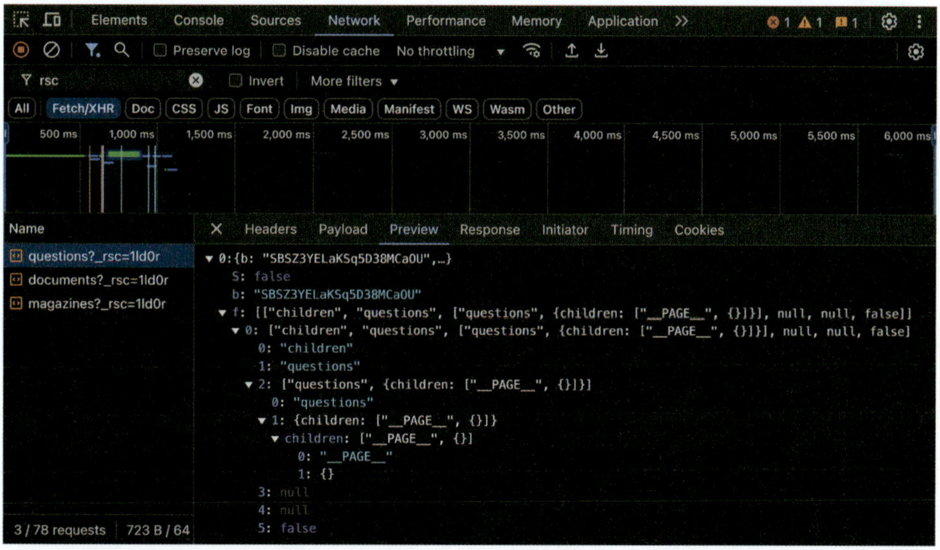

▶ RSC Payload 예시

2 Next.js에서의 서버 컴포넌트 렌더링

그렇다면 Next.js에서는 리액트 서버 컴포넌트가 어떤 식으로 렌더링 될까요? Next.js는 서버에서 리액트의 API를 사용하여 렌더링을 진행합니다. 렌더링 작업은 개별 라우트 세그먼트와 Suspense 경계Suspense Boundaries에 의한 청크chunk로 나뉩니다.

각 청크는 다음 두 단계로 렌더링됩니다.

1. 리액트는 서버 컴포넌트를 RSC Payload 데이터 형식으로 렌더링합니다.
2. Next.js는 RSC Payload와 클라이언트 컴포넌트 자바스크립트 명령어를 사용해 서버에서 **HTML**을 렌더링합니다.

그런 다음 클라이언트에서는,

1. HTML은 라우트의 빠른 non-interactive preview를 즉시 표시하는 데 사용되며 이는 초기 페이지 로드에만 사용됩니다.

2. RSC Payload는 클라이언트 및 서버 컴포넌트 트리를 조정하고 DOM을 업데이트하는 데 사용됩니다.
3. 자바스크립트 명령어는 클라이언트 컴포넌트를 하이드레이션Hydration하고 애플리케이션을 인터랙티브하게 만드는 데 사용됩니다.

NOTE

하이드레이션이란

하이드레이션은 서버에서 렌더링된 HTML에 클라이언트 측 자바스크립트를 연결하여 동적으로 동작하도록 만드는 과정입니다. 이벤트 리스너를 DOM에 연결하여 정적 HTML을 인터랙티브하게 만드는 과정인 것이죠. 쉽게 말하면 애플리케이션이 사용자와 상호작용 가능하도록interactive 만드는 과정이며, 백그라운드에서 하이드레이션은 `hydrateRoot()`라는 React API를 사용해서 수행됩니다.

3 서버 렌더링 전략

서버에서 렌더링이 이뤄지는 방식은 정적 렌더링, 동적 렌더링, 그리고 스트리밍 이렇게 세 가지로 나눌 수 있습니다. 지금부터 각 방식에 대해서 하나씩 살펴보도록 하겠습니다.

정적 렌더링

정적 렌더링static rendering을 사용하면 **빌드 시 또는 데이터 재검증 후 백그라운드에서 라우트가 렌더링**됩니다. 결과는 캐시되어 콘텐츠 전송 네트워크(CDN)로 푸시될 수 있습니다. 이 최적화를 통해 사용자와 서버 요청 간에 렌더링 작업 결과를 공유할 수 있습니다. 정적 렌더링은 정적 블로그 게시물이나 제품 페이지처럼 라우트가 사용자별로 개인화되지 않고 빌드 시점에 알 수 있는 데이터가 있는 경우에 유용합니다.

동적 렌더링

동적 렌더링dynamic rendering을 사용하면 **요청 시점에 각 사용자에 대해 라우트가 동적으로 렌더링**됩니다. 동적 렌더링은 라우트에 사용자에게 맞춤화된 데이터가 있거나 쿠키 또는 URL의 검색 매개변수와 같이 요청 시점에만 알 수 있는 정보가 있는 경우에 유용합니다.

NOTE

캐싱된 데이터가 있는 동적 경로

대부분의 웹사이트에서 라우트는 완전히 정적이거나 완전히 동적인 것이 아니라 다양한 형태로 혼합되어 있습니다. 예를 들어, 주기적으로 재검증revalidate되는 캐싱된 데이터를 보여주는 페이지와 캐싱되지 않은 개인화된 고객 데이터가 있는 페이지가 있을 수 있습니다. Next.js에서는 캐싱된 데이터와 캐싱되지 않은 데이터가 모두 포함된 동적 라우트를 가질 수 있습니다. RSC Payload와 데이터가 별도로 캐싱되기 때문에, 요청 시 모든 데이터를 가져올 때 성능에 미치는 영향에 대해 신경 쓸 필요 없이 동적 렌더링을 사용해도 됩니다.

동적 렌더링으로 전환되는 경우

Next.js는 렌더링 중에 동적 함수dynamic functions 또는 캐싱되지 않은 데이터 요청이 발견되면 **전체 경로를 동적으로 렌더링하도록 전환**합니다. 아래 표는 동적 함수와 데이터 캐싱 여부에 따라 라우트가 정적으로 렌더링되는지 동적으로 렌더링되는지를 나타낸 것입니다.

동적 함수	데이터	라우트 렌더링
사용 안 함	캐싱됨	정적 렌더링
사용함	캐싱됨	동적 렌더링
사용 안 함	캐싱 안 됨	동적 렌더링
사용함	캐싱 안 됨	동적 렌더링

위 표에서 특정 라우트가 완전히 정적으로 렌더링되려면 모든 데이터가 캐싱되어야 한다는 것을 알 수 있습니다. 반대로 캐싱된 데이터 가져오기와 캐싱되지 않은 데이터 가져오기를 모두 사용하는 경우에는 해당 라우트가 동적으로 렌더링됩니다. 다시 말하면, **동적 함수를 사용하거나 데이터가 캐싱되어 있지 않은 경우에는 동적으로 렌더링**되는 것이죠.

Next.js를 사용해서 개발하게 되면 개발자가 렌더링 방식을 일일이 선택할 필요 없이, 사용된 기능과 API에 따라 **각 라우트에 가장 적합한 렌더링 전략을 Next.js가 자동으로 선택**합니다. 그래서 우리는 렌더링 전략에 대해서 신경 쓰지 않고 개발을 하면 됩니다. 다만, 특정 데이터를 캐싱하거나 재검증할 시기를 선택하고 UI의 일부를 스트리밍하도록 선택적으로 구현할 수는 있습니다.

동적 APIs

동적 APIs^dynamic APIs^는 사전 렌더링 시점에서는 알 수 없고 요청 시점에만 알 수 있는 정보에 의존합니다. 이러한 API를 사용하는 것은 개발자가 이를 의도적으로 사용하고 있음을 나타내며, **해당 API를 사용하는 전체 경로가 요청 시점에 동적으로 렌더링**되도록 설정됩니다. Next.js에서 이러한 동적 APIs는 아래와 같습니다.

- `cookies()`: 서버 컴포넌트에서 HTTP 요청의 쿠키를 읽을 수 있게 해주는 비동기 함수
- `headers()`: 서버 컴포넌트에서 HTTP 요청의 헤더를 읽을 수 있게 해주는 비동기 함수
- `connection()`: 렌더링 과정에서 사용자 요청을 기다려야 하는지 여부를 나타낼 수 있게 해주는 비동기 함수
- `draftMode()`: Draft Mode(Headless CMS의 preview 콘텐츠를 미리 볼 수 있는 모드)를 활성화 또는 비활성화 할 수 있게 해주는 비동기 함수
- `searchParams prop`

스트리밍

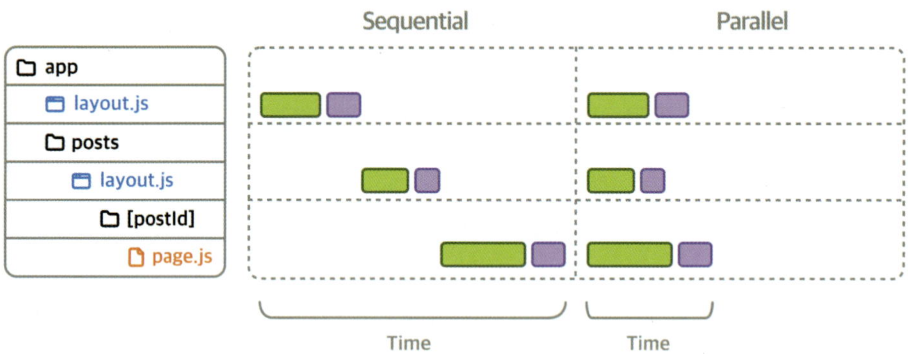

▶ 순차적/병렬적 데이터 페칭

스트리밍^streaming^을 사용하면 **서버에서 UI를 점진적으로 렌더링**할 수 있습니다. 작업이 완료되는 대로 청크로 분할되어 클라이언트로 스트리밍됩니다. 이를 통해 사용자는 전체 콘텐츠의 렌더링이 완료되기 전에 페이지의 일부를 즉시 볼 수 있습니다.

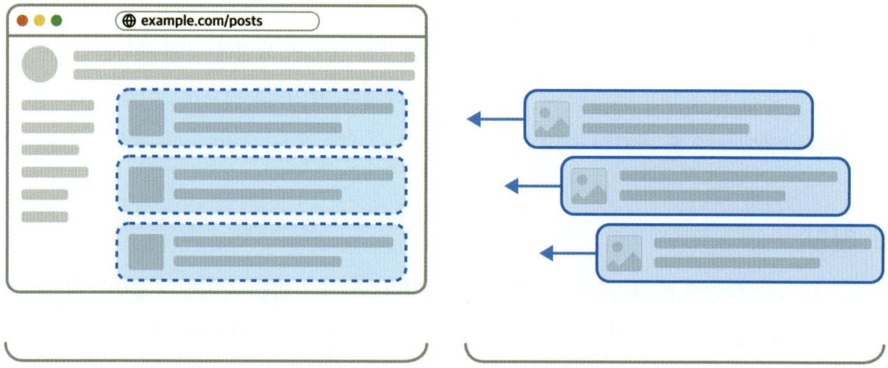

▶ 스트리밍을 통한 서버 렌더링

스트리밍은 기본적으로 Next.js 앱 라우터에 내장되어 있습니다. 이를 통해 초기 페이지 로딩 성능을 향상시킬 수 있으며 느린 데이터 페칭 때문에 전체 페이지 렌더링이 차단되는 현상을 개선할 수 있습니다.

4 서버 렌더링의 장점

웹 애플리케이션에서 일반적으로 사용하는 렌더링 방식은 클라이언트 렌더링입니다. 하지만 서버 렌더링을 사용하게 되면 아래와 같은 다양한 이점을 얻을 수 있습니다.

빠른 데이터 페칭

서버 컴포넌트는 데이터를 받아오는 과정을 서버에서 수행하기 때문에 데이터베이스 등의 **실제 데이터 소스와 더 가까운 환경**에서 데이터를 가져올 수 있습니다. 결과적으로 데이터를 가져오는데 걸리는 시간이 줄어들게 되고, 클라이언트에서 서버로 보내는 요청을 줄일 수 있기 때문에 성능을 향상시킬 수 있습니다.

보안성 향상

서버 컴포넌트를 사용하면 사용자 인증 토큰, API 키 등의 민감한 데이터와 로직을 서버에서만 관리함으로써 보안성을 향상시킬 수 있습니다. 즉, **민감한 데이터를 클라이언트에 전혀 노출시키지 않고도** 애플리케이션을 구현할 수 있습니다.

캐싱

서버 컴포넌트를 통해 렌더링 된 결과는 **캐싱을 통해 이후 동일한 요청에 대해 재사용**할 수 있습니다. 캐싱을 통해 반복적인 렌더링 작업과 데이터 페칭을 줄일 수 있으며, 이로 인해 성능을 향상시키고 컴퓨팅 비용을 절감할 수 있습니다.

성능 향상

서버 컴포넌트를 사용하면 **클라이언트에서 필요한 자바스크립트 번들 사이즈가 줄어들게 됩니다.** 브라우저가 다운로드하고, 파싱하고, 실행해야 하는 클라이언트 사이드의 자바스크립트의 양이 줄어들기 때문입니다. 자바스크립트 번들 사이즈는 웹사이트에서 다운로드하는 데이터의 용량에서 큰 부분을 차지하기 때문에 번들 사이즈를 줄이면 성능이 크게 향상될 수 있습니다. 또한 인터넷 속도가 느린 환경이나 성능이 좋지 않은 디바이스 등을 사용하는 경우에도 굉장히 유리합니다.

초기 페이지 로드 및 FCP 향상

서버 컴포넌트를 사용하면 서버에서 렌더링을 함으로써 클라이언트에서 별도의 렌더링 작업 없이 곧바로 페이지가 화면에 나오게 됩니다. 그래서 초기 페이지 로딩 속도가 빠르고, 웹 성능 지표 중의 하나인 FCP[first contentful paint]가 향상됩니다. 참고로 FCP는 **페이지 로딩 시점부터 웹페이지의 첫 콘텐츠가 화면에 표시될 때까지의 시간**을 나타내는 성능 지표입니다.

검색엔진최적화

서버 컴포넌트에서는 SSR(서버 사이드 렌더링)을 통해 렌더링된 HTML을 곧바로 클라이언트에 전달합니다. 이는 검색 엔진의 크롤링 봇이 페이지를 제대로 이해할 수 있게 하며, 결과적으로 검색엔진최적화[search engine optimization, SEO]에 유리합니다.

스트리밍

서버 컴포넌트는 렌더링 작업을 청크 단위로 분할하고 준비되는 대로 클라이언트로 스트리밍할 수 있게 해줍니다. 이를 통해 사용자는 전체 페이지가 서버에서 렌더링될 때까지 기다릴 필요 없이 페이지의 일부를 먼저 볼 수 있습니다.

이처럼 서버 렌더링을 사용하게 되면 다양한 이점들이 있기 때문에 서버 컴포넌트를 사용할 수 있는 곳에서는 최대한 사용하는 것이 좋습니다.

9.3 클라이언트 컴포넌트

1 클라이언트 렌더링이란

클라이언트 렌더링client rendering은 클라이언트에서 렌더링이 이뤄지는 것을 의미합니다. 쉽게 말해서, 우리가 사용하는 웹 브라우저에서 렌더링 작업이 이뤄지는 것이라고 이해하면 됩니다. 그리고 클라이언트 컴포넌트가 사용하는 렌더링 방식이 바로 클라이언트 렌더링이라고 이해하면 됩니다.

클라이언트 컴포넌트를 사용하면 서버 컴포넌트에서는 사용할 수 없는 `state`, `effects`, 그리고 이벤트 리스너 등 사용자와의 상호작용을 제공할 수 있습니다. 또한 클라이언트 컴포넌트에서는 지리적인 위치geolocation나 로컬 스토리지localStorage와 같은 브라우저 API에 접근할 수도 있습니다.

2 클라이언트 컴포넌트 사용 방법

클라이언트 컴포넌트client components를 사용하려면 파일의 맨 위에 리액트의 **`'use client'` 지시어**를 추가하면 됩니다. `'use client'`는 **서버 컴포넌트와 클라이언트 컴포넌트 모듈 사이의 경계를 선언**하는 데 사용됩니다. 즉, **파일에 `'use client'`를 정의하면, 해당 파일에서 가져오는 모든 모듈(하위 컴포넌트 포함)이 클라이언트 번들의 일부로 간주됩니다.**

아래 코드는 버튼 클릭 횟수를 카운트하는 아주 간단한 형태의 클라이언트 컴포넌트 예시 코드입니다.

```
'use client';

import { useState } from 'react';

function Counter() {
    const [count, setCount] = useState(0);
```

```
    return (
        <div>
            <p>{count} 번 클릭</p>
            <button onClick={() => setCount(count + 1)}>클릭</button>
        </div>
    );
}

export default Counter;
```

그렇다면 만약 'use client' 지시어를 사용하지 않고 클라이언트 컴포넌트에서만 사용 가능한 기능을 사용하면 어떻게 될까요? 다음 그림 왼쪽은 Counter라는 컴포넌트에서 'use client' 지시어 없이 onClick과 useState()를 사용하는 경우 오류가 발생하는 것을 나타낸 것입니다.

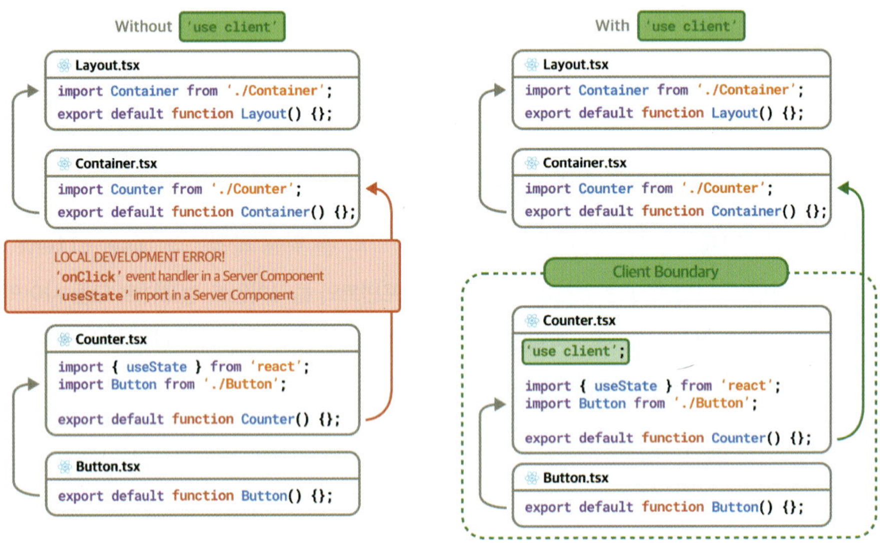

▶ 'use client' 지시어 유무에 따른 비교

앱 라우터의 모든 컴포넌트는 기본적으로 서버 컴포넌트이며, 서버 컴포넌트에서는 onClick과 useState() 등의 API를 사용할 수 없습니다. 그렇기 때문에 그림의 오른쪽 부분과 같이 Counter 컴포넌트에 'use client' 지시어을 사용함으로써 클라이언트 경계를 설정하고,

`Counter` 컴포넌트 및 하위 모듈들이 클라이언트에서 작동해야 한다는 것을 리액트에게 알려줘야 합니다.

> **NOTE**
>
> **여러 `'use client'` 진입점 정의하기**
>
> 리액트 컴포넌트 트리에서 여러 개의 `'use client'` 진입점을 정의할 수 있습니다. 이를 통해 애플리케이션을 여러 클라이언트 번들로 분할할 수 있습니다. 그러나 클라이언트에서 렌더링해야 하는 모든 컴포넌트에 `'use client'`를 정의할 필요는 없습니다. 경계를 정의하면 해당 경계 내에서 가져오는 모든 하위 컴포넌트와 모듈은 클라이언트 번들의 일부로 간주되기 때문에 가장 상단에 위치한 컴포넌트에만 경계를 정의해도 되는 것입니다.

3 Next.js에서의 클라이언트 컴포넌트 렌더링

Next.js에서 클라이언트 컴포넌트는 요청이 전체 페이지 로드의 일부인지(애플리케이션의 초기 방문 또는 브라우저 새로고침으로 트리거되는 페이지 재로딩) 또는 후속 탐색의 일부인지에 따라 아래와 같이 다르게 렌더링됩니다.

전체 페이지 로드(Full Page Load)

초기 페이지 로드를 최적화하기 위해 Next.js는 리액트의 API를 사용하여 클라이언트 및 서버 컴포넌트 모두에 대해 **서버에서 정적 HTML 미리보기를 렌더링**합니다. 즉, 사용자가 애플리케이션을 처음 방문하면 클라이언트가 클라이언트 컴포넌트 자바스크립트 번들을 다운로드, 파싱 및 실행할 때까지 기다릴 필요 없이 페이지의 콘텐츠를 즉시 볼 수 있습니다.

이후 서버에서는 리액트가 서버 컴포넌트를 클라이언트 컴포넌트에 대한 참조를 포함하는 RSC Payload라는 특수 데이터 포맷으로 렌더링합니다. 그리고 Next.js는 RSC Payload와 클라이언트 컴포넌트 자바스크립트 명령어를 사용하여 서버에서 해당 라우트에 대한 HTML을 렌더링합니다.

다음으로 클라이언트에서는 서버로부터 받은 RSC Payload를 사용하여 클라이언트 및 서버 컴포넌트 트리를 조정하고 DOM을 업데이트합니다. 그리고 자바스크립트 명령어는 클라이언트 컴포넌트를 하이드레이션hydration하고 UI를 인터랙티브하게 만드는 데 사용됩니다.

후속 탐색(Subsequent Navigations)

초기 페이지 로드 이후에 다른 페이지를 탐색할 경우, **클라이언트 컴포넌트는 서버에서 렌더링되는 HTML 없이 전적으로 클라이언트에서 렌더링**됩니다. 즉, 클라이언트 컴포넌트 자바스크립트 번들이 다운로드되고 파싱됩니다. 번들이 준비되면 리액트는 RSC Payload를 사용하여 클라이언트 및 서버 컴포넌트 트리를 조정하고 DOM을 업데이트합니다.

9.4 서버와 클라이언트 컴포지션 패턴

지금까지는 서버 컴포넌트와 클라이언트 컴포넌트 각각의 개별적인 렌더링 과정에 대해서만 살펴봤습니다. 하지만 실제로 개발을 하다 보면 클라이언트 컴포넌트 내에 서버 환경의 코드를 작성하고 싶은 경우가 있습니다. 예를 들면, 서버에서 직접 데이터를 가져오거나 서버 환경에서만 사용 가능한 API를 사용하고 싶은 경우가 있을 수 있습니다. 이런 경우 클라이언트 컴포넌트 내에 서버 컴포넌트나 서버 액션 코드를 작성하여 서버 환경에서 실행되도록 만들 수 있습니다. 이때 사용하는 것이 바로 서버와 클라이언트 컴포지션 패턴server & client composition patterns 입니다.

서버 컴포넌트와 클라이언트 컴포넌트를 잘 교차해서 사용하기 위해서는 먼저 각 컴포넌트를 어떤 경우에 사용해야 하는지 잘 이해하는 것이 중요합니다. 아래 표는 서버 컴포넌트와 클라이언트 컴포넌트의 다양한 사용 사례를 정리한 것입니다.

구현하려는 기능	서버 컴포넌트	클라이언트 컴포넌트
데이터 페칭	☑	✕
백엔드 리소스에 직접 접근	☑	✕
액세스 토큰이나 API 키 등의 민감한 정보를 서버에 보관	☑	✕
대량의 의존성을 서버에서 관리 / 클라이언트의 자바스크립트 번들 사이즈 감소	☑	✕
상호작용 및 이벤트 리스너(`onClick()`, `onChange()` 등) 등록	✕	☑
상태와 라이프사이클 effects(`useState()`, `useEffect()` 등) 사용	✕	☑
브라우저 전용 API 사용	✕	☑
상태, effects 또는 브라우저 전용 API를 사용하는 커스텀 훅 사용	✕	☑
리액트 클래스 컴포넌트 사용	✕	☑

위 표에서 알 수 있듯이 서버 컴포넌트와 클라이언트 컴포넌트가 할 수 있는 작업이 각각 나눠져 있습니다. 서버 컴포넌트는 주로 **데이터를 직접 접근해서 가져오는 작업**을 위해 사용되고, 클라이언트 컴포넌트는 주로 **상태를 관리하거나 사용자와의 상호작용**을 위해 사용됩니다. 이러한 각 컴포넌트의 주된 용도에 대해 먼저 잘 이해하고 다음으로 넘어가기 바랍니다.

1 서버 컴포넌트 패턴

먼저 서버 컴포넌트 패턴server components patterns에 대해 살펴보겠습니다. 서버 컴포넌트는 서버 환경에서 작동하는 컴포넌트이기 때문에 데이터베이스 등으로부터 직접 데이터를 가져오거나 백엔드 서비스에 직접 접근할 수 있습니다. 이러한 특징을 통해 다양한 형태로 컴포넌트를 구현할 수 있습니다.

컴포넌트 간 데이터 공유

리액트로 웹 애플리케이션을 개발하다 보면, 컴포넌트 간에 데이터를 공유해야 할 경우가 굉장히 많습니다. 그리고 이것은 서버 컴포넌트나 클라이언트 컴포넌트에 관계없이 공통적으로 필요한 기능입니다. 일반적으로 클라이언트 컴포넌트에서는 컴포넌트 간에 데이터를 공유하기 위해 리액트 컨텍스트React Context를 사용하거나 props로 하위 컴포넌트에 데이터를 전달합니다. 하지만 서버 컴포넌트에서는 컨텍스트를 사용할 수 없기 때문에, **각 컴포넌트에서 fetch( )나 리액트의 cache( ) 함수를 사용해서 직접 데이터를 가져오는 형태**로 구현하게 됩니다.

이 중에서 fetch를 사용하는 방법의 경우 동일한 데이터에 대한 페칭이 불필요하게 여러 번 발생한다고 생각할 수 있는데, 이 부분은 리액트에서 fetch를 확장하여 자동으로 데이터를 메모이제이션memoization해주기 때문에 개발자가 신경 쓰지 않아도 됩니다. 이것을 리퀘스트 메모이제이션request memoization이라고 부르며 이에 대한 자세한 내용은 10장에서 다룹니다. 자동으로 메모이제이션이 적용되기 때문에 굳이 props를 통해 전달할 필요 없이 각 컴포넌트에서 곧바로 가져다가 사용하면 되는 것이죠.

그리고 페칭해야 하는 데이터가 아닌 경우에는 리액트에서 제공하는 cache() 함수를 사용해서 컴포넌트 간에 데이터를 공유할 수 있습니다. 다음 코드는 리액트의 cache() 함수를 사용하는 예시 코드입니다.

```
import { cache } from 'react';
import { getTotal } from '@/lib/statistics';

const cachedGetTotal = cache(getTotal);

interface MyComponentProps {
    numbers: number[];
}

function MyComponent(props: MyComponentProps) {
    const { numbers } = props;
    const total = cachedGetTotal(numbers);

    return <p>{`Total: ${total}`}</p>;
}

export default MyComponent;
```

cache() 함수를 통해 만들어진 cachedGetTotal() 함수를 사용하면 함수의 실행 결과가 캐싱되고, 이후 동일한 파라미터로 함수를 호출할 경우 캐싱된 값을 가져오게 됩니다. 이처럼 cache() 함수는 통계를 내거나 계산을 하는 등 동일한 입력값에 대한 계산 결과를 저장해놓고 다른 컴포넌트에서 재사용해야 할 경우 사용하면 됩니다.

클라이언트 환경에서 서버 전용 코드 차단

서버 컴포넌트와 클라이언트 컴포넌트를 함께 사용하다 보면 하나의 자바스크립트 모듈을 서버 컴포넌트와 클라이언트 컴포넌트가 동시에 사용하는 경우가 발생합니다. 일반적인 함수의 경우 크게 상관없지만, 서버 쪽에서만 작동할 수 있거나 클라이언트 쪽에서만 작동할 수 있는 코드가 포함된 모듈의 경우 문제가 될 수 있습니다. 예를 들어 다음과 같이 환경변수의 API_KEY를 사용해서 외부 API를 호출하는 경우가 있습니다.

```
export async function getData() {
    const res = await fetch('https://api.example.com/data', {
        headers: {
            authorization: process.env.API_KEY,
        },
    });

    return res.json();
}
```

이 함수는 서버 환경에서는 정상적으로 잘 작동하지만 클라이언트 환경에서는 정상적으로 작동하지 않습니다. 그 이유는 바로 API_KEY라는 환경변수가 **서버에서만 접근 가능한 값**이기 때문입니다. Next.js에서는 NEXT_PUBLIC으로 시작하는 환경변수들만 클라이언트에서 접근 가능합니다. 액세스 토큰Access Token이나 암호화 키 값 등의 민감한 정보가 클라이언트에 노출되면 안 되기 때문입니다.

그래서 위의 getData() 함수는 클라이언트 환경에서는 작동하지 않고 서버 환경에서만 작동하기 때문에 서버 컴포넌트에서만 가져다 사용하게 해야 합니다. 그리고 이러한 제약 조건을 강제로 설정할 수 있게 해주는 것이 바로 **server-only 패키지**입니다. server-only 패키지를 사용하면 서버 환경에서만 작동하는 모듈을 클라이언트 컴포넌트에서 사용하려고 할 때 빌드 타임 오류를 발생시킴으로써 에러를 사전에 방지할 수 있습니다.

server-only를 사용하기 위해서는 먼저 npm install 명령어를 사용해서 패키지를 설치하고,

```
npm install server-only
```

이후 다음 코드와 같이 서버 전용 모듈로 server-only 패키지를 임포트하면 됩니다.

```
import 'server-only';

export async function getData() {
    const res = await fetch('https://api.example.com/data', {
        headers: {
            authorization: process.env.API_KEY,
        },
    });

    return res.json();
}
```

이렇게 하면 getData() 함수를 클라이언트 컴포넌트에서 임포트할 경우 빌드 타임에 에러가 발생하게 됩니다.

NOTE

클라이언트 환경에서만 작동하는 모듈을 위해서는 client-only 패키지를 사용하면 됩니다.

서드파티 패키지 사용하기

서버 컴포넌트가 나오기 전까지는 모두 클라이언트 컴포넌트를 사용했기 때문에 리액트와 관련된 기존 서드파티 패키지들은 대부분 클라이언트 컴포넌트 환경에 맞춰 구현되었습니다. 하지만 서버 컴포넌트가 등장하면서 클라이언트 환경에 맞춰 개발된 서드파티third-party 패키지들을 임포트해서 사용하려고 할 때 오류가 발생하게 되었습니다. 예를 들어 서드파티 패키지에서 useState() 훅을 사용하는 경우 해당 패키지를 서버 컴포넌트에서 사용하게 되면 오류가 발생하게 됩니다. 애초에 서드파티 패키지에서 'use client' 지시어를 추가해서 배포하는 경우는 문제되지 않지만, 아직은 모든 패키지들이 대응을 하진 못하고 있기 때문에 아래 나오는 예시처럼 우리가 직접 'use client' 지시어를 추가하는 형태로 사용해야 합니다.

클라이언트 컴포넌트에서 작동하는 simple-carousel이라는 패키지가 있다고 해보겠습니다. 먼저 다음과 같이 'use client' 지시어를 사용하는 클라이언트 컴포넌트에서는 이 simple-carousel을 임포트해서 사용할 경우 문제없이 정상적으로 작동합니다.

```
'use client';

import { useState } from 'react';
import SimpleCarousel from 'simple-carousel';

function MainPage() {
    const [isOpen, setIsOpen] = useState(false);

    return (
        <div>
            <button onClick={() => setIsOpen(true)}>Open</button>

            {/* 클라이언트 컴포넌트이므로 정상 작동 */}
            {isOpen && <SimpleCarousel />}
        </div>
    );
}

export default MainPage;
```

하지만 다음과 같이 `'use client'` 지시어가 없는 서버 컴포넌트에서 사용하게 되면 오류가 발생하게 됩니다. 왜냐하면 Next.js는 `SimpleCarousel` 컴포넌트가 클라이언트 환경에서만 사용할 수 있는 기능을 사용하는지 여부를 알 수 없기 때문입니다.

```
import SimpleCarousel from 'simple-carousel';

function MainPage() {
    return (
        <div>
            {/* 서버 컴포넌트이므로 오류 발생 */}
            <SimpleCarousel />
        </div>
    );
}

export default MainPage;
```

이 문제를 해결하기 위해서는 다음처럼 우리가 직접 만든 클라이언트 컴포넌트에서 서드파티 패키지를 래핑하고, 래핑한 컴포넌트를 임포트해서 사용하면 됩니다.

```
'use client';

import SimpleCarousel from 'simple-carousel';

export default SimpleCarousel;
```

다만 대부분 경우 클라이언트 컴포넌트에 내에서 사용하게 되기 때문에 모든 서드파티 컴포넌트들을 이렇게 래핑할 필요는 없습니다.

프로바이더 사용하기

프로바이더providers의 경우에는 일반적으로 리액트 상태와 컨텍스트 API를 사용하기 때문에 클라이언트 컴포넌트로 래핑이 필요합니다. 보통 컨텍스트 API는 애플리케이션의 최상위 레벨에서 하위 컴포넌트들을 모두 래핑하는 형태로 사용하게 되는데, 최상위 컴포넌트가 서버 컴포넌트인 환경에서는 사용할 수 없어 클라이언트 컴포넌트로 래핑한 컴포넌트를 사용해야 합니다.

먼저 다음과 같이 클라이언트 컴포넌트를 새로 만들고 여기서 컨텍스트 생성 및 컨텍스트 프로바이더를 익스포트합니다.

```
'use client';

import { createContext, type PropsWithChildren } from 'react';

export const ThemeContext = createContext('light');

export default function ThemeProvider(props: PropsWithChildren) {
    return (
        <ThemeContext.Provider value='light'>
            {props.children}
        </ThemeContext.Provider>
    );
}
```

이후 만든 컨텍스트 프로바이더를 아래와 같이 서버 컴포넌트에서 임포트해서 사용하면 됩니다.

```
import ThemeProvider from '@/theme-context';

interface RootLayoutProps {
    children: React.ReactNode;
}

function RootLayout(props: RootLayoutProps) {
    return (
        <html>
            <body>
                <ThemeProvider>{props.children}</ThemeProvider>
            </body>
        </html>
    );
}

export default RootLayout;
```

NOTE

프로바이더를 어떤 레벨에서 사용해야 할까

위 예시와 같이 할 경우 모든 하위 컴포넌트는 컨텍스트의 값에 접근할 수 있게 됩니다. 하지만 그와 함께 루트 레이아웃의 모든 하위 컴포넌트가 클라이언트 컴포넌트가 되기 때문에 서버 컴포넌트를 사용할 수 없다는 단점이 있습니다. 그래서 프로바이더를 사용할 때는 **최대한 컴포넌트 트리의 하위 레벨**에서 사용하는 것이 좋습니다. 이를테면 루트 레이아웃에서 사용하는 것이 아니라 실제로 컨텍스트의 값이 필요한 컴포넌트의 바로 상위 컴포넌트에서 사용하는 식입니다.

2 클라이언트 컴포넌트 패턴

다음으로는 클라이언트 컴포넌트 패턴client components patterns에 대해 살펴보겠습니다. 이 패턴들은 서버 컴포넌트와 클라이언트 컴포넌트를 함께 사용할 때 적용할 수 있는 일반적인 패턴이라고 보면 됩니다.

클라이언트 컴포넌트를 트리 아래쪽으로 이동시키기

앞서 언급한 프로바이더의 사용 레벨과 동일하게, **클라이언트 컴포넌트를 사용할 때는 최대한 컴포넌트 트리의 하위 레벨에서 사용하는 것**이 좋습니다. 그렇게 해야 상위 레벨에서 서버 컴포넌트를 사용할 수 있고, 결과적으로 클라이언트에서 필요한 자바스크립트 번들 사이즈가 줄어들 수 있기 때문입니다. 하지만 불가피하게 클라이언트 컴포넌트에서만 사용할 수 있는 기능들을 꼭 사용해야 하는 컴포넌트가 있을 수 있습니다. 이러한 경우 **실제 클라이언트 컴포넌트의 기능을 사용하는 부분만 별도의 컴포넌트로 분리**하는 방법을 적용해볼 수 있습니다.

다음 코드는 전체 레이아웃에서 `KeywordInput` 컴포넌트만 분리하여 클라이언트 컴포넌트로 만들고 이를 임포트하여 사용한 예시입니다. 이렇게 하면 `RootLayout`은 서버 컴포넌트가 되고, 실제 사용자로부터 키워드 입력을 받는 `KeywordInput` 컴포넌트만 클라이언트 컴포넌트가 됩니다. 결과적으로 `RootLayout`에서 사용된 모든 컴포넌트와 관련된 자바스크립트 번들을 클라이언트로 전송할 필요가 없게 됩니다.

```
import Logo from '@/components/Logo';
import KeywordInput from '@/components/KeywordInput';

interface RootLayoutProps {
    children: React.ReactNode;
}

function RootLayout(props: RootLayoutProps) {
    return (
        <>
            <nav>
                <Logo />
                {/* KeywordInput은 클라이언트 컴포넌트 */}
                <KeywordInput />
            </nav>
            <main>{props.children}</main>
        </>
    );
}

export default RootLayout;
```

서버 컴포넌트에서 클라이언트 컴포넌트로 props 전달하기

서버 컴포넌트에서 데이터를 클라이언트 컴포넌트로 전달하고 싶은 경우가 있을 수 있습니다. 이때 props를 통해서 데이터를 전달할 수 있는데, 서버에서 클라이언트 컴포넌트로 전달되는 props는 리액트에 의해 **직렬화**serialization가 가능해야 합니다. 그 이유는 리액트가 서버 컴포넌트에서 클라이언트 컴포넌트로 props를 전달할 때 JSON 형태로 직렬화하여 전송하기 때문입니다. 그래서 props로 전달되는 모든 값은 JSON으로 변환할 수 있어야 하며 함수, 클래스 인스턴스, `Symbol`, `BigInt`, 순환 참조 객체 등 직렬화할 수 없는 값은 사용할 수 없습니다. 그렇지 않으면 클라이언트에서 렌더링 시 오류가 발생할 수 있습니다.

직렬화는 **복잡한 구조의 데이터를 일렬로 늘어놓는 것**을 의미합니다. 이렇게 데이터를 일렬로 늘어놓은 상태로 전달하고, 전달받은 쪽에서는 데이터를 원래대로 다시 복원해서 사용합니다. 그리고 이렇게 복원하는 과정을 **역직렬화**deserialization라고 부릅니다.

우리가 평소에 종종 사용하는 직렬화와 역질렬화의 대표적인 예로는 `JSON.stringify()`와 `JSON.parse()` 함수를 들 수 있습니다. `JSON.stringify()` 함수는 자바스크립트 객체를 직렬화된 문자열로 변환해주는 함수이고, `JSON.parse()` 함수는 직렬화된 문자열을 자바스크립트 객체로 변환해주는 함수입니다.

예를 들어 아래와 같은 자바스크립트 객체를 직렬화합니다.

```
const data = {
    post: [
        {
            id: 1,
            title: '첫 번째 게시글입니다.',
            content: 'Next.js 공부 화이팅!',
        },
        {
            id: 2,
            title: '두 번째 게시글입니다.',
            content: 'Next.js 너무 재밌어요~!',
        },
    ],
    comment: {
        1: [
```

```
            { id: 1, comment: '화이팅!' },
            { id: 2, comment: '열심히 공부할게요~' },
        ],
        2: [{ id: 3, comment: '저도 너무 재미있어요ㅎㅎ' }],
    },
};
```

그러면 다음과 같은 직렬화된 문자열이 나오게 되고, 아래 문자열을 다시 역직렬화하게 되면 원래의 객체가 나오게 됩니다.

```
'{"post":[{"id":1,"title":"첫 번째 게시글입니다.","content":"Next.js 공부 화이
팅!"},{"id":2,"title":"두 번째 게시글입니다.","content":"Next.js 너무 재밌어요~!"}],"co
mment":{"1":[{"id":1,"comment":"화이팅!"},{"id":2,"comment":"열심히 공부할게요
~"}],"2":[{"id":3,"comment":"저도 너무 재미있어요ㅎㅎ"}]}}'
```

이처럼 **서버 컴포넌트에서 클라이언트 컴포넌트로 props를 통해 데이터를 전달할 때는 해당 데이터가 직렬화 가능해야 한다는 점**을 꼭 기억하기 바랍니다. 그리고 만약 직렬화할 수 없는 데이터가 포함된 경우에는 서버 컴포넌트에서 데이터를 전달하는 것이 아니라 클라이언트에서 직접 데이터를 페칭하는 형태로 구현해야 합니다.

3 서버 컴포넌트를 클라이언트 컴포넌트에 props로 전달하기

클라이언트 컴포넌트 내에서 서버 컴포넌트를 사용하고 싶을 경우 **서버 컴포넌트를 클라이언트 컴포넌트에 props로 전달**하는 방법을 사용할 수 있습니다. 예를 들면, 다음 예제에서 ClientComponent는 children이라는 prop을 받아서 렌더링하게 됩니다.

```
'use client';

import { useState } from 'react';

interface ClientComponentProps {
    children: React.ReactNode;
```

```
}

function ClientComponent(props: ClientComponentProps) {
    const [count, setCount] = useState(0);

    return (
        <>
            <button onClick={() => setCount(count + 1)}>{count}</button>
            {props.children}
        </>
    );
}

export default ClientComponent;
```

하지만 ClientComponent는 children을 받아서 렌더링하는 역할만 할 뿐 children으로 어떤 것이 전달될지 알지 못합니다. 그렇기 때문에 서버 컴포넌트를 클라이언트 컴포넌트의 하위 컴포넌트로 전달하면 클라이언트 컴포넌트 내에서 서버 컴포넌트를 다음과 같은 방식으로 사용할 수 있습니다.

```
import ClientComponent from '@/components/ClientComponent';
import ServerComponent from '@/components/ServerComponent';

function Page() {
    return (
        <ClientComponent>
            <ServerComponent />
        </ClientComponent>
    );
}

export default Page;
```

이러한 방법을 사용하면 **ClientComponent와 ServerComponent는 분리되어 독립적으로 렌더링**됩니다. 그리고 ServerComponent의 경우에는 ClientComponent가 클라이언트에서 렌더링되기 이전에 서버에서 렌더링됩니다. 참고로 이 예시에서는 children prop을 사용했지만 다른 이름의 prop을 직접 선언하고 사용할 수도 있습니다.

9.5 엣지 런타임과 Node.js 런타임

런타임runtime은 일반적으로 **프로그램이 실행되는 동안 필요한 시스템 및 소프트웨어 환경**을 의미합니다. 그리고 Next.js 관점에서의 런타임은 **Next.js 애플리케이션의 코드가 실행되는 환경**을 의미한다고 이해하면 됩니다. Next.js의 런타임으로는 엣지 런타임과 Node.js 런타임이 있습니다. 지금부터 각 런타임에 대해서 하나씩 살펴보도록 하겠습니다.

1 엣지 런타임

엣지 런타임edge runtime은 **Web API를 기반으로 한 실행 환경**입니다. **Node.js API의 일부를 지원하며, 사용자들에게 빠른 속도로 동적인 컨텐츠를 제공하고 싶을 경우에 적합**합니다. 엣지 런타임은 코드의 용량이나 사용할 수 있는 API 등에 제약이 있기 때문에 모든 시나리오에 대해서 사용할 수는 없습니다. 예를 들면, 엣지 런타임에서 지원하지 않는 Node.js의 API를 사용하는 라이브러리는 사용할 수 없습니다. 하지만 엣지 런타임으로 개발이 가능한 경우에는, 사용하면 빠르게 컨텐츠를 제공할 수 있다는 이점이 있습니다. 그래서 각 상황에 맞게 런타임을 잘 선택해서 사용하는 것이 중요합니다.

Next.js에서 엣지 런타임를 사용하기 위해서는 아래 예시 코드와 같이 페이지나 레이아웃 파일에 **runtime이라는 상수 값을 edge로 설정**하여 네임드 익스포트named export하면 됩니다.

```
// app/page.tsx
export const runtime = 'edge';  // 'nodejs' (기본값) | 'edge'
```

```
// app/layout.tsx
export const runtime = 'edge';  // 'nodejs' (기본값) | 'edge'
```

2 Node.js 런타임

Node.js 런타임은 이름 그대로 **Node.js를 기반으로 한 실행 환경**입니다. **Node.js의 모든 API를 지원하며 연관된 라이브러리도 모두 사용 가능**합니다. Node.js 런타임은 에지 런타임에 비해서 무겁기 때문에 속도 면에서는 상대적으로 느리고, 서버 인프라 관리나 운영에 대한 비용도 상대적으로 높을 수밖에 없습니다.

그래서 Node.js 런타임을 사용하면서도 인프라 관리에 대한 비용을 낮출 수 있게 해주는 것이 바로 **서버리스**serverless **Node.js**입니다. 서버리스 Node.js는 서버리스 환경에서 Node.js 코드를 실행할 수 있게 해주며, 확장이나 비용 측면에서는 이득이 있지만 함수가 처음 실행될 때 일정 시간 동안 준비Cold Start가 필요하다는 단점이 있습니다. 참고로 Vercel에서 제공하는 서버리스 함수serverless function가 바로 서버리스 Node.js입니다.

이러한 각 런타임의 특징을 잘 이해하고 상황에 따라 유연하게 적용하는 것이 필요합니다.

9.6 실습 서버 컴포넌트 사용해보기

이번 실습에서는 기존 Post Item 페이지를 서버 컴포넌트 형태로 변경함으로써 클라이언트에서 데이터를 페칭하는 과정 없이 곧바로 Post 데이터를 보여주도록 만들어보겠습니다. 먼저 다음 화면과 같이 `components` 폴더에 있는 `PostFragment.tsx` 파일을 엽니다.

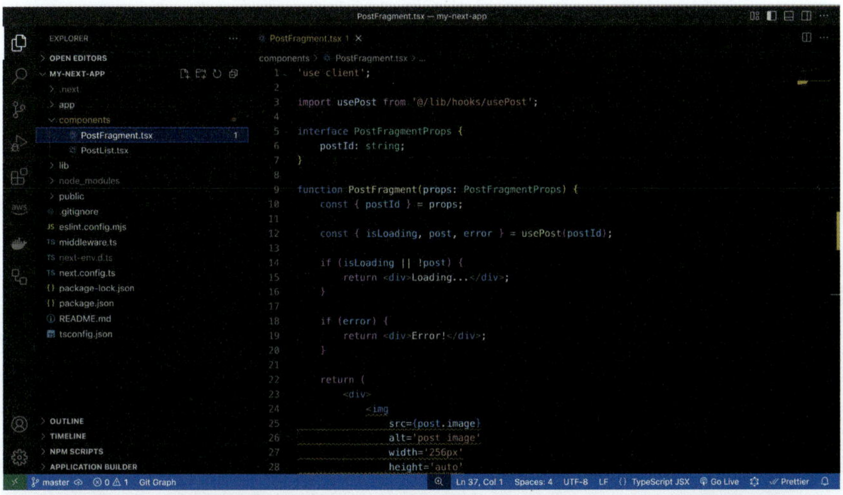

이후 다음과 같이 코드를 수정합니다. 수정한 부분은 기존 `usePost()` 훅으로 데이터를 받아오던 부분을 제거하고 Post 데이터를 `post`라는 `props`로 바로 전달받도록 한 부분입니다. 그리고 더 이상 클라이언트에서 데이터를 페칭하지 않기 때문에 파일의 최상단에 있던 `'use client'` 지시어도 제거했습니다.

```
// components/PostFragment.tsx

interface PostFragmentProps {
```

```
    post: MyNextApp.Post;
}

function PostFragment(props: PostFragmentProps) {
    const { post } = props;

    return (
        <div>
            <img
                src={post.image}
                alt='post image'
                width='256px'
                height='auto'
            />
            <h3>{post.title}</h3>
            <p>{post.content}</p>
        </div>
    );
}

export default PostFragment;
```

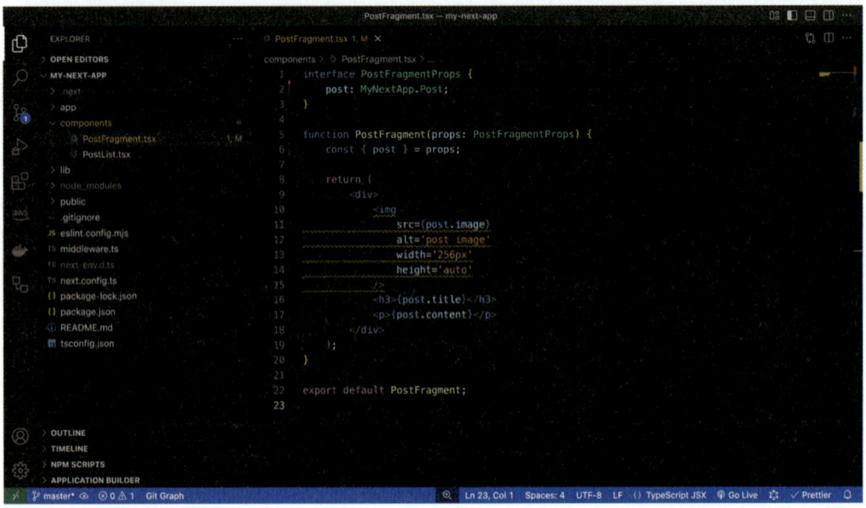

다음으로는 Post Item 페이지를 수정해야 합니다. 먼저 인터셉트된 경우의 Post Item 페이지를 수정하기 위해 다음 화면처럼 `app/feed/(..)posts/[postId]` 폴더에 있는 `page.tsx` 파일을 엽니다.

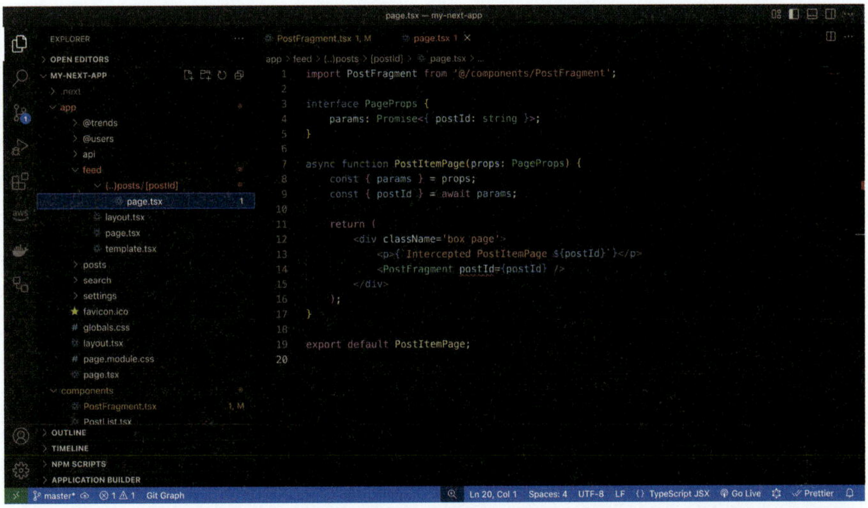

이후 `page.tsx` 파일을 다음과 같이 수정합니다. 기존에 `PostFragment`에 `postId`만을 `props`로 전달하던 것에서, 직접 `sample-posts.json` 파일로부터 해당되는 Post를 찾아서 `props`로 전달하도록 수정했습니다. 이렇게 하면 `PostFragment`가 처음부터 Post 데이터를 가지고 있는 상태로 렌더링을 시작할 수 있게 됩니다. 즉, 클라이언트에서 별도의 데이터 페칭이 필요 없으며, 그로 인해 사용자에게 더 빠르게 화면을 보여줄 수 있습니다.

```
// app/feed/(..)posts/[postId]/page.tsx

import { notFound } from 'next/navigation';
import PostFragment from '@/components/PostFragment';
import samplePosts from '@/lib/constants/sample-posts.json';

interface PageProps {
```

```
    params: Promise<{ postId: string }>;
}

async function PostItemPage({ params }: PageProps) {
    const postId = (await params).postId;

    const post = samplePosts.find((post) => {
        return post.id === postId;
    });

    if (!post) {
        notFound();
    }

    return (
        <div className='box page'>
            <p>{`Intercepted PostItemPage ${postId}`}</p>
            <PostFragment post={post} />
        </div>
    );
}

export default PostItemPage;
```

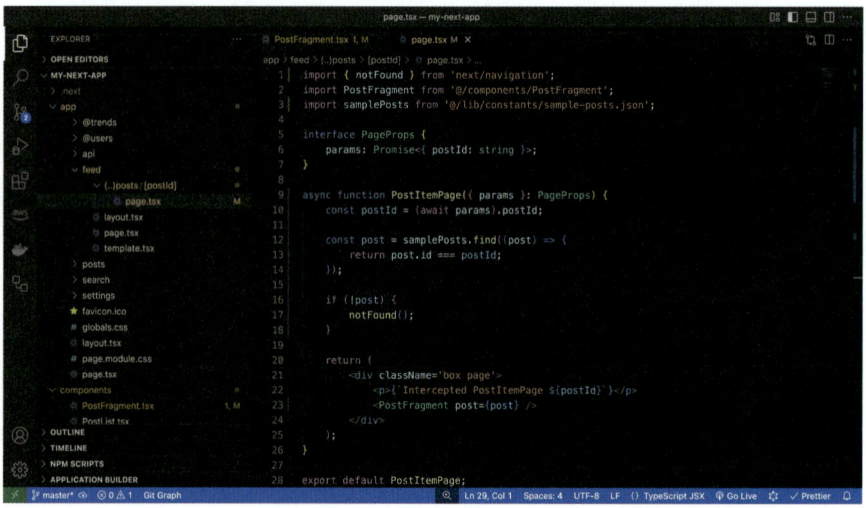

다음으로는 인터셉트되지 않은 경우의 Post Item 페이지를 수정하기 위해 다음 화면과 같이 app/posts/[postId] 폴더에 있는 page.tsx 파일을 엽니다.

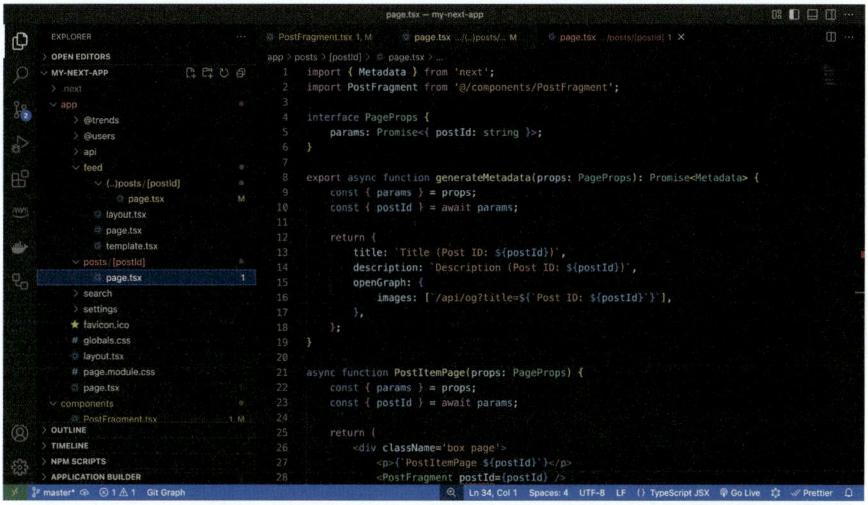

이후 page.tsx 파일을 다음 코드와 같이 수정합니다. 여기서 수정된 부분은 위와 동일하게 직접 sample-posts.json 파일로부터 해당되는 Post를 찾아서 props로 전달하도록 한 부분입니다.

```
// app/posts/[postId]/page.tsx

import { Metadata } from 'next';
import { notFound } from 'next/navigation';
import PostFragment from '@/components/PostFragment';
import samplePosts from '@/lib/constants/sample-posts.json';

interface PageProps {
    params: Promise<{ postId: string }>;
}

...

async function PostItemPage(props: PageProps) {
```

```
    const { params } = props;
    const { postId } = await params;

    const post = samplePosts.find((post) => {
        return post.id === postId;
    });

    if (!post) {
        notFound();
    }

    return (
        <div className='box page'>
            <p>{`PostItemPage ${postId}`}</p>
            <PostFragment post={post} />
        </div>
    );
}

export default PostItemPage;
```

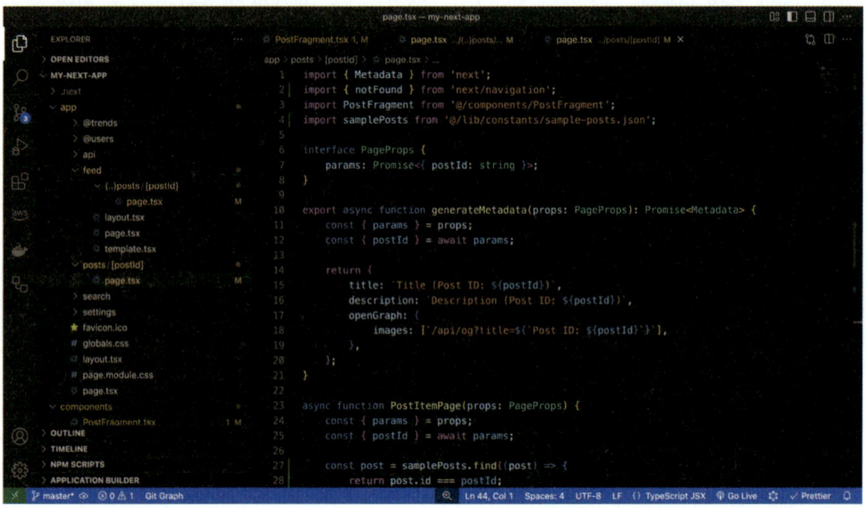

코드를 모두 수정한 이후에 애플리케이션을 개발 모드로 실행하고 브라우저에서 `localhost:3000`으로 접속하고 Feed 페이지로 이동합니다. 그러면 다음 화면과 같이 로딩 화면이 먼저 표시됩니다. Feed 페이지의 경우 서버 컴포넌트가 아닌 클라이언트에서 데이터를 페칭하는 형태 그대로 두었기 때문에 이렇게 로딩 화면이 표시되는 것입니다.

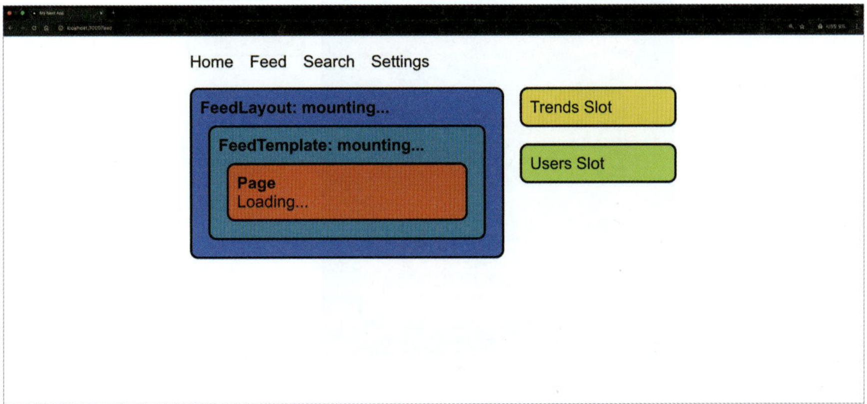

그리고 잠시 후 화면과 같이 Post 목록이 나타나게 됩니다. 여기서 세 번째 있는 Post를 클릭합니다.

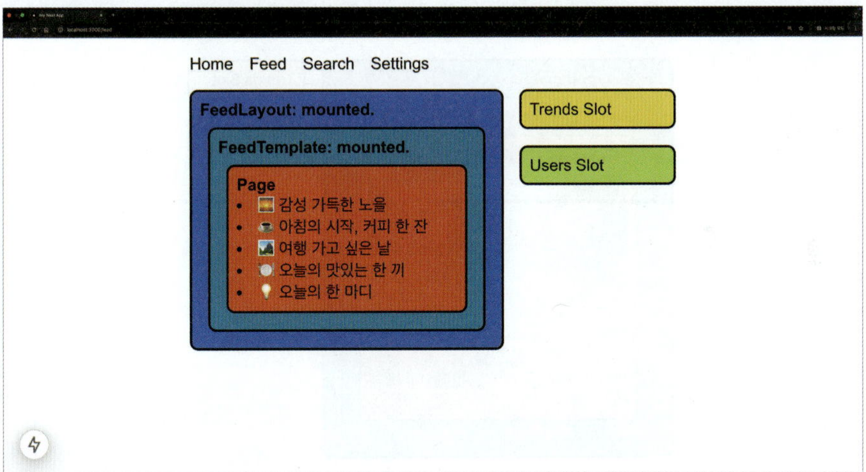

그러면 다음 화면과 같이 별도의 로딩 화면 없이 곧바로 Post가 나옵니다. 이때 Feed 템플릿의 경우 다시 마운트가 이뤄지기 때문에 마운트 중으로 표시되는 것을 볼 수 있습니다.

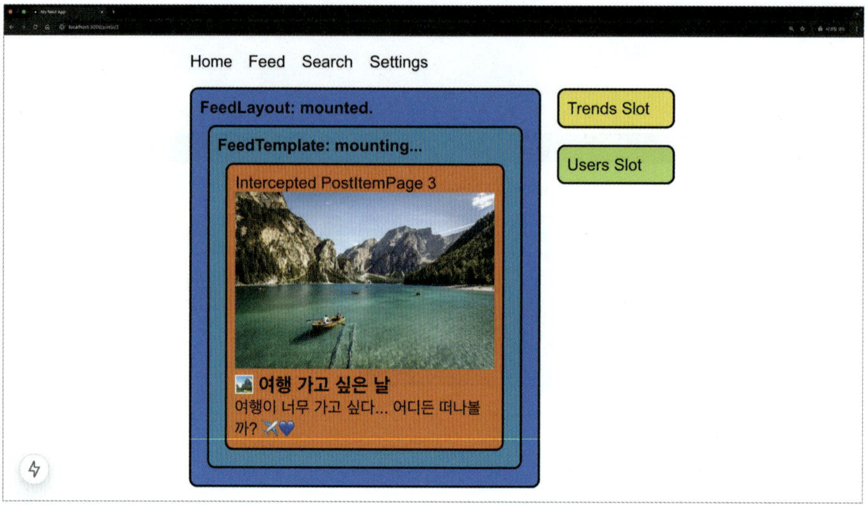

그리고 잠시 후 다음 화면처럼 Feed 템플릿의 마운트도 완료된 것으로 화면에 나오는 것을 볼 수 있습니다.

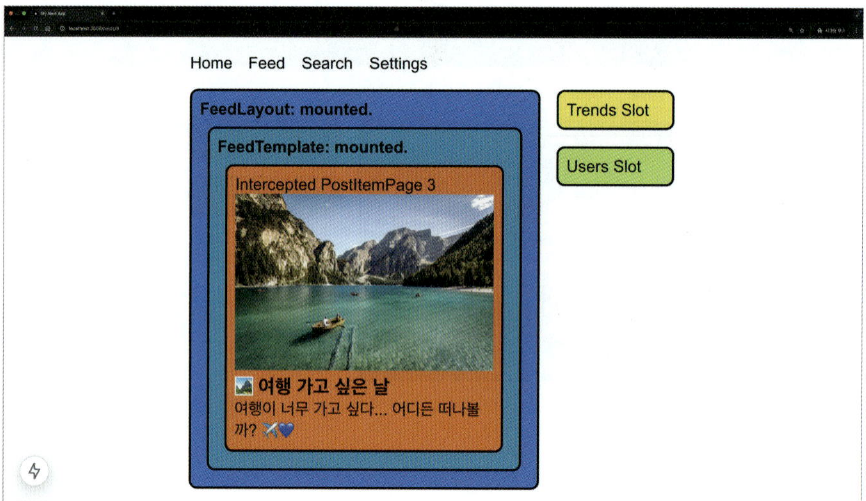

이처럼 서버 컴포넌트를 사용하면 렌더링에 필요한 데이터를 서버에서 빠르게 가져와서 곧바로 렌더링을 시작할 수 있다는 장점이 있습니다.

9.7 마치며

이번 장에서 배운 내용은 아래와 같습니다.

- **렌더링**
  - 코드를 실제 화면에 나타나는 사용자 인터페이스로 변환하는 작업
  - SSR(Server Side Rendering): 서버에서 렌더링이 이뤄지는 것
  - CSR(Client Side Rendering): 클라이언트에서 렌더링이 이뤄지는 것
- **서버 컴포넌트**
  - 서버에서 컴포넌트를 렌더링하고 그 결과를 클라이언트로 전송
  - 클라이언트 측의 렌더링 부담을 줄이고 성능을 향상시키는 데 도움을 줌
  - 서버 컴포넌트의 렌더링 과정
    1. 서버에 컴포넌트 렌더링 요청
    2. 서버에서 컴포넌트 렌더링
    3. RSC Payload 생성 및 전송
    4. 클라이언트에서 서버 컴포넌트 재구성
    5. 상호작용 처리 및 클라이언트 컴포넌트 렌더링
    6. 최종 UI 렌더링
  - 서버 렌더링 전략
    - 정적 렌더링
      - 빌드 시 또는 데이터 재검증 후 백그라운드에서 라우트가 렌더링됨
    - 동적 렌더링
      - 요청 시점에 각 사용자에 대해 라우트가 동적으로 렌더링됨
    - 스트리밍
      - 서버에서 UI를 점진적으로 렌더링함
      - 기본적으로 Next.js 앱 라우터에 내장되어 있음
  - 서버 렌더링의 장점
    - 빠른 데이터 페칭
    - 보안성 향상

        - 캐싱
        - 성능 향상
        - 초기 페이지 로드 및 FCP(First Contentful Paint) 향상
        - 검색엔진최적화(SEO)
        - 스트리밍

- **클라이언트 컴포넌트**
    - 클라이언트에서 렌더링이 이뤄지는 것
    - 클라이언트 컴포넌트를 사용하면 사용자와의 상호작용성 및 브라우저 API 사용 가능
    - 파일의 맨 위에 리액트의 `'use client'` 지시어를 추가하여 사용
        - 해당 파일에서 가져오는 모든 모듈(하위 컴포넌트 포함)이 클라이언트 번들의 일부로 간주됨
        - 여러 개의 `'use client'` 진입점을 정의할 수 있음
    - Next.js에서의 클라이언트 컴포넌트 렌더링
        - 전체 페이지 로드(Full Page Load)
            - 리액트의 API를 사용하여 클라이언트 및 서버 컴포넌트 모두에 대해 서버에서 정적 HTML 미리보기를 렌더링
            - 서버 컴포넌트와 클라이언트 컴포넌트가 각각 렌더링됨
        - 후속 탐색(Subsequent Navigations)
            - 클라이언트 컴포넌트는 서버에서 렌더링되는 HTML 없이 전적으로 클라이언트에서 렌더링됨

- **서버와 클라이언트 컴포지션 패턴**
    - 클라이언트 컴포넌트 내에 서버 컴포넌트나 서버 액션 코드를 작성하여 서버 환경에서 실행되도록 하는 패턴
- **엣지 런타임과 Node.js 런타임**
    - 엣지 런타임
        - Web API를 기반으로 한 실행 환경
        - Node.js API의 일부를 지원
        - 사용자들에게 빠른 속도로 동적인 컨텐츠를 제공하고 싶을 경우에 적합
    - Node.js 런타임
        - Node.js를 기반으로 한 실행 환경
        - Node.js의 모든 API를 지원하며 연관된 라이브러리들도 모두 사용 가능
        - 엣지 런타임에 비해서 무겁기 때문에 속도면에서는 상대적으로 느리고, 서버 인프라 관리나 운영에 대한 비용도 상대적으로 높음

- 서버리스 Node.js
  - Node.js 런타임을 사용하면서도 인프라 관리에 대한 비용을 낮출 수 있게 해주는 것
  - Vercel에서 제공하는 서버리스 함수가 해당

Chapter

10

캐싱

Preview

이번 장에서는 Next.js의 캐싱에 대해서 살펴보겠습니다. Next.js는 내부적으로 여러 가지 요소를 캐싱함으로써 애플리케이션의 성능을 향상시키고 비용을 절감할 수 있게 해줍니다. 하지만 캐싱으로 인해 의도치 않은 동작이 발생할 수도 있어 Next.js의 캐싱 메커니즘을 잘 이해하는 것이 좋습니다. 참고로 모든 캐싱 기능이 Next.js에 구현된 것이 아니라, 리액트에서 기본적으로 제공하는 캐싱 기능도 포함되어 있기 때문에 구분지어서 학습하기 바랍니다. 지금부터 각각의 캐싱 종류와 메커니즘에 대해서 하나씩 살펴보도록 하겠습니다.

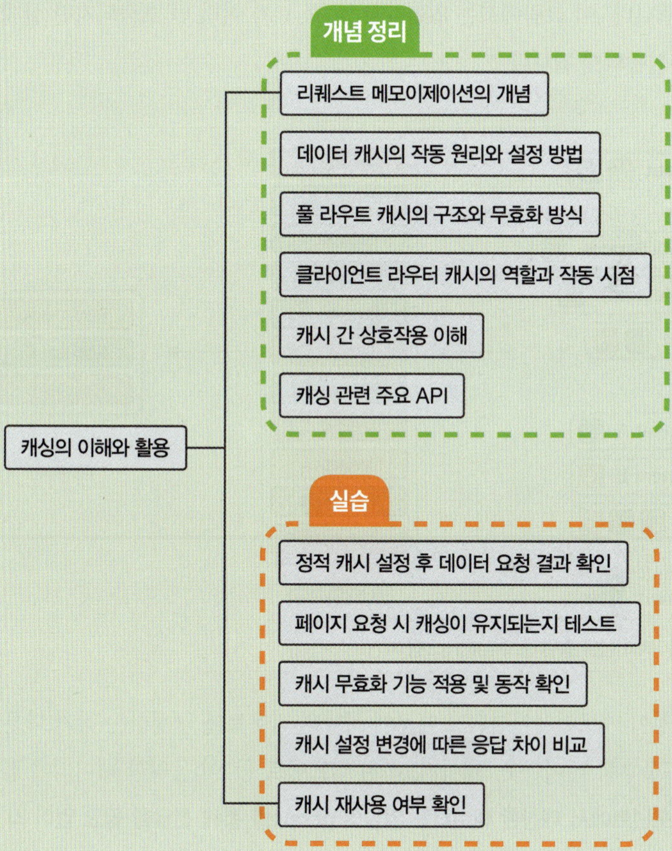

10.1 리퀘스트 메모이제이션

리퀘스트 메모이제이션request memoization은 **리액트에서 fetch API를 확장하여 동일한 URL과 파라미터를 가진 요청을 자동으로 메모이제이션하는 기능**입니다. 그렇기 때문에 다음 그림처럼 컴포넌트 트리의 여러 위치에서 동일한 데이터를 가져오는 fetch 함수가 호출되어도 실제 요청은 한 번만 실행됩니다. 이 그림에서는 Request A, B, C가 여러 번 호출되지만 실제로는 각 요청이 한 번씩만 실행되게 됩니다.

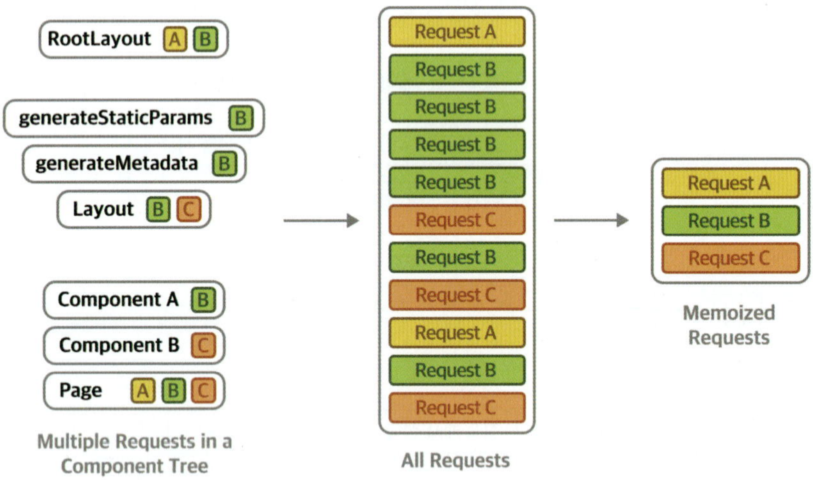

▶ 리퀘스트 메모이제이션을 통한 중복 fetch 요청 제거

이처럼 각 요청이 메모이제이션되기 때문에 하나의 라우트를 구성하는 각기 다른 레벨에 존재하는 컴포넌트들(예: 레이아웃, 페이지, 하위 컴포넌트 등)이 동일한 데이터에 접근해야 할 경우, **최상위 컴포넌트에서 페칭한 데이터를 일일이 props를 통해 전달할 필요 없이 각 컴포넌트에서 데이터를 페칭하는 형태**로 구현하면 됩니다. 다음 코드는 각 컴포넌트에서 데이터를 페칭하는 형태를 나타낸 예시 코드입니다.

```
async function getPosts() {
    // fetch 함수는 자동으로 memoization 되고, 요청 결과는 캐싱됨
    const res = await fetch('https://api.example.com/posts');
    return res.json();
}

async function Layout() {
    // 첫 번째 호출에서는 캐시 MISS가 발생하므로 실제 요청이 수행됨
    const posts = await getPosts(); // 캐시 MISS

    return (
        <Page />
    )
}

async function Page() {
    // 두 번째 호출에서는 캐시 HIT가 발생하므로 캐싱된 결과가 반환됨
    const posts = await getPosts(); // 캐시 HIT

    ...
}
```

다음 그림은 리퀘스트 메모이제이션의 작동 방식을 그림으로 나타낸 것입니다. 먼저 특정 라우트를 렌더링하는 과정에서 `fetch` 요청이 처음 발생하면, 캐시 미스cache miss가 발생하고 요청이 실행되며 요청의 결과는 메모리에 저장됩니다. 이후 동일한 라우트에서 발생하는 `fetch` 요청에 대해서는 캐시 히트cache hit가 발생하므로 요청이 실행되지 않고 메모리에 존재하는 캐싱된 데이터가 반환됩니다. **최종적으로 라우트가 모두 렌더링되면 메모리가 초기화되고 모든 리퀘스트 메모이제이션 항목이 지워집니다.**

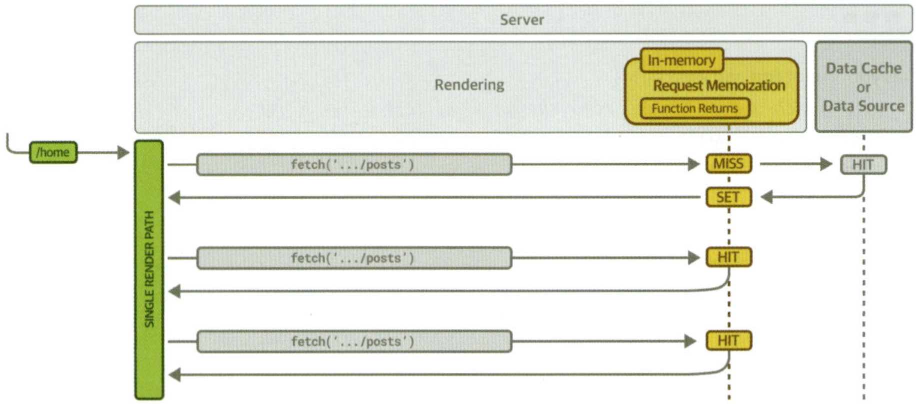

▶ 리퀘스트 메모이제이션

> **NOTE**
>
> **리퀘스트 메모이제이션에서 기억해야 할 것**
>
> 리퀘스트 메모이제이션은 Next.js의 기능이 아니라 **리액트에서 제공하는 기능**
>
> - 메모이제이션은 **fetch 요청의 GET 메서드**에만 적용됨
> - 메모이제이션은 **리액트 컴포넌트 트리**에만 적용됨
> - generateMetadata(), generateStaticParams(), 레이아웃, 페이지 및 기타 서버 컴포넌트의 fetch 요청에 적용됨
> - 라우트 핸들러는 리액트 컴포넌트 트리의 일부가 아니기 때문에 fetch 요청이 메모이제이션되지 않음
> - fetch가 적합하지 않은 경우(예: 일부 데이터베이스 클라이언트, CMS 클라이언트, GraphQL 클라이언트 등)에는 **리액트의 cache() 함수를 사용하여 함수를 메모이제이션**할 수 있음

지속 시간(Duration)

리퀘스트 메모이제이션의 캐시는 **서버 요청의 수명 동안 유지**되며 리액트 컴포넌트 트리가 렌더링을 완료할 때까지 지속됩니다.

재검증(Revalidating)

메모이제이션은 **서버 요청 간에 공유되지 않고 렌더링 동안에만 적용**되기 때문에 일반적인 캐시처럼 별도로 재검증할 필요가 없습니다.

캐싱 제외(Opting out)

리퀘스트 메모이제이션은 **fetch 요청의 GET 메서드에만 적용**되며, POST나 DELETE와 같은 다른 메서드에는 적용되지 않습니다. 그리고 이러한 기본 동작은 리액트에서 사용하는 최적화 방법 중 하나이기 때문에 개발자가 강제로 이를 사용하지 않도록 변경하는 것은 권장되지 않습니다.

10.2 데이터 캐시

데이터 캐시Data Cache에 대해 설명하기 전에 리퀘스트 메모이제이션의 경우 Next.js가 아닌 리액트에서 제공하는 기능이고, 지금 나오는 데이터 캐시는 **Next.js에서 제공하는 기능**이라는 점을 기억하면서 학습을 진행하기 바랍니다.

데이터 캐시는 **Next.js에서 데이터 페칭 결과를 서버 요청 및 배포 간에 지속시키기 위한 캐시**입니다. Next.js가 기본 `fetch` API를 확장하여 서버의 각 요청을 캐싱할 수 있도록 구현한 것이라고 보면 됩니다. 아래 그림은 데이터 캐시의 작동 방식을 그림으로 나타낸 것입니다.

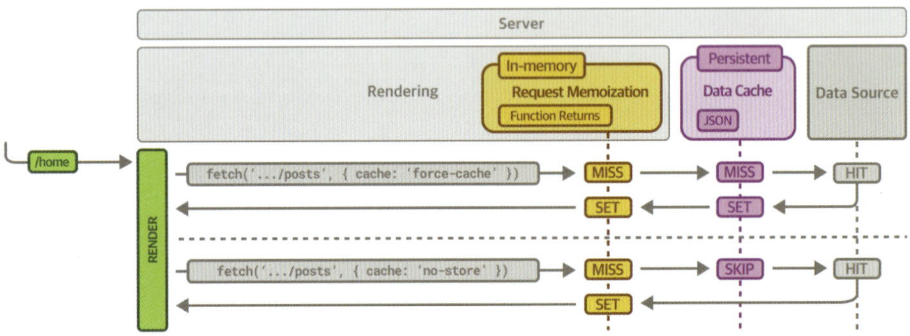

▶ 데이터 캐시

먼저 렌더링 중에 `'force-cache'` 옵션을 사용한 `fetch` 요청이 호출되면 Next.js는 데이터 캐시에서 캐싱된 응답이 있는지 확인합니다. 만약 캐싱된 응답이 발견되면 즉시 반환되고 메모이제이션됩니다. 참고로 이때 메모이제이션은 앞에 나온 리퀘스트 메모이제이션을 의미합니다. 그리고 캐싱된 응답이 발견되지 않으면 실제 데이터 소스Data Source에 요청이 이뤄지고 결과가 데이터 캐시에 저장되며 메모이제이션됩니다. 참고로 `'no-store'`와 같이 캐싱에서 제외하도록 옵션을 설정한 경우 결과는 항상 실제 데이터 소스에서 가져오며 메모이제이션됩니다.

여기서 한 가지 기억해야 할 점은 **데이터가 캐싱되었든 캐싱되지 않았든 동일한 데이터에 대한 중복 요청을 피하기 위해 리퀘스트는 항상 메모이제이션된다는 점**입니다.

> **NOTE**
>
> **데이터 캐시와 리퀘스트 메모이제이션의 차이점**
>
> 두 캐싱 메커니즘 모두 캐싱된 데이터를 재사용하여 성능을 향상시키지만, 데이터 캐시는 **들어오는 요청 및 배포 간에 지속**되는 반면, 메모이제이션은 **요청의 수명 동안만 지속**됩니다.
>
> - **리퀘스트 메모이제이션은 동일한 렌더링 패스에서 중복 요청 수를 줄임**
> - 렌더링 서버에서 데이터 캐시 서버(CDN 또는 에지 네트워크) 또는 데이터 소스(데이터베이스 또는 CMS)로의 네트워크 경계를 넘어야 하는 요청을 줄이는 데 도움을 줌
> - **데이터 캐시는 원본 데이터 소스에 대한 요청 수를 줄임**
> - 요청 및 배포 간에 지속되기 때문에 더 광범위한 요청을 처리하고 성능을 최적화하는 데 중요한 역할을 함

지속 시간(Duration)

데이터 캐시는 재검증하거나 캐싱하지 않도록 제외하지 않는 한 **들어오는 요청 및 배포 간에 지속**됩니다.

재검증(Revalidating)

캐싱된 데이터는 아래와 같은 두 가지 방법으로 재검증할 수 있습니다.

- 시간 기반 재검증(Time-based Revalidation)
  - 시간을 기반으로 재검증하는 방식
  - 캐싱되고 일정 시간이 지난 이후에 새 요청이 들어오면 데이터를 재검증
  - 데이터가 자주 변경되지 않고 항상 최신 데이터가 필요한 것이 아닐 경우에 주로 사용
- 온디맨드 재검증(On-demand Revalidation)
  - 필요한 경우에 직접 재검증을 요청하는 방식
  - 태그 또는 경로를 기반으로 한 번에 데이터 그룹 전체를 재검증할 수 있음
  - 당장 최신 데이터를 보여줘야 할 필요가 있을 경우에 사용

캐싱 제외(Opting out)

fetch 요청의 응답을 캐싱하지 않도록 제외하려면 다음처럼 fetch 요청에 { cache: 'no-store' } 옵션을 사용하면 됩니다.

```
let data = await fetch('https://api.example.com/posts', { cache: 'no-store' });
```

10.3 풀 라우트 캐시

풀 라우트 캐시Full Route Cache는 **전체 경로를 렌더링하고 캐싱하기 위한 캐시**입니다. 각 라우트에 대해 요청할 때마다 서버에서 렌더링을 하는 대신 캐싱된 라우트를 제공함으로써 페이지 로드를 빠르게 하기 위한 캐시라고 이해하면 됩니다. 풀 라우트 캐시가 어떻게 작동하는지 이해하기 위해서는, 먼저 리액트가 렌더링을 처리하는 방식과 Next.js가 그 결과를 어떻게 캐싱하는지를 이해해야 합니다.

> **NOTE**
>
> **관련 용어**
>
> 빌드 시점에 애플리케이션의 경로를 렌더링하고 캐싱하는 과정을 지칭할 때 아래 용어들이 상호 교환적으로 사용됨
>
> – 자동 정적 최적화(Automatic Static Optimization)
> – 정적 사이트 생성(Static Site Generation, SSG)
> – 정적 렌더링(Static Rendering)
> – 점진적 정적 재생성(Incremental Static Regeneration, ISR)

1 리액트 렌더링 처리 방식과 Next.js 캐싱 과정

1. 서버에서의 리액트 렌더링

먼저 Next.js는 서버에서 리액트의 API를 사용해 렌더링을 진행합니다. 렌더링 작업은 개별 라우트 세그먼트와 `Suspense` 경계를 기준으로 하여 여러 개의 청크로 나눠지고, 각 청크는 아래 두 단계를 통해 렌더링됩니다.

1. 리액트는 서버 컴포넌트를 RSC Payload라고 부르는 스트리밍에 최적화된 특수 데이터 형식으로 렌더링합니다.
2. Next.js는 RSC Payload와 클라이언트 컴포넌트 자바스크립트 명령어를 사용해 서버에서 HTML을 렌더링합니다.

이렇게 하면 모든 청크가 렌더링될 때까지 기다릴 필요 없이 작업이 완료되는 대로 캐싱하거나 응답을 스트리밍할 수 있습니다.

2. 서버에서의 Next.js 캐싱

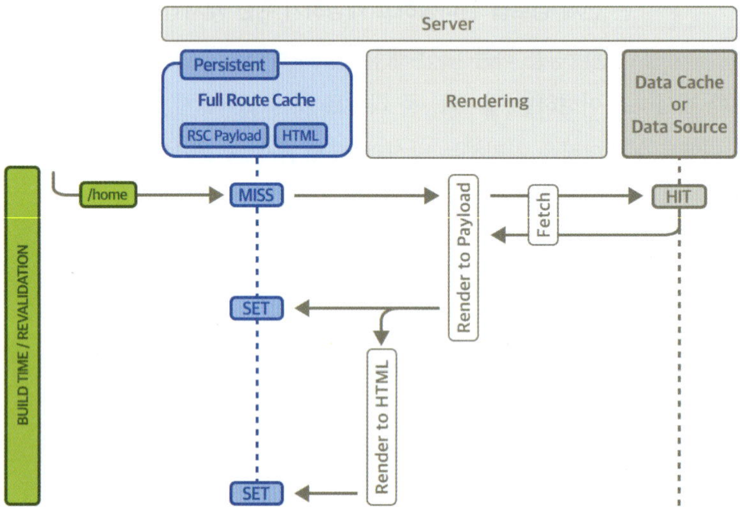

▶ Next.js Full Route Cache 구성 및 작동 방식

다음으로는 Next.js에서 풀 라우트 캐시를 사용해서 **라우트의 렌더링된 결과(RSC Payload와 HTML)를 서버에 캐싱**합니다. 라우트 캐시라는 이름 의미 그대로 라우트의 렌더링 결과인 RSC Payload와 HTML을 캐싱한다고 이해하면 됩니다. 참고로 풀 라우트는 Next.js의 기본 동작이며, **빌드 시점에 정적으로 렌더링된 라우트나 재검증 중에 적용**됩니다.

3. 클라이언트에서의 리액트 하이드레이션과 조정

요청 시 클라이언트에서는 아래와 같은 작업이 수행됩니다.

- **HTML**은 클라이언트 및 서버 컴포넌트의 초기 미리보기non-interactive initial preview를 즉시 빠르게 보여주는 데 사용됩니다.
- **RSC Payload**는 클라이언트와 렌더링된 서버 컴포넌트 트리를 조정하고, DOM을 업데이트하는 데 사용됩니다.
- **자바스크립트 명령어**는 클라이언트 컴포넌트를 하이드레이션hydration 하여, 애플리케이션을 인터랙티브하게 만드는 데 사용됩니다.

4. 클라이언트에서의 Next.js 캐싱

RSC Payload는 클라이언트 측 라우터 캐시에 저장됩니다. 이 라우터 캐시는 개별 라우트 세그먼트로 나눠지는 별도의 인메모리 캐시로, 이전에 방문한 경로를 저장하고 미래 경로를 미리 가져와 탐색 경험을 향상시키는 데 사용됩니다. 클라이언트 측 라우트 캐시에 대한 자세한 내용은 바로 뒤에 나오는 절에서 다룰 예정입니다.

5. 후속 탐색

이후 다음 페이지를 탐색하거나 프리페칭prefetching할 때 Next.js는 RSC Payload가 클라이언트 측 라우터 캐시에 저장되어 있는지 확인합니다. 만약 클라이언트 측 라우터 캐시에 저장되어 있다면 서버에 새로운 요청을 보내는 과정을 생략합니다. 그리고 라우트 세그먼트가 캐시에 저장되어 있지 않을 경우 Next.js는 서버에서 RSC Payload를 가져와 클라이언트의 라우터 캐시에 저장합니다.

2 정적 렌더링과 동적 렌더링

경로가 빌드 시점에 캐싱되는지 여부는 해당 라우트가 정적으로 렌더링되는지 또는 동적으로 렌더링되는지에 따라 다릅니다. 정적 라우트는 기본적으로 캐싱되지만, 동적 라우트는 요청 시점에 렌더링되며 캐싱되지 않습니다.

다음 그림은 캐싱된 데이터와 캐싱되지 않은 데이터를 사용하는 정적 및 동적 렌더링 경로의 차이를 나타낸 것입니다. 먼저 첫 번째 방문일 경우 정적 라우트는 이미 빌드 시점에 서버 측 풀 라우트 캐시에 캐싱되어 있기 때문에 이를 통해 렌더링 결과를 받아오고 클라이언트 측 라우터 캐시에 저장합니다. 그리고 동적 라우트는 풀 라우트 캐시를 건너뛰고 실제 데이터 소스에 데이터를 요청하고 렌더링하여 그 결과를 클라이언트 측 라우터 캐시에 저장합니다.

첫 번째 방문 이후 다른 페이지를 탐색할 경우 Next.js는 먼저 클라이언트 측 라우터 캐시를 조회합니다. 만약 클라이언트 측 라우터 캐시에 캐싱되어 있다면 서버에 새로운 요청을 보내지 않고, 캐싱되어 있지 않다면 서버로 요청을 보내게 됩니다.

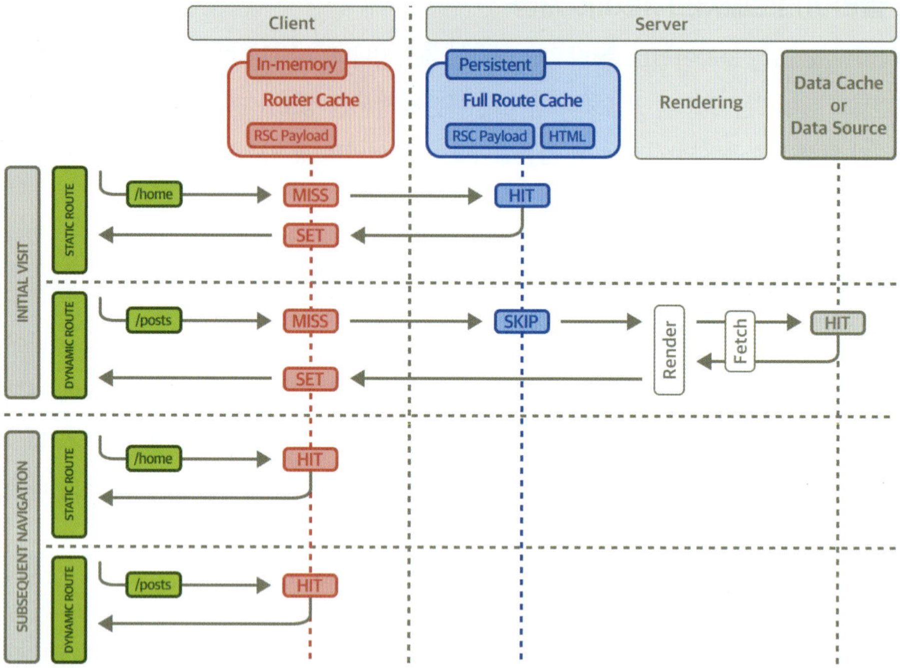

▶ 정적 및 동작 렌더링 경로와 캐시

지속 시간(Duration)

풀 라우트 캐시는 빌드 시점에 정적으로 렌더링된 라우트Route나 점진적 정적 재생성Incremental Static Regeneration, ISR 중 재검증되는 페이지에 적용됩니다. 따라서 캐싱된 데이터의 지속 시간은 **ISR이 설정된 경우 `revalidate` 값에 따라 다르며, 정적 페이지(SSG)의 경우 기본적으로 무기한 유지**됩니다.

무효화(Invalidation)

풀 라우트 캐시를 무효화하기 위한 방법으로는 아래와 같은 두 가지 방법이 있습니다.

- **데이터 재검증(Revalidating Data)**
  - 데이터 캐시를 재검증하면 서버에서 컴포넌트를 다시 렌더링하고 새로운 렌더링 결과를 캐시하여 라우터 캐시도 무효화됩니다.
- **재배포(Redeploying)**
  - 배포 간에 지속되는 데이터 캐시와 달리 풀 라우트 캐시는 새로 배포할 경우 삭제됩니다.

캐싱 제외(Opting out)

풀 라우트 캐시를 사용하지 않도록 설정함으로써, 들어오는 모든 요청에 대해 컴포넌트를 동적으로 렌더링하도록 할 수 있습니다. 풀 라우트 캐시를 사용하지 않도록 설정하는 방법은 아래와 같습니다.

- **동적 함수 사용**
  - 동적 함수Dynamic Function를 사용하면 해당 경로가 풀 라우트 캐시에서 제외되고, 요청 시점에 동적으로 렌더링됨
  - 데이터 캐시는 계속 사용됨
- **`dynamic = 'force-dynamic'` 또는 `revalidate = 0` 라우트 세그먼트 설정 옵션 사용**
  - 풀 라우트 캐시와 데이터 캐시가 모두 사용되지 않음
  - 서버로 들어오는 모든 요청마다 컴포넌트가 렌더링되고 데이터가 페칭됨
  - 라우터 캐시는 클라이언트 측 캐시이기 때문에 계속 사용됨
- **데이터 캐시 캐싱 제외하기**
  - 캐싱되지 않는 `fetch` 요청이 있는 경로의 경우 해당 경로는 풀 라우트 캐시에서 제외됨
  - 특정 `fetch` 요청에 대한 데이터는 들어오는 모든 요청마다 페칭됨
  - 캐싱을 제외하지 않은 다른 `fetch` 요청의 데이터는 계속해서 데이터 캐시에 저장됨

10.4 클라이언트 사이드 라우터 캐시

클라이언트 사이드 라우터 캐시는 **Next.js에서 레이아웃, 로딩 상태, 페이지로 분할된 라우트 세그먼트의 RSC Payload를 저장하는 메모리 기반의 클라이언트 측 라우터 캐시**입니다. 라우터 캐시를 통해 사용자가 라우트를 탐색할 때 방문한 라우트 세그먼트를 캐싱하고, 사용자가 탐색할 가능성이 높은 경로를 미리 가져오게prefetch 됩니다. 이를 통해 즉각적인 페이지 탐색(뒤로 및 앞으로)이 가능해지고 탐색 간 전체 페이지를 새로고침하지 않으며, 리액트 상태와 브라우저 상태를 유지시켜 줍니다.

라우터 캐시를 사용하면 아래와 같은 동작이 일어나게 됩니다.

- 레이아웃은 캐싱되고 탐색 시 재사용됨(partial rendering)
- 로딩 상태는 캐싱되고 즉각적인 탐색(instant navigation)을 위해 탐색 시 재사용됨
- 페이지는 기본적으로 캐싱되지 않지만, 브라우저의 뒤로 및 앞으로 탐색 중에는 재사용됨
- 페이지 세그먼트에 대한 캐시를 활성화하려면 `next.config.js` 파일에 실험적 옵션인 `staleTimes` 설정을 사용할 수 있음

참고로 클라이언트 사이드 라우터 캐시는 **Next.js와 서버 컴포넌트에만 적용**되며, 브라우저의 뒤로/앞으로 캐시Back/Forward cache, bfcache와는 다르지만 유사한 결과를 제공합니다.

지속 시간(Duration)

캐시는 브라우저의 임시 메모리에 저장됩니다. 라우터 캐시의 지속 시간은 아래 두 가지 요인에 의해 결정됩니다.

- **세션(Session)**
  - 캐시는 탐색 중에는 유지되지만, 페이지를 새로고침하면 삭제됨
- **자동 무효화 기간(Automatic Invalidation Period)**
  - 레이아웃과 로딩 상태의 캐시는 일정 기간이 지나면 자동으로 무효화됨
  - 리소스가 어떻게 미리 로드되었는지, 리소스가 정적으로 생성되었는지에 따라 기간이 달라짐
    - **기본 프리페칭**(`prefetch={null}` 또는 지정되지 않은 경우)
      - 동적 페이지는 캐싱되지 않고, 정적 페이지는 5분 동안 캐싱됨

- **전체 프리페칭**(prefetch={true} 또는 router.prefetch 사용)
  - 정적 및 동적 페이지 모두 5분 동안 캐싱됨

페이지를 새로고침 하면 모든 캐싱된 세그먼트가 삭제되지만, 자동 무효화 기간은 프리페치된 시점부터 개별 세그먼트에만 영향을 미칩니다. 참고로 실험적인 staleTimes 설정 옵션을 사용하면 자동 무효화 시간을 조정할 수 있습니다.

무효화(Invalidation)

라우터 캐시를 무효화하는 방법은 두 가지가 있습니다.

- **서버 액션**에서 무효화
  - `revalidatePath()`를 사용하여 특정 경로에 대한 데이터 무효화
  - `revalidateTag()`를 사용하여 특정 태그에 대한 데이터 무효화
  - `cookies.set()` 또는 `cookies.delete()`를 사용하여 쿠키를 사용하는 경로가 오래되지(stale) 않도록 라우터 캐시를 무효화
- **`router.refresh()` 호출**
  - `router.refresh()`를 호출하면 라우터 캐시가 무효화되며 현재 경로에 대해 서버에 새로운 요청을 보냄

캐싱 제외(Opting out)

Next.js 버전15부터는 페이지 세그먼트가 기본적으로 캐싱에서 제외됩니다. 참고로 <Link> 컴포넌트의 `prefetch` 속성을 `false`로 설정하면 프리페칭도 사용하지 않도록 설정할 수 있습니다.

10.5 캐시 상호작용

다양한 캐싱 메커니즘을 구성할 때 이들이 서로 어떻게 상호작용하는지 이해하는 것이 중요합니다.

데이터 캐시와 풀 라우트 캐시

데이터 캐시를 재검증하거나 캐싱 제외하는 경우에는 풀 라우트 캐시가 무효화됩니다. 이는 렌더링 결과가 데이터에 의존하기 때문입니다.

하지만 반대로 풀 라우트 캐시를 무효화하거나 캐싱 제외하는 경우에는 데이터 캐시에 영향을 미치지 않습니다. 캐싱된 데이터와 캐싱되지 않은 데이터를 모두 사용하는 경로를 동적으로 렌더링할 수 있습니다. 이는 페이지의 대부분이 캐싱된 데이터를 사용하지만, 일부 컴포넌트는 요청 시점에 데이터를 가져와야 하는 경우에 유용합니다. 모든 데이터를 다시 가져오는 것으로 인한 성능 저하에 신경 쓰지 않고 동적으로 렌더링할 수 있습니다.

데이터 캐시와 클라이언트 사이드 라우터 캐시

데이터 캐시와 라우터 캐시를 즉시 무효화하려면 서버 액션에서 아래와 같이 `revalidatePath()` 또는 `revalidateTag()` 함수를 사용하면 됩니다.

```
// '/posts' 경로에 대한 캐시 무효화
revalidatePath('/posts');

// 'post' 태그에 대한 캐시 무효화
revalidateTag('post');
```

하지만 라우트 핸들러에서 데이터 캐시를 재검증할 경우 라우트 핸들러가 특정 라우트에 연결되어 있지 않기 때문에 라우트 캐시는 즉시 무효화되지 않습니다. 즉, 강제로 새로고침을 하거나 자동 무효화 기간이 지날 때까지는 라우트 캐시가 이전 데이터를 계속 제공하게 됩니다.

10.6 캐싱 관련 API

아래 표는 Next.js의 캐싱과 관련된 다양한 API를 정리한 것입니다.

API	라우터 캐시	풀 라우트 캐시	데이터 캐시	리액트 캐시
<Link prefetch>	캐시			
router.prefetch	캐시			
router.refresh	재검증			
fetch			캐시	캐시
fetch options.cache			캐시 또는 제외	
fetch options.next.revalidate		재검증	재검증	
fetch options.next.tags		캐시	캐시	
revalidateTag	재검증 (서버 액션)	재검증	재검증	
revalidatePath	재검증 (서버 액션)	재검증	재검증	
const revalidate		재검증 또는 제외	재검증 또는 제외	
const dynamic		캐시 또는 제외	캐시 또는 제외	
cookies	재검증 (서버 액션)	제외		
headers, searchParams		제외		
generateStaticParams		캐시		
React.cache				캐시
unstable_cache			캐시	

10.7 캐싱 요약

아래 표는 지금까지 살펴본 각각의 캐싱 메커니즘의 특징을 비교하여 정리한 것입니다.

캐싱 메커니즘	캐싱 대상	캐싱 위치	캐싱 목적	지속 시간
리퀘스트 메모이제이션	함수의 반환값	서버	리액트 컴포넌트 트리에서 데이터를 재사용하기 위함	요청 라이프사이클 동안 유지
데이터 캐시	데이터	서버	서버 요청 및 배포 간에 지속시키기 위함	지속됨 (재검증 가능)
풀 라우트 캐시	HTML과 RSC payload	서버	렌더링 비용을 줄이고 성능을 향상시키기 위함	지속됨 (재검증 가능)
라우터 캐시	RSC Payload	클라이언트	페이지 탐색 시 서버 요청을 줄이기 위함	사용자 세션 또는 시간 기반

기본적으로 Next.js는 성능을 향상시키고 비용을 줄이기 위해 가능한 한 많은 것을 캐싱합니다. 이는 경로가 **정적으로 렌더링**되고 데이터 요청이 **캐싱된다는 것**을 의미하며, 사용자가 캐싱을 제외하지 않는 한 기본 설정으로 유지됩니다.

다음 그림은 Next.js의 기본 캐싱 매커니즘을 통해 라우트가 빌드 시 정적으로 렌더링될 때와 정적 경로가 처음 방문될 때의 상황을 나타낸 것입니다.

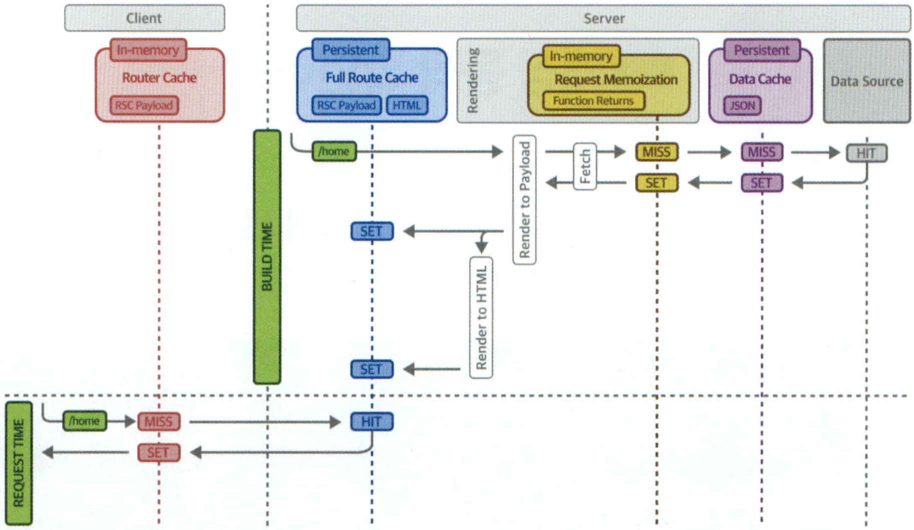

▶ Next.js의 기본 캐싱 메커니즘

캐싱 동작은 경로가 정적으로 렌더링되는지 동적으로 렌더링되는지, 데이터가 캐싱되는지 캐싱되지 않는지, 요청이 초기 방문의 일부인지 후속 탐색의 일부인지에 따라 달라집니다. 사용 사례에 따라 개별 경로와 데이터 요청에 대한 캐싱 동작을 구성할 수 있으며, 다양한 캐싱 메커니즘에 대해 잘 이해하고 사용하는 것이 중요합니다.

10.8 실습 캐싱 동작 확인하기

이번 실습에서는 캐시의 동작을 직접 확인해보도록 하겠습니다. 먼저 화면과 같이 `lib/actions` 폴더에 있는 `posts.ts` 파일을 엽니다.

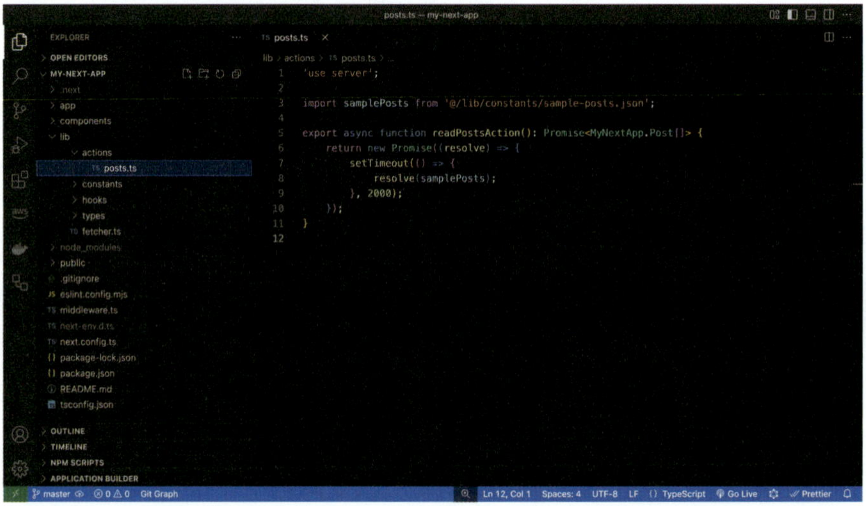

이후 `posts.ts` 파일을 다음과 같이 수정합니다. 수정된 부분은 `readPostsActionWithCache()` 함수를 새로 추가한 부분입니다. 이 함수는 캐시를 강제로 사용하도록 설정된 서버 액션입니다.

```
// lib/actions/posts.ts

'use server';

import samplePosts from '@/lib/constants/sample-posts.json';
```

```
...

export async function readPostsActionWithCache(): Promise<MyNextApp.Post[]>
{
    return fetch('http://localhost:3000/api/posts', {
        cache: 'force-cache',
    }).then((response) => response.json());
}
```

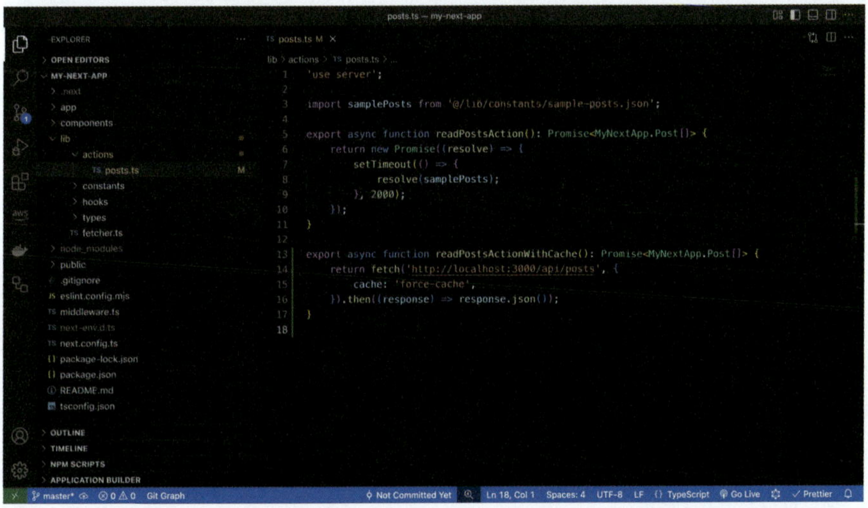

다음으로는 app/feed 폴더에 있는 page.tsx 파일을 엽니다.

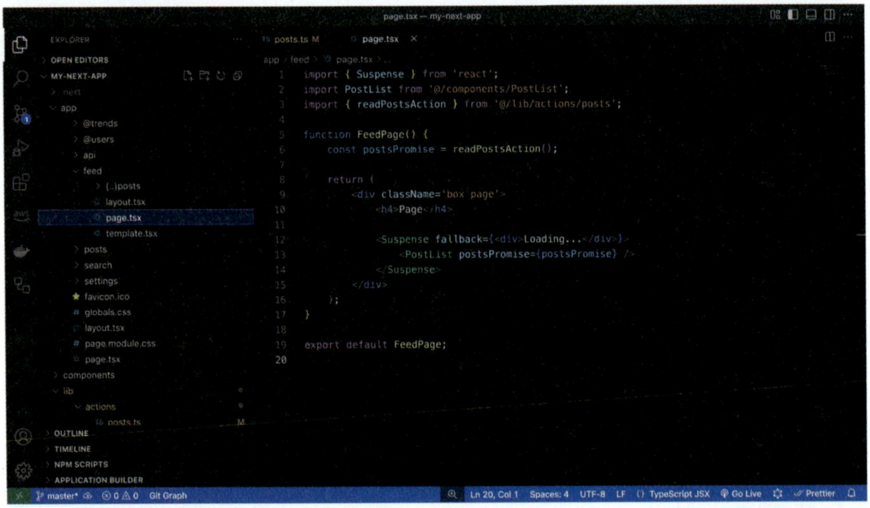

이후 page.tsx 파일을 다음처럼 수정합니다. 수정된 부분은 기존에 사용하고 있던 readPostsAction()을 방금 만든 readPostsActionWithCache() 함수로 교체하는 부분입니다.

```
// app/feed/page.tsx

import { Suspense } from 'react';
import PostList from '@/components/PostList';
import { readPostsAction, readPostsActionWithCache } from '@/lib/actions/
posts';

function FeedPage() {
    // const postsPromise = readPostsAction();
    const postsPromise = readPostsActionWithCache();

    return (
        <div className='box page'>
            <h4>Page</h4>

            <Suspense fallback={<div>Loading...</div>}>
                <PostList postsPromise={postsPromise} />
```

```
            </Suspense>
        </div>
    );
}

export default FeedPage;
```

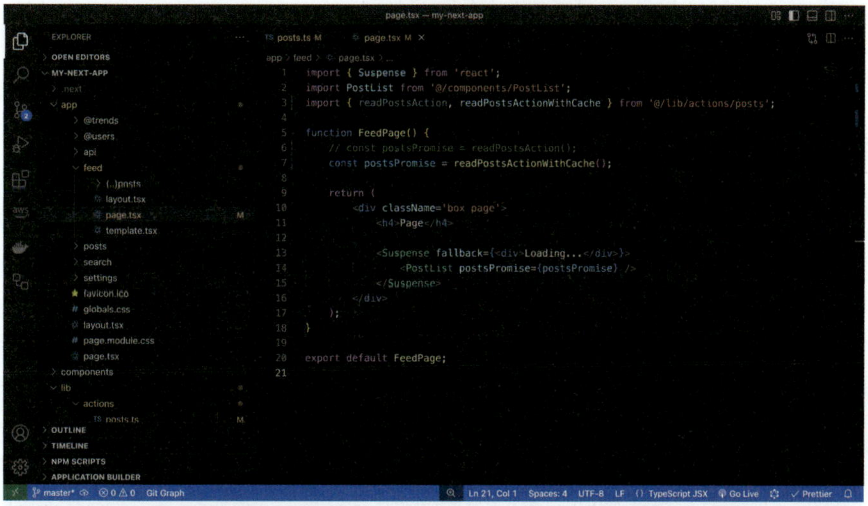

코드를 모두 수정한 이후에 애플리케이션을 개발 모드로 실행하고 브라우저에서 `localhost:3000`로 접속하고 Feed 페이지로 이동합니다. 그러면 아래 화면과 같이 Feed 페이지가 잘 나오는 것을 볼 수 있습니다.

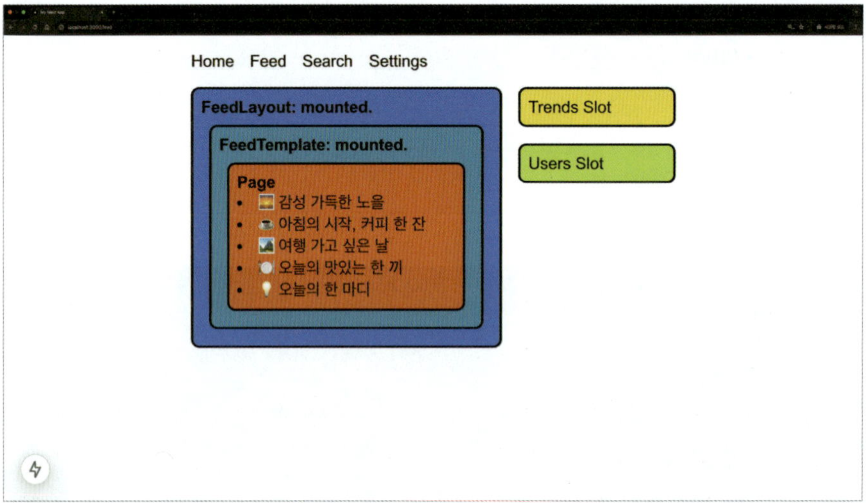

▶ Feed 페이지

이 상태에서 원본 데이터를 수정하기 위해 다음과 같이 `lib/constants` 폴더에 있는 `sample-posts.json` 파일을 엽니다.

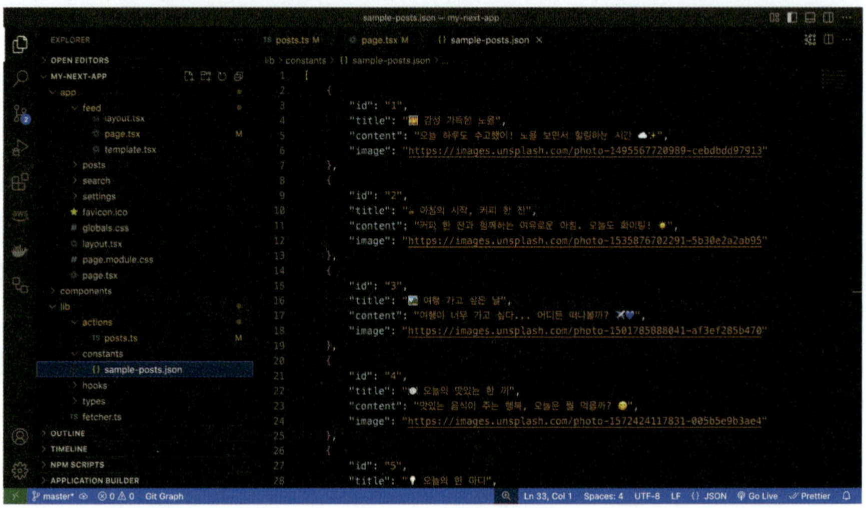

이후 `sample-posts.json` 파일의 첫 번째 Post 제목을 다음처럼 변경합니다.

```
// lib/constants/sample-posts.json

[
    {
        "id": "1",
        "title": "🌅 감성 가득한 노을 (변경됨)",
        "content": "오늘 하루도 수고했어! 노을 보면서 힐링하는 시간 ☁️",
        "image": "https://images.unsplash.com/photo-1495567720989-
cebdbdd97913"
    },
    ...
]
```

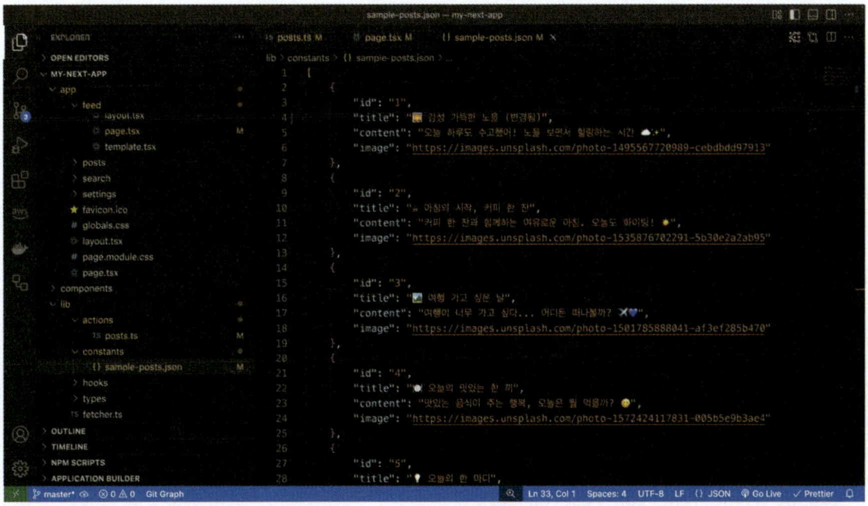

원본 데이터를 변경한 이후 다시 브라우저로 돌아와서 페이지를 전체 새로고침하면 화면과 같이 변경된 데이터가 나오지 않고 이전 데이터가 계속해서 나오는 것을 볼 수 있습니다. 이것은 기존 데이터가 캐싱되어 있기 때문입니다.

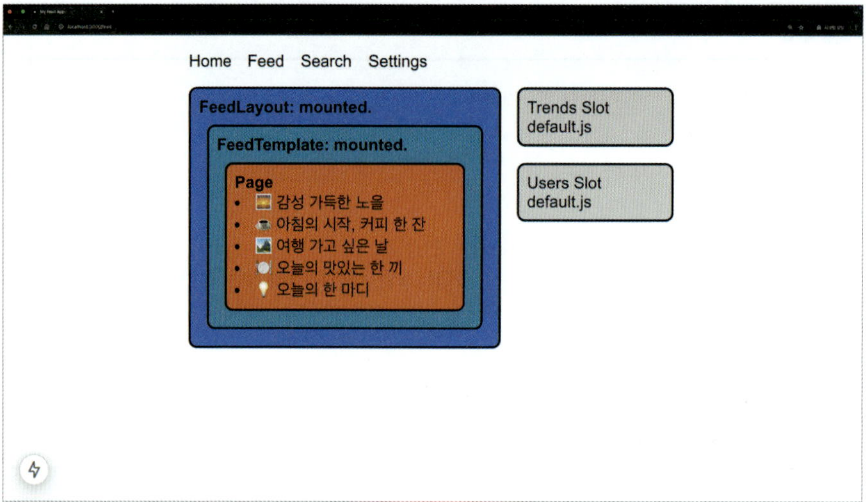

이번에는 강제로 캐시를 초기화하기 위해서 `lib/actions` 폴더에 있는 `posts.ts` 파일에 다음과 같이 `resetCache()` 함수를 추가합니다.

```
// lib/actions/posts.ts

'use server';

import { revalidatePath } from 'next/cache';

...

export async function resetCache() {
    revalidatePath('/feed', 'page');
}
```

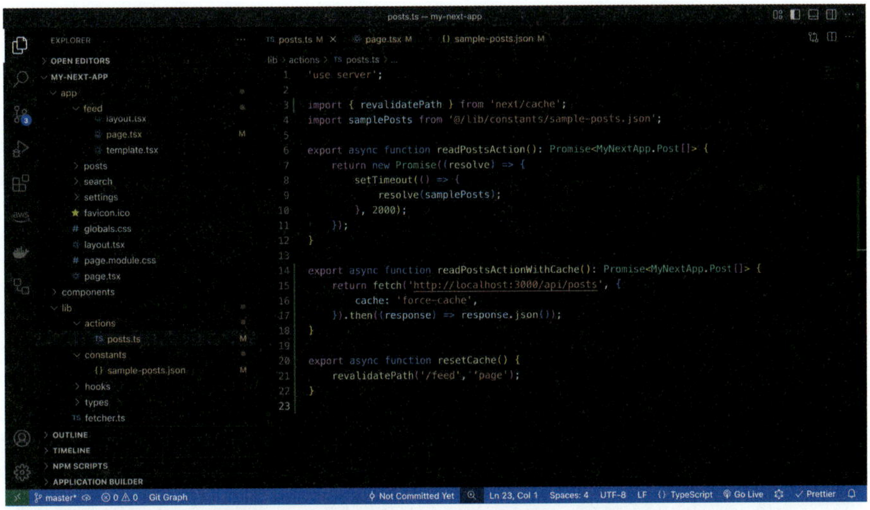

이후 app/feed 폴더에 있는 `page.tsx` 파일을 다음과 같이 수정합니다. 수정한 부분은 방금 만든 `resetCache()` 함수를 호출할 수 있도록 버튼을 추가한 부분입니다.

```
// app/feed/page.tsx

import { Suspense } from 'react';
import PostList from '@/components/PostList';
import {
    readPostsAction,
    readPostsActionWithCache,
    resetCache,
} from '@/lib/actions/posts';

function FeedPage() {
    // const postsPromise = readPostsAction();
    const postsPromise = readPostsActionWithCache();

    return (
        <div className='box page'>
            <h4>Page</h4>

            <Suspense fallback={<div>Loading...</div>}>
```

```
                <PostList postsPromise={postsPromise} />
            </Suspense>

            <button onClick={resetCache}>Reset Cache</button>
        </div>
    );
}

export default FeedPage;
```

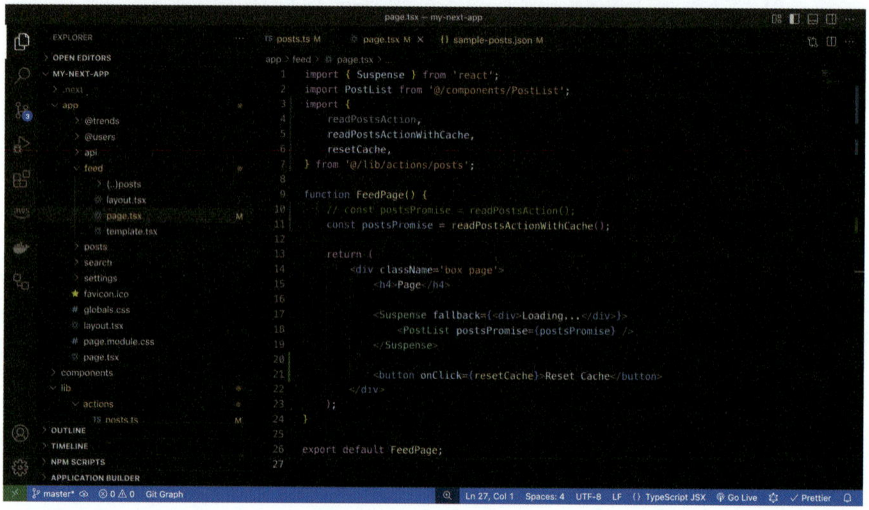

모든 수정이 끝났으면 다시 브라우저로 돌아와서 페이지를 새로고침합니다. 여전히 캐싱된 데이터가 나오는 것을 확인하고 이후 **Reset Cache** 버튼을 클릭합니다.

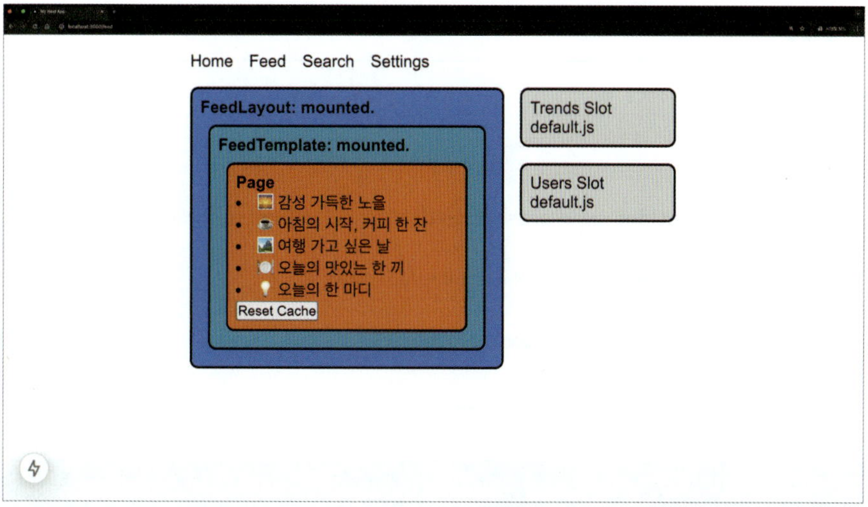

그러면 화면과 같이 변경된 데이터가 나오는 것을 볼 수 있습니다. /feed 페이지에 대한 캐시가 초기화된 것입니다.

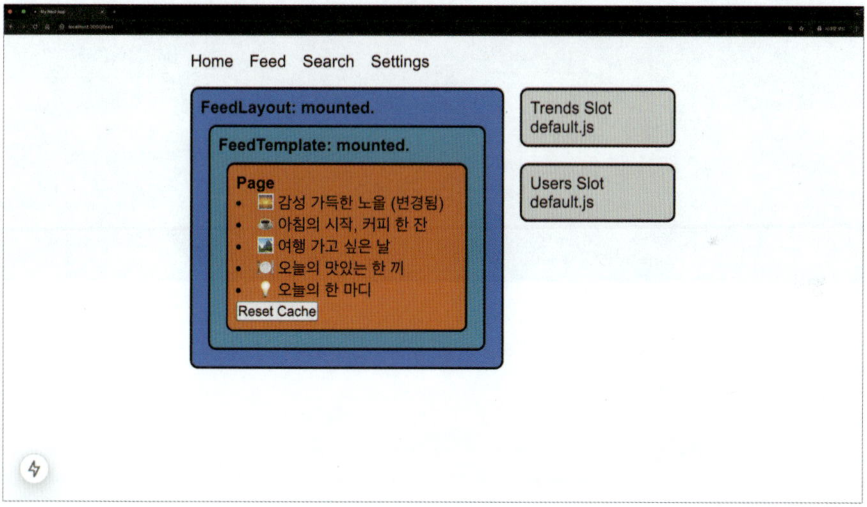

이번에는 캐시를 비활성화시키기 위해 `lib/actions` 폴더에 있는 `posts.ts` 파일에서 `readPostsActionWithCache()` 함수의 `cache` 옵션을 `no-store`로 변경합니다.

```
// lib/actions/posts.ts

...

export async function readPostsActionWithCache(): Promise<MyNextApp.Post[]>
{
    return fetch('http://localhost:3000/api/posts', {
        cache: 'no-store',
    }).then((response) => response.json());
}
```

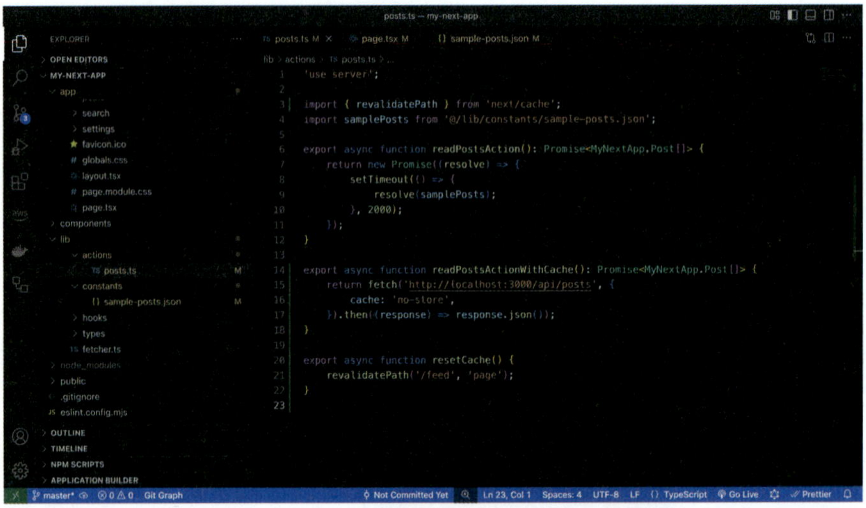

이후 다음 화면과 같이 lib/constants 폴더에 있는 sample-posts.json 파일의 데이터를 원래대로 수정합니다.

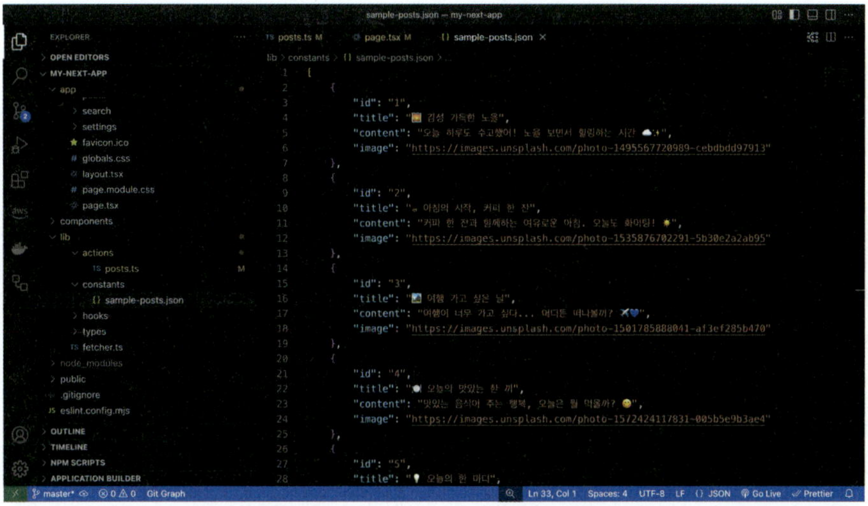

이제 브라우저로 돌아와서 페이지를 전체 새로고침하면 변경된 원본 데이터가 곧바로 나오는 것을 볼 수 있습니다.

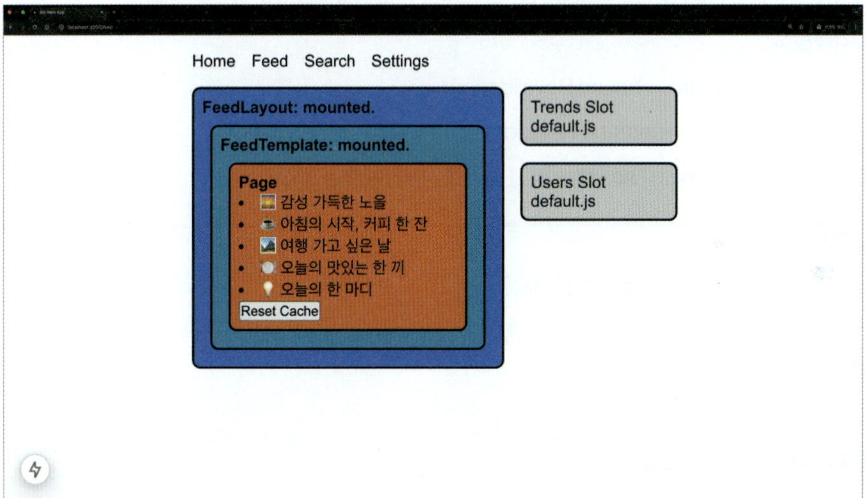

10.9 마치며

이번 장에서 배운 내용은 아래와 같습니다.

- **리퀘스트 메모이제이션**
  - 리액트는 `fetch` API를 확장하여 동일한 URL과 파라미터를 가진 요청을 자동으로 메모이제이션함
  - 서버 요청의 수명 동안 유지되며 리액트 컴포넌트 트리가 렌더링을 완료할 때까지 지속됨
  - 서버 요청 간에 공유되지 않고 렌더링 동안에만 적용되기 때문에 일반적인 캐시처럼 별도로 재검증할 필요가 없음
- **데이터 캐시**
  - Next.js에서 데이터 페칭 결과를 서버 요청 및 배포 간에 지속시키기 위한 캐시
  - Next.js가 기본 `fetch` API를 확장하여 서버의 각 요청을 캐싱할 수 있도록 구현한 것
  - 재검증하거나 캐싱하지 않도록 제외하지 않는 한 들어오는 요청 및 배포 전반에 걸쳐 지속됨
  - 재검증 방식
    - 시간 기반 재검증(Time-based Revalidation)
    - 온디맨드 재검증(On-demand Revalidation)
  - `fetch` 요청에 `{ cache: 'no-store' }` 옵션을 사용하여 캐싱 제외 가능
- **풀 라우트 캐시**
  - 전체 경로를 렌더링하고 캐싱하기 위한 캐시
  - 각 경로에 대해 요청을 할 때마다 서버에서 렌더링을 하는 대신 캐싱된 경로를 제공함으로써 페이지 로드를 빠르게 하기 위한 캐시
  - 기본적으로 풀 라우트 캐시는 지속됨
  - 무효화 (Invalidation) 방법
    - 데이터 재검증(Revalidating Data)
    - 재배포(Redeploying)
- **클라이언트 사이드 라우터 캐시**
  - Next.js에서 레이아웃, 로딩 상태, 페이지로 분할된 경로 세그먼트의 RSC Payload를 저장하는 메모리 기반의 클라이언트 측 라우터 캐시

- 즉각적인 뒤로/앞으로 탐색이 가능하며, 탐색 간 전체 페이지를 새로고침하지 않으며, 리액트 상태와 브라우저 상태를 유지시켜줌

- **캐시 상호작용**
  - 데이터 캐시와 풀 라우트 캐시
    - 데이터 캐시를 재검증하거나 캐싱 제외하는 경우에는 풀 라우트 캐시가 무효화됨
    - 풀 라우트 캐시를 무효화하거나 캐싱 제외하는 경우에는 데이터 캐시에 영향을 미치지 않음
  - 데이터 캐시와 클라이언트 사이드 라우터 캐시
    - 데이터 캐시와 라우터 캐시를 즉시 무효화하려면 서버 액션에서 `revalidatePath()` 또는 `revalidateTag()` 함수 사용
    - 라우트 핸들러에서 데이터 캐시를 재검증할 경우 라우터 캐시는 즉시 무효화되지 않음

- **캐싱 관련 API**
  - Next.js에는 개싱과 관련된 다양한 API가 존재

Chapter

11

스타일링

Preview

이번 장에서는 Next.js에서 사용할 수 있는 다양한 스타일링 방법에 대해서 살펴보도록 하겠습니다. 스타일링을 하는 방법은 굉장히 다양하고, 각 방법을 위한 라이브러리도 다양하기 때문에 상황에 맞게 잘 선택해서 사용할 필요가 있습니다. 그러기 위해서 이번 장에서 소개하는 다양한 스타일링 방법에 대해 잘 이해해두기 바랍니다.

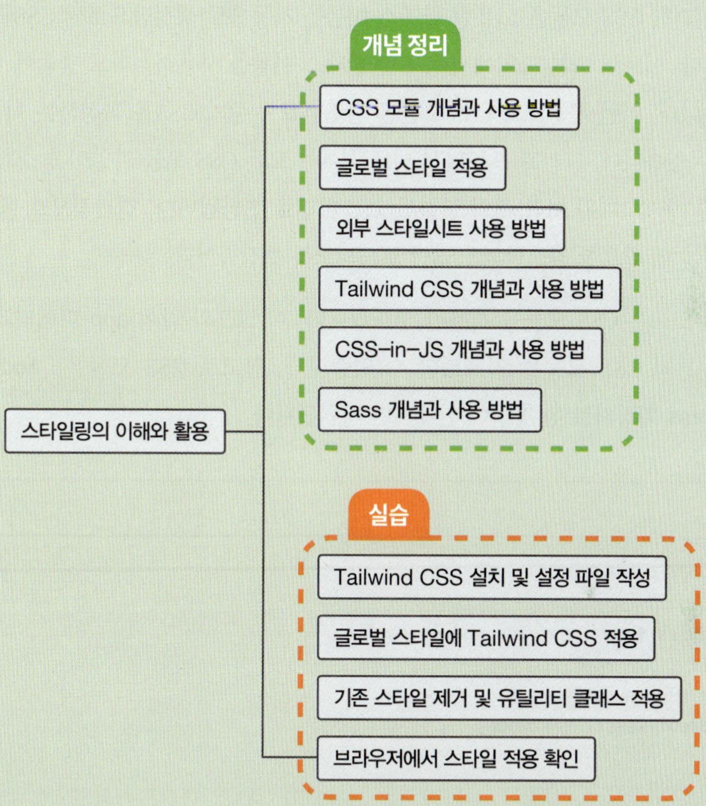

11.1 CSS 모듈과 글로벌 스타일

1 CSS 모듈

Next.js는 기본적으로 **.module.css 확장자**를 사용하는 파일을 통해 CSS 모듈CSS Modules을 지원합니다. 이러한 CSS 모듈은 고유한 클래스 이름을 자동으로 생성함으로써 CSS를 로컬 범위로 제한합니다. 이로써 다른 파일에서 동일한 클래스 이름을 사용하더라도 충돌에 대해 걱정할 필요가 없습니다. 이런 특징으로 CSS 모듈은 컴포넌트 수준의 CSS를 작성하는 이상적인 방법이라고 할 수 있습니다. 그리고 프로덕션 빌드 시에는 모든 CSS 모듈 파일이 최소화minification되고 코드 분할code splitting된 여러 개의 연결된 .css 파일로 변환됩니다. 결과적으로 애플리케이션이 렌더링되는 데 필요한 최소한의 CSS만 로드되도록 보장합니다.

다음의 예시 코드는 CSS 모듈을 사용한 코드입니다. 이 코드와 같이 app 디렉터리에 있는 어떤 파일에서든지 CSS 모듈을 임포트할 수 있습니다. 참고로 CSS 모듈은 **.module.css**와 **.module.sass** 확장자로 된 파일에 한해서만 지원됩니다.

```
// app/blog/layout.tsx

import styles from './styles.module.css';

interface BlogLayoutProps {
    children: React.ReactNode;
}

function BlogLayout(props: BlogLayoutProps) {
    return <section className={styles.blog}>{props.children}</section>;
}
```

```
export default BlogLayout;
/* app/blog/styles.module.css */
```

```
.blog {
    padding: 16px 24px;
}
```

2 글로벌 스타일

글로벌 스타일Global Styles은 이름 그대로 **애플리케이션 전체에 적용되는 스타일**입니다. 앱 라우터에서 글로벌 스타일은 app 폴더 안에 있는 레이아웃, 페이지, 컴포넌트에서 임포트해서 사용할 수 있습니다. 기존에 페이지스 라우터에서는 `_app.js` 파일 내에서만 글로벌 스타일을 적용할 수 있었던 것과는 차이가 있습니다.

다음 코드는 app 폴더 내에 **`global.css`**라는 CSS 파일을 작성한 이후에 루트 레이아웃에서 해당 CSS 파일을 임포트해서 글로벌 스타일을 적용하는 예시입니다.

```
/* app/global.css */

body {
    max-width: 960px;
    margin: 0 auto;
    padding: 16px 16px 56px;
}
```

```
// app/layout.tsx

import './global.css';  // 애플리케이션의 모든 route에 대해 적용됨

interface RootLayoutProps {
    children: React.ReactNode;
}

function RootLayout(props: RootLayoutProps) {
    const { children } = props;
```

```
    return (
        <html lang="en">
            <body>{children}</body>
        </html>
    );
}

export default RootLayout;
```

3 외부 스타일시트

외부 스타일시트External Stylesheets는 **외부 패키지에서 제공하는 스타일시트**를 의미하며 아래 코드와 같이 app 폴더 어디에서나 가져와서 사용할 수 있습니다.

```
// app/layout.tsx

import 'bootstrap/dist/css/bootstrap.css';

interface RootLayoutProps {
    children: React.ReactNode;
}

function RootLayout(props: RootLayoutProps) {
    const { children } = props;

    return (
        <html lang="en">
            <body className='container'>{children}</body>
        </html>
    );
}

export default RootLayout;
```

참고로 외부 스타일시트는 `<link rel="stylesheet" />` 형태로 사용할 수 없으며, **npm 패키지로부터 직접 임포트하거나 파일을 다운로드하여 프로젝트 폴더 내에 위치**시켜야 합니다.

4 스타일시트 적용 순서 및 병합

Next.js는 프로덕션 빌드 시 스타일시트를 자동으로 청킹chunking(병합)하여 CSS를 최적화합니다. 이때 **CSS의 순서는 애플리케이션 코드에 스타일시트를 가져오는 순서에 따라 결정**됩니다.

예를 들면, 아래 예시 코드처럼 `<BaseButton>`이 `<Page>`에서 먼저 임포트되었기 때문에 `base-button.module.css`는 `page.module.css`보다 이전 순서에 위치하게 됩니다.

```
// app/base-button.tsx

import styles from './base-button.module.css';

export function BaseButton() {
    return <button className={styles.primary} />;
}
```

```
// app/page.tsx

import { BaseButton } from './base-button';
import styles from './page.module.css';

export function Page() {
    return <BaseButton className={styles.primary} />;
}
```

그리고 CSS가 적용되는 순서를 예측 가능하도록 하기 위해서는 다음과 같은 권장 방법을 사용하는 것이 좋습니다.

- CSS 파일은 단일 자바스크립트/타입스크립트 파일에서만 가져오기
    - 글로벌 클래스 이름을 사용하는 경우, 같은 파일에서 글로벌 스타일을 적용되기 원하는 순서대로 임포트하기
- 글로벌 스타일보다 CSS 모듈을 사용하기
    - CSS 모듈에 일관된 네이밍 규칙 사용하기(예: `<name>.tsx` 대신 `<name>.module.css` 사용)

- 공유 스타일은 별도의 공유 컴포넌트로 추출하기
- Tailwind CSS를 사용하는 경우, 스타일시트를 파일의 최상단에서 임포트하고 가능하면 루트 레이아웃에서 가져오기

NOTE

CSS 순서는 개발 모드에서 다르게 동작하므로 프로덕션 빌드에서 최종 CSS 순서를 확인하려면 항상 프리뷰 배포를 확인하는 것이 좋음

11.2 Tailwind CSS

Tailwind CSS는 Next.js와 궁합이 잘 맞는 **유틸리티 우선**utility-first **CSS 프레임워크**입니다. 다양한 스타일링 라이브러리들이 있지만 그중에서도 최근 가장 많이 사용하는 것이 바로 Tailwind CSS입니다. Tailwind CSS는 각 엘리먼트에 **사전에 정의된 `className` 속성**을 통해서 쉽게 스타일을 입힐 수 있게 해줍니다.

`create-next-app`을 사용해서 Next.js 애플리케이션을 생성하면 생성하는 과정에서 Tailwind CSS 사용 여부를 선택할 수 있습니다. 그렇지 않고 직접 Tailwind CSS를 연동하기 위해서는 먼저 아래 명령어를 사용하여 관련 패키지를 설치해야 합니다. 참고로 이 책에서는 Tailwind CSS 버전4를 기준으로 설명합니다.

```
npm install -D tailwindcss @tailwindcss/postcss postcss
```

이후 프로젝트 폴더 내에 `postcss.config.mjs` 파일을 만들고 다음과 같은 코드를 작성합니다. 이 코드는 PostCSS에 플러그인으로 Tailwind CSS를 추가하는 코드입니다.

```
// postcss.config.mjs

const config = {
    plugins: {
        '@tailwindcss/postcss': {},
    },
};
export default config;
```

Tailwind CSS를 애플리케이션 전체에 적용하려면 다음처럼 Tailwind CSS가 생성한 스타일을 글로벌 시트Global Stylesheet에 **`@tailwind` 지시어**를 사용하여 삽입하면 됩니다.

```css
/* app/globals.css */

@import 'tailwindcss';

...
```

이후 루트 레이아웃 파일(app/layout.tsx)에서 globals.css 스타일시트를 가져와서 애플리케이션의 모든 라우트에 스타일을 적용할 수 있습니다.

```tsx
// app/layout.tsx

import type { Metadata } from 'next';

// 스타일이 애플리케이션의 모든 route에 적용됨
import './globals.css';

export const metadata: Metadata = {
    title: 'Create Next App',
    description: 'Generated by create next app',
};

interface RootLayoutProps {
    children: React.ReactNode;
}

function RootLayout(props: RootLayoutProps) {
    const { children } = props;

    return (
        <html lang="en">
            <body>{children}</body>
        </html>
    );
}

export default RootLayout;
```

Tailwind CSS를 설치하고 글로벌 스타일시트를 추가한 이후에는, 아래와 같이 애플리케이션에서 Tailwind CSS의 유틸리티 클래스를 사용할 수 있습니다.

```
function Page() {
    return (
        <h1 className='text-3xl font-bold underline'>
            Hello, Next.js!
        </h1>
    );
}

export default Page;
```

11.3 CSS-in-JS

CSS-in-JS는 **자바스크립트 코드 내에서 CSS 스타일을 작성하고 관리할 수 있게 해주는 방법**입니다. CSS-in-JS 방식을 사용하면 스타일을 컴포넌트와 함께 결합하여 동적인 스타일 적용과 스코프 범위를 컴포넌트 단위로 제한할 수 있습니다.

Next.js에서 CSS-in-JS를 사용하기 위해서는 다음 설정이 필요합니다.

1. 렌더링에서 모든 CSS 규칙을 수집하는 스타일 레지스트리
2. `useServerInsertedHTML()` 훅을 사용하여 규칙을 사용하는 모든 콘텐츠 앞에 규칙을 삽입
3. 초기 서버 사이드 렌더링 동안 **스타일 레지스트리로 앱을 감싸는 클라이언트 컴포넌트**

1 styled-jsx

`styled-jsx`는 Next.js에 기본적으로 포함된 CSS-in-JS 라이브러리로, 리액트 컴포넌트에 CSS 스타일을 컴포넌트 단위로 작성하고 스코프(범위)를 제한할 수 있도록 합니다. `styled-jsx`를 사용하면 각 컴포넌트에 스타일이 캡슐화되어 다른 컴포넌트와의 스타일 충돌을 방지할 수 있습니다. 또한 간단한 문법으로 CSS를 작성할 수 있으며 Next.js의 SSR(서버 사이드 렌더링)과도 잘 통합됩니다.

`styled-jsx`를 적용하기 위해서는 먼저 아래 코드와 같이 새로운 스타일 레지스트리style registry를 생성해야 합니다.

```
// app/registry.tsx

'use client';

import React, { useState } from 'react';
import { useServerInsertedHTML } from 'next/navigation';
import { StyleRegistry, createStyleRegistry } from 'styled-jsx';
```

```
function StyledJsxRegistry({ children }: { children: React.ReactNode }) {
    // Only create stylesheet once with lazy initial state
    const [jsxStyleRegistry] = useState(() => createStyleRegistry());

    useServerInsertedHTML(() => {
        const styles = jsxStyleRegistry.styles();
        jsxStyleRegistry.flush();
        return <>{styles}</>;
    });

    return (
        <StyleRegistry registry={jsxStyleRegistry}>{children}</StyleRegistry>
    );
}

export default StyledJsxRegistry;
```

그리고 다음 코드에서 보듯이 생성한 스타일 레지스트리로 루트 레이아웃의 **children**을 감싸 주면 됩니다.

```
// app/layout.tsx

import StyledJsxRegistry from './registry';

interface RootLayoutProps {
    children: React.ReactNode;
}

function RootLayout(props: RootLayoutProps) {
    const { children } = props;

    return (
        <html>
            <body>
                <StyledJsxRegistry>{children}</StyledJsxRegistry>
            </body>
        </html>
    );
}

export default RootLayout;
```

2 styled-components

styled-components는 가장 대표적인 CSS-in-JS 라이브러리 중 하나입니다. Next.js에서 styled-components를 사용하기 위해서는 먼저 다음과 같이 next.config.js 파일에서 styled-components를 활성화해야 합니다.

```
// next.config.js

module.exports = {
    compiler: {
        styledComponents: true,
    },
};
```

그런 다음 styled-components API를 사용하여 렌더링 중 생성된 모든 CSS 스타일 규칙을 수집하는 글로벌 레지스트리global registry 컴포넌트를 만듭니다. 이 글로벌 레지스트리 컴포넌트는 useState() 훅의 초깃값으로 함수를 넘기는 지연 상태 초기화lazy initial state라는 방법을 사용하여 스타일시트가 한 번만 생성되도록 합니다. 그리고 useServerInsertedHTML() 훅을 사용하여 레지스트리에 수집된 스타일을 루트 레이아웃의 <head> HTML 태그에 삽입해줍니다.

```
// lib/registry.tsx

'use client';

import React, { useState } from 'react';
import { useServerInsertedHTML } from 'next/navigation';
import { ServerStyleSheet, StyleSheetManager } from 'styled-components';

function StyledComponentsRegistry({ children }: { children: React.ReactNode }) {
    // lazy initial state를 사용하여 stylesheet를 한 번만 생성함
    // x-ref: https://reactjs.org/docs/hooks-reference.html#lazy-initial-state
    const [styledComponentsStyleSheet] = useState(() => new ServerStyleSheet());

    useServerInsertedHTML(() => {
        const styles = styledComponentsStyleSheet.getStyleElement();
```

```
        styledComponentsStyleSheet.instance.clearTag();
        return <>{styles}</>;
    });

    if (typeof window !== 'undefined') return <>{children}</>;

    return (
        <StyleSheetManager sheet={styledComponentsStyleSheet.instance}>
            {children}
        </StyleSheetManager>
    );
}

export default StyledComponentsRegistry;
```

이후 아래 코드와 같이 루트 레이아웃의 children을 StyledComponentsRegistry 컴포넌트로 감싸주면 됩니다.

```
// app/layout.tsx

import StyledComponentsRegistry from './lib/registry';

interface RootLayoutProps {
    children: React.ReactNode;
}

function RootLayout(props: RootLayoutProps) {
    const { children } = props;

    return (
        <html>
            <body>
                <StyledComponentsRegistry>
                    {children}
                </StyledComponentsRegistry>
            </body>
        </html>
    );
}

export default RootLayout;
```

11.4 Sass

Sass는 Syntactically Awesome Style Sheets의 약자로 **CSS를 더 강력하게 하고 유지보수를 쉽게 만드는 CSS 전처리기**preprocessor입니다. Sass는 변수, 중첩, 믹스인mixin, 상속 등과 같은 기능을 제공하여 복잡한 스타일시트를 효율적으로 관리할 수 있게 해줍니다.

Next.js에서는 Sass 패키지를 설치한 이후 **`.scss` 및 `.sass` 확장자**를 사용하는 형태로 Sass 통합을 기본적으로 지원합니다. 그리고 컴포넌트 수준의 Sass는 **CSS 모듈과 `.module.scss` 또는 `.module.sass` 확장자**를 통해 사용할 수 있습니다.

Next.js에서 Sass를 사용하기 위해서는 먼저 아래와 같이 `sass` 패키지를 설치합니다.

```
npm install --save-dev sass
```

만약 Sass 컴파일러compiler에 커스텀 설정을 하고 싶을 경우 다음처럼 `next.config.js` 파일에 `sassOptions`를 작성하면 됩니다.

```
const path = require('path');

module.exports = {
    sassOptions: {
        includePaths: [path.join(__dirname, 'styles')],
    },
};
```

Next.js는 CSS 모듈 파일에서 내보낸 Sass 변수를 지원합니다. 다음은 `primaryColor`라는 Sass 변수를 사용하는 예시 코드를 나타낸 것입니다.

```
// app/variables.module.scss

$primary-color: #13af00;

:export {
    primaryColor: $primary-color;
}
```

```
// app/page.js

import variables from './variables.module.scss';

export default function Page() {
    return <h1 style={{ color: variables.primaryColor }}>Hello, Next.js!</h1>;
}
```

11.5 실습 Tailwind CSS 사용하기

이번 실습에서는 Tailwind CSS를 사용해서 스타일링을 해보겠습니다. 먼저 Tailwind CSS를 설치하기 위해서 VS Code에서 터미널을 열고 아래 `npm install` 명령어를 실행합니다. 이때 프로젝트 폴더 경로에서 명령어를 실행해야 한다는 점을 유의하기 바랍니다. 참고로 `-D` 옵션은 패키지를 개발 의존성(`devDependencies`)으로 설치하기 위한 옵션입니다.

```
npm install -D tailwindcss @tailwindcss/postcss postcss
```

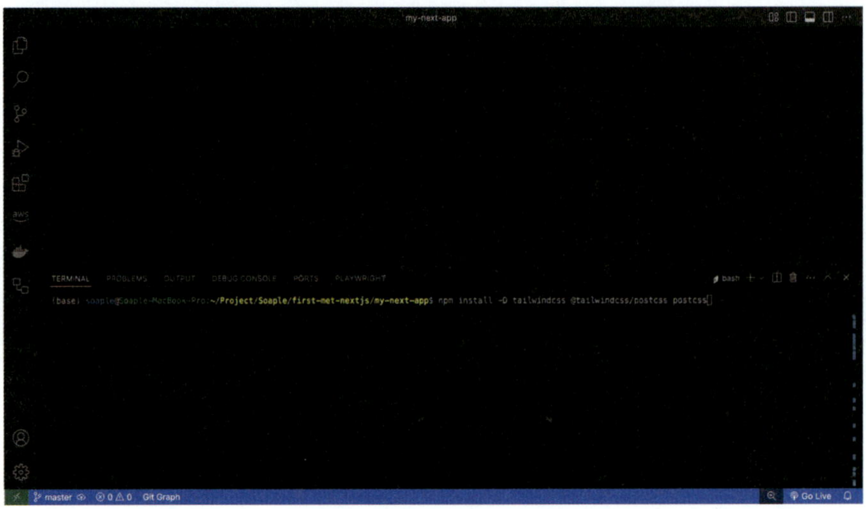

명령어를 실행하면 패키지들이 설치됩니다.

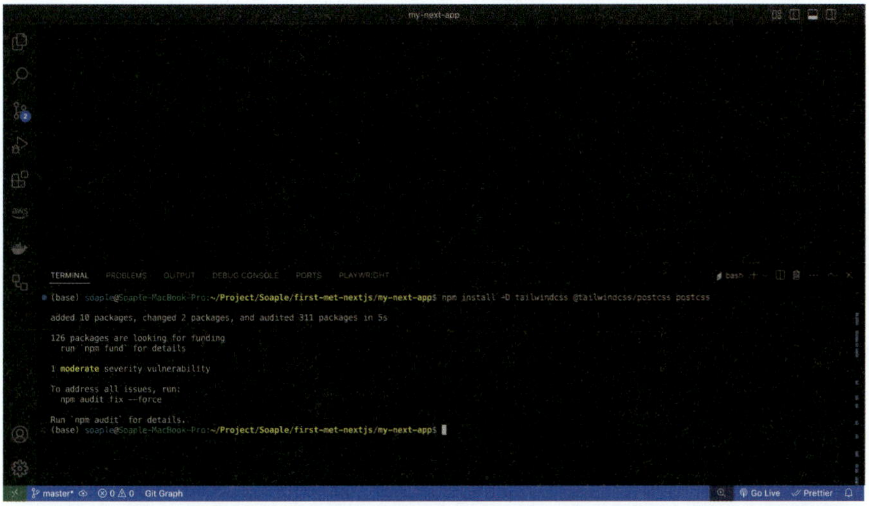

패키지 설치 이후에 `package.json` 파일을 열어보면 화면처럼 방금 설치한 패키지들이 `devDependencies` 항목에 들어 있는 것을 볼 수 있습니다.

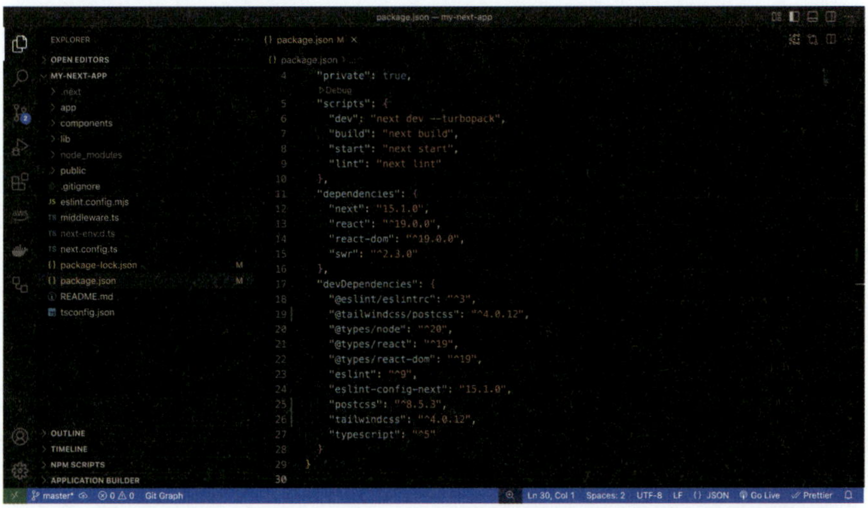

다음으로는 Tailwind CSS가 잘 작동하도록 하기 위해 PostCSS 설정 파일을 만들어야 합니다. 아래 화면과 같이 프로젝트의 최상위 경로에 `postcss.config.mjs`라는 이름의 파일을 생성합니다.

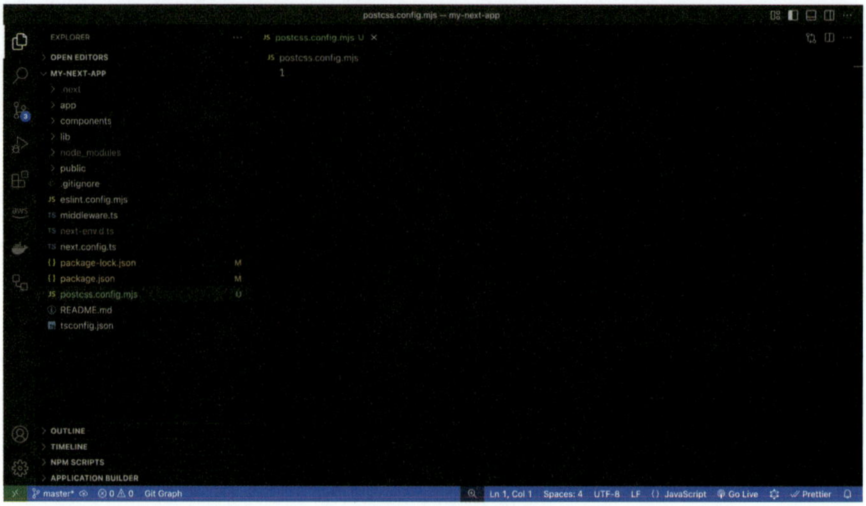

이후 postcss.config.mjs 파일에 다음과 같은 코드를 작성합니다. 이 코드는 PostCSS에 플러그인으로 Tailwind CSS를 추가하는 코드입니다.

```
// postcss.config.mjs

const config = {
    plugins: {
        '@tailwindcss/postcss': {},
    },
};
export default config;
```

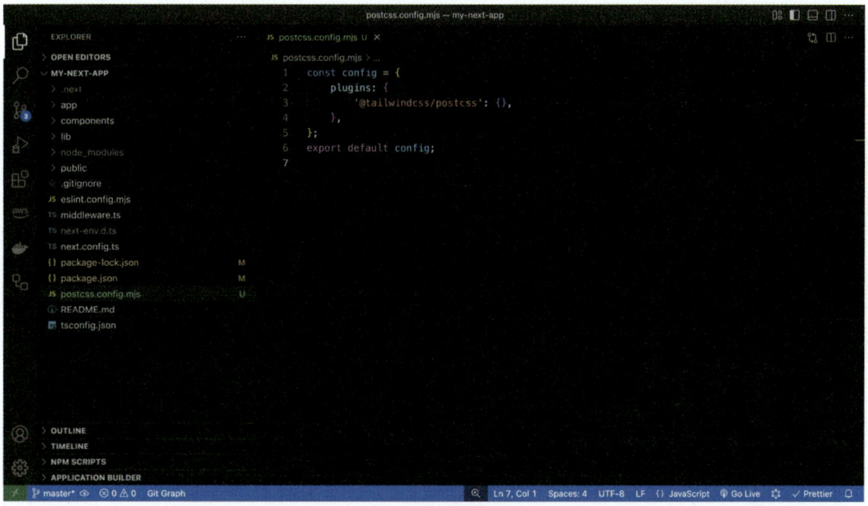

다음으로는 글로벌 스타일에 Tailwind CSS를 적용하기 위해 아래 화면과 같이 app 폴더에 있는 `globals.css` 파일을 엽니다.

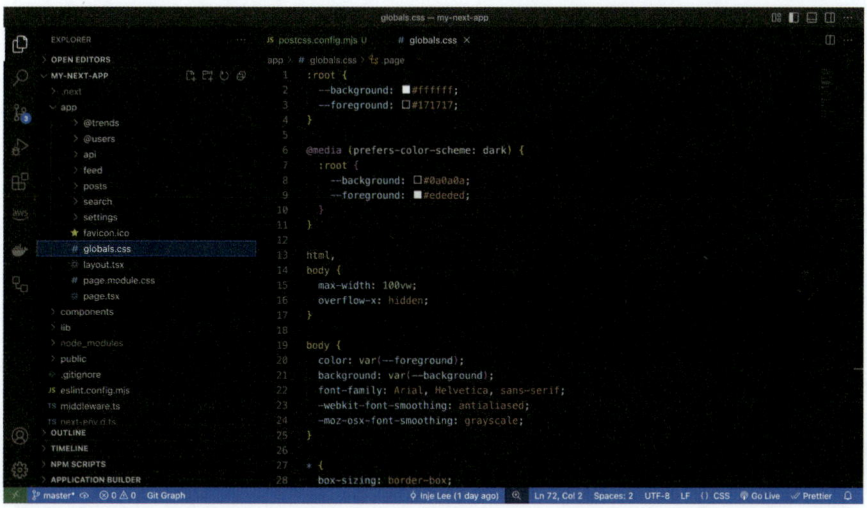

이후 `globals.css` 파일을 다음과 같이 수정합니다. 수정한 부분은 `'tailwindcss'`를 임포트하는 부분과 기존에 create-next-app이 기본으로 생성한 스타일을 주석 처리한 부분입니다. 기존 스타일을 주석 처리한 이유는 Tailwind CSS와 기존 스타일이 충돌할 수 있기 때문에, 이번 실습에서 정확한 테스트를 위해서 주석 처리한 것이라고 이해하면 됩니다. 여기까지 해서 Tailwind CSS 연동이 모두 완료되었습니다.

```css
/* app/globals.css */

@import 'tailwindcss';

/* :root {
    --background: #ffffff;
    --foreground: #171717;
}

@media (prefers-color-scheme: dark) {
    :root {
        --background: #0a0a0a;
        --foreground: #ededed;
    }
}

html,
body {
    max-width: 100vw;
    overflow-x: hidden;
}

body {
    color: var(--foreground);
    background: var(--background);
    font-family: Arial, Helvetica, sans-serif;
    -webkit-font-smoothing: antialiased;
    -moz-osx-font-smoothing: grayscale;
}

* {
    box-sizing: border-box;
    padding: 0;
    margin: 0;
}

a {
```

```
    color: inherit;
    text-decoration: none;
}

@media (prefers-color-scheme: dark) {
    html {
        color-scheme: dark;
    }
} */

...
```

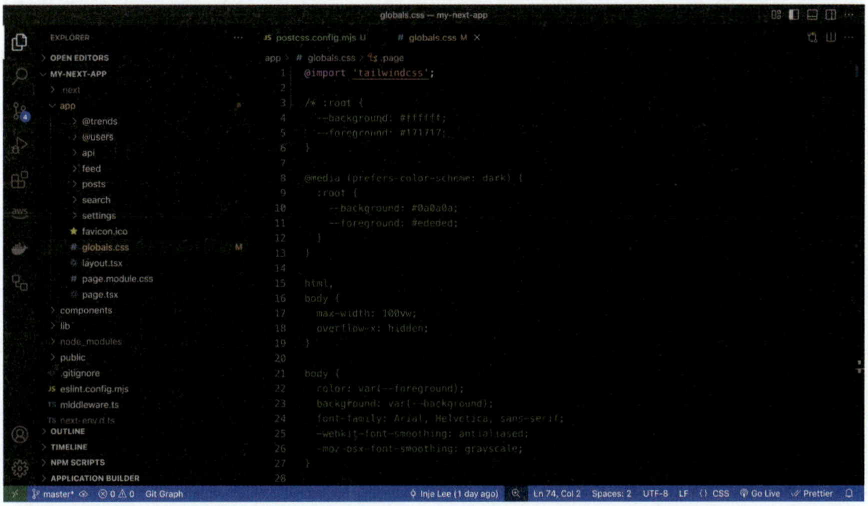

이제 실제로 Tailwind CSS를 사용해서 스타일링을 해보겠습니다. 루트 레이아웃에 Tailwind CSS를 적용해보기 위해 다음과 같이 `app` 폴더에 있는 `layout.tsx` 파일을 엽니다.

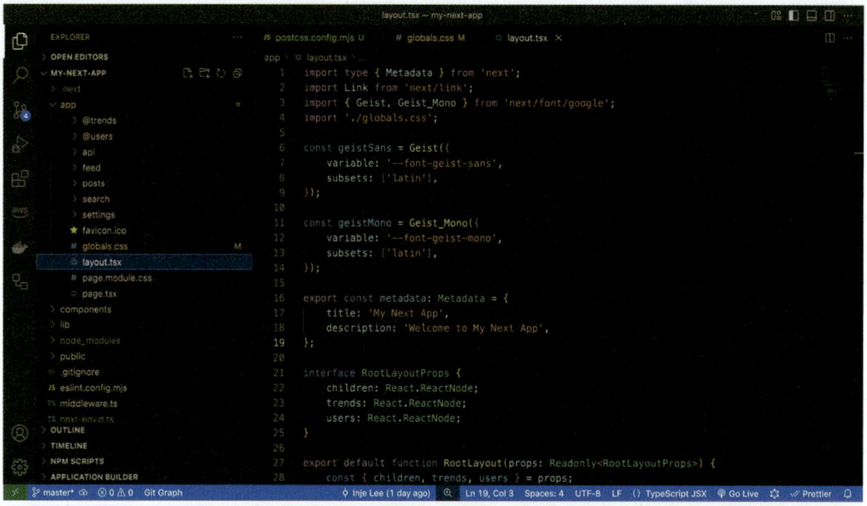

그리고 아래와 같이 코드를 수정합니다. 수정한 부분은 기존 CSS-in-JS 형태로 작성된 스타일을 모두 제거하고, Tailwind CSS의 `class`를 사용해서 `className` 속성에 스타일을 작성한 부분입니다.

```
// app/layout.tsx

...

export default function RootLayout(props: Readonly<RootLayoutProps>) {
    const { children, trends, users } = props;

    return (
        <html lang='en'>
            <body
                className={'max-w-[480px] m-auto ${geistSans.variable}
${geistMono.variable}'}>
                <nav className='py-4 flex gap-4'>
                    <Link href='/'>Home</Link>
                    <Link href='/feed'>Feed</Link>
                    <Link href='/search'>Search</Link>
                    <Link href='/settings'>Settings</Link>
```

```
                </nav>

                <div className='flex gap-4'>
                    <main className='flex-2'>{children}</main>

                    <div className='flex-1 flex flex-col gap-4'>
                        {trends}
                        {users}
                    </div>
                </div>
            </body>
        </html>
    );
}
```

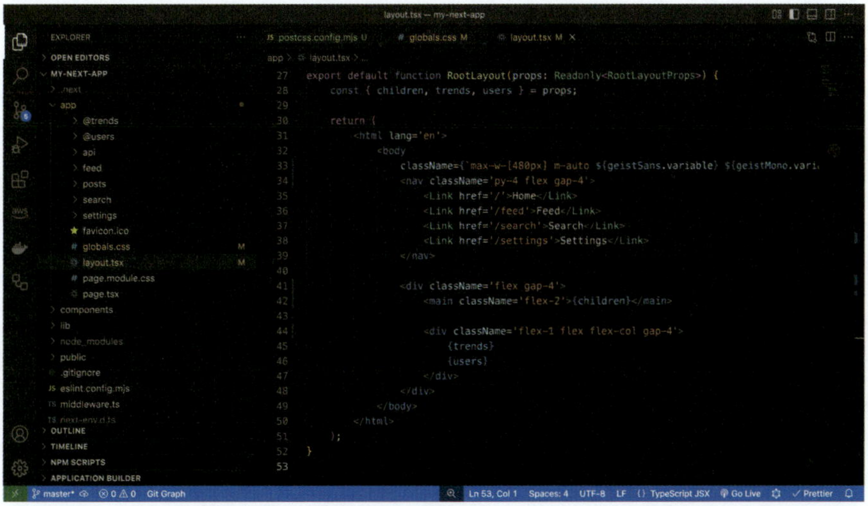

코드를 모두 수정한 이후에 애플리케이션을 개발 모드로 실행하고 브라우저에서 `localhost:3000`으로 접속합니다. 그러면 화면과 같이 기존과 동일한 레이아웃이 나오는 것을 볼 수 있습니다.

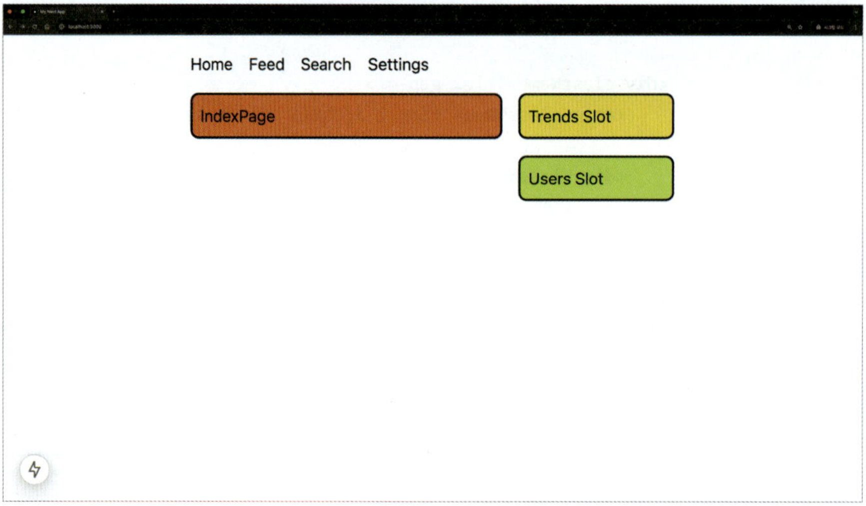

이처럼 Tailwind CSS를 사용하면 사전에 정의된 다양한 클래스를 사용하여 편리하게 스타일링할 수 있습니다.

11.6 마치며

이번 장에서 배운 내용은 아래와 같습니다.

- **CSS 모듈과 글로벌 스타일**
  - CSS 모듈
    - Next.js는 `.module.css` 확장자를 사용하여 CSS 모듈을 기본적으로 지원
    - CSS 모듈은 `.module.css`와 `.module.sass` 확장자로 된 파일에 한해서만 지원
  - 글로벌 스타일
    - 애플리케이션 전체에 적용되는 스타일
    - app 디렉터리 안에 있는 레이아웃, 페이지, 컴포넌트에서 임포트해서 사용할 수 있음
  - 외부 스타일시트
    - 외부 패키지에서 제공하는 스타일시트
    - app 디렉터리 어디에서나 포함된 컴포넌트를 포함하여 가져올 수 있음
- **Tailwind CSS**
  - Next.js와 궁합이 잘 맞는 유틸리티 우선 CSS 프레임워크
  - 각 엘리먼트에 `className` 속성을 통해서 쉽게 스타일을 입힐 수 있음
- **CSS-in-JS**
  - 자바스크립트 코드 내에서 CSS 스타일을 작성하고 관리할 수 있게 해주는 기법
  - 스타일을 컴포넌트와 함께 결합하여 동적인 스타일 적용과 스코프(범위)를 컴포넌트 단위로 제한할 수 있음
  - `styled-jsx`
    - Next.js에 기본적으로 포함된 CSS-in-JS 라이브러리
  - `styled-components`
    - 가장 대표적인 CSS-in-JS 라이브러리
- **Sass**
  - Syntactically Awesome Style Sheets의 약자
  - CSS를 더 강력하고 유지보수하기 쉽게 만드는 CSS 전처리기
  - 변수, 중첩, 믹스인, 상속 등과 같은 기능을 제공

Chapter

12

최적화

Preview

Next.js는 애플리케이션의 속도와 웹사이트의 성능을 나타내는 지표인 Core Web Vitals(웹 성능 핵심 지표)를 향상시키기 위해 다양한 내장 최적화를 제공합니다. 이번 장에서는 Next.js의 다양한 최적화 방법에 대해서 하나씩 살펴보도록 하겠습니다.

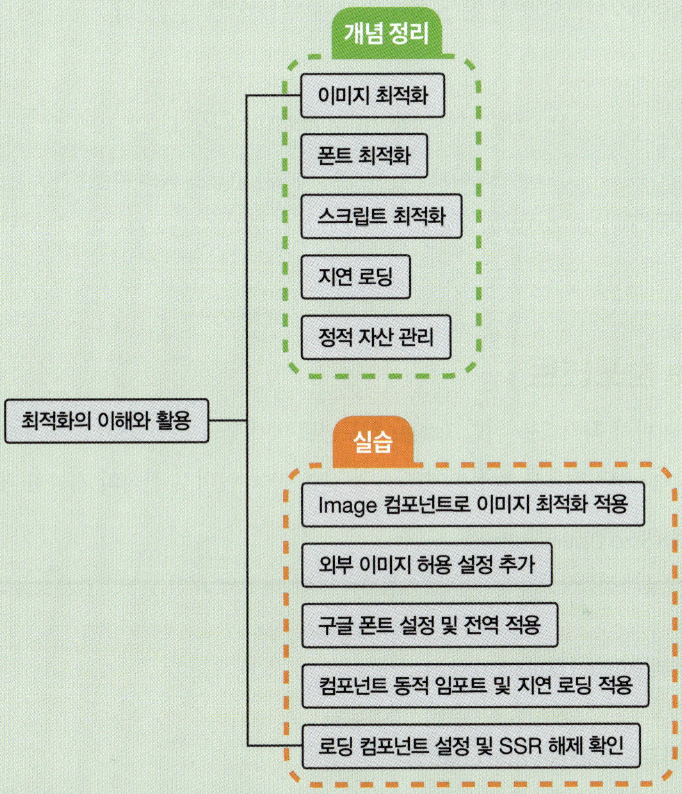

12.1 이미지 최적화

이미지는 일반적으로 웹사이트에서 가장 용량을 많이 차지하는 리소스 중 하나입니다. 그래서 웹사이트의 사용자 경험 및 성능과 관계가 깊다고 할 수 있습니다. 즉, 이미지 최적화만 신경 써도 FCP 같은 웹사이트의 핵심 성능 지표를 크게 개선할 수 있습니다.

> **NOTE**
>
> **First Contentful Paint(FCP)란**
>
> First Contentful Paint(FCP)는 **웹페이지에서 텍스트, 이미지, 캔버스 등의 콘텐츠가 처음으로 렌더링되는 순간**을 측정하는 성능 지표입니다.

1 Image 컴포넌트

Next.js에는 이미지 최적화를 위한 `Image` **컴포넌트**가 내장되어 있습니다. 이 `Image` 컴포넌트는 HTML `<img>` 엘리먼트를 확장하여 다음과 같은 자동 이미지 최적화 기능을 제공합니다.

- **크기 최적화**(Size Optimization)
    - 각 기기에 맞게 적절한 크기의 이미지를 자동으로 제공하며, WebP 및 AVIF와 같은 효율적인 이미지 포맷을 사용
- **시각적 안정성**(Visual Stability)
    - 이미지가 로드될 때 레이아웃 시프트를 자동으로 방지
- **빠른 페이지 로드**(Faster Page Loads)
    - 브라우저의 지연 로딩을 사용하여 이미지가 뷰포트에 들어올 때만 로드됨
    - 선택적으로 blur-up placeholders(로딩 중 흐릿한 저해상도 이미지를 먼저 보여주는 기법)를 사용할 수 있음
- **애셋 유연성**(Asset Flexibility)
    - 원격 서버에 저장된 이미지를 포함하여 필요에 따라 이미지 크기를 조정할 수 있음

2 이미지 최적화 적용 방법

Image 컴포넌트를 사용하기 위해서는 먼저 다음과 같이 임포트를 해야 합니다.

```
import Image from 'next/image';
```

이후 다음 각각의 경우에 따라 해당되는 방법을 사용하면 됩니다.

로컬 이미지(Local Images)

로컬에 있는 이미지를 사용하기 위해서는 예시 코드와 같이 이미지 파일(.jpg, .png, .webp)을 임포트해서 Image 컴포넌트의 src 속성에 넣어주면 됩니다.

```
import Image from 'next/image';
import avatarPhoto from './avatar.png';

export default function Page() {
    return (
        <Image
            src={avatarPhoto}
            alt='avatar'
            // width={500} // 자동으로 제공
            // height={500} // 자동으로 제공
            // blurDataURL="data:..." // 자동으로 제공
            // placeholder="blur" // 로딩 시 선택적으로 blur-up
        />
    );
}
```

로컬에 있는 이미지들은 Next.js가 직접 접근하여 이미지의 가로세로 크기를 알 수 있기 때문에 Next.js가 자동으로 이미지의 width, height를 결정하게 됩니다. 그리고 이 값들은 이미지가 로딩되는 동안 CLS를 막기 위해서 사용됩니다.

> **NOTE**
>
> **Cumulative Layout Shift(CLS)란**
>
> Cumulative Layout Shift(CLS)는 **웹페이지가 로드될 때 레이아웃 요소들이 예상치 못하게 이동하는 정도**를 나타내는 사용자 경험 지표입니다. 사용자가 페이지를 읽거나 사용하는 동안 발생하는 이동의 누적 합으로 CLS가 낮을수록 사용자 경험이 더 개선됩니다.

원격 이미지(Remote Images)

로컬이 아닌 원격 서버에 있는 이미지를 사용하기 위해서는 해당 이미지의 주소(URL)를 `Image` 컴포넌트의 `src` 속성에 넣어주면 됩니다. 또한 Next.js는 빌드 과정에서 원격 파일에 접근할 수 없기 때문에, **width, height 및 blurDataURL(선택) 속성을 수동으로 제공**해주어야 합니다. 이렇게 제공된 `width`와 `height` 값은 이미지의 올바른 가로세로 비율을 추론하고, 이미지 로딩 시 발생할 수 있는 레이아웃 시프트를 방지하는 데 사용됩니다. 참고로 `width`와 `height` 속성은 **이미지 파일의 렌더링 크기를 결정하지는 않습니다.**

다음은 원격 이미지Remote Images를 사용하는 예시 코드입니다. `width`와 `height` 값을 수동으로 넣어준 것을 볼 수 있습니다.

```
import Image from 'next/image';

export default function Page() {
    return (
        <Image
            src='https://s3.amazonaws.com/my-bucket/avatar.png'
            alt='avatar'
            width={240}
            height={240}
        />
    );
}
```

원격에 존재하는 이미지에 대해 안전하게 최적화를 적용하려면 다음처럼 지원되는 URL 패턴 목록을 `next.config.js` 파일에 정의해야 합니다. 이때 악의적인 사용을 방지하기 위해 지원되는 URL 패턴 목록을 가능한 한 구체적으로 작성하는 것이 좋습니다. 참고로 다음과 같이 작성하면 특정 AWS S3 버킷에서만 이미지를 가져오도록 허용하게 됩니다.

```
module.exports = {
    images: {
        remotePatterns: [
            {
                protocol: 'https',
                hostname: 's3.amazonaws.com',
                port: '',
                pathname: '/my-bucket/**',
            },
        ],
    },
};
```

이 설정을 통해 Next.js는 지정된 도메인에서만 이미지를 로드하고 최적화할 수 있으며, **외부에서 악의적인 이미지가 로드되는 것을 방지**할 수 있습니다.

3 이미지 우선순위

Largest Contentful Paint(LCP)는 **페이지 로딩 시점부터 가장 큰 콘텐츠가 화면에 표시될 때까지의 시간**을 나타내는 웹사이트의 성능 지표입니다. LCP를 향상시키기 위해서는 각 페이지의 가장 큰 콘텐츠 페인트(LCP) 요소가 될 이미지에 `priority` 속성을 추가하여 더 우선적으로 로드되도록 해야 합니다.

다음은 LCP 이미지 요소에 `priority` 속성을 사용한 예시 코드입니다. 이렇게 `priority` 속성을 추가함으로써 Next.js가 해당 이미지를 로드할 때 특별히 우선 순위를 부여하게 되고 결과적으로 LCP를 크게 향상시킬 수 있습니다. 참고로 개발 모드에서 LCP 요소가 `priority` 속성이 없는 `<Image>`일 경우에는 콘솔에 경고가 표시됩니다.

```
import Image from 'next/image';
import profilePic from '../public/avatar.png';

export default function Page() {
    return (
        <Image
            src={profilePic}
            alt='avatar'
            priority
        />
    );
}
```

4 이미지 크기

일반적으로 이미지는 화면에서 차지하는 크기가 크기 때문에 레이아웃 시프트 관점에서도 영향을 많이 미치게 됩니다. 레이아웃 시프트Layout Shift는 **이미지가 로드되면서 페이지의 다른 요소를 밀어내는 현상**을 의미합니다. 즉, 화면에 먼저 나타난 요소들이 이후 이미지가 로드되면서 밀려나게 되고, 이로 인해 사용자에게 시각적으로 불안정함을 겪게 만듭니다. Core Web Vitals에서 레이아웃 시프트와 관련된 지표가 바로 **Cumulative Layout Shift(CLS)**입니다.

이러한 레이아웃 시프트를 줄이기 위해서는 화면에서 **이미지가 로드될 공간의 크기**를 미리 잡아놓아야 합니다. 그리고 Next.js의 `<Image>` 컴포넌트는 아래와 같이 다양한 방법을 통해 이미지가 로드될 공간을 정확하게 잡아놓게 됩니다.

- 정적 이미지의 경우 정적 임포트static import를 사용하여 자동으로 이미지의 `width`, `height`를 결정
- `width` 및 `height` 속성을 명시적으로 선언
- `fill` 속성을 사용하여 이미지를 부모 요소에 맞게 확장
    - CSS를 사용해서 이미지의 부모 요소의 크기를 지정하고, 하위에서 fill 속성을 사용함으로써 `<Image>` 컴포넌트가 부모 요소에 맞게 확장되도록 만듦

그리고 만약 이미지 크기를 조정하는 데 위 방법을 모두 사용할 수 없는 경우에는 Next.js의 `<Image>` 컴포넌트는 일반적인 `<img>` 요소와 동일하게 작동한다고 이해하면 됩니다.

5 이미지 스타일

Next.js의 `<Image>` 컴포넌트를 스타일링하는 것은 일반적인 `<img>` 요소를 스타일링하는 것과 비슷하지만 다음의 몇 가지 규칙을 지켜야 합니다.

- `className` 또는 `style` 사용
  - 대부분의 경우 `className` 속성을 사용하는 것을 권장
  - `style` 속성을 사용하여 인라인 스타일을 할당할 수도 있음
- `styled-jsx` 사용 금지
  - `styled-jsx`는 전역(글로벌)으로 스타일을 지정하지 않는 한, 스타일의 스코프(범위)가 현재 컴포넌트로 제한되기 때문에 사용할 수 없음
- `fill` 속성을 사용할 경우 부모 요소의 속성
  - `position: relative`여야 함
    - 해당 레이아웃 모드에서 이미지 요소가 올바르게 렌더링되기 위해 필요
- `display: block`이어야 함
    - `display: block`은 `<div>` 요소의 기본값
    - `<div>`가 아닌 다른 요소의 경우 기본값이 다를 수 있으므로 명시해야 함

조금 까다로워 보이긴 하지만 Next.js의 `<Image>` 컴포넌트를 잘 사용하면 여러 가지 이점을 얻을 수 있기 때문에 규칙을 잘 지키면서 사용해보기 바랍니다.

12.2 폰트 최적화

지금부터는 폰트 최적화에 대해서 살펴보겠습니다. Next.js에서는 폰트 최적화를 위해 **next/font 패키지**를 제공합니다. next/font 패키지는 커스텀 폰트를 포함하여 자동으로 폰트를 최적화하여 성능을 향상시키고, 외부 네트워크 요청을 제거함으로써 개인정보를 보호해줍니다.

또한 next/font 패키지는 모든 폰트 파일에 대해 내장된 자동 셀프 호스팅 기능을 제공합니다. 그래서 CSS와 **폰트 파일은 빌드 시 다운로드**되며, 나머지 정적 자산과 함께 셀프 호스팅됩니다. 그리고 이를 통해 기본 CSS size-adjust 속성을 사용하여 레이아웃 시프트 없이 웹 폰트를 최적의 방식으로 로드할 수 있습니다.

1 구글 폰트

Next.js에서는 next/font/google 패키지를 통해 모든 구글 폰트Google fonts를 편리하게 사용할 수 있습니다. 폰트는 배포 시 포함되며 배포와 동일한 도메인에서 제공됩니다. 즉, 브라우저에서 구글로 요청이 전송되지 않는다는 것입니다.

구글 폰트를 사용하기 위해서는 먼저 다음과 같이 next/font/google에서 사용하려는 폰트를 임포트해서 사용하면 됩니다. 이때 성능과 유연성을 위해 가변 폰트variable fonts를 사용하는 것을 권장합니다.

```
// app/layout.tsx

import { Inter } from 'next/font/google';

// 가변 폰트를 사용할 수 있는 경우, 폰트의 굵기(weight)를 지정하지 않아도 됨
const inter = Inter({
    subsets: ['latin'],
    display: 'swap',
});
```

```
interface RootLayoutProps {
    children: React.ReactNode;
}

function RootLayout(props: RootLayoutProps) {
    return (
        <html
            lang='en'
            className={inter.className}>
            <body>{props.children}</body>
        </html>
    );
}

export default RootLayout;
```

만약 가변 폰트를 사용할 수 없는 경우 다음과 같이 폰트의 굵기(weight)를 지정해야 합니다.

```
// app/layout.tsx

import { Roboto } from 'next/font/google';

// 가변 폰트를 사용할 수 없는 경우, 폰트의 굵기(weight)를 지정해야 함
const roboto = Roboto({
    weight: '400',
    subsets: ['latin'],
    display: 'swap',
});

interface RootLayoutProps {
    children: React.ReactNode;
}

function RootLayout(props: RootLayoutProps) {
    return (
        <html
            lang='en'
            className={roboto.className}>
            <body>{props.children}</body>
        </html>
    );
```

```
}

export default RootLayout;
```

또한 다음처럼 배열을 사용하여 여러 굵기(`weight`)와 스타일(`style`)을 지정할 수 있습니다.

```
const roboto = Roboto({
    weight: ['400', '700'],
    style: ['normal', 'italic'],
    subsets: ['latin'],
    display: 'swap',
});
```

2 로컬 폰트

Next.js에서 로컬에 파일 형태로 존재하는 폰트를 사용하고 싶을 경우, 다음과 같이 `next/font/local` 패키지를 임포트하고, `src` 속성에 글꼴 파일의 경로를 지정하면 됩니다. 이때도 역시 성능과 유연성을 위해 가변 폰트를 사용하는 것이 좋습니다.

```
// app/layout.tsx

import localFont from 'next/font/local';

// 폰트 파일은 'app' 폴더 내에 위치할 수 있음
const myFont = localFont({
    src: './my-font.woff2',
    display: 'swap',
});

interface RootLayoutProps {
    children: React.ReactNode;
}

function RootLayout(props: RootLayoutProps) {
```

```
    return (
        <html
            lang='en'
            className={myFont.className}>
            <body>{props.children}</body>
        </html>
    );
}

export default RootLayout;
```

만약 하나의 폰트 패밀리에 여러 파일을 사용하려는 경우 다음처럼 src 속성을 배열 형태로 작성하면 됩니다.

```
const roboto = localFont({
    src: [
        {
            path: './Roboto-Regular.woff2',
            weight: '400',
            style: 'normal',
        },
        {
            path: './Roboto-Italic.woff2',
            weight: '400',
            style: 'italic',
        },
        {
            path: './Roboto-Bold.woff2',
            weight: '700',
            style: 'normal',
        },
        {
            path: './Roboto-BoldItalic.woff2',
            weight: '700',
            style: 'italic',
        },
    ],
});
```

12.3 스크립트 최적화

이번에는 Next.js에서 스크립트Script를 최적화하는 방법에 대해 살펴보겠습니다. 참고로 여기서 말하는 스크립트는 **원격 저장소에 위치한 자바스크립트 파일**을 의미합니다.

1 전체 애플리케이션에서 스크립트 로드

먼저 애플리케이션의 모든 라우트에 대해 서드파티 스크립트를 로드하고 싶을 경우에는 다음과 같이 **루트 레이아웃에서 next/script 패키지를 사용**하여 스크립트를 직접 포함시키면 됩니다.

```
// app/layout.tsx

import Script from 'next/script';

interface RootLayoutProps {
    children: React.ReactNode;
}

function RootLayout(props: RootLayoutProps) {
    return (
        <html lang='en'>
            <body>{props.children}</body>
            <Script src='https://example.com/script.js' />
        </html>
    );
}

export default RootLayout;
```

이 스크립트는 애플리케이션의 모든 라우트에 액세스할 때 로드되고 실행됩니다. 하지만 Next.js는 사용자가 **여러 페이지 사이를 이동하더라도 스크립트가 한 번만 로드되도록 보장**합니다. 이렇게 모든 라우트에 대해 서드파티 스크립트가 로드되도록 하면 어떤 라우트에서든 사용할 수 있다는 장점이 있지만, 해당 스크립트를 사용하지 않는 라우트에는 오히려 성능 저하의 요인이 될 수 있습니다. 그래서 성능에 영향을 최소화하기 위해 실제로 해당 스크립트를 사용하는 페이지나 레이아웃에만 서드파티 스크립트를 포함하는 것이 좋습니다.

2 특정 레이아웃에서만 스크립트 로드

특정 레이아웃에 속한 라우트에 대해서만 서드파티 스크립트를 로드하려면 다음처럼 **레이아웃 컴포넌트에서 next/script 패키지를 사용**하여 스크립트를 직접 포함시키면 됩니다.

```
// app/admin/layout.tsx

import Script from 'next/script';

interface AdminLayoutProps {
    children: React.ReactNode;
}

function AdminLayout(props: AdminLayoutProps) {
    return (
        <>
            <section>{props.children}</section>
            <Script
                src='https://example.com/script.js'
                strategy='lazyOnload'
                onLoad={() => {
                    console.log('Third-party script loaded successfully');
                }}
            />
        </>
    );
}

export default AdminLayout;
```

이렇게 하면 해당 폴더 경로(예: admin/page.ts) 또는 중첩된 경로(예: admin/settings/page.ts)에 사용자가 접근할 때에만 서드파티 스크립트가 로드됩니다. 그리고 이때도 역시

Next.js는 사용자가 **동일한 레이아웃 내에서 여러 경로를 탐색하더라도 스크립트가 한 번만 로드되도록 보장**합니다.

> **NOTE**
>
> **스크립트 로딩 동작을 조정하려면 어떻게 해야 할까?**
>
> `next/script`패키지에서는 아래와 같이 **strategy 속성**을 사용해서 스크립트 로딩 동작을 세밀하게 조정할 수 있음
>
> - `beforeInteractive`: 모든 Next.js 코드와 페이지 하이드레이션hydration이 발생하기 전에 스크립트를 로드
> - `afterInteractive`(기본값): 페이지 하이드레이션이 일부 발생한 후에 스크립트를 일찍 로드
> - `lazyOnload`: 브라우저가 idle(유휴) 상태일 때 스크립트를 나중에 로드
> - `worker`(실험적): 스크립트를 웹 워커Web Worker에서 로드

12.4 지연 로딩

지연 로딩Lazy Loading은 **필요한 시점에만 데이터를 불러오는 기술**입니다. 이미지 관점에서의 지연 로딩도 있지만, 여기에서는 데이터 관점에서의 지연 로딩에 대해 다룹니다. 데이터 관점에서의 지연 로딩은 **웹페이지의 모든 콘텐츠를 한 번에 로드하지 않고, 사용자가 해당 콘텐츠에 접근할 때 로드하는 방식**이라고 이해하면 됩니다.

예를 들면, 어떤 페이지에 다이얼로그 컴포넌트가 포함되어 있다고 할 경우 사용자가 다이얼로그를 열 때까지 로딩을 지연시키는 것이죠. 이렇게 지연 로딩을 적용하면 초기 로딩 시간을 줄일 수 있으며 사용자 경험과 성능을 향상시킬 수 있습니다.

Next.js에서 지연 로딩을 구현하는 방법은 두 가지가 있습니다.

1. `next/dynamic`을 사용한 동적 임포트
2. `React.lazy()`와 Suspense 사용

NOTE

서버 컴포넌트와 지연 로딩

기본적으로 서버 컴포넌트는 자동으로 코드 분할되며, 스트리밍을 사용해 서버에서 클라이언트로 UI 조각을 점진적으로 전송할 수 있습니다. 그래서 **지연 로딩은 클라이언트 컴포넌트에 적용**된다고 이해하면 됩니다.

1 next/dynamic

`next/dynamic`은 **`React.lazy()`와 `Suspense`를 합친 것**입니다. 점진적 마이그레이션incremental migration을 가능하도록 하기 위해 앱 라우터 및 페이지스 라우터에서 동일한 방식으로 작동합니다.

아래는 Next.js에서 지연 로딩을 적용하는 다양한 방법을 나타낸 것입니다.

클라이언트 컴포넌트 동적 로드

다음 코드와 같이 next/dynamic을 사용하여 클라이언트 컴포넌트를 동적으로 로드할 수 있습니다.

```
'use client';

import { useState } from 'react';
import dynamic from 'next/dynamic';

// 클라이언트 컴포넌트
const ComponentA = dynamic(() => import('../components/A'));
const ComponentB = dynamic(() => import('../components/B'));
const ComponentC = dynamic(() => import('../components/C'), { ssr: false });

function ClientComponentExample() {
    const [showMore, setShowMore] = useState(false);

    return (
        <div>
            {/* 즉시 로드되며, 별도의 클라이언트 번들로 분리됨 */}
            <ComponentA />

            {/* 컴포넌트가 실제로 필요한 경우 로드됨 */}
            {showMore && <ComponentB />}
            <button onClick={() => setShowMore(!showMore)}>Toggle</button>

            {/* 클라이언트측에서만 로드됨 */}
            <ComponentC />
        </div>
    );
}

export default ClientComponentExample;
```

SSR 비활성화

next/dynamic을 사용하여 클라이언트 컴포넌트를 동적으로 로드할 경우 클라이언트 컴포넌트는 기본적으로 SSR(서버 사이드 렌더링)이 됩니다. 클라이언트 컴포넌트에 대해 서버 사이드 렌더링을 비활성화하려면 다음 코드와 같이 ssr 옵션을 false로 설정하면 됩니다.

```
const MyComponent = dynamic(() => import('../MyComponent'), { ssr: false });
```

NOTE

ssr: false 옵션 사용 시 유의사항

`ssr: false` 옵션은 클라이언트 컴포넌트에서만 작동합니다. 그래서 클라이언트 코드 분할이 올바르게 작동하도록 하려면 `ssr: false` 옵션을 클라이언트 컴포넌트에서만 사용해야 합니다. 만약 이 옵션을 서버 컴포넌트에서 사용하려고 하면 오류가 발생하게 됩니다.

서버 컴포넌트 동적 로드

만약 서버 컴포넌트를 동적으로 가져오면 해당 서버 컴포넌트의 자식인 **클라이언트 컴포넌트만 지연 로딩**되고 서버 컴포넌트 자체는 지연 로딩되지 않습니다.

```
import dynamic from 'next/dynamic';

// 서버 컴포넌트
const ServerComponent = dynamic(() => import('../components/ServerComponent'));

function ServerComponentExample() {
    return (
        <div>
            <ServerComponent />
        </div>
    );
}

export default ServerComponentExample;
```

외부 라이브러리 동적 로드

외부 라이브러리는 **`import()` 함수**를 사용하여 필요할 때 로드할 수 있습니다. 아래 예제 코드에서는 퍼지 검색을 위해 외부 라이브러리인 `fuse.js`를 사용합니다. 이 모듈은 사용자가 검색 입력란에 글씨를 입력할 때 클라이언트에서만 로드됩니다.

```
'use client';

import { useState } from 'react';

const names = ['Tim', 'Joe', 'Bel', 'Lee'];

function Page() {
    const [results, setResults] = useState();

    return (
        <div>
            <input
                type='text'
                placeholder='Search'
                onChange={async (e) => {
                    const { value } = e.currentTarget;
                    // fuse.js를 동적으로 로드
                    const Fuse = (await import('fuse.js')).default;
                    const fuse = new Fuse(names);

                    setResults(fuse.search(value));
                }}
            />
            <pre>Results: {JSON.stringify(results, null, 2)}</pre>
        </div>
    );
}

export default Page;
```

커스텀 로딩 컴포넌트 사용

다음 코드와 같이 `dynamic()` 함수의 옵션에 **`loading` 속성**을 사용하면 커스텀 로딩 컴포넌트를 보여줄 수 있습니다.

```
import dynamic from 'next/dynamic';

const WithCustomLoading = dynamic(
```

```
    () => import('../components/WithCustomLoading'),
    {
        loading: () => <p>Loading...</p>,
    }
);

function Page() {
    return (
        <div>
            {/* 컴포넌트가 완전히 로딩될 때까지 커스텀 로딩 컴포넌트가 렌더링됨 */}
            <WithCustomLoading />
        </div>
    );
}

export default Page;
```

네임드 익스포트 모듈 동적 로드

네임드 익스포트named export한 모듈을 동적으로 로드하기 위해서는 다음 코드와 같이 **import() 함수가 반환하는 Promise에서 해당 모듈을 반환**하면 됩니다.

```
'use client';

// Named Export
export function Hello() {
    return <p>Hello!</p>;
}
import dynamic from 'next/dynamic'

const ClientComponent = dynamic(() =>
    import('../components/hello').then((mod) => mod.Hello)
)
```

12.5 정적 애셋

Next.js는 루트 디렉터리에 **public 폴더**를 만들어 이미지 같은 정적 파일을 제공할 수 있습니다. `public` 폴더 내부의 파일은 기본 URL (`/`)에서 시작하는 형태로 코드에서 참조할 수 있습니다. 예를 들어, `public/avatars/me.png` 파일의 경로는 `/avatars/me.png`가 됩니다.

아래 코드는 정적 파일을 사용한 예시 코드입니다. Next.js에서는 이렇게 `public` 폴더를 통해 정적 파일을 제공할 수 있다고 이해하면 됩니다.

```
import Image from 'next/image';

export function Avatar({ id, alt }) {
    return (
        <Image
            src={'/avatars/${id}.png'}
            alt={alt}
            width='64'
            height='64'
        />
    );
}

export function AvatarOfMe() {
    return (
        <Avatar
            id='me'
            alt='A portrait of me'
        />
    );
}
```

12.6 실습 이미지 최적화 적용하기

이번 실습에서는 Next.js의 `Image` 컴포넌트를 사용해서 이미지 최적화를 적용해보겠습니다. 먼저 화면과 같이 `components` 폴더에 있는 `PostFragment.tsx` 파일을 엽니다.

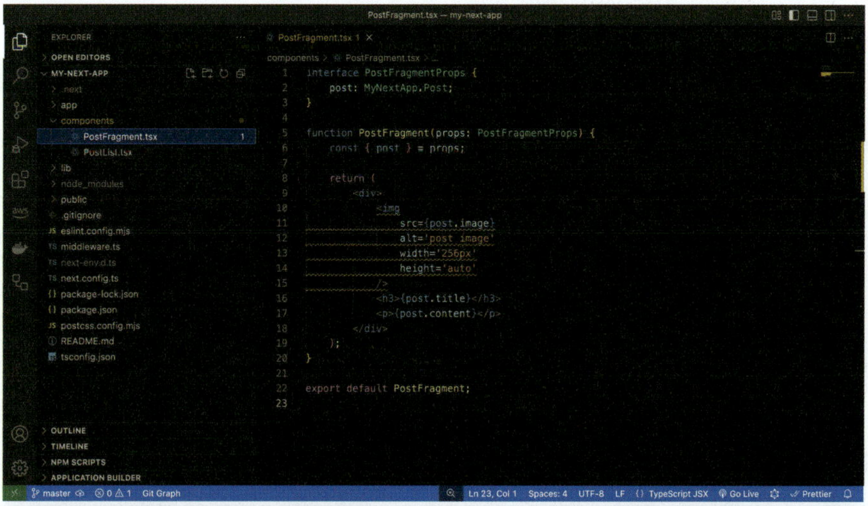

이후 `PostFragment.tsx` 파일을 다음 코드와 같이 수정합니다. 수정한 부분은 `<img>` 태그를 사용하던 부분을 `next/image` 패키지에서 제공하는 `Image` 컴포넌트로 교체한 부분입니다. 그리고 `Image` 컴포넌트에서 필요로 하는 `width`, `height` 속성도 함께 넣어주었습니다.

```
// components/PostFragment.tsx

import Image from 'next/image';
```

```
interface PostFragmentProps {
    post: MyNextApp.Post;
}

function PostFragment(props: PostFragmentProps) {
    const { post } = props;

    return (
        <div>
            <Image
                src={post.image}
                alt='post image'
                priority
                width={200}
                height={200}
                className='w-[200] h-[200] object-cover'
            />
            <h3>{post.title}</h3>
            <p>{post.content}</p>
        </div>
    );
}

export default PostFragment;
```

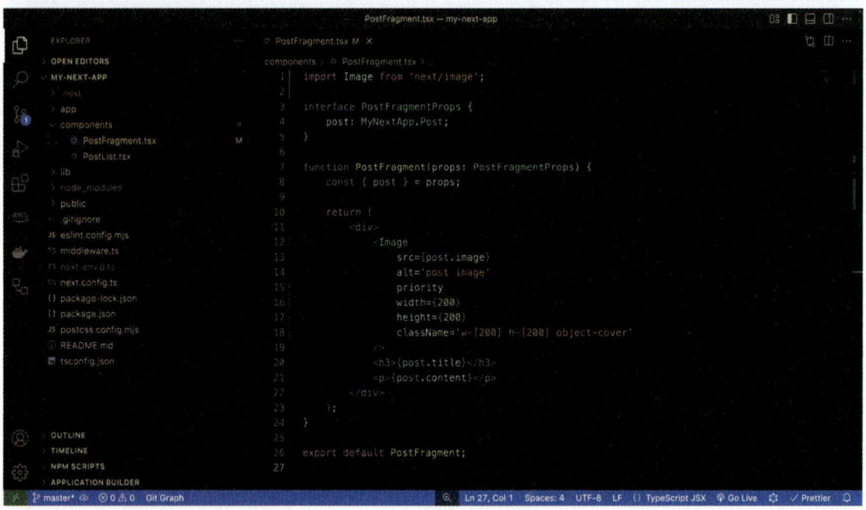

코드를 모두 수정한 이후에 애플리케이션을 개발 모드로 실행하고 브라우저에서 Post Item 페이지(`localhost:3000/posts/1`)에 접속합니다. 그러면 화면처럼 에러 메시지가 화면에 나오는 것을 볼 수 있습니다. 이 에러는 원격에 있는 이미지를 불러오는 과정에서 해당 URL이 `next.config.js` 파일에 설정되어 있지 않기 때문에 발생하는 것입니다.

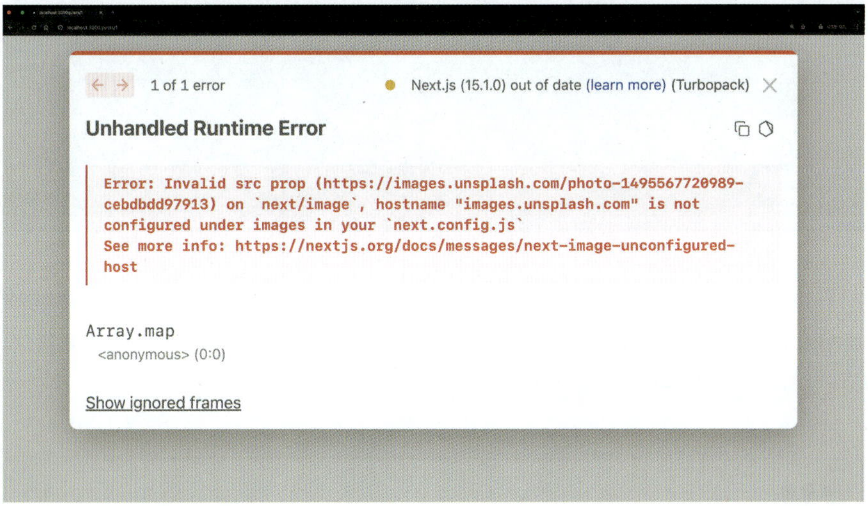

Next.js의 `Image` 컴포넌트를 사용해서 원격에 있는 이미지를 불러오려면 지원되는 URL 패턴 목록을 `next.config.js` 파일에 정의해야 합니다. 이를 위해 다음 화면과 같이 `next.config.ts` 파일을 엽니다.

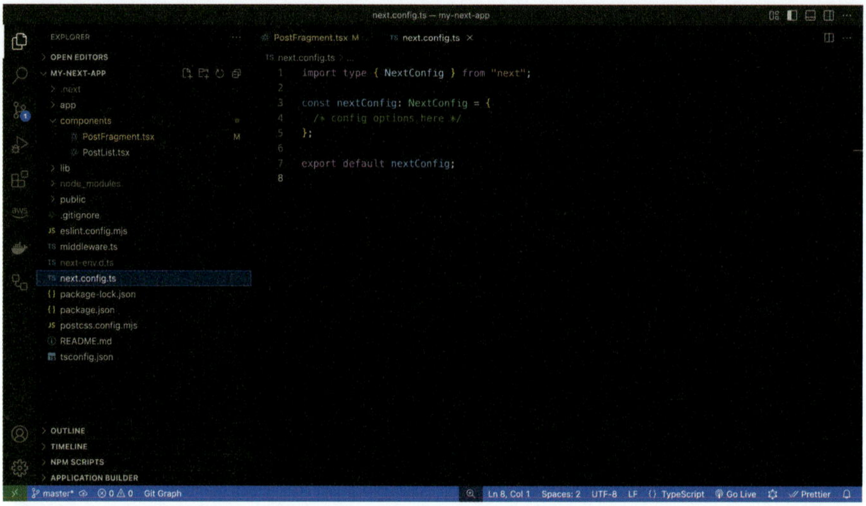

이후 `next.config.ts` 파일의 내용을 다음과 같이 수정합니다. 수정한 부분은 `images` 속성의 `remotePatterns` 배열에 `images.unsplash.com`의 모든 이미지를 불러올 수 있도록 설정을 추가한 부분입니다.

```
// next.config.ts

import type { NextConfig } from 'next';

const nextConfig: NextConfig = {
    images: {
        remotePatterns: [
            {
                protocol: 'https',
                hostname: 'images.unsplash.com',
                port: '',
                pathname: '/**',
                search: '',
            },
        ],
    },
```

```
};

export default nextConfig;
```

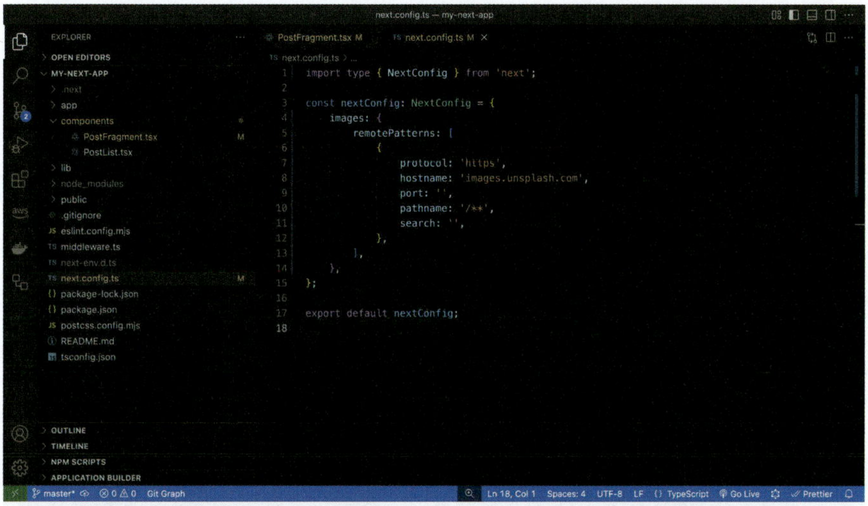

설정을 변경한 이후 다시 브라우저에서 페이지를 새로고침하면 정상적으로 이미지가 나오는 것을 볼 수 있습니다.

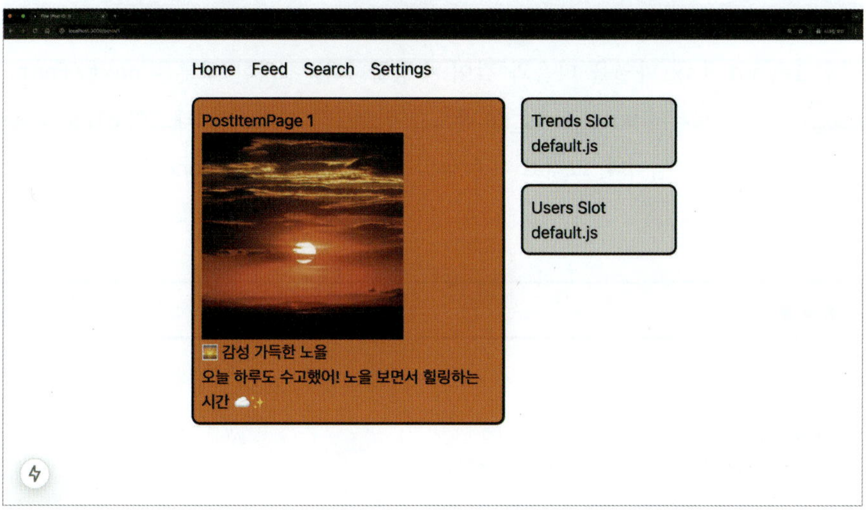

12.7 실습 폰트 최적화 적용하기

이번 실습에서는 폰트 최적화와 함께 새로운 폰트를 적용해보겠습니다. 먼저 app 폴더에 있는 layout.tsx 파일을 엽니다.

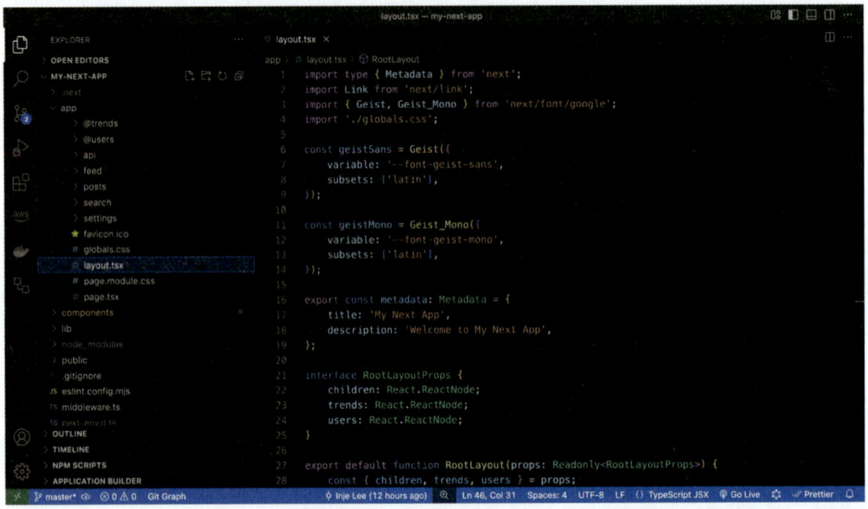

이후 layout.tsx 파일을 다음과 같이 수정합니다. 수정한 부분은 next/font/google 패키지로부터 Noto_Sans_KR 폰트를 임포트하고 <body> 태그의 className 속성에 적용한 부분입니다. 그리고 기존에 있던 Geist와 Geist_Mono 폰트는 모두 제거했습니다.

```
// app/layout.tsx

import Link from 'next/link';
import type { Metadata } from 'next';
```

```
import { Noto_Sans_KR } from 'next/font/google';
import './globals.css';

const notoSansKR = Noto_Sans_KR({
    subsets: ['latin'],
    weight: ['400', '500', '600', '700'],
    display: 'swap',
});

...

export default function RootLayout(props: Readonly<RootLayoutProps>) {
    const { children, trends, users } = props;

    return (
        <html lang='en'>
            <body className={'max-w-[480px] m-auto ${notoSansKR.className}'}>
                ...
            </body>
        </html>
    );
}
```

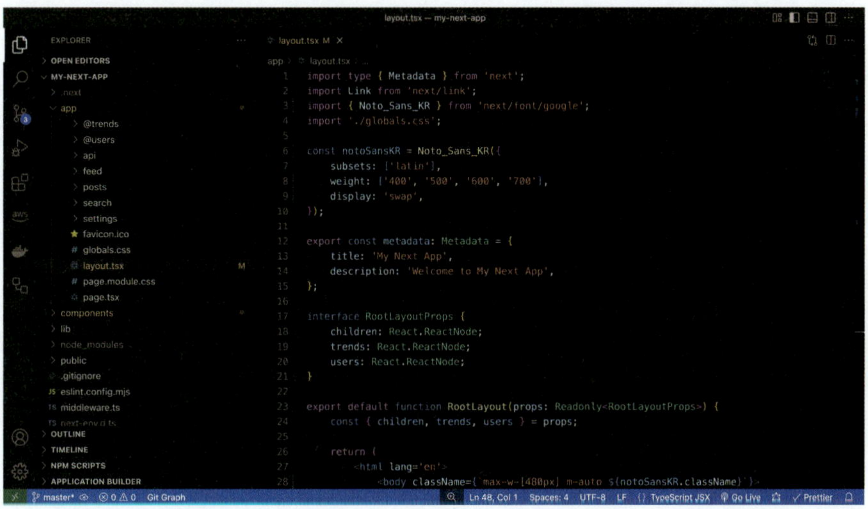

코드를 모두 수정한 이후에 애플리케이션을 개발 모드로 실행하고 브라우저에서 `localhost:3000`으로 접속하여 Feed 페이지로 이동합니다. 그러면 화면처럼 새로운 폰트가 적용된 것을 확인할 수 있습니다.

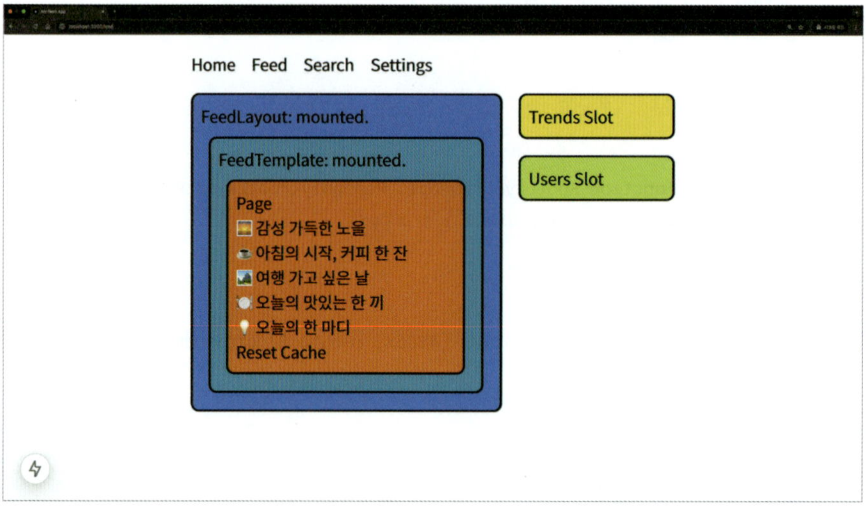

12.8 실습 지연 로딩 적용하기

이번 실습에서는 next/dynamic 패키지를 사용하여 지연 로딩을 적용해보겠습니다. 먼저 동적으로 임포트할 대상이 되는 컴포넌트를 만들기 위해 components 폴더에 PostListItem.tsx이라는 이름의 파일을 생성합니다.

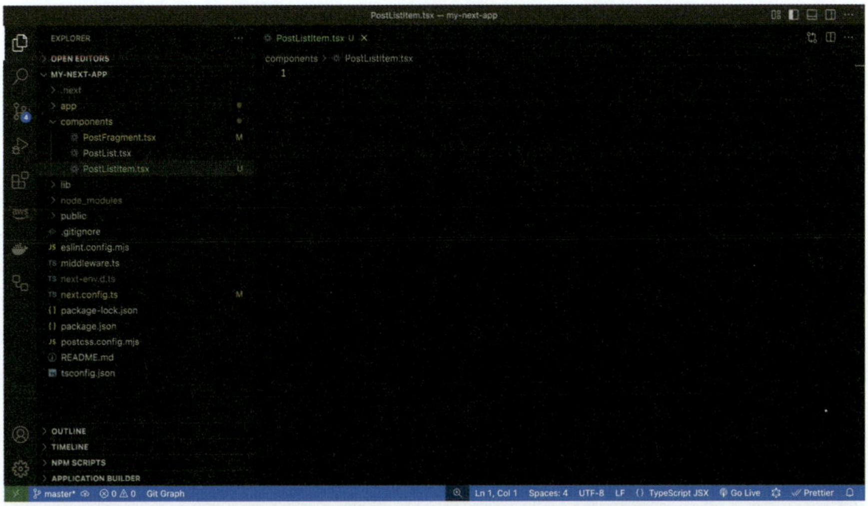

이후 PostListItem.tsx 파일에 다음처럼 코드를 작성합니다. 이 코드는 post를 props로 받아서 제목을 표시하고, Next.js의 Link 컴포넌트를 사용해서 해당 Post 페이지로 이동할 수 있도록 링크를 걸어둔 아주 간단한 형태의 컴포넌트 코드입니다.

```
// components/PostListItem.tsx

import Link from 'next/link';

interface PostListItemProps {
```

```
    post: MyNextApp.Post;
}

function PostListItem(props: PostListItemProps) {
    const { post } = props;

    return (
        <li>
            <Link href={'/posts/${post.id}'}>{post.title}</Link>
        </li>
    );
}

export default PostListItem;
```

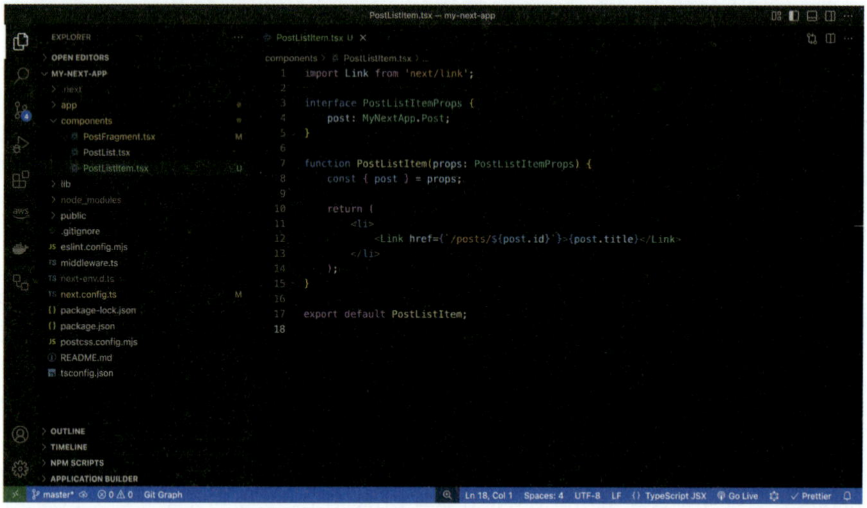

다음으로는 PostListItem 컴포넌트를 실제로 적용하기 위해서 다음처럼 components 폴더에 있는 PostList.tsx 파일을 엽니다.

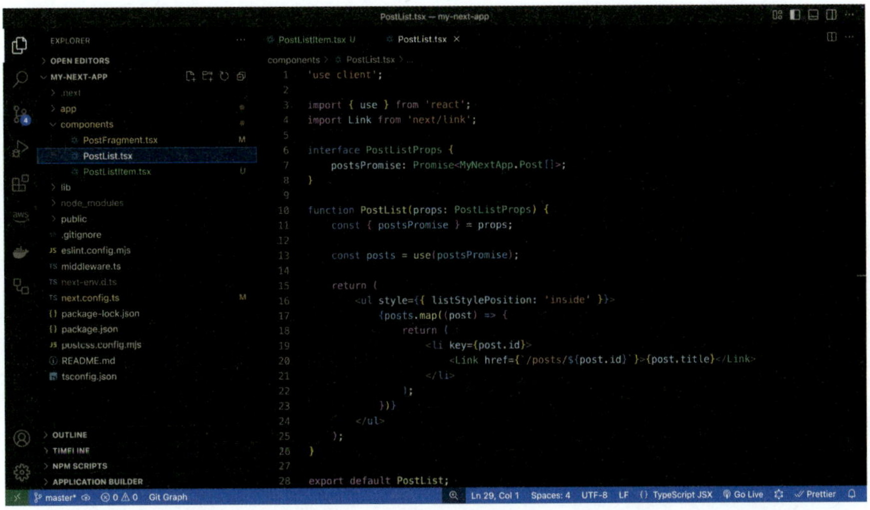

이후 PostList.tsx 파일을 다음과 같이 수정합니다. 수정한 부분은 next/dynamic 패키지로부터 dynamic() 함수를 임포트하고 이를 사용하여 PostListItem 컴포넌트를 동적으로 임포트하여 각 Post에 대해 해당 컴포넌트를 렌더링하도록 한 부분입니다.

```
// components/PostList.tsx

'use client';

import { use } from 'react';
import dynamic from 'next/dynamic';
const PostListItem = dynamic(() => import('@/components/PostListItem'), {
    ssr: false,
    loading: () => <div>Loading...</div>,
});

interface PostListProps {
    postsPromise: Promise<MyNextApp.Post[]>;
}
```

```
function PostList(props: PostListProps) {
    const { postsPromise } = props;

    const posts = use(postsPromise);

    return (
        <ul style={{ listStylePosition: 'inside' }}>
            {posts.map((post) => {
                return (
                    <PostListItem
                        key={post.id}
                        post={post}
                    />
                );
            })}
        </ul>
    );
}

export default PostList;
```

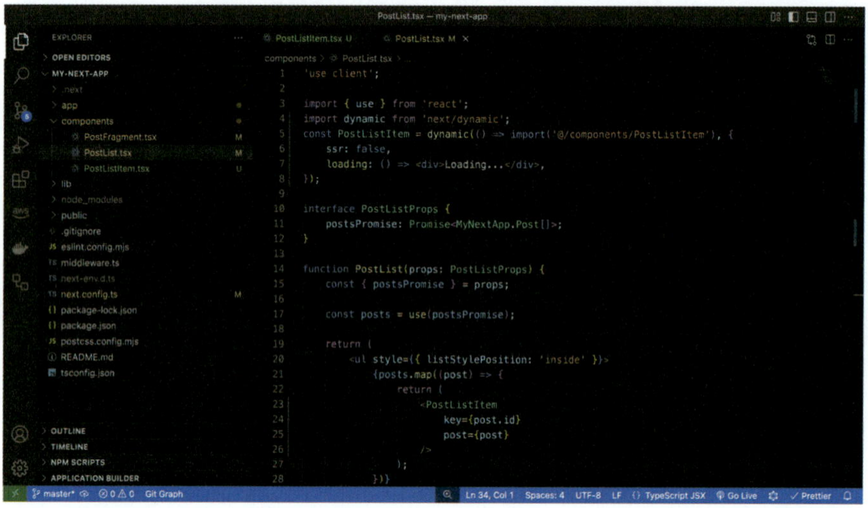

코드를 모두 수정한 이후에 애플리케이션을 개발 모드로 실행하고 브라우저에서 `localhost:3000`으로 접속하여 Feed 페이지로 이동합니다. 그러면 화면처럼 Post 목록을 서버로부터 받아오기 때문에 로딩 상태가 표시됩니다.

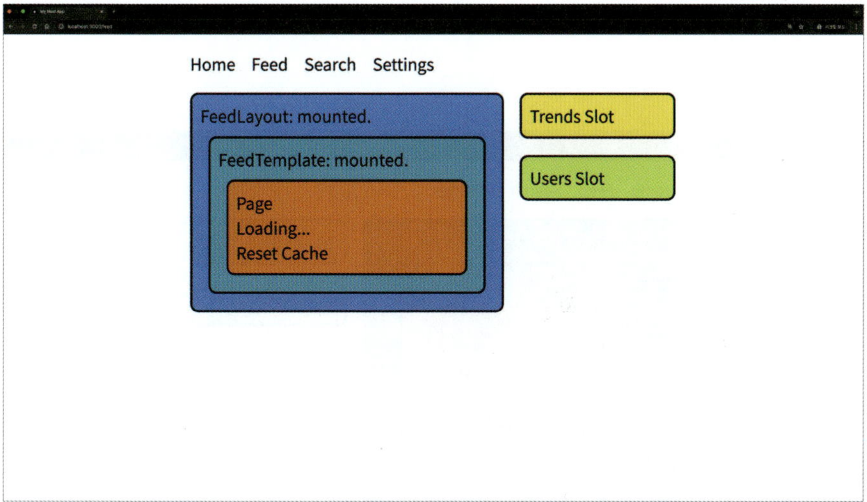

그리고 Post 목록을 모두 받아온 이후에서야 `PostListItem` 컴포넌트가 필요해지기 때문에 해당 시점에 `PostListItem` 컴포넌트를 동적으로 임포트하게 됩니다. 컴포넌트를 동적으로 받아오는 과정에서 다음 화면처럼 `dynamic()` 함수의 `loading` 옵션에 설정한 로딩 상태가 화면에 나타나게 됩니다.

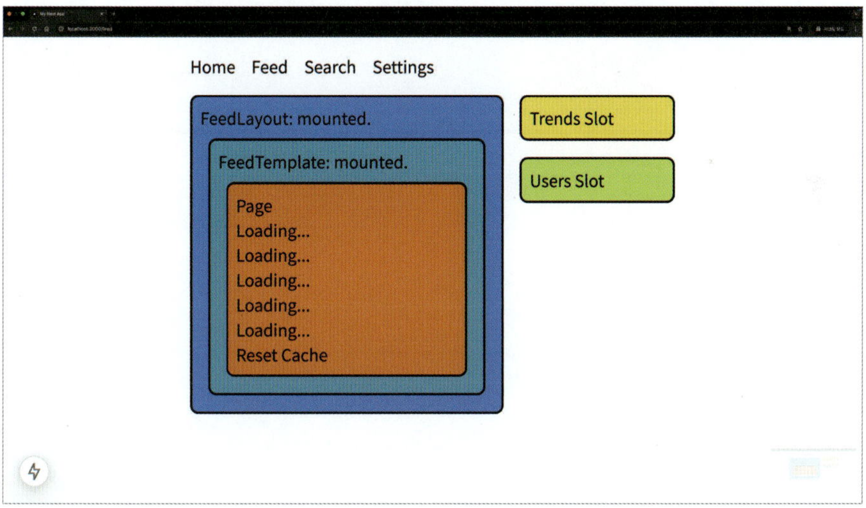

그리고 잠시 후에 동적 임포트가 모두 완료되면 `PostListItem` 컴포넌트가 화면에 렌더링되어 나타나게 됩니다.

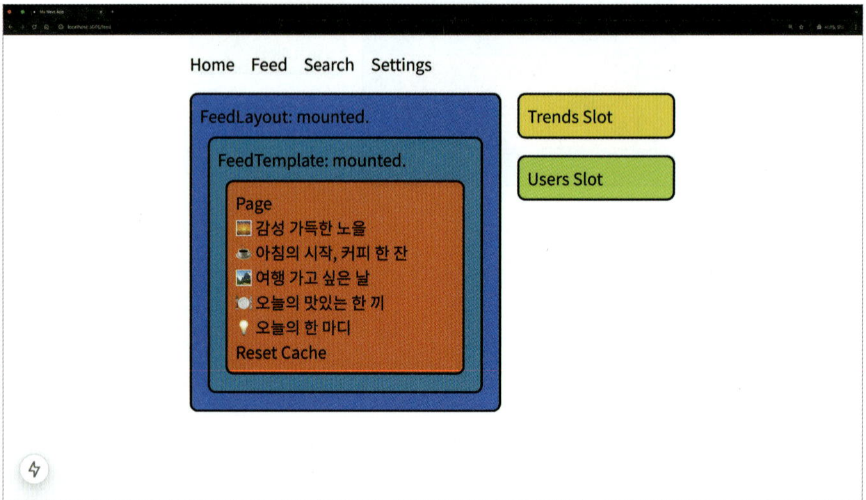

이처럼 동적 임포트를 사용하면 하나의 큰 페이지를 여러 개의 번들로 쪼개고, 각 컴포넌트가 필요한 시점에 로딩함으로써 페이지의 로딩 속도를 향상시킬 수 있습니다.

12.9 마치며

이번 장에서 배운 내용은 아래와 같습니다.

- **이미지 최적화**
  - Next.js에는 이미지 최적화를 위한 `Image` 컴포넌트가 내장되어 있음
  - HTML `<img>` 엘리먼트를 확장하여 자동 이미지 최적화 기능을 제공
- **폰트 최적화**
  - `next/font` 패키지
    - 자동으로 폰트를 최적화(커스텀 폰트 포함)
    - 외부 네트워크 요청을 제거하여 개인정보 보호와 성능을 향상시킴
    - 모든 폰트 파일에 대해 내장된 자동 셀프 호스팅 기능을 포함
      - CSS와 폰트 파일은 빌드 시 다운로드 되며, 나머지 정적 자산과 함께 셀프 호스팅됨
  - 구글 폰트
    - `next/font/google`에서 사용하려는 폰트를 임포트해서 사용
  - 로컬 폰트
    - `next/font/local` 패키지를 임포트하고 `src` 속성에 글꼴 파일의 경로를 지정해서 사용
- **스크립트 최적화**
  - 애플리케이션 스크립트
    - 모든 라우트에 대해 서드파티 스크립트를 로드하고 싶을 경우
    - 루트 레이아웃에서 `next/script`를 사용하여 스크립트를 직접 포함시키면 됨
    - 사용자가 여러 페이지 사이를 이동하더라도 스크립트가 한 번만 로드되도록 보장
    - 성능에 영향을 최소화하기 위해 실제로 해당 스크립트를 사용하는 페이지나 레이아웃에만 서드파티 스크립트를 포함하는 것이 좋음
  - 레이아웃 스크립트
    - 동일한 레이아웃 내의 여러 라우트에 대해 서드파티 스크립트를 로드할 경우
    - `next/script`를 사용하여 레이아웃 컴포넌트에 스크립트를 직접 포함시키면 됨
    - 동일한 레이아웃 내에서 여러 경로를 탐색하더라도 스크립트가 한 번만 로드되도록 보장
  - `strategy` 속성을 사용하여 로딩 동작을 세밀하게 조정할 수 있음

- **지연 로딩**
  - 필요한 시점에만 데이터를 불러오는 기술
  - 초기 로딩 시간을 줄이고 사용자 경험과 성능을 향상시키는 데 도움
  - Next.js에서 지연 로딩 적용 방법
    - `next/dynamic`을 사용한 동적 임포트
      - `React.lazy()`와 `Suspense`를 합친 것
    - `React.lazy()`와 `Suspense` 사용

- **정적 애셋**
  - 루트 디렉터리에 `public` 폴더를 만들어 정적 파일을 제공할 수 있음
  - `public` 폴더 내부의 파일은 기본 URL(`/`)에서 시작하여 코드에서 참조 가능

Chapter

13

설정하기

Preview

이번 장에서는 Next.js의 여러 가지 설정 방법을 살펴봅니다. 먼저 Next.js의 모든 설정을 담고 있는 `next.config.js` 파일에 대해서 살펴보고, 이후에 환경변수를 설정하는 방법에 대해서 살펴보겠습니다.

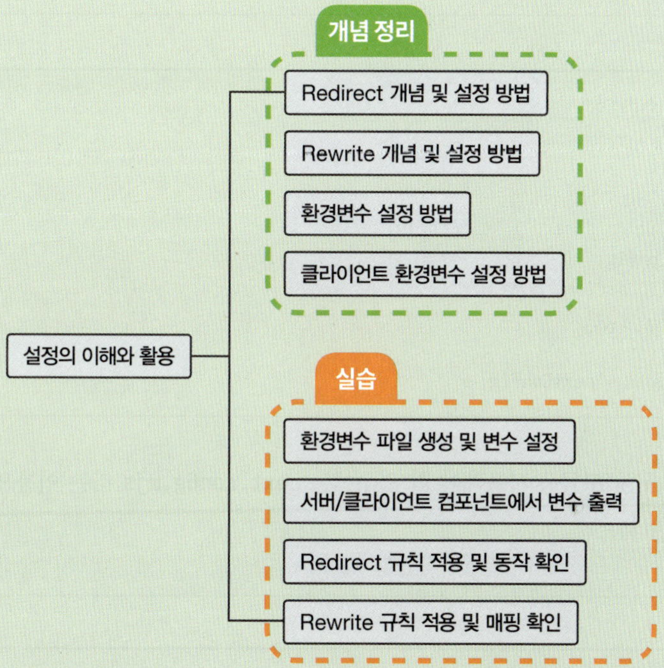

13.1 next.config.js 파일

Next.js에서는 **next.config.js** 라는 이름의 파일을 통해서 여러 가지 옵션을 간편하게 설정할 수 있습니다. next.config.js 파일은 프로젝트의 가장 최상위 경로에 위치하게 되며 아래와 같은 형태로 작성하면 됩니다.

```
// next.config.js

// @ts-check

/** @type {import('next').NextConfig} */
const nextConfig = {
    /* config options here */
};

module.exports = nextConfig;
```

만약 ECMAScript 모듈을 사용해야 할 경우에는 **next.config.mjs** 라는 이름으로 다음과 같이 작성하면 됩니다.

```
// next.config.mjs

// @ts-check

/**
 * @type {import('next').NextConfig}
 */
const nextConfig = {
    /* config options here */
};

export default nextConfig;
```

그리고 타입스크립트를 사용할 경우 아래와 같이 **next.config.ts** 파일을 작성하면 됩니다.

```
import type { NextConfig } from 'next';

const nextConfig: NextConfig = {
  /* config options here */
}

export default nextConfig;
```

next.config.js 파일을 통해 설정할 수 있는 옵션이 굉장히 많기 때문에 이 책에서 전부 다루지는 못하고 가장 자주 사용하는 옵션에 대해서만 살펴보도록 하겠습니다.

1 redirects

redirects 옵션은 **특정 페이지 요청을 다른 경로로 보낼 수 있게 해주는 기능**입니다. 흔히 리디렉션redirection이라고 부르는 기능을 위한 옵션이라고 이해하면 됩니다.

특정 경로에 대해 페이지를 리디렉션하기 위해서는 아래와 같이 next.config.js 파일에 **redirects 옵션**을 사용하면 됩니다.

```
// next.config.js

module.exports = {
    async redirects() {
        return [
            {
                source: '/home',
                destination: '/',
                permanent: true,
            },
        ];
    },
};
```

여기서 redirects는 비동기 함수로 source, destination, permanent 속성을 가진 객체들이 포함된 배열을 반환해야 합니다. source는 들어오는 **요청 경로 패턴**을 의미하고, destination은 **리디렉션할 경로**를 의미합니다. 그리고 permanent는 true 또는 false 값을 갖게 되는데 true인 경우 308 HTTP 상태 코드Status Code를 사용하여 클라이언트/검색 엔진이 리디렉션을 영구적으로 캐시하도록 지시하며, false인 경우 임시 상태 코드인 307을 사용하고 캐시되지 않습니다.

기본 속성 이외에 추가로 basePath, locale, has, missing 속성을 사용해서 더 상세하게 리다이렉션을 설정할 수 있습니다. basePath는 값이 false일 경우 경로를 매칭할 때 basePath를 포함하지 않으며 외부 리디렉션에서만 사용할 수 있습니다. 그리고 locale은 값이 false일 경우 경로를 매칭할 때 locale을 포함하지 않게 됩니다. 마지막으로 has와 missing은 type, key, value 속성을 가진 객체들의 배열로 구성되며 헤더, 쿠키, 쿼리 등을 매칭시킬 때 사용하는 속성입니다.

아래 next.config.js 파일은 has와 missing 옵션을 사용하여 헤더, 쿠키의 값에 따라 선택적으로 리디렉션을 적용한 예시입니다.

```
// next.config.js

module.exports = {
    async redirects() {
        return [
            // 'x-redirect-me'라는 헤더가 존재할 경우 리디렉션됨
            {
                source: '/:path((?!another-page$).*)',
                has: [
                    {
                        type: 'header',
                        key: 'x-redirect-me',
                    },
                ],
                permanent: false,
                destination: '/another-page',
            },
            // 'x-do-not-redirect'라는 헤더가 존재할 경우 리디렉션되지 않음
            {
```

```
                source: '/:path((?!another-page$).*)',
                missing: [
                    {
                        type: 'header',
                        key: 'x-do-not-redirect',
                    },
                ],
                permanent: false,
                destination: '/another-page',
            },
            // authorized=true가 cookie에 존재할 경우 리디렉션됨
            {
                source: '/specific/:path*',
                has: [
                    {
                        type: 'cookie',
                        key: 'authorized',
                        value: 'true',
                    },
                ],
                permanent: false,
                destination: '/another/:path*',
            },
        ];
    },
};
```

2 rewrites

rewrites 옵션은 **특정 경로에 대한 요청을 다른 경로로 매핑할 수 있게 하는 기능**입니다. rewrites는 URL 프록시proxy로 작동하기 때문에 **내부적으로만 다른 경로로 매핑시키고 사용자의 주소창에 나타나는 주소는 바뀌지 않게 됩니다.** 하지만 앞에서 살펴본 redirects 옵션은 실제로 다른 경로로 보내는 것이기 때문에 주소창에 나타나는 주소가 바뀌게 됩니다. 즉, redirects 옵션은 **실제로 다른 경로로 보내는 것**이고, rewrites 옵션은 **다른 경로로 매핑만 시키는 것**입니다. 이 두 가지 옵션의 차이점을 잘 기억하고 사용하는 것이 중요합니다.

특정 경로에 대한 요청을 다른 경로로 매핑하기 위해서는 다음 코드처럼 next.config.js 파일에 **rewrites 옵션**을 사용하면 됩니다.

```
// next.config.js

module.exports = {
    async rewrites() {
        return [
            {
                source: '/home',
                destination: '/',
            },
        ];
    },
};
```

여기서 rewrites는 비동기 함수로 source, destination 속성을 가진 객체들이 포함된 배열을 반환해야 합니다. source는 들어오는 **요청 경로 패턴**을 의미하고, destination은 **라우팅시킬 경로**를 의미합니다. 그리고 기본 속성 이외에 추가로 basePath, locale, has, missing 속성을 사용해서 더 상세하게 Rewrite 설정을 할 수 있습니다. 해당 속성들은 앞서 살펴본 redirects와 동일하다고 보면 됩니다.

13.2 환경변수 설정

Next.js에서는 환경변수를 설정할 수 있는 기능을 자체적으로 제공합니다. 그래서 별도의 추가 설정 없이도 다음 방법을 이용하여 편리하게 환경변수를 설정할 수 있습니다.

1 .env 파일을 이용한 환경변수 설정

먼저 Next.js 프로젝트의 최상위 경로에 환경변수 파일(예: `.env.local`)을 생성하고 아래와 같은 형태의 키-값 쌍Key-Value pair을 작성하면 됩니다.

```
DB_HOST=localhost
DB_PORT=3306
DB_USER=root
DB_PASSWORD=12345678
```

그러면 애플리케이션 내에서 예시 코드와 같이 `process.env.<키 값>` 형태로 환경변수의 값을 가져와서 사용할 수 있습니다.

```
// app/api/posts/route.ts

export async function GET() {
    const connection = await db.connect({
        host: process.env.DB_HOST,
        port: process.env.DB_PORT,
        username: process.env.DB_USER,
        password: process.env.DB_PASSWORD,
    });
}
```

참고로 아래와 같이 여러 줄에 걸친 값도 줄바꿈이나 개행문자(\n)를 사용해서 환경변수로 설정해서 사용할 수 있으며, $를 사용하여 다른 환경변수의 값을 참조하는 형태로도 값을 작성할 수 있습니다.

```
MY_VARIABLE_1="this
is
multiline
variable"

MY_VARIABLE_2="this\nis\nmultiline\nvariable"

USER_ID=soaple
USER_URL=https://example.com/$USER_ID
```

Next.js에서 환경변수 파일을 불러오는 순서는 다음과 같습니다. 이 순서를 따라 값을 탐색하게 되며 가장 먼저 발견되는 환경변수의 값이 사용됩니다.

1. `process.env`
2. `.env.$(NODE_ENV).local`
3. `.env.local` (NODE_ENV의 값이 `test`일 경우 체크하지 않음)
4. `.env.$(NODE_ENV)`
5. `.env`

예를 들어, NODE_ENV의 값이 `development`이고 `.env.development.local`과 `.env`파일에 모두 환경변수 값을 설정한 경우 `.env.development.local`에 설정된 값이 사용된다고 이해하면 됩니다.

2 브라우저에서 접근 가능한 환경변수 설정

일반적으로 **환경변수는 Node.js 환경에서만 접근 가능**합니다. 즉, 백엔드 환경에서만 접근 가능하며 프론트엔드 환경(브라우저)에서는 접근 불가능합니다. 만약 프론트엔드에서 접근해야 할 필요가 있을 경우 아래와 같이 **환경변수의 키 값을 NEXT_PUBLIC_으로 시작**하도록 하면 됩니다.

```
NEXT_PUBLIC_MY_NAME=soaple
```

그러면 빌드 시에 Next.js에서 **NEXT_PUBLIC_으로 시작하는 환경변수를 참조하는 모든 부분의 값을 실제 값으로 치환하여 인라인으로 넣어주게 됩니다.** 여기서 한 가지 유의할 점은 외부에 노출되어서는 안 되는 중요한 값(보안 키 값, DB 접속 정보 등)의 경우에는 NEXT_PUBLIC_을 사용하면 안 된다는 점입니다.

그리고 아래와 같이 변수를 사용해서 동적으로 환경변수의 값을 가져오는 형태로는 사용할 수 없습니다.

```
// 변수를 사용하기 때문에 사용 불가
const varName = 'NEXT_PUBLIC_MY_NAME';
setUserName(process.env[varName]);

// 변수를 사용하기 때문에 사용 불가
const env = process.env;
setUserName(env.NEXT_PUBLIC_MY_NAME);
```

13.3 실습 환경변수 사용해보기

이번 실습에서는 환경변수를 사용해봅니다. 우선 화면과 같이 프로젝트 최상위 경로에서 .env라는 이름의 파일을 생성합니다.

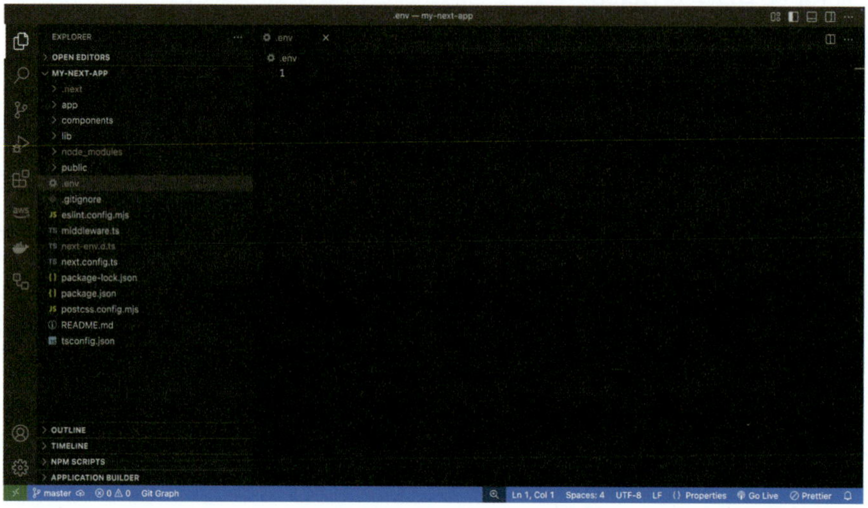

이후 생성한 .env 파일에 아래 코드를 작성합니다. 이 코드는 서버 환경변수와 클라이언트 환경변수까지 총 2개의 환경변수를 선언하는 코드입니다. 이때 클라이언트 환경변수는 클라이언트에서 접근할 수 있게 하기 위해 NEXT_PUBLIC_으로 시작하도록 키 값을 작성한 것을 볼 수 있습니다.

```
// .env

SERVER_ENV_VAR="server-env-variable"

NEXT_PUBLIC_CLIENT_ENV_VAR="client-env-variable"
```

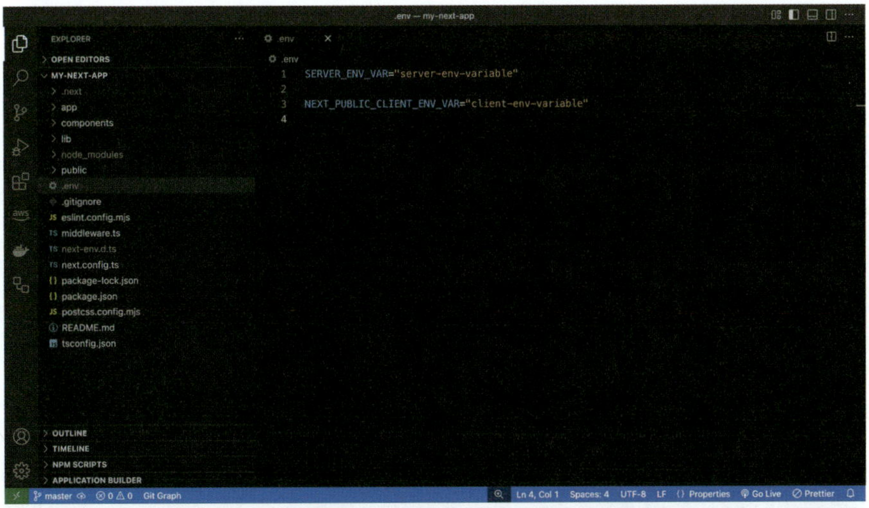

다음으로는 환경변수의 값이 실제로 잘 나오는지 확인하기 위해 인덱스 페이지에 로그를 추가하도록 하겠습니다. 먼저 app 폴더에 있는 `page.tsx` 파일을 엽니다.

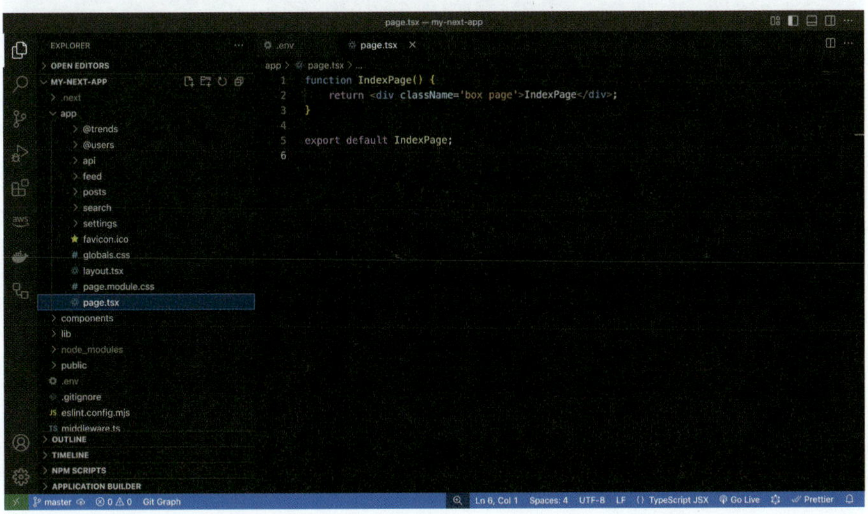

그리고 `page.tsx` 파일의 상단에 아래의 콘솔 로그를 추가합니다. 이 컴포넌트는 서버 컴포넌트이기 때문에 서버 환경변수와 클라이언트 환경변수 모두에 접근 가능합니다.

```
// app/page.tsx

console.log(process.env.SERVER_ENV_VAR);
console.log(process.env.NEXT_PUBLIC_CLIENT_ENV_VAR);

function IndexPage() {
    return <div className='box page'>IndexPage</div>;
}

export default IndexPage;
```

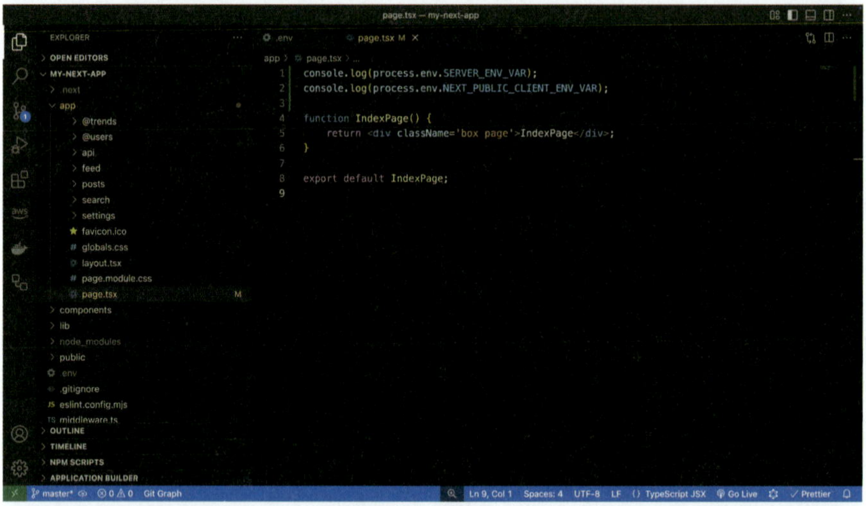

코드를 모두 수정한 이후에 애플리케이션을 개발 모드로 실행하고 브라우저에서 `localhost:3000`으로 접속합니다. 그리고 터미널의 로그를 확인해보면 다음 화면과 같이 서버 환경변수와 클라이언트 환경변수의 값이 모두 출력되는 것을 볼 수 있습니다.

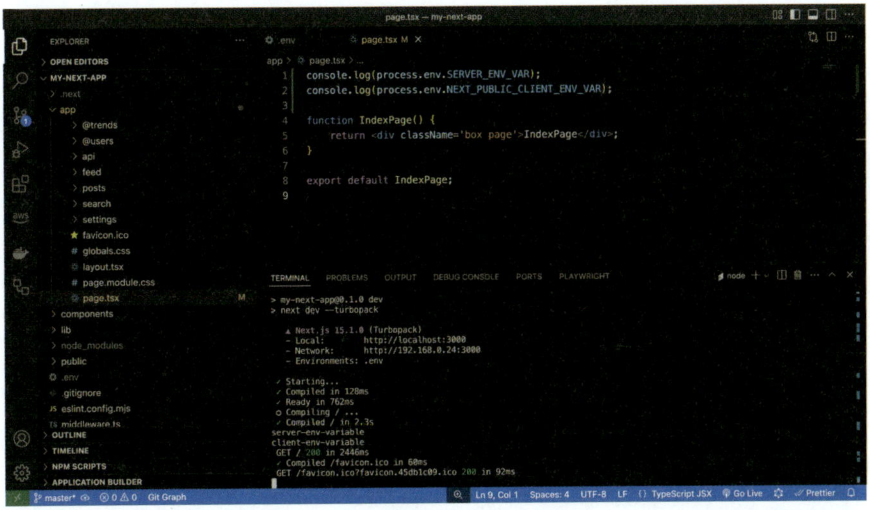

다음으로는 클라이언트 컴포넌트인 FeedLayout에서 환경변수의 값을 확인하기 위해 app/feed 폴더에 있는 `layout.tsx` 파일을 엽니다.

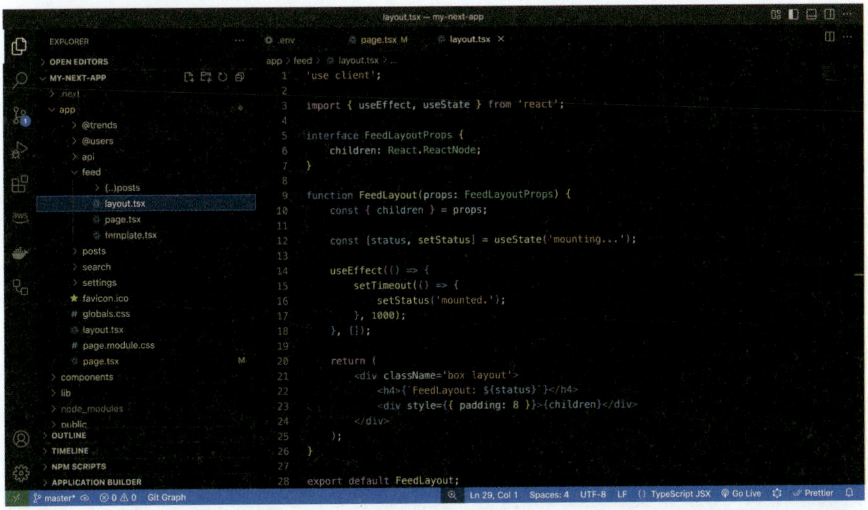

그리고 `layout.tsx` 파일의 상단에 아래의 콘솔 로그를 추가합니다. 참고로 FeedLayout 컴포넌트는 파일의 최상단에 `'use client'` 지시어를 사용하여 클라이언트 컴포넌트로 선언했다는 것을 기억하기 바랍니다.

```
// app/feed/layout.tsx

'use client';

import { useEffect, useState } from 'react';

console.log(process.env.SERVER_ENV_VAR);
console.log(process.env.NEXT_PUBLIC_CLIENT_ENV_VAR);

interface FeedLayoutProps {
    children: React.ReactNode;
}

function FeedLayout(props: FeedLayoutProps) {
    ...
}

export default FeedLayout;
```

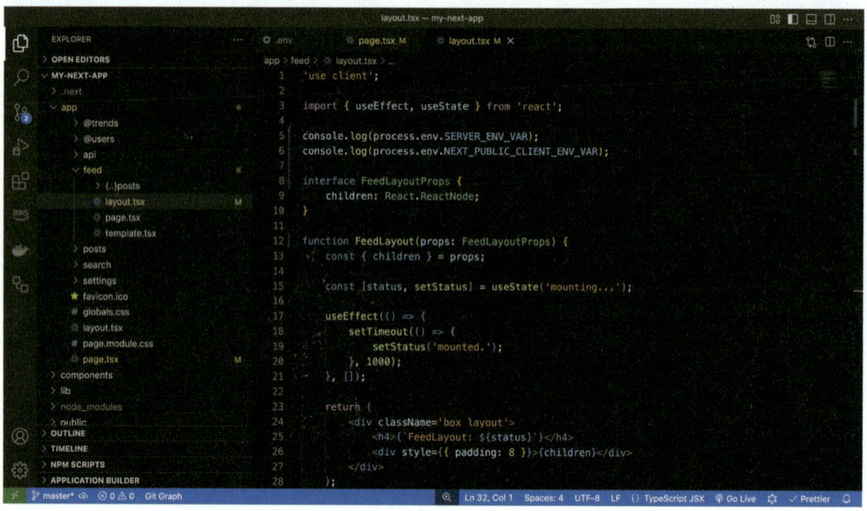

코드를 모두 수정한 이후에 애플리케이션을 개발 모드로 실행하고 브라우저에서 개발자 도구를 열어 **Console** 탭을 띄우고 Feed 페이지로 이동합니다. 그러면 다음 화면처

럼 콘솔에 로그가 출력됩니다. 이때 첫 번째 로그는 undefined라고 나오고, 두 번째 로그는 `client-env-variable`이라고 나오는 것을 볼 수 있습니다. 브라우저에서는 서버 환경변수에 접근이 불가능하기 때문에 서버 환경변수를 출력하도록 한 첫 번째 로그가 undefined로 나오는 것입니다.

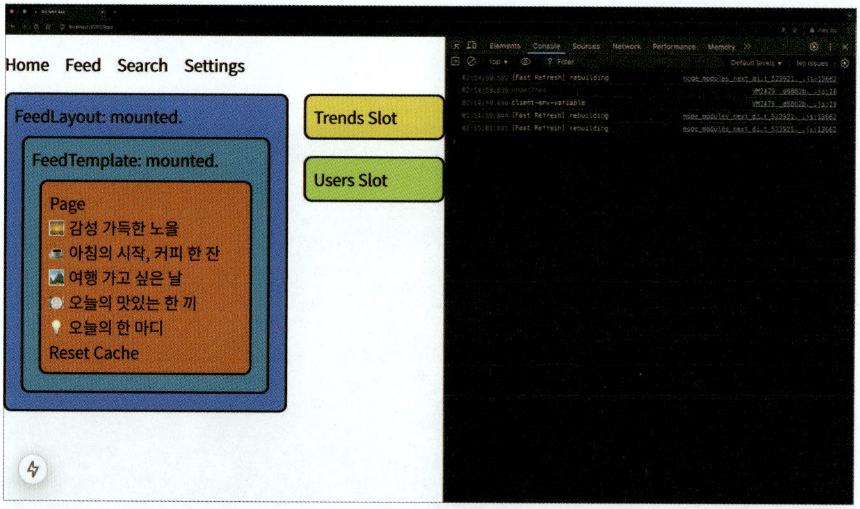

이처럼 서버 환경변수와 클라이언트 환경변수의 특징과 접근 가능한 영역에 대해 잘 기억해두기 바랍니다.

13.4 실습 Redirect 적용하기

이번 실습에서는 Redirect를 적용해보도록 하겠습니다. 먼저 화면과 같이 `next.config.ts` 파일을 엽니다.

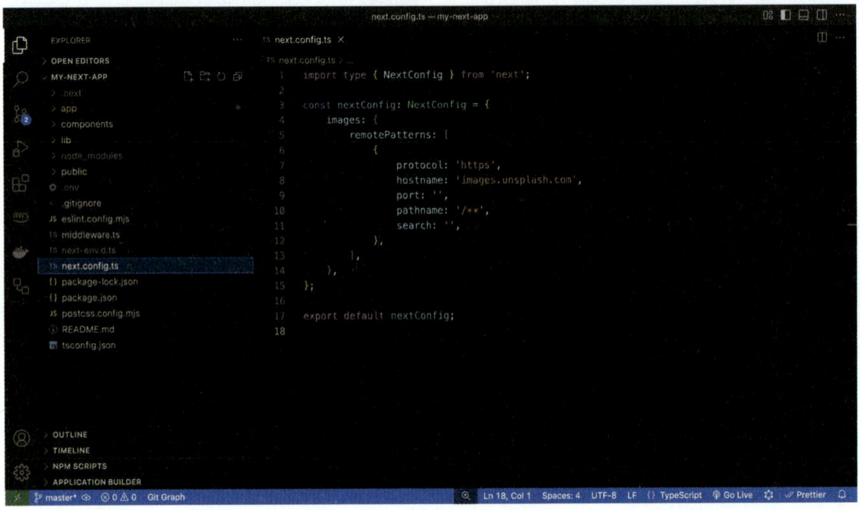

이후 `next.config.ts` 파일에 아래와 같이 `redirects` 규칙을 추가합니다. 이 규칙은 /home 경로로 접속할 경우 / 경로로 리디렉션하는 규칙입니다.

```
// next.config.ts

import type { NextConfig } from 'next';

const nextConfig: NextConfig = {
    async redirects() {
        return [
```

```
            {
                source: '/home',
                destination: '/',
                permanent: true,
            },
        ];
    },
    ...
};

export default nextConfig;
```

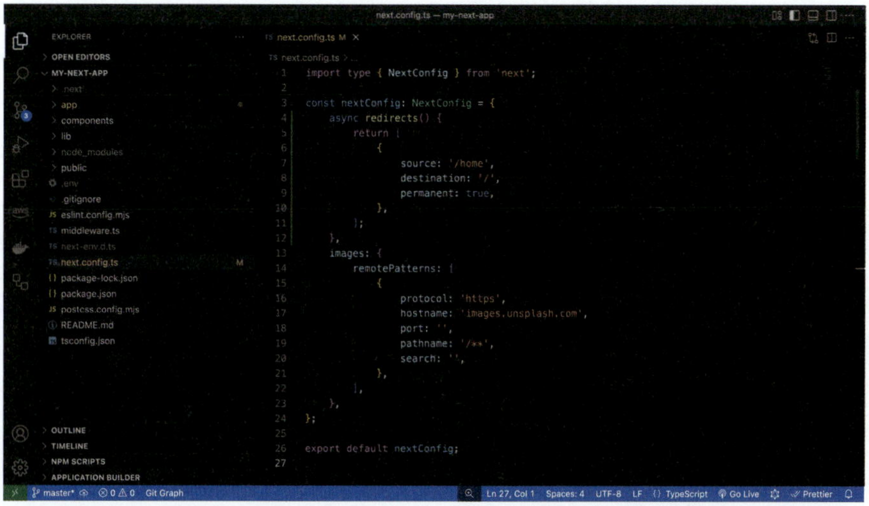

설정 파일을 모두 수정한 이후에 애플리케이션을 개발 모드로 실행하고 다음 화면과 같이 브라우저에서 `localhost:3000/home`으로 접속합니다.

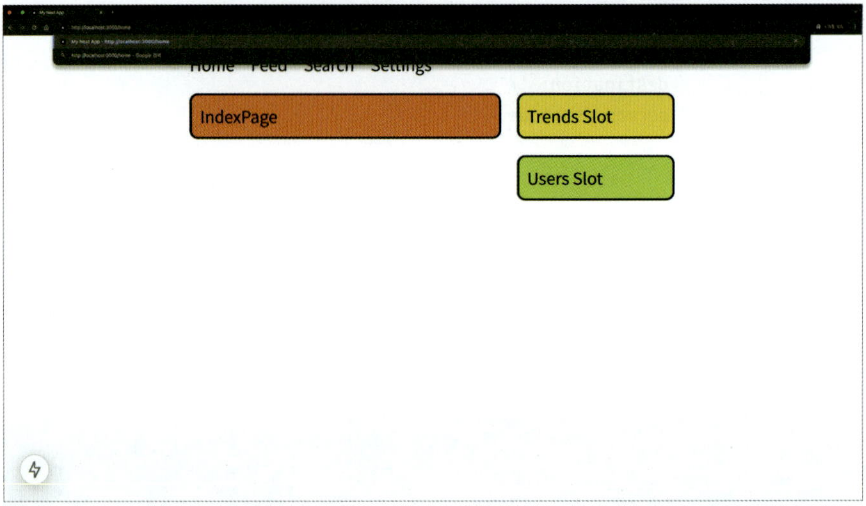

그러면 / 경로로 리디렉션되고 인덱스 페이지가 나오는 것을 볼 수 있습니다.

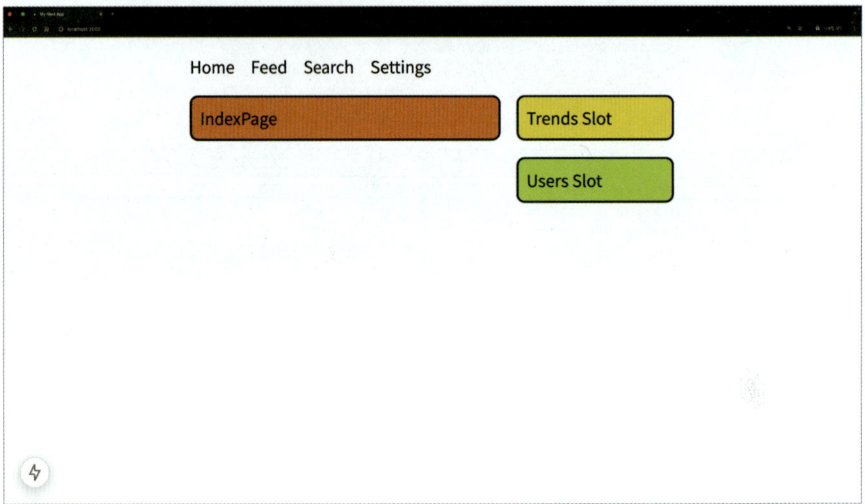

13.5 실습 Rewrite 적용하기

이번 실습에서는 Rewrite를 적용해봅니다. 먼저 `next.config.ts` 파일에 아래와 같이 `rewrites` 규칙을 추가합니다. 이 규칙은 `/about` 경로를 `/` 경로로 매핑시키는 규칙입니다.

```
// next.config.ts

import type { NextConfig } from 'next';

const nextConfig: NextConfig = {
    ...
    async rewrites() {
        return [
            {
                source: '/about',
                destination: '/',
            },
        ];
    },
    ...
};

export default nextConfig;
```

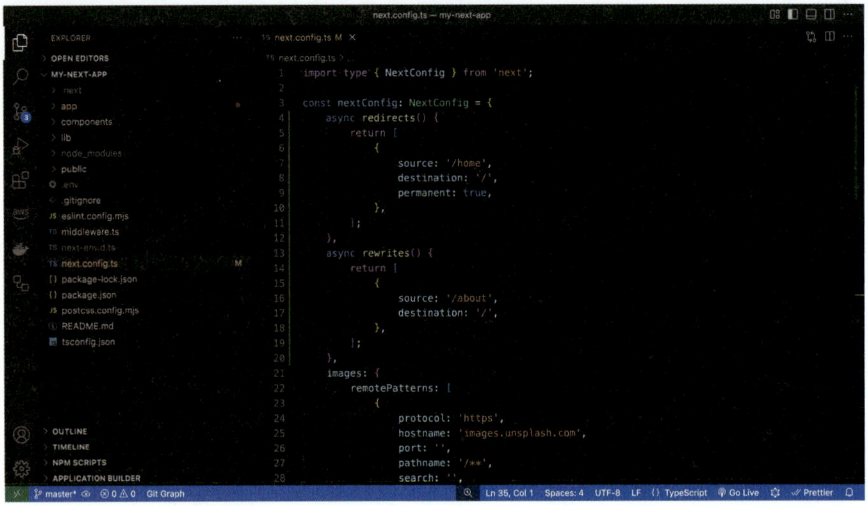

설정 파일을 모두 수정한 이후에 애플리케이션을 개발 모드로 실행하고 화면과 같이 브라우저에서 `localhost:3000/about`으로 접속합니다.

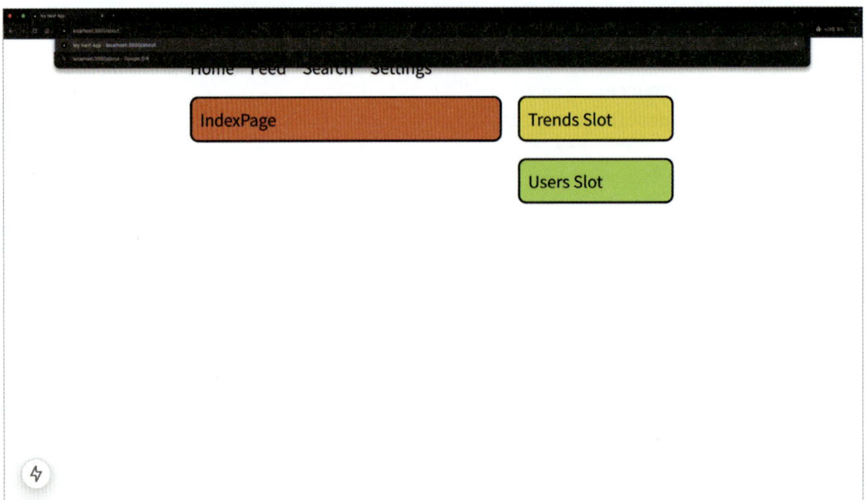

그러면 다음 화면처럼 경로는 `/about`으로 그대로 유지되고 인덱스 페이지가 나오는 것을 볼 수 있습니다. Rewrite는 특정 경로에 대한 요청을 다른 경로로 매핑할 수 있게

해주는 기능이기 때문에 이런 결과가 나오는 것입니다. Redirect와 Rewrite의 차이점을 잘 기억하고 필요에 따라 알맞게 사용하기 바랍니다.

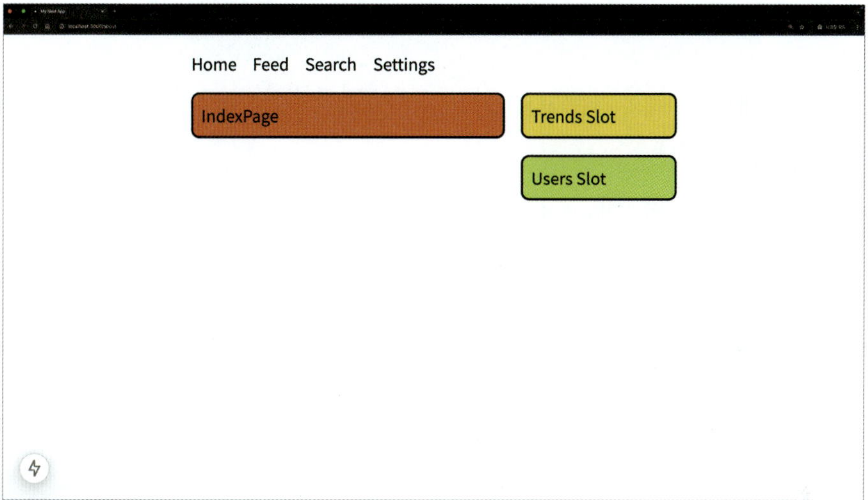

13.6 마치며

이번 장에서 배운 내용은 아래와 같습니다.

- **next.config.js 파일**
  - Next.js의 여러 가지 옵션을 간편하게 설정할 수 있게 해주는 설정 파일
  - redirects 옵션
    - 특정 페이지 요청을 다른 경로로 보낼 수 있게 해주는 기능
    - 실제로 다른 경로로 보내는 것
  - rewrites 옵션
    - 특정 경로에 대한 요청을 다른 경로로 매핑할 수 있게 해주는 옵션
    - 다른 경로로 매핑만 시키는 것

- **환경변수 설정**
  - .env 파일 사용
    - 프로젝트의 최상위 경로에 환경변수 파일을 생성
    - process.env.<키 값> 형태로 환경변수의 값을 가져와서 사용할 수 있음
  - 브라우저에서 접근 가능한 환경변수 설정
    - 환경변수의 키 값을 NEXT_PUBLIC_으로 시작하도록 하면 됨
    - 빌드 시에 Next.js에서 NEXT_PUBLIC_으로 시작하는 환경변수를 참조하는 모든 부분의 값을 실제 값으로 치환하여 인라인으로 넣어줌
    - 외부에 노출해서는 안 되는 중요한 값의 경우 사용하면 안 됨

Chapter

14

테스트

Preview

이번 장에서는 여러 가지 테스트 방법에 대해서 살펴봅니다. 각각의 상황에 맞는 테스트 방법을 사용하면 애플리케이션의 버그를 미리 찾아내고 더욱 견고한 애플리케이션을 만들 수 있습니다.

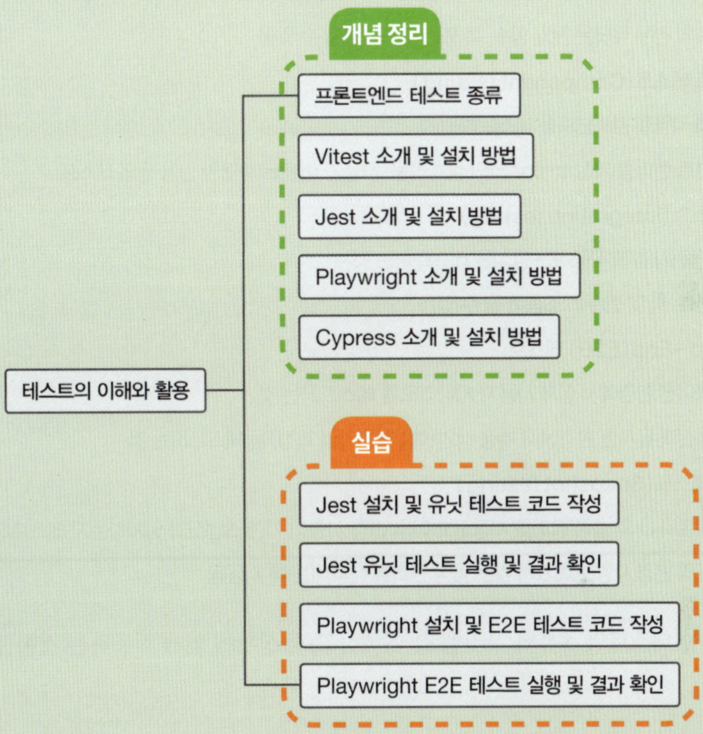

14.1 프론트엔드 테스트 종류

프론트엔드에서 주로 사용하는 테스트 종류로는 다음과 같은 것이 있습니다.

- **유닛 테스트(Unit testing)**
  - 개별 단위(또는 코드 블록)를 독립적으로 테스트하는 것
  - 리액트의 경우 유닛은 단일 함수, 훅 또는 컴포넌트일 수 있음
- **컴포넌트 테스트(Component testing)**
  - 각각의 리액트 컴포넌트를 테스트하는 것
  - 컴포넌트 렌더링 과정, props와의 상호작용, 사용자 이벤트에 대한 반응 등의 테스트
- **통합 테스트(Integration testing)**
  - 여러 단위가 함께 작동하는 방식을 테스트하는 것
  - 컴포넌트, 훅 및 함수의 조합이 될 수 있음
- **End-to-End(E2E) 테스트**
  - 시뮬레이션 환경에서 실제 사용자 시나리오를 테스트하는 것
  - 프로덕션과 유사한 환경에서 특정 작업(예: 회원가입 과정)을 테스트하는 것
- **스냅샷 테스트(Snapshot testing)**
  - 컴포넌트나 UI의 출력 결과를 저장하고 이후 변경 사항이 기존 스냅샷과 일치하는지 테스트하는 것
  - 스냅샷의 변경 사항은 예기치 않은 동작 변화를 나타내는 데 사용됨

이러한 다양한 테스트의 종류와 특징을 잘 이해하고 각 상황에 맞게 적용하는 것이 필요합니다.

14.2 Vitest

Vitest는 Vite라는 빌드 도구와 긴밀하게 통합되어 빠르고 간편한 유닛 테스트 환경을 제공하는 최신 테스트 러너입니다. 리액트나 Vue.js 같은 라이브러리와 잘 어울리며, Vite의 고속 빌드 및 모듈 핫 리로딩Hot Reloading 기능을 활용하여 개발자가 테스트를 더욱 효율적으로 작성하고 실행할 수 있게 도와줍니다.

1 Vitest 설치하기

빠르게 시작하기

아래 명령어와 같이 `create-next-app`을 with-vitest 예제와 함께 실행하여 Vitest가 설치된 형태의 Next.js 애플리케이션을 곧바로 생성할 수 있습니다.

```
npx create-next-app@latest --example with-vitest with-vitest-app
```

수동 설치

Vitest를 수동으로 설치하려면 `vitest`와 관련 패키지를 개발 종속성으로 설치해야 합니다.

```
npm install -D vitest @vitejs/plugin-react jsdom @testing-library/react
# or
yarn add -D vitest @vitejs/plugin-react jsdom @testing-library/react
# or
pnpm install -D vitest @vitejs/plugin-react jsdom @testing-library/react
# or
bun add -D vitest @vitejs/plugin-react jsdom @testing-library/react
```

다음으로 프로젝트의 루트 디렉터리에 `vitest.config.js` 또는 `vitest.config.ts` 파일을 만들고 다음과 같이 Vitest 설정 파일 내용을 작성합니다.

```
// vitest.config.ts

import { defineConfig } from 'vitest/config';
import react from '@vitejs/plugin-react';

export default defineConfig({
    plugins: [react()],
    test: {
        environment: 'jsdom',
    },
});
```

이후 다음처럼 테스트 스크립트를 `package.json` 파일의 `scripts` 항목에 추가합니다.

```
{
  "scripts": {
    "dev": "next dev",
    "build": "next build",
    "start": "next start",
    "test": "vitest"
  }
}
```

이후 `npm run test`를 실행하면 Vitest가 프로젝트의 파일 변화를 감시watch하게 됩니다.

```
npm run test
```

2 Vitest 유닛 테스트 작성 및 실행

Vitest를 사용해서 유닛 테스트를 작성하고 실행하는 방법에 대해 살펴보겠습니다. 먼저 다음처럼 간단한 형태의 Page 컴포넌트가 있다고 하겠습니다.

```
// app/page.tsx

import Link from 'next/link';

export default function Page() {
    return (
        <div>
            <h1>Home</h1>
            <Link href='/about'>About</Link>
        </div>
    );
}
```

이 Page 컴포넌트가 제목(<h1> 태그)을 성공적으로 렌더링하는지 확인하기 위한 테스트 코드를 작성합니다.

```
// __tests__/page.test.tsx

import { expect, test } from 'vitest';
import { render, screen } from '@testing-library/react';
import Page from '../app/page';

test('Page', () => {
    render(<Page />);
    expect(
        screen.getByRole('heading', { level: 1, name: 'Home' })
    ).toBeDefined();
});
```

NOTE

알아두면 좋은 점

위의 예에서는 일반적인 `__tests__` 규칙을 사용하지만, 테스트 파일은 앱 라우터 내부에 컴포넌트와 같은 위치에 작성할 수도 있습니다.

그런 다음 명령을 실행하여 테스트를 실행합니다.

```
npm run test
# or
yarn test
# or
pnpm test
# or
bun test
```

테스트가 실행되면 `Page` 컴포넌트를 렌더링하고 'Home'이라는 이름의 `<h1>` 태그가 존재하는지 확인하게 됩니다. 만약 존재한다면 테스트가 성공하고, 존재하지 않으면 테스트가 실패하게 됩니다.

14.3 Jest

Jest는 자바스크립트 및 타입스크립트 애플리케이션을 테스트하기 위한 포괄적인 테스트 프레임워크입니다. 메타에서 개발한 Jest는 유닛 테스트, 통합 테스트, 스냅샷 테스트를 지원하며, 설정이 간편하고 다양한 기능과 확장 기능을 통해 강력한 테스트 환경을 제공합니다. 빠른 실행 속도와 훌륭한 디버깅 도구로도 유명합니다. 참고로 Next.js 버전 12부터는 Jest에 대한 설정이 기본적으로 내장되어 있습니다.

1 Jest 설치하기

빠르게 시작하기

아래 명령어와 같이 `create-next-app`을 with-jest 예제와 함께 실행하여 Jest가 설치된 형태의 Next.js 애플리케이션을 곧바로 생성할 수 있습니다.

```
npx create-next-app@latest --example with-jest with-jest-app
```

수동 설치

Jest를 수동으로 설치하려면 먼저 다음과 같이 `jest`와 관련 패키지를 개발 종속성으로 설치해야 합니다.

```
npm install -D jest jest-environment-jsdom @testing-library/react @testing-library/
jest-dom
# or
yarn add -D jest jest-environment-jsdom @testing-library/react @testing-library/
jest-dom
# or
```

```
pnpm install -D jest jest-environment-jsdom @testing-library/react @testing-library/
jest-dom
```

패키지 설치 이후 명령을 실행하여 기본 Jest 설정 파일을 생성합니다.

```
npm init jest@latest
# or
yarn create jest@latest
# or
pnpm create jest@latest
```

그러면 `jest.config.js`(또는 `jest.config.ts`) 파일 자동 생성을 포함하여 프로젝트에 Jest를 설정하기 위한 일련의 프롬프트가 표시됩니다. 과정을 모두 마치면 Jest 설정 파일이 생성되는데 다음처럼 `next/jest` 패키지를 사용하도록 변경해줍니다.

```
// jest.config.ts

import type { Config } from 'jest';
import nextJest from 'next/jest.js';

const createJestConfig = nextJest({
    // 테스트 환경에 사용할 Next.js 애플리케이션 경로
    dir: './',
});

// Jest 커스텀 설정
const config: Config = {
    coverageProvider: 'v8',
    testEnvironment: 'jsdom',
    // 각 테스트가 실행되기 전에 필요한 옵션 작성
    // setupFilesAfterEnv: ['<rootDir>/jest.setup.ts'],
};

// next/jest가 비동기인 Next.js 설정을 로드할 수 있도록 하기 위해 createJestConfig를 아래
와 같이 익스포트해야 함
export default createJestConfig(config);
```

next/jest는 내부적으로 다음과 같은 Jest 설정을 자동으로 구성합니다.

- Next.js 컴파일러를 사용한 변환 설정
- 스타일시트(.css, .module.css 및 그들의 SCSS 변형)
- 이미지 임포트 및 next/font 자동 모킹
- .env를 process.env에 로드
- 테스트 해석 및 변환에서 node_modules 무시
- 테스트 해석에서 .next 무시
- SWC 변환을 활성화하는 플래그를 위한 next.config.js 로드

NOTE

알아두면 좋은 점

환경변수를 직접 테스트하려면 별도의 설정 스크립트나 jest.config.ts 파일에서 수동으로 로드하면 됩니다.

마지막으로 package.json 파일에 Jest를 위한 test, test:watch 스크립트를 추가합니다. 참고로 jest --watch는 파일이 변경되면 테스트를 다시 실행하는 명령어입니다.

```
{
  "scripts": {
    "dev": "next dev",
    "build": "next build",
    "start": "next start",
    "test": "jest",
    "test:watch": "jest --watch"
  }
}
```

2 Jest 테스트 작성 및 실행

Jest를 사용해서 테스트를 작성하고 실행하는 방법에 대해 살펴보겠습니다. 먼저 아래와 같이 간단한 형태의 Page 컴포넌트가 있다고 해보겠습니다.

```
// app/page.tsx

import Link from 'next/link';

export default function Home() {
    return (
        <div>
            <h1>Home</h1>
            <Link href='/about'>About</Link>
        </div>
    );
}
```

이 Page 컴포넌트가 제목(<h1> 태그)을 성공적으로 렌더링하는지 확인하기 위한 테스트 코드를 작성합니다.

```
// __tests__/page.test.jsx

import '@testing-library/jest-dom';
import { render, screen } from '@testing-library/react';
import Page from '../app/page';

describe('Page', () => {
    it('renders a heading', () => {
        render(<Page />);
        const heading = screen.getByRole('heading', { level: 1 });
        expect(heading).toBeInTheDocument();
    });
});
```

추가로 컴포넌트의 예기치 않은 변경 사항을 추적하기 위해 다음과 같은 스냅샷 테스트를 작성할 수도 있습니다.

```
// __tests__/snapshot.js

import { render } from '@testing-library/react';
import Page from '../app/page';

it('renders homepage unchanged', () => {
    const { container } = render(<Page />);
    expect(container).toMatchSnapshot();
});
```

테스트 코드를 모두 작성한 이후 터미널에서 명령을 실행하여 테스트를 실행하면 됩니다.

```
npm run test
# or
yarn test
# or
pnpm test
```

14.4 Playwright

Playwright는 마이크로소프트에서 개발한 테스트 프레임워크입니다. Playwright를 사용하면 크로미엄, 파이어폭스, 웹킷을 하나의 API로 자동화할 수 있으며, 이를 사용하여 E2E 테스트를 편리하게 작성할 수 있습니다.

1 Playwright 설치하기

빠르게 시작하기

다음 명령어와 같이 `create-next-app`을 with-playwright 예제와 함께 실행하여 Playwright가 설치된 형태의 Next.js 애플리케이션을 곧바로 생성할 수 있습니다.

```
npx create-next-app@latest --example with-playwright with-playwright-app
```

수동 설치

Playwright를 수동으로 설치하려면 아래 명령을 실행하면 됩니다.

```
npm init playwright
# or
yarn create playwright
# or
pnpm create playwright
```

그러면 `playwright.config.ts` 파일 생성과 함께 프로젝트에 맞게 Playwright를 설정하고 구성하기 위한 일련의 프롬프트가 표시됩니다.

2 Playwright E2E 테스트 작성 및 실행

먼저 다음처럼 두 개의 페이지 컴포넌트 코드를 작성합니다.

```
// app/page.tsx

import Link from 'next/link';

export default function Page() {
    return (
        <div>
            <h1>Home</h1>
            <Link href='/about'>About</Link>
        </div>
    );
}
```

```
// app/about/page.tsx

import Link from 'next/link';

export default function Page() {
    return (
        <div>
            <h1>About</h1>
            <Link href='/'>Home</Link>
        </div>
    );
}
```

이후 각 페이지 간 경로 이동이 제대로 작동하는지 확인하기 위한 테스트 코드를 작성하면 됩니다.

```
// tests/example.spec.ts

import { test, expect } from '@playwright/test';

test('should navigate to the about page', async ({ page }) => {
    // 인덱스 페이지로 이동
    await page.goto('http://localhost:3000/');
    // 'About'이라는 텍스트를 가진 element를 찾아서 클릭
    await page.click('text=About');
    // 새로운 페이지가 '/about'이라는 경로를 가지는지 확인
    await expect(page).toHaveURL('http://localhost:3000/about');
    // 새로운 페이지가 'About'이라는 텍스트를 가진 h1 태그를 포함하는지 확인
    await expect(page.locator('h1')).toContainText('About');
});
```

NOTE

알아두면 좋은 점

`playwright.config.ts` 설정 파일에 `"baseURL": "http://localhost:3000"`을 추가하면 `page.goto("http://localhost:3000/")` 대신 `page.goto("/")`를 사용할 수 있습니다.

Playwright는 크로미엄, 파이어폭스, 웹킷 세 가지 브라우저를 사용하여 사용자가 애플리케이션을 탐색하는 과정을 시뮬레이션합니다. 그리고 이를 위해서는 Next.js 서버가 실행 중이어야 합니다. 개발 모드에서도 시뮬레이션은 가능하지만 애플리케이션이 실제로 동작하는 방식을 더 정확하게 테스트하기 위해서는 프로덕션Production 코드에 대해 테스트하는 것이 좋습니다.

프로덕션 코드에 대해 테스트하기 위해서는 `npm run build`와 `npm run start`를 실행하여 Next.js 애플리케이션을 빌드하고 시작합니다. 그런 다음 다른 터미널 창에서 `npx playwright test`를 실행하여 Playwright 테스트를 실행하면 됩니다.

14.5 Cypress

Cypress는 End-to-End(E2E) 및 컴포넌트 테스트에 사용되는 테스트 러너입니다.

> **NOTE**
>
> **Cypress 사용 시 주의할 점**
>
> Cypress 13.6.3 미만의 버전에서는 타입스크립트 버전 5와 `moduleResolution:"bundler"`를 지원하지 않습니다. 해당 설정을 사용하려면 Cypress 13.6.3 이상의 버전을 사용하는 것이 좋습니다.

1 Cypress 설치하기

빠르게 시작하기

다음 명령어와 같이 `create-next-app`을 with-cypress 예제와 함께 실행하여 Cypress가 설치된 형태의 Next.js 애플리케이션을 곧바로 생성할 수 있습니다.

```
npx create-next-app@latest --example with-cypress with-cypress-app
```

수동 설치

수동으로 Cypress를 설치하려면 `cypress` 패키지를 개발 종속성devDependencies으로 설치하면 됩니다.

```
npm install -D cypress
# or
yarn add -D cypress
# or
pnpm install -D cypress
```

패키지 설치 이후 package.json 파일의 scripts에 아래와 같이 cypress:open 스크립트를 추가합니다.

```
{
  "scripts": {
    "dev": "next dev",
    "build": "next build",
    "start": "next start",
    "lint": "next lint",
    "cypress:open": "cypress open"
  }
}
```

그런 다음 해당 스크립트를 실행하여 Cypress 테스트 도구 모음을 엽니다.

```
npm run cypress:open
```

그러면 E2E 테스트E2E Testing와 컴포넌트 테스트Component Testing를 설정하도록 선택할 수 있습니다. 이러한 옵션 중 하나를 선택하면 프로젝트에 cypress.config.js 파일과 cypress 폴더가 자동으로 생성됩니다.

2 Cypress E2E 테스트

먼저 cypress.config.js 파일이 다음처럼 설정되어 있는지 확인합니다.

```
// cypress.config.ts

import { defineConfig } from 'cypress';

export default defineConfig({
```

```
    e2e: {
        setupNodeEvents(on, config) {},
    },
});
```

그런 다음 아래와 같이 두 개의 페이지 컴포넌트 코드를 작성합니다.

```
// app/page.js

import Link from 'next/link';

export default function Page() {
    return (
        <div>
            <h1>Home</h1>
            <Link href='/about'>About</Link>
        </div>
    );
}
```

```
// app/about/page.js

import Link from 'next/link';

export default function Page() {
    return (
        <div>
            <h1>About</h1>
            <Link href='/'>Home</Link>
        </div>
    );
}
```

이후 각 페이지 간 경로 이동이 제대로 작동하는지 확인하기 위한 테스트 코드를 작성하면 됩니다.

```
describe('Navigation', () => {
    it('should navigate to the about page', () => {
        // 인덱스 페이지로 이동
        cy.visit('http://localhost:3000/');
        // 'about'이라는 href 속성을 가진 링크를 찾아서 클릭
        cy.get('a[href*="about"]').click();
        // 새로운 URL이 '/about'이라는 경로를 포함하는지 확인
        cy.url().should('include', '/about');
        // 새로운 페이지가 'About'이라는 텍스트를 가진 h1 태그를 포함하는지 확인
        cy.get('h1').contains('About');
    });
});
```

Cypress는 사용자가 애플리케이션을 탐색하는 것을 시뮬레이션하며 이를 위해 Next.js 서버가 실행 중이어야 합니다. 개발 모드에서도 시뮬레이션은 가능하지만 애플리케이션이 실제로 동작하는 방식을 더 정확하게 테스트하기 위해서는 프로덕션 코드에 대해 테스트하는 것이 좋습니다.

프로덕션 코드에 대해 테스트하기 위해서는 `npm run build`와 `npm run start`를 실행하여 Next.js 애플리케이션을 빌드하고 시작합니다. 그런 다음 다른 터미널 창에서 `npm run cypress:open`를 실행하여 Cypress를 시작하고 E2E 테스트를 실행하면 됩니다.

NOTE

알아두면 좋은 점

`cypress.config.js` 설정 파일에 `baseUrl: 'http://localhost:3000'`을 추가함으로써 `cy.visit("http://localhost:3000/")`대신 `cy.visit("/")`를 사용할 수 있습니다.

3 Cypress 컴포넌트 테스트

컴포넌트 테스트는 전체 애플리케이션을 번들링하거나 서버를 시작하지 않고 특정 컴포넌트를 빌드하고 마운트하여 테스트하는 것입니다.

컴포넌트 테스트를 하기 위해서는 Cypress 앱에서 컴포넌트 테스트를 선택한 다음, 프론트엔드 프레임워크로 Next.js를 선택하면 됩니다. 그러면 프로젝트 폴더에 `cypress/component` 폴더가 생성되고 `cypress.config.js` 파일에 컴포넌트 테스트 관련 설정이 추가됩니다.

```
// cypress.config.ts

import { defineConfig } from 'cypress';

export default defineConfig({
    component: {
        devServer: {
            framework: 'next',
            bundler: 'webpack',
        },
    },
});
```

이후 다음과 같이 페이지 컴포넌트를 렌더링하고 테스트하는 코드를 작성합니다.

```
// cypress/component/about.cy.tsx

import Page from '../../app/page';

describe('<Page />', () => {
    it('should render and display expected content', () => {
        // Page 컴포넌트 마운트
        cy.mount(<Page />);
        // 새로운 페이지가 'Home'이라는 텍스트를 가진 h1 태그를 포함하는지 확인
        cy.get('h1').contains('Home');
        // '/about'이라는 href 속성을 가진 링크가 화면에 존재하는지 확인
        cy.get('a[href="/about"]').should('be.visible');
    });
});
```

이후 터미널에서 `npm run cypress:open` 명령을 실행하여 Cypress를 시작하고 컴포넌트

테스트를 실행하면 됩니다.

> **NOTE**
>
> **알아두면 좋은 점**
>
> - Cypress는 현재 비동기 서버 컴포넌트Async Server Components에 대한 컴포넌트 테스트를 지원하지 않습니다. 해당 컴포넌트를 테스트하고 싶을 경우 E2E 테스트를 사용하는 것을 권장합니다.
> - 컴포넌트 테스트는 Next.js 서버가 필요하지 않기 때문에 `<Image />`와 같이 서버에 의존하는 기능이 기본적으로 작동하지 않을 수 있습니다.

14.6 실습 Jest로 테스트하기

이번 실습에서는 Jest를 사용하여 테스트를 해보겠습니다. 먼저 아래 `npm install` 명령어를 사용해서 Jest와 관련 패키지를 설치합니다.

```
npm install -D jest jest-environment-jsdom @testing-library/react @testing-library/jest-dom
```

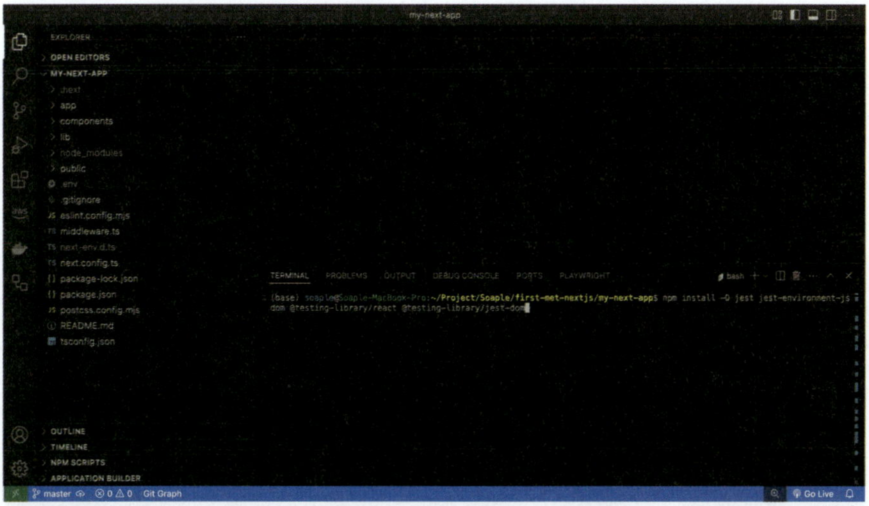

명령어를 실행하면 다음 화면과 같이 패키지들이 설치됩니다.

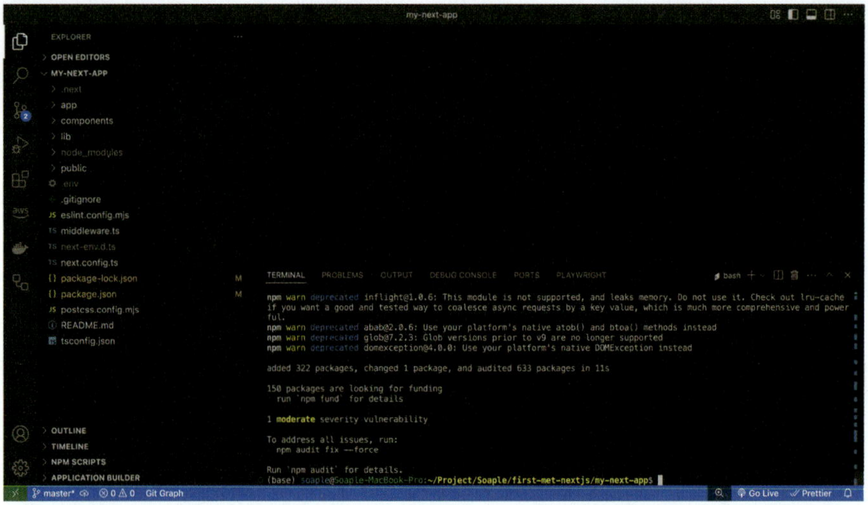

패키지 설치 이후 테스트 스크립트를 추가하기 위해서 화면처럼 `package.json` 파일을 엽니다.

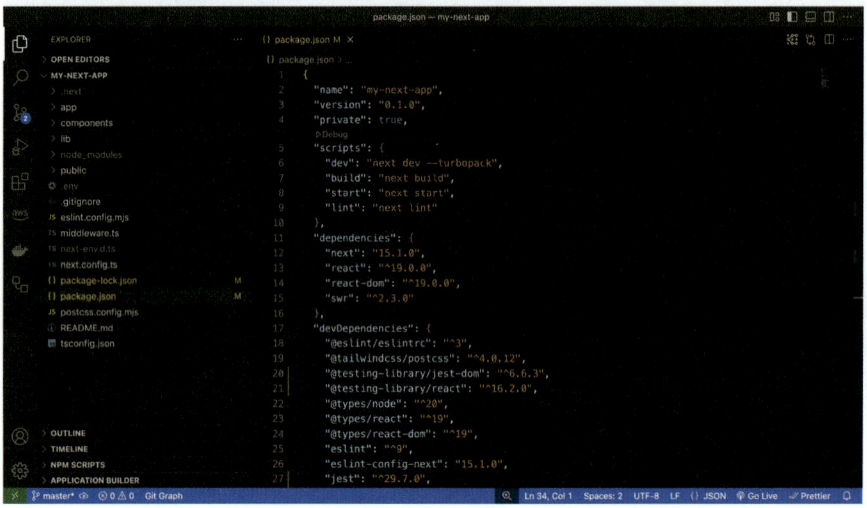

package.json 파일의 scripts 속성에 다음처럼 "test": "jest"를 추가합니다. 이때 마지막 스크립트인 "lint"의 끝에 콤마(,)를 넣어야 오류가 발생하지 않는다는 점에 유의하기 바랍니다.

```
// package.json

{
  "name": "my-next-app-test",
  "version": "0.1.0",
  "private": true,
  "scripts": {
    "dev": "next dev --turbopack",
    "build": "next build",
    "start": "next start",
    "lint": "next lint",
    "test": "jest"
  },
  "dependencies": {
    ...
  },
  "devDependencies": {
    ...
    "@testing-library/jest-dom": "^6.6.3",
    "@testing-library/react": "^16.2.0",
    ...
    "jest": "^29.7.0",
    "jest-environment-jsdom": "^29.7.0",
  }
}
```

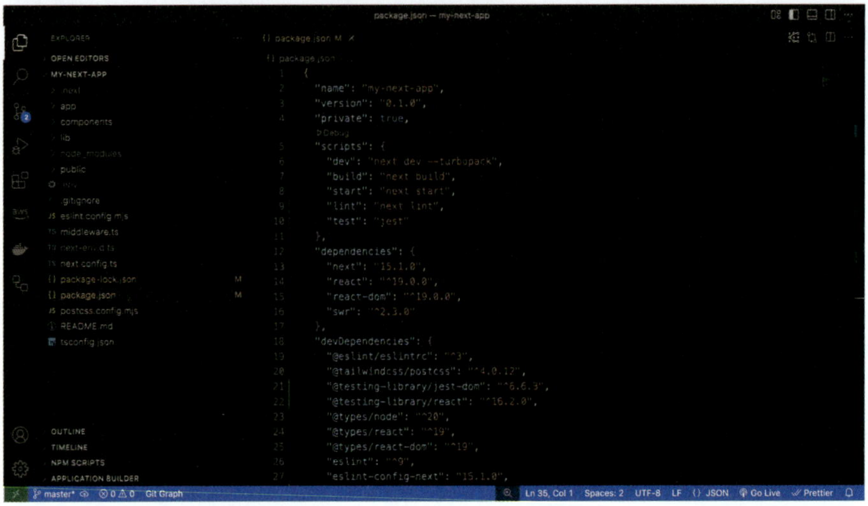

다음으로는 Jest 설정 파일을 만들어야 합니다. 다음 화면과 같이 프로젝트의 최상위 경로에 `jest.config.js`라는 이름의 파일을 생성합니다.

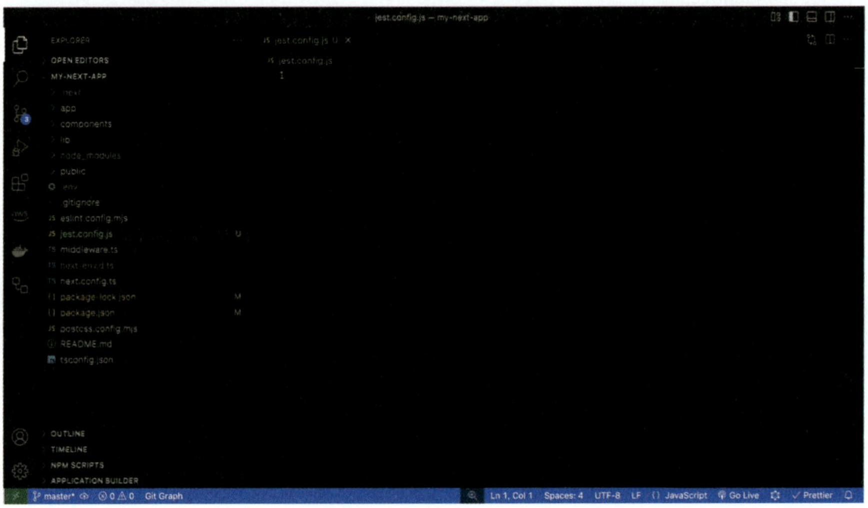

이후 생성한 `jest.config.js` 파일에 다음과 같이 코드를 작성합니다. 이 코드는 Next.js와 Jest를 연동하는 코드입니다.

```
// jest.config.js

import nextJest from 'next/jest.js';

const createJestConfig = nextJest({
    dir: './',
});

const config = {
    coverageProvider: 'v8',
    testEnvironment: 'jsdom',
};

export default createJestConfig(config);
```

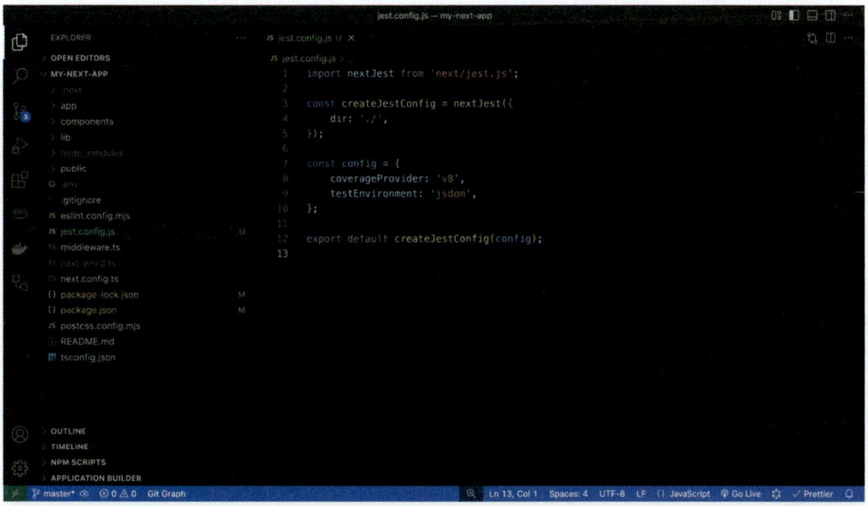

이제 테스트 코드를 작성하기 위해 화면과 같이 app 폴더에 **__tests__**라는 이름의 폴더를 생성합니다.

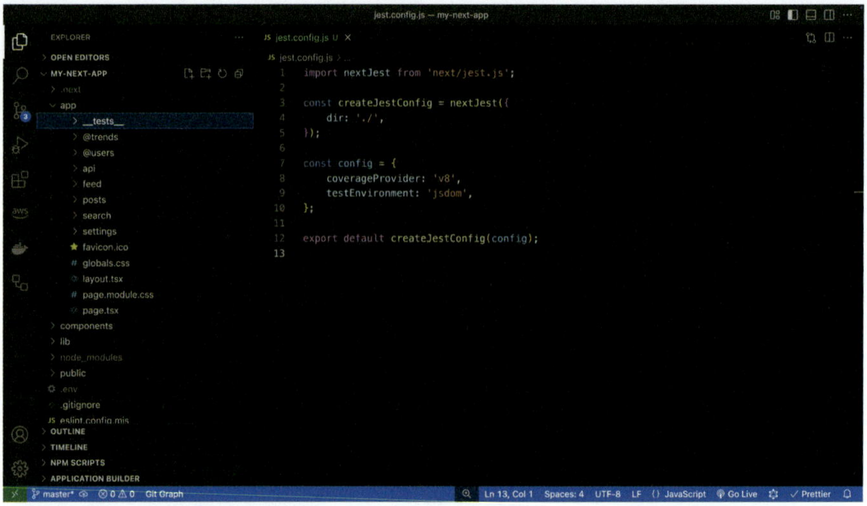

이후 __tests__ 폴더에 page.test.jsx라는 이름의 파일을 생성합니다.

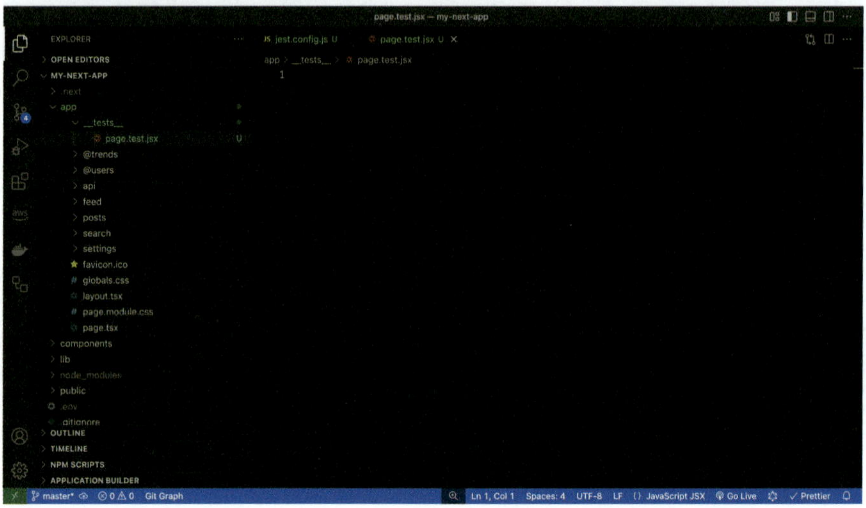

생성한 page.test.jsx 파일에 다음의 코드를 작성합니다. 이 코드는 인덱스 페이지를 렌더링하고 <h1> 태그를 가진 엘리먼트가 존재하는지 확인하는 간단한 테스트 코드입니다.

```
// app/__tests__/page.test.jsx

import '@testing-library/jest-dom';
import { render, screen } from '@testing-library/react';
import IndexPage from '../page';

describe('IndexPage', () => {
    it('renders a heading', () => {
        render(<IndexPage />);
        const heading = screen.getByRole('heading', { level: 1 });
        expect(heading).toBeInTheDocument();
    });
});
```

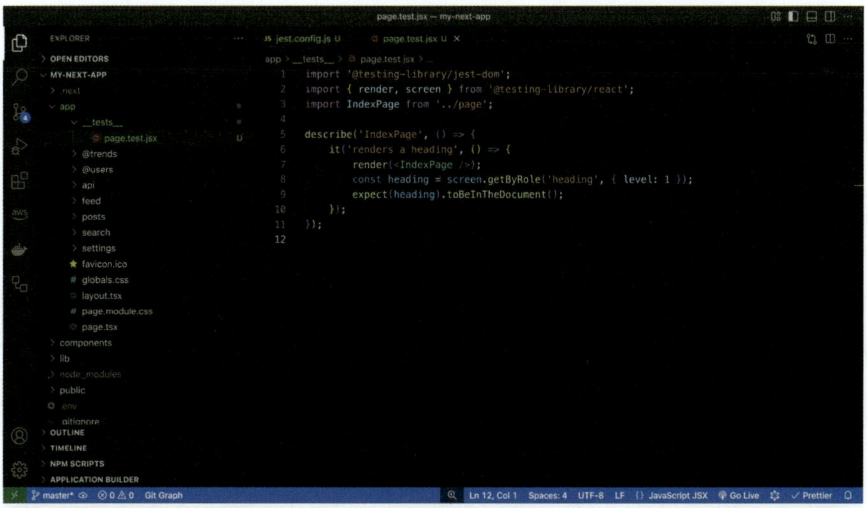

이제 작성한 테스트 코드를 실행해보도록 하겠습니다. VS Code에서 터미널을 열고 다음 npm 명령어를 실행합니다.

```
npm run test
```

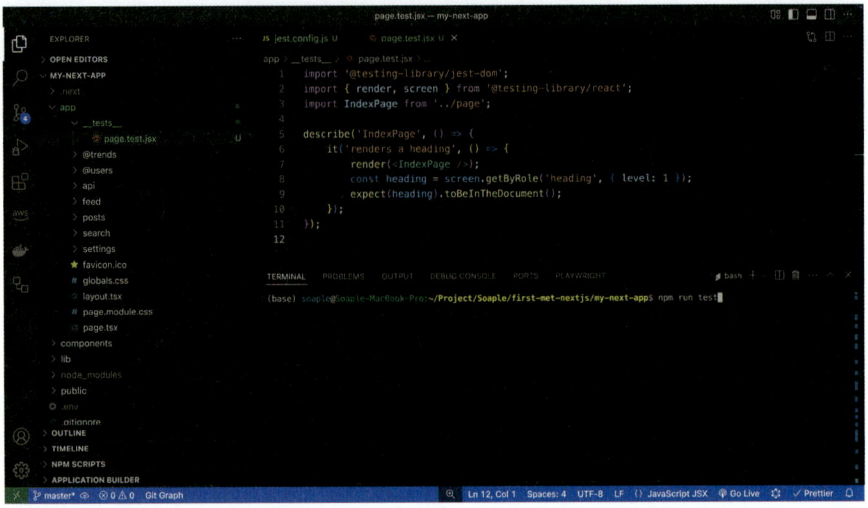

그러면 다음 화면처럼 테스트가 실패하는 것을 볼 수 있습니다. 그 이유는 현재 IndexPage 컴포넌트에 `<h1>` 태그가 존재하지 않기 때문입니다.

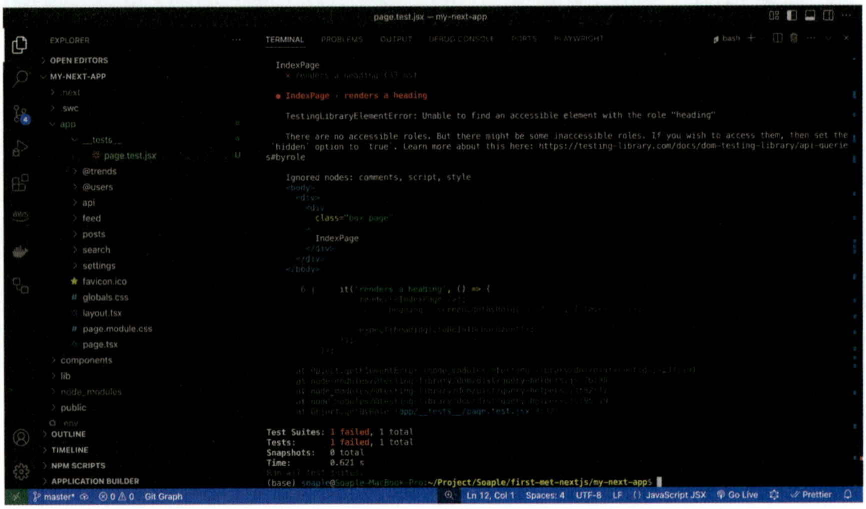

이번에는 테스트를 성공시키기 위해서 인덱스 페이지를 수정해보겠습니다. 다음 화면과 같이 app 폴더에 있는 `page.tsx` 파일을 엽니다.

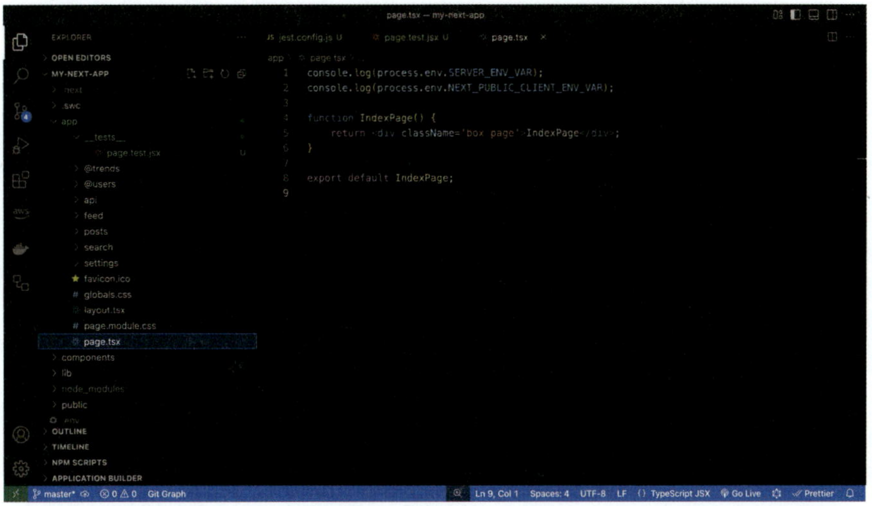

그리고 다음 page.tsx 파일의 코드를 수정합니다. 수정한 부분은 IndexPage 컴포넌트에 <h1> 태그를 추가한 부분입니다.

```
// app/page.tsx

...

function IndexPage() {
    return (
        <div className='box page'>
            <h1>IndexPage</h1>
        </div>
    );
}

export default IndexPage;
```

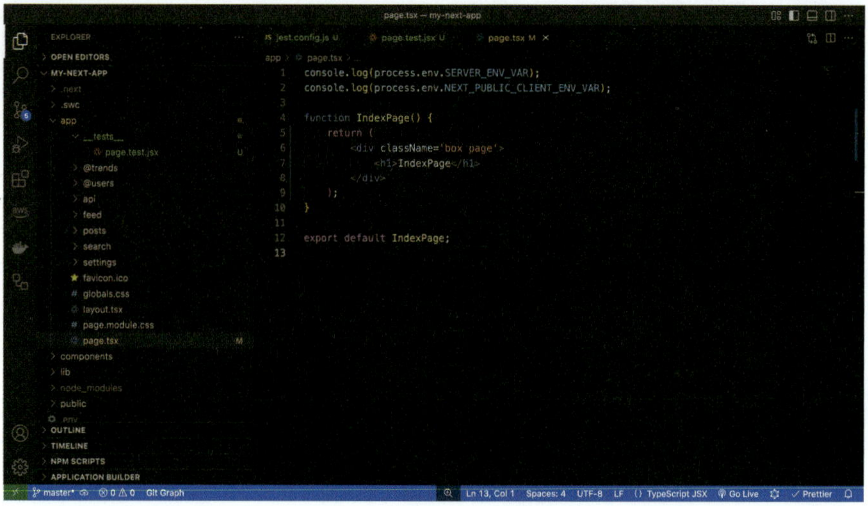

코드를 모두 수정했다면 터미널에서 다시 테스트 스크립트를 실행합니다.

```
npm run test
```

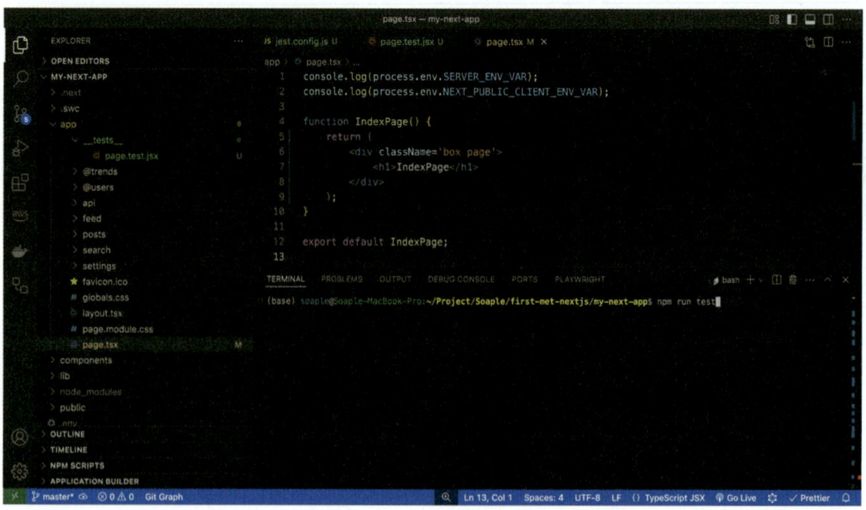

그러면 화면과 같이 테스트가 성공하는 것을 볼 수 있습니다.

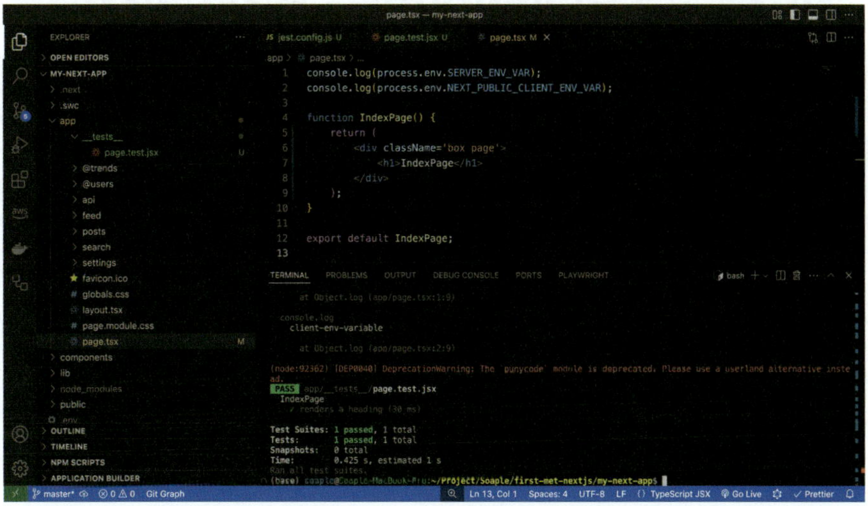

14.7 실습 Playwright로 테스트하기

이번 실습에서는 Playwright를 사용하여 테스트를 해보겠습니다. 먼저 Playwright를 설치하기 위해서 VS Code 터미널에서 `npm init` 명령어를 실행합니다.

```
npm init playwright
```

명령어를 실행하면 화면처럼 몇 가지 옵션을 물어보는 프롬프트가 나옵니다.

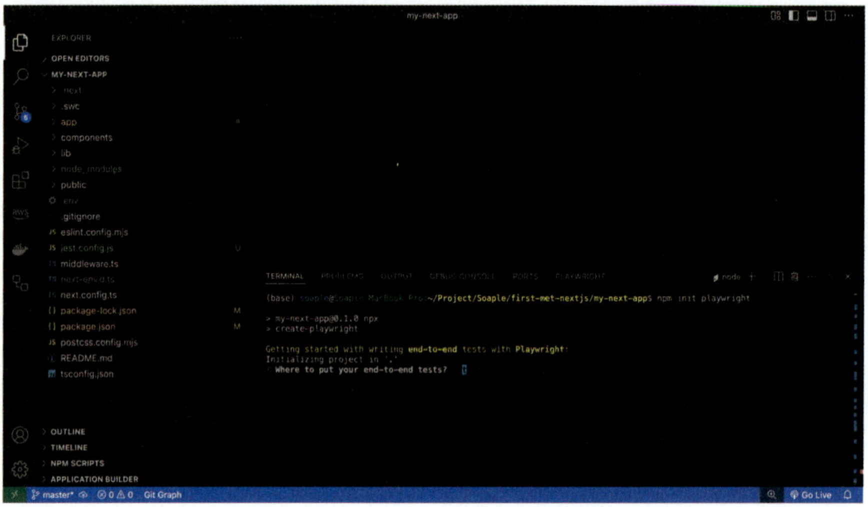

다음과 같이 옵션을 선택하고 Playwright 설치를 계속 진행합니다.

```
> my-next-app-test@0.1.0 npx
> create-playwright

Getting started with writing end-to-end tests with Playwright:
Initializing project in '.'
✓ Where to put your end-to-end tests? · tests
✓ Add a GitHub Actions workflow? (y/N) · false
✓ Install Playwright browsers (can be done manually via 'npx playwright
install')? (Y/n) · true
```

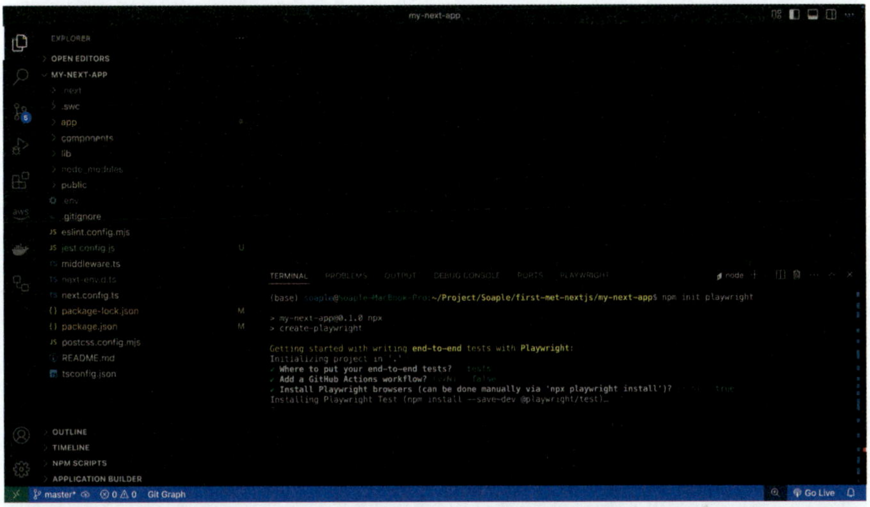

그러면 Playwright가 설치되고 tests 폴더와 playwright.config.ts 파일 등이 추가되는 것을 볼 수 있습니다.

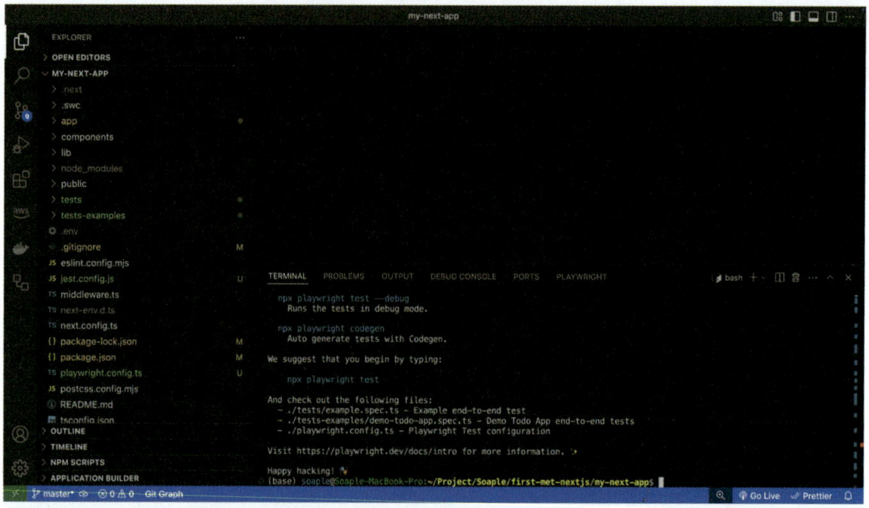

다음으로는 실제 테스트 코드를 작성하기 위해서 `tests` 폴더에 있는 `example.spec.ts` 파일을 엽니다.

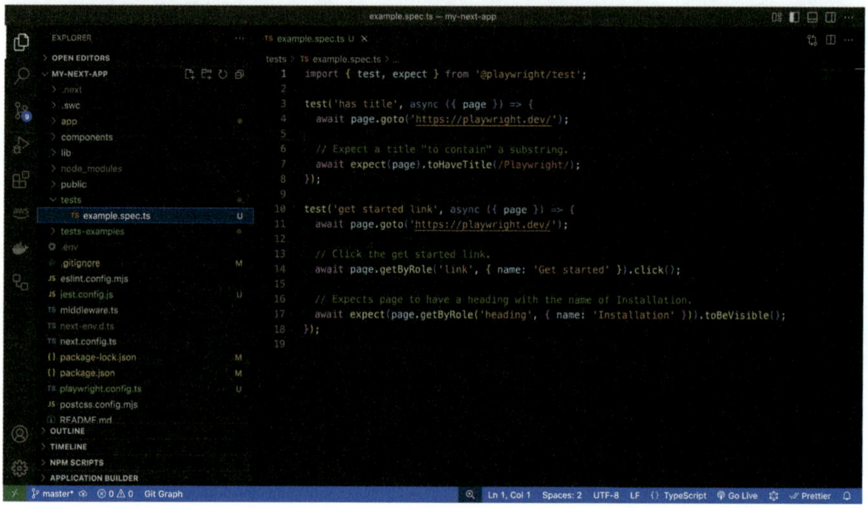

이후 `example.spec.ts` 파일에 있던 기존 코드를 모두 삭제하고 다음과 같이 새로운 테스트 코드를 작성합니다. 이 코드는 인덱스 페이지로 이동하고 'Feed'라는 텍스트를 가진 엘리먼트를 찾아서 클릭한 다음, 새로운 페이지가 '/feed'라는 경로를 갖고 있는지

확인하고 새로운 페이지에 <main> 태그가 연결attached되었는지 확인하는 코드입니다.

```
// tests/example.spec.ts

import { test, expect } from '@playwright/test';

test('should navigate to the feed page', async ({ page }) => {
    await page.goto('http://localhost:3000/');
    await page.click('text=Feed');
    await expect(page).toHaveURL('http://localhost:3000/feed');
    await expect(page.locator('main')).toBeAttached();
});
```

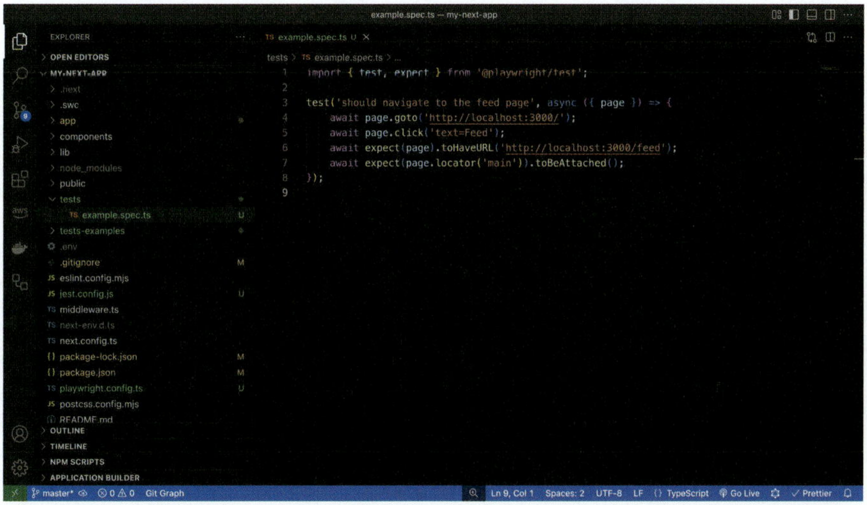

코드를 모두 작성했다면 테스트를 위해 먼저 다음 화면과 같이 npm run dev 명령어를 사용해서 애플리케이션을 개발 모드로 실행합니다. Playwright는 End-to-End(E2E) 테스트를 위한 도구이기 때문에 실제 애플리케이션이 작동하는 상태에서 테스트를 진행해야 합니다.

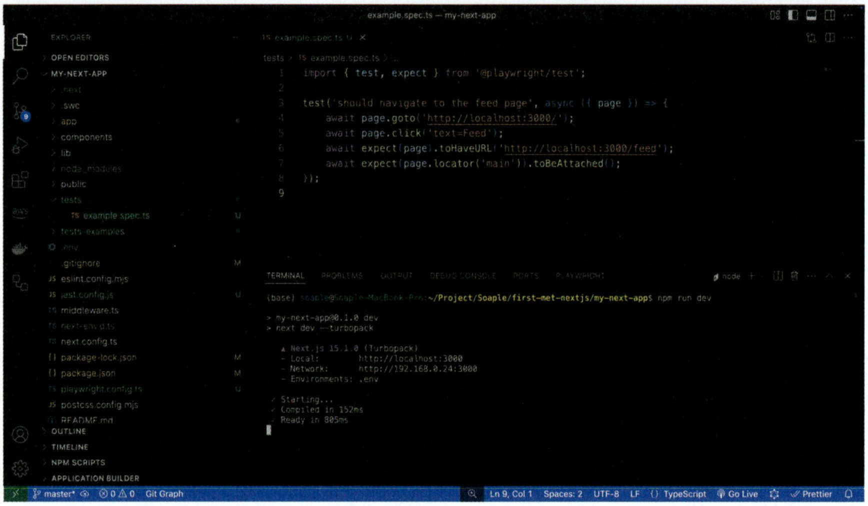

애플리케이션을 실행한 이후 테스트를 실행하기 위해 새로운 터미널을 열어서 npx 명령어를 실행합니다.

```
npx playwright test
```

명령어를 실행하면 다음 화면처럼 테스트가 진행되는 것을 볼 수 있습니다.

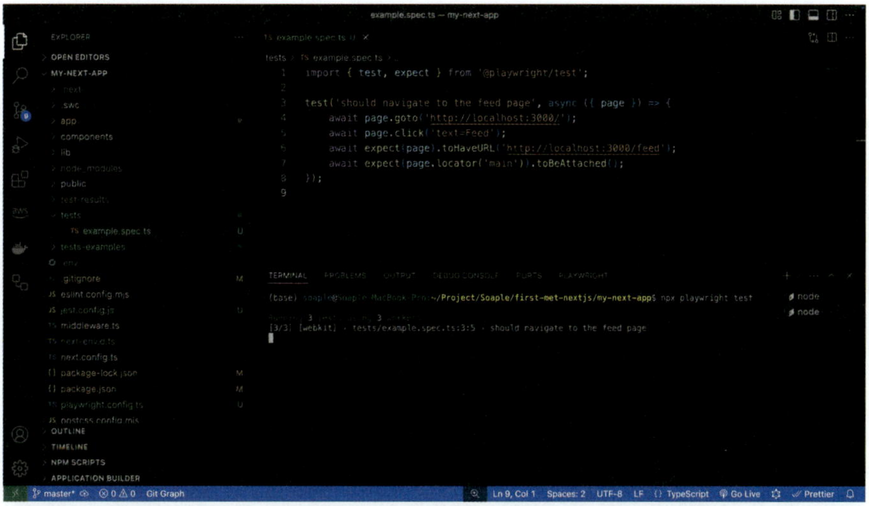

그리고 잠시 후 모든 테스트가 통과한 것을 볼 수 있습니다.

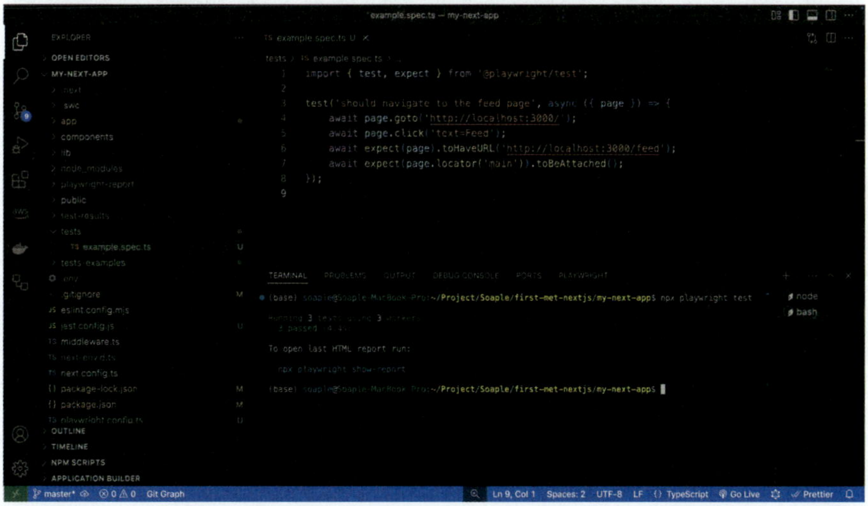

테스트 과정과 결과를 자세히 보기 위해서 npx 명령어를 실행하여 Playwright 레포트를 실행합니다.

```
npx playwright show-report
```

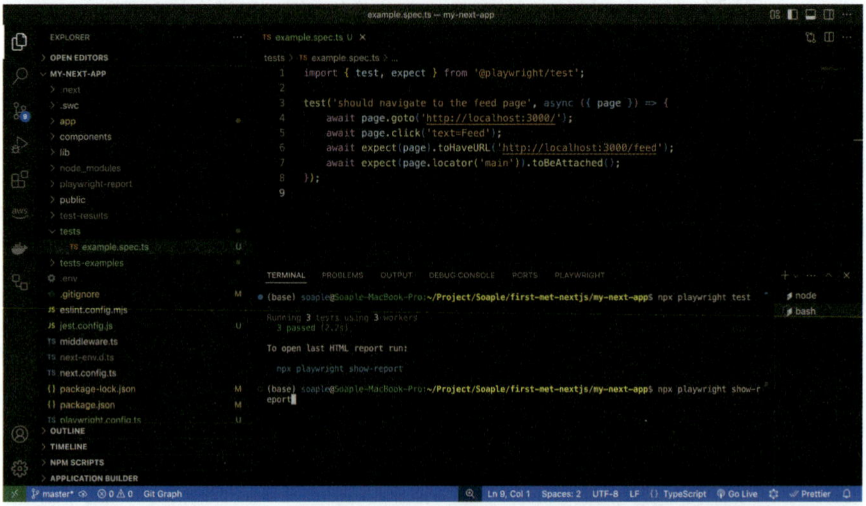

그러면 다음 화면과 같이 브라우저에서 Playwright 레포트가 나오고, 여기서 각 테스트에 대한 자세한 내용을 볼 수 있습니다. 가장 상단에 있는 크로미엄 테스트를 클릭해 보겠습니다.

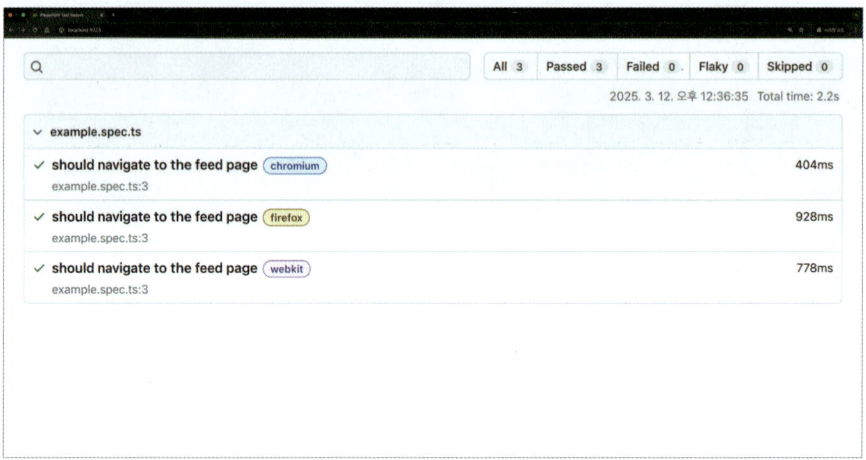

그러면 테스트 스텝과 소요 시간이 상세하게 나옵니다. 여기서 각각의 스텝을 펼쳐보겠습니다.

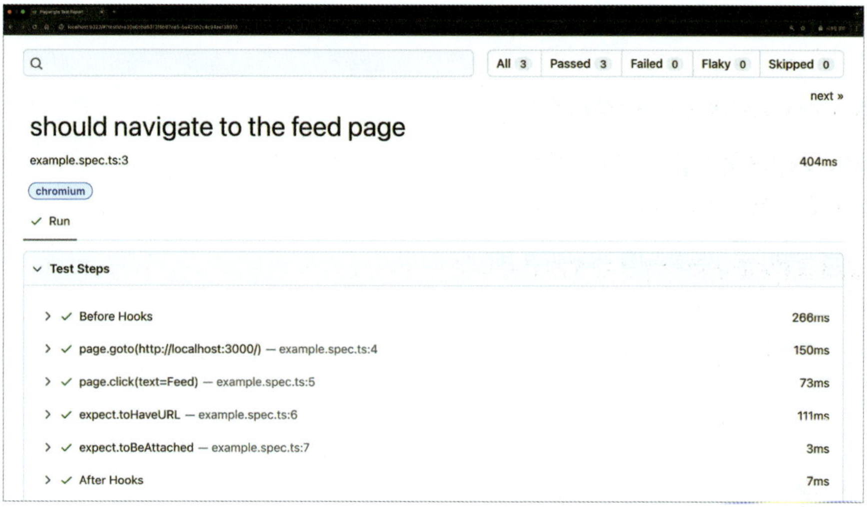

그러면 다음 화면처럼 실행된 작업과 코드까지 자세하게 살펴볼 수 있습니다.

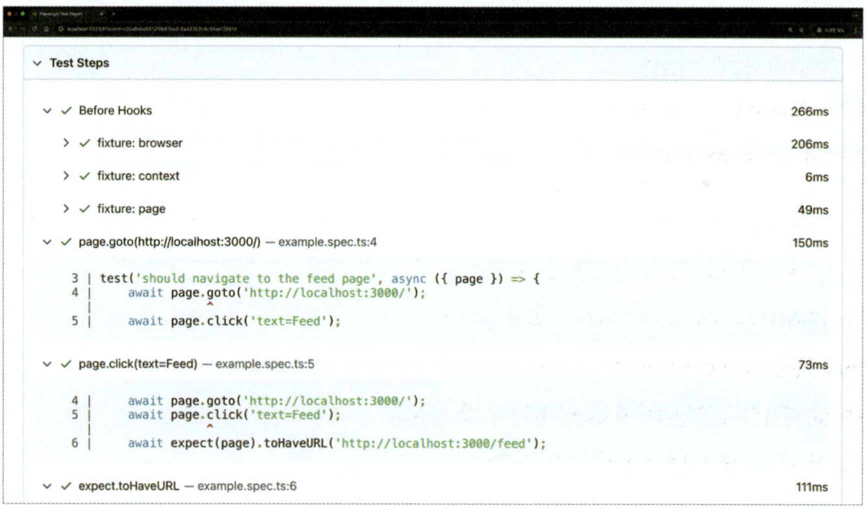

이처럼 Playwright를 사용하면 굉장히 편리하게 End-to-End(E2E) 테스트를 할 수 있습니다.

14.8 마치며

이번 장에서 배운 내용은 아래와 같습니다.

- **프론트엔드 테스트의 종류**
    - 유닛 테스트(Unit testing)
        - 개별 단위(또는 코드 블록)를 독립적으로 테스트하는 것
    - 컴포넌트 테스트(Component testing)
        - 각각의 리액트 컴포넌트를 테스트하는 것
    - 통합 테스트(Integration testing)
        - 여러 단위가 함께 작동하는 방식을 테스트하는 것
    - End-to-End(E2E) 테스트
        - 실제 사용자 시나리오를 시뮬레이션하는 환경에서 사용자 흐름을 테스트하는 것
    - 스냅샷 테스트(Snapshot testing)
        - 컴포넌트의 렌더링 결과를 캡처하여 스냅샷 파일에 저장하고, 이후 테스트를 실행할 때 컴포넌트의 현재 렌더링 결과와 저장된 스냅샷을 비교하는 테스트

- **Vitest**
    - Vite 빌드 도구와 긴밀하게 통합되어 빠르고 간편한 유닛 테스트 환경을 제공하는 최신 테스트 러너

- **Jest**
    - 자바스크립트 및 타입스크립트 애플리케이션을 테스트하기 위한 포괄적인 테스트 프레임워크

- **Playwright**
    - 크로미엄, 파이어폭스, 웹킷을 하나의 API로 자동화할 수 있는 테스트 프레임워크

- **Cypress**
    - End-to-End(E2E) 및 컴포넌트 테스트에 사용되는 테스트 러너

Chapter

15

빌드와 배포

Preview

웹 애플리케이션 개발의 최종 단계는 빌드와 배포입니다. 이번 장에서는 Next.js 애플리케이션을 빌드하고 배포하는 방법을 살펴보겠습니다. 먼저 빌드의 개념부터 살펴보고, Next.js 애플리케이션을 빌드하는 방법을 살펴보겠습니다. 실습 파트에서는 다양한 플랫폼에 배포하는 방법을 직접 해보면서 익힐 것입니다.

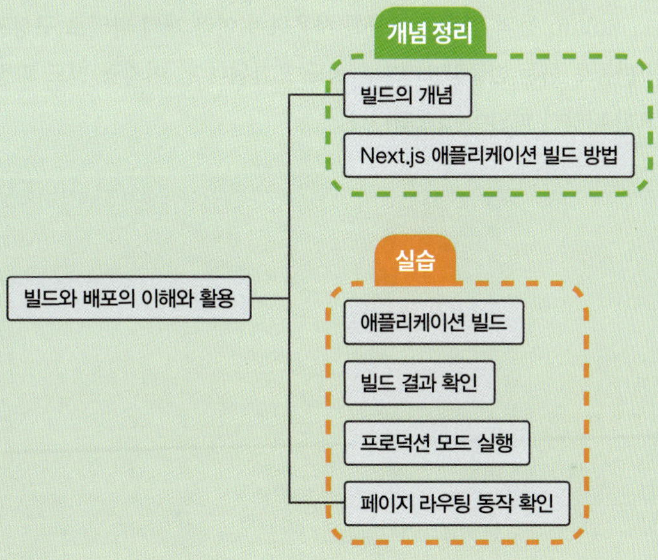

NEXT.JS

15.1 빌드의 개념

빌드build는 우리가 작성한 **코드와 애플리케이션이 사용하는 이미지, CSS파일 등의 정적인 파일들을 모두 모아서 패키징하는 과정**이라고 이해하면 됩니다. 하지만 단순히 모아서 패키징하는 것이 아니라 빌드 과정에서 다양한 작업이 이루어집니다.

우선 코드가 **컴파일**compile되고 식별 불가능하도록 **난독화**obfuscation되기도 합니다. 그리고 코드상에서 필요 없는 공백이나 줄바꿈 문자들을 제거하여 **축소**minification시키는 과정도 포함됩니다. 또한 Webpack, Rollup 등의 번들링 도구를 사용하여 여러 개의 파일로 구성된 코드를 하나 또는 여러 개의 번들로 묶는 **번들링**bundling 과정도 포함됩니다. 이처럼 빌드 과정을 통해 실제 웹사이트에 필요한 다양한 파일이 생성됩니다.

15.2 Next.js 애플리케이션 빌드

Next.js에서는 애플리케이션 빌드를 위해서 **next build** 라는 명령어를 제공합니다. 이 명령어를 실행하면 실제 프로덕션 환경에 최적화된 빌드 파일들이 생성됩니다. `create-next-app`으로 생성한 Next.js 애플리케이션에는 `package.json` 파일의 `scripts` 항목에 다음과 같이 `build` 명령어가 기본적으로 들어가 있습니다.

```
"scripts": {
    "dev": "next dev",
    "build": "next build",
    "start": "next start",
    "lint": "next lint"
},
```

그래서 빌드를 하기 위해서는 터미널에서 아래 명령어를 실행하면 됩니다.

```
npm run build
```

그러면 다음 화면처럼 빌드가 진행되는 것을 볼 수 있습니다.

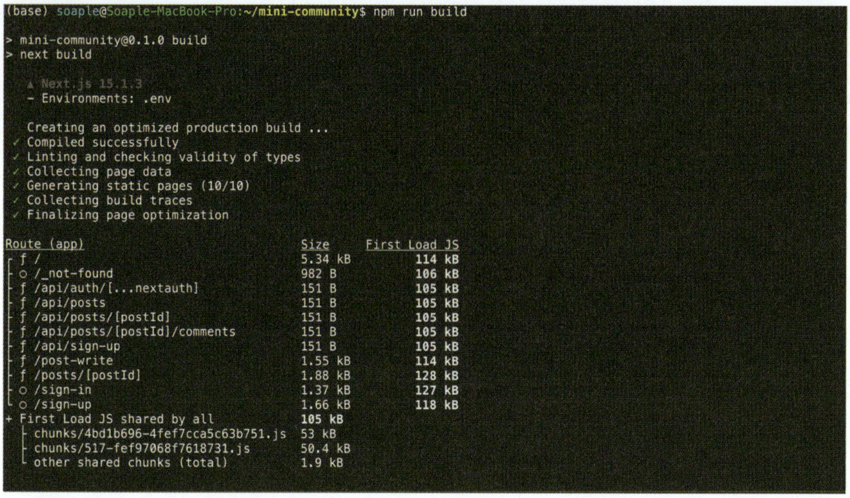

▶ 빌드 진행 과정

빌드가 완료되면 최종적으로 `.next` 폴더에 빌드 파일들이 생성됩니다.

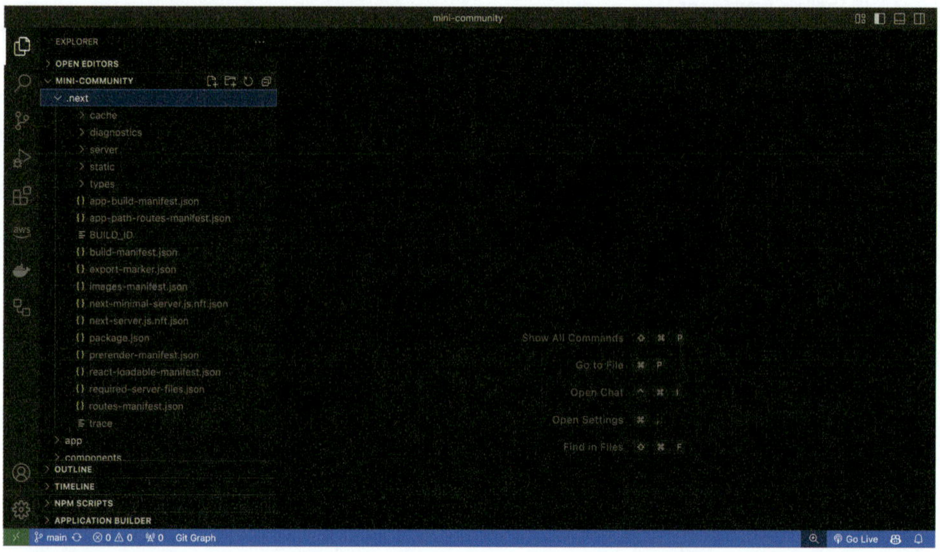

▶ 생성된 빌드 파일

그리고 이렇게 생성된 **빌드 파일들을 실제 운영하려는 서버에 업로드하는 과정**이 바로 **배포**deploying입니다. 배포 방법은 배포하려는 플랫폼에 따라 조금씩 다르기 때문에 플랫폼 별로 제공하는 가이드라인이나 문서를 보고 진행하는 것이 좋습니다.

15.3 실습 Next.js 애플리케이션 빌드해보기

이번 실습에서는 Next.js 애플리케이션을 빌드합니다. 먼저 VS Code의 터미널에서 아래 npm 명령어를 실행합니다.

```
npm run build
```

그러면 다음 화면처럼 애플리케이션 빌드가 시작됩니다.

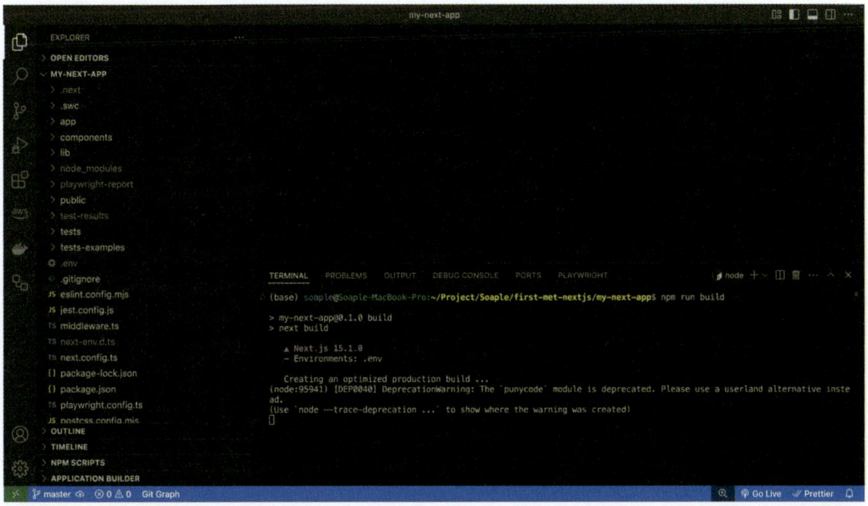

잠시 시간이 지나면 애플리케이션 빌드가 모두 완료되는 것을 볼 수 있습니다. 화면에 나온 빌드 결과를 보면 정적 라우트와 동적 라우트가 구분되어 있는 것을 볼 수 있고, 각 번들의 사이즈도 확인할 수 있습니다.

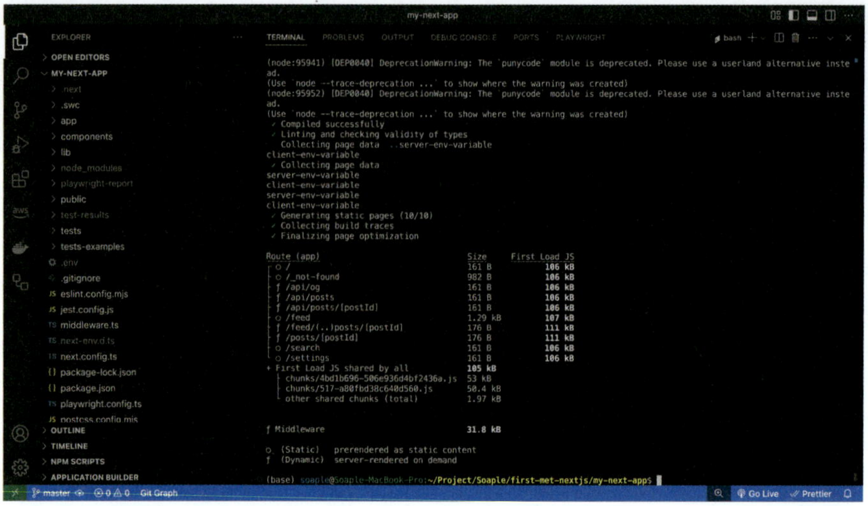

이제 애플리케이션을 프로덕션 모드로 실행하기 위해 터미널에서 npm 명령어를 실행합니다.

```
npm run start
```

그러면 아래 화면과 같이 localhost:3000에서 애플리케이션이 실행됩니다. 애플리케이션을 실행한 이후에 브라우저에서 localhost:3000에 접속합니다.

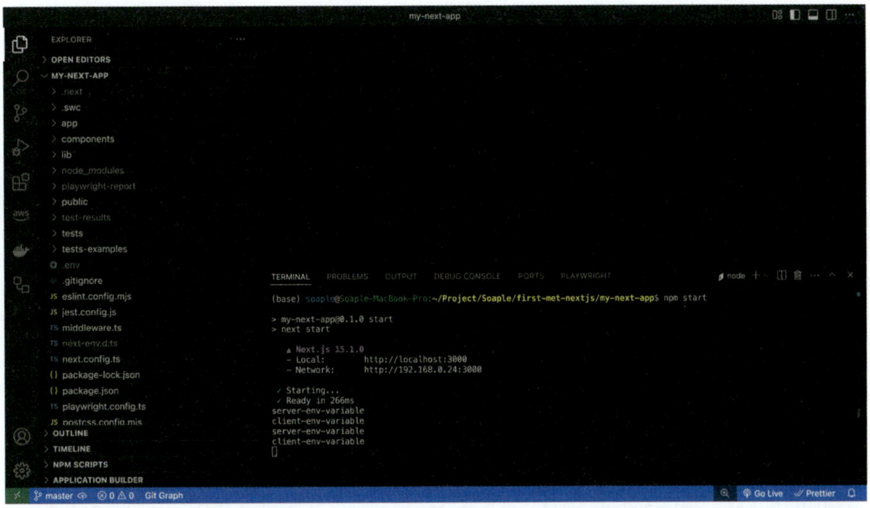

그러면 화면과 같은 인덱스 페이지가 나오게 됩니다. 여기서 **Feed** 메뉴를 클릭해보겠습니다.

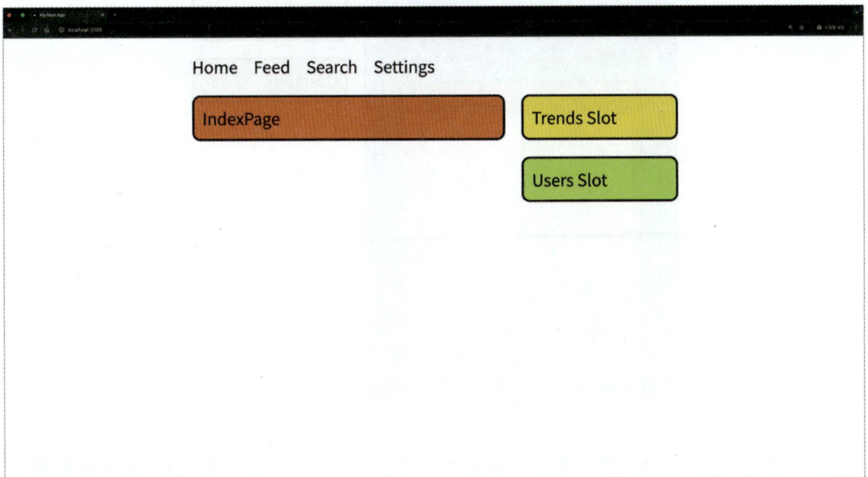

그러면 Post 목록이 있는 Feed 페이지가 나오게 됩니다. 여기서 Post를 하나 클릭해보겠습니다.

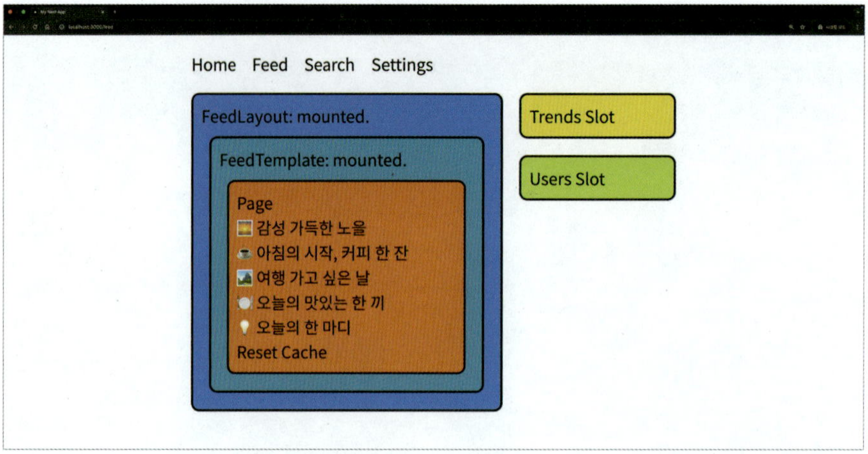

그러면 해당 Post의 이미지, 제목, 내용을 볼 수 있는 Post 페이지가 나오게 됩니다.

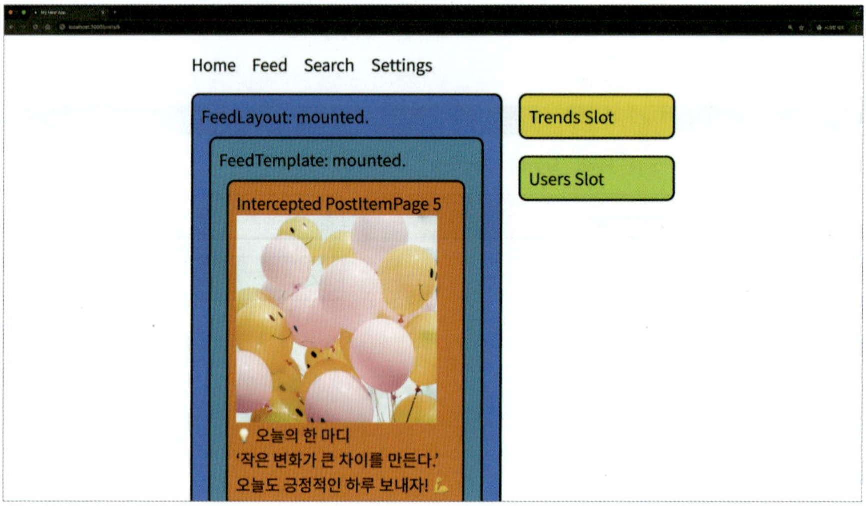

이렇게 해서 Next.js로 만든 애플리케이션을 빌드하고 프로덕션 모드로 실행까지 완료했습니다. 여기서는 따로 배포를 진행하지는 않지만 이렇게 생성된 빌드 파일을 실제 운영하려는 서버에 업로드하면 배포가 완료된다고 이해하면 됩니다. 참고로 다음 장에 나오는 미니 프로젝트의 마지막 단계에서 실제로 배포를 진행합니다.

15.4 마치며

이번 장에서 배운 내용은 아래와 같습니다.

- **빌드의 개념**
  - 코드와 애플리케이션이 사용하는 이미지, CSS 파일 등의 정적인 파일들을 모두 모아서 패키징하는 과정
  - 빌드 과정
    - 컴파일: 소스 코드를 실행 가능한 형태로 변환하는 과정
    - 난독화: 코드를 식별 불가능하게 만드는 과정
    - 축소: 코드상에서 필요 없는 공백이나 줄바꿈 문자들을 제거하는 과정
    - 번들링: Webpack, Rollup 등의 번들링 도구를 사용하여 여러 개의 파일로 구성된 코드를 하나 또는 여러 개의 번들로 묶는 과정
- **Next.js 애플리케이션 빌드**
  - `next build` 명령어를 사용
  - 실제 프로덕션 환경에 최적화된 빌드 파일이 생성됨

Chapter

16

미니 프로젝트

Preview

이번 장에서는 지금까지 배운 내용을 토대로 미니 프로젝트를 진행하겠습니다. Next.js의 다양한 기능을 활용해서 풀스택 웹 애플리케이션을 개발합니다. 실습을 진행하기 위해서는 Node.js와 npm이 사전에 설치되어 있어야 합니다. 만약 설치하지 않은 분들은 0장을 참고하여 Node.js와 npm을 설치한 이후 실습을 진행하기 바랍니다.

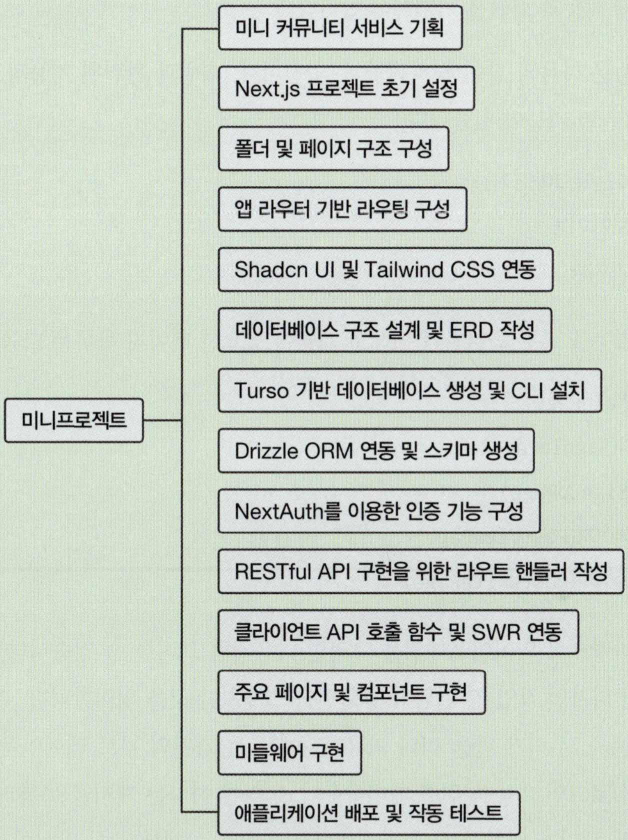

NEXT.JS

16.1 미니 커뮤니티 기획하기

이번에 개발할 프로젝트는 미니 커뮤니티입니다. 기본적으로 가입 및 로그인 기능이 있고, 가입한 사용자들은 글을 작성하거나 글에 댓글을 달 수 있는 서비스입니다. 서비스를 개발하기 전에 먼저 개발할 기능과 화면을 기획해야 합니다.

우선 개발할 기능은 다음과 같이 정리해볼 수 있습니다. 회원과 관련된 기능과 게시글 관련 기능, 그리고 댓글 관련 기능이 있습니다.

- 회원가입/로그인/로그아웃 기능
- 게시글 작성/보기 기능
- 댓글 작성/보기 기능

그리고 이러한 기능을 모두 구현하기 위해서 개발이 필요한 페이지 목록은 다음과 같습니다.

- 메인 페이지(`MainPage`)
- 로그인 페이지(`SignInPage`)
- 가입 페이지(`SignUpPage`)
- 게시글 보기 페이지(`PostViewPage`)
- 게시글 작성 페이지(`PostWritePage`)

이러한 기획을 바탕으로 와이어프레임을 그리면 다음처럼 그려볼 수 있습니다. 참고로 와이어프레임은 상세한 디자인 작업 전 간단하게 화면을 스케치한 것을 의미합니다. 이 와이어프레임에서도 알 수 있듯이 우리가 만들 미니 커뮤니티에는 두 가지의 루트 레이아웃이 존재합니다. 하나는 회원가입/로그인 기능을 위한 레이아웃이고, 다른 하나는 게시글 목록과 게시글을 보여주기 위한 상단에 헤더가 위치한 형태의 레이아웃입니다. 이제부터 이 와이어프레임을 기준으로 해서 본격적인 미니 커뮤니티 개발을 진행해보도록 하겠습니다.

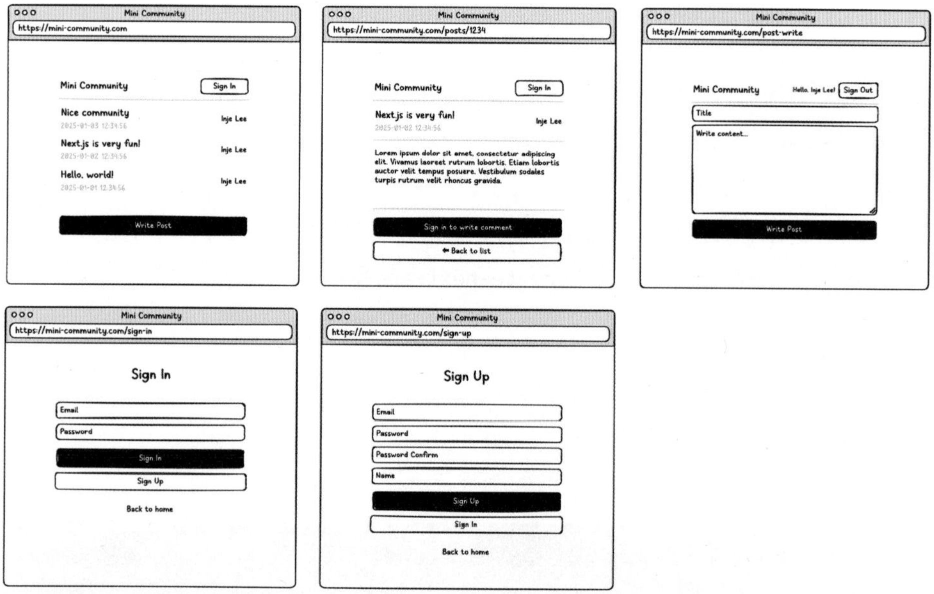

▶ 미니 커뮤니티 와이어프레임

16.2 실습 Next.js 애플리케이션 생성하기

이번 실습에서는 Next.js 애플리케이션을 생성해보겠습니다. 먼저 아래와 같이 npx 명령어를 사용해서 최신 버전의 create-next-app을 실행합니다.

```
npx create-next-app@latest
```

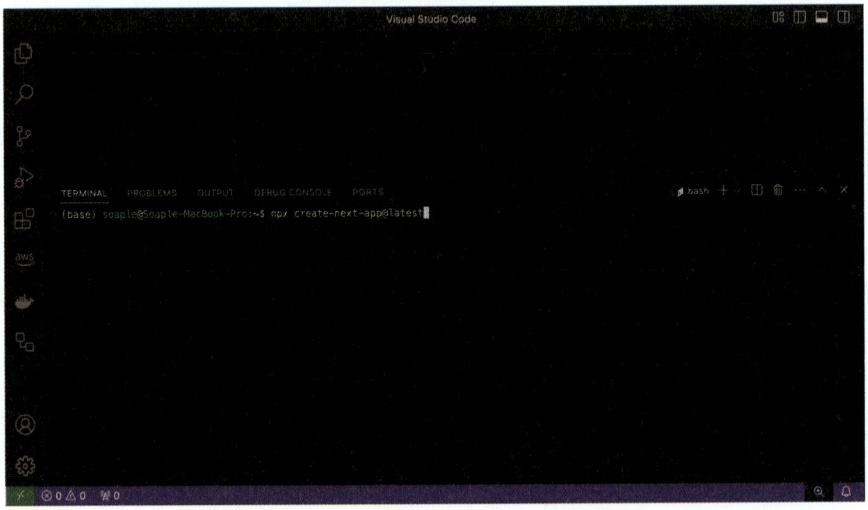

만약 create-next-app이 설치되어 있지 않다면 다음 화면처럼 함께 설치할 것인지 묻는 메시지가 나옵니다. 여기서 y를 입력하여 설치를 진행합니다.

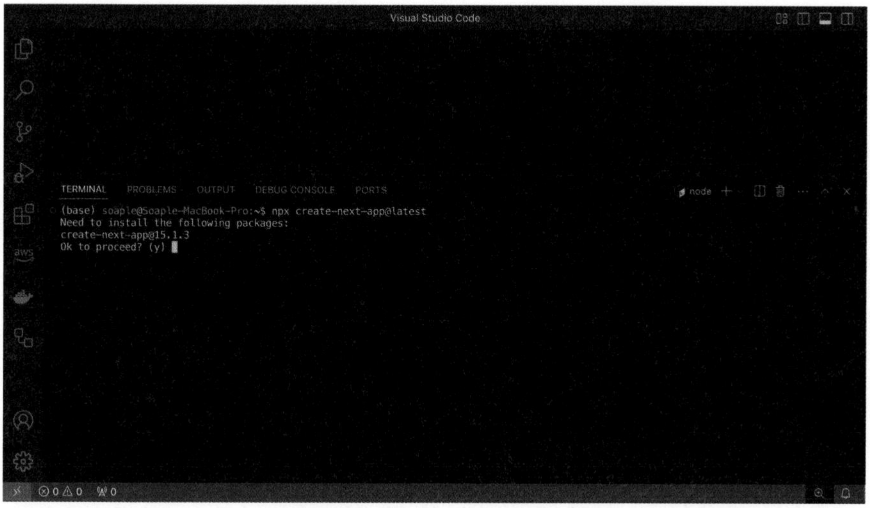

설치가 완료된 이후 create-next-app이 실행되면 다음과 같이 새로운 애플리케이션을 생성하기 위해 필요한 설정을 선택하는 프롬프트가 나옵니다. 아래 설정을 참고해서 각 단계를 진행하기 바랍니다.

```
✓ What is your project named? … mini-community                                   =>
프로젝트 이름 입력
✓ Would you like to use TypeScript? … No / Yes                                   =>
Yes 선택
✓ Would you like to use ESLint? … No / Yes                                       =>
Yes 선택
✓ Would you like to use Tailwind CSS? … No / Yes                                 =>
Yes 선택
✓ Would you like to use 'src/' directory? … No / Yes                             =>
No 선택
✓ Would you like to use App Router? (recommended) … No / Yes                     =>
Yes 선택
✓ Would you like to use Turbopack for 'next dev'? … No / Yes                     =>
Yes 선택
✓ Would you like to customize the default import alias (@/*)? … No / Yes
=> No 선택
```

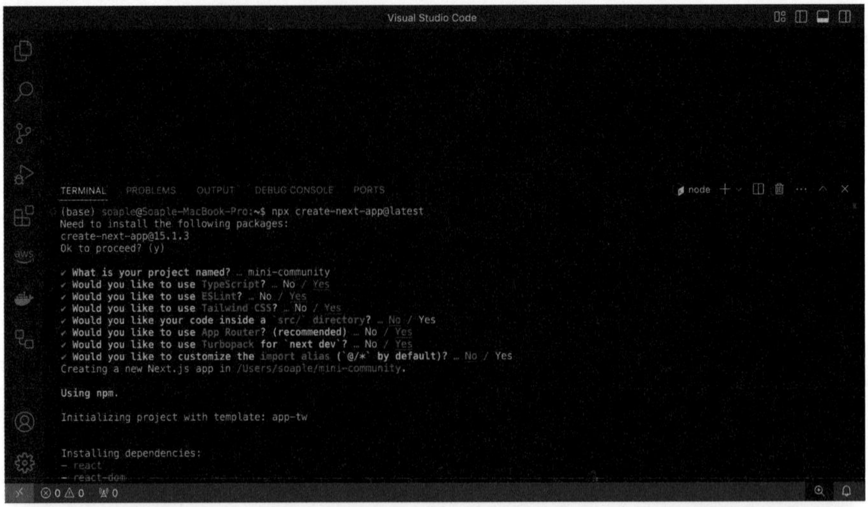
Visual Studio Code
TERMINAL PROBLEMS OUTPUT DEBUG CONSOLE PORTS
(base) soaple@Soaple-MacBook-Pro:~$ npx create-next-app@latest
Need to install the following packages:
create-next-app@15.1.3
Ok to proceed? (y)
✓ What is your project named? … mini-community
✓ Would you like to use TypeScript? … No / Yes
✓ Would you like to use ESLint? … No / Yes
✓ Would you like to use Tailwind CSS? … No / Yes
✓ Would you like your code inside a `src/` directory? … No / Yes
✓ Would you like to use App Router? (recommended) … No / Yes
✓ Would you like to use Turbopack for `next dev`? … No / Yes
✓ Would you like to customize the import alias (`@/*` by default)? … No / Yes
Creating a new Next.js app in /Users/soaple/mini-community.
Using npm.
Initializing project with template: app-tw
Installing dependencies:
- react
- react-dom

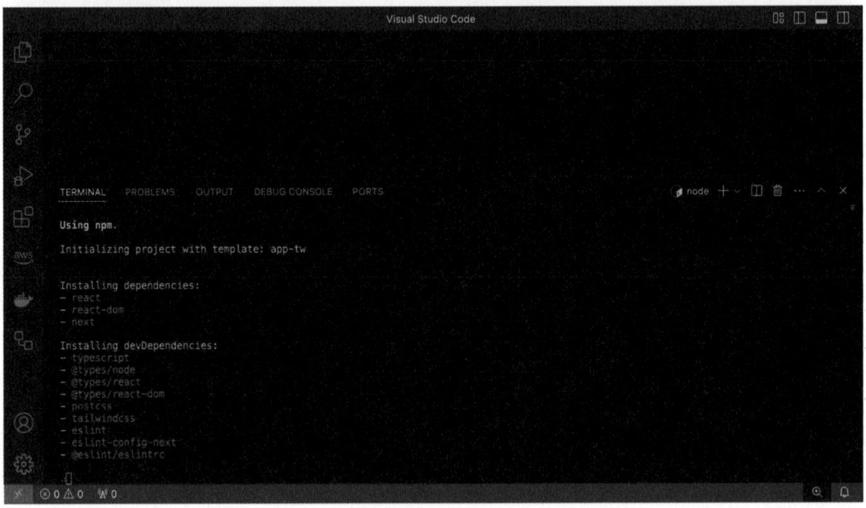
Visual Studio Code
TERMINAL PROBLEMS OUTPUT DEBUG CONSOLE PORTS
Using npm.
Initializing project with template: app-tw
Installing dependencies:
- react
- react-dom
- next
Installing devDependencies:
- typescript
- @types/node
- @types/react
- @types/react-dom
- postcss
- tailwindcss
- eslint
- eslint-config-next
- @eslint/eslintrc

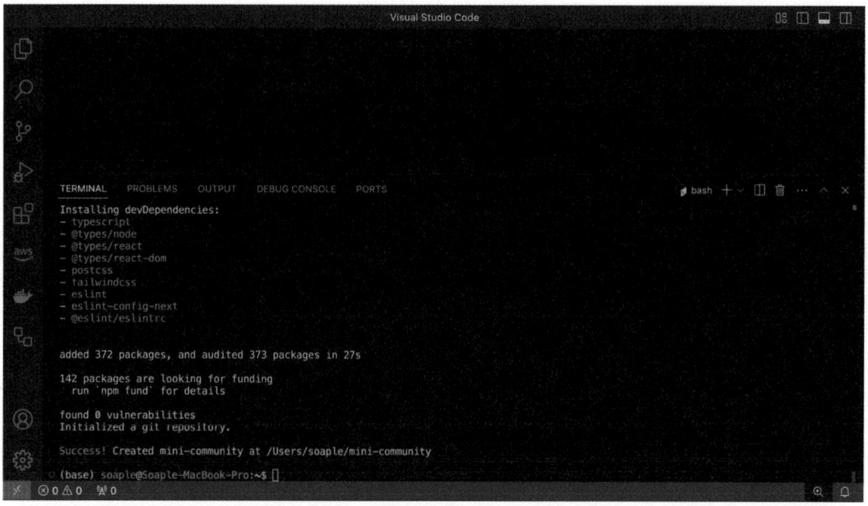

이렇게 애플리케이션이 생성되었습니다. 이제 다음 명령어를 순서대로 입력해서 프로젝트 폴더에 들어간 이후 애플리케이션을 실행하도록 하겠습니다.

```
cd mini-community
npm run dev
```

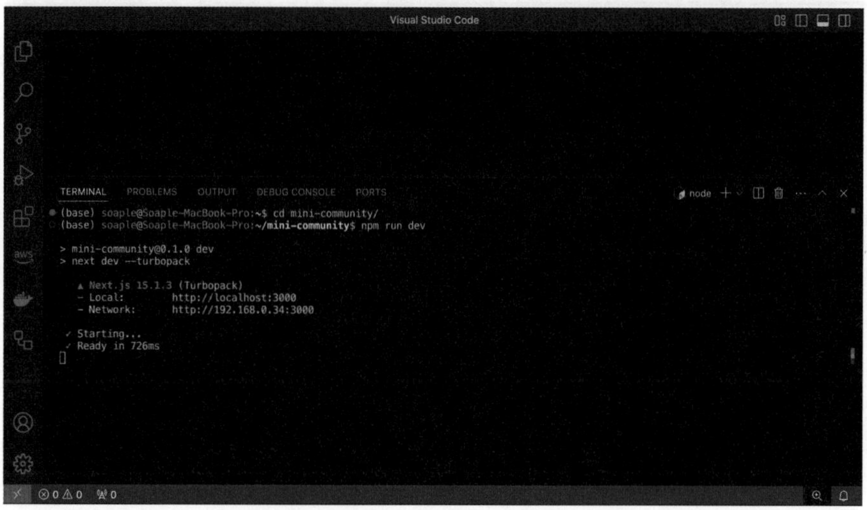

그럼 화면과 같이 `localhost:3000`에서 Next.js 애플리케이션이 잘 작동하는 것을 볼 수 있습니다.

이후 ESLint 설정 변경을 위해 `eslint.config.mjs` 파일을 엽니다.

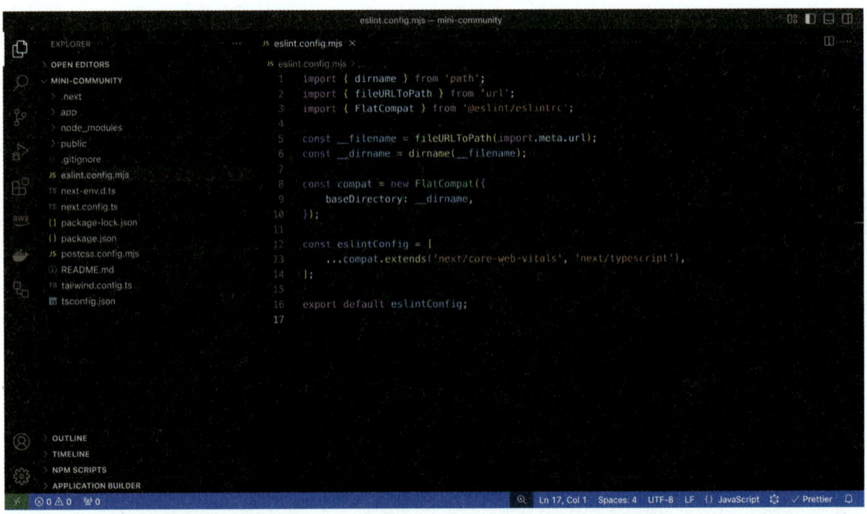

설정 파일을 열고 다음과 같이 세 가지의 규칙을 off로 설정합니다. 이렇게 하는 이유는 이번 프로젝트에서 타입스크립트의 모든 규칙을 다 지키면서 개발하기는 어렵기 때문에 편의를 위해 끄는 것이라고 이해하면 됩니다. 실제로 현업에서 프로젝트를 할 때는 규칙을 끄지 않고 최대한 지켜가면서 개발하는 것이 좋습니다.

```
import { dirname } from 'path';
import { fileURLToPath } from 'url';
import { FlatCompat } from '@eslint/eslintrc';

const __filename = fileURLToPath(import.meta.url);
const __dirname = dirname(__filename);

const compat = new FlatCompat({
    baseDirectory: __dirname,
});

const eslintConfig = [
    ...compat.extends('next/core-web-vitals', 'next/typescript'),
    {
        rules: {
            '@typescript-eslint/no-unused-vars': 'off',
            '@typescript-eslint/no-explicit-any': 'off',
            '@typescript-eslint/no-empty-object-type': 'off',
        },
    },
];

export default eslintConfig;
```

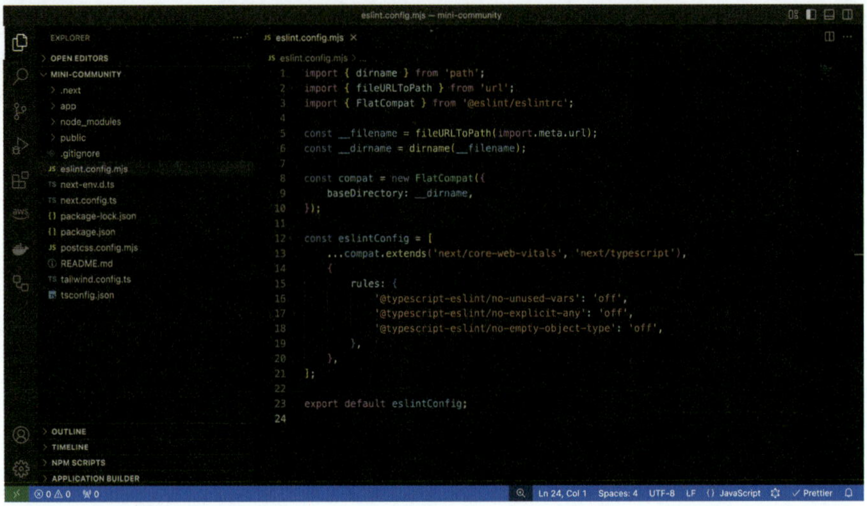
eslint.config.mjs — mini-community
EXPLORER
OPEN EDITORS
MINI-COMMUNITY
.next
app
node_modules
public
.gitignore
eslint.config.mjs
next-env.d.ts
next.config.ts
package-lock.json
package.json
postcss.config.mjs
README.md
tailwind.config.ts
tsconfig.json
OUTLINE
TIMELINE
NPM SCRIPTS
APPLICATION BUILDER
import { dirname } from 'path';
import { fileURLToPath } from 'url';
import { FlatCompat } from '@eslint/eslintrc';
const __filename = fileURLToPath(import.meta.url);
const __dirname = dirname(__filename);
const compat = new FlatCompat({
baseDirectory: __dirname,
});
const eslintConfig = [
...compat.extends('next/core-web-vitals', 'next/typescript'),
{
rules: {
'@typescript-eslint/no-unused-vars': 'off',
'@typescript-eslint/no-explicit-any': 'off',
'@typescript-eslint/no-empty-object-type': 'off',
},
},
];
export default eslintConfig;
Ln 24, Col 1 Spaces: 4 UTF-8 LF {} JavaScript Prettier

16.3 실습 폴더 구성하기

이번 실습에서는 코드를 작성하기 전에 먼저 폴더를 구성해보도록 하겠습니다. 폴더를 구성하는 방식은 법칙이 정해져 있는 것이 아니기 때문에 개발자마다 다르게 사용하는 경우가 많습니다. 그래서 이번 프로젝트에서 사용하는 방식은 참고만 하기 바라며 각자 자신에게 잘 맞는 방식을 찾아서 사용하면 됩니다.

먼저 VS Code로 앞에서 생성한 프로젝트 폴더를 엽니다. 프로젝트 폴더를 열면 기본적으로 `app`, `node_modules`, `public` 폴더가 존재하는 것을 볼 수 있습니다. 여기에 우리는 추가로 `components`, `hooks`, `lib` 폴더를 아래와 같은 구조로 생성하면 됩니다. 각 폴더의 용도는 다음의 설명을 참고하기 바랍니다.

```
.
├── app             => 앱 라우터
├── components      => 리액트 컴포넌트를 모아놓은 폴더
│   ├── base        => 기본 구조를 구성하는 컴포넌트
│   ├── lists       => 리스트 컴포넌트
│   ├── pages       => 페이지 컴포넌트
│   └── ui          => UI 컴포넌트
├── hooks           => 훅을 모아놓은 폴더
├── lib             => 라이브러리 및 유틸리티 모듈을 모아놓은 폴더
└── public          => Public 리소스들을 모아놓은 폴더
```

폴더 구조를 잡을 때는 전체 흐름을 먼저 머릿속에 그려보는 것이 중요합니다. 다음 그림들은 미니 커뮤니티 애플리케이션의 초기 디렉터리 구성을 단계별로 보여줍니다.

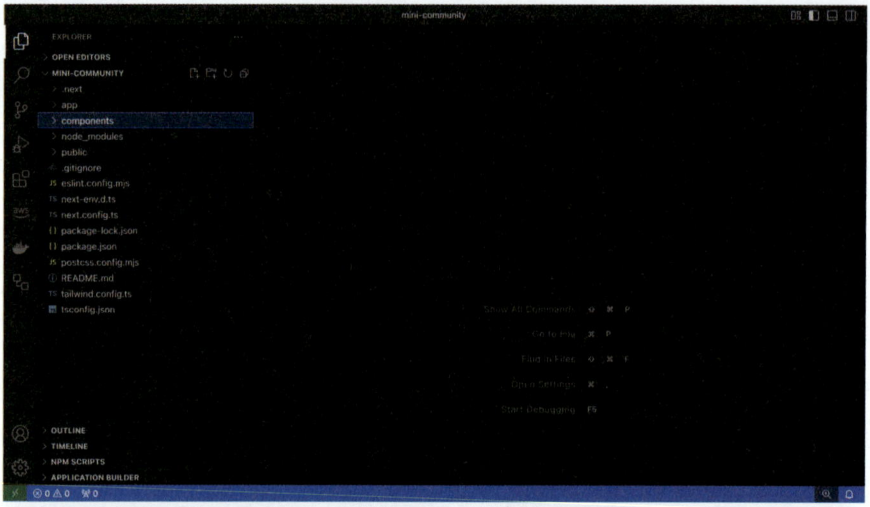
mini-community
EXPLORER
OPEN EDITORS
MINI-COMMUNITY
.next
app
components
node_modules
public
.gitignore
eslint.config.mjs
next-env.d.ts
next.config.ts
package-lock.json
package.json
postcss.config.mjs
README.md
tailwind.config.ts
tsconfig.json
Show All Commands
Go to File
Find in Files
Open Settings
Start Debugging
OUTLINE
TIMELINE
NPM SCRIPTS
APPLICATION BUILDER

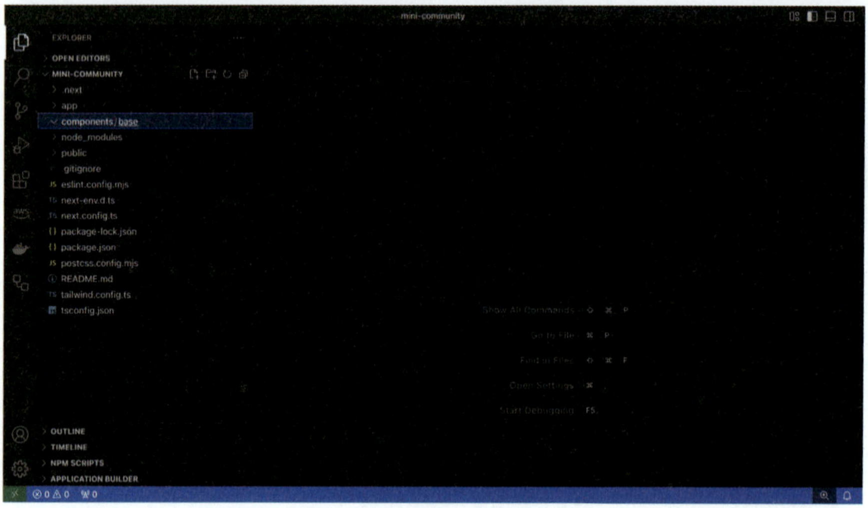
mini-community
EXPLORER
OPEN EDITORS
MINI-COMMUNITY
.next
app
components / base
node_modules
public
.gitignore
eslint.config.mjs
next-env.d.ts
next.config.ts
package-lock.json
package.json
postcss.config.mjs
README.md
tailwind.config.ts
tsconfig.json
Show All Commands
Go to File
Find in Files
Open Settings
Start Debugging
OUTLINE
TIMELINE
NPM SCRIPTS
APPLICATION BUILDER

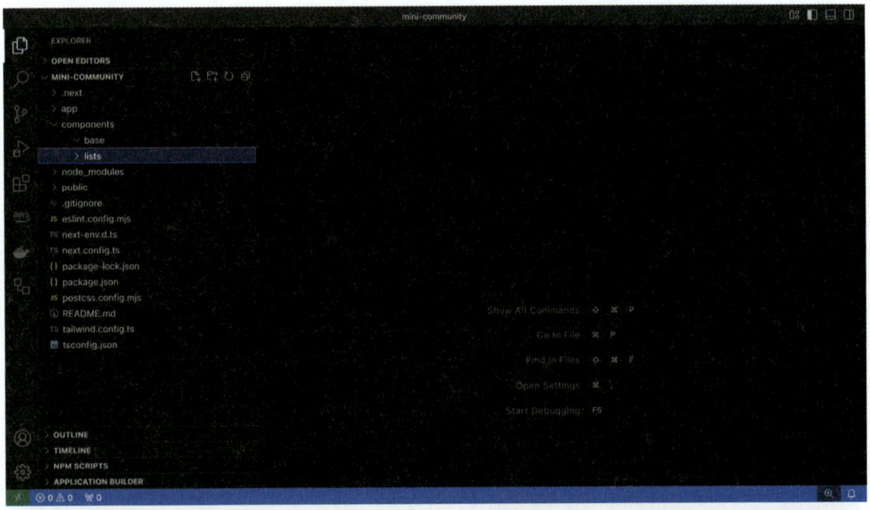
mini-community
EXPLORER
OPEN EDITORS
MINI-COMMUNITY
.next
app
components
base
lists
node_modules
public
.gitignore
eslint.config.mjs
next-env.d.ts
next.config.ts
package-lock.json
package.json
postcss.config.mjs
README.md
tailwind.config.ts
tsconfig.json
Show All Commands
Go to File
Find in Files
Open Settings
Start Debugging F5
OUTLINE
TIMELINE
NPM SCRIPTS
APPLICATION BUILDER

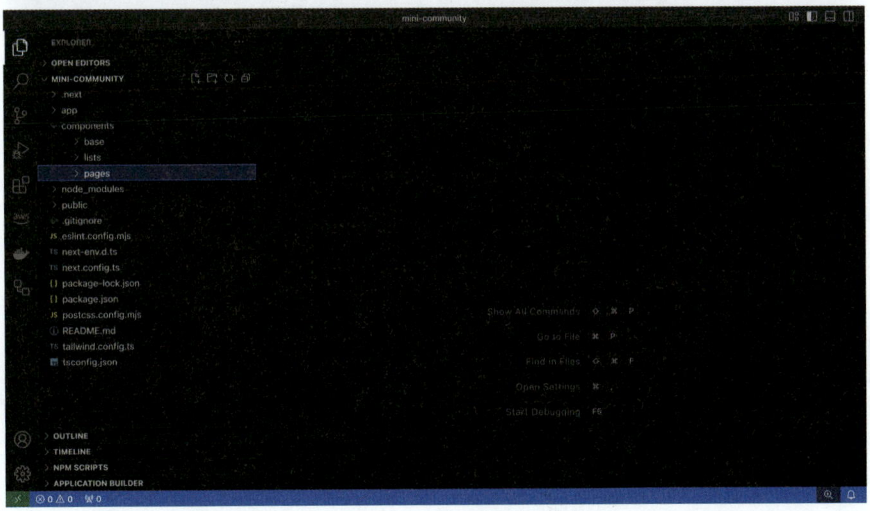
mini-community
EXPLORER
OPEN EDITORS
MINI-COMMUNITY
.next
app
components
base
lists
pages
node_modules
public
.gitignore
eslint.config.mjs
next-env.d.ts
next.config.ts
package-lock.json
package.json
postcss.config.mjs
README.md
tailwind.config.ts
tsconfig.json
Show All Commands
Go to File
Find in Files
Open Settings
Start Debugging F5
OUTLINE
TIMELINE
NPM SCRIPTS
APPLICATION BUILDER

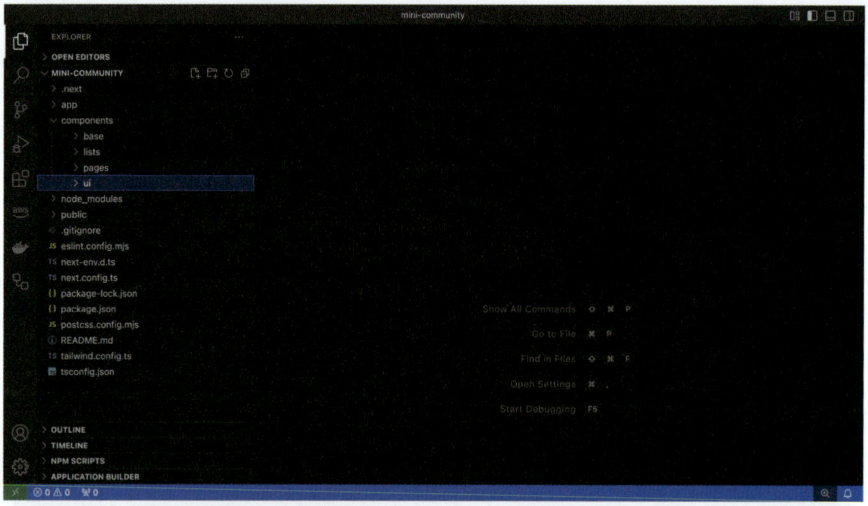
mini-community
EXPLORER
OPEN EDITORS
MINI-COMMUNITY
.next
app
components
base
lists
pages
ui
node_modules
public
.gitignore
eslint.config.mjs
next-env.d.ts
next.config.ts
package-lock.json
package.json
postcss.config.mjs
README.md
tailwind.config.ts
tsconfig.json
Show All Commands
Go to File
Find in Files
Open Settings
Start Debugging F5
OUTLINE
TIMELINE
NPM SCRIPTS
APPLICATION BUILDER

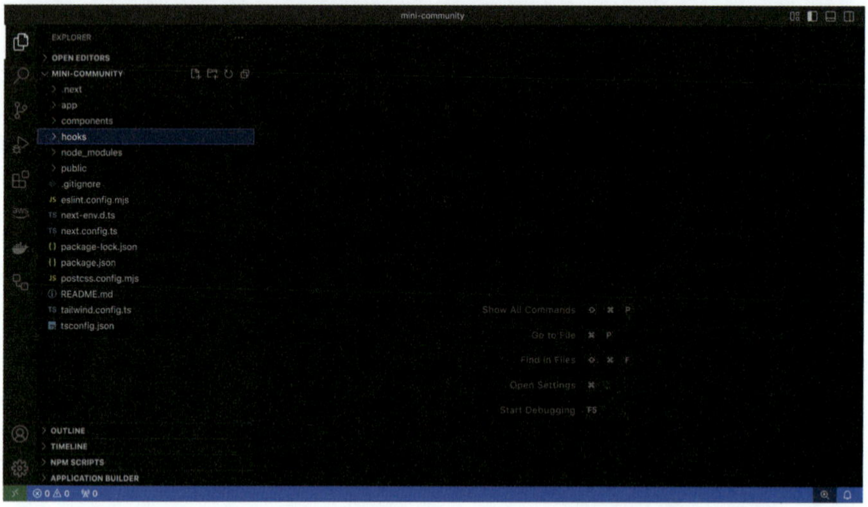
mini-community
EXPLORER
OPEN EDITORS
MINI-COMMUNITY
.next
app
components
hooks
node_modules
public
.gitignore
eslint.config.mjs
next-env.d.ts
next.config.ts
package-lock.json
package.json
postcss.config.mjs
README.md
tailwind.config.ts
tsconfig.json
Show All Commands
Go to File
Find in Files
Open Settings
Start Debugging F5
OUTLINE
TIMELINE
NPM SCRIPTS
APPLICATION BUILDER

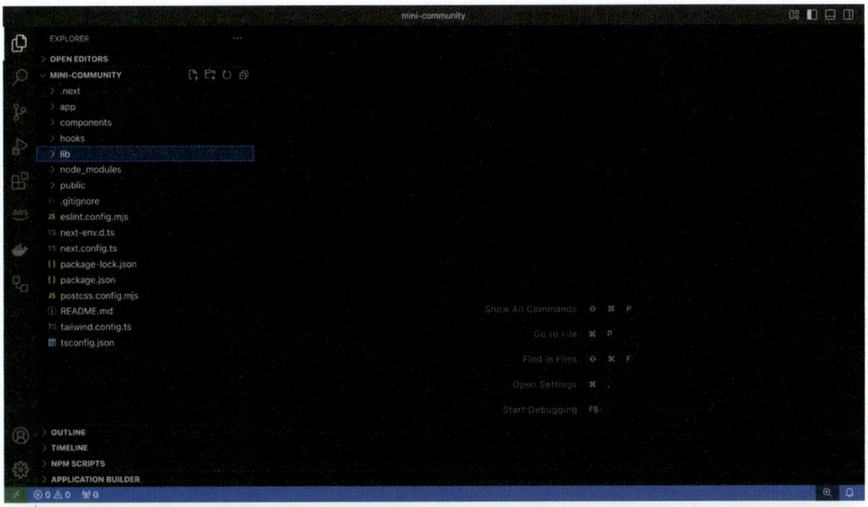

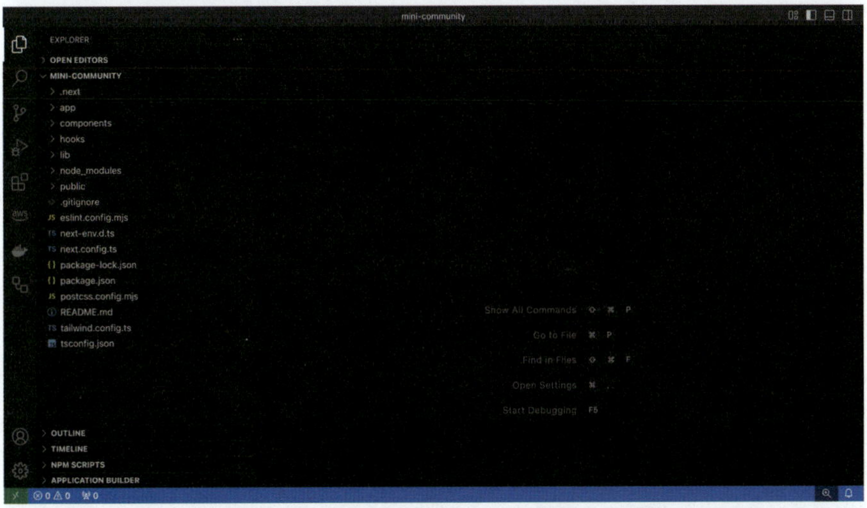

여기까지 프로젝트의 초기 폴더 구조를 시각적으로 확인해봤습니다. 다음 실습에서는 이 구조를 기반으로 페이지를 구성하고 라우트를 연결해보겠습니다.

16.4 실습 페이지 생성하기

이번 실습에서는 애플리케이션에 필요한 페이지를 생성합니다. 지금 페이지를 모두 구현하는 것은 아니고 경로를 구성하기 위해서 일단 페이지 컴포넌트를 생성하는 것이라고 이해하면 됩니다. 앞에서 애플리케이션을 기획할 때 필요한 페이지들을 다음과 같이 정리했었습니다.

- 메인 페이지(`MainPage`)
- 로그인 페이지(`SignInPage`)
- 가입 페이지(`SignUpPage`)
- 게시글 보기 페이지(`PostViewPage`)
- 게시글 작성 페이지(`PostWritePage`)

이제 위 페이지들을 하나씩 생성해보겠습니다. 먼저 다음 화면과 같이 `/components/pages/` 폴더에 `MainPage.tsx` 파일을 생성합니다.

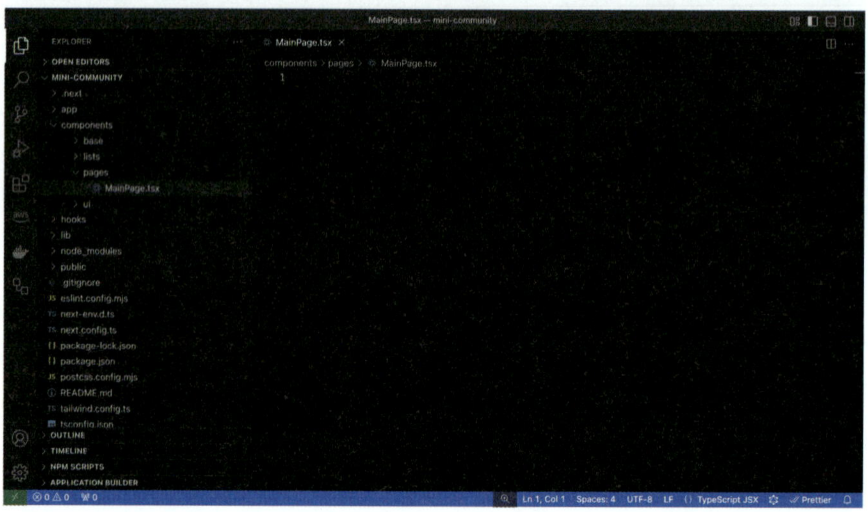

파일을 생성한 이후 아주 간단한 형태의 컴포넌트 코드를 작성합니다.

```
function MainPage() {
    return <div>This is MainPage</div>;
}

export default MainPage;
```

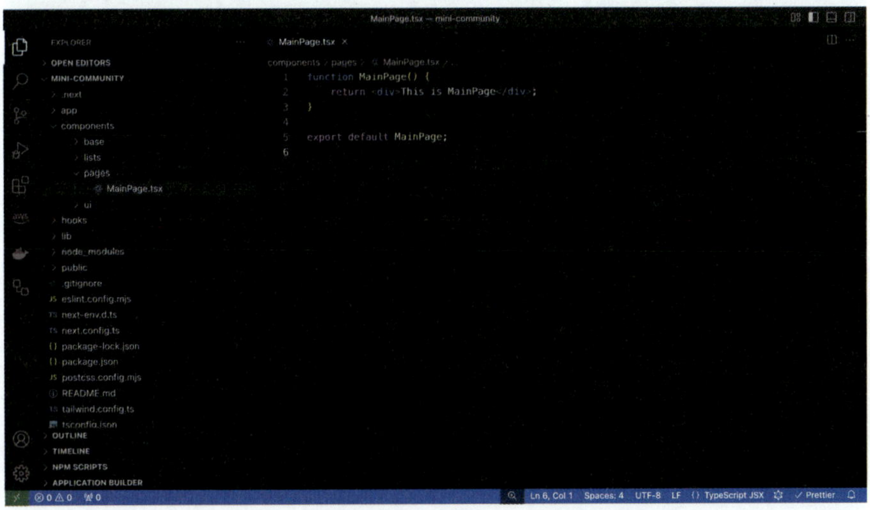

다음으로는 동일한 폴더에 `SignInPage.tsx` 파일을 생성합니다.

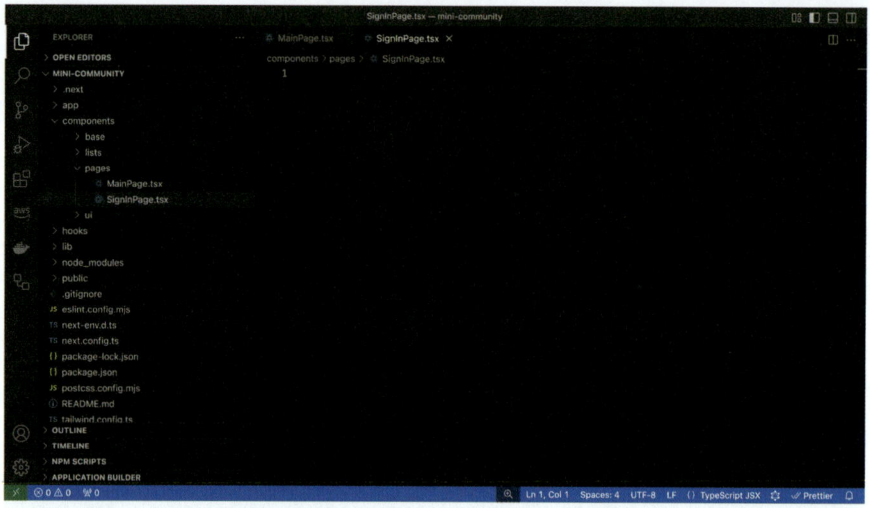

파일을 생성한 이후에 다음과 같이 컴포넌트 코드를 작성합니다.

```
function SignInPage() {
    return <div>This is SignInPage</div>;
}

export default SignInPage;
```

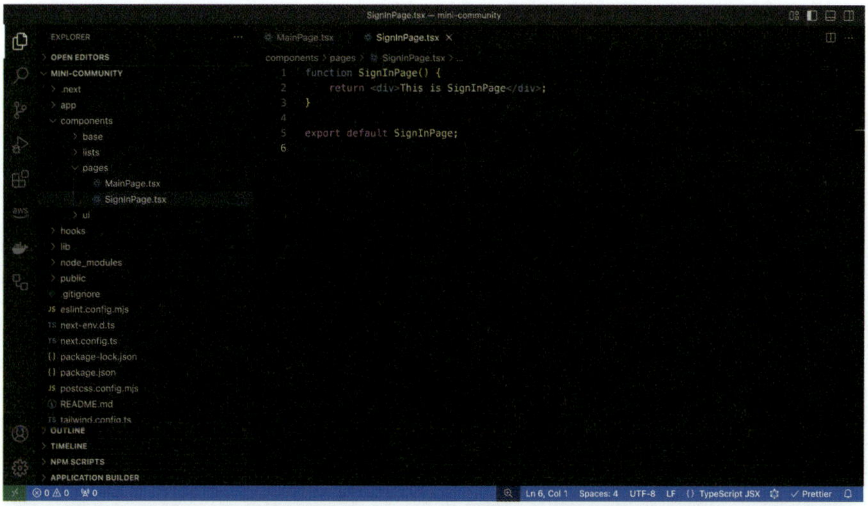

다음으로는 동일한 폴더에 `SignUpPage.tsx` 파일을 생성합니다.

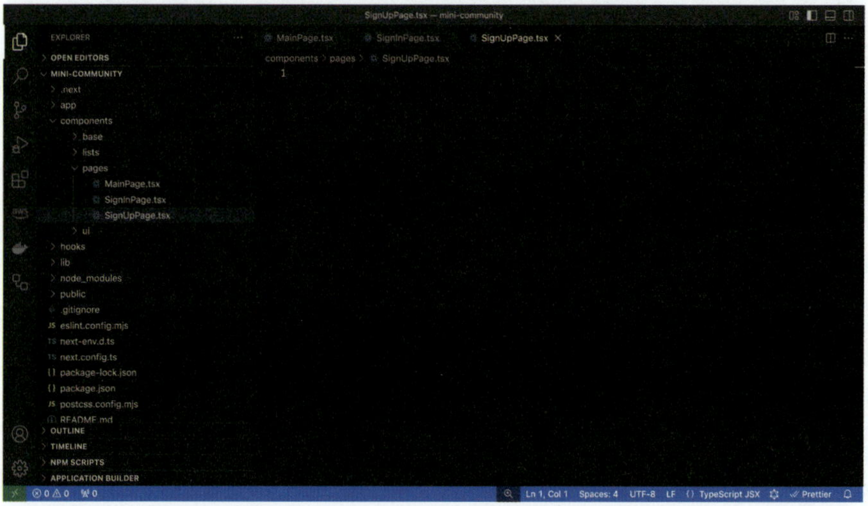

파일을 생성한 이후에 다음과 같이 컴포넌트 코드를 작성합니다.

```
function SignUpPage() {
    return <div>This is SignUpPage</div>;
}

export default SignUpPage;
```

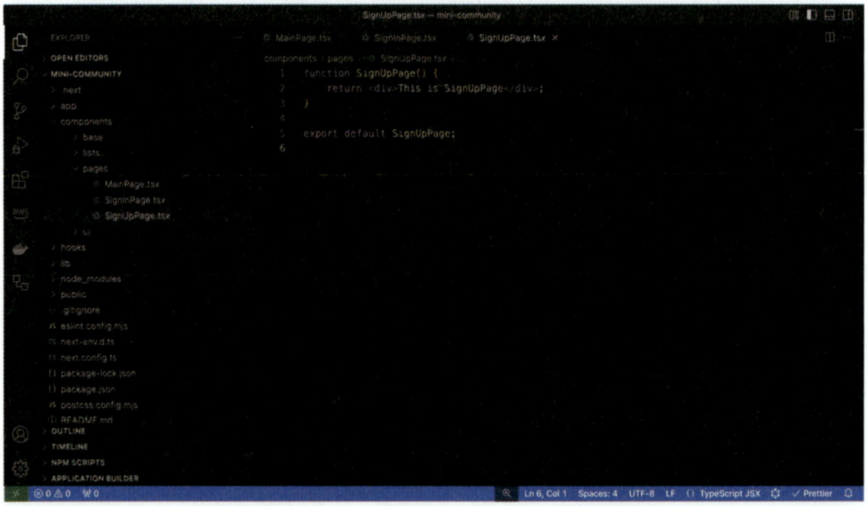

다음으로는 동일한 폴더에 `PostViewPage.tsx` 파일을 생성합니다.

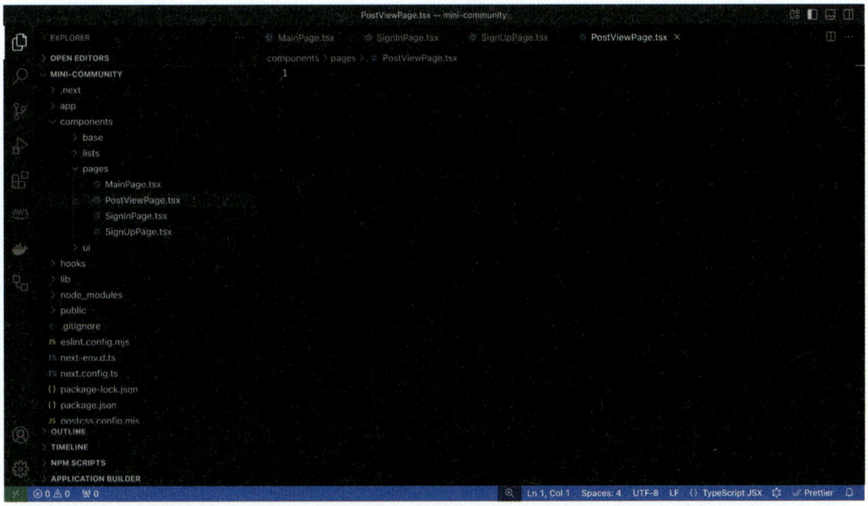

파일을 생성한 이후에 컴포넌트 코드를 작성합니다.

```
function PostViewPage() {
    return <div>This is PostViewPage</div>;
}

export default PostViewPage;
```

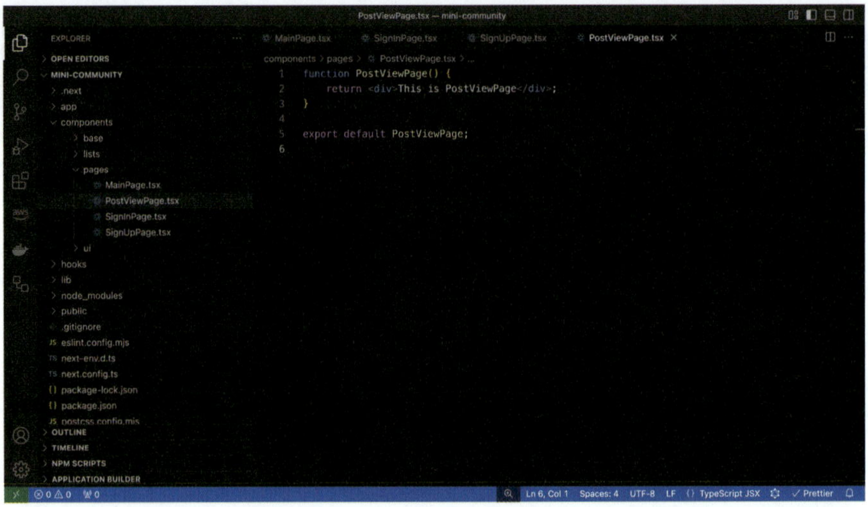

다음으로는 동일한 폴더에 `PostWritePage.tsx` 파일을 생성합니다.

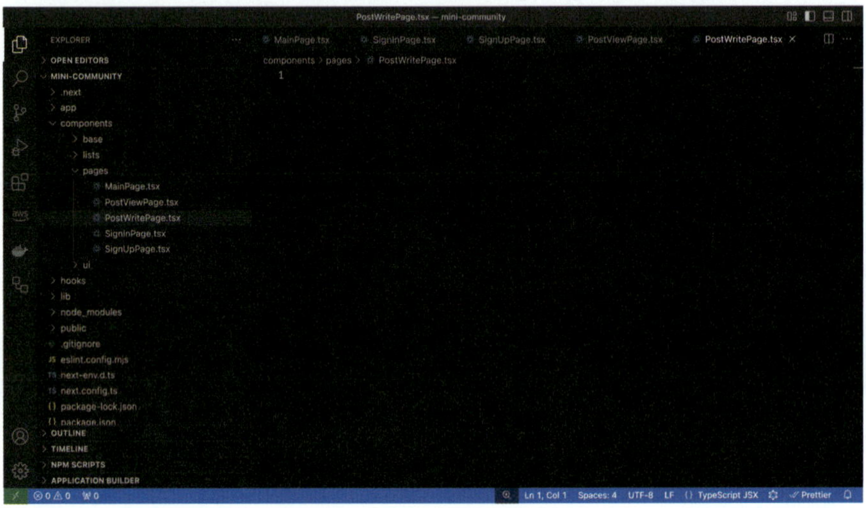

파일을 생성한 이후에 컴포넌트 코드를 작성합니다.

```
function PostWritePage() {
    return <div>This is PostWritePage</div>;
}

export default PostWritePage;
```

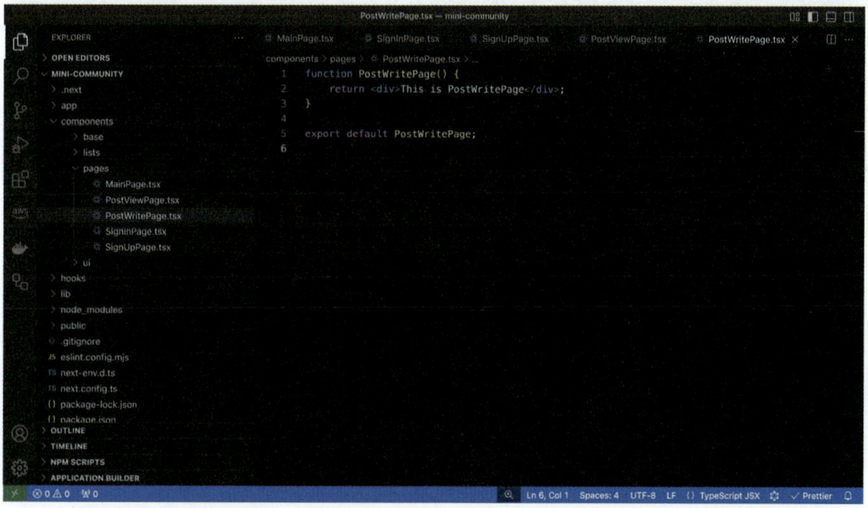

이렇게 해서 다음 화면과 같이 모든 페이지 컴포넌트가 생성되었습니다. 이제 다음 절에서 이 페이지 컴포넌트들을 각 라우트에 연결시켜보도록 하겠습니다.

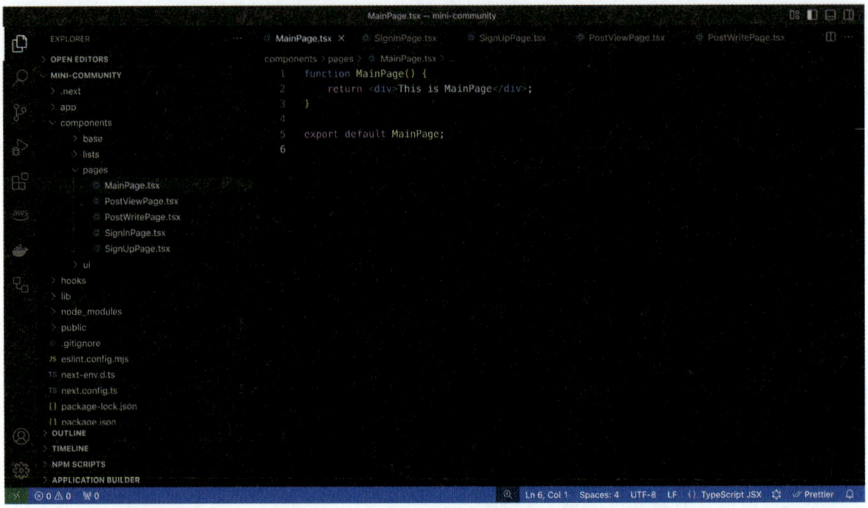

16.5 실습 라우트 구성하기

이번 실습에서는 앞에서 만든 페이지들을 사용해서 라우트를 구성해보겠습니다. 우리가 배운 것처럼 Next.js에서는 폴더 구조 기반의 라우터를 사용합니다. 그리고 최신 버전의 Next.js에서는 리액트 서버 컴포넌트 기반의 앱 라우터를 기본적으로 사용하게 됩니다.

여기서는 각 페이지에 대한 경로를 다음과 같은 형태로 구성할 계획입니다.

- 메인 페이지(`/`)
- 로그인 페이지(`/sign-in`)
- 가입 페이지(`/sign-up`)
- 게시글 보기 페이지(`/posts/[postId]`)
- 게시글 작성 페이지(`/post-write`)

프로젝트의 app 폴더를 펼쳐보면 루트 레이아웃과 인덱스 페이지 등의 기본적인 구성 요소들이 들어 있는 것을 볼 수 있습니다.

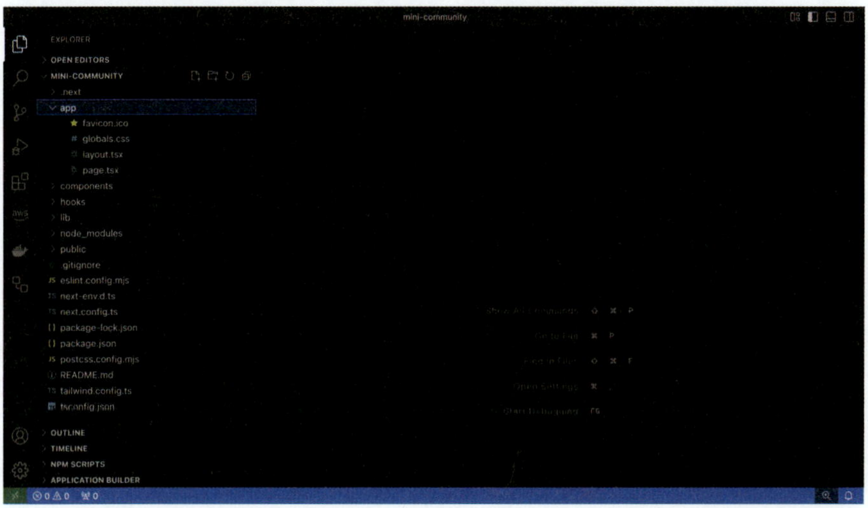

먼저 인덱스 페이지를 담당하는 `/app/page.tsx` 파일을 수정해보겠습니다.

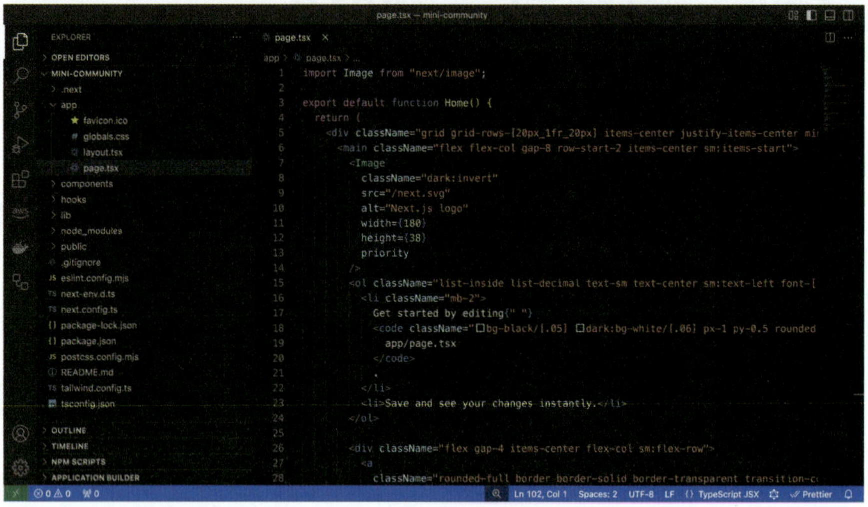

다음 코드와 같이 앞에서 만든 `MainPage`를 임포트해서 디폴트 익스포트default export하는 코드를 작성합니다. 이 파일에 직접 컴포넌트 코드를 작성해도 무방하지만, 애플리케이션의 규모가 커지면 `page.tsx` 파일에 여러 가지 로직들이 추가로 들어갈 수 있습니다. 그래서 확장성과 유지보수 편의성을 위해 이렇게 컴포넌트 코드와 실제 앱 라우터에 연결하는 코드를 따로 작성하는 것이라고 이해하면 됩니다.

```
import MainPage from '@/components/pages/MainPage';

export default MainPage;
```

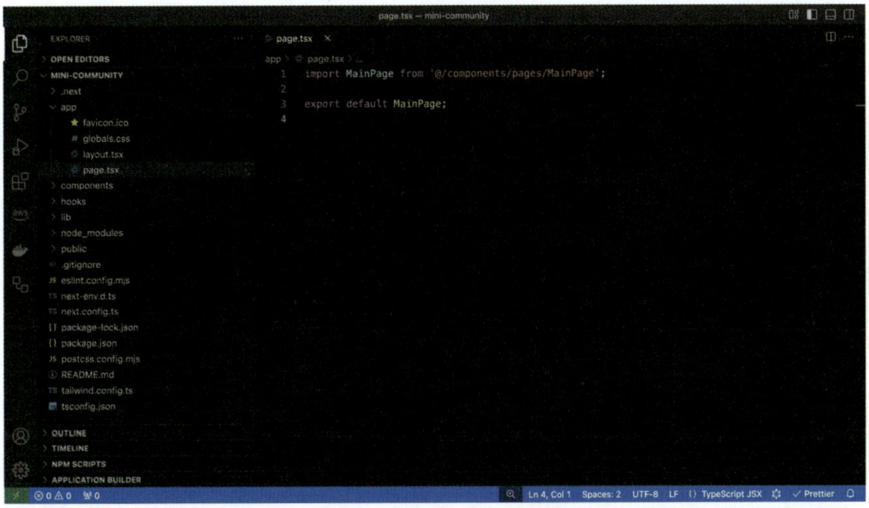

다음으로는 `SignInPage`의 라우트를 구성하겠습니다. 먼저 다음 화면과 같이 `app` 폴더 내에 `sign-in`이라는 이름의 폴더를 생성합니다.

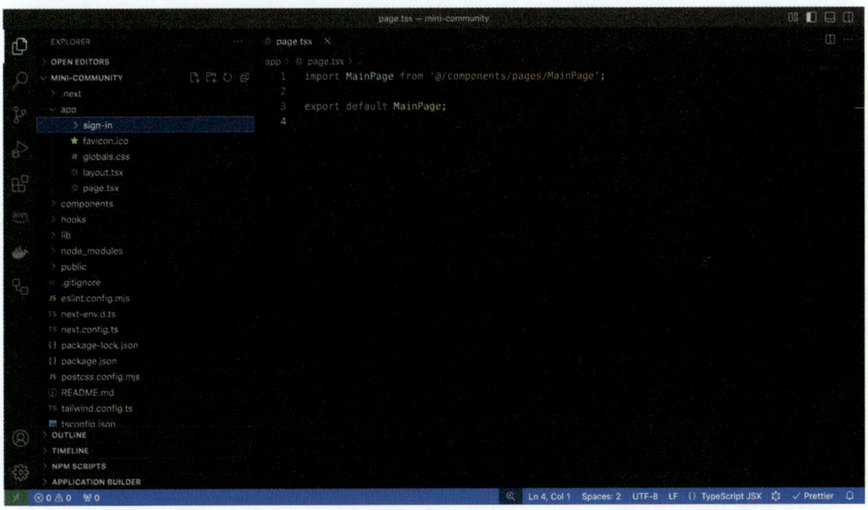

이후 생성한 폴더 내에 다음과 같이 `page.tsx` 파일을 생성합니다.

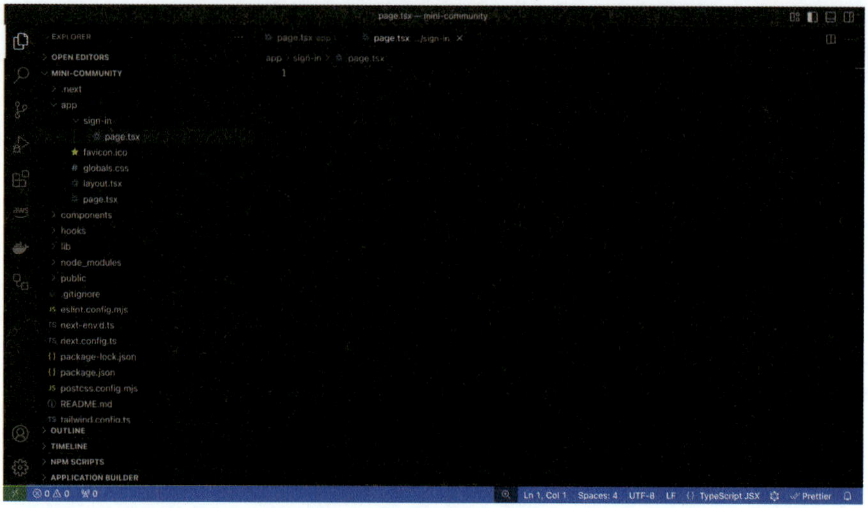

생성한 파일에 다음 코드와 같이 앞에서 만든 SignInPage를 임포트해서 디폴트 익스포트하는 코드를 작성합니다.

```
import SignInPage from '@/components/pages/SignInPage';

export default SignInPage;
```

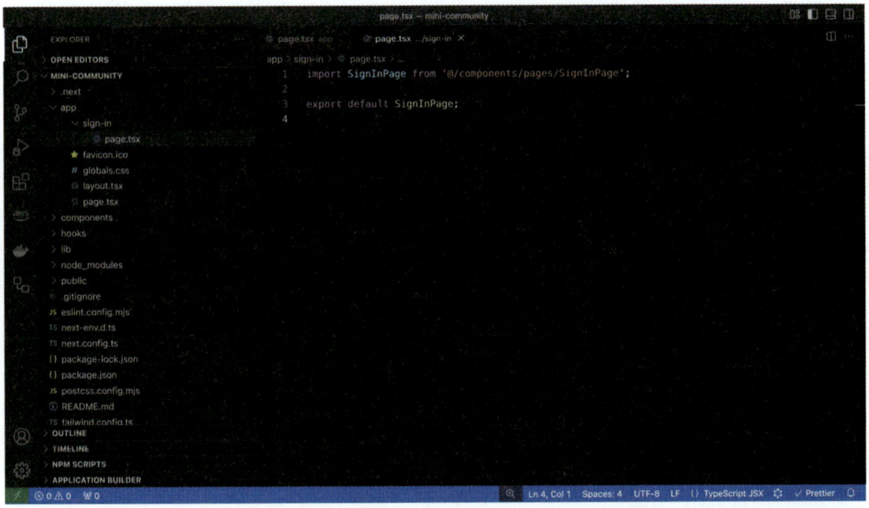

다음으로는 SignUpPage의 라우트를 구성해보겠습니다. 먼저 화면과 같이 app 폴더 내에 sign-up이라는 이름의 폴더를 생성합니다.

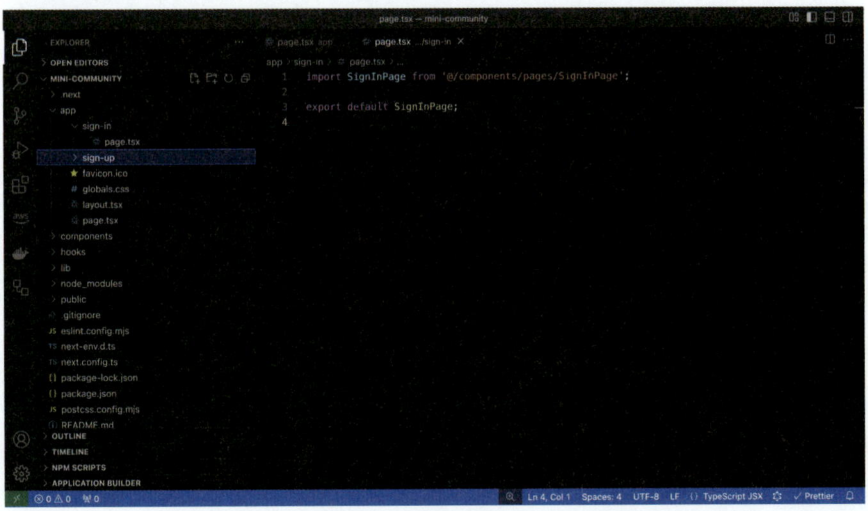

이후 생성한 폴더 내에 다음 화면과 같이 page.tsx 파일을 생성합니다.

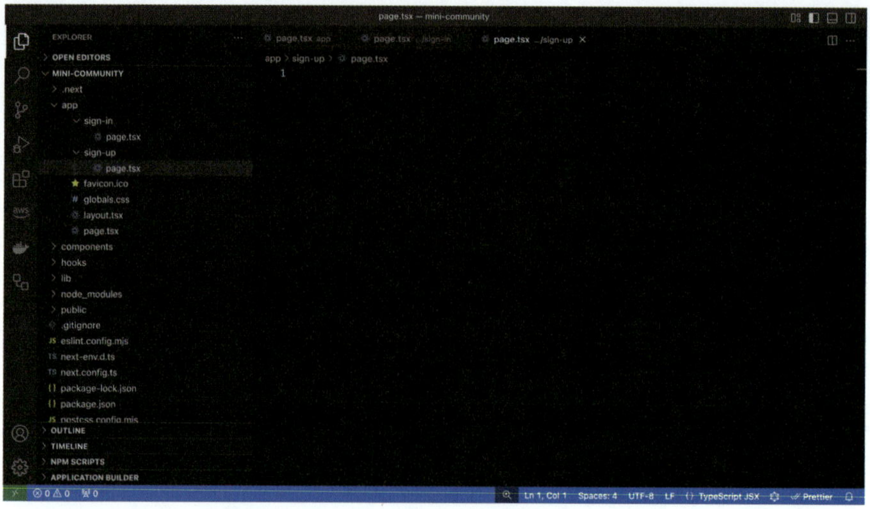

생성한 파일에 다음 코드와 같이 앞에서 만든 SignUpPage를 임포트해서 디폴트 익스포트하는 코드를 작성합니다.

```
import SignUpPage from '@/components/pages/SignUpPage';

export default SignUpPage;
```

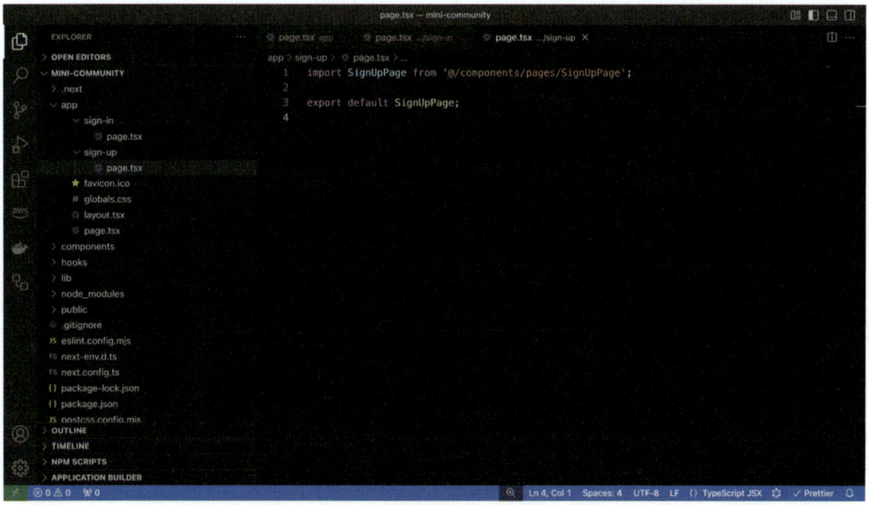

다음으로는 PostViewPage의 라우트를 구성해보겠습니다. 먼저 다음 화면과 같이 app 폴더 내에 posts라는 이름의 폴더를 생성합니다.

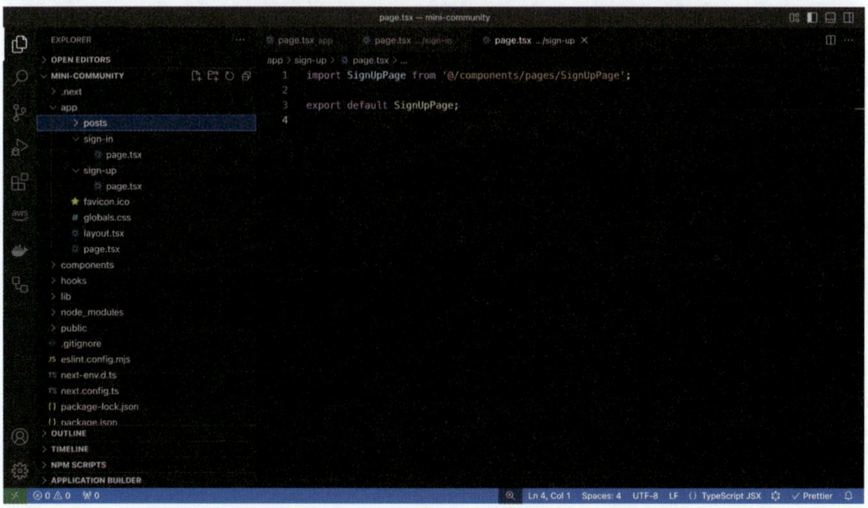

그리고 posts 폴더 내에 [postId]라는 이름의 폴더를 생성합니다. 이렇게 폴더를 생성하는 이유는 동적인 경로에 대응하기 위해서 동적 세그먼트를 사용하기 위함입니다.

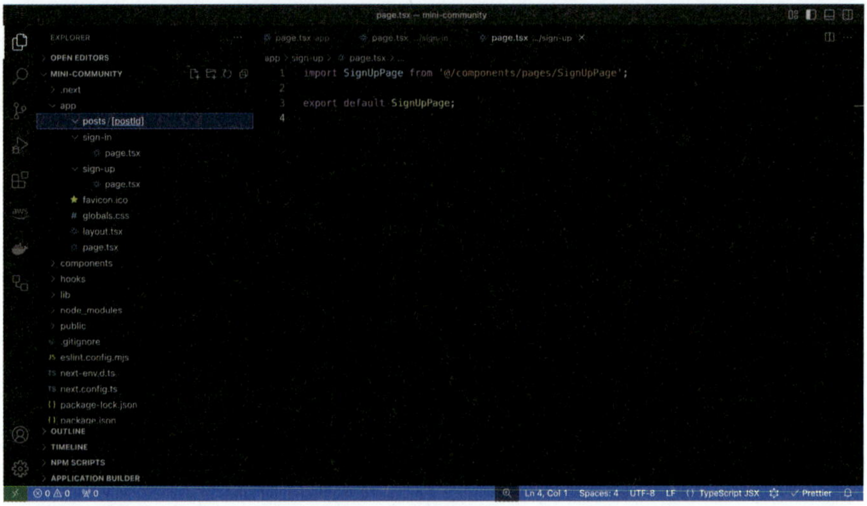

생성한 [postId] 폴더 내에 화면과 같이 page.tsx 파일을 생성합니다.

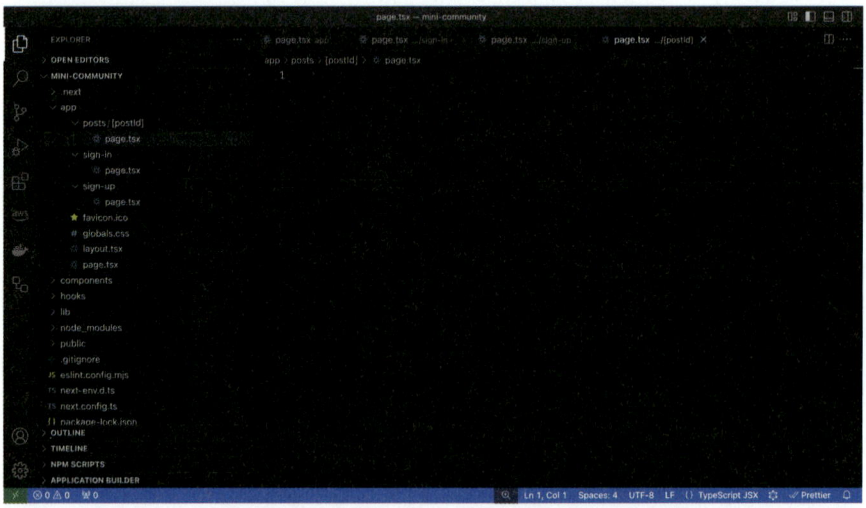

생성한 파일에 다음 코드와 같이 앞에서 만든 PostViewPage를 임포트해서 디폴트 익스포트하는 코드를 작성합니다.

```
import PostViewPage from '@/components/pages/PostViewPage';

export default PostViewPage;
```

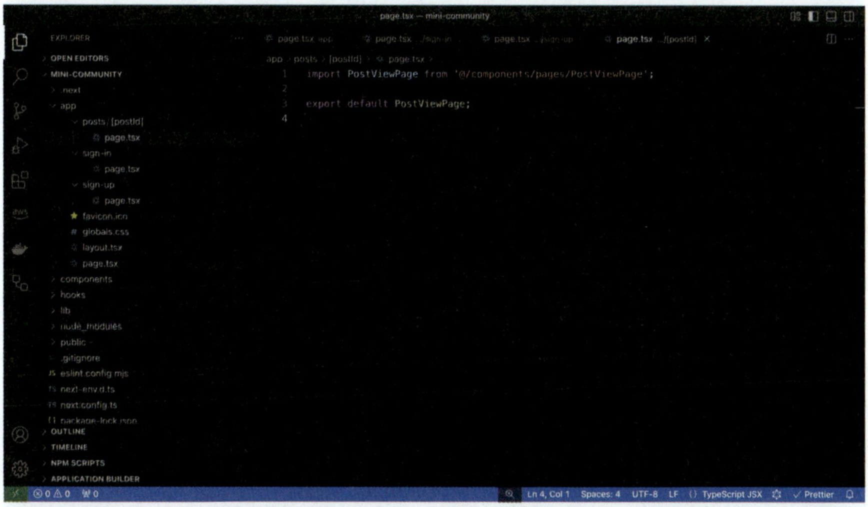

다음으로는 PostWritePage의 라우트를 구성해보겠습니다. 먼저 다음 화면과 같이 app 폴더 내에 post-write라는 이름의 폴더를 생성합니다.

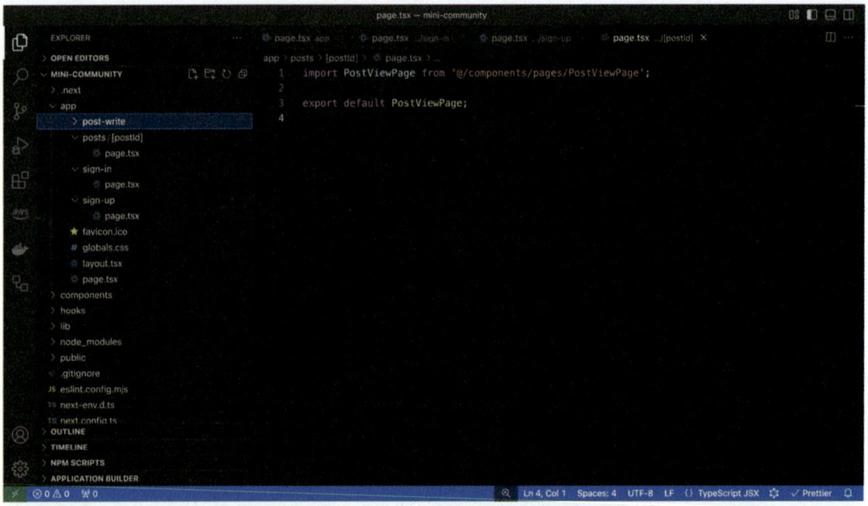

이후 생성한 폴더 내에 다음 화면과 같이 `page.tsx` 파일을 생성합니다.

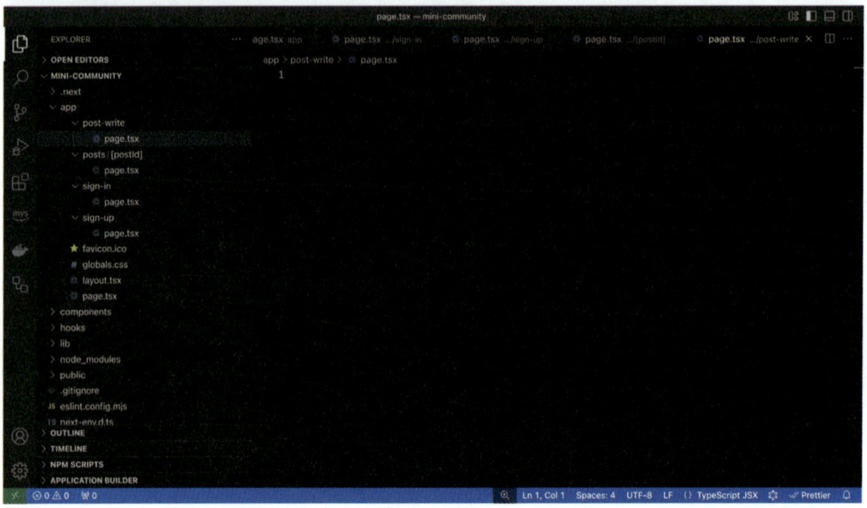

생성한 파일에 다음 코드와 같이 앞에서 만든 `PostWritePage`를 임포트해서 디폴트 익스포트하는 코드를 작성합니다.

```
import PostWritePage from '@/components/pages/PostWritePage';

export default PostWritePage;
```

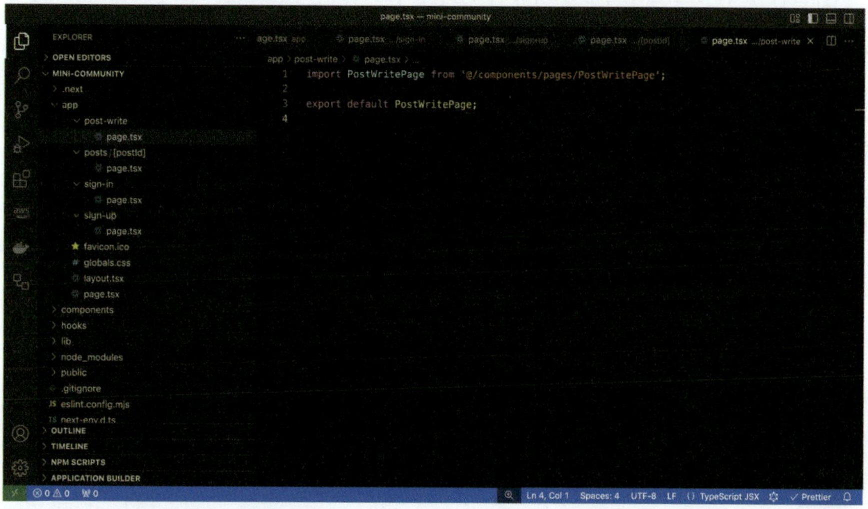

이렇게 앱 라우터를 사용하여 모든 페이지에 대한 라우트를 구성했습니다.

16.6 실습 Shadcn UI 및 Tailwind CSS 연동하기

이번 실습에서는 프로젝트에서 사용할 UI 라이브러리인 Shadcn UI와 Shadcn UI의 스타일링을 담당하는 Tailwind CSS를 연동해보겠습니다. 아래 주소는 Shadcn UI 공식 홈페이지 주소입니다.

https://ui.shadcn.com/

접속하면 다음과 같은 화면을 볼 수 있습니다. 여기서 제일 상단 메뉴에서 **Docs**를 클릭합니다.

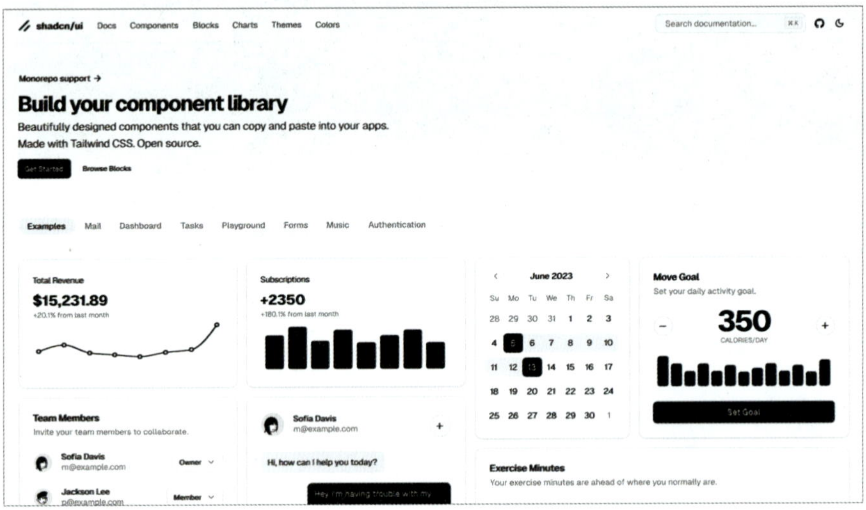

그럼 다음 화면과 같이 라이브러리 안내 문서가 나오게 됩니다. 여기서 왼쪽 **Getting Started** 섹션의 두 번째 항목인 **Installation**을 클릭합니다.

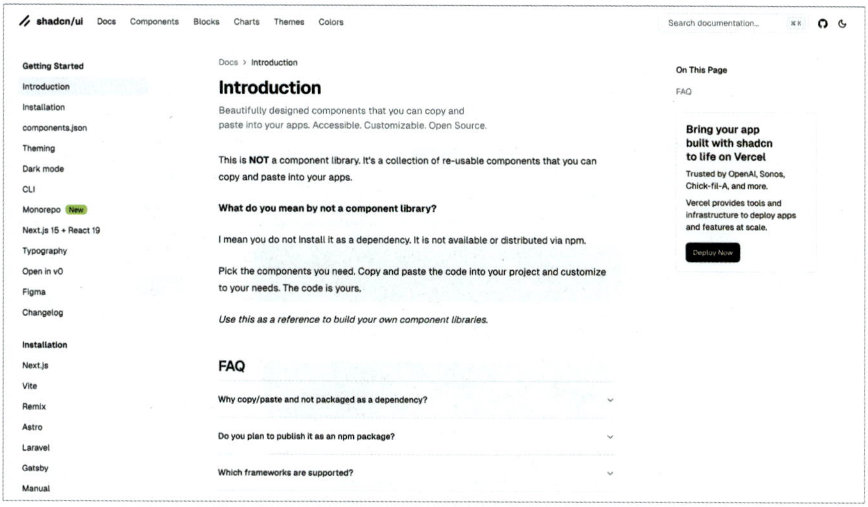

그럼 다음과 같이 각 프레임워크별로 라이브러리를 설치하기 위한 방법이 나옵니다. 우리는 Next.js에 설치할 것이기 때문에 **Next.js**를 클릭합니다.

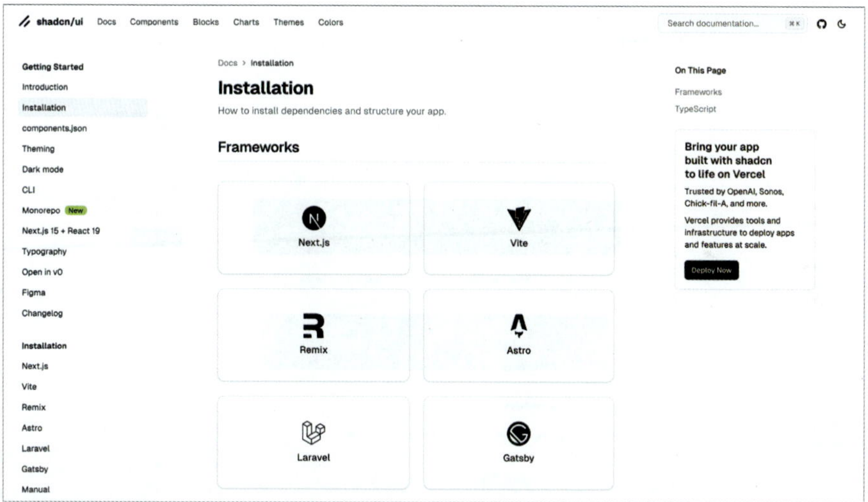

그러면 다음 화면처럼 Next.js에 Shadcn UI를 설치하기 위한 방법이 단계별로 설명되어 있습니다. 여기서 우리는 패키지 매니저로 npm을 사용하기 때문에 **npm**을 클릭합니다.

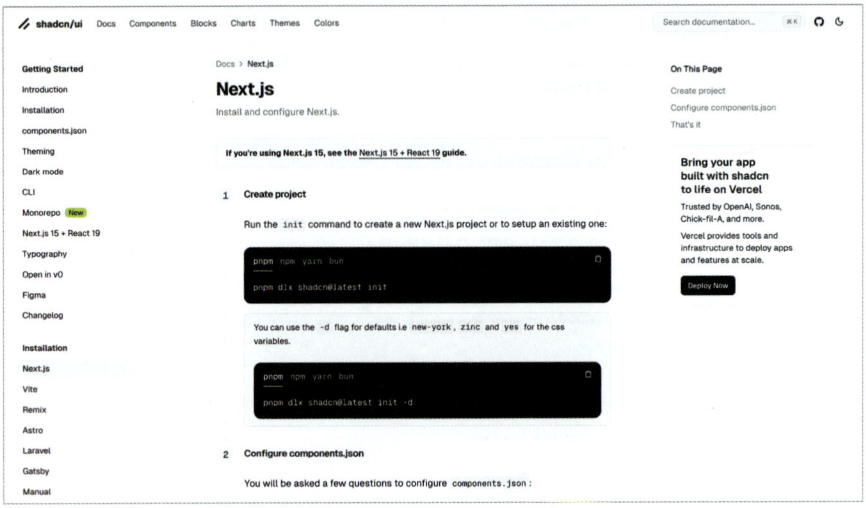

그러면 npm 명령어들이 나오는데 이 가이드를 따라서 Shadcn UI를 설치합니다.

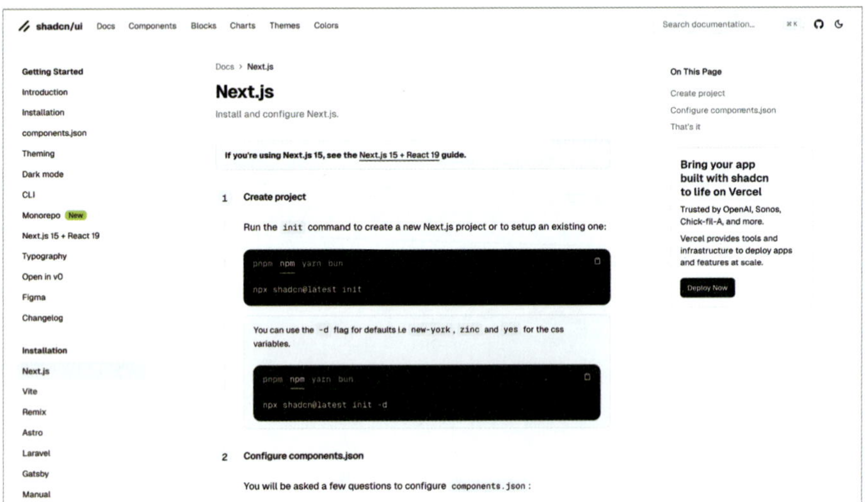

아래 `npx` 명령어를 사용해서 shadcn 패키지를 설치하고 `init` 옵션과 함께 실행합니다.

```
npx shadcn@latest init
```

만약 shadcn 패키지가 설치되어 있지 않다면 다음과 같이 계속 진행할지 한 번 더 묻게 됩니다. 여기서 y를 입력하여 계속 진행합니다.

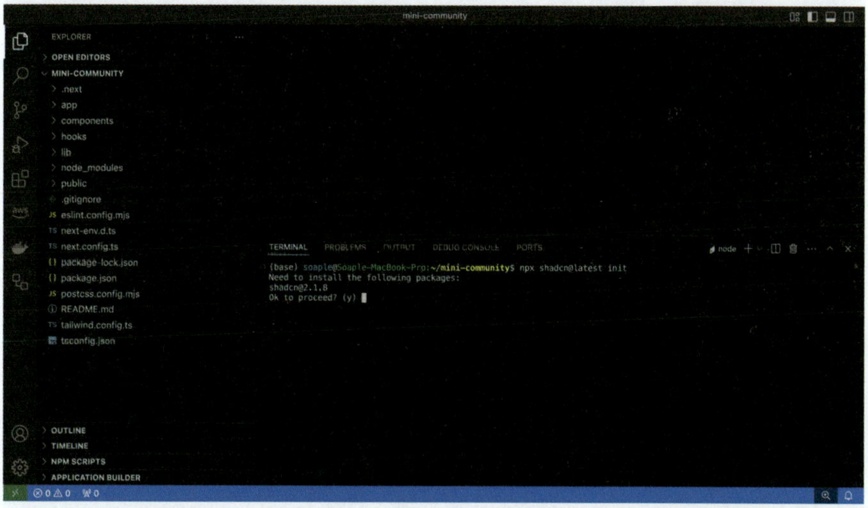

이후 다음과 같이 스타일, 기본 색상 등의 설정을 위한 프롬프트가 나옵니다. 아래 설정을 참고해서 진행하기 바랍니다.

```
✓ Preflight checks.
✓ Verifying framework. Found Next.js.
✓ Validating Tailwind CSS.
✓ Which style would you like to use? ' New York
✓ Which color would you like to use as base color? ' Slate
✓ Would you like to use CSS variables for colors? … no / yes
```

리액트 19를 사용할 경우에는 아직 패키지 의존성 이슈로 인해 다음과 같이 어떤 옵션으로 계속 진행할 것인지 선택하는 프롬프트가 나오게 됩니다. 여기서 `Use --force`를 선택하여 계속 진행합니다.

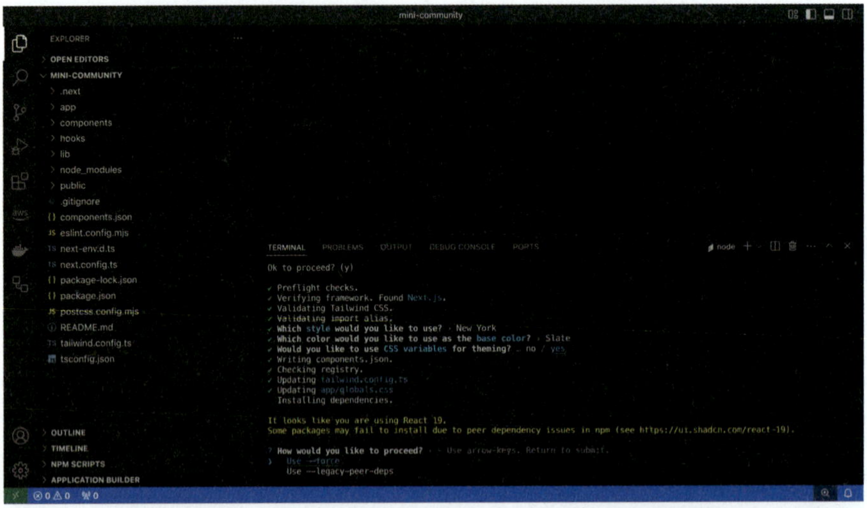

그러면 다음처럼 Shadcn UI가 설치됩니다.

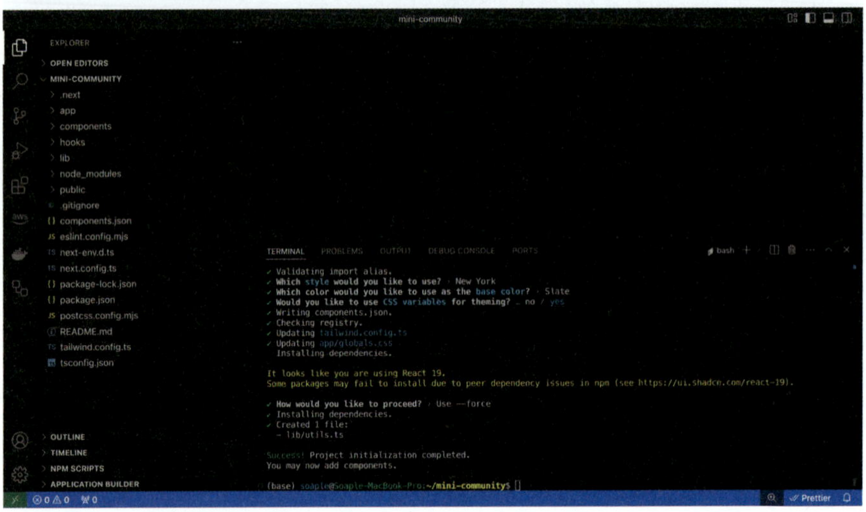

Shadcn UI가 모두 설치되면 프로젝트 최상위 경로에 `components.json` 파일이 생성됩니다. `components.json` 파일에는 다음 화면과 같이 Shadcn UI를 사용하기 위해 필요한 설정들이 들어 있습니다.

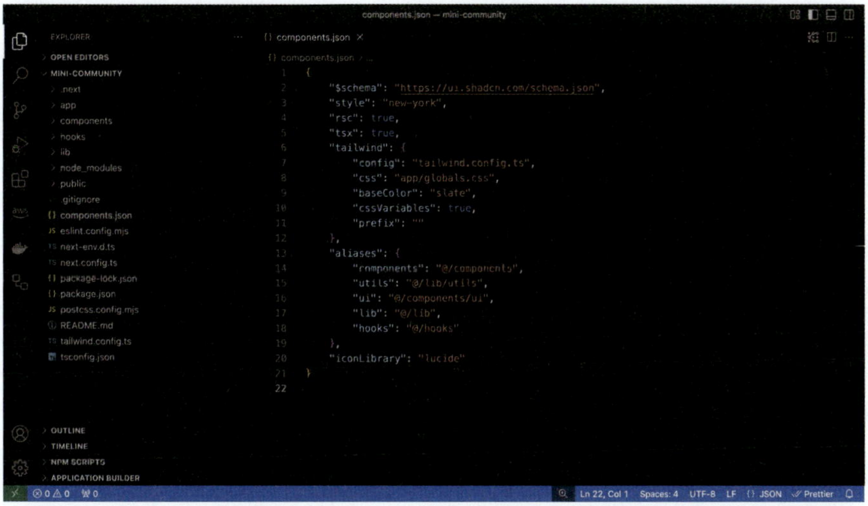

다음으로는 루트 레이아웃을 담당하는 `/app/layout.tsx` 파일을 수정하여 Shadcn UI와 연동하도록 하겠습니다. 다음 화면과 같이 `layout.tsx`를 엽니다.

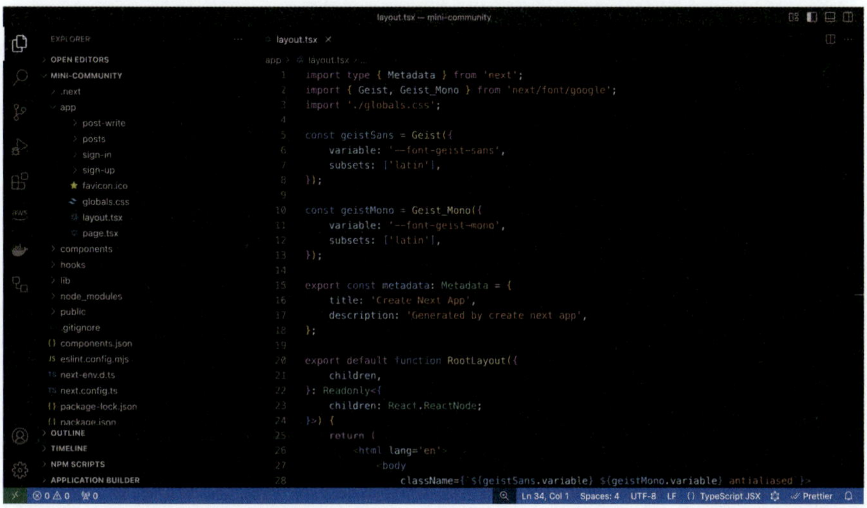

그리고 다음과 같이 코드를 수정합니다. 이 코드에서 수정된 부분은 Shadcn UI의 cn 이라는 모듈을 사용해서 <body> 태그의 스타일을 덮어 쓰도록 하는 부분과 기본 메타 데이터 부분입니다.

```
import type { Metadata } from 'next';
import { Geist, Geist_Mono } from 'next/font/google';
import { cn } from '@/lib/utils';
import './globals.css';

const geistSans = Geist({
    variable: '--font-geist-sans',
    subsets: ['latin'],
});

const geistMono = Geist_Mono({
    variable: '--font-geist-mono',
    subsets: ['latin'],
});

export const metadata: Metadata = {
    title: 'Mini Community',
    description: 'Welcome to mini community!',
};

export default function RootLayout({
    children,
}: Readonly<{
    children: React.ReactNode;
}>) {
    return (
        <html lang='en'>
            <body
                className={cn(
                    'min-h-screen bg-background',
                    '${geistSans.variable} ${geistMono.variable}
antialiased'
                )}>
                <main className='m-auto pt-20 max-w-lg'>{children}</main>
            </body>
        </html>
```

```
    );
}
```

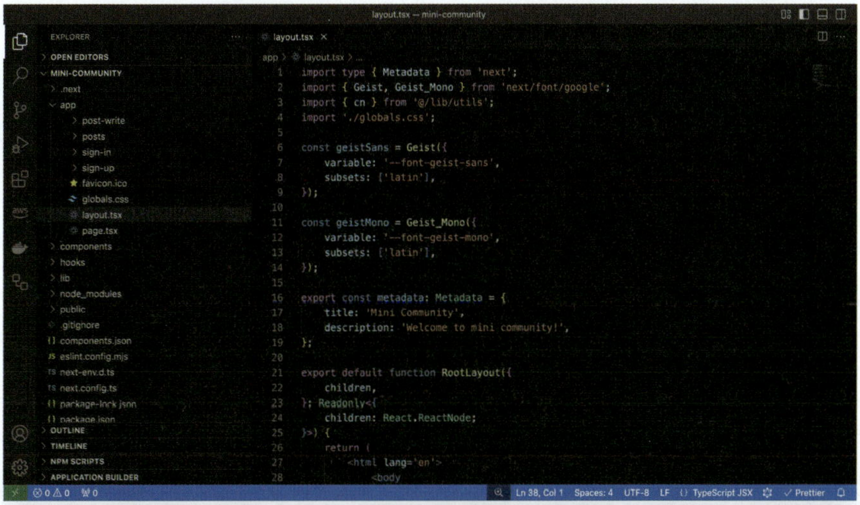

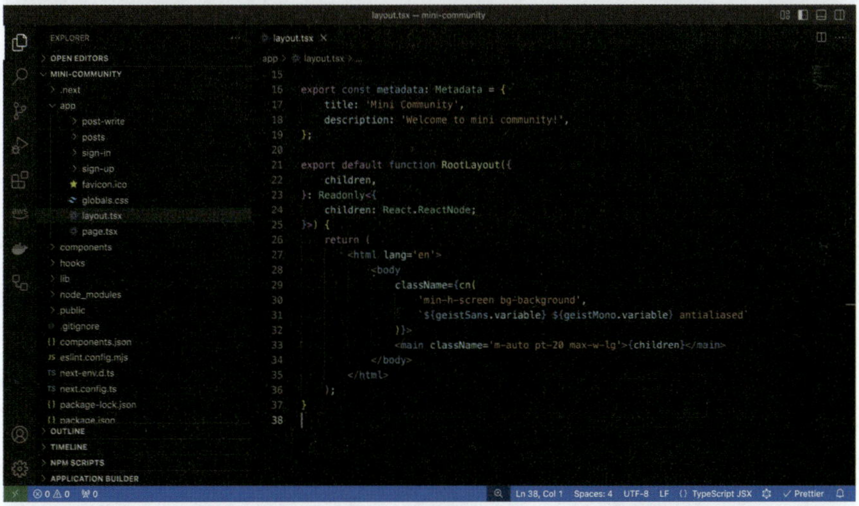

이제 Shadcn UI 설정을 모두 완료했습니다. Shadcn UI는 필요한 각 컴포넌트만을 설치해서 사용하는 형태입니다. 먼저 Button 컴포넌트를 설치해보도록 하겠습니다.

VS Code에서 터미널을 열어서 npx 명령어를 실행합니다.

```
npx shadcn@latest add button
```

이때도 역시 리액트 19 패키지 의존성 이슈로 인한 프롬프트가 나오게 됩니다. 여기서 `Use --force`를 선택하여 계속 진행합니다.

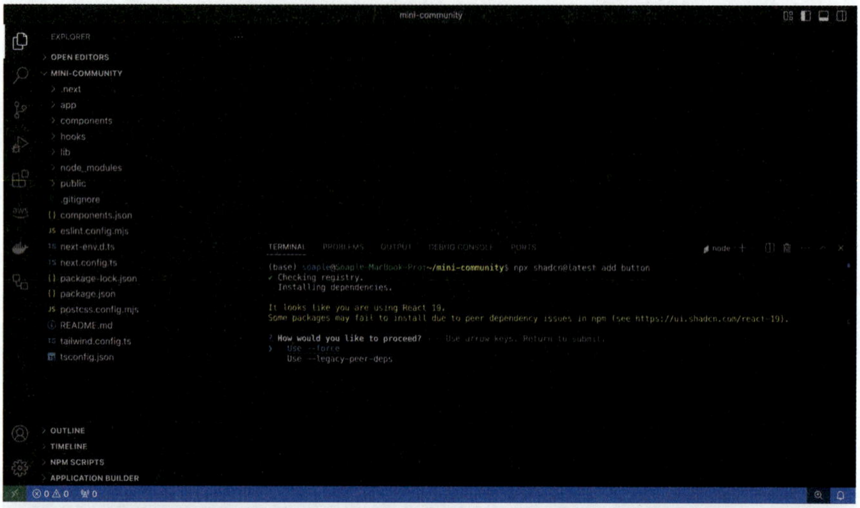

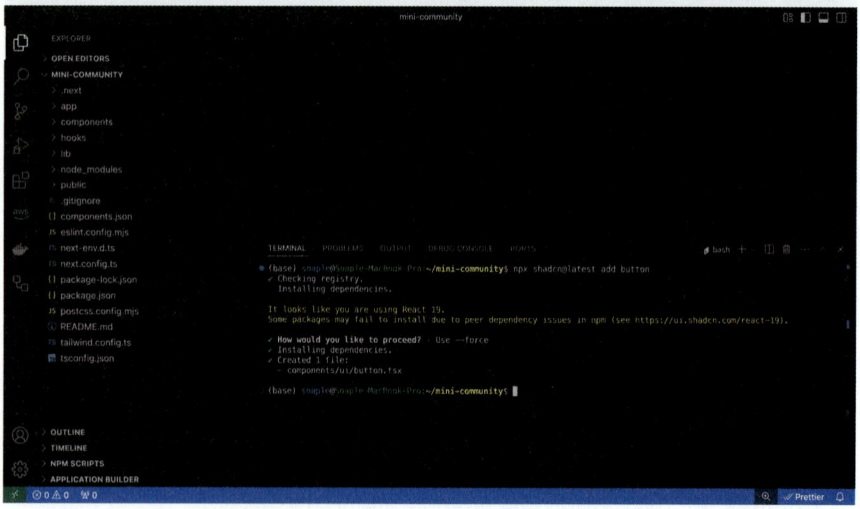

설치가 완료되면 다음 화면과 같이 /components/ui 폴더 내에 button.tsx 파일이 생긴 것을 볼 수 있습니다. 이 파일을 열어보면 Button 컴포넌트가 들어 있고, 우리는 앞으로 필요한 곳에서 이 컴포넌트를 임포트해서 사용하면 됩니다.

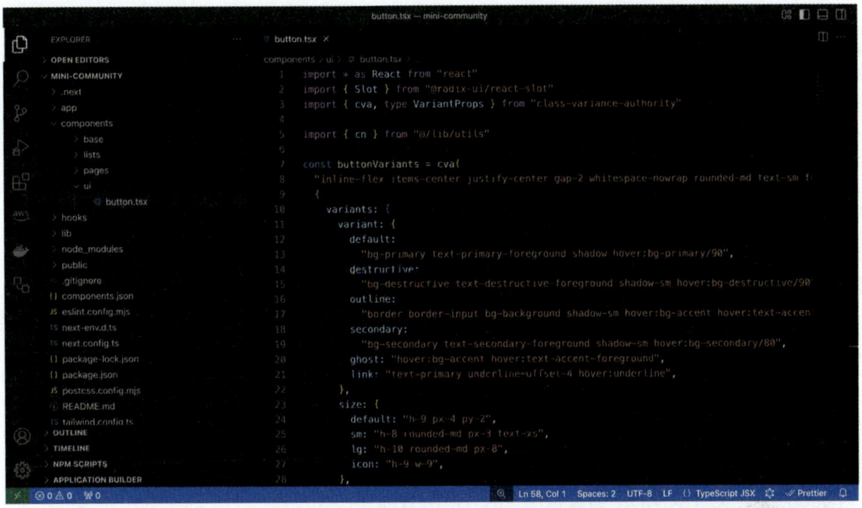

16.7 실습 데이터베이스 설계하기

이번 실습에서는 애플리케이션의 데이터를 저장하기 위한 데이터베이스를 설계하겠습니다. 우리가 만들려고 하는 미니 커뮤니티에 필요한 데이터는 크게 사용자, 게시글, 댓글이 있습니다. 그리고 각 요소에 필요한 데이터를 정리하면 다음과 같습니다.

- 사용자(`User`)
  - 아이디, 이메일, 패스워드, 이름, 생성일, 수정일
- 게시글(`UserPost`)
  - 아이디, 작성자, 제목, 내용, 생성일, 수정일
- 댓글(`UserPostComment`)
  - 아이디, 작성자, 해당 게시글, 내용, 생성일, 수정일

그리고 각 요소 사이의 관계를 정리해보면 다음과 같습니다.

- 한 명의 사용자는 여러 개의 게시글을 작성할 수 있다.
- 한 명의 사용자는 여러 개의 댓글을 작성할 수 있다.
- 하나의 게시글은 여러 개의 댓글을 포함할 수 있다.

위의 요소들을 각각 하나의 테이블로 정의하고 필요한 칼럼을 정의하여 다이어그램으로 그리면 다음 형태의 ERD[entity relationship diagram]가 완성됩니다.

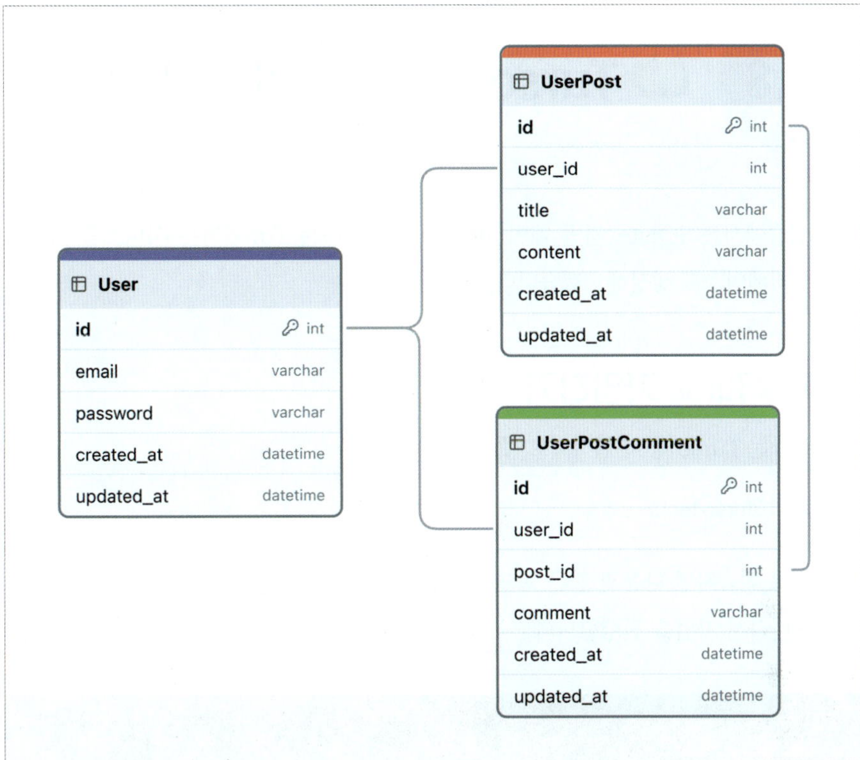

▶ 미니 커뮤니티 ERD

이 책은 데이터베이스 설계에 관한 책이 아니기 때문에 데이터베이스 설계에 관한 부분은 이 정도로 설명하고 넘어가겠습니다. 조금 더 복잡한 형태의 데이터베이스를 구성해 보고 싶은 분들은 미니 프로젝트가 모두 끝난 후에 좋아요, 북마크 등의 추가 기능을 붙여보면서 데이터베이스 테이블을 추가하고 마이그레이션migration 등을 해보기 바랍니다.

16.8 실습 Turso 데이터베이스 생성하기

이번 실습에서는 SQLite 기반 데이터베이스를 제공하는 Turso라는 서비스를 사용해서 데이터베이스를 생성해보겠습니다.

1 실습 Turso 가입하기

아래 주소는 Turso 공식 웹사이트 주소입니다.

https://turso.tech/

위 주소로 접속하면 다음과 같은 화면이 나옵니다. 여기서 **Sign Up** 버튼을 클릭하고 각 단계를 따라서 가입을 진행합니다.

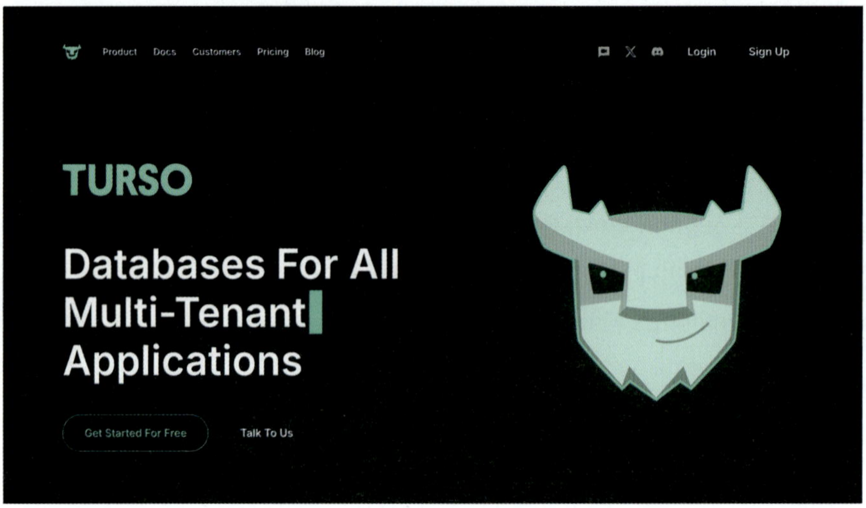

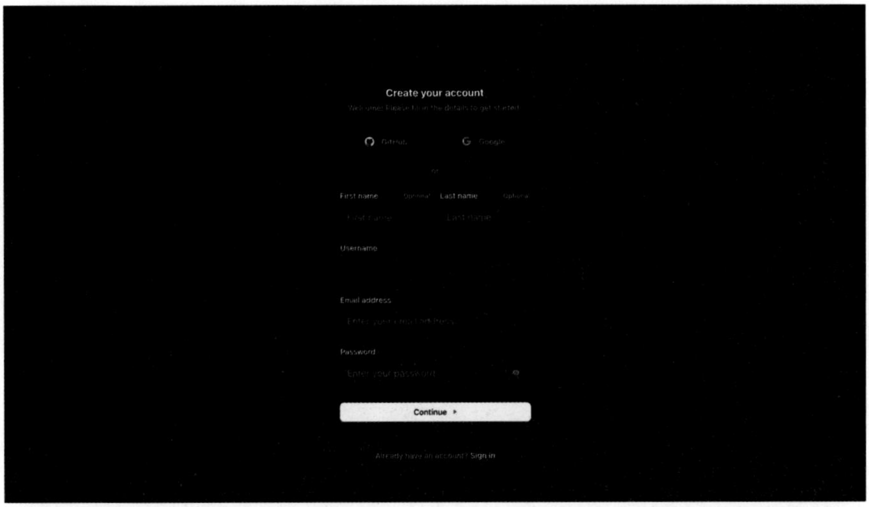

가입을 완료하면 아래 화면과 같이 메인 대시보드 페이지가 나오게 됩니다. 여기서 **Databases** 탭을 클릭합니다.

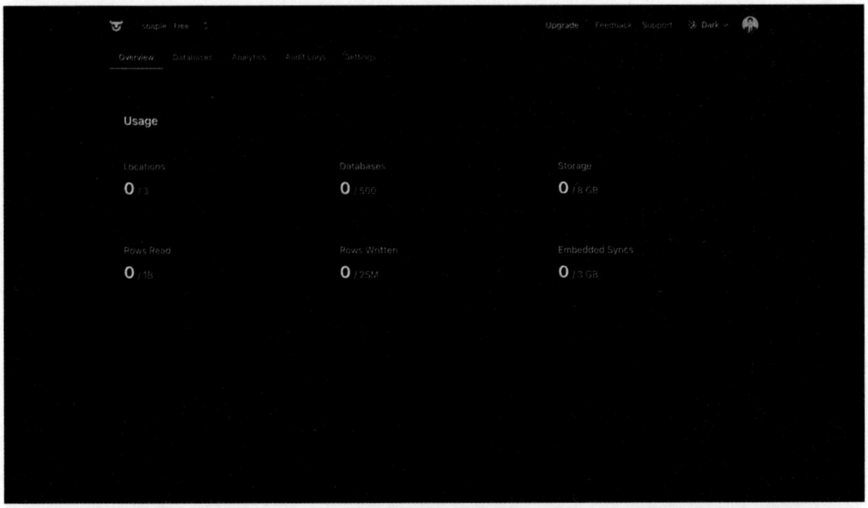

그러면 그룹과 데이터베이스 목록을 볼 수 있는 페이지가 나오게 됩니다. 그룹은 이름 그대로 여러 데이터베이스들을 묶어놓은 것을 말합니다. 먼저 **Create Group** 버튼을 클릭하여 새로운 그룹을 하나 생성하도록 하겠습니다.

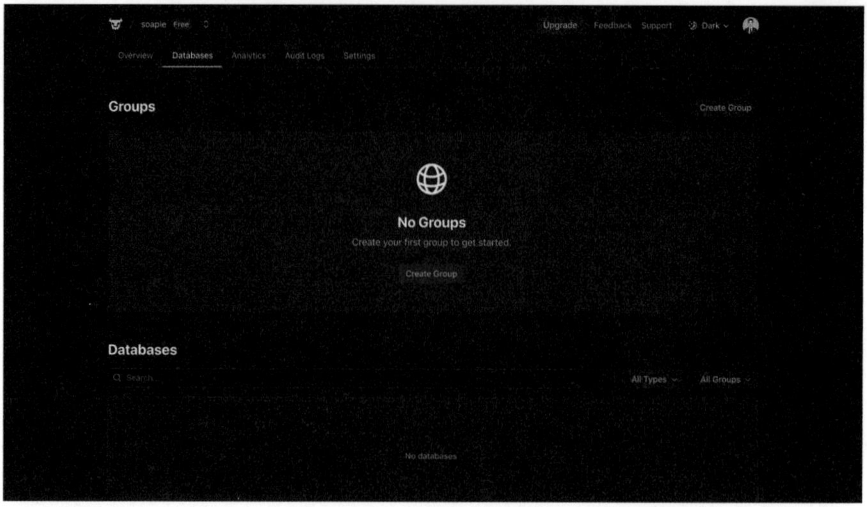

그룹 생성 다이얼로그에서는 그룹 이름, 배포 플랫폼, 그리고 지역을 선택해야 합니다. 먼저 그룹 이름은 'default'라고 입력합니다.

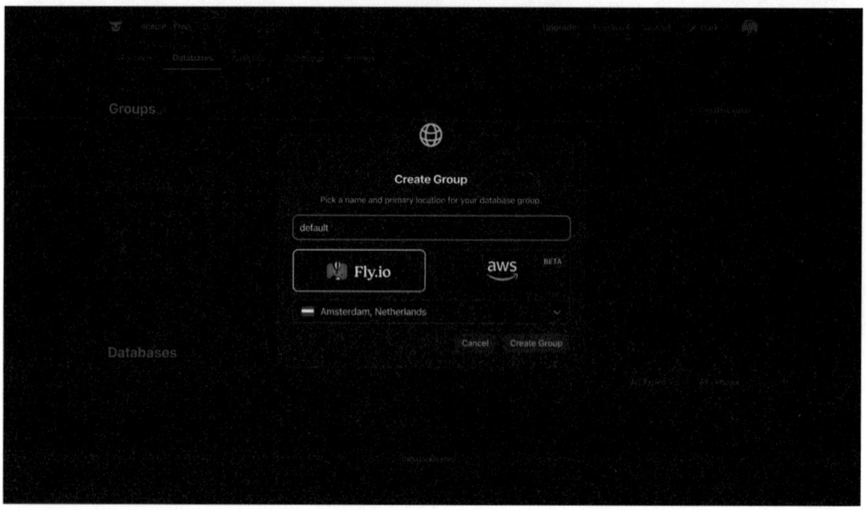

그리고 배포 플랫폼은 Fly.io를 그대로 사용하고 지역은 한국에서 가장 가까운 일본 도쿄를 선택합니다.

모든 설정을 마쳤으면 이제 **Create Group** 버튼을 클릭하여 그룹을 생성합니다.

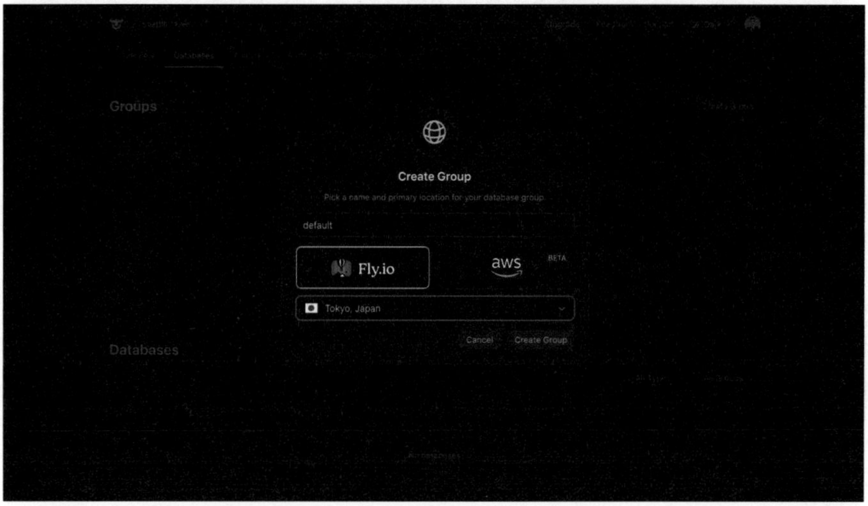

그룹 생성이 완료되면 화면과 같이 그룹 목록에 기본 그룹이 나타나게 됩니다. 이제 데이터베이스를 생성하기 위해 **Create Database** 버튼을 클릭합니다.

그럼 다음 화면과 같이 데이터베이스 이름을 입력하는 다이얼로그가 나옵니다.

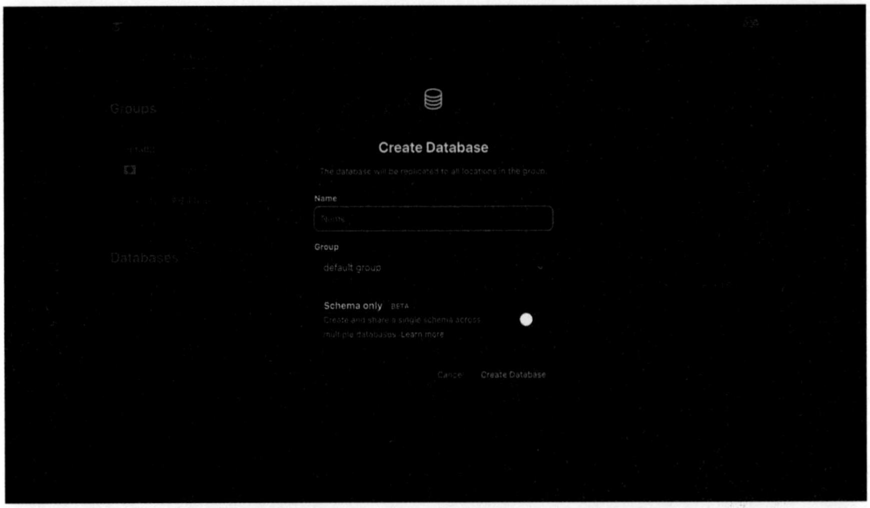

여기서 데이터베이스 이름을 `mini-community`라고 입력하고 **Create Database** 버튼을 클릭합니다.

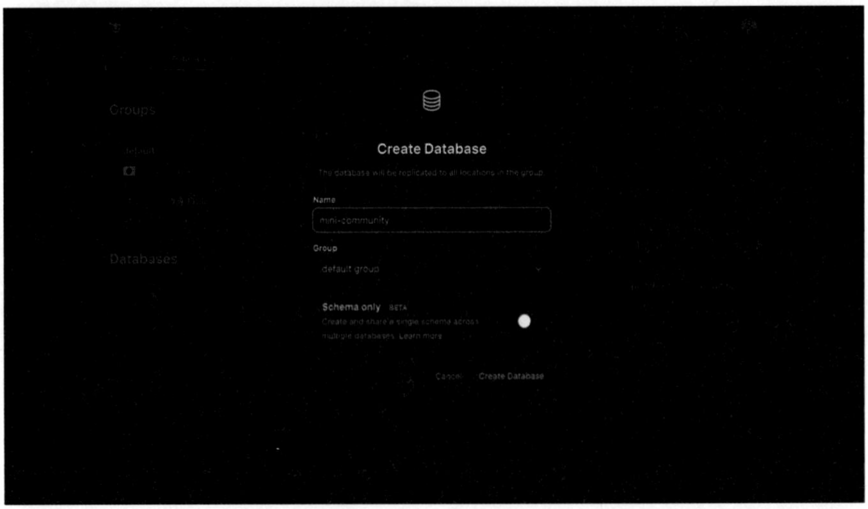

그러면 화면과 같이 데이터베이스 생성이 시작됩니다.

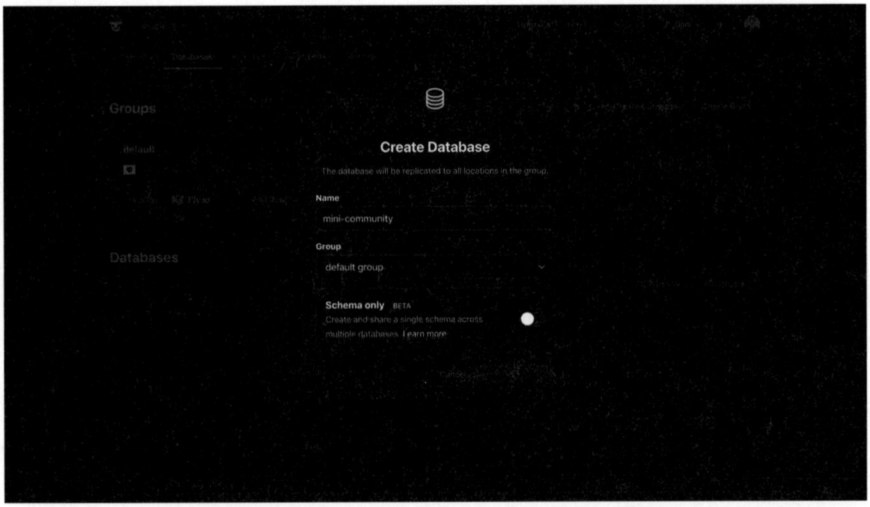

잠시 후에 다음과 같이 데이터베이스 생성이 완료되고, 방금 생성한 `mini-community` 데이터베이스의 상세 페이지가 나오게 됩니다.

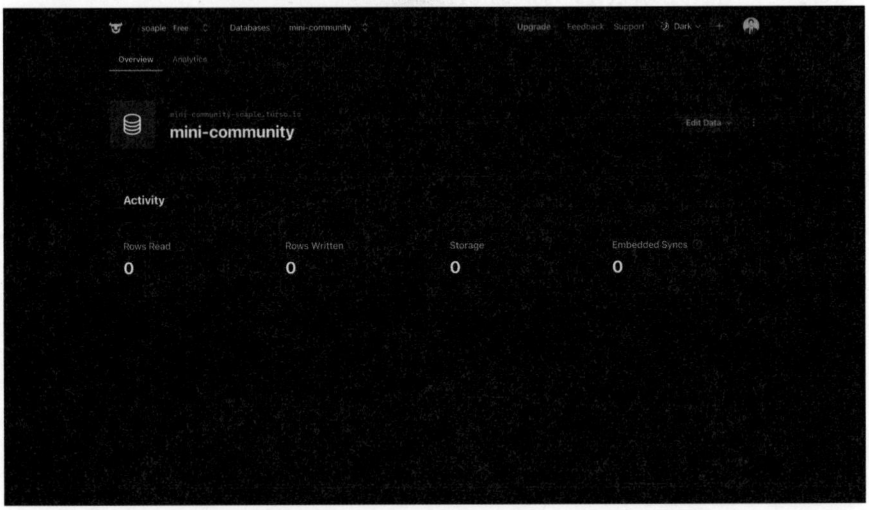

이렇게 해서 데이터베이스 생성이 모두 완료되었습니다.

2 실습 Turso CLI 설치하기

다음으로는 Turso를 조금 더 편리하게 사용하기 위해서 Turso CLI^command line interface^(명령행 도구)를 설치하도록 하겠습니다. 각자 사용 중인 운영체제에 맞는 명령어를 사용해서 Turso CLI 설치를 진행하기 바랍니다.

맥

macOS(Homebrew 통해 설치)

```
brew install tursodatabase/tap/turso
```

macOS(Homebrew 없이 설치)

```
curl -sSfL https://get.tur.so/install.sh | bash
```

윈도우

윈도우에서 Turso CLI를 설치하기 위해서는 WSL^Windows Subsystem for Linux^이 설치되어 있어야 합니다. WSL를 설치한 이후 파워셸에서 다음 명령어를 실행하기 바랍니다.

```
wsl
```

이후 다음 명령어를 사용하여 Turso CLI를 설치할 수 있습니다.

```
curl -sSfL https://get.tur.so/install.sh | bash
```

리눅스

```
curl -sSfL https://get.tur.so/install.sh | bash
```

여기서는 macOS에서 개발을 진행하고 있기 때문에 다음과 같이 VS Code의 터미널에서 `brew` 명령어를 사용해서 Turso CLI 설치를 진행했습니다.

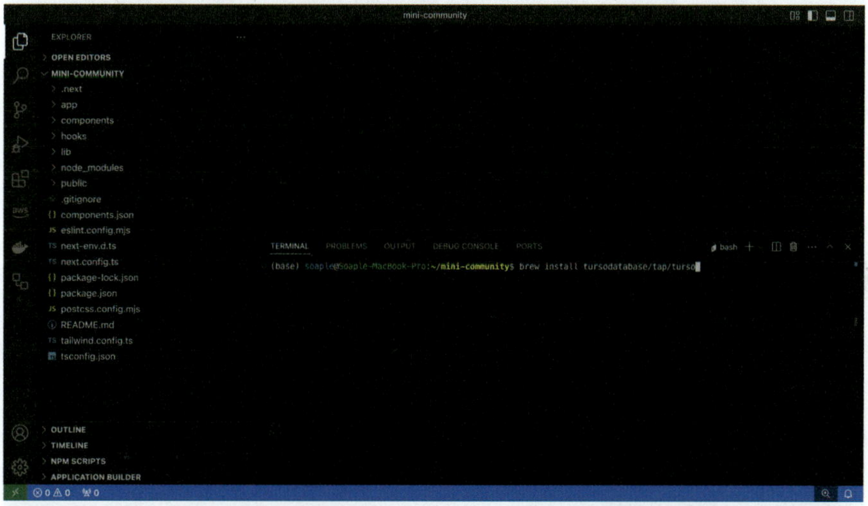

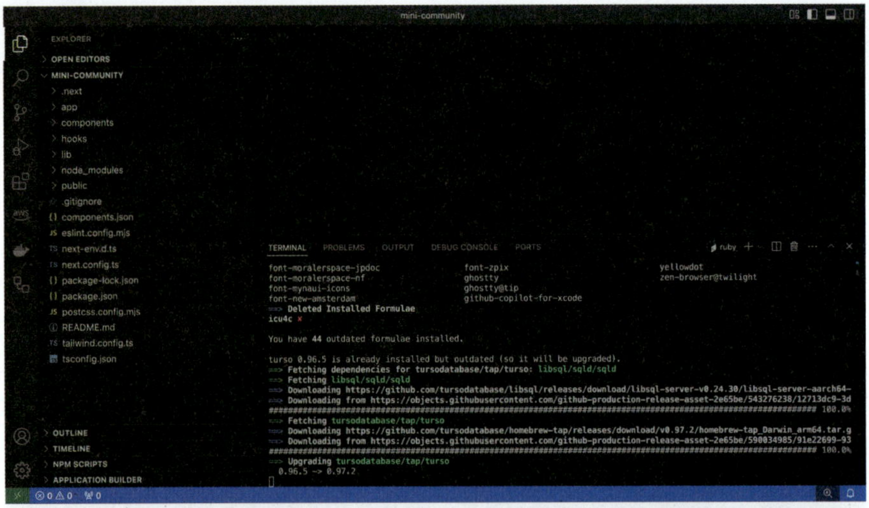

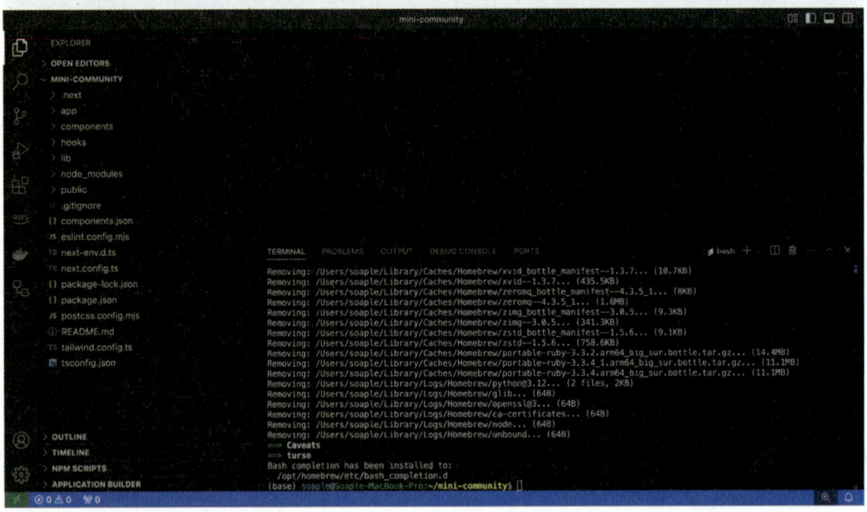

설치 확인하기

설치가 완료되면 정상적으로 설치되었는지 확인하기 위해 반드시 새로운 터미널을 열어서 아래 명령어를 실행해보기 바랍니다.

```
turso
```

정상적으로 설치되었다면 다음과 같이 `turso` 명령어에 대한 여러 가지 옵션이 나오게 됩니다.

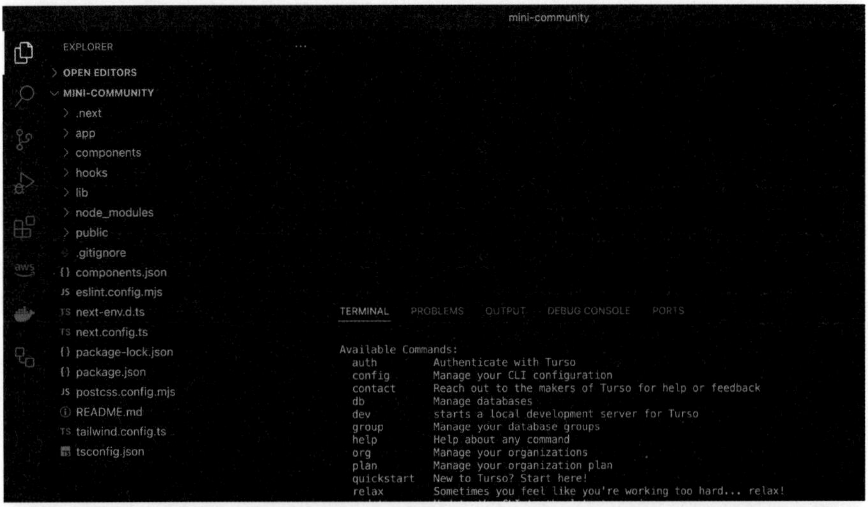

Turso CLI를 사용하기 위해서는 먼저 각자의 Turso 계정으로 로그인해야 합니다. 다음 명령어를 사용하여 Turso에 로그인합니다.

```
turso auth login
```

명령어를 실행하면 웹 브라우저에서 새 창이 열리고 해당 창에서 Turso 서비스에 로그인을 진행하면 됩니다.

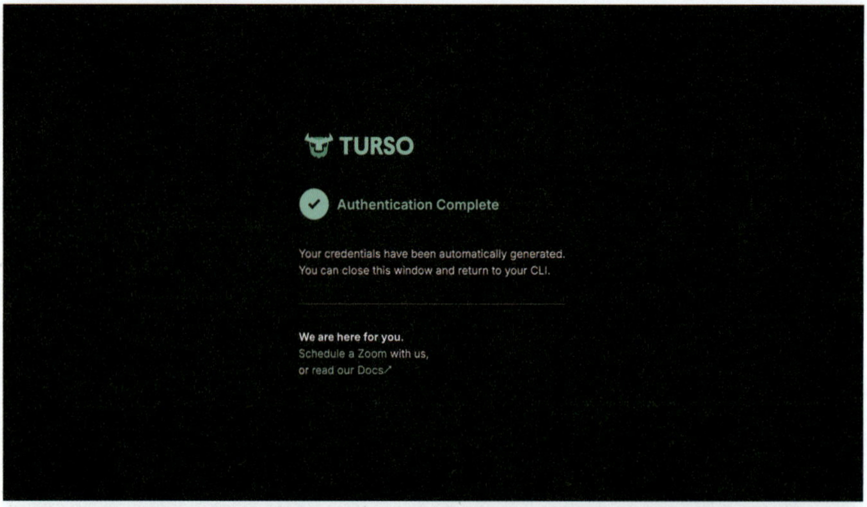

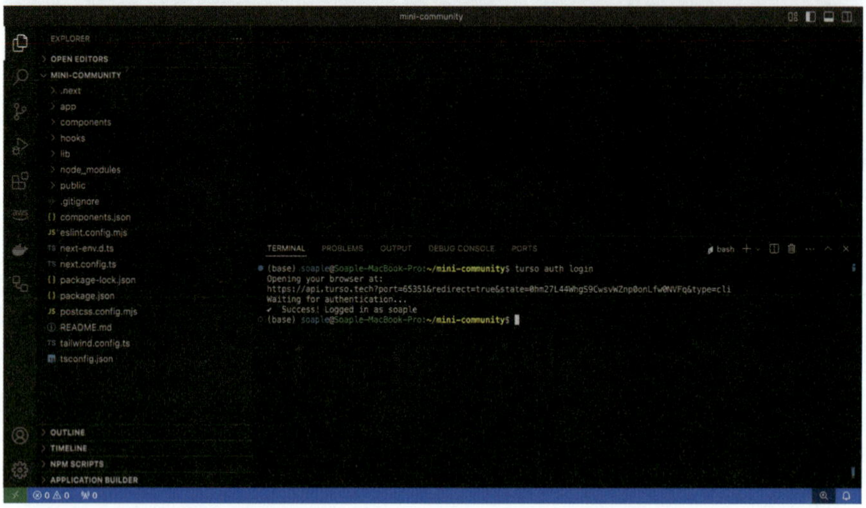

Turso CLI 로그인을 완료했다면 아래 명령어를 사용해서 생성한 데이터베이스를 출력해봅니다.

```
turso db show mini-community
```

그러면 다음 화면처럼 우리가 생성한 데이터베이스가 정상적으로 출력되는 것을 볼 수 있습니다.

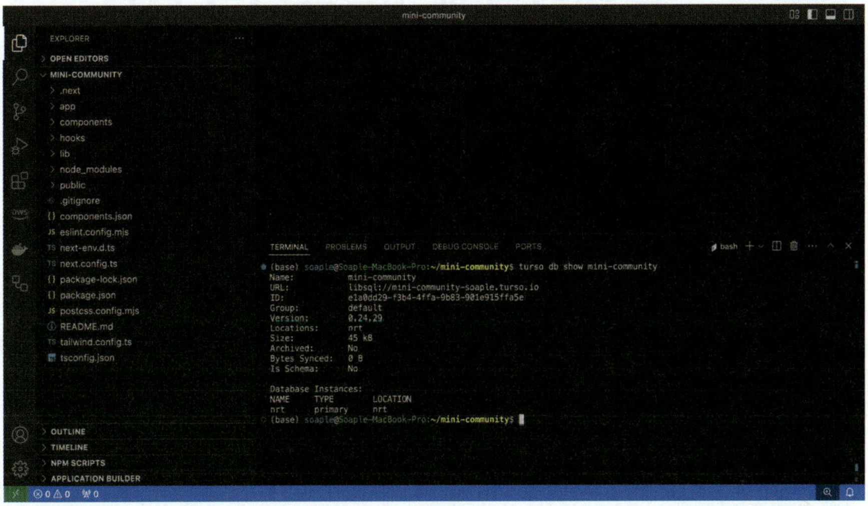

16.9 실습 Drizzle ORM 연동 및 데이터베이스 스키마 생성

이번 실습에서는 Drizzle ORM을 연동하고 데이터베이스 스키마schema를 생성해보도록 하겠습니다. ORMobject-relational mapping은 일반적인 객체 지향 프로그래밍 언어의 객체를 관계형 데이터베이스의 테이블과 매핑하여 데이터베이스 작업을 코드로 쉽게 수행할 수 있게 해주는 기술입니다. 그리고 우리가 사용할 Drizzle ORM은 이러한 ORM의 한 종류로 타입스크립트 환경에서 사용할 수 있는 ORM입니다.

1 실습 Drizzle ORM 관련 패키지 설치하기

먼저 아래 npx 명령어를 사용해서 Drizzle ORM을 설치합니다. 여기서 라이브러리의 특정 버전을 명시한 이유는 라이브러리 버전업이 굉장히 빠르게 이뤄지기 때문에 이 책을 보면서 원활한 실습을 진행할 수 있도록 하기 위함입니다.

```
npm install drizzle-orm@0.32.1
```

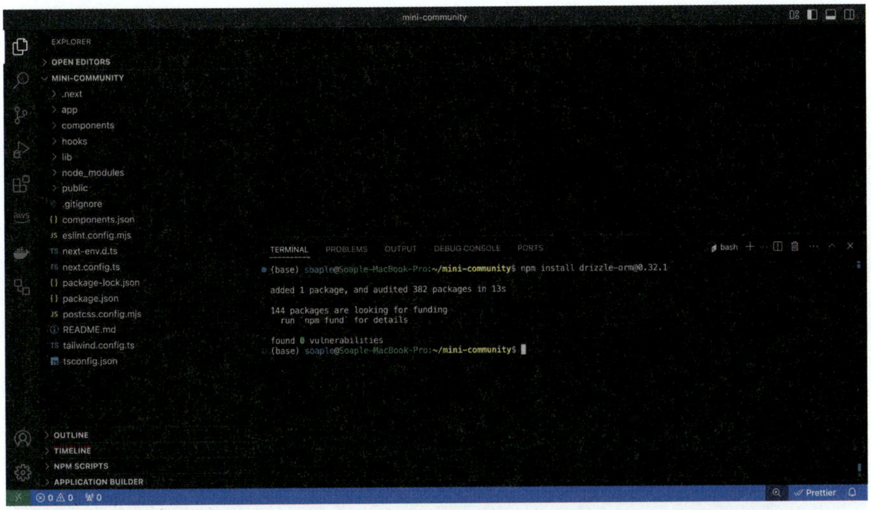

Drizzle ORM을 설치한 이후에 Drizzle Kit라는 Drizzle의 여러 작업을 위한 패키지를 명령어를 사용하여 개발 의존성으로 설치합니다.

```
npm install -D drizzle-kit@0.23.1
```

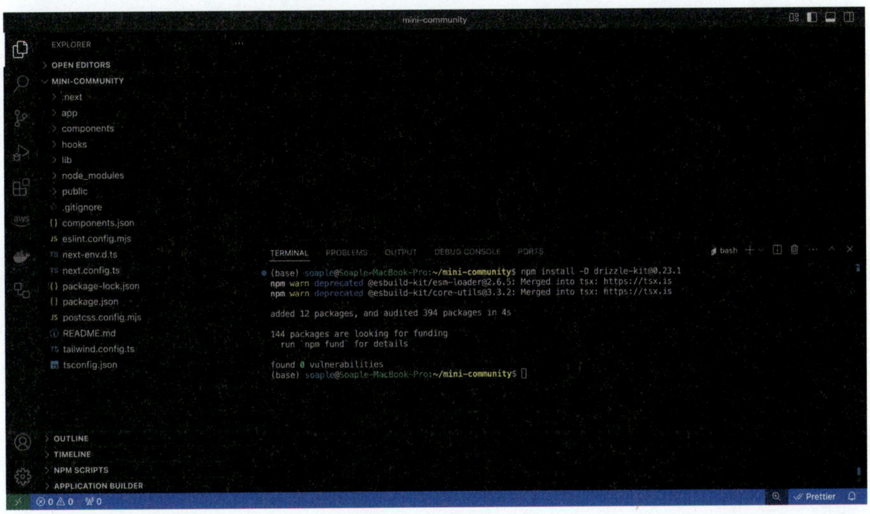

그리고 마지막으로 환경변수를 불러오기 위한 dotenv 패키지와 SQLite 데이터베이스 연결을 위한 **`@libsql/client`** 패키지를 설치합니다.

```
npm install dotenv nanoid @libsql/client@0.8.1
```

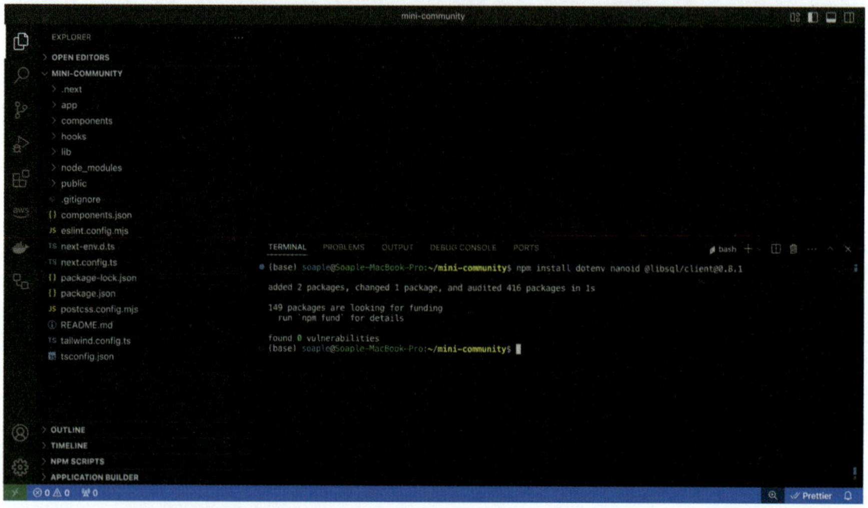

이렇게 Drizzle ORM 연동에 필요한 모든 패키지를 설치한 이후에 `package.json` 파일을 열어보면 화면과 같이 의존성 목록에 설치한 패키지들이 나오는 것을 볼 수 있습니다.

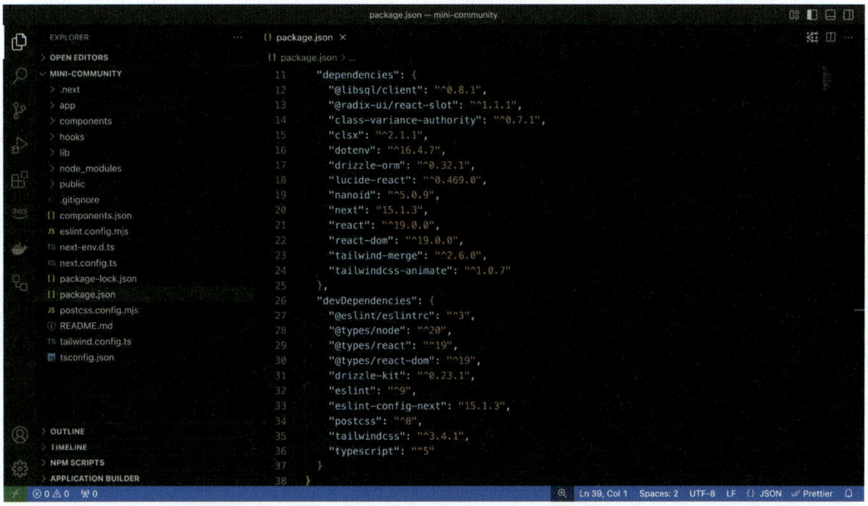

2 실습 .env 파일 만들기

이번 실습에서는 데이터베이스 연결에 필요한 환경변수를 설정하겠습니다. 먼저 Turso 데이터베이스 연결에 필요한 정보를 얻기 위해서 Turso에서 `mini-community` 데이터베이스 페이지에 접속합니다.

이후 다음 화면에 표시된 것처럼 오른쪽 메뉴 버튼을 클릭합니다. 여기서 우리가 필요한 값은 서버의 URL과 토큰입니다. 먼저 토큰을 생성하기 위해 **Create Token** 메뉴를 클릭합니다.

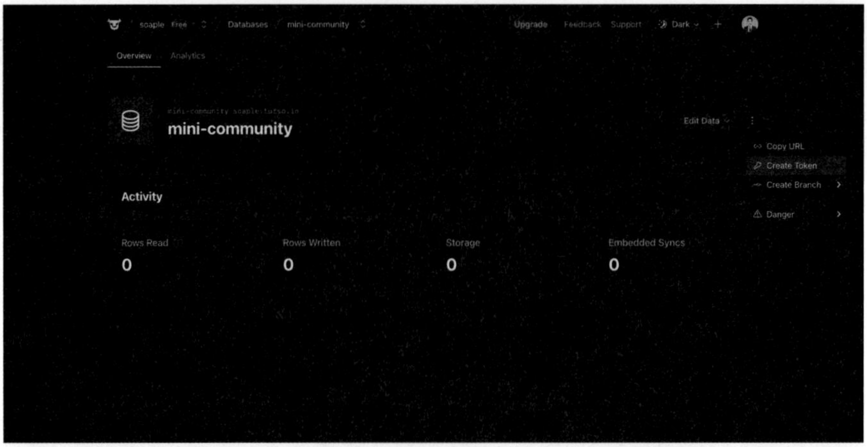

클릭하면 새로운 토큰을 생성하는 다이얼로그가 나오고 기본 설정을 그대로 사용해서 토큰을 생성합니다.

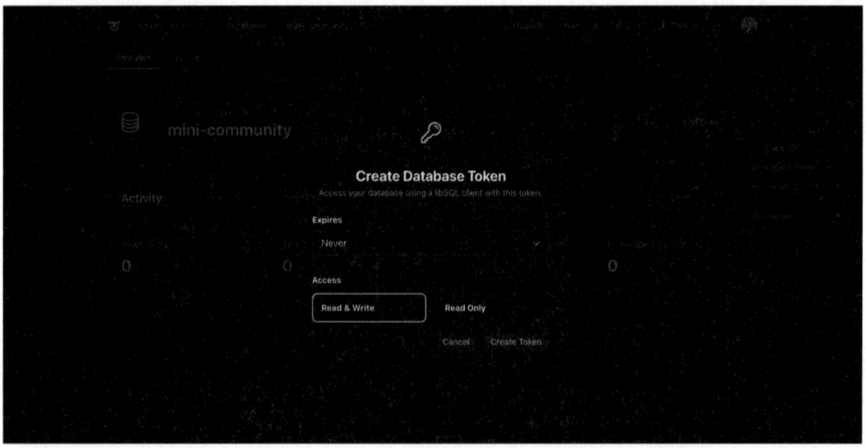

그러면 다음 화면과 같이 새로운 토큰이 생성되고 값을 복사할 수 있습니다. 여기서 주의할 점은 **토큰은 생성한 시점에만 값을 알 수 있다는 점**입니다. 왜냐하면 우리가 생성한 토큰은 데이터베이스의 데이터를 읽고 쓸 수 있는 권한을 가진 토큰이기 때문에 유출되면 보안상 큰 문제가 생기게 됩니다. 그래서 보안을 위해 토큰을 생성한 시점에만 값을 알 수 있으며 만약 창을 닫아버리면 토큰을 새로 생성해야 합니다. 여기서 꼭 토큰 값을 복사하고 창을 닫기 바랍니다.

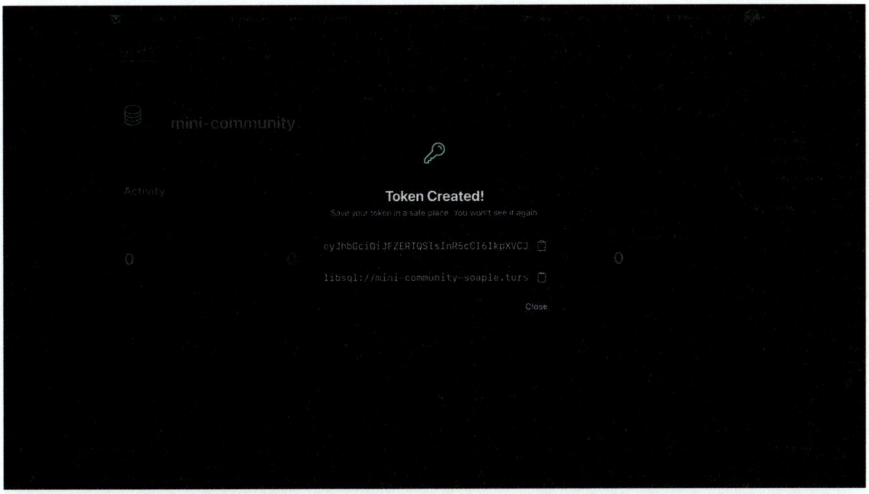

토큰 값을 복사한 이후에 VS Code에서 프로젝트 폴더 내에 `.env` 라는 이름의 파일을 생성합니다.

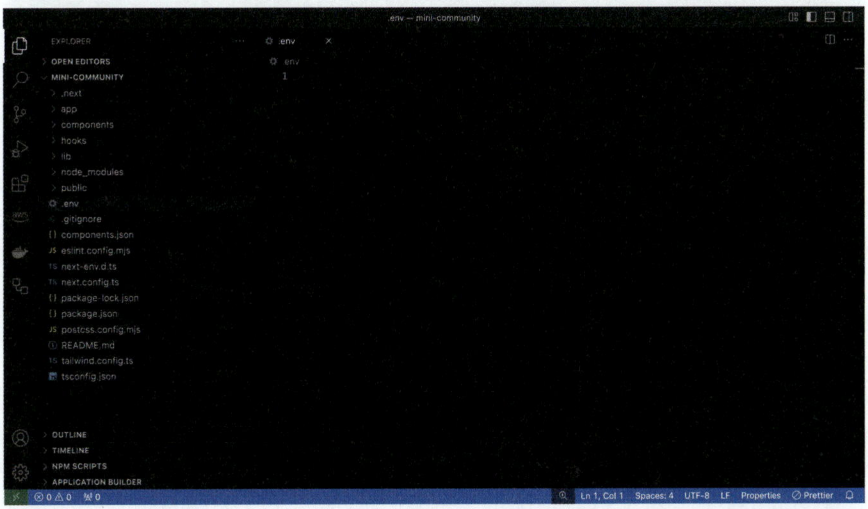

그리고 생성한 환경변수 파일에 다음과 같이 Turso 접속 URL과 토큰 값을 붙여 넣습니다. 여기서 환경변수의 키 값은 각각 `TURSO_AUTH_TOKEN`과 `TURSO_CONNECTION_URL`로 했습니다.

```
# Turso
TURSO_AUTH_TOKEN=eyJhbGciOiJFZERTQSIsInR5cCI6IkpXVCJ9.eyJhIjoicnciLCJpYXQ
iOjE3MzU2MTM2NzksImlkIjoiOGU1ZTMzOTAtNzdkNC00ZTE0LTkyZjktZWM0YzdjMjZkMWE2
In0.pUiqAY2UHJFjPPEl8RYz-UCVy8mTxqogBRwBK4QACvEZBcmWg_42Pm8gwrYFyYomYvtaraM-
C5ey5r7zuPKHAQ
TURSO_CONNECTION_URL=libsql://mini-community-soaple.turso.io
```

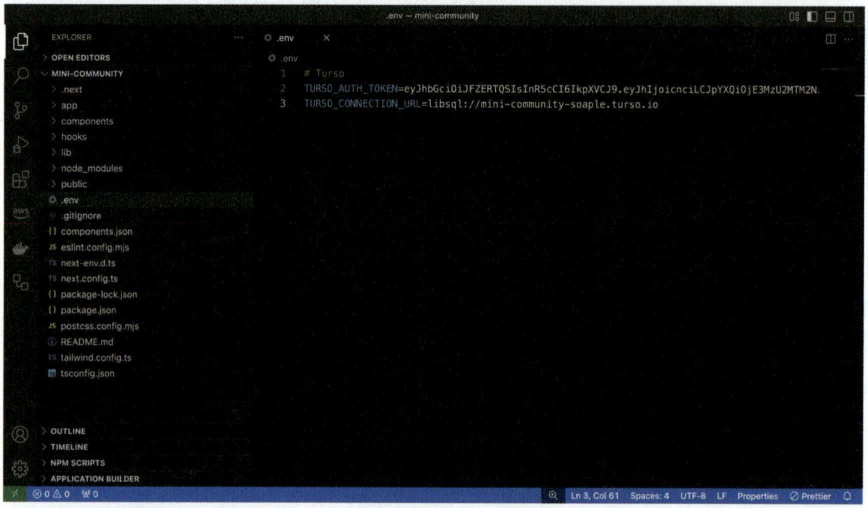

이렇게 데이터베이스 접속에 필요한 환경변수 파일을 생성하고 필요한 값을 모두 설정했습니다.

3 실습 DB 연결 설정 및 스키마 생성하기

이번 실습에서는 데이터베이스 연결을 설정하고 앞에서 설계한 대로 스키마를 생성하도록 하겠습니다. 먼저 VS Code에서 프로젝트 최상위 경로에 `database` 라는 이름의 폴더를 생성합니다.

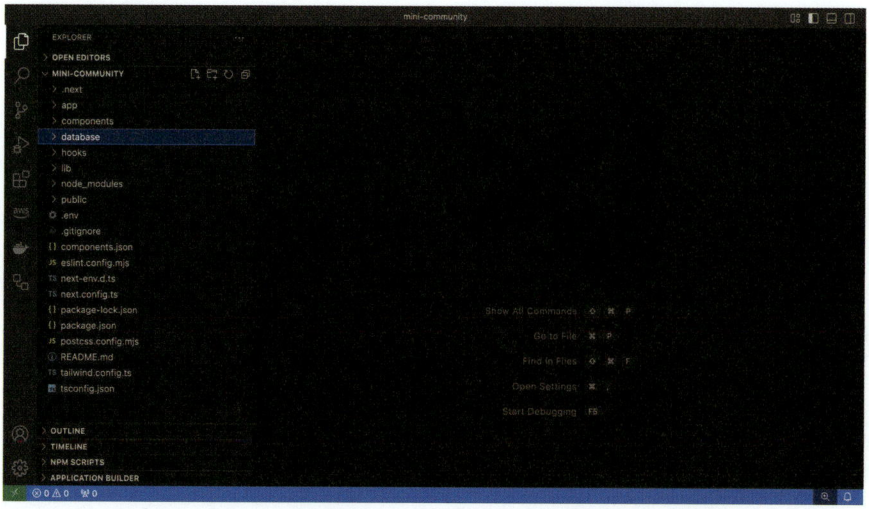

이후 생성한 `database` 폴더 내에 `db.ts` 파일을 생성합니다.

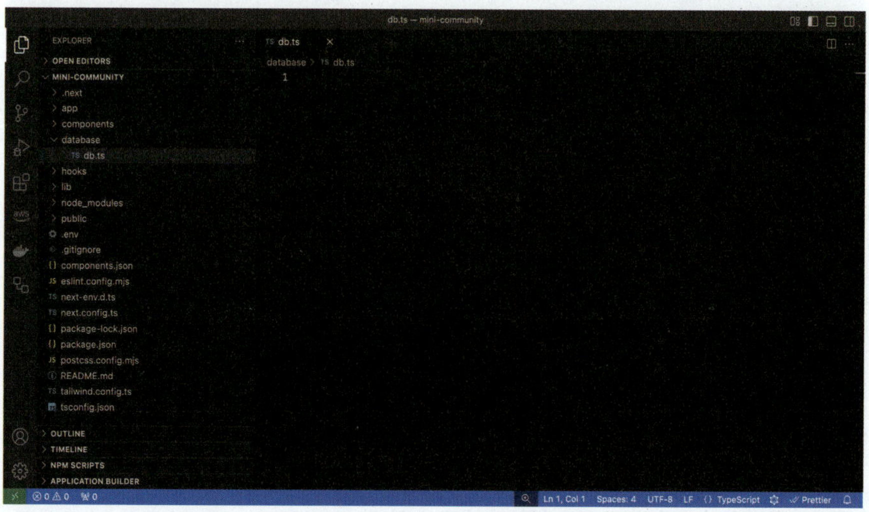

다음으로 생성한 `db.ts` 파일에 다음 코드를 작성합니다. 이 코드는 환경변수에 있는 값을 사용해서 데이터베이스에 연결하기 위한 클라이언트를 생성하고 익스포트함으로써 다른 곳에서 이 클라이언트를 임포트하여 편리하게 데이터베이스에 접속할 수 있게 해줍니다.

```
// database/db.ts

import { config } from 'dotenv';
import { drizzle } from 'drizzle-orm/libsql';
import { createClient } from '@libsql/client';

config({ path: '.env' }); // 또는 .env.local

const client = createClient({
    url: process.env.TURSO_CONNECTION_URL!,
    authToken: process.env.TURSO_AUTH_TOKEN!,
});

export const db = drizzle(client);
```

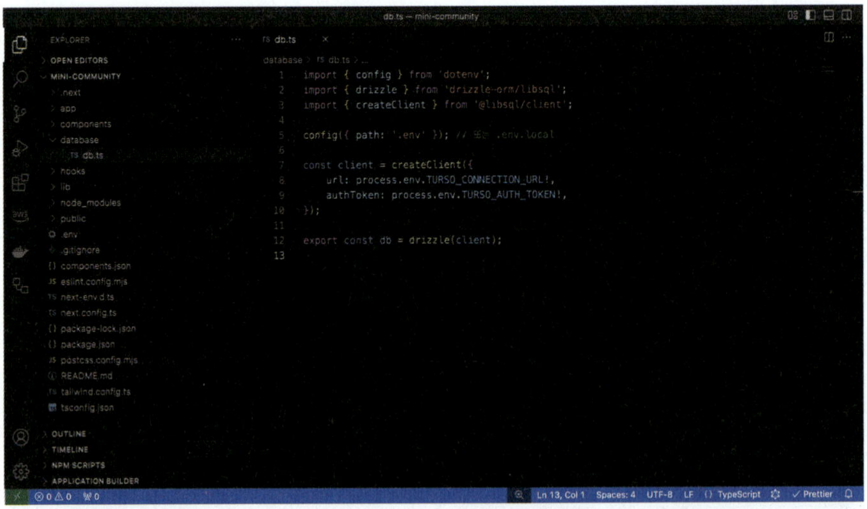

다음으로는 데이터베이스 스키마를 작성하기 위해서 `database` 폴더 내에 `schema.ts` 파일을 생성합니다.

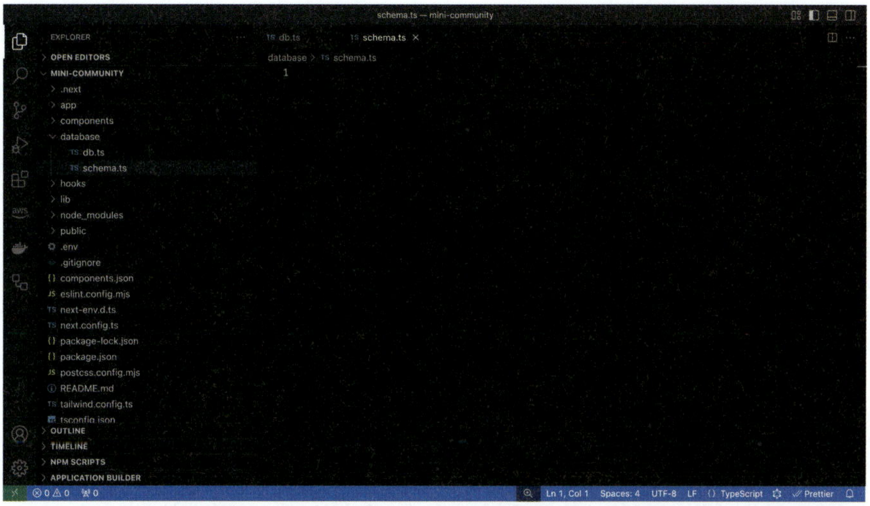

이후 `schema.ts` 파일에 다음과 같이 코드를 작성합니다. 이 코드는 우리가 앞에서 설계한 데이터베이스 테이블을 Drizzle ORM에서 제공하는 함수를 사용하여 작성한 것입니다. 각 테이블은 `sqliteTable()`이라는 함수로 정의했으며, 테이블 사이의 관계를 정의하기 위해서는 `relations()`라는 함수를 사용했습니다. 그리고 마지막 부분에서는 테이블의 타입을 정의하고 편리하게 사용하기 위해서 `$inferInsert`, `$inferSelect` 속성을 사용했습니다.

```
// database/schema.ts

import { nanoid } from 'nanoid';
import { sql, relations } from 'drizzle-orm';
import { sqliteTable, text } from 'drizzle-orm/sqlite-core';

/**
 * 테이블 정의
 */
export const userTable = sqliteTable('user', {
    id: text('id', { length: 21 })
        .$defaultFn(() => nanoid(21))
        .primaryKey(),
    email: text('email').unique().notNull(),
```

```
    password: text('password').notNull(),
    name: text('name').notNull(),
    createdAt: text('created_at')
        .notNull()
        .$default(() => sql'(CURRENT_TIMESTAMP)'),
    updatedAt: text('updated_at')
        .notNull()
        .$onUpdate(() => sql'(CURRENT_TIMESTAMP)'),
});

export const userPostTable = sqliteTable('user_post', {
    id: text('id', { length: 21 })
        .$defaultFn(() => nanoid(21))
        .primaryKey(),
    userId: text('user_id', { length: 21 })
        .notNull()
        .references(() => userTable.id, { onDelete: 'cascade' }),
    title: text('title').notNull(),
    content: text('content').notNull(),
    createdAt: text('created_at')
        .notNull()
        .$default(() => sql'(CURRENT_TIMESTAMP)'),
    updatedAt: text('updated_at')
        .notNull()
        .$onUpdate(() => sql'(CURRENT_TIMESTAMP)'),
});

export const userPostCommentTable = sqliteTable('user_post_comment', {
    id: text('id', { length: 21 })
        .$defaultFn(() => nanoid(21))
        .primaryKey(),
    userId: text('user_id', { length: 21 })
        .notNull()
        .references(() => userTable.id, { onDelete: 'cascade' }),
    postId: text('post_id', { length: 21 })
        .notNull()
        .references(() => userPostTable.id, { onDelete: 'cascade' }),
    content: text('content').notNull(),
    createdAt: text('created_at')
        .notNull()
        .$default(() => sql'(CURRENT_TIMESTAMP)'),
    updatedAt: text('updated_at')
        .notNull()
        .$onUpdate(() => sql'(CURRENT_TIMESTAMP)'),
```

```
});

/**
 * 테이블 사이의 관계 정의
 */
export const userRelations = relations(userTable, ({ many }) => ({
    posts: many(userPostTable),
    comments: many(userPostCommentTable),
}));

export const postRelations = relations(userPostTable, ({ one, many }) => ({
    user: one(userTable, {
        fields: [userPostTable.userId],
        references: [userTable.id],
    }),
    comments: many(userPostCommentTable),
}));

export const commentRelations = relations(userPostCommentTable, ({ one }) =>
({
    user: one(userTable, {
        fields: [userPostCommentTable.userId],
        references: [userTable.id],
    }),
    post: one(userPostTable, {
        fields: [userPostCommentTable.postId],
        references: [userPostTable.id],
    }),
}));

/**
 * 테이블들의 타입 정의
 */
export type InsertUser = typeof userTable.$inferInsert;
export type SelectUser = typeof userTable.$inferSelect;

export type InsertUserPost = typeof userPostTable.$inferInsert;
export type SelectUserPost = typeof userPostTable.$inferSelect & {
    user: Pick<SelectUser, 'id' | 'name'>;
    comments: SelectUserPostComment[];
};

export type InsertUserPostComment = typeof userPostCommentTable.$inferInsert;
export type SelectUserPostComment = typeof userPostCommentTable.$inferSelect;
```

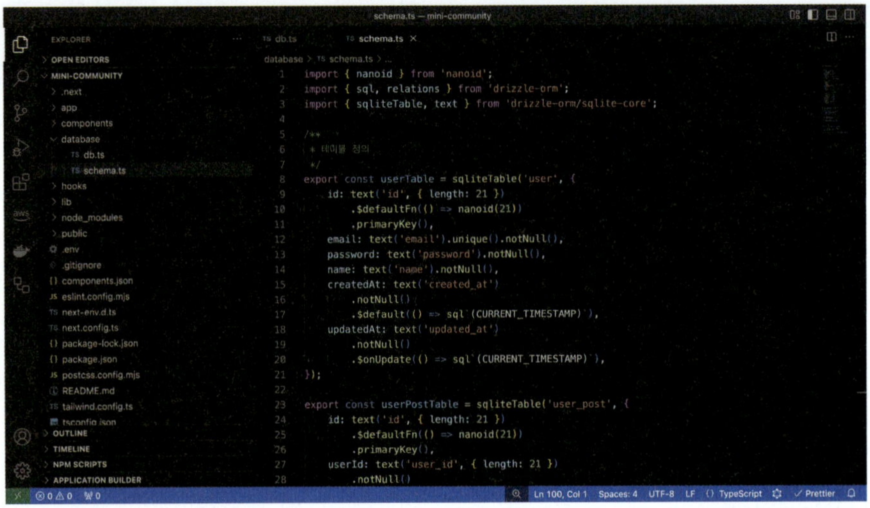

이렇게 스키마까지 모두 생성했으면 Drizzle Kit를 사용해서 마이그레이션해야 하는데, 이를 위해서 Drizzle Kit 설정 파일을 생성해야 합니다. 다음 화면과 같이 프로젝트 최상위 경로에 `drizzle.config.ts` 파일을 생성합니다.

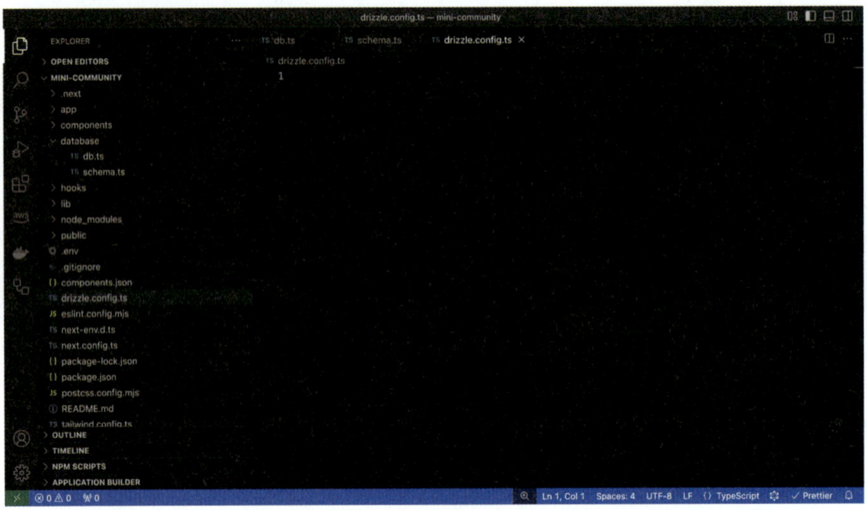

이후 생성한 파일에 다음과 같이 코드를 작성합니다. 이 코드는 Drizzle Kit에서 제공하는 defineConfig()라는 함수를 사용하여 우리가 작성한 `schema.ts` 파일을 연결시키

고, 마이그레이션 폴더와 데이터베이스 종류, 접속 정보 등을 Drizzle Kit에 제공하는 역할을 합니다.

```
// drizzle.config.ts

import { config } from 'dotenv';
import { defineConfig } from 'drizzle-kit';

config({ path: '.env' });

export default defineConfig({
    schema: './database/schema.ts',
    out: './database/migrations',
    dialect: 'sqlite',
    driver: 'turso',
    dbCredentials: {
        url: process.env.TURSO_CONNECTION_URL!,
        authToken: process.env.TURSO_AUTH_TOKEN!,
    },
});
```

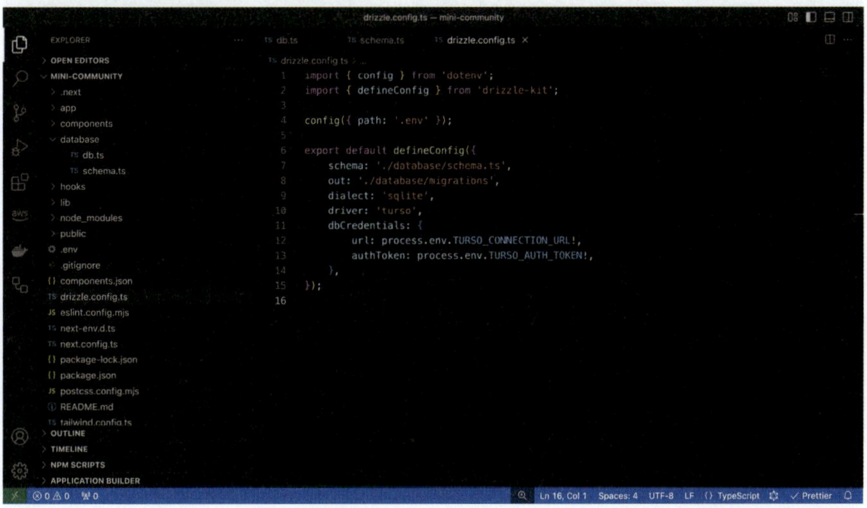

Drizzle Kit 설정 파일까지 모두 작성했다면 터미널에서 npx 명령어를 사용하여 새로운 마이그레이션 파일을 생성합니다.

```
npx drizzle-kit generate
```

명령어를 실행하면 다음과 같이 실행 결과가 나오게 됩니다.

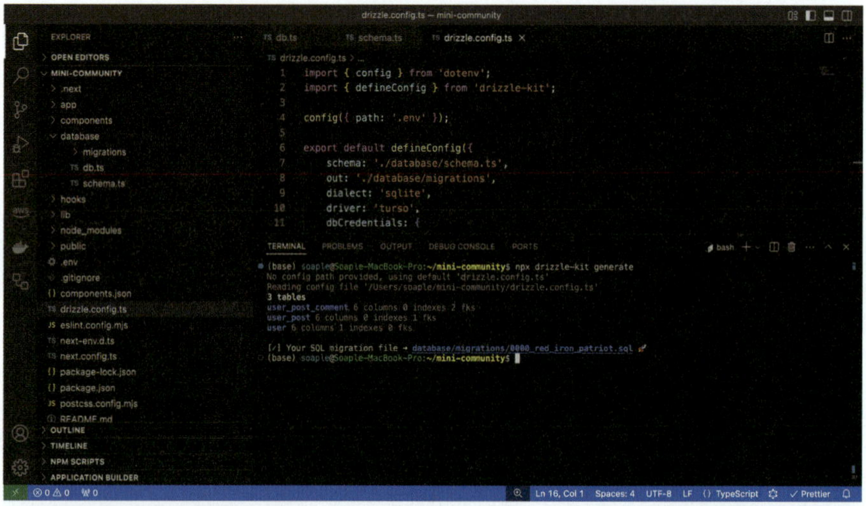

그리고 앞에서 `drizzle.config.ts` 파일에 지정했던 `out` 폴더인 `/database/migrations` 폴더가 생성되고, 폴더 내부에 다음 화면과 같이 SQL 파일이 생성된 것을 볼 수 있습니다.

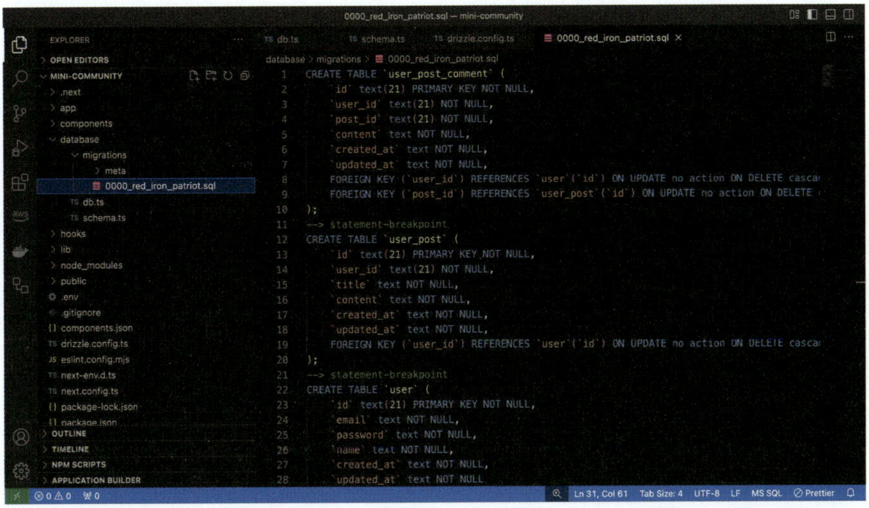

이제 이렇게 생성된 SQL 파일을 Turso에 반영하기 위해 npx 명령어를 실행합니다.

```
npx drizzle-kit migrate
```

명령어를 실행하면 다음과 같이 실행 결과를 확인할 수 있습니다.

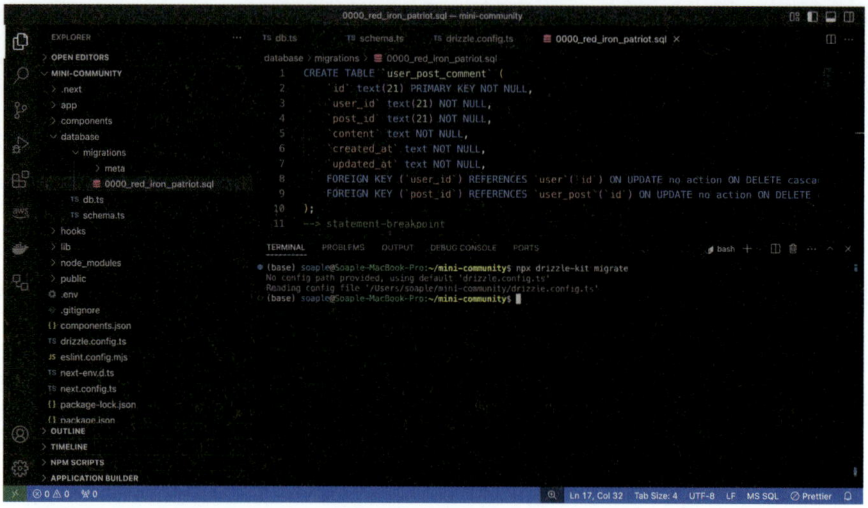

이후 브라우저에서 Turso에 접속해서 데이터베이스 상세 페이지의 오른쪽에 있는 **Edit Data** 메뉴를 클릭합니다.

그러면 다음 화면과 같이 메뉴가 나오는데 여기서 **Drizzle Studio**를 클릭합니다.

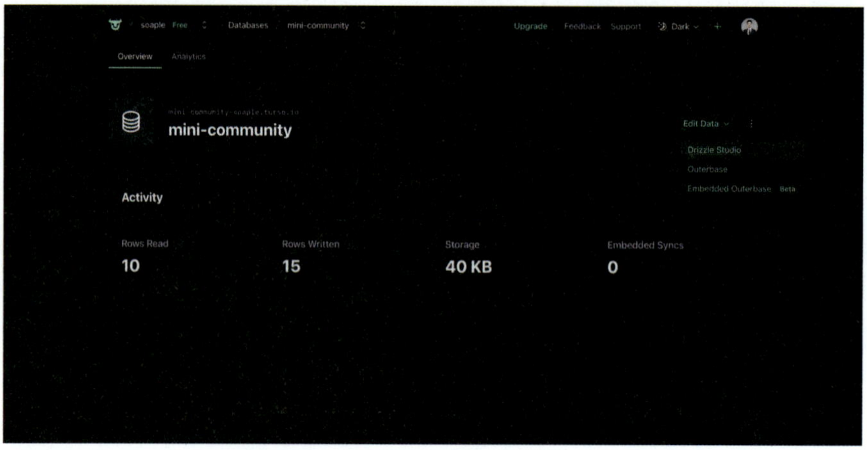

그러면 새 탭에서 Drizzle Studio가 실행되고 다음 화면과 같이 데이터베이스의 테이블과 테이터를 확인할 수 있습니다. 데이터베이스에는 다음 화면과 같이 `user`, `user_post`, `user_post_comment` 테이블이 생성된 것을 볼 수 있습니다.

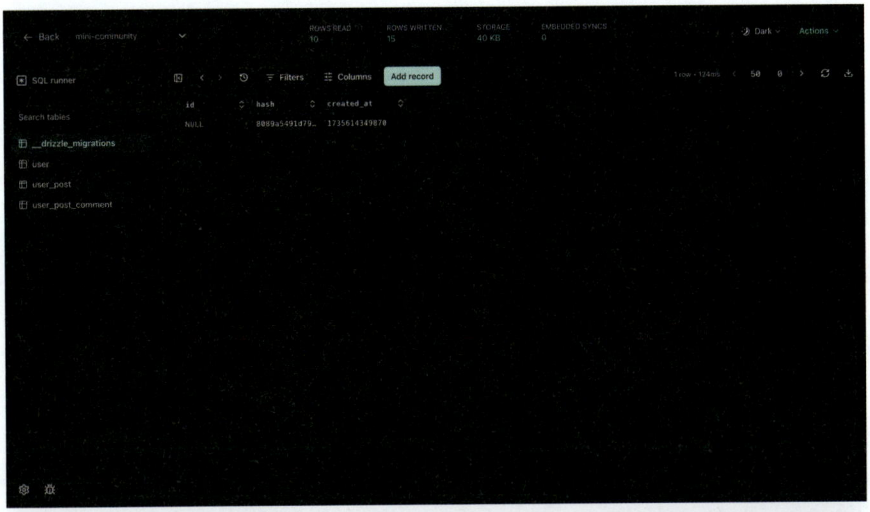

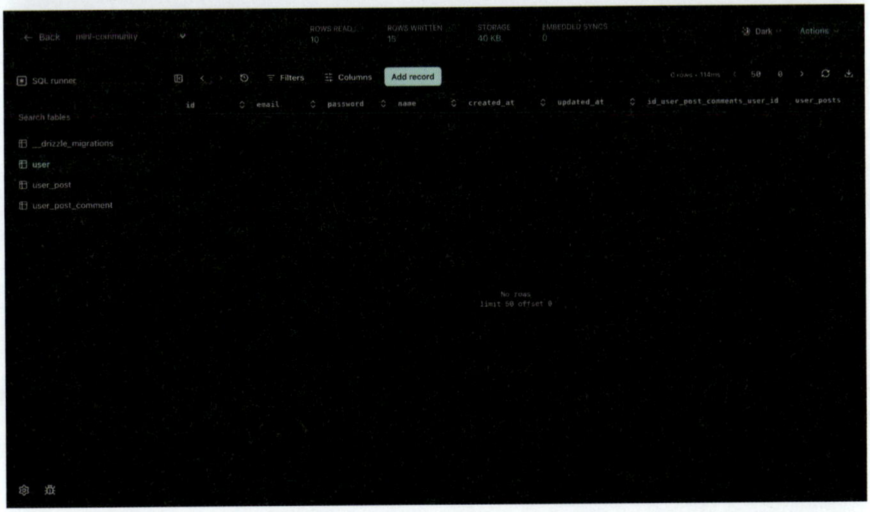

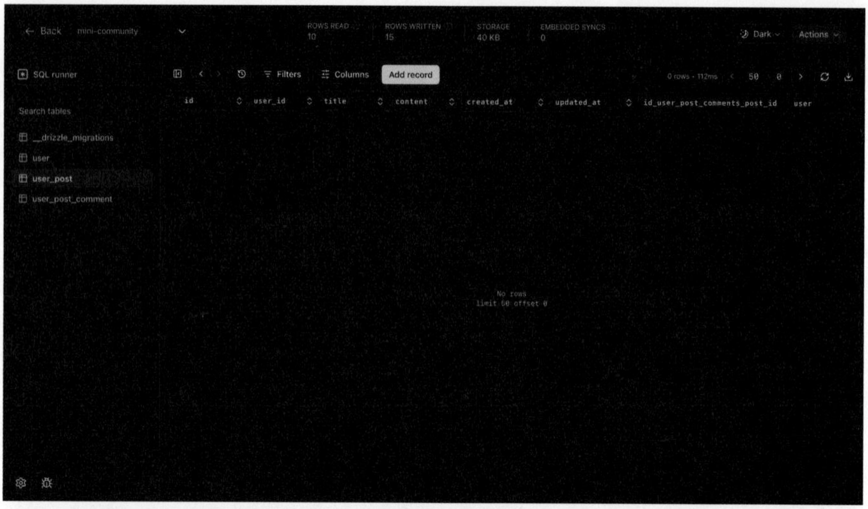
← Back
mini-community
ROWS READ
10
ROWS WRITTEN
15
STORAGE
40 KB
EMBEDDED SYNCS
0
Dark
Actions
SQL runner
Filters
Columns
Add record
Search tables
__drizzle_migrations
user
user_post
user_post_comment
id
user_id
title
content
created_at
updated_at
id_user_post_comments_post_id
user
No rows
limit 50 offset 0

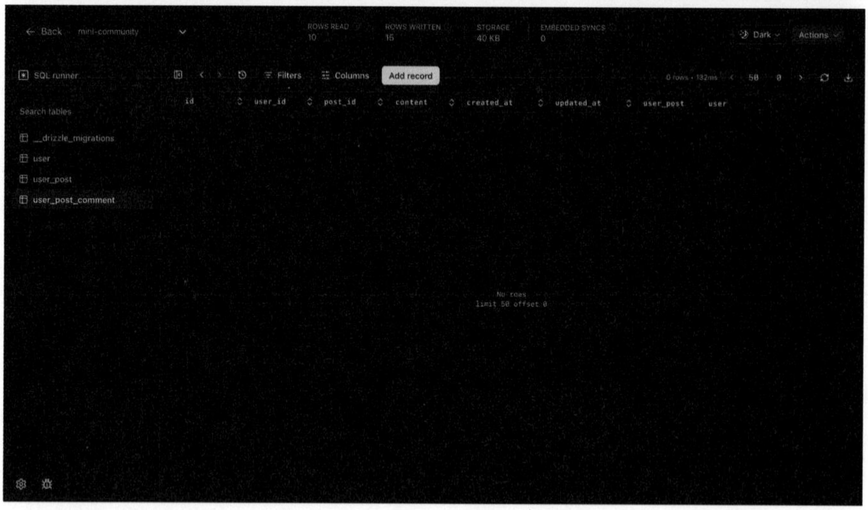
← Back
mini-community
ROWS READ
10
ROWS WRITTEN
15
STORAGE
40 KB
EMBEDDED SYNCS
0
Dark
Actions
SQL runner
Filters
Columns
Add record
Search tables
__drizzle_migrations
user
user_post
user_post_comment
id
user_id
post_id
content
created_at
updated_at
user_post
user
No rows
limit 50 offset 0

16.10 실습 NextAuth 연동하기

이번 실습에서는 로그인, 로그아웃 등의 기능을 구현하기 위해서 NextAuth를 연동하겠습니다. 참고로 NextAuth는 Next.js에서 사용자 인증과 관련된 기능을 편리하게 구현할 수 있게 해주는 라이브러리입니다. 먼저 npx 명령어를 사용해서 NextAuth 패키지를 설치합니다.

```
npm install next-auth@4.24.11
```

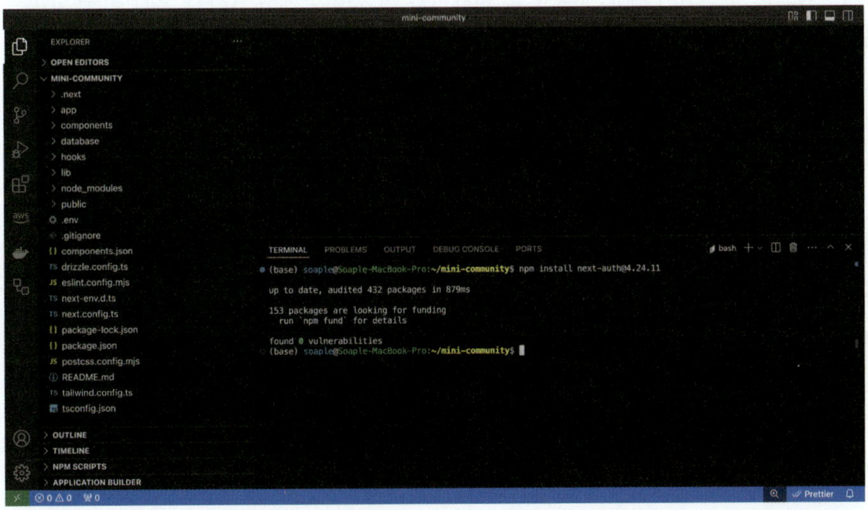

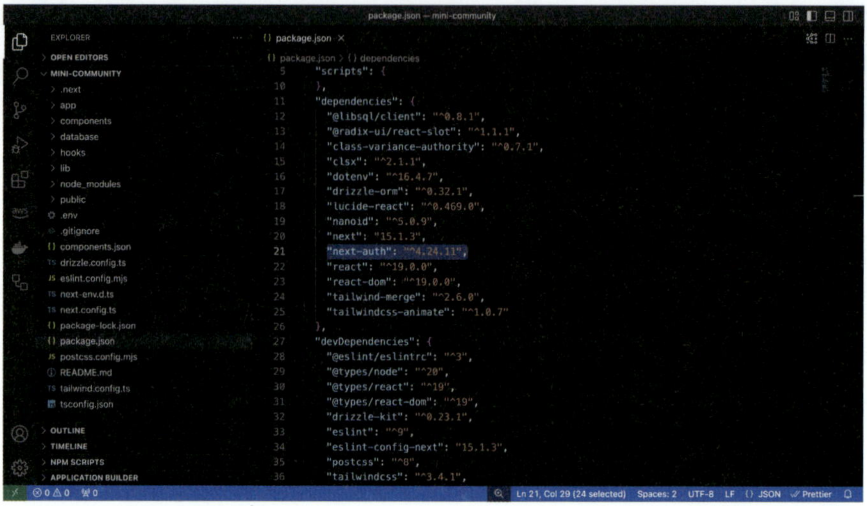

다음으로는 NextAuth API를 연동해야 합니다. NextAuth에서는 인증을 위한 API를 내부적으로 구현했기 때문에 라우트 핸들러를 사용해서 해당 API가 호출될 수 있도록 라우트만 매칭해주면 됩니다. 참고로 NextAuth에서 인증을 위해 사용하는 API 경로는 다음과 같습니다.

```
/app/api/auth/[...nextauth]/route.ts
```

이제 위와 동일한 경로가 될 수 있도록 앱 라우터 내에 폴더와 파일을 생성하면 됩니다. 다음 화면과 같이 폴더와 route.ts 파일을 생성합니다.

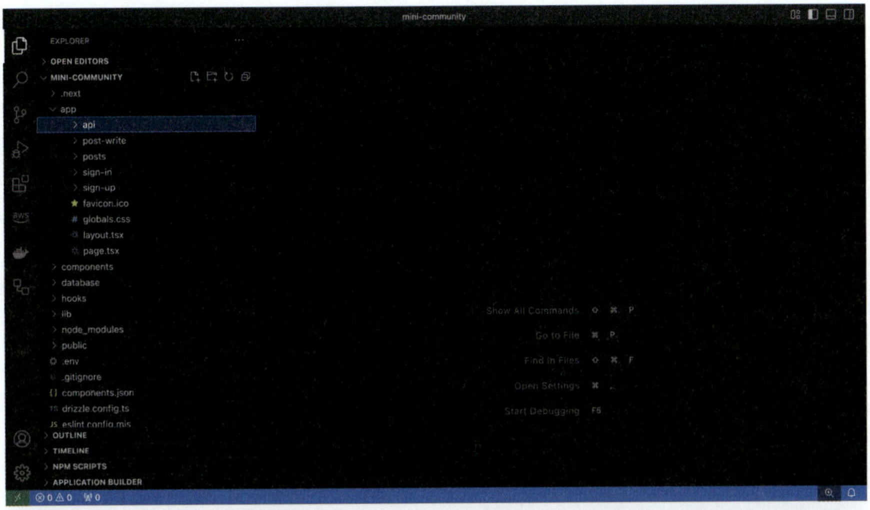
mini-community
EXPLORER
OPEN EDITORS
MINI-COMMUNITY
.next
app
api
post-write
posts
sign-in
sign-up
favicon.ico
globals.css
layout.tsx
page.tsx
components
database
hooks
lib
node_modules
public
.env
.gitignore
components.json
drizzle.config.ts
eslint.config.mjs
OUTLINE
TIMELINE
NPM SCRIPTS
APPLICATION BUILDER
Show All Commands
Go to File
Find in Files
Open Settings
Start Debugging

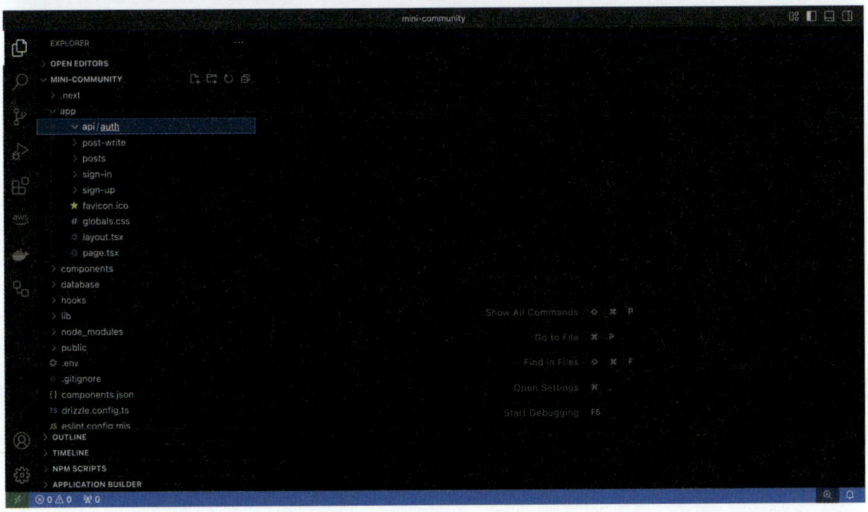
mini-community
EXPLORER
OPEN EDITORS
MINI-COMMUNITY
.next
app
api/auth
post-write
posts
sign-in
sign-up
favicon.ico
globals.css
layout.tsx
page.tsx
components
database
hooks
lib
node_modules
public
.env
.gitignore
components.json
drizzle.config.ts
eslint.config.mjs
OUTLINE
TIMELINE
NPM SCRIPTS
APPLICATION BUILDER
Show All Commands
Go to File
Find in Files
Open Settings
Start Debugging

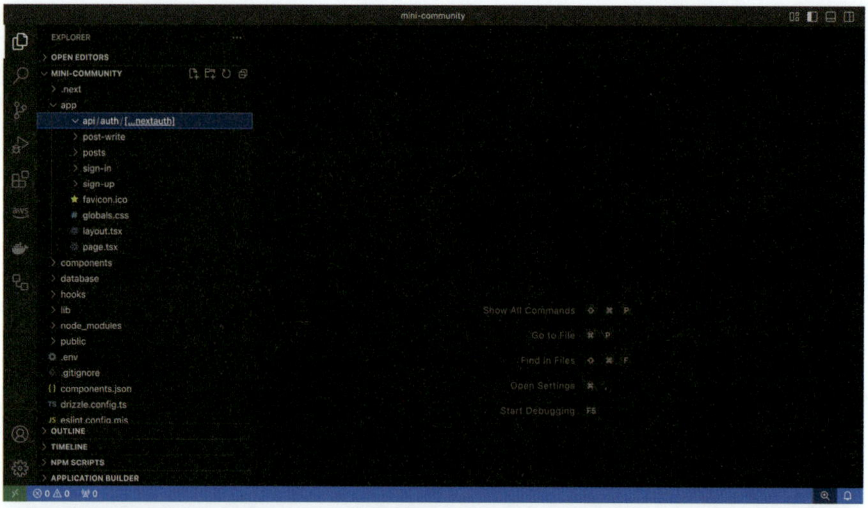

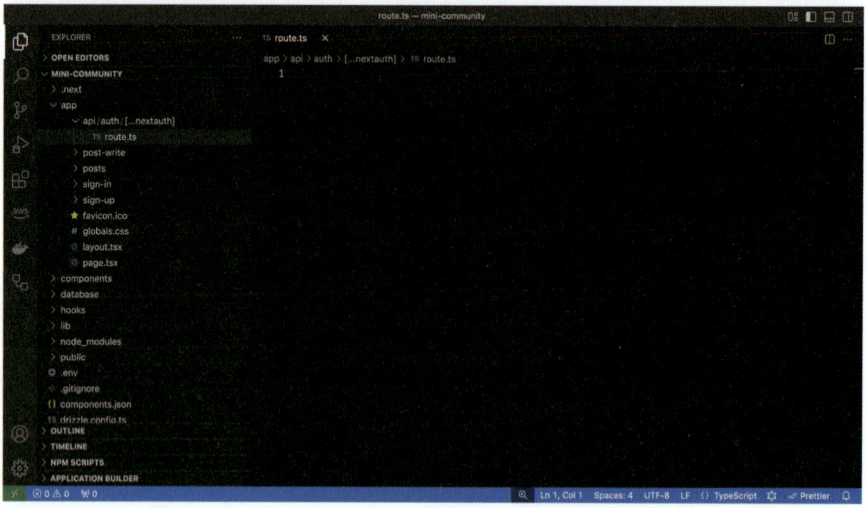

다음으로는 `route.ts` 파일 내용을 작성하기 전에 먼저 인증과 관련된 옵션을 담고 있는 설정 파일을 작성하겠습니다. 이 설정 파일을 별도로 만드는 이유는 다른 곳에서 반복적으로 사용되기 때문에 재사용하기 편리한 형태로 만드는 것이라고 보면 됩니다. 다음 화면과 같이 `/lib` 폴더 내에 `authOptions.ts`라는 이름의 파일을 생성합니다.

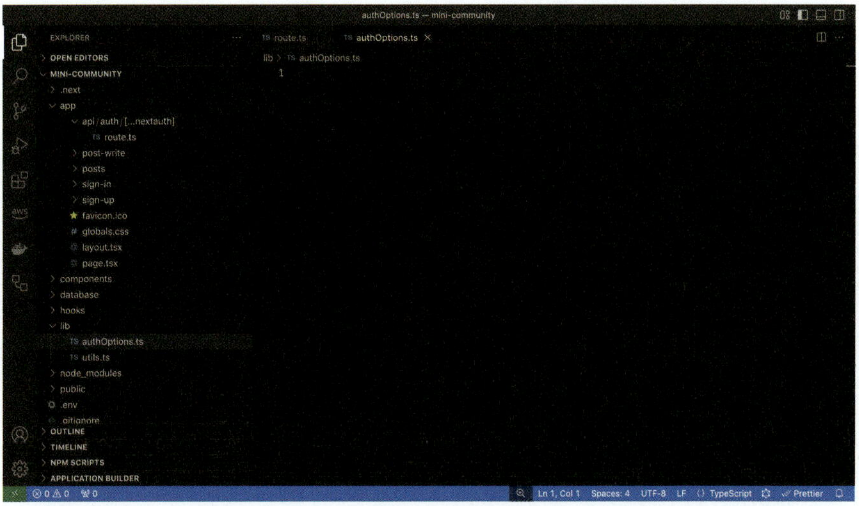

그리고 생성한 `authOptions.ts` 파일에 다음에 나오는 코드를 작성합니다. 이 코드는 NextAuth 작동과 관련된 여러 가지 설정을 포함하고 있습니다.

먼저 `providers`는 인증 방식을 설정하는 옵션입니다. 우리는 이메일과 비밀번호를 사용해서 인증을 처리할 것이기 때문에 `CredentialsProvider`를 사용했습니다. 이외에도 NextAuth에서는 우리가 평소에 흔히 사용하는 각종 SNS 로그인을 위한 프로바이더도 대부분 제공합니다. `CredentialsProvider`에서는 `authorize()` 라는 함수를 통해 실제 가입된 사용자인지 아이디와 비밀번호를 맞게 입력했는지 확인하게 됩니다. 여기서 미리 만들어둔 Turso 데이터베이스 클라이언트를 사용해서 데이터베이스에 해당되는 사용자가 존재하는지 확인하고, 존재할 경우 사용자 객체를 반환하도록 구현했습니다.

그 밖에 나머지 옵션의 역할은 다음과 같습니다.

- `pages`: 로그인, 로그아웃 등의 경로를 우리가 만든 경로로 매핑하기 위한 옵션
- `secret`: 토큰 해시, 쿠키 서명/암호화, 암호화 키를 생성하는 데 사용하는 임의의 문자열
- `session`: 세션 객체에 대한 각종 설정을 위한 옵션
- `callbacks`: 인증 과정에서 여러 작업 수행될 때 일어나는 일을 제어하기 위한 비동기 함수들

추가로 NextAuth에 대해 궁금한 분들은 아래 공식 웹사이트를 참고하기 바랍니다.

https://next-auth.js.org/

```
// lib/authOptions.ts

import { type NextAuthOptions } from 'next-auth';
import CredentialsProvider from 'next-auth/providers/credentials';
import { and, eq } from 'drizzle-orm';
import { db } from '@/database/db';
import { userTable } from '@/database/schema';

const authOptions: NextAuthOptions = {
    providers: [
        CredentialsProvider({
            name: 'Credentials',
            credentials: {
                email: { label: 'email', type: 'text' },
                password: { label: 'Password', type: 'password' },
            },
            async authorize(credentials, req) {
                if (!credentials) {
                    return null;
                }

                const [user] = await db
                    .select({
                        id: userTable.id,
                        email: userTable.email,
                        name: userTable.name,
                    })
                    .from(userTable)
                    .where(
                        and(
                            eq(userTable.email, credentials.email),
                            eq(userTable.password, credentials.password)
                        )
                    );

                if (!user) {
                    return null;
```

```
                }
                return user;
            },
        }),
    ],
    pages: {
        signIn: '/sign-in',
    },
    secret: process.env.NEXTAUTH_SECRET,
    session: {
        strategy: 'jwt',
        maxAge: 7 * 24 * 60 * 60, // 7 Days
    },
    callbacks: {
        async signIn(params: any) {
            const { user, account, profile } = params;

            return true;
        },
        async redirect({ url, baseUrl }) {
            return baseUrl;
        },
        async jwt(params: any) {
            const { token, user, account, profile, isNewUser } = params;

            if (user) {
                token.user = user;
            }

            return token;
        },
        async session(params: any) {
            const { session, token, user } = params;

            if (token) {
                session.user = token.user;
            }

            return session;
        },
    },
};

export default authOptions;
```

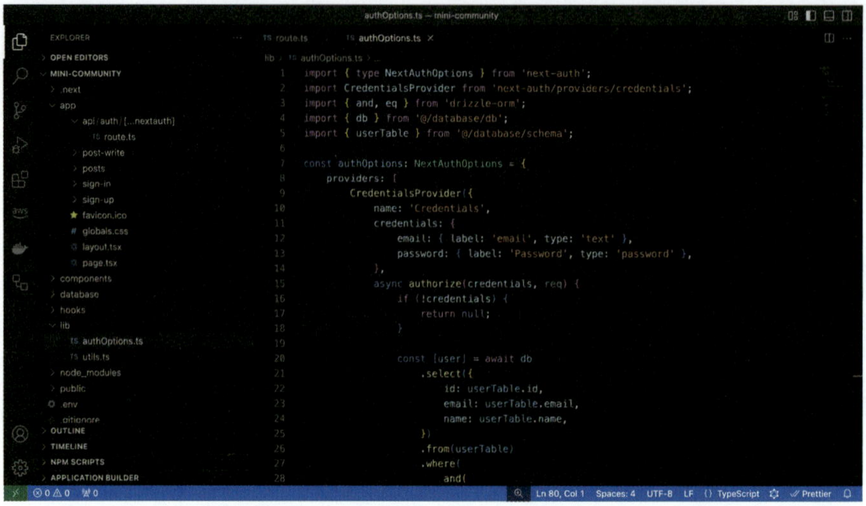

authOptions.ts 파일을 모두 작성했다면 빠져 있던 환경변수인 NEXTAUTH_SECRET을 다음 화면과 같이 .env 파일에 추가합니다. 여기서 이 값을 그대로 사용하지 말고 각자 임의의 문자열을 만들어서 사용하기 바랍니다. 보안과 관련된 값이기 때문에 당연히 동일한 값을 사용하면 안 됩니다.

```
# NextAuth
NEXTAUTH_SECRET=Z00IG2CU5KDZ8mnOKfZD7DmTh2h6wfEW
```

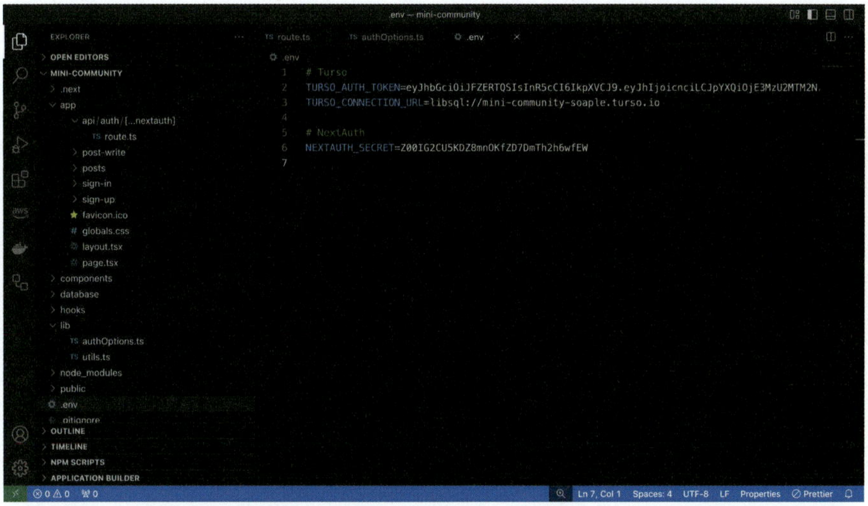

이제 다시 앞에서 생성한 `/api/auth/[...nextauth]/route.ts` 파일로 돌아와서 다음과 같이 코드를 작성합니다. 이 코드는 우리가 작성한 설정을 기반으로 GET, POST 요청을 처리하는 함수를 생성하고 익스포트하는 코드입니다.

```
import NextAuth from 'next-auth';
import authOptions from '@/lib/authOptions';

const handler = NextAuth(authOptions);

export { handler as GET, handler as POST };
```

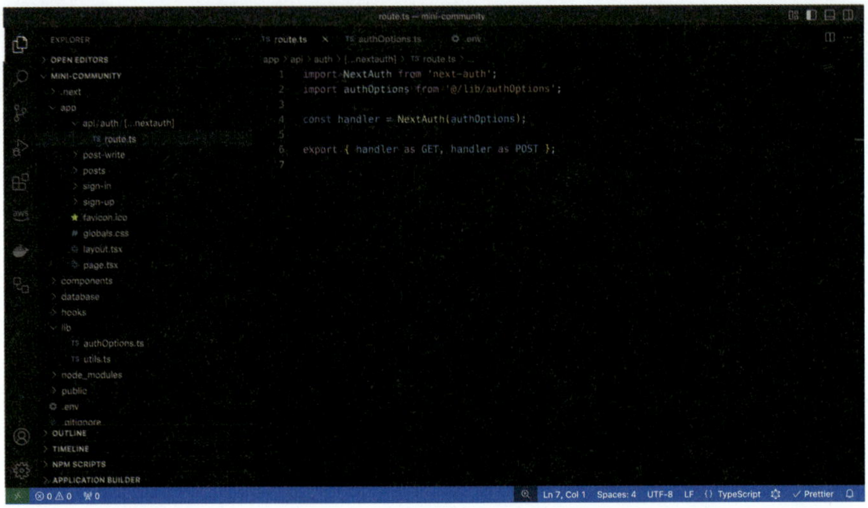

마지막으로 NextAuth의 타입을 커스터마이징하기 위한 `next-auth.d.ts` 파일을 다음 화면과 같이 프로젝트 최상위 경로에 생성합니다.

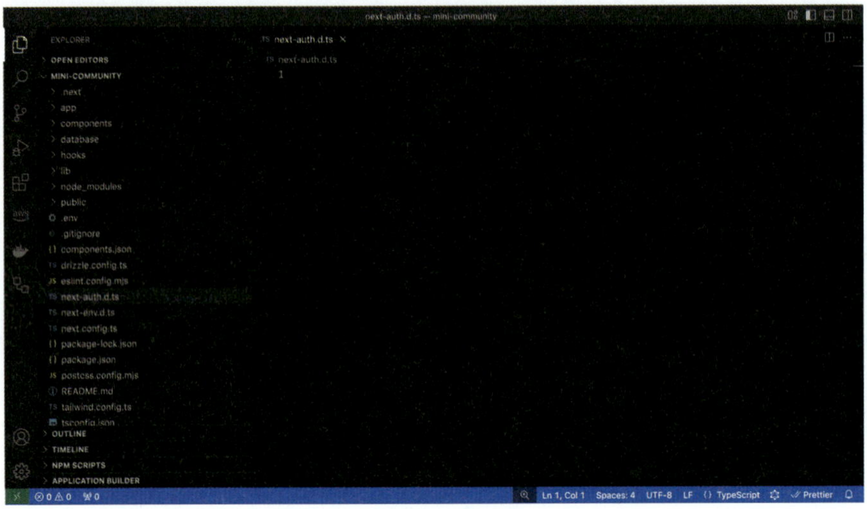

이후 생성한 파일에 다음과 같이 `Session`의 타입을 커스터마이징하는 코드를 작성합니다. 이렇게 하면 NextAuth에서 제공하는 세션 객체의 타입이 우리가 정의한 대로 지정된다고 보면 됩니다.

```
import NextAuth from 'next-auth';

declare module 'next-auth' {
    interface Session {
        user?: {
            id: string;
            email: string;
            name: string;
        };
    }
}
```

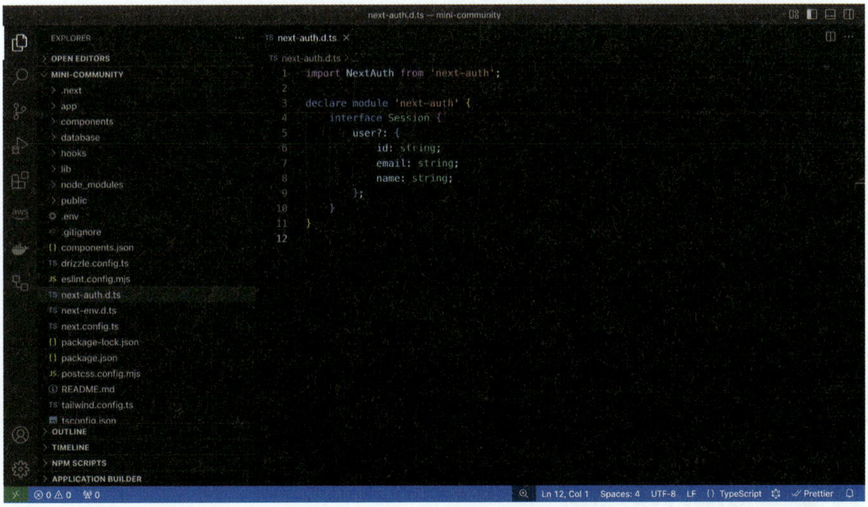

16.11 실습 라우트 핸들러로 API 만들기

이번 실습에서는 Next.js에서 제공하는 라우트 핸들러를 사용해서 애플리케이션에 필요한 API를 만들어보겠습니다. 여기서 구현할 API를 정리하면 다음과 같습니다.

API	라우트	HTTP 메서드
회원가입 API	`/api/sign-up`	`POST`
게시글 작성 API	`/api/posts`	`POST`
게시글 목록 조회 API	`/api/posts`	`GET`
게시글 개별 조회 API	`/api/posts/[postId]`	`GET`
게시글 댓글 작성 API	`/api/posts/[postId]/comments`	`POST`

먼저 회원가입을 위한 API가 필요합니다. 로그인이나 로그아웃은 NextAuth의 API를 활용하면 되지만 회원가입 API는 별도로 구현해야 합니다. 그리고 게시글과 관련해서는 작성, 목록 조회, 개별 조회 API가 필요하고, 댓글과 관련해서는 댓글 작성 API가 필요합니다. 지금부터 각 API들을 하나씩 순서대로 구현해보겠습니다.

1 실습 회원가입 API

이번 실습에서는 회원가입 API를 구현해보겠습니다. 먼저 다음 화면처럼 `/app/api` 폴더 내에 `sign-up` 폴더를 생성합니다.

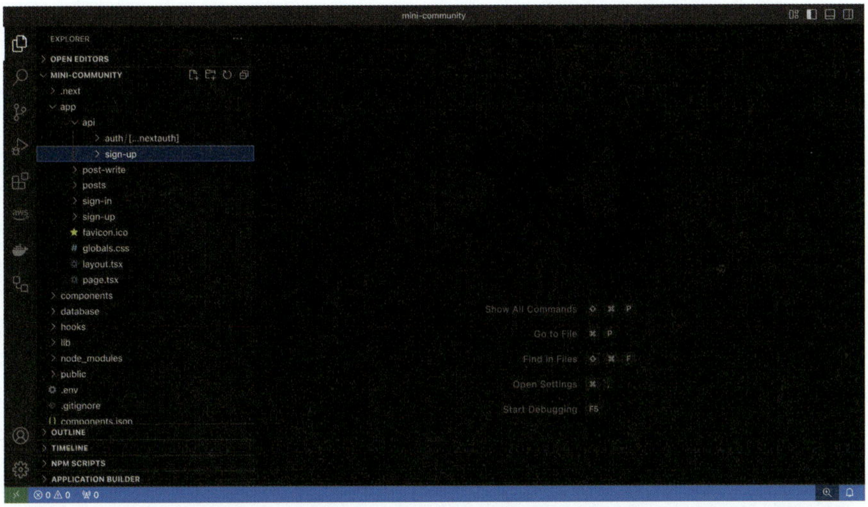

이후 만든 폴더 내에 다음과 같이 `route.ts` 파일을 생성합니다.

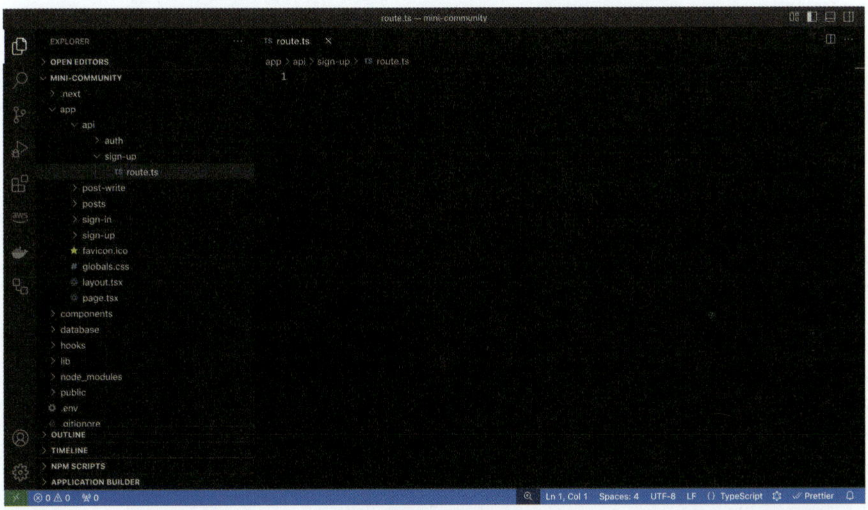

`route.ts` 파일을 생성한 이후 다음과 같이 코드를 작성합니다. 이 코드는 이메일, 패스워드, 이름을 받아서 새로운 사용자를 생성하는 코드입니다. 만약 동일한 이메일 주소의 사용자가 이미 존재한다면 에러를 응답하게 됩니다.

```
// app/api/sign-up/route.ts

import { eq } from 'drizzle-orm';
import { db } from '@/database/db';
import { userTable } from '@/database/schema';

export async function POST(request: Request) {
    const { email, password, name } = await request.json();

    try {
        const result = await db.transaction(async (tx) => {
            const [existingUser] = await db
                .select()
                .from(userTable)
                .where(eq(userTable.email, email));

            if (existingUser) {
                throw new Error('An email that already exists.');
            }

            const newUser = await tx
                .insert(userTable)
                .values({
                    email,
                    password,
                    name,
                })
                .returning();

            if (!newUser) {
                throw new Error('Creating new user is failed.');
            }

            return newUser;
        });

        if (!result) {
            throw new Error('Creating new user is failed.');
        }

        return Response.json(result, { status: 200 });
```

```
    } catch (error: any) {
        return Response.json(error.message, { status: 400 });
    }
}
```

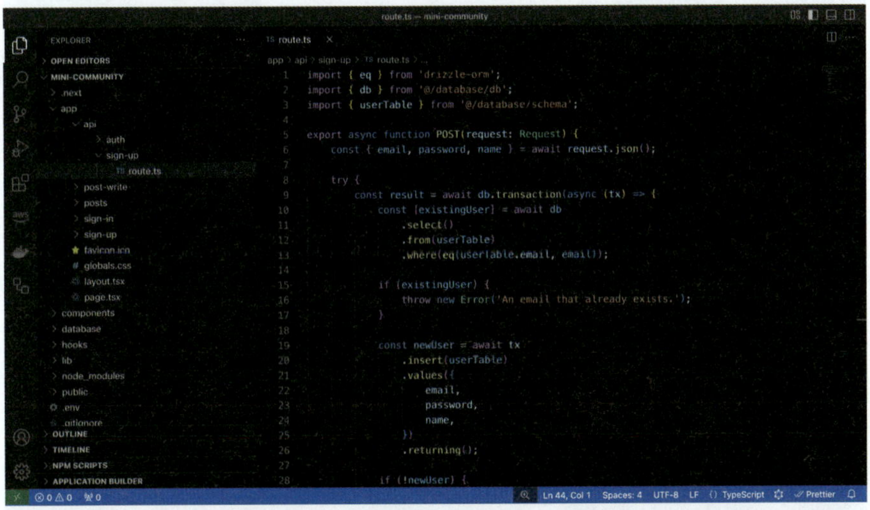

2 실습 게시글 작성 및 게시글 목록 조회 API

이번 실습에서는 게시글 작성 API와 게시글 목록 조회 API를 구현해보도록 하겠습니다.

먼저 아래 화면과 같이 /app/api 폴더 내에 posts 폴더를 생성합니다.

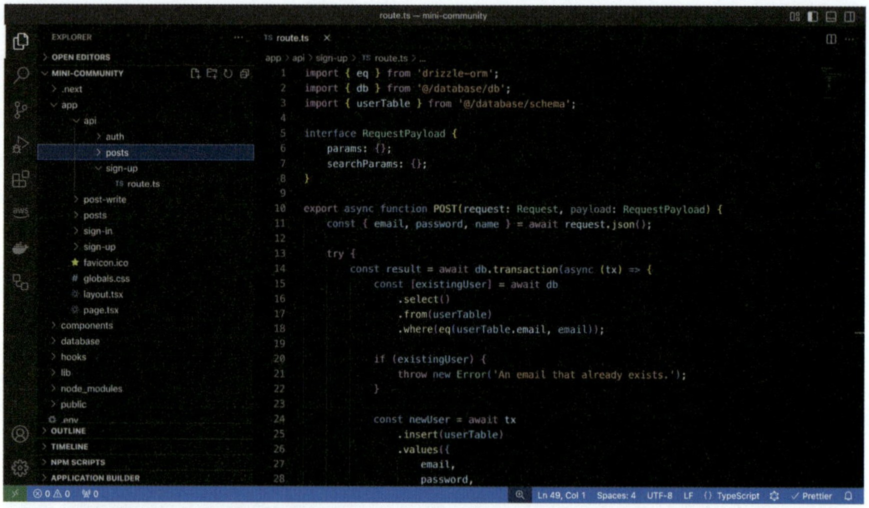

이후 만든 폴더 내에 다음 화면과 같이 `route.ts` 파일을 생성합니다.

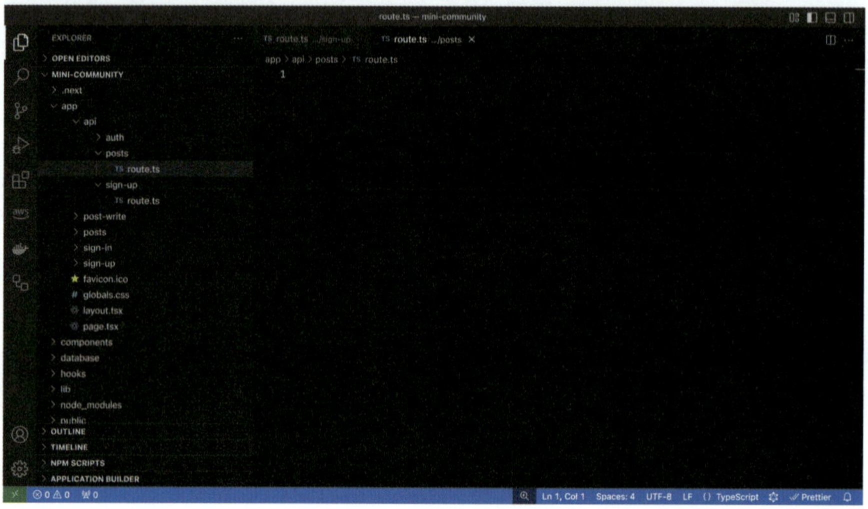

여기서는 `route.ts` 파일에 코드를 작성하기 전에 반복적으로 사용되는 쿼리를 Drizzle ORM에서 제공하는 `prepare()` 함수를 사용해서 재사용 가능한 형태로 만들고 그것을 임포트해서 사용하는 식으로 구현하겠습니다. 다음 화면과 같이 `/database` 폴더 내에 `preparedQueries`라는 폴더를 생성합니다.

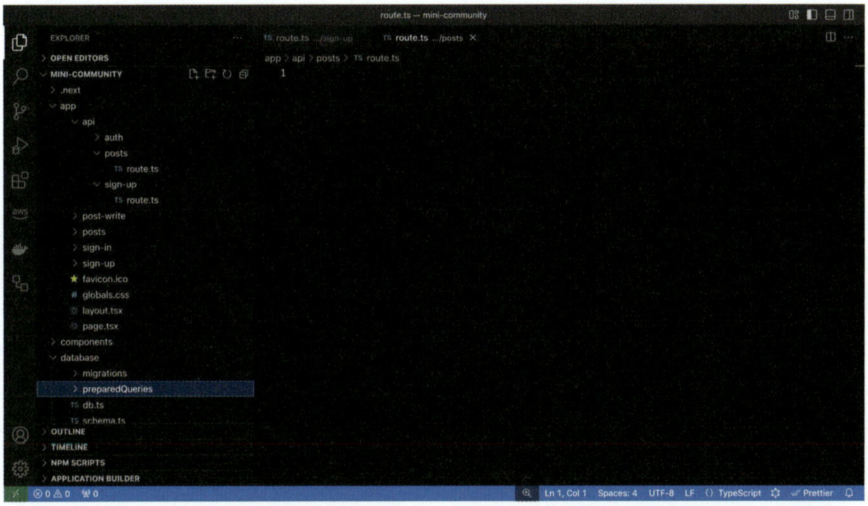

이후 생성한 `preparedQueries` 폴더 내에 다음 화면처럼 `post.ts` 파일을 생성합니다.

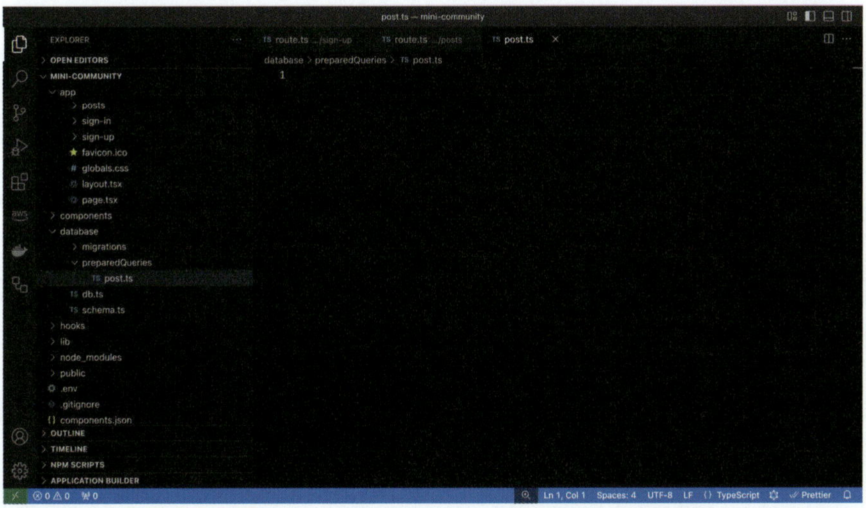

파일을 생성한 다음 `post.ts` 파일에 다음의 코드를 작성합니다. 이 코드는 게시글 조회에 필요한 공통 쿼리를 사용해서 여러 개의 게시글을 가져오는 쿼리와 하나의 게시글을 가져오는 쿼리를 만들고 `prepare()` 함수를 사용하여 재사용 가능한 형태로 만들어서 네임드 익스포트하는 코드입니다.

```
// database/preparedQueries/post.ts

import { desc, eq, sql } from 'drizzle-orm';
import { db } from '@/database/db';
import {
    userTable,
    userPostTable,
    userPostCommentTable,
    type SelectUserPostComment,
} from '@/database/schema';

const selectPostBaseQuery = db
    .select({
        id: userPostTable.id,
        userId: userPostTable.userId,
        title: userPostTable.title,
        content: userPostTable.content,
        createdAt: userPostTable.createdAt,
        updatedAt: userPostTable.updatedAt,
        user: {
            id: userTable.id,
            name: userTable.name,
        },
        comments: sql<SelectUserPostComment[]>`
            CASE
                WHEN ${userPostCommentTable.id} IS NOT NULL
                THEN JSON_GROUP_ARRAY(
                    JSON_OBJECT(
                        'id', ${userPostCommentTable.id},
                        'userId', ${userPostCommentTable.userId},
                        'postId', ${userPostCommentTable.postId},
                        'content', ${userPostCommentTable.content},
                        'createdAt', ${userPostCommentTable.createdAt},
                        'updatedAt', ${userPostCommentTable.updatedAt}
                    )
                )
                ELSE JSON_ARRAY()
            END`
            .mapWith((commentsJsonStr) => JSON.parse(commentsJsonStr))
            .as('comments'),
    })
```

```
    .from(userPostTable)
    .innerJoin(userTable, eq(userTable.id, userPostTable.userId))
    .leftJoin(
        userPostCommentTable,
        eq(userPostCommentTable.postId, userPostTable.id)
    )
    .groupBy(userPostTable.id)
    .orderBy(desc(userPostTable.createdAt));

export const preparedPostsQuery = selectPostBaseQuery.prepare();

export const preparedPostQuery = selectPostBaseQuery
    .where(eq(userPostTable.id, sql.placeholder('postId')))
    .prepare();
```

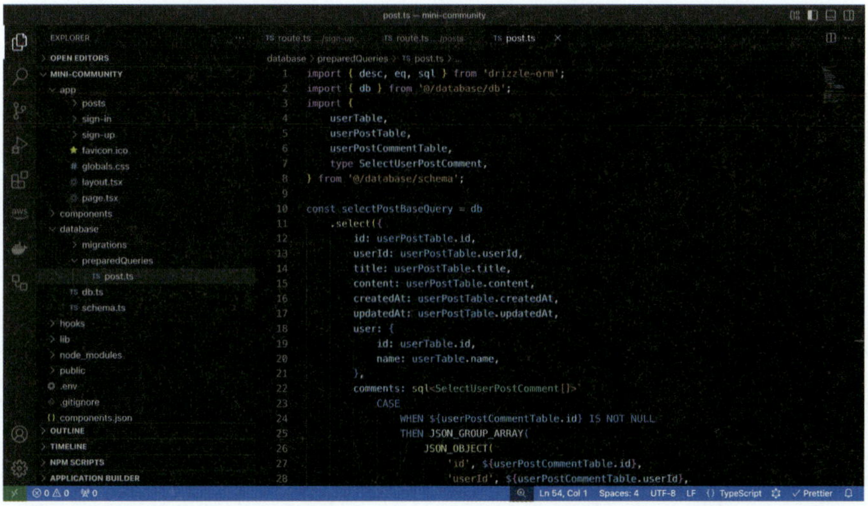

준비된 쿼리prepared query를 모두 작성한 이후 다시 /app/api/posts/route.ts 파일로 돌아옵니다.

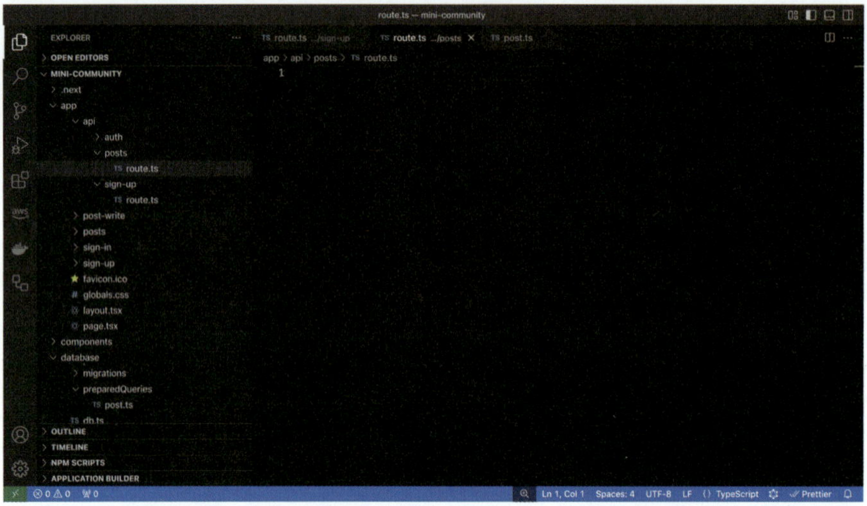

돌아와서 다음과 같이 코드를 작성합니다. 이 코드는 게시글 작성 API와 준비된 쿼리를 사용해서 게시글 목록을 조회하는 API를 구현한 코드입니다. 특별히 게시글 작성 API에서는 NextAuth에서 제공하는 `getServerSession()` 함수를 사용하여 현재 사용자의 세션 정보를 가져오고, 만약 로그인하지 않은 사용자의 경우에는 에러 응답을 하도록 구현했습니다. 이처럼 서버 환경에서는 `getServerSession()` 함수를 사용하면 요청을 보낸 클라이언트의 세션 정보를 가져올 수 있다고 이해하면 됩니다.

```
// app/api/posts/route.ts

import { NextRequest } from 'next/server';
import { getServerSession } from 'next-auth';
import { db } from '@/database/db';
import { userPostTable } from '@/database/schema';
import { preparedPostsQuery } from '@/database/preparedQueries/post';
import authOptions from '@/lib/authOptions';

export async function GET(req: NextRequest) {
    try {
        const posts = await preparedPostsQuery.execute();
```

```
        return Response.json(posts, {
            status: 200,
        });
    } catch (error) {
        return Response.json('An error occurred.', {
            status: 400,
        });
    }
}

export async function POST(req: NextRequest) {
    const session = await getServerSession(authOptions);
    const userId = session?.user?.id;
    if (!userId) {
        return Response.json('An error occurred.', {
            status: 400,
        });
    }

    const { title, content } = await req.json();

    try {
        const newPost = await db
            .insert(userPostTable)
            .values({
                userId,
                title,
                content,
            })
            .returning();

        return Response.json(newPost, {
            status: 200,
        });
    } catch (error) {
        return Response.json('An error occurred.', {
            status: 400,
        });
    }
}
```

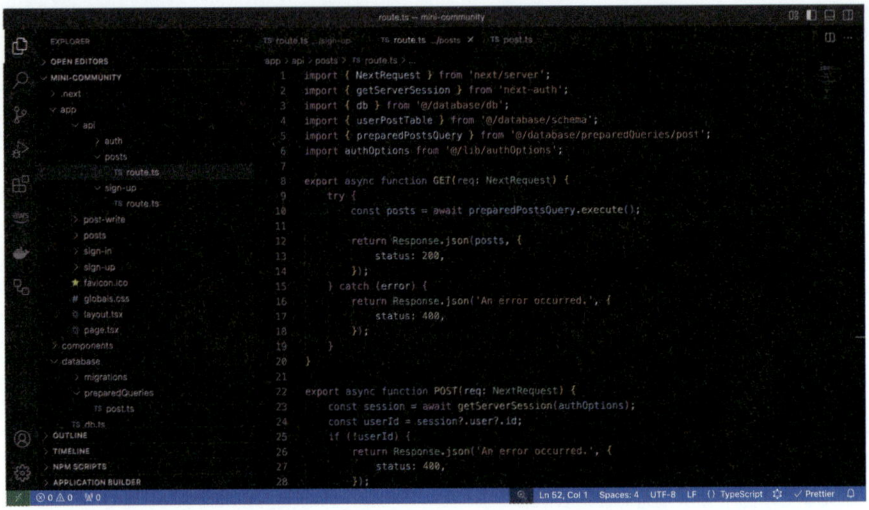

3 실습 게시글 개별 조회 API

이번 실습에서는 게시글 개별 조회 API를 구현해보겠습니다. 먼저 다음 화면과 같이 `/app/api/posts` 폴더 내에 `[postId]` 폴더를 생성합니다.

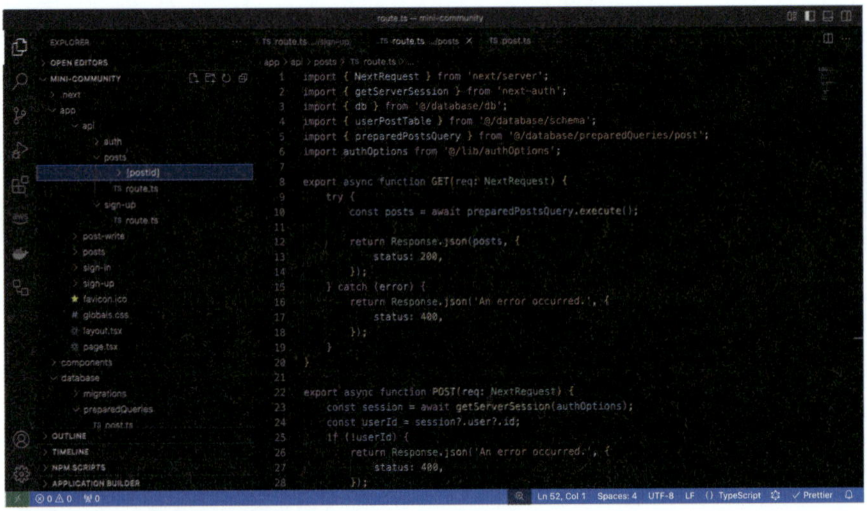

이후 만든 폴더 내에 다음과 같이 `route.ts` 파일을 생성합니다.

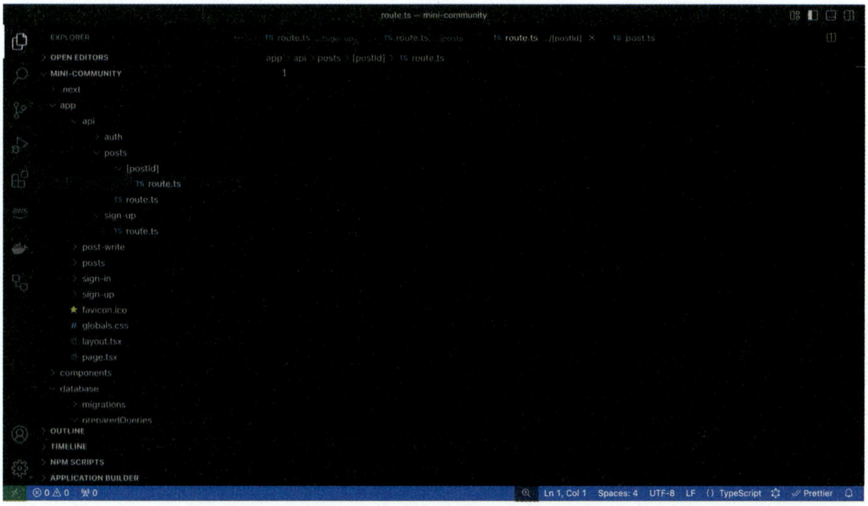

route.ts 파일을 생성한 이후 다음과 같이 코드를 작성합니다. 이 코드는 준비된 쿼리를 사용해서 하나의 게시글을 조회하는 API 코드입니다. 준비된 쿼리를 사용했기 때문에 코드의 양이 굉장히 적은 것을 볼 수 있습니다. 이처럼 자주 반복적으로 사용되는 쿼리는 재사용 가능한 형태로 만들어두면 개발 시간도 단축되고 유지보수에도 용이합니다.

```
// app/api/posts/[postId]/route.ts

import { NextRequest } from 'next/server';
import { preparedPostQuery } from '@/database/preparedQueries/post';

interface RequestPayload {
    params: Promise<{ postId: string }>;
}

export async function GET(req: NextRequest, payload: RequestPayload) {
    const { postId } = await payload.params;

    try {
        const [post] = await preparedPostQuery.execute({
```

```
            postId,
        });

        if (!post) {
            throw new Error('No post');
        }

        return Response.json(post, {
            status: 200,
        });
    } catch (error) {
        console.log(error);
        return Response.json('An error occurred.', {
            status: 400,
        });
    }
}
```

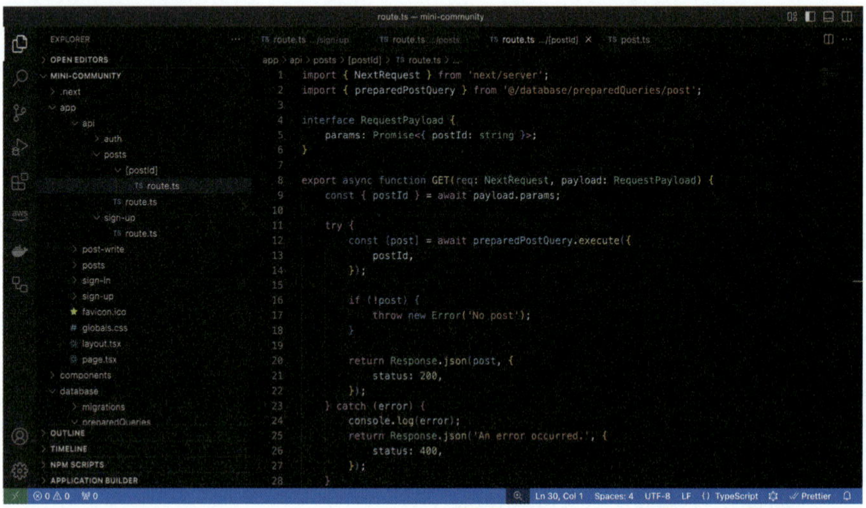

4 실습 게시글 댓글 작성 API

이번 실습에서는 게시글 댓글 작성 API를 구현하겠습니다. 먼저 다음 화면과 같이 /app/api/posts 폴더 내에 comments 폴더를 생성합니다.

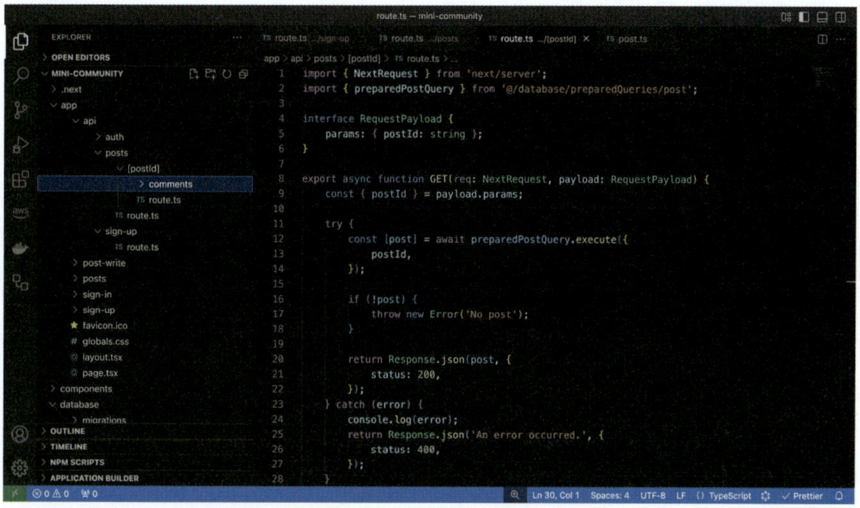

이후 만든 폴더 내에 다음과 같이 route.ts 파일을 생성합니다.

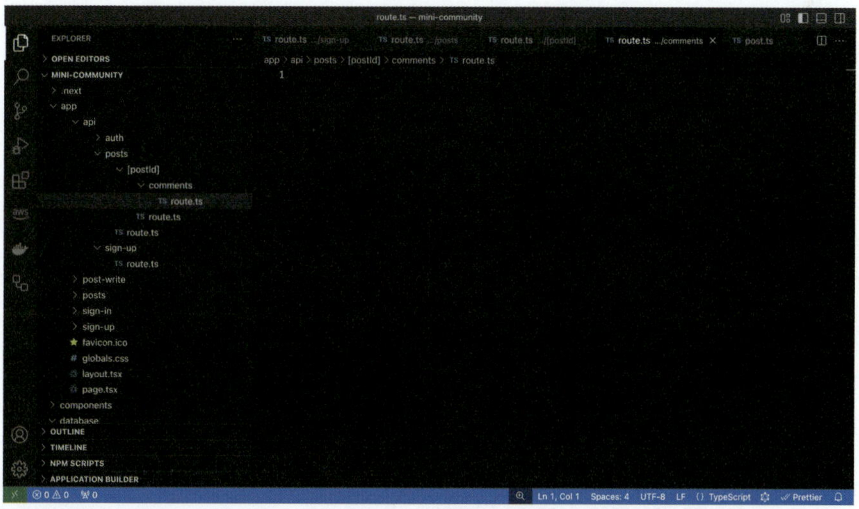

route.ts 파일을 생성한 이후 다음 코드를 작성합니다. 이 코드는 URL 파라미터로 전달되는 postId 값과 Request Body에 포함되어 있는 content 값을 사용해서 게시글에 댓글을 작성하는 API 코드입니다.

```
// app/api/posts/[postId]/comments/route.ts

import { NextRequest } from 'next/server';
import { getServerSession } from 'next-auth';
import { db } from '@/database/db';
import { userPostCommentTable } from '@/database/schema';
import authOptions from '@/lib/authOptions';

interface RequestPayload {
    params: Promise<{ postId: string }>;
}

export async function POST(req: NextRequest, payload: RequestPayload) {
    const session = await getServerSession(authOptions);
    const userId = session?.user?.id;
    if (!userId) {
        return Response.json('An error occurred.', {
            status: 400,
        });
    }

    const { postId } = await payload.params;
    const { content } = await req.json();

    try {
        const newComment = await db
            .insert(userPostCommentTable)
            .values({
                userId,
                postId,
                content,
            })
            .returning();

        return Response.json(newComment, {
            status: 200,
        });
    } catch (error) {
        console.log(error);
        return Response.json('An error occurred.', {
```

```
            status: 400,
        });
    }
}
```

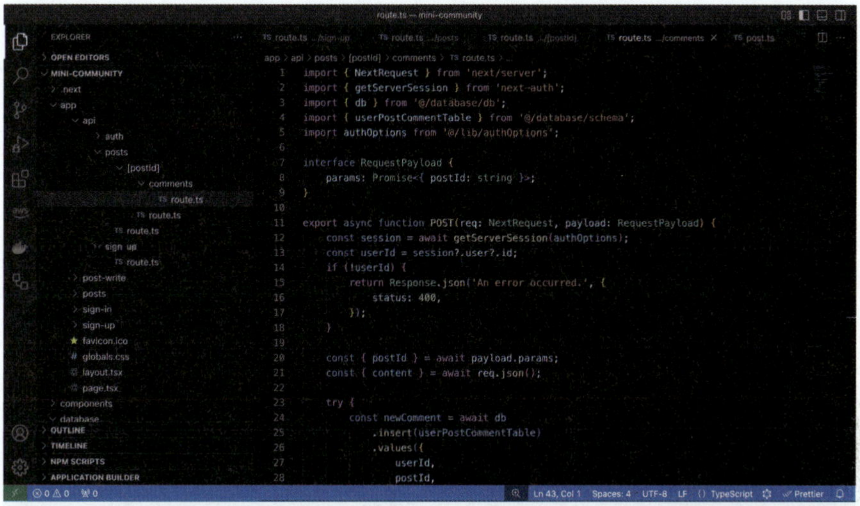
route.ts — mini-community
import { NextRequest } from 'next/server';
import { getServerSession } from 'next-auth';
import { db } from '@/database/db';
import { userPostCommentTable } from '@/database/schema';
import authOptions from '@/lib/authOptions';
interface RequestPayload {
params: Promise<{ postId: string }>;
}
export async function POST(req: NextRequest, payload: RequestPayload) {
const session = await getServerSession(authOptions);
const userId = session?.user?.id;
if (!userId) {
return Response.json('An error occurred.', {
status: 400,
});
}
const { postId } = await payload.params;
const { content } = await req.json();
try {
const newComment = await db
.insert(userPostCommentTable)
.values({
userId,
postId,

16.12 실습 클라이언트 API 호출을 위한 함수 구현하기

이번 실습에서는 클라이언트 API 호출을 위한 함수를 구현해보겠습니다. 먼저 화면과 같이 `/lib` 폴더 내에 `apiManager.ts`라는 이름의 파일을 생성합니다.

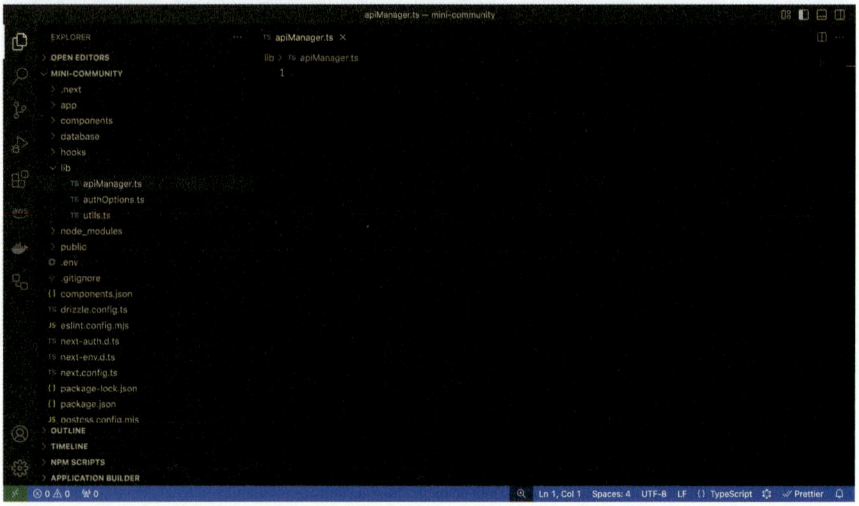

이후 생성한 파일에 다음 코드를 작성합니다. 이 코드는 앞에서 구현한 회원가입, 게시글 작성, 댓글 작성 API를 호출하기 위한 함수를 각각 만들어서 네임드 익스포트하는 코드입니다. 이런 식으로 요청을 보내는 함수를 별도로 만들어서 관리하면 재사용성도 올라가고 유지보수에도 좋습니다.

```
// lib/apiManager.ts

export function signUp(email: string, password: string, name: string) {
    const params = { email, password, name };
    return fetch('/api/sign-up/', {
        method: 'POST',
        headers: {
            'Content-Type': 'application/json',
        },
        body: JSON.stringify(params),
    });
}

export function createPost(title: string, content: string) {
    const params = { title, content };
    return fetch('/api/posts/', {
        method: 'POST',
        headers: {
            'Content-Type': 'application/json',
        },
        body: JSON.stringify(params),
    });
}

export function createPostComment(postId: string, content: string) {
    const params = { content };
    return fetch('/api/posts/${postId}/comments', {
        method: 'POST',
        headers: {
            'Content-Type': 'application/json',
        },
        body: JSON.stringify(params),
    });
}
```

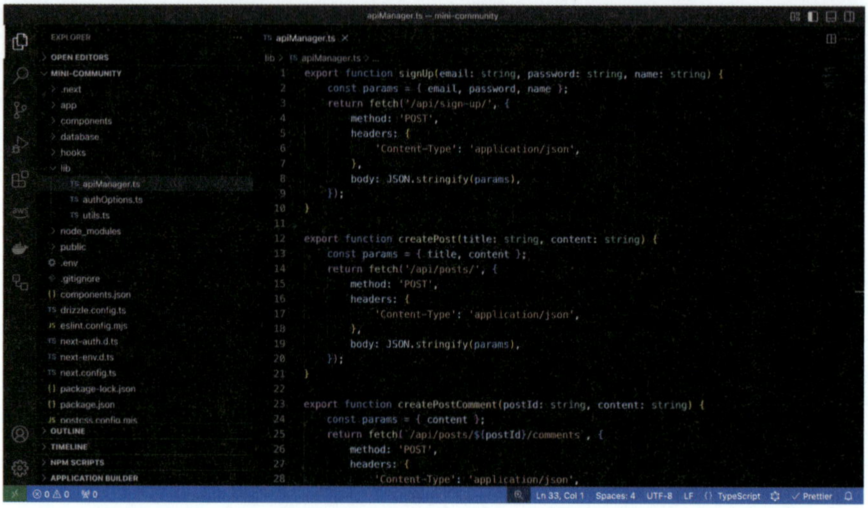
apiManager.ts — mini-community
EXPLORER
OPEN EDITORS
MINI-COMMUNITY
.next
app
components
database
hooks
lib
apiManager.ts
authOptions.ts
utils.ts
node_modules
public
.env
.gitignore
components.json
drizzle.config.ts
eslint.config.mjs
next-auth.d.ts
next-env.d.ts
next.config.ts
package-lock.json
package.json
OUTLINE
TIMELINE
NPM SCRIPTS
APPLICATION BUILDER
export function signUp(email: string, password: string, name: string) {
const params = { email, password, name };
return fetch('/api/sign-up/', {
method: 'POST',
headers: {
'Content-Type': 'application/json',
},
body: JSON.stringify(params),
});
}
export function createPost(title: string, content: string) {
const params = { title, content };
return fetch('/api/posts/', {
method: 'POST',
headers: {
'Content-Type': 'application/json',
},
body: JSON.stringify(params),
});
}
export function createPostComment(postId: string, content: string) {
const params = { content };
return fetch(`/api/posts/${postId}/comments`, {
method: 'POST',
headers: {
'Content-Type': 'application/json',
Ln 33, Col 1 Spaces: 4 UTF-8 LF TypeScript Prettier

16.13 실습 SWR 연동하기

이번 실습에서는 SWR을 연동해보겠습니다. 여기서 SWR을 사용하는 이유는 서버로부터 받은 데이터를 캐싱해둠으로써 사용자에게 조금 더 빠르게 응답을 제공해주기 위함입니다. 먼저 `npm install` 명령어를 사용해서 SWR을 설치합니다.

```
npm install swr@2.3.0
```

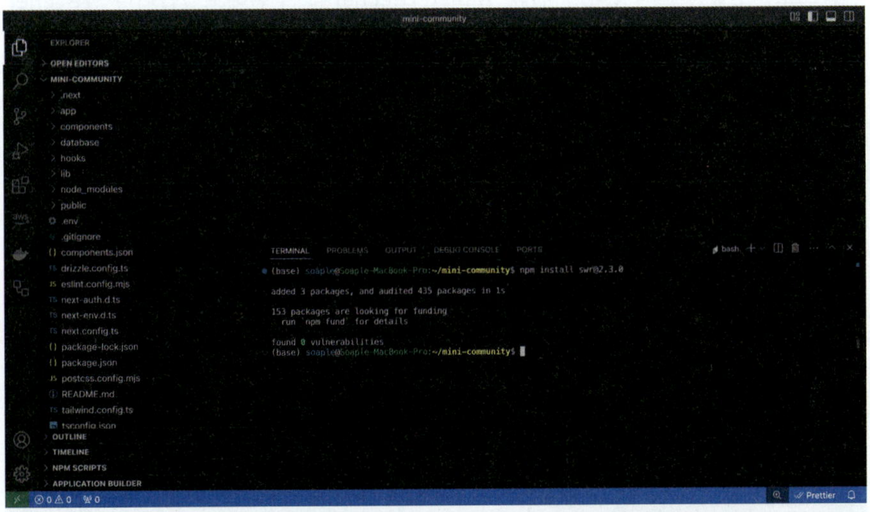

정상적으로 설치되면 다음 화면처럼 `package.json` 파일의 의존성 패키지 목록에서 SWR을 확인할 수 있습니다.

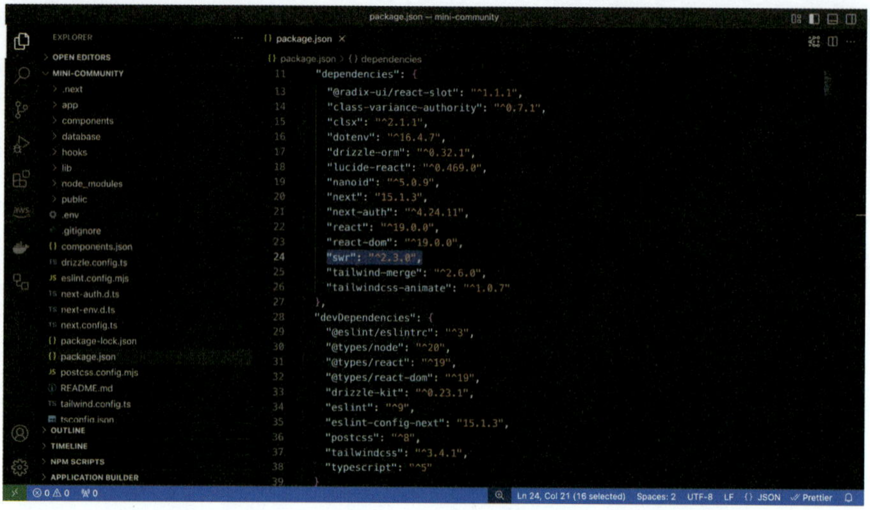

다음으로는 SWR을 사용하기 위해 필요한 fetcher를 구현해보겠습니다. fetcher의 역할은 이름 그대로 데이터를 받아오는 역할을 하는 함수입니다. 다음 화면과 같이 /lib 폴더 내에 fetcher.ts 파일을 생성합니다.

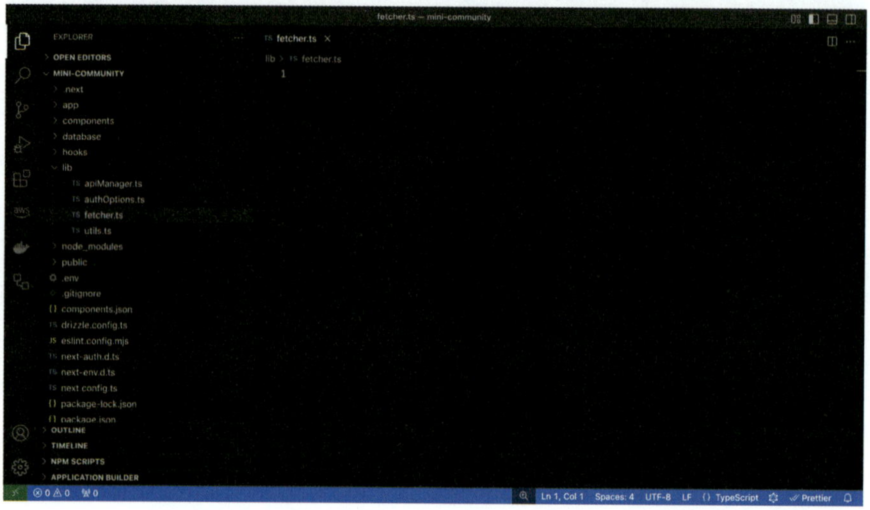

그리고 생성한 fetcher.ts 파일에 다음과 같은 코드를 작성합니다. 여기서는 Axios 같은 별도의 라이브러리를 사용하지 않고 기본 fetch 함수를 사용하여 fetcher를 구

현했습니다. Axios 또는 다른 통신 라이브러리를 사용하고 싶은 분은 각자 라이브러리를 사용해서 `fetcher`를 구현해도 무방합니다.

```
// lib/fetcher.ts

// @ts-ignore
const fetcher = (...args) => fetch(...args).then((res) => res.json());

export default fetcher;
```

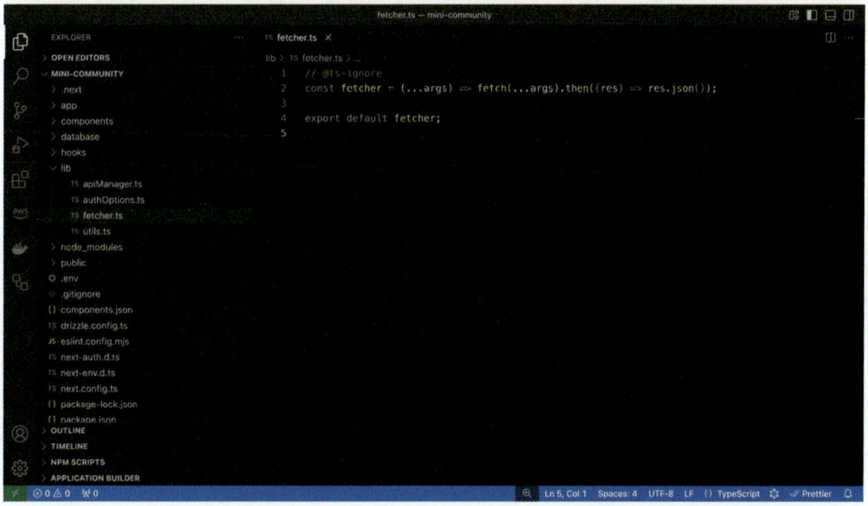

`fetcher`를 구현한 이후에는 SWR 호출을 위한 커스텀 훅을 만들어야 합니다. 커스텀 훅으로 만들지 않고 컴포넌트 코드 내에 직접 SWR을 사용해서 호출하도록 구현해도 되지만, 그렇게 하면 재사용성도 떨어질뿐더러 중복되는 코드가 많아져 좋지 않습니다. 다음 화면과 같이 `/hooks` 폴더에 `usePosts.ts`라는 이름의 파일을 생성합니다.

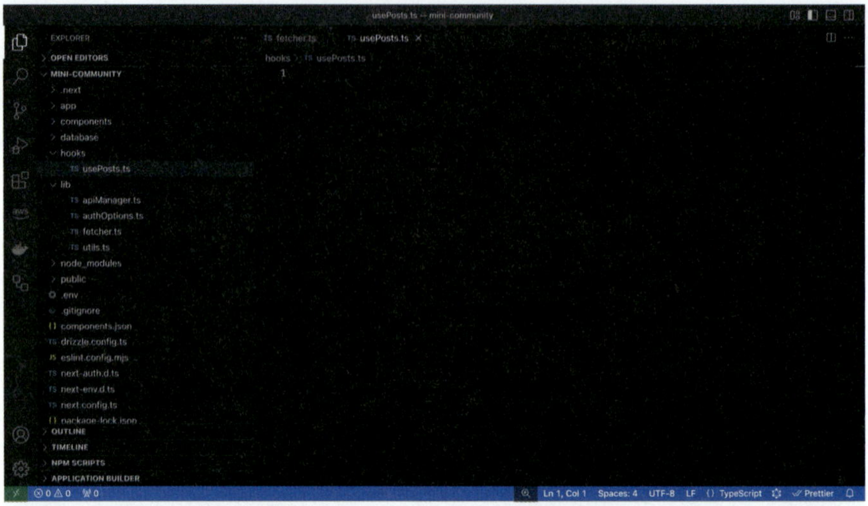

그리고 생성한 파일에 `useSWR()` 훅과 앞에서 만든 `fetcher`를 사용해서 게시글 목록을 가져오는 훅을 작성합니다. 이제 게시글 목록이 필요한 컴포넌트 어디서든지 이 훅을 사용하면 쉽게 게시글 목록을 가져올 수 있습니다.

```
// hooks/usePosts.ts

import useSWR from 'swr';
import fetcher from '@/lib/fetcher';
import { type SelectUserPost } from '@/database/schema';

function usePosts() {
    const { isLoading, data, error, mutate } = useSWR<SelectUserPost[]>(
        '/api/posts',
        fetcher
    );

    return {
        isLoading,
        posts: data,
        error,
        mutate,
```

```
    };
}

export default usePosts;
```

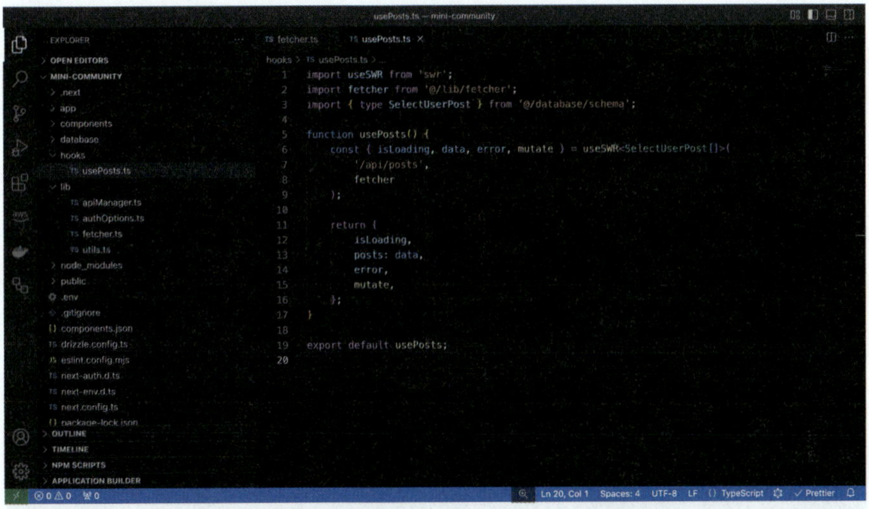

16.14 실습 헤더 컴포넌트 구현하기

이번 실습에서는 헤더 컴포넌트를 구현하겠습니다. 먼저 다음과 같이 `/components/base` 폴더에 `Header.tsx`라는 이름의 파일을 생성합니다.

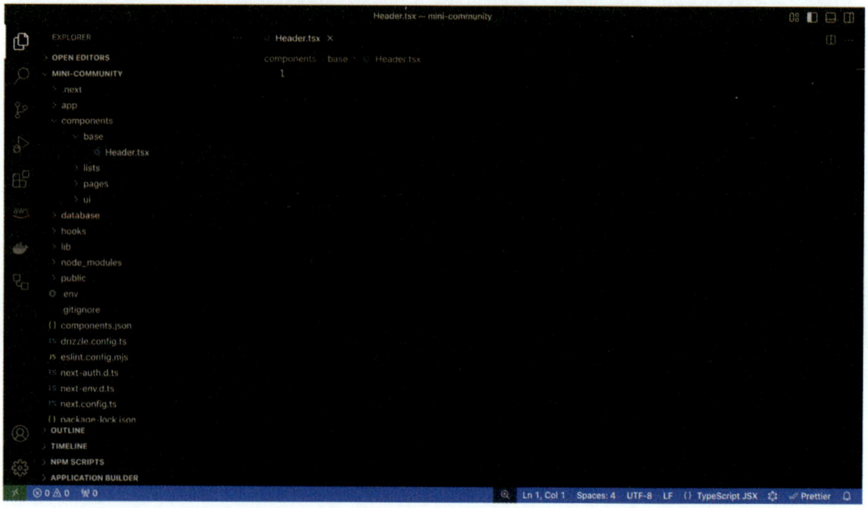

이후 생성한 `Header.tsx` 파일에 다음 코드를 작성합니다. 이 코드는 애플리케이션 화면의 상단에 표시되는 헤더 컴포넌트 코드이며, 헤더에는 첫 화면으로 가기 위한 링크와 현재 사용자의 로그인 여부를 표시하게 됩니다.

```
// components/base/Header.tsx

'use client';

import Link from 'next/link';
import { type Session } from 'next-auth';
import { signOut } from 'next-auth/react';
```

```
import { Button } from '@/components/ui/button';

interface HeaderProps {
    session: Session | null;
}

function Header(props: HeaderProps) {
    const { session } = props;

    return (
        <header className='p-2 flex items-center justify-between border-b'>
            <Link
                href='/'
                className='text-xl font-semibold'>
                Mini Community
            </Link>

            <div className='flex items-center justify-end gap-2'>
                {!!session ? (
                    <>
                        <span className='text-sm'>{`Hello, ${session.user?.
name}!`}</span>
                        <Button
                            size='sm'
                            variant='outline'
                            onClick={() => {
                                signOut({ callbackUrl: '/' });
                            }}>
                            Sign Out
                        </Button>
                    </>
                ) : (
                    <Button
                        asChild
                        size='sm'
                        variant='outline'>
                        <Link href='/sign-in'>Sign In</Link>
                    </Button>
                )}
            </div>
        </header>
    );
}

export default Header;
```

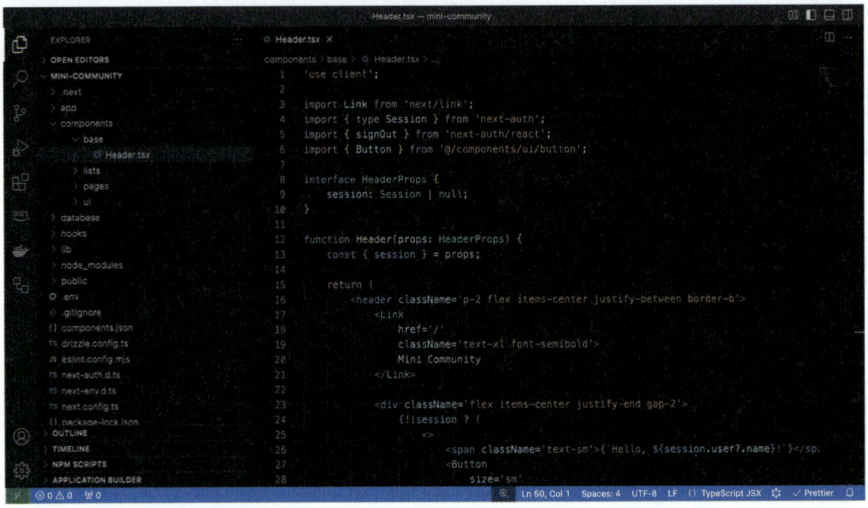
Header.tsx — mini-community
EXPLORER
OPEN EDITORS
MINI-COMMUNITY
.next
app
components
base
Header.tsx
lists
pages
ui
database
hooks
lib
node_modules
public
.env
.gitignore
components.json
drizzle.config.ts
eslint.config.mjs
next-auth.d.ts
next-env.d.ts
next.config.ts
OUTLINE
TIMELINE
NPM SCRIPTS
APPLICATION BUILDER
Header.tsx
components > base > Header.tsx
'use client';
import Link from 'next/link';
import { type Session } from 'next-auth';
import { signOut } from 'next-auth/react';
import { Button } from '@/components/ui/button';
interface HeaderProps {
session: Session | null;
}
function Header(props: HeaderProps) {
const { session } = props;
return (
<header className='p-2 flex items-center justify-between border-b'>
<Link
href='/'
className='text-xl font-semibold'>
Mini Community
</Link>
<div className='flex items-center justify-end gap-2'>
{!session ? (
<>
<span className='text-sm'>{`Hello, ${session.user?.name}!`}</sp
<Button
size='sm'
Ln 50, Col 1 Spaces: 4 UTF-8 LF {} TypeScript JSX Prettier

16.15 실습 라우트 그룹을 사용하여 여러 루트 레이아웃 구현하기

이번 실습에서는 Next.js의 라우트 그룹을 사용하여 여러 개의 루트 레이아웃을 구현해 보겠습니다. 여러 개의 루트 레이아웃을 구현하는 이유는 로그인/회원가입 화면과 애플리케이션 화면의 레이아웃이 다르기 때문입니다.

먼저 `/app` 폴더 내에 `(application)`이라는 이름의 폴더를 생성합니다. 앞에서 배운 것처럼 라우트 그룹을 사용하기 위해서는 이렇게 괄호를 사용하면 됩니다. 이 그룹은 애플리케이션 레이아웃이 적용될 페이지를 그룹화 하기 위한 라우트 그룹입니다.

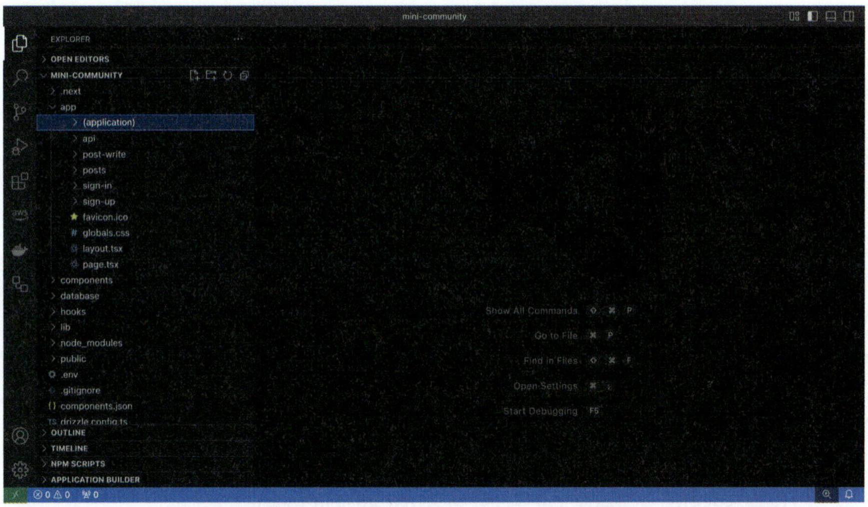

폴더를 생성한 이후 해당 폴더 내에 `layout.tsx`라는 이름의 파일을 생성합니다.

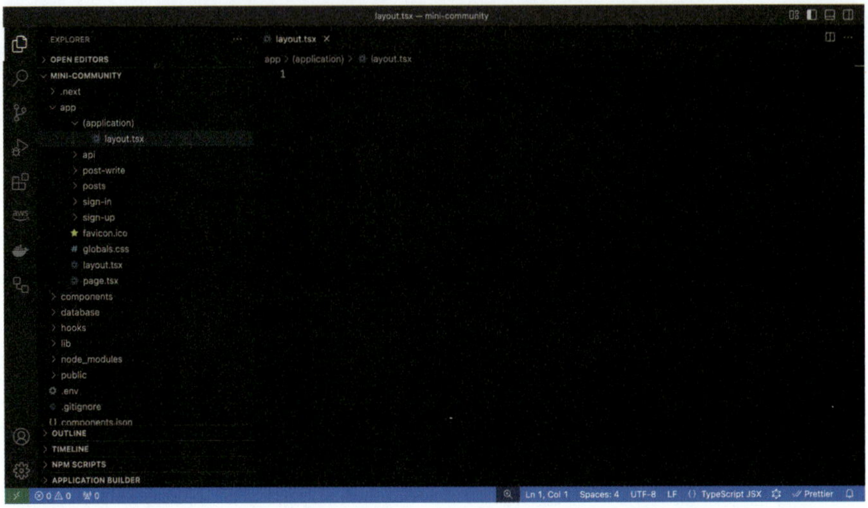

생성한 `layout.tsx` 파일에 다음과 같이 코드를 작성합니다. 애플리케이션 레이아웃은 앞에서 만든 헤더 컴포넌트가 상단에 나오고 그 밑으로 각 페이지들을 콘텐츠가 나오는 형태입니다.

```tsx
// app/(application)/layout.tsx

import { type PropsWithChildren } from 'react';
import { getServerSession } from 'next-auth';
import Header from '@/components/base/Header';
import authOptions from '@/lib/authOptions';

async function ApplicationLayout(props: PropsWithChildren) {
    const session = await getServerSession(authOptions);

    return (
        <>
            <Header session={session} />
            {props.children}
        </>
    );
}

export default ApplicationLayout;
```

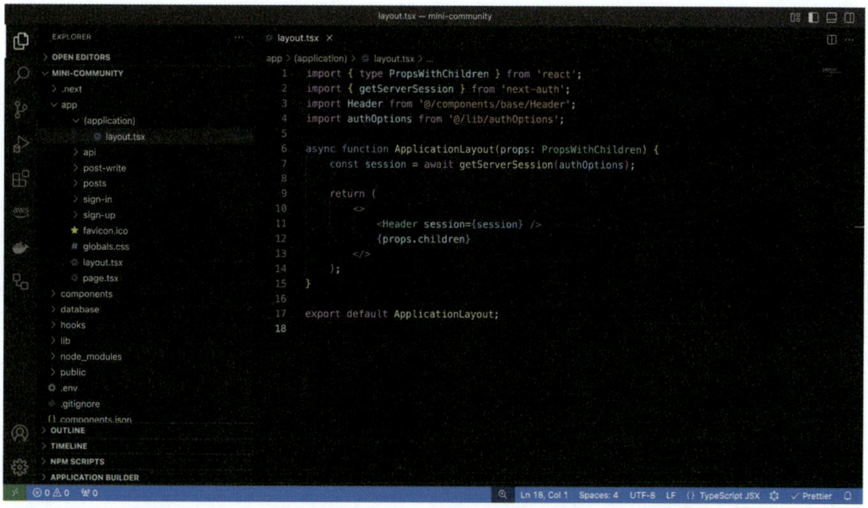

애플리케이션 레이아웃을 모두 작성한 이후 해당 레이아웃이 적용될 페이지들을 /app/(application) 폴더로 모두 옮겨야 합니다. 다음 화면과 같이 MainPage, PostViewPage, PostWritePage를 포함하는 모든 라우트들을 /app/(application) 폴더로 옮겨줍니다.

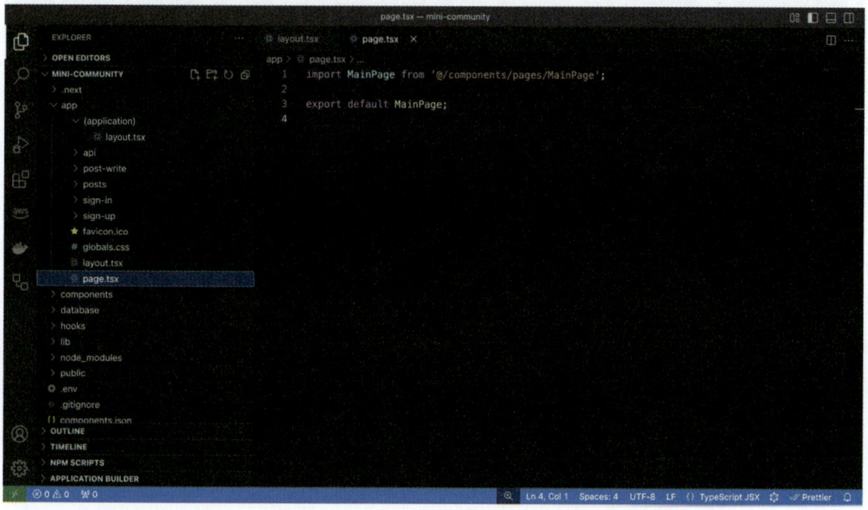

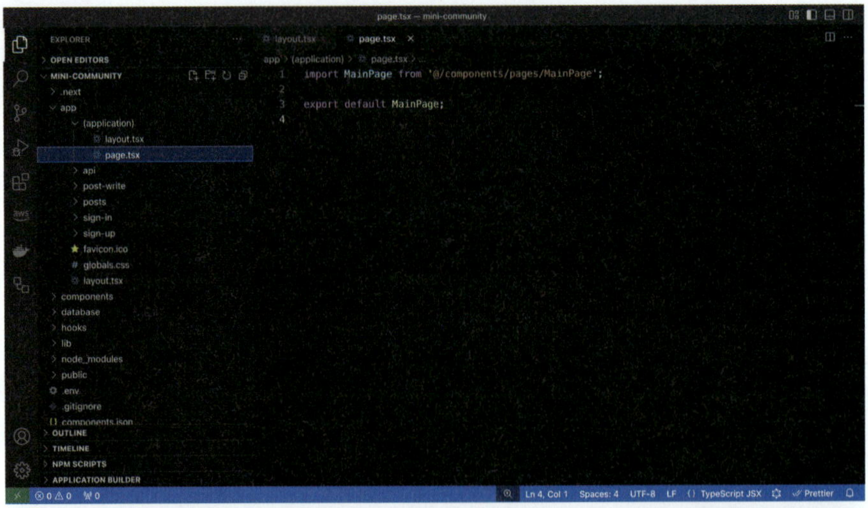
page.tsx — mini-community
EXPLORER
OPEN EDITORS
MINI-COMMUNITY
.next
app
(application)
layout.tsx
page.tsx
api
post-write
posts
sign-in
sign-up
favicon.ico
globals.css
layout.tsx
components
database
hooks
lib
node_modules
public
.env
.gitignore
OUTLINE
TIMELINE
NPM SCRIPTS
APPLICATION BUILDER
layout.tsx
page.tsx
app > (application) > page.tsx > ...
import MainPage from '@/components/pages/MainPage';
export default MainPage;
Ln 4, Col 1 Spaces: 4 UTF-8 LF TypeScript JSX Prettier

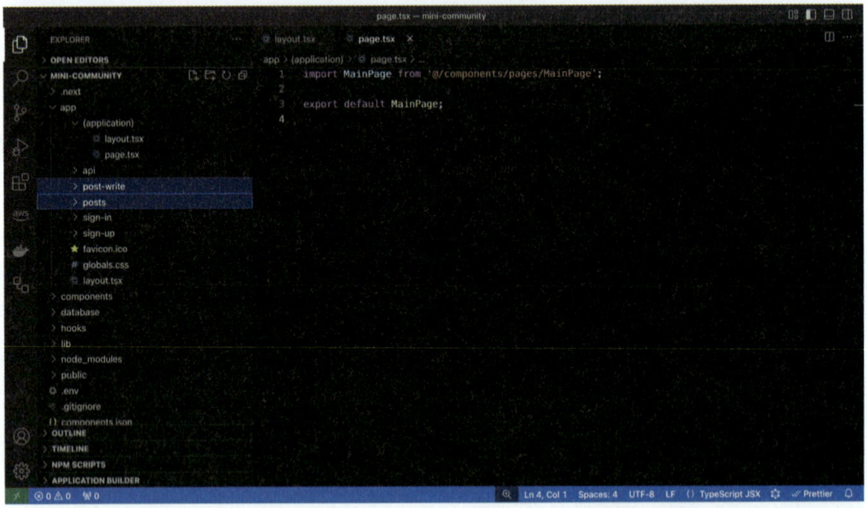
page.tsx — mini-community
EXPLORER
OPEN EDITORS
MINI-COMMUNITY
.next
app
(application)
layout.tsx
page.tsx
api
post-write
posts
sign-in
sign-up
favicon.ico
globals.css
layout.tsx
components
database
hooks
lib
node_modules
public
.env
.gitignore
OUTLINE
TIMELINE
NPM SCRIPTS
APPLICATION BUILDER
layout.tsx
page.tsx
app > (application) > page.tsx > ...
import MainPage from '@/components/pages/MainPage';
export default MainPage;
Ln 4, Col 1 Spaces: 4 UTF-8 LF TypeScript JSX Prettier

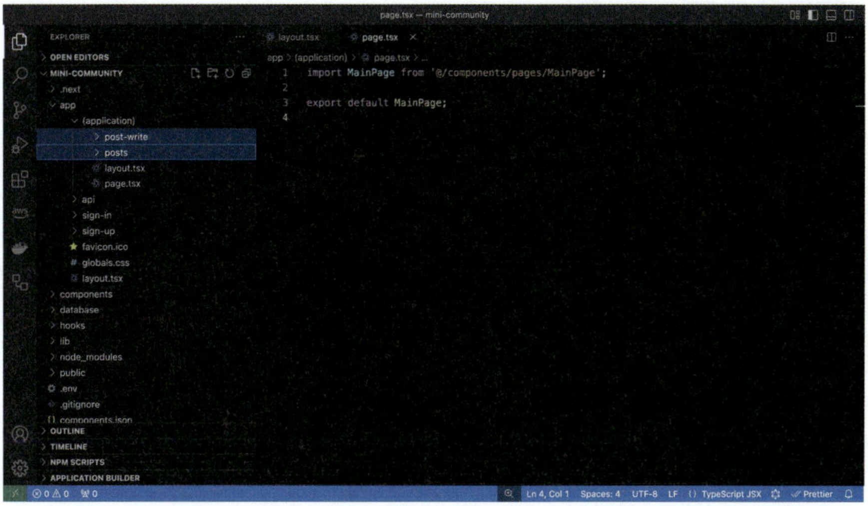

다음으로는 로그인/회원가입을 위한 또 하나의 루트 레이아웃을 만들도록 하겠습니다. `/app` 폴더 내에 `(signing)`이라는 이름의 폴더를 생성합니다. 이 그룹은 인증 관련 레이아웃이 적용될 페이지를 그룹화하기 위한 라우트 그룹입니다.

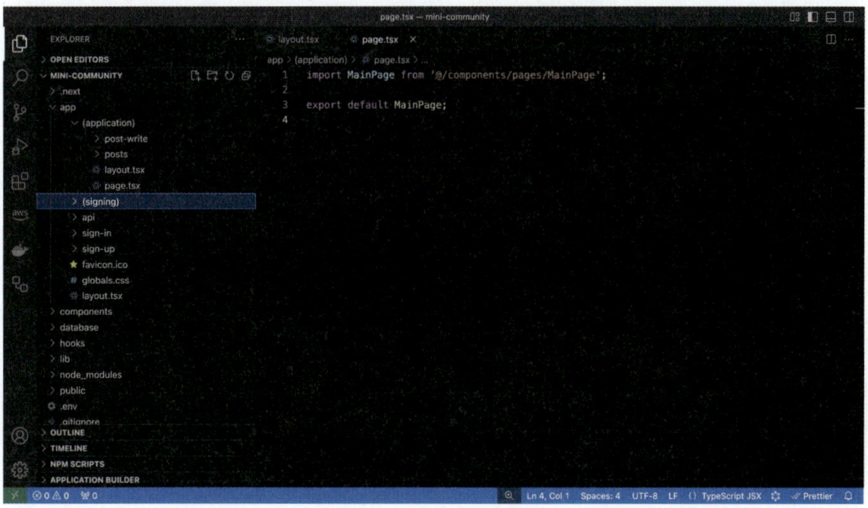

폴더를 생성한 이후 해당 폴더 내에 `layout.tsx`라는 이름의 파일을 생성합니다.

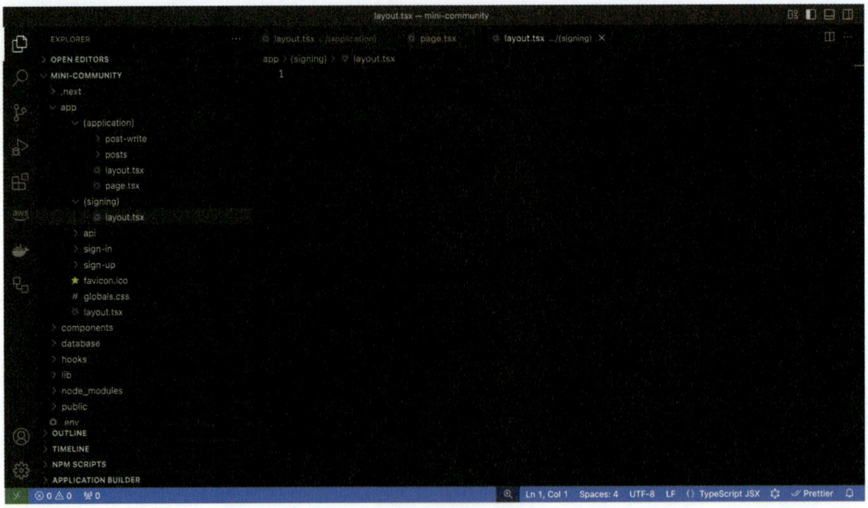

생성한 `layout.tsx` 파일에 다음 코드를 작성합니다. 인증 레이아웃은 아무것도 없이 그냥 각 페이지들의 콘텐츠를 표시하는 형태입니다. 이번 프로젝트에서는 레이아웃을 분리하기 위해서 이렇게 형식적으로 만들었지만, 나중에 인증 레이아웃에만 표시될 컴포넌트가 있다면 여기에 추가로 코드를 작성하면 됩니다.

```
// app/(signing)/layout.tsx

import { type PropsWithChildren } from 'react';

function SigningLayout(props: PropsWithChildren) {
    return <>{props.children}</>;
}

export default SigningLayout;
```

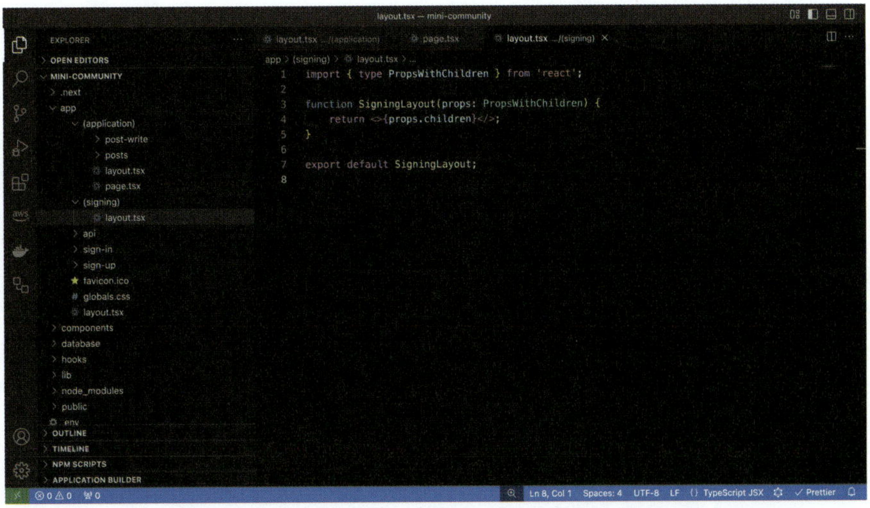

인증 레이아웃을 모두 작성한 이후 해당 레이아웃이 적용될 페이지들을 /app/(signing) 폴더로 모두 옮겨야 합니다. 다음 화면과 같이 SignInPage, SignUpPage를 포함하는 모든 라우트들을 /app/(signing) 폴더로 옮겨줍니다.

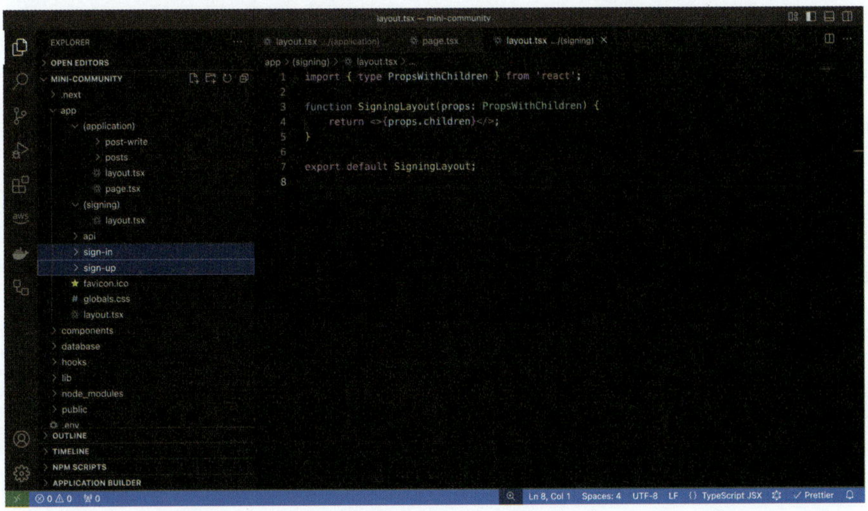

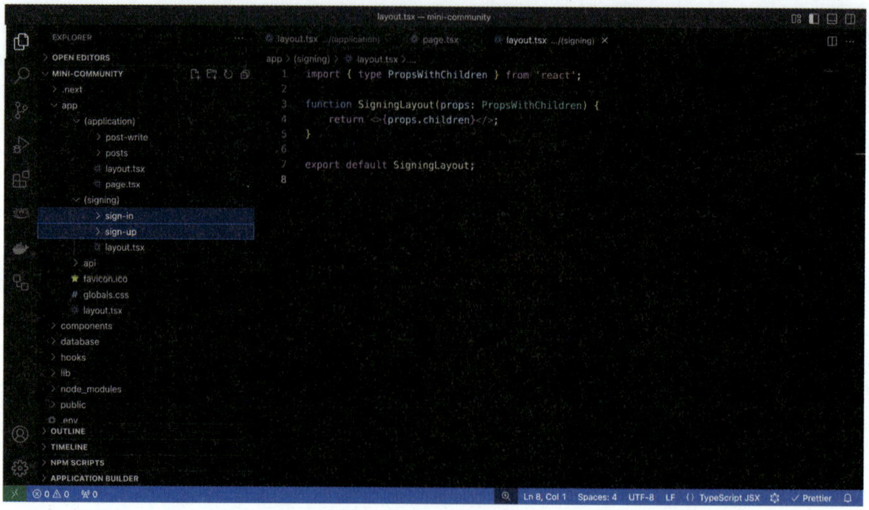

이렇게 해서 ApplicationLayout과 SigningLayout 두 개의 루트 레이아웃 구현과 적용을 완료했습니다.

16.16 실습 SignInPage 구현하기

이번 실습에서는 로그인 페이지를 구현해보도록 하겠습니다. 로그인이나 회원가입 페이지에서는 사용자로부터 입력을 받아야 하기 때문에 `Input` 컴포넌트가 필요합니다. 그래서 먼저 아래 `npx` 명령어를 사용해서 `Input` 컴포넌트를 설치합니다.

```
npx shadcn@latest add input
```

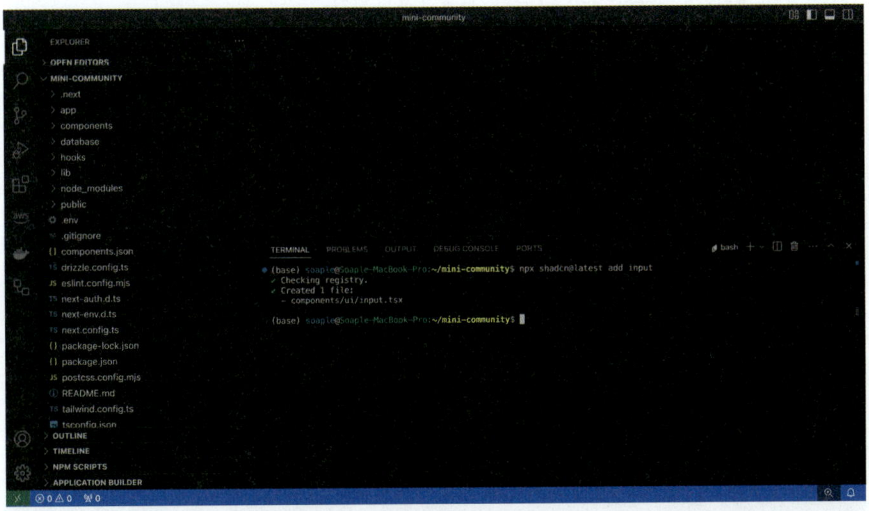

설치가 완료되면 다음 화면과 같이 `/components/ui` 폴더에 `input.tsx` 파일이 생긴 것을 볼 수 있습니다.

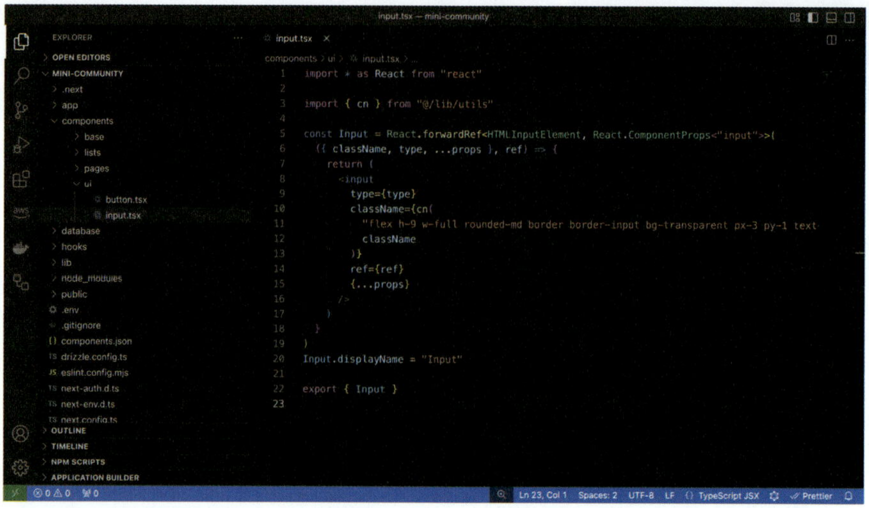

다음으로는 `SignInPage.tsx` 파일을 수정하겠습니다.

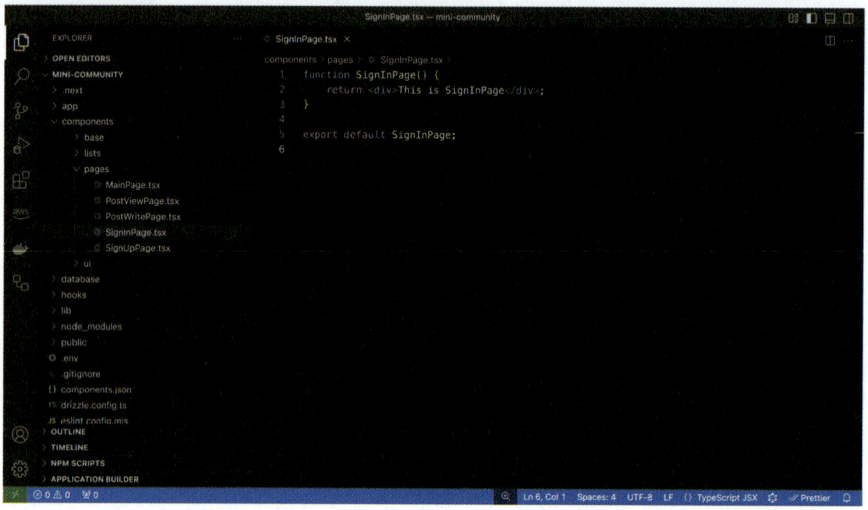

`/components/pages` 폴더에 있는 `SignInPage.tsx` 파일을 열어서 아래와 같이 코드를 작성합니다. 이 코드는 사용자로부터 이메일과 비밀번호를 입력받고, NextAuth의 `signIn()` 함수를 사용하여 로그인을 시도하는 코드입니다. 그리고 아직 가입하지 않은 사용자들을 위해서 회원가입 페이지로 갈 수 있는 링크도 포함되어 있습니다.

여기서 한 가지 주목할 부분은 제일 상단에 'use client' 지시어를 사용한 부분입니다. 로그인 페이지와 뒤에 나올 회원가입, 게시글 작성 페이지는 사용자로부터 입력을 받아야 하기 때문에 클라이언트 컴포넌트로 구현해야 합니다. 그래서 이렇게 컴포넌트 파일 최상단에 'use client' 지시어를 사용한 것이라고 보면 됩니다.

```
// components/pages/SignInPage.tsx

'use client';

import { useCallback, useState } from 'react';
import Link from 'next/link';
import { signIn } from 'next-auth/react';
import { Button } from '@/components/ui/button';
import { Input } from '@/components/ui/input';

function SignInPage() {
    const [email, setEmail] = useState('');
    const [password, setPassword] = useState('');

    const handleClickSignIn = useCallback(() => {
        if (!email || !password) {
            alert('Please enter all information.');
        }

        signIn('credentials', {
            email,
            password,
            redirect: true,
            callbackUrl: '/',
        });
    }, [email, password]);

    return (
        <div>
            <p className='text-2xl font-bold text-center'>Sign In</p>

            <div className='mt-8 space-y-4'>
                <Input
```

```
                type='email'
                placeholder='Email'
                value={email}
                onChange={(event) => {
                    setEmail(event.target.value);
                }}
            />
            <Input
                type='password'
                placeholder='Password'
                value={password}
                onChange={(event) => {
                    setPassword(event.target.value);
                }}
            />
            <Button
                className='w-full'
                onClick={handleClickSignIn}>
                Sign In
            </Button>
            <Button
                asChild
                variant='outline'
                className='w-full'>
                <Link href='/sign-up'>Sign Up</Link>
            </Button>
            <Button
                asChild
                variant='link'
                className='w-full'>
                <Link href='/'>Back to home</Link>
            </Button>
        </div>
    </div>
  );
}

export default SignInPage;
```

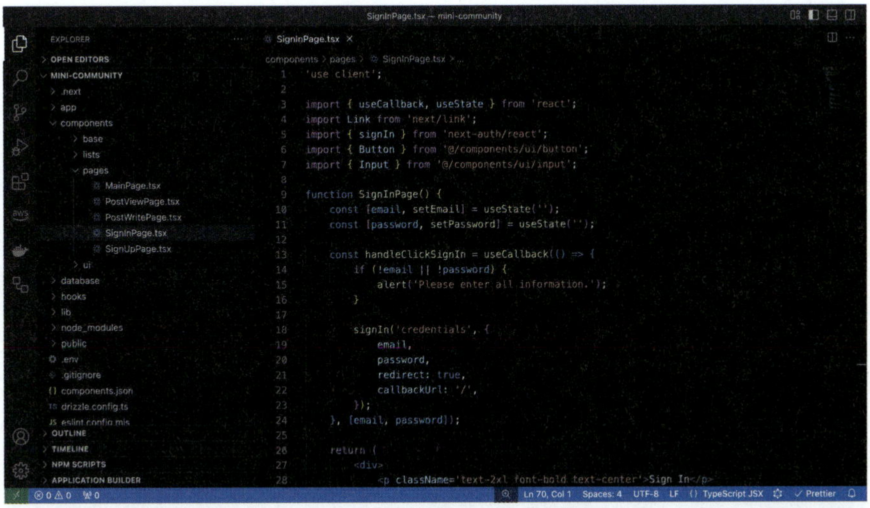
SignInPage.tsx — mini-community
EXPLORER
OPEN EDITORS
MINI-COMMUNITY
.next
app
components
base
lists
pages
MainPage.tsx
PostViewPage.tsx
PostWritePage.tsx
SignInPage.tsx
SignUpPage.tsx
ui
database
hooks
lib
node_modules
public
.env
.gitignore
components.json
drizzle.config.ts
eslint.config.mjs
OUTLINE
TIMELINE
NPM SCRIPTS
APPLICATION BUILDER
SignInPage.tsx
components > pages > SignInPage.tsx > ...
'use client';
import { useCallback, useState } from 'react';
import Link from 'next/link';
import { signIn } from 'next-auth/react';
import { Button } from '@/components/ui/button';
import { Input } from '@/components/ui/input';
function SignInPage() {
const [email, setEmail] = useState('');
const [password, setPassword] = useState('');
const handleClickSignIn = useCallback(() => {
if (!email || !password) {
alert('Please enter all information.');
}
signIn('credentials', {
email,
password,
redirect: true,
callbackUrl: '/',
});
}, [email, password]);
return (
<div>
<p className='text-2xl font-bold text-center'>Sign In</p>
Ln 70, Col 1 Spaces: 4 UTF-8 LF {} TypeScript JSX Prettier

16.17 실습 SignUpPage 구현하기

이번 실습에서는 회원가입 페이지를 구현하겠습니다.

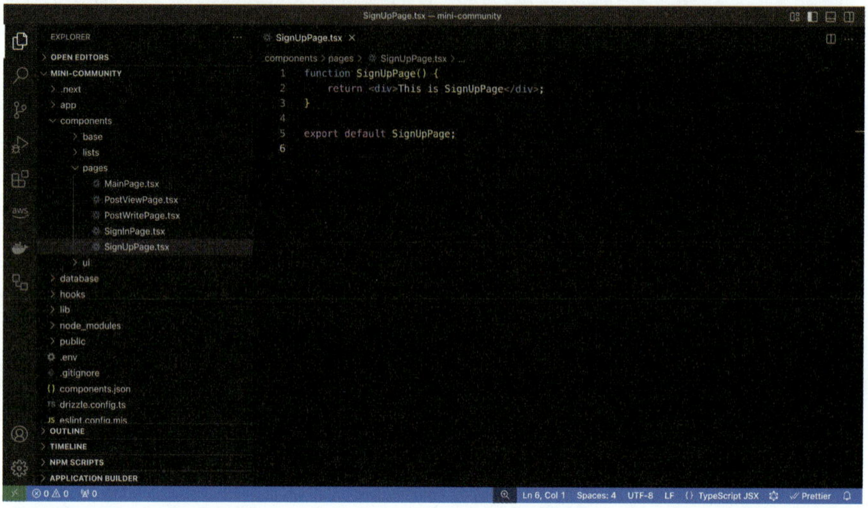

/components/pages 폴더에 있는 SignUpPage.tsx 파일을 열어서 다음의 코드를 작성합니다. 이 코드는 사용자로부터 회원가입에 필요한 정보를 입력받고, signUp API를 호출하여 회원가입을 진행하는 코드입니다. 여기서도 역시 'use client' 지시어를 사용하여 클라이언트 컴포넌트 형태로 구현한 것을 볼 수 있습니다.

```
// components/pages/SignUpPage.tsx

'use client';

import { useCallback, useState } from 'react';
import { useRouter } from 'next/navigation';
```

```
import Link from 'next/link';
import { Button } from '@/components/ui/button';
import { Input } from '@/components/ui/input';
import { signUp } from '@/lib/apiManager';

function SignUpPage() {
    const router = useRouter();

    const [email, setEmail] = useState('');
    const [password, setPassword] = useState('');
    const [passwordConfirm, setPasswordConfirm] = useState('');
    const [name, setName] = useState('');

    const handleClickSignUp = useCallback(async () => {
        if (!email || !password || !passwordConfirm || !name) {
            alert('Please enter all information.');
        }

        try {
            const response = await signUp(email, password, name);

            if (response.ok) {
                router.replace('/sign-in');
            }
        } catch (error) {
            console.log(error);
        }
    }, [email, password, passwordConfirm, name, router]);

    return (
        <div>
            <p className='text-2xl font-bold text-center'>Sign Up</p>

            <div className='mt-8 space-y-4'>
                <Input
                    type='email'
                    placeholder='Email'
                    value={email}
                    onChange={(event) => {
                        setEmail(event.target.value);
                    }}
                />
                <Input
                    type='password'
```

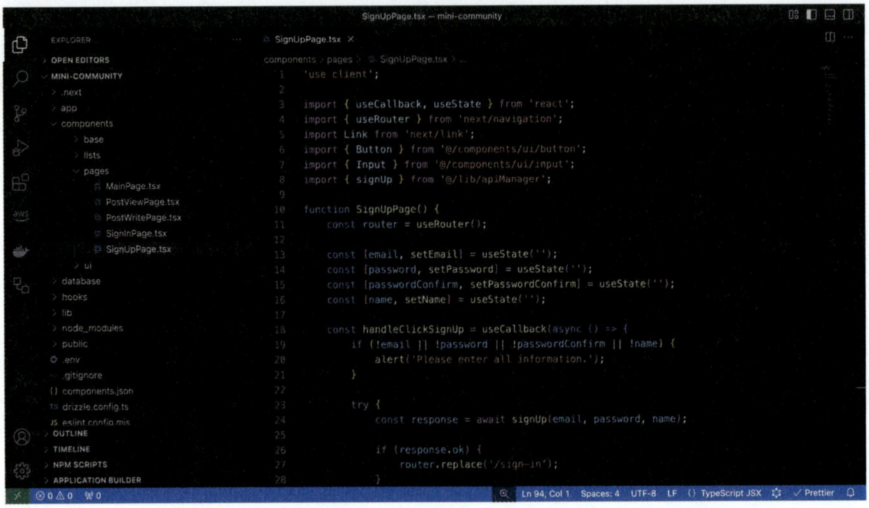
SignUpPage.tsx — mini-community
EXPLORER
OPEN EDITORS
MINI-COMMUNITY
.next
app
components
base
lists
pages
MainPage.tsx
PostViewPage.tsx
PostWritePage.tsx
SignInPage.tsx
SignUpPage.tsx
ui
database
hooks
lib
node_modules
public
.env
.gitignore
components.json
drizzle.config.ts
OUTLINE
TIMELINE
NPM SCRIPTS
APPLICATION BUILDER
SignUpPage.tsx
components > pages > SignUpPage.tsx > ...
'use client';
import { useCallback, useState } from 'react';
import { useRouter } from 'next/navigation';
import Link from 'next/link';
import { Button } from '@/components/ui/button';
import { Input } from '@/components/ui/input';
import { signUp } from '@/lib/apiManager';
function SignUpPage() {
const router = useRouter();
const [email, setEmail] = useState('');
const [password, setPassword] = useState('');
const [passwordConfirm, setPasswordConfirm] = useState('');
const [name, setName] = useState('');
const handleClickSignUp = useCallback(async () => {
if (!email || !password || !passwordConfirm || !name) {
alert('Please enter all information.');
}
try {
const response = await signUp(email, password, name);
if (response.ok) {
router.replace('/sign-in');
}
Ln 94, Col 1 Spaces: 4 UTF-8 LF {} TypeScript JSX ✓ Prettier

16.18 실습 MainPage 구현하기

이번 실습에서는 메인 페이지를 구현하겠습니다. 메인 페이지에서는 게시글 목록이 나오게 되는데, 게시글 목록을 별도의 컴포넌트로 먼저 구현한 후에 메인 페이지에 넣도록 하겠습니다. 먼저 `/components/lists` 폴더에 `PostList.tsx` 파일을 생성합니다.

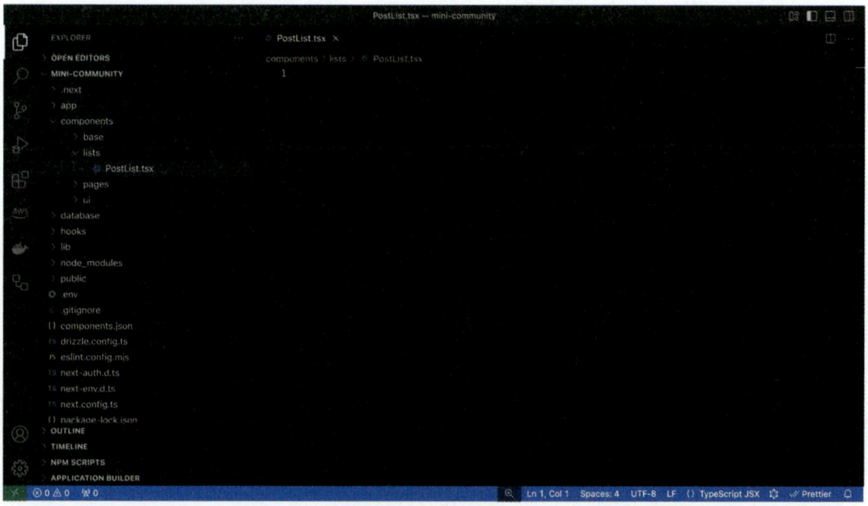

이후 생성한 파일에 다음의 코드를 작성합니다. 이 코드는 앞에서 만들어둔 `usePosts()` 훅을 사용해서 서버로부터 게시글 목록을 가져오고, 가져온 게시글을 리스트 형태로 렌더링하는 코드입니다. 그리고 서버로부터 게시글을 불러오는 중에는 SWR에서 제공하는 `isLoading`의 값이 `true`가 되므로 이를 이용해서 로딩 중에는 `'Loading...'`이라는 문자열을 표시하도록 구현했습니다. 또한 목록에서 각 게시글을 클릭할 경우 게시글 보기 페이지(PostViewPage)로 이동할 수 있도록 `Link` 컴포넌트를 사용하여 구현했습니다.

```
// components/lists/PostList.tsx

'use client';

import Link from 'next/link';
import usePosts from '@/hooks/usePosts';

function PostList() {
    const { isLoading, posts, error } = usePosts();

    if (isLoading || !posts) {
        return 'Loading...';
    }

    return (
        <ul className='divide-y'>
            {posts.map((post) => {
                return (
                    <Link
                        key={post.id}
                        href={`/posts/${post.id}`}>
                        <li className='p-2 flex items-center justify-between
hover:bg-gray-50'>
                            <div className='space-y-1'>
                                <h1 className='text-md leading-none font-
semibold'>
                                    {post.title}
                                </h1>
                                <span className='text-sm text-gray-500'>
                                    {post.createdAt}
                                </span>
                            </div>
                            <span className='text-sm text-gray-700'>
                                {post.user.name}
                            </span>
                        </li>
                    </Link>
                );
            })}
        </ul>
```

```
    );
}

export default PostList;
```

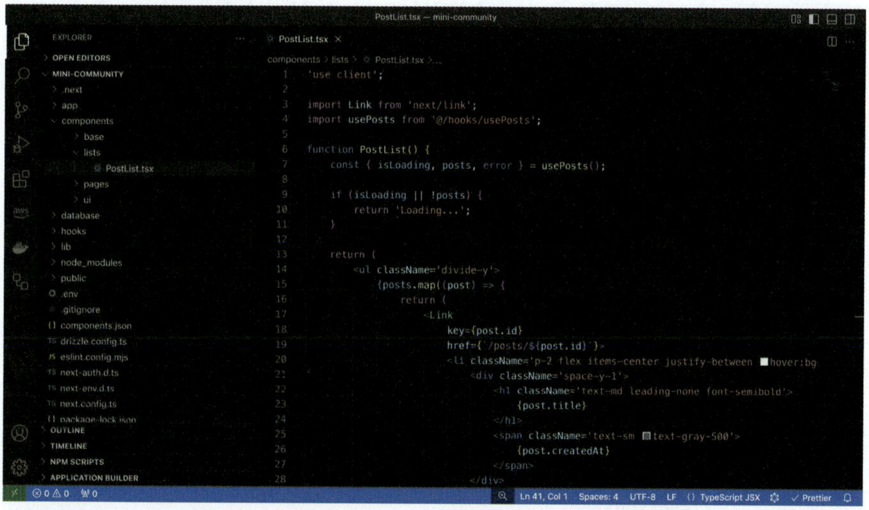

PostList 컴포넌트를 모두 구현했다면 이제 메인 페이지를 구현해야 합니다.

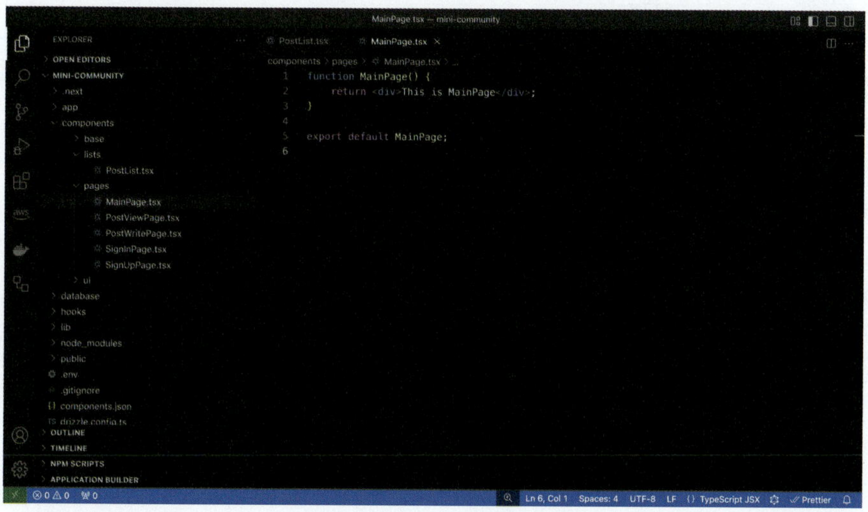

/components/pages 폴더에 있는 MainPage.tsx 파일을 열어서 다음과 같은 코드를 작성합니다. 이 코드는 PostList 컴포넌트를 임포트해서 게시글 목록을 보여주는 코드입니다. 그리고 페이지 하단에는 게시글 작성 페이지로 이동할 수 있는 링크를 넣었습니다. 참고로 메인 페이지에서는 사용자와 상호작용을 하거나 효과를 실행할 필요가 없기 때문에 서버 컴포넌트를 그대로 사용한 것을 볼 수 있습니다.

```
// components/pages/MainPage.tsx

import Link from 'next/link';
import { Button } from '@/components/ui/button';
import PostList from '@/components/lists/PostList';

async function MainPage() {
    return (
        <>
            <section className='mt-4'>
                <PostList />
            </section>

            <Button
                asChild
                size='sm'
                className='w-full mt-4'>
                <Link href='/post-write'>Write Post</Link>
            </Button>
        </>
    );
}

export default MainPage;
```

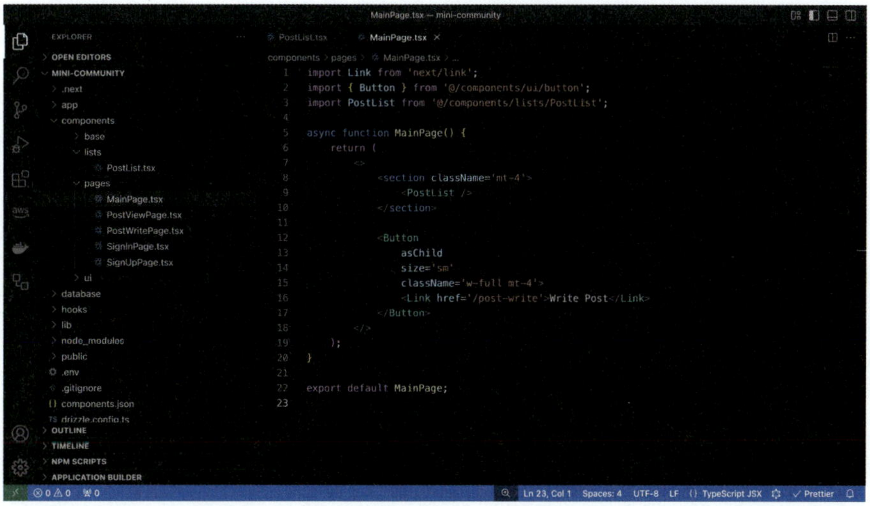
MainPage.tsx — mini-community
EXPLORER
PostList.tsx
MainPage.tsx
components > pages > MainPage.tsx > ...
OPEN EDITORS
MINI-COMMUNITY
.next
app
components
base
lists
PostList.tsx
pages
MainPage.tsx
PostViewPage.tsx
PostWritePage.tsx
SignInPage.tsx
SignUpPage.tsx
ui
database
hooks
lib
node_modules
public
.env
.gitignore
components.json
OUTLINE
TIMELINE
NPM SCRIPTS
APPLICATION BUILDER
import Link from 'next/link';
import { Button } from '@/components/ui/button';
import PostList from '@/components/lists/PostList';
async function MainPage() {
return (
<>
<section className='mt-4'>
<PostList />
</section>
<Button
asChild
size='sm'
className='w-full mt-4'>
<Link href='/post-write'>Write Post</Link>
</Button>
</>
);
}
export default MainPage;
Ln 23, Col 1 Spaces: 4 UTF-8 LF {} TypeScript JSX Prettier

16.19 실습 PostWritePage 구현하기

이번 실습에서는 게시글 작성 페이지를 구현하겠습니다. 게시글 작성 페이지에서는 사용자로부터 여러 줄에 걸친 텍스트를 입력받아야 하므로 `Textarea` 컴포넌트가 필요합니다. 그래서 먼저 `npx` 명령어를 사용해서 `Textarea` 컴포넌트를 설치합니다.

```
npx shadcn@latest add textarea
```

설치가 완료되면 다음과 같이 `/components/ui` 폴더에 `textarea.tsx` 파일이 생긴 것을 볼 수 있습니다.

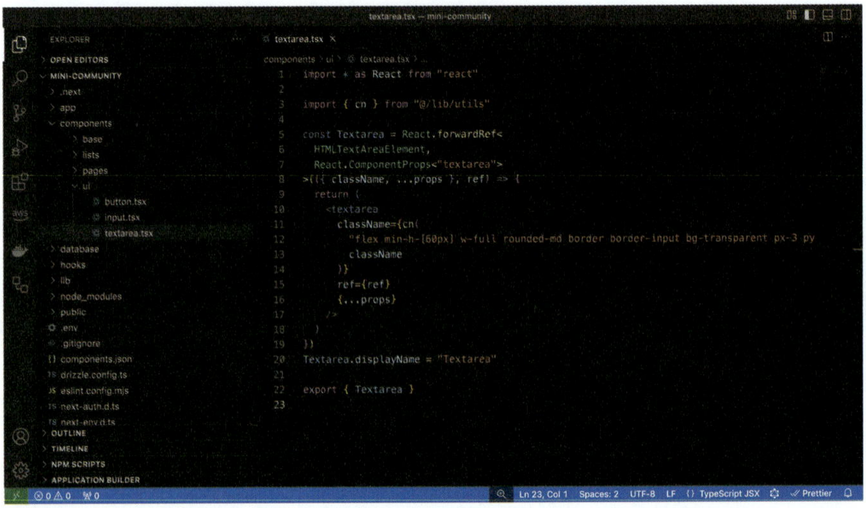

다음으로는 `PostWritePage.tsx` 파일을 수정하겠습니다.

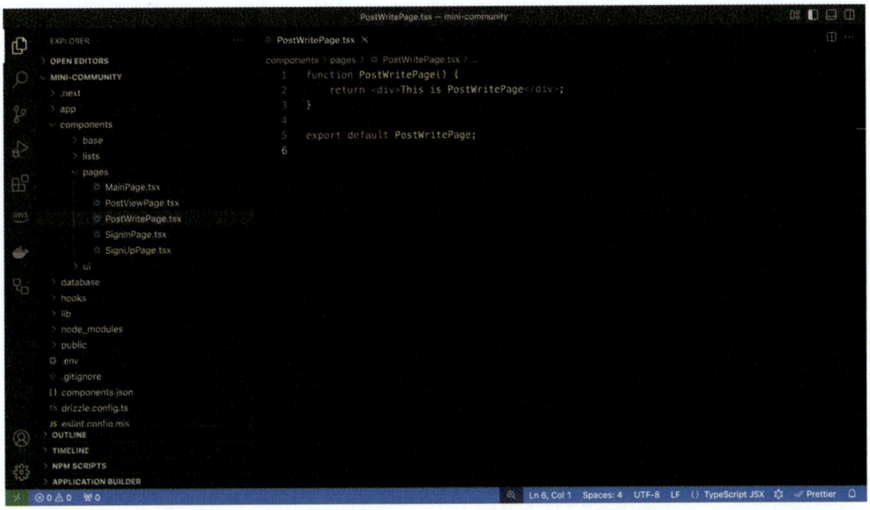

/components/pages 폴더에 있는 PostWritePage.tsx 파일을 열어서 다음 코드를 작성합니다. 이 코드는 사용자로부터 게시글의 제목과 내용을 입력 받고 createPost API를 사용해서 게시글을 작성하는 코드입니다.

```
// components/pages/PostWritePage.tsx

'use client';

import { useState, useCallback } from 'react';
import { useRouter } from 'next/navigation';
import { Button } from '@/components/ui/button';
import { Textarea } from '@/components/ui/textarea';
import { Input } from '@/components/ui/input';
import { createPost } from '@/lib/apiManager';

function PostWritePage() {
    const router = useRouter();

    const [title, setTitle] = useState('');
    const [content, setContent] = useState('');
```

```
    const handleClickWritePost = useCallback(async () => {
        try {
            const response = await createPost(title, content);
            if (response.ok) {
                router.replace('/');
            }
        } catch (error) {
            console.log(error);
        }
    }, [title, content, router]);

    return (
        <div className='space-y-2 grid'>
            <Input
                placeholder='Title'
                value={title}
                onChange={(event) => {
                    setTitle(event.target.value);
                }}
            />
            <Textarea
                className='min-h-40'
                placeholder='Write content...'
                value={content}
                onChange={(event) => {
                    setContent(event.target.value);
                }}
            />
            <Button
                disabled={title.length === 0 || content.length === 0}
                onClick={handleClickWritePost}>
                Write Post
            </Button>
        </div>
    );
}

export default PostWritePage;
```

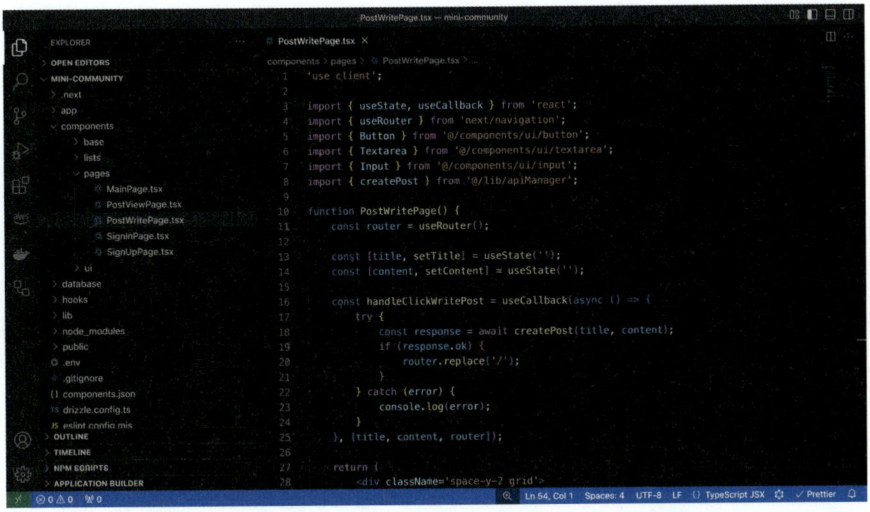
PostWritePage.tsx — mini-community
EXPLORER
OPEN EDITORS
MINI-COMMUNITY
.next
app
components
base
lists
pages
MainPage.tsx
PostViewPage.tsx
PostWritePage.tsx
SignInPage.tsx
SignUpPage.tsx
ui
database
hooks
lib
node_modules
public
.env
.gitignore
components.json
drizzle.config.ts
OUTLINE
TIMELINE
NPM SCRIPTS
APPLICATION BUILDER
PostWritePage.tsx
components > pages > PostWritePage.tsx
'use client';
import { useState, useCallback } from 'react';
import { useRouter } from 'next/navigation';
import { Button } from '@/components/ui/button';
import { Textarea } from '@/components/ui/textarea';
import { Input } from '@/components/ui/input';
import { createPost } from '@/lib/apiManager';
function PostWritePage() {
const router = useRouter();
const [title, setTitle] = useState('');
const [content, setContent] = useState('');
const handleClickWritePost = useCallback(async () => {
try {
const response = await createPost(title, content);
if (response.ok) {
router.replace('/');
}
} catch (error) {
console.log(error);
}
}, [title, content, router]);
return (
<div className='space-y-2 grid'>
Ln 54, Col 1 Spaces: 4 UTF-8 LF {} TypeScript JSX ✓ Prettier

16.20 실습 PostViewPage 구현하기

이번 실습에서는 게시글 보기 페이지를 구현하겠습니다. 게시글 보기 페이지에서는 사용자의 로그인 여부에 따라서 댓글 작성 컴포넌트를 보여주거나 감추는 조건부 렌더링이 필요합니다. 서버 컴포넌트일 경우 NextAuth에서 제공하는 `getServerSession()` 함수를 사용하면 사용자의 세션 정보를 가져올 수 있지만, 댓글 작성 컴포넌트에서는 사용자의 입력을 받아야 하므로 클라이언트 컴포넌트로 구현해야 합니다. 그래서 클라이언트 컴포넌트에서 사용자의 세션 정보를 읽어올 수 있도록 하기 위해 먼저 `SessionProviderWrapper`를 구현하겠습니다.

다음 화면과 같이 `/components/base` 폴더에 `SessionProviderWrapper.tsx`라는 이름의 파일을 생성합니다.

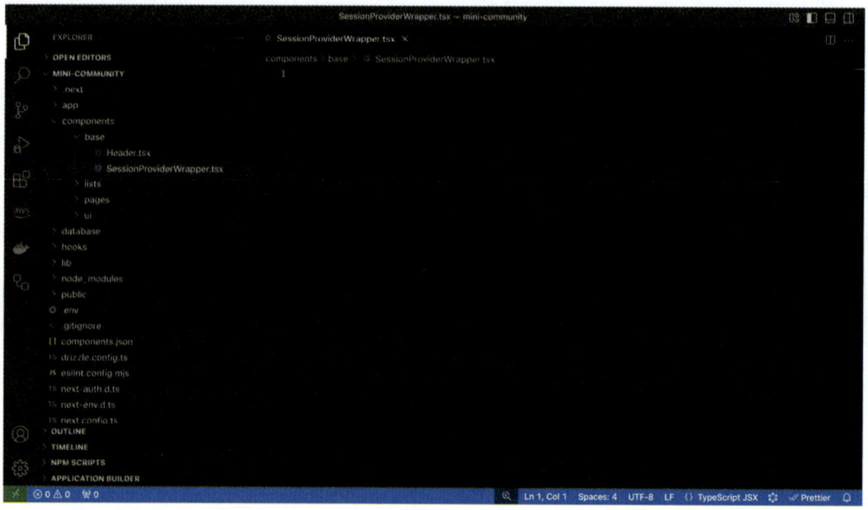

이후 생성한 파일에 다음의 코드를 작성합니다. 이 코드는 HOC[higher order component] 방식을 사용해서 하위 컴포넌트들을 모두 NextAuth의 `SessionProvider`로 감싸주는 역할을 합니다. 이렇게 하면 `SessionProviderWrapper`로 감싼 모든 컴포넌트는

NextAuth의 `useSession()` 훅을 사용하여 세션 정보를 가져올 수 있습니다. 이러한 구조는 리액트 컨텍스트 API의 `Provider`와 `Consumer`를 떠올리면 쉽게 이해할 수 있습니다.

```tsx
// components/base/SessionProviderWrapper.tsx

'use client';

import { type PropsWithChildren } from 'react';
import { Session } from 'next-auth';
import { SessionProvider } from 'next-auth/react';

type SessionProviderWrapperProps = PropsWithChildren<{
    session: Session | null;
}>;

function SessionProviderWrapper(props: SessionProviderWrapperProps) {
    const { session, children } = props;

    return <SessionProvider session={session}>{children}</SessionProvider>;
}

export default SessionProviderWrapper;
```

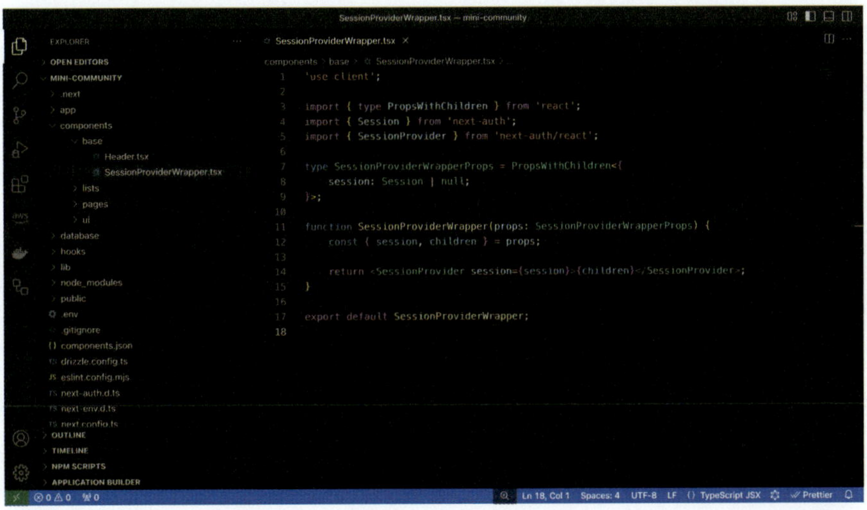

다음으로는 댓글 목록 컴포넌트를 구현하겠습니다. 먼저 `/components/lists` 폴더에 `CommentList.tsx`라는 이름의 파일을 생성합니다.

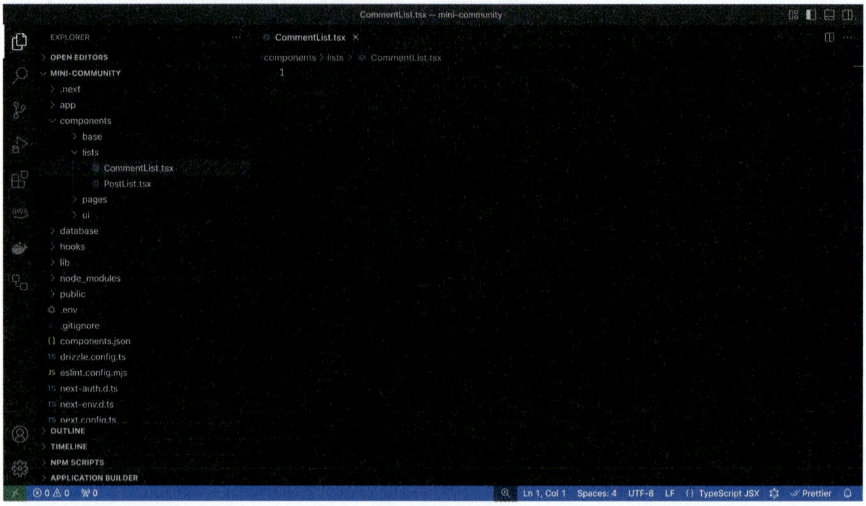

이후 생성한 파일에 다음과 같이 코드를 작성합니다. 이 코드는 props로 전달받은 댓글들을 리스트 형태로 렌더링하는 단순한 코드입니다. 여기서 댓글 객체의 타입을 별도로 정의하지 않고, 데이터베이스 스키마에서 테이블을 기반으로 추론된 타입을 그대로 사용한 것을 볼 수 있습니다.

```
// components/lists/CommentList.tsx

import { SelectUserPostComment } from '@/database/schema';

interface CommentList {
    comments: SelectUserPostComment[];
}

function CommentList(props: CommentList) {
    const { comments } = props;

    return (
```

```
        <ul className='divide-y'>
            {comments.map((comment) => {
                return (
                    <li
                        key={comment.id}
                        className='p-2 flex gap-2 hover:bg-gray-50'>
                        <div> </div>

                        <div className='space-y-2'>
                            <h1 className='text-md leading-none'>
                                {comment.content}
                            </h1>
                            <span className='text-sm text-gray-500'>
                                {comment.createdAt}
                            </span>
                        </div>
                    </li>
                );
            })}
        </ul>
    );
}

export default CommentList;
```

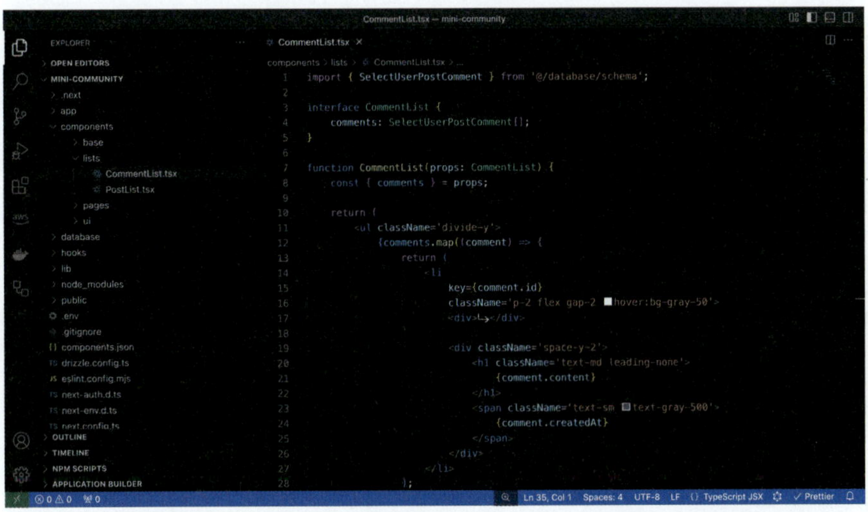

댓글 목록 컴포넌트까지 모두 구현했다면 이제 실제 게시글 보기 페이지를 구현해야 합니다.

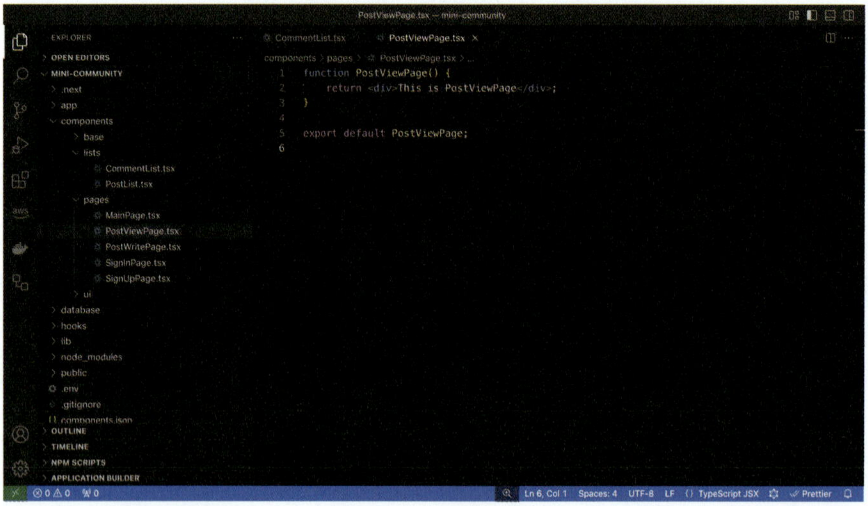

`/components/pages` 폴더에 있는 `PostViewPage.tsx` 파일을 열어서 다음 코드를 작성합니다. 이 코드는 `props`로 전달받은 게시글의 내용을 화면에 출력하고, 사용자 로그인 여부에 따라서 댓글 작성 컴포넌트를 보여주거나 감추는 코드입니다. 그리고 만약 로그인한 사용자가 댓글을 작성하고 댓글 작성 버튼을 누를 경우 `createPostComment` API를 통해 실제로 댓글을 작성하게 됩니다. 참고로 댓글을 새로 작성할 경우 `router.refresh()` 함수를 호출해서 게시글 데이터를 다시 받아오게 됩니다.

```
// components/pages/PostViewPage.tsx

'use client';

import { useState, useCallback } from 'react';
import { useRouter } from 'next/navigation';
import Link from 'next/link';
import { useSession } from 'next-auth/react';
import { Button } from '@/components/ui/button';
```

```
import { Textarea } from '@/components/ui/textarea';
import CommentList from '@/components/lists/CommentList';
import { createPostComment } from '@/lib/apiManager';
import { SelectUserPost } from '@/database/schema';

interface PostViewPageProps {
    post: SelectUserPost;
}

function PostViewPage(props: PostViewPageProps) {
    const { post } = props;

    const session = useSession();
    const router = useRouter();

    const [comment, setComment] = useState('');

    const handleClickWriteComment = useCallback(async () => {
        try {
            const response = await createPostComment(post.id, comment);
            if (response.ok) {
                setComment('');
                router.refresh();
            }
        } catch (error) {
            console.log(error);
        }
    }, [post, comment, router]);

    return (
        <div>
            <div className='mt-4 p-2 flex items-center justify-between
border-b'>
                <div className='space-y-1'>
                    <h1 className='text-md leading-none font-semibold'>
                        {post.title}
                    </h1>
                    <span className='text-sm text-gray-500'>
                        {post.createdAt}
                    </span>
                </div>
                <span className='text-sm text-gray-700'>{post.user.name}</
span>
            </div>
```

```
            <section className='min-h-40 p-2 border-b'>
                <p className='py-2 text-md'>{post.content}</p>
            </section>

            <CommentList comments={post.comments} />

            <div className='mt-4 grid gap-y-2'>
                {session.status !== 'authenticated' ? (
                    <Button
                        asChild
                        size='sm'>
                        <Link href='/sign-in'>Sign in to write comment</
Link>
                    </Button>
                ) : (
                    <>
                        <Textarea
                            placeholder='Enter comment...'
                            value={comment}
                            onChange={(event) => {
                                setComment(event.target.value);
                            }}
                        />
                        <Button
                            disabled={comment.length === 0}
                            onClick={handleClickWriteComment}>
                            Write comment
                        </Button>
                    </>
                )}

                <Button
                    asChild
                    size='sm'
                    variant='outline'>
                    <Link href='/'>← Back to list</Link>
                </Button>
            </div>
        </div>
    );
}

export default PostViewPage;
```

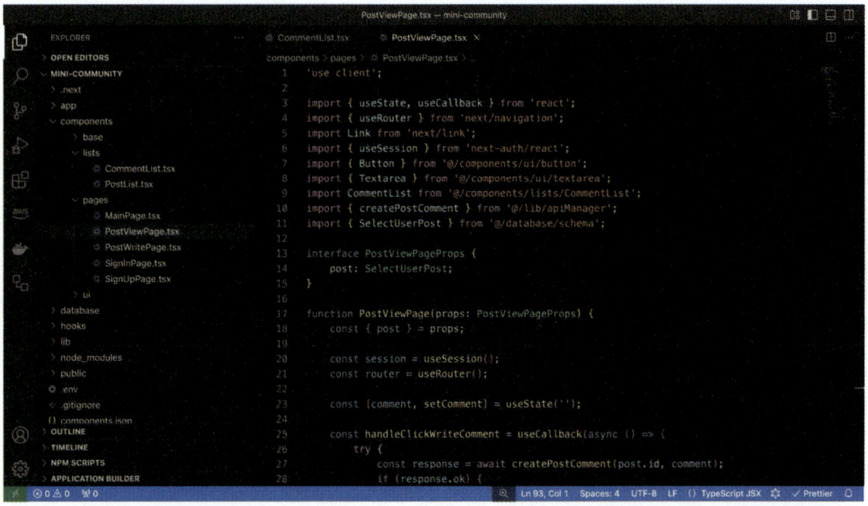

그런데 위 코드에서 한 가지 의아한 부분이 있습니다. 그것은 바로 `props`에 들어 있는 `post`는 어디서 전달하느냐 하는 것입니다. 게시글 보기 페이지는 클라이언트 컴포넌트로 구현되어 있기 때문에 해당 페이지에서 직접 게시글을 서버로부터 받아와서 보여줘도 됩니다. 하지만 그렇게 하면 속도가 느리고 검색엔진최적화SEO 측면에서도 불리하므로 서버에서 직접 데이터를 받아서 전달하는 형태로 구현해보겠습니다.

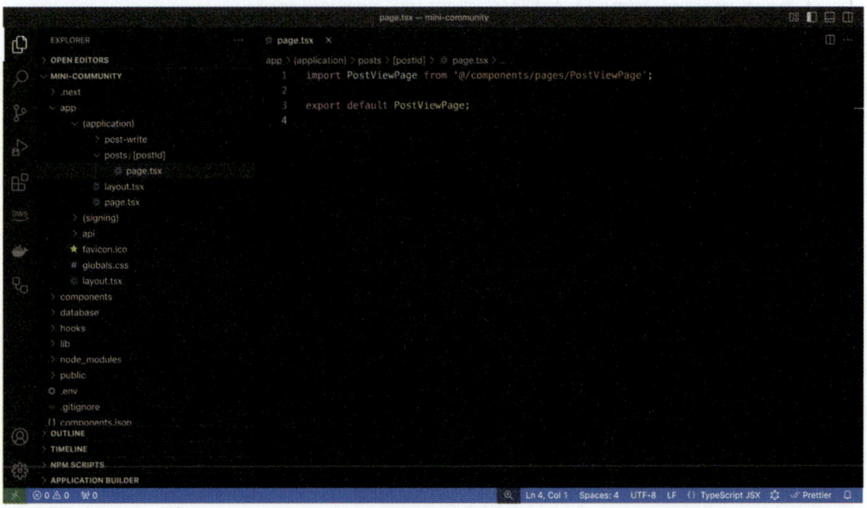

/app/(application)/posts/[postId] 폴더에 있는 page.tsx 파일을 열어서 다음과 같이 코드를 작성합니다. 이 코드는 게시글을 가져오는 쿼리를 직접 실행시키고, 이후 가져온 게시글 데이터를 PostViewPage 컴포넌트의 props로 전달하는 코드입니다. 이렇게 하면 페이지가 클라이언트에 렌더링되는 시점에 이미 게시글의 정보가 있기 때문에 별도의 로딩 화면 없이 곧바로 게시글이 뜨게 됩니다.

```
// app/(application)/posts/[postId]/page.tsx

import { notFound } from 'next/navigation';
import { getServerSession } from 'next-auth';
import { preparedPostQuery } from '@/database/preparedQueries/post';
import SessionProviderWrapper from '@/components/base/
SessionProviderWrapper';
import PostViewPage from '@/components/pages/PostViewPage';
import authOptions from '@/lib/authOptions';

interface PageProps {
    params: Promise<{ postId: string }>;
}

async function Page(props: PageProps) {
    const session = await getServerSession(authOptions);

    const { params } = props;
    const postId = (await params).postId;

    const [post] = await preparedPostQuery.execute({
        postId,
    });

    if (!post) {
        return notFound();
    }

    return (
        <SessionProviderWrapper session={session}>
            <PostViewPage post={post} />
        </SessionProviderWrapper>
```

```
    );
}

export default Page;
```

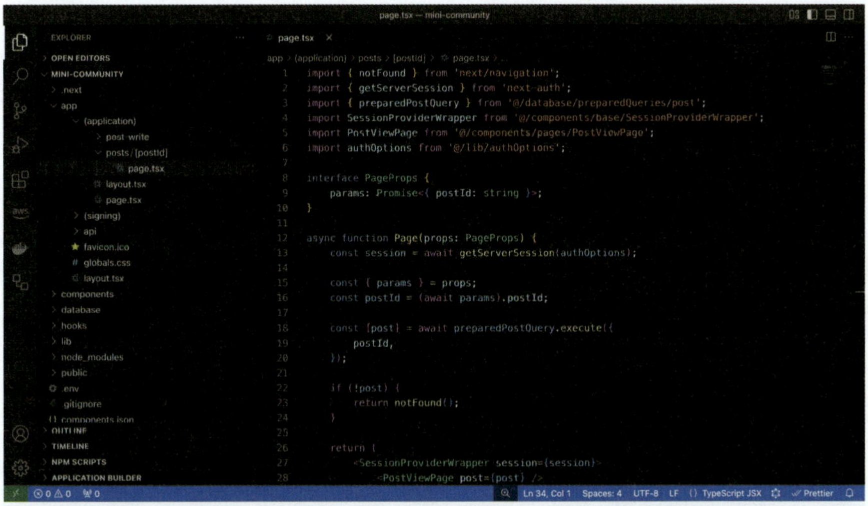

16.21 실습 미들웨어 만들기

이번 실습에서는 미들웨어를 구현해보도록 하겠습니다. 우리가 만드는 애플리케이션에서 미들웨어의 역할은 사용자의 로그인 여부에 따라서 각각 접근할 수 있는 페이지를 제한시키기 위함입니다.

먼저 다음 화면과 같이 프로젝트 최상위 경로에 `middleware.ts`라는 이름의 파일을 생성합니다.

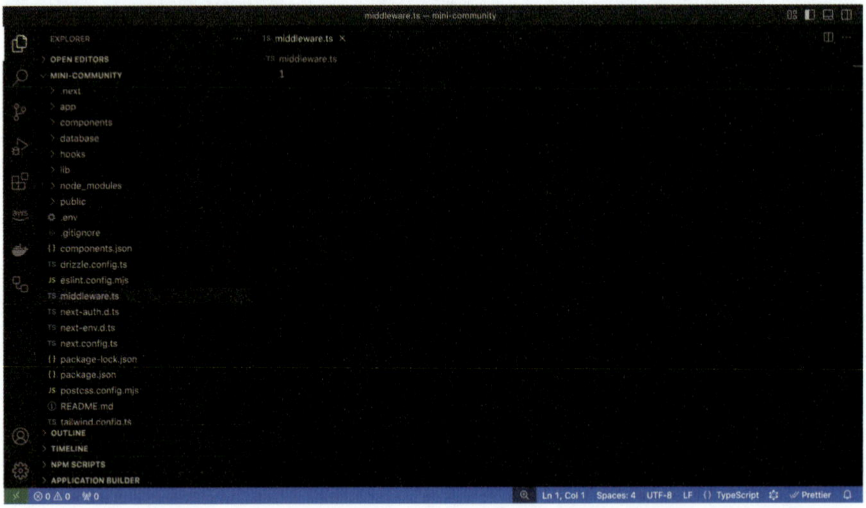

이후 생성한 파일에 다음 코드를 작성합니다. 이 코드는 `matcher`에 포함된 페이지들에 한하여 `middleware()` 함수를 실행하는 역할을 합니다. `middleware()` 함수에서는 요청request에 포함되어 있는 쿠키로부터 NextAuth 세션 토큰을 가져오고, 토큰 여부(로그인 여부)에 따라서 페이지 접근을 허용하거나 제한하게 됩니다. 만약 로그인한 사용자가 `/sign-in`, `/sign-up` 경로로 접근하려고 하면 메인 페이지로 리디렉션됩니다.

```
// middleware.ts

import { NextRequest, NextResponse } from 'next/server';

export const config = {
  matcher: ['/sign-in', '/sign-up', '/post-write'],
};

function middleware(req: NextRequest) {
  const sessionToken = req.cookies.getAll().find((cookie) => {
    return cookie.name.endsWith('next-auth.session-token');
  });
  const isAuthenticated = !!sessionToken;

  switch (req.nextUrl.pathname) {
    case '/sign-in':
    case '/sign-up':
      if (isAuthenticated) {
        return NextResponse.redirect(new URL('/', req.url));
      }
      break;
    case '/post-write':
      if (!isAuthenticated) {
        return NextResponse.redirect(new URL('/sign-in', req.url));
      }
  }

  return NextResponse.next();
}

export default middleware;
```

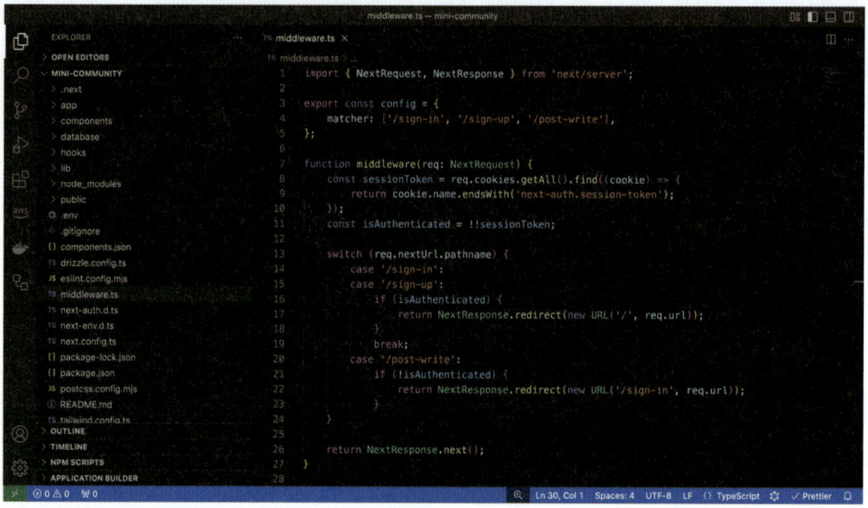

이렇게 미들웨어까지 구현하게 되면 미니 프로젝트에 필요한 모든 구현이 끝나게 됩니다.

16.22 실습 로컬에서 애플리케이션 작동 테스트

이번 실습에서는 실제로 로컬 환경에서 애플리케이션 작동 테스트를 해보겠습니다. 먼저 터미널에서 명령어를 실행하여 애플리케이션을 로컬에서 실행합니다.

```
npm run dev
```

명령어를 실행하면 다음 화면처럼 `http://localhost:3000`에서 애플리케이션이 실행 중이라고 나오게 됩니다.

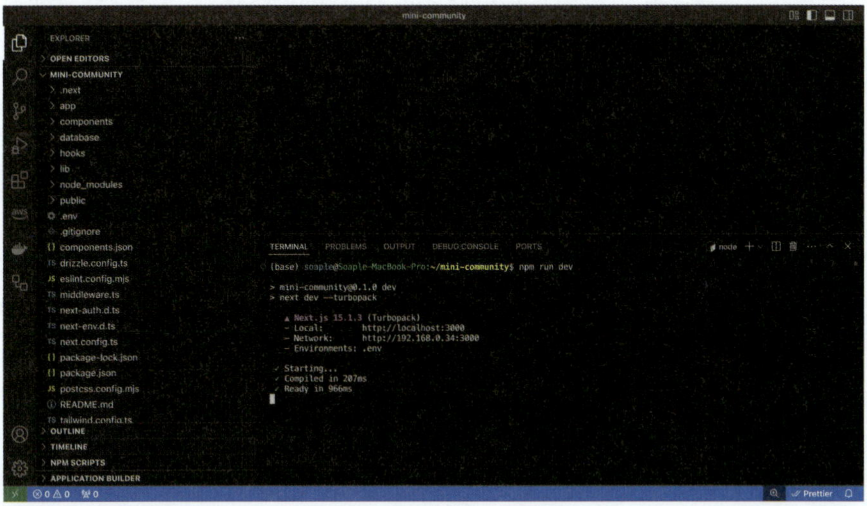

실행한 이후 브라우저에서 `http://localhost:3000`에 접속합니다. 그러면 다음 화면과 같이 메인 페이지가 나오는 것을 볼 수 있습니다. 지금은 게시글이 없기 때문에 아무 글도 나오지 않는 상태입니다. 여기서 오른쪽 상단에 있는 **Sign In** 버튼을 눌러 로그인 페이지로 이동해보겠습니다.

버튼을 누르면 다음 화면 같은 로그인 페이지가 나옵니다. 우리는 아직 계정이 없기 때문에 먼저 회원가입을 진행해야 합니다. 하단에 위치한 **Sign Up** 버튼을 눌러 회원가입 페이지로 이동합니다.

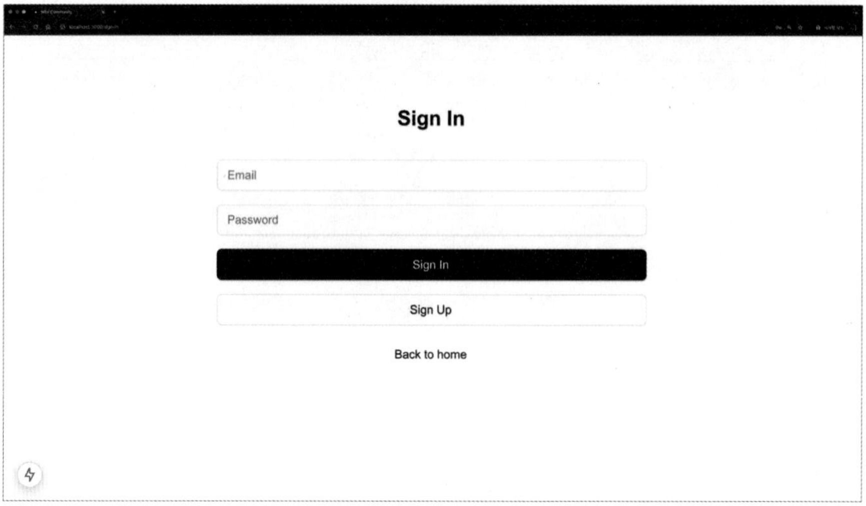

다음 화면과 같이 회원가입 페이지가 나오면 필요한 정보들을 모두 입력하고 **Sign Up** 버튼을 클릭합니다.

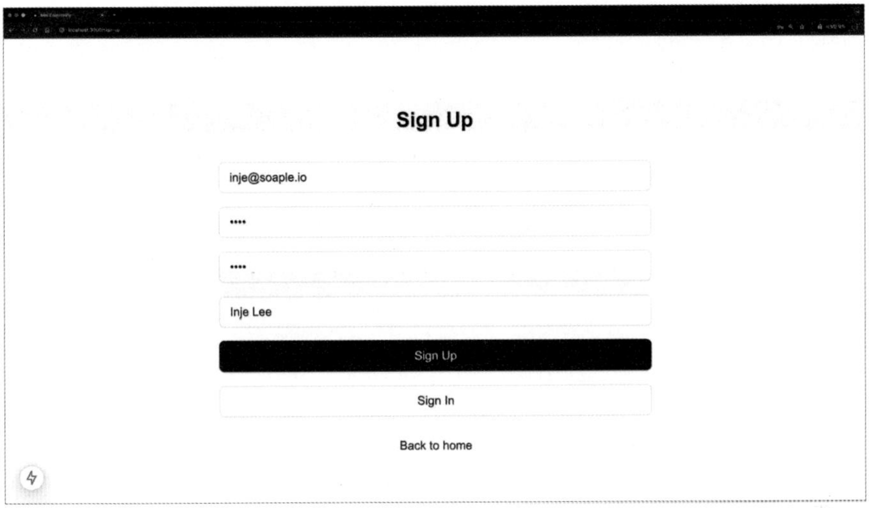

회원가입을 정상적으로 완료한 후에 로그인 페이지에서 이메일과 비밀번호를 입력하여 로그인합니다.

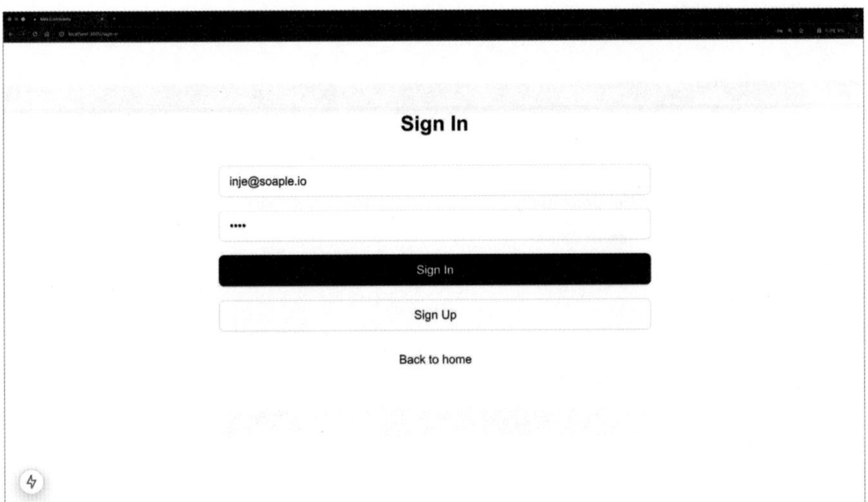

로그인이 정상적으로 완료되면 다음 화면과 같이 메인 페이지가 나오고, 오른쪽 상단에 현재 로그인한 사용자 정보와 로그아웃 버튼이 표시되는 것을 볼 수 있습니다. 이제 게시글을 작성해보겠습니다. **Write Post** 버튼을 클릭하여 게시글 작성 페이지로 이동합니다.

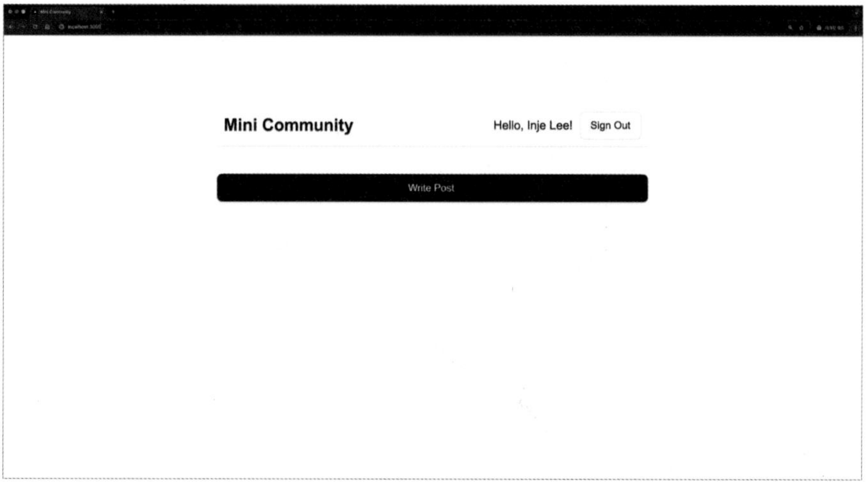

게시글 작성 페이지가 나오면 제목과 내용을 각각 입력하고 **Write post** 버튼을 클릭하여 게시글을 작성합니다.

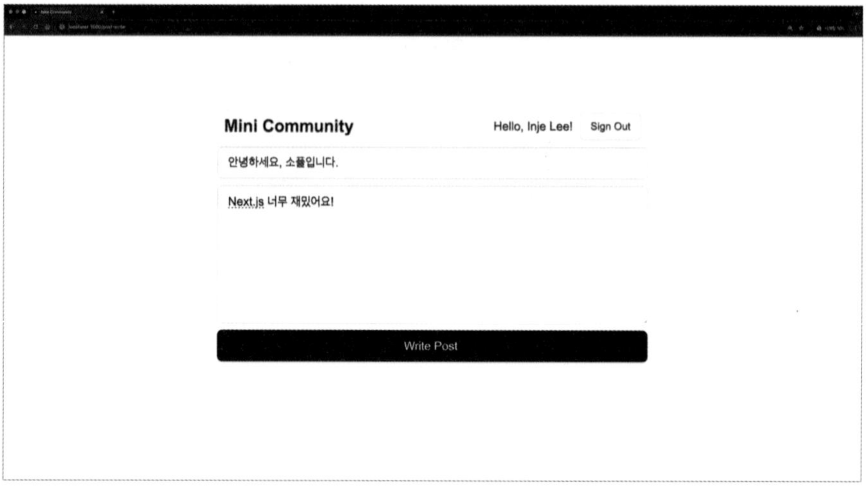

게시글이 정상적으로 작성되면 화면과 같이 메인 페이지에 게시글 목록이 나오게 됩니다. 이번에는 게시글을 클릭해보겠습니다.

그러면 화면과 같이 게시글의 내용까지 모두 표시되고 하단에 댓글을 작성할 수 있는 양식이 나오는 것을 볼 수 있습니다. 만약 로그인을 하지 않았다면 댓글 작성 양식이 나오지 않고 로그인하라는 메시지가 나오게 됩니다.

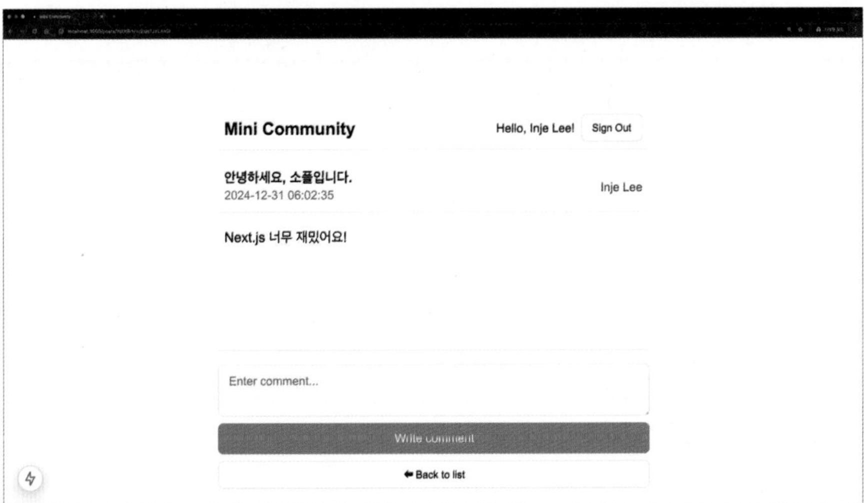

다음 화면과 같이 댓글 내용을 입력하고 **Write comment** 버튼을 클릭하여 댓글을 작성합니다.

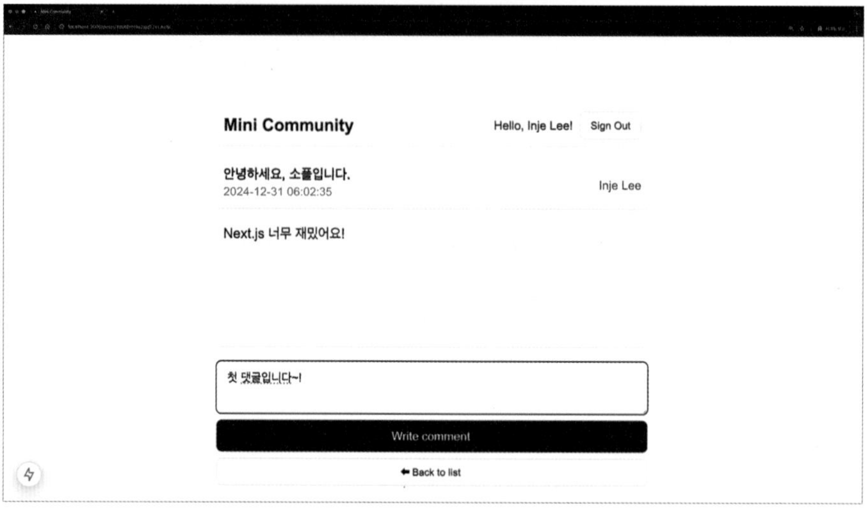

그러면 다음 화면처럼 댓글이 목록에 추가된 것을 볼 수 있습니다.

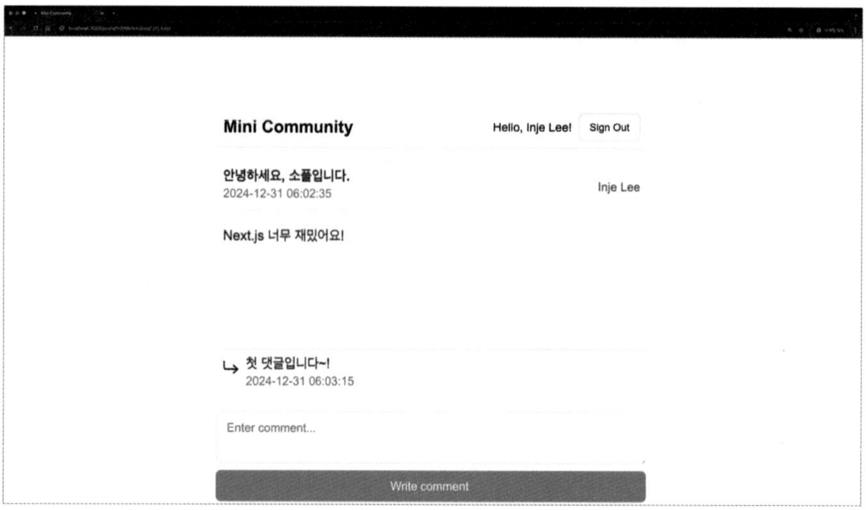

16.23 실습 Vercel 배포하기

이번 실습에서는 완성된 애플리케이션을 Vercel에 배포해보겠습니다. Vercel에 배포하기 위해서는 먼저 작성한 코드를 모두 깃허브GitHub 리포지터리Repository에 푸시push해야 합니다. 다음 화면과 같이 깃허브에서 새로운 리포지터리를 생성합니다.

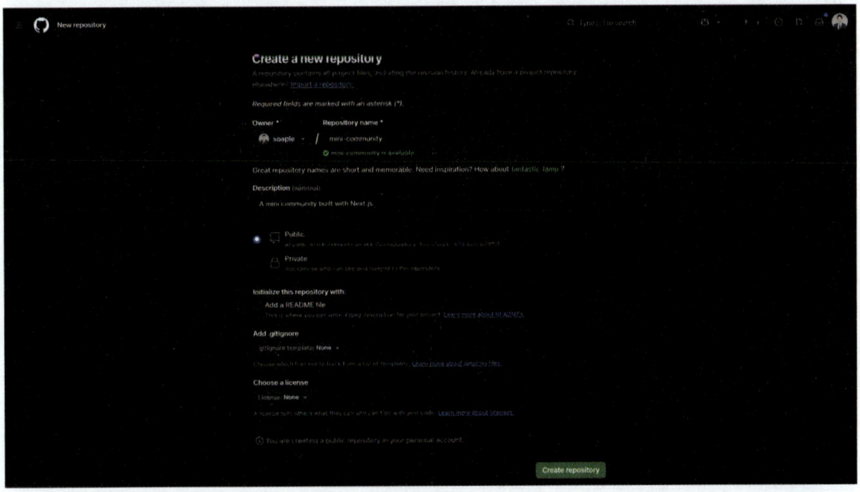

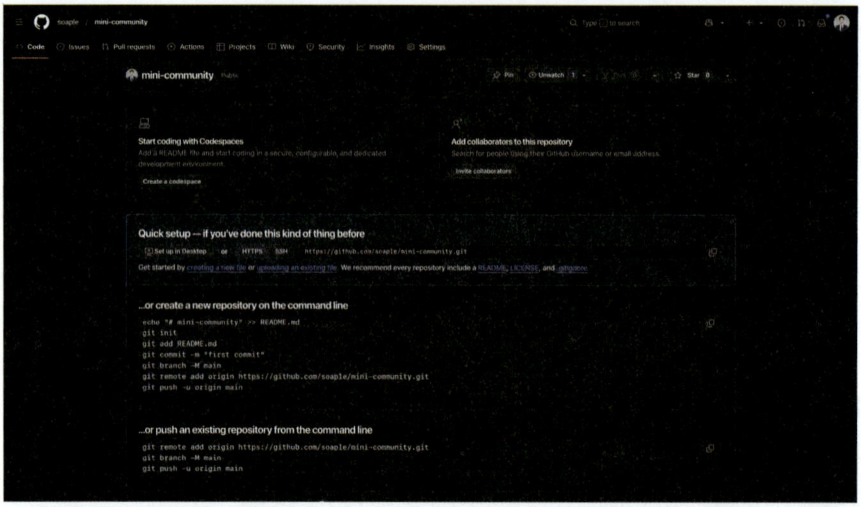

다음으로는 프로젝트 최상위 경로에 있는 `.gitignore` 파일을 수정해야 합니다. 우리가 만든 환경변수 파일이 함께 포함되어 푸시되지 않도록 다음 화면처럼 `.gitignore` 파일에 `.env` 항목을 추가합니다.

> **NOTE**
>
> **환경변수 파일을 제외하는 이유**
>
> 일반적으로 환경변수에는 암호화 키, 데이터베이스 접속 토큰 등의 중요한 정보가 포함되어 있기 때문에 깃[Git] 리포지터리에 포함되면 보안상에 큰 위협이 될 수 있습니다. 그렇기 때문에 꼭 환경변수 파일들을 제외하고 커밋하기 바랍니다.

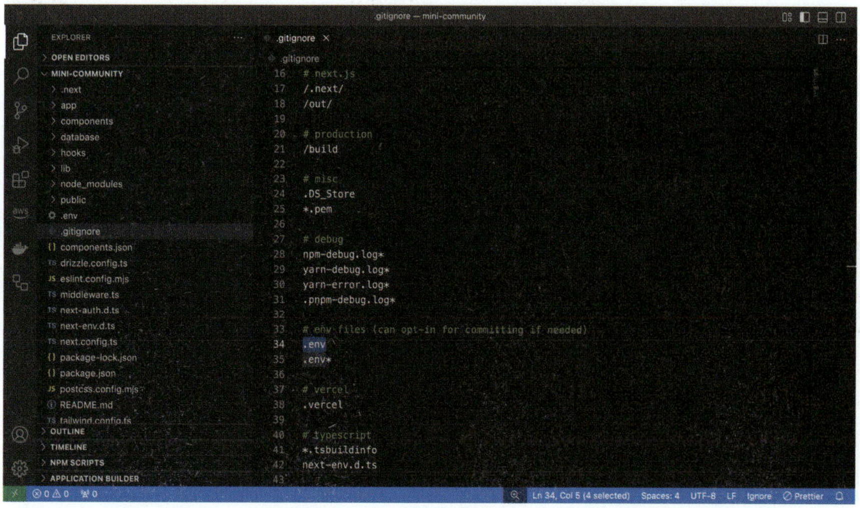

이제 아래 명령어들을 순서대로 실행해서 깃 초기화 및 첫 번째 커밋을 작성합니다.

```
git init
git add .
git commit -m "Initial commit."
```

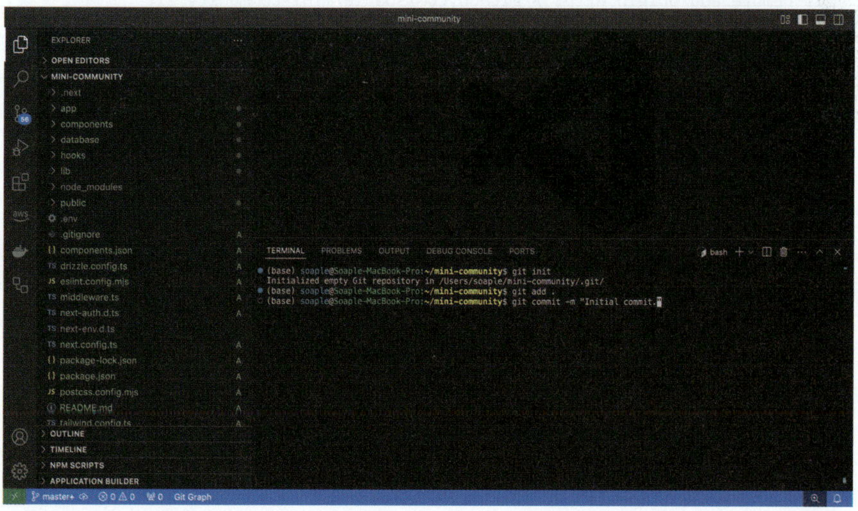

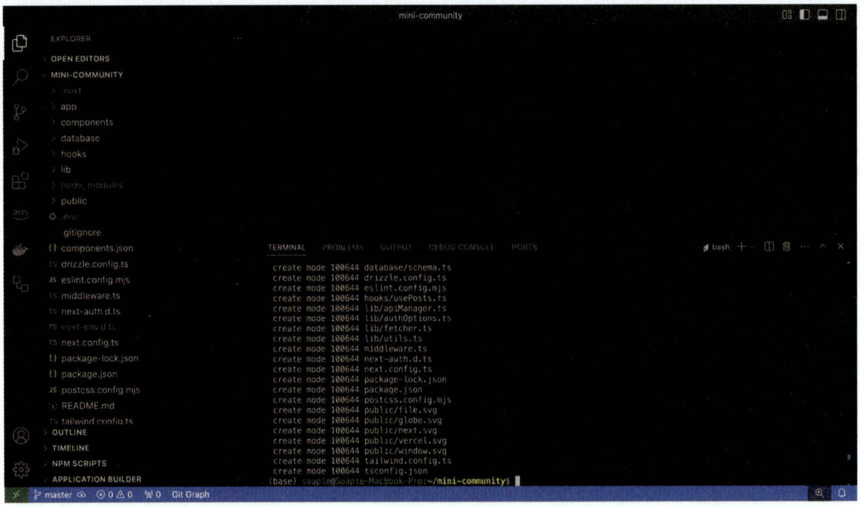

첫 번째 커밋이 생성되었으면 다음 명령어를 사용하여 원격 저장소 주소를 추가하고 메인 브랜치 이름을 **main**으로 변경한 이후 푸시합니다. 여기서 명령어에 나와 있는 저자의 깃허브 리포지터리 주소를 그대로 사용하지 말고 자신의 리포지터리 주소를 입력하기 바랍니다.

```
git remote add origin https://github.com/soaple/mini-community.git
git branch -M main
git push -u origin main
```

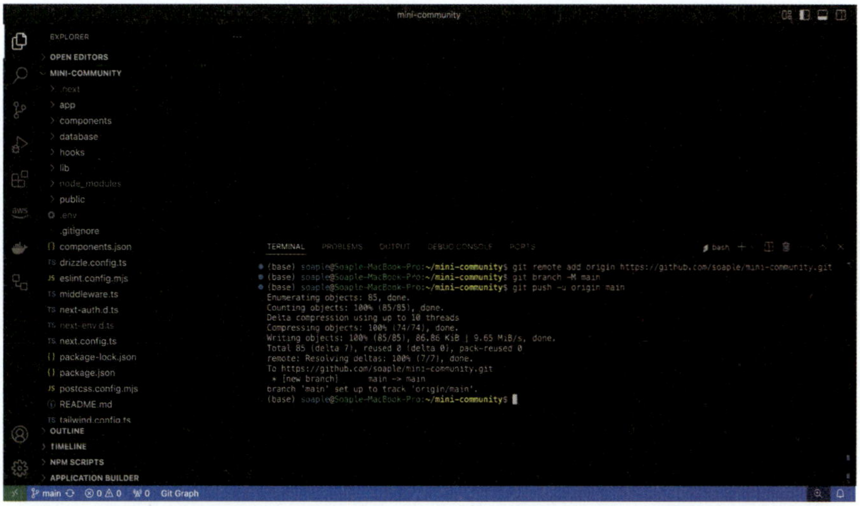

모든 소스 코드를 푸시했으면 다음으로는 Vercel과 깃허브를 연동해야 합니다. 먼저 다음 화면과 같이 깃허브 계정을 사용하여 Vercel에 가입합니다.

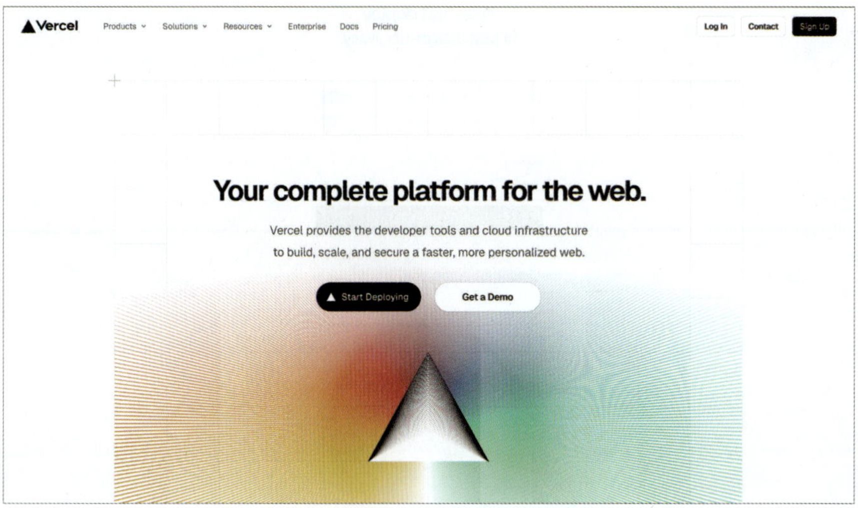

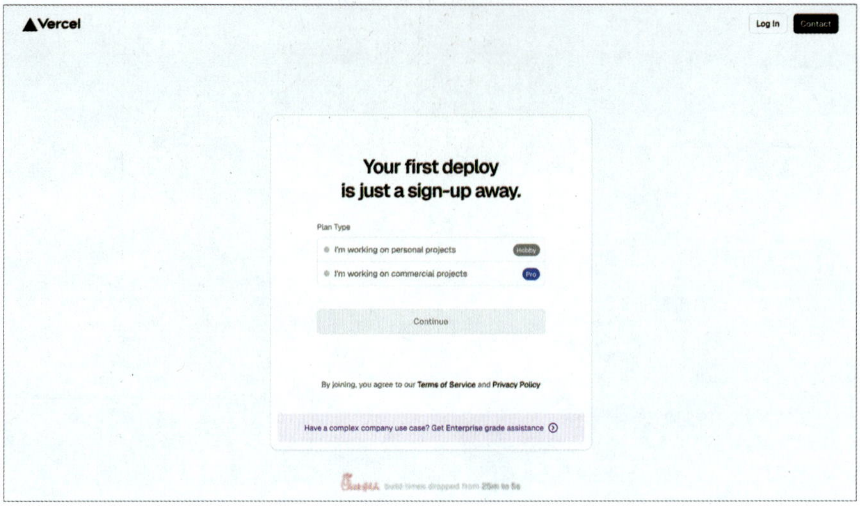
Vercel
Log In
Contact
Your first deploy
is just a sign-up away.
Plan Type
I'm working on personal projects
Hobby
I'm working on commercial projects
Pro
Continue
By joining, you agree to our Terms of Service and Privacy Policy
Have a complex company use case? Get Enterprise grade assistance

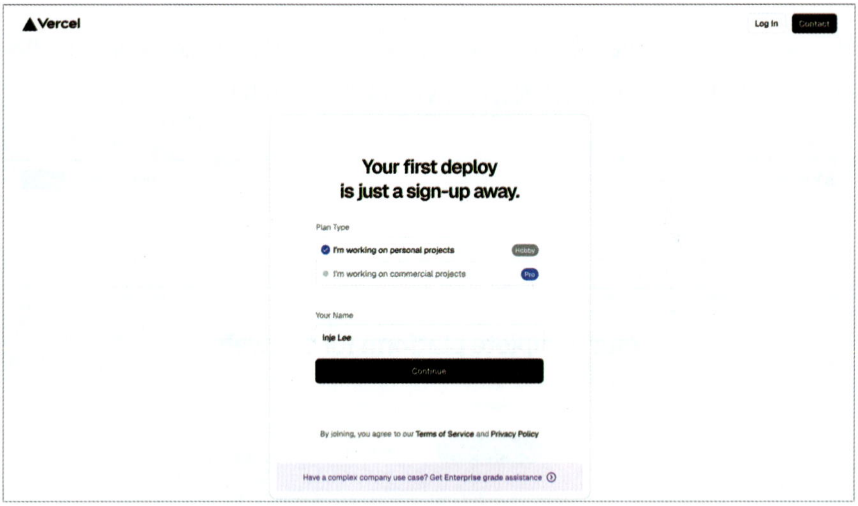
Vercel
Log In
Contact
Your first deploy
is just a sign-up away.
Plan Type
I'm working on personal projects
Hobby
I'm working on commercial projects
Pro
Your Name
Inje Lee
Continue
By joining, you agree to our Terms of Service and Privacy Policy
Have a complex company use case? Get Enterprise grade assistance

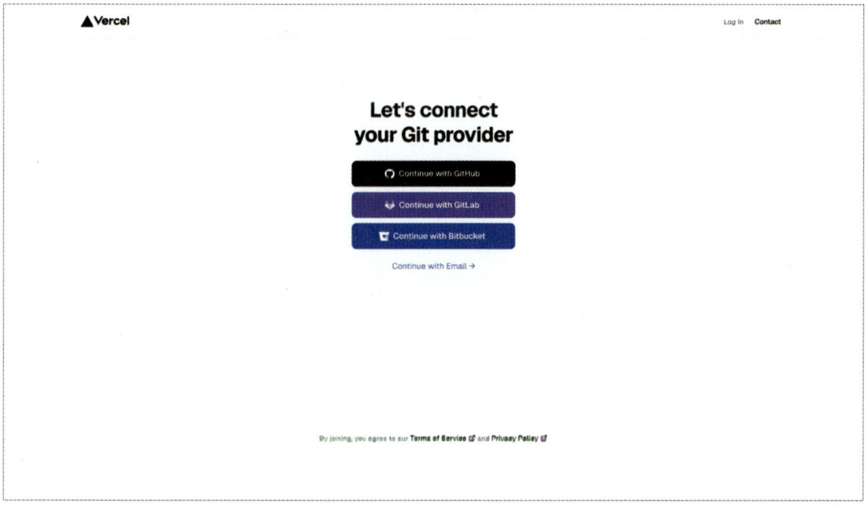

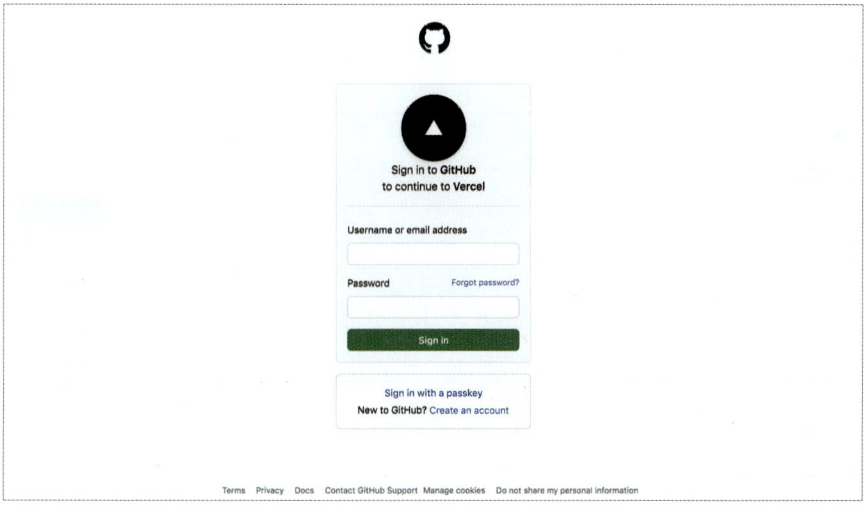

가입하면 다음 화면과 같이 아무 프로젝트도 없는 화면이 나옵니다. 여기서 오른쪽에 있는 **Add New…** 버튼을 클릭하여 Vercel에 애플리케이션을 배포하도록 하겠습니다.

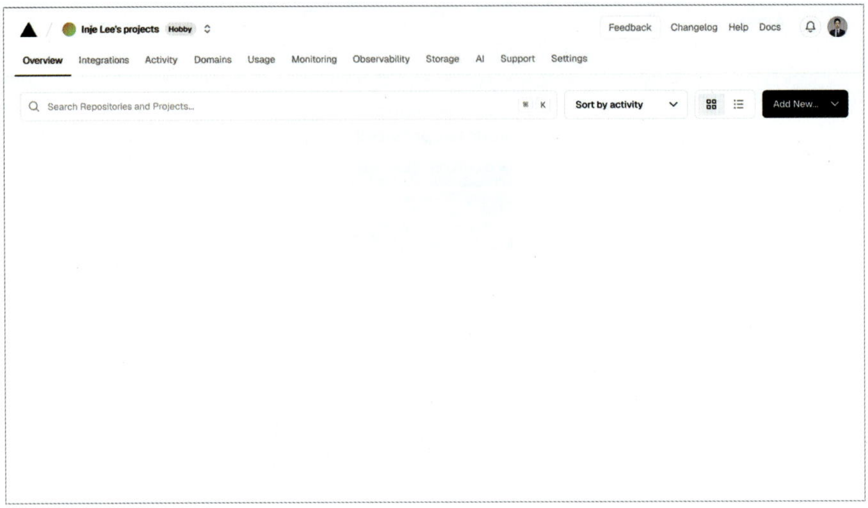

Add New… 버튼을 클릭하면 나오는 메뉴에서 **Project**를 클릭합니다.

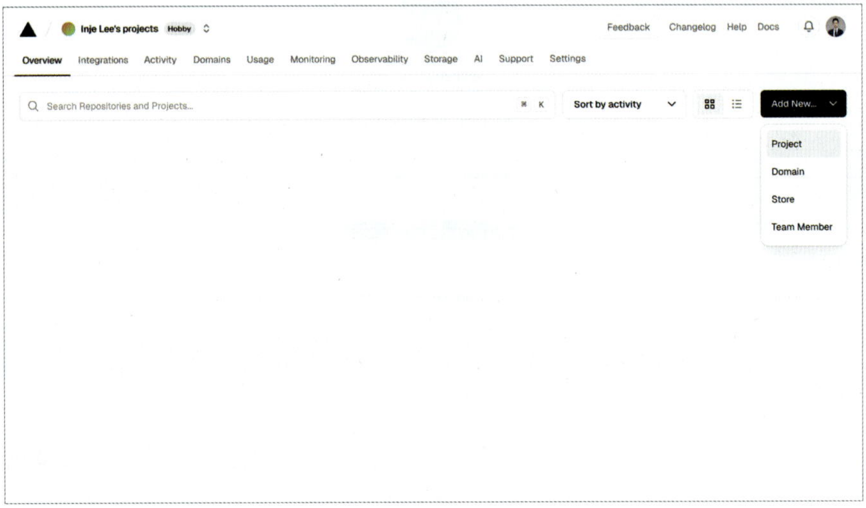

다음 화면과 같이 현재 나의 깃허브 리포지터리 목록이 나오게 되는데, 처음에는 아무것도 나오지 않습니다. 왜냐하면 아직 Vercel이 깃허브에 있는 리포지터리에 접근할 수 있는 권한이 없기 때문입니다. 리포지터리 접근 권한을 변경하기 위해서 하단에 있는 **Adjust GitHub App Permissions**를 클릭합니다.

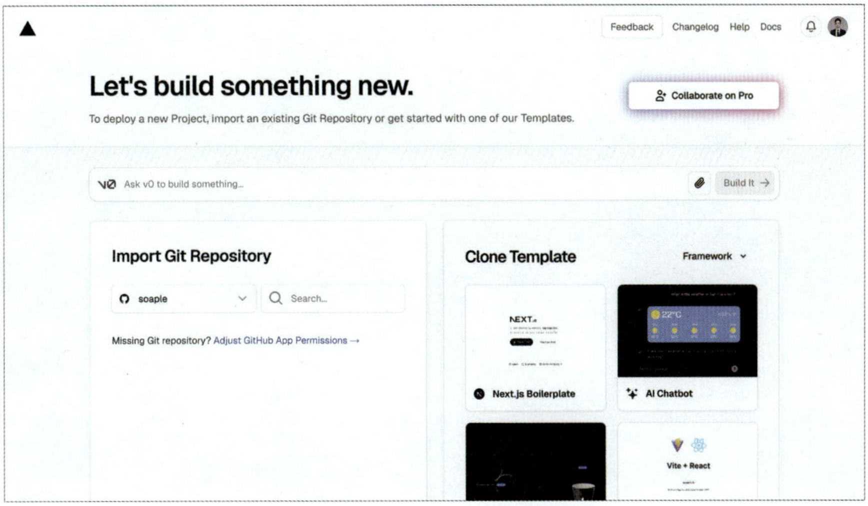

그러면 다음 화면처럼 깃허브에 설치된 Vercel 애플리케이션이 나오고, 여기서 해당되는 깃허브 계정을 눌러 설정 화면으로 이동합니다.

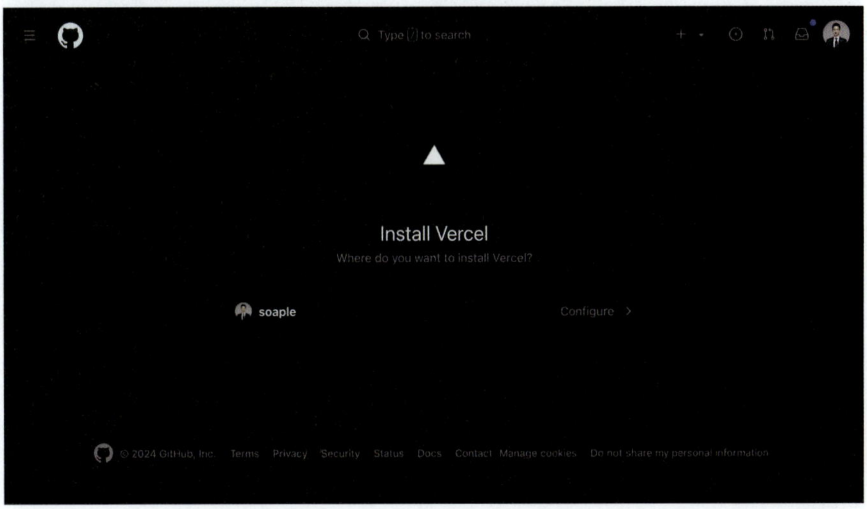

애플리케이션 설정 화면에서는 모든 리포지터리에 대해 접근을 허용하거나 특정 리포지터리에 대해서만 접근을 허용하도록 설정할 수 있습니다. 여기서는 `mini-community` 리포지터리에만 접근할 수 있도록 다음과 같이 권한을 추가합니다.

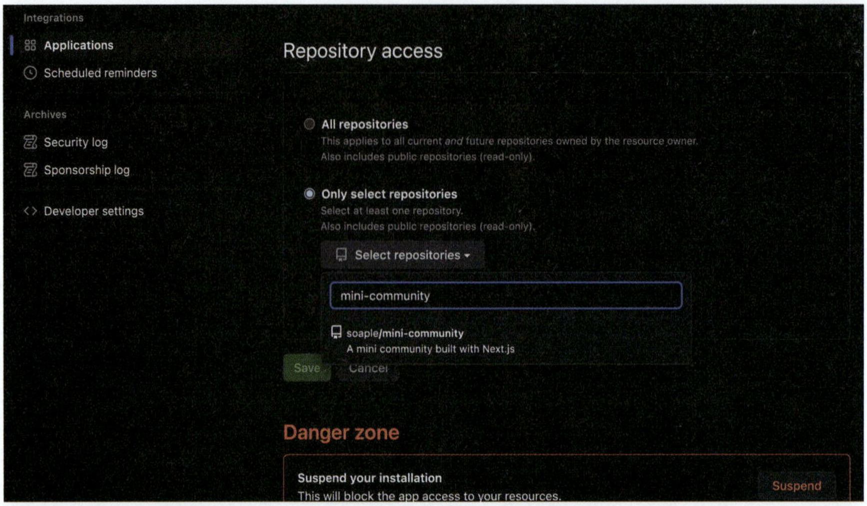

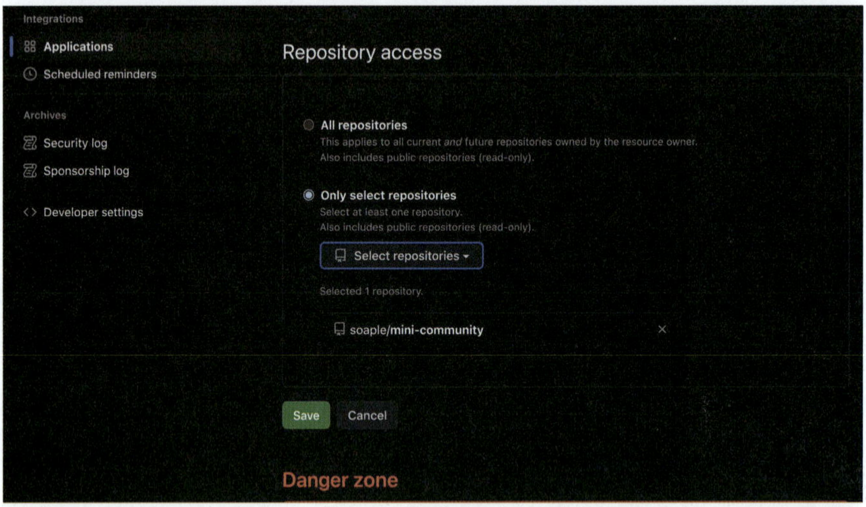

권한을 변경하고 다시 Vercel로 돌아오면 목록에 `mini-community` 리포지터리가 나오는 것을 볼 수 있습니다. 여기서 리포지터리의 오른쪽에 있는 **Import** 버튼을 클릭합니다.

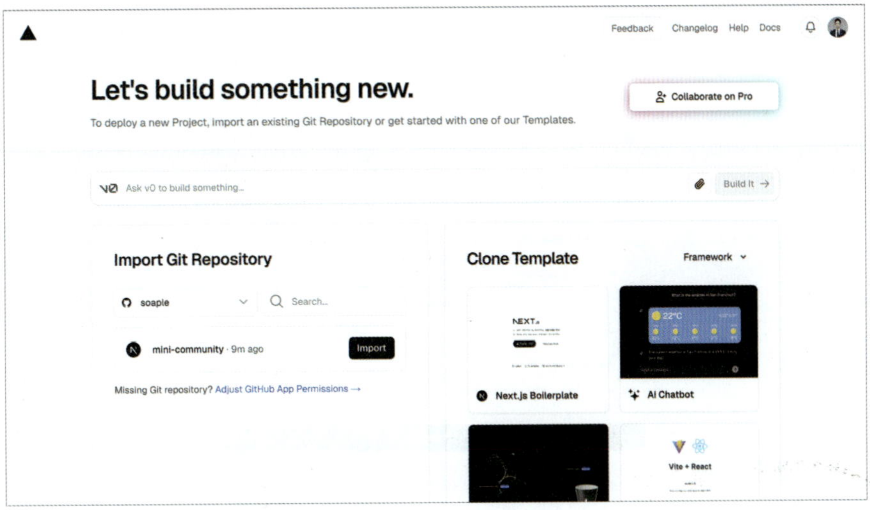

그럼 다음 화면처럼 프로젝트와 관련된 각종 설정을 할 수 있는 화면이 나옵니다. 다른 설정은 그대로 사용하고 환경변수만 추가하도록 하겠습니다.

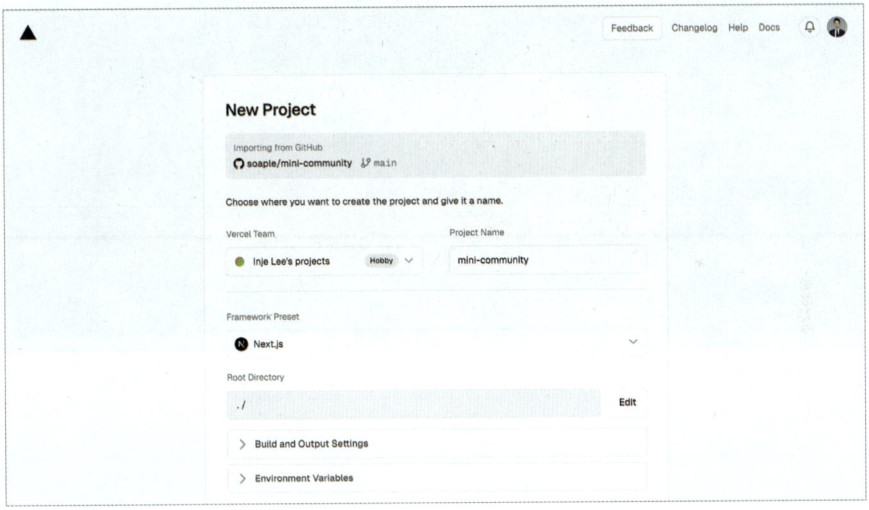

다음 화면처럼 **Environment Variables** 항목에 `.env` 파일에 있는 환경변수들을 모두 추가해줍니다. 참고로 이때 파일 내용을 그대로 복사해서 붙여 넣으면 자동으로 키와 값이 분리되어 삽입됩니다.

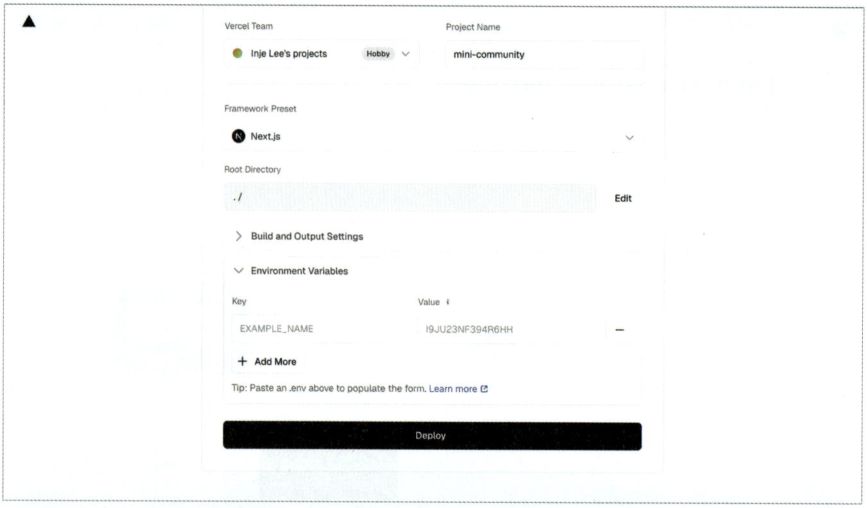
Vercel Team
Inje Lee's projects
Hobby
Project Name
mini-community
Framework Preset
Next.js
Root Directory
./
Edit
Build and Output Settings
Environment Variables
Key
Value
EXAMPLE_NAME
I9JU23NF394R6HH
Add More
Tip: Paste an .env above to populate the form. Learn more
Deploy

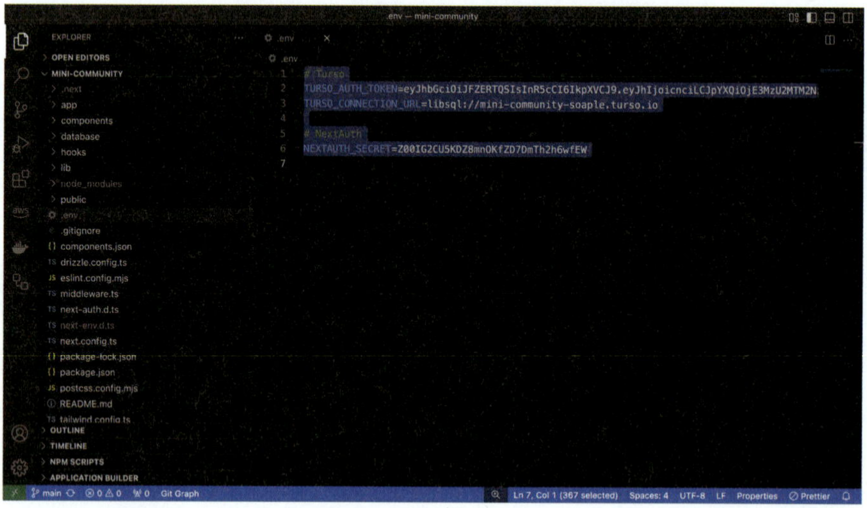
.env — mini-community
EXPLORER
OPEN EDITORS
MINI-COMMUNITY
# Turso
TURSO_AUTH_TOKEN=eyJhbGciOiJFZERTQSIsInR5cCI6IkpXVCJ9.eyJhIjoicnciLCJpYXQiOjE3MzU2MTM2N
TURSO_CONNECTION_URL=libsql://mini-community-soaple.turso.io
# NextAuth
NEXTAUTH_SECRET=Z00IG2CU5KDZ8mnOKfZD7DmTh2h6wfEW
Ln 7, Col 1 (367 selected) Spaces: 4 UTF-8 LF Properties Prettier

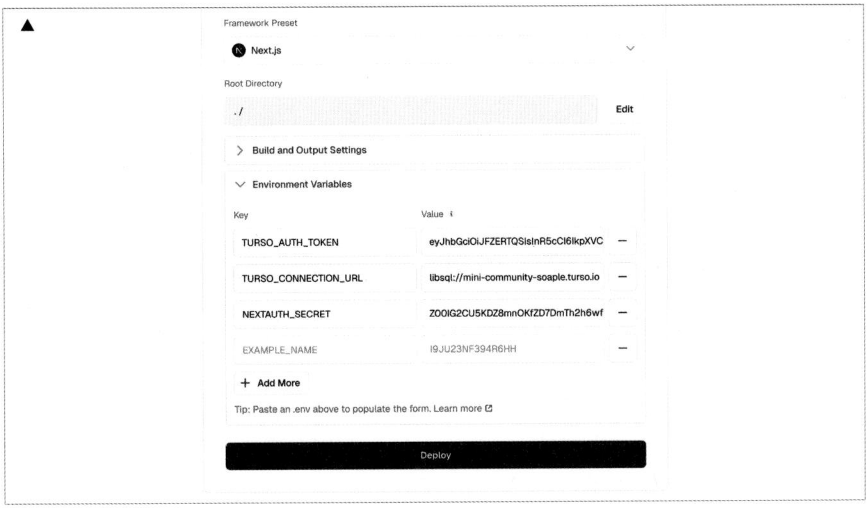

환경변수까지 모두 추가한 이후에 하단에 있는 **Deploy** 버튼을 클릭하여 배포를 시작합니다.

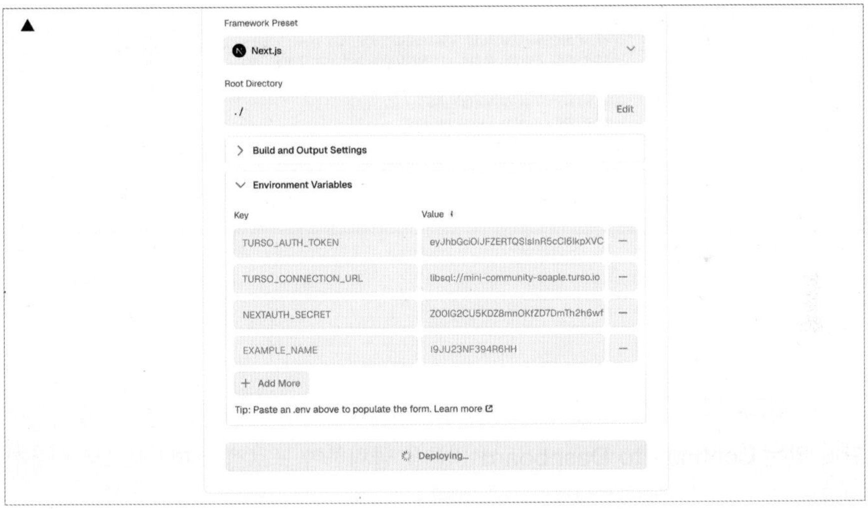

배포가 시작되면 진행되는 과정과 로그가 화면에 나옵니다.

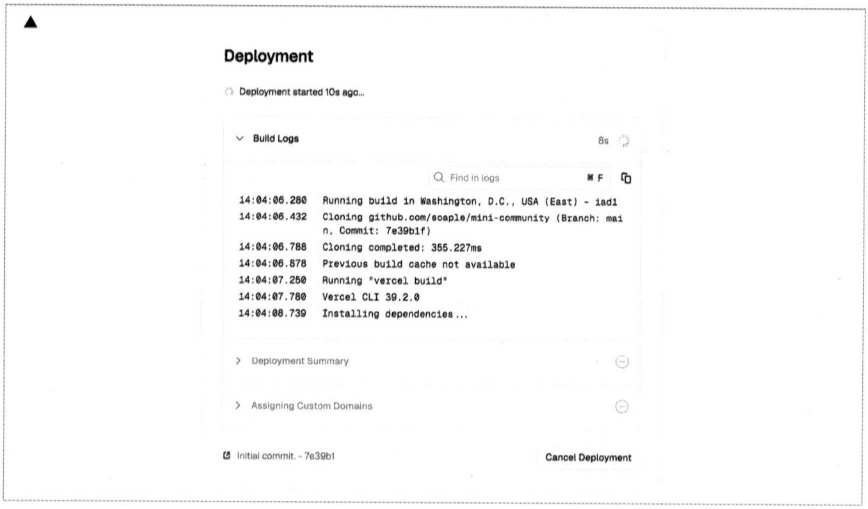

배포가 완료되면 다음 화면과 같이 축하 메시지가 있는 페이지가 나옵니다. 여기서 하단에 있는 **Continue to Dashboard** 버튼을 클릭하여 프로젝트 대시보드로 이동합니다.

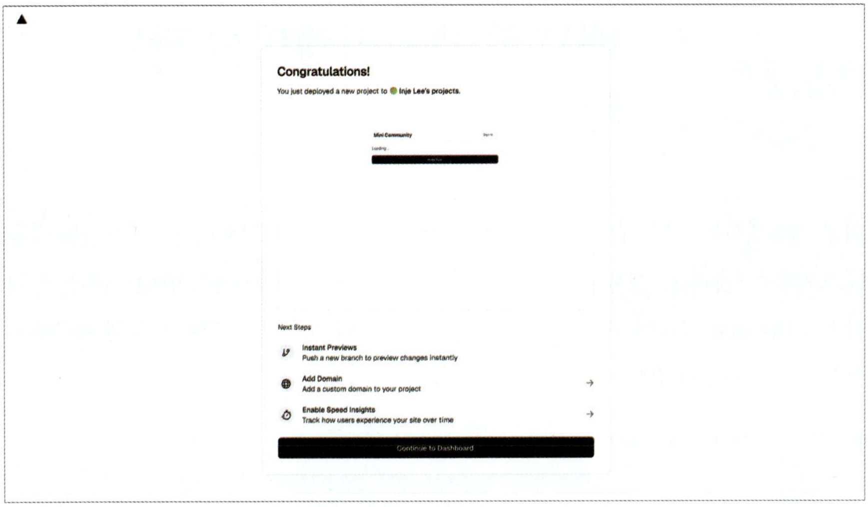

프로젝트 페이지에서는 다음 화면과 같이 해당 프로젝트가 배포된 주소를 포함하여 모든 정보를 편리하게 볼 수 있도록 되어 있습니다. 이 책에서 모두 다루지는 못하지만 각자 Vercel에서 제공하는 여러 기능을 한 번씩 사용해보기 바랍니다.

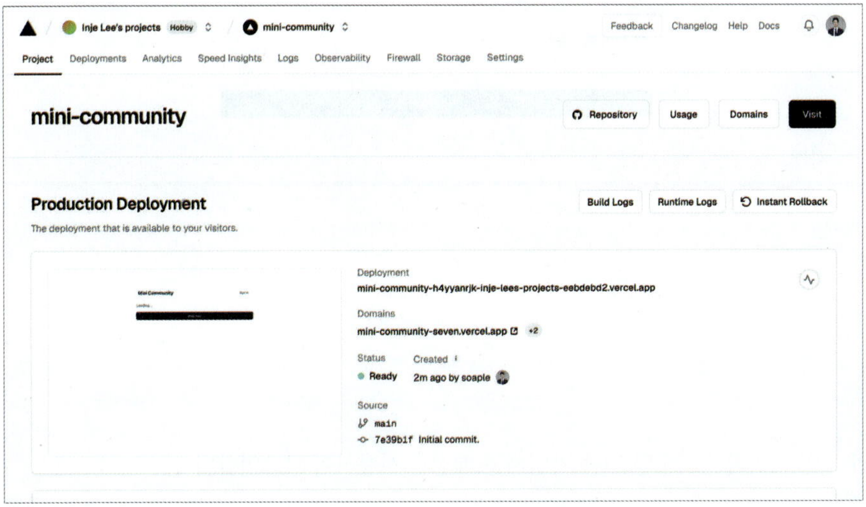

16.24 실습 배포된 애플리케이션 작동 테스트

이번 실습에서는 로컬 개발 환경이 아닌 실제 Vercel에 배포된 애플리케이션을 작동 테스트해보겠습니다. 먼저 Vercel에서 배포된 프로젝트 페이지에서 **Visit** 버튼을 클릭하거나 **Domains** 항목에 나오는 주소로 직접 접속합니다. 저자의 경우 배포된 애플리케이션 주소는 다음과 같습니다.

https://mini-community-seven.vercel.app/

접속하면 다음과 같이 배포된 애플리케이션의 메인 페이지가 나오게 됩니다. 로그인하기 위해서 **Sign In** 버튼을 클릭합니다.

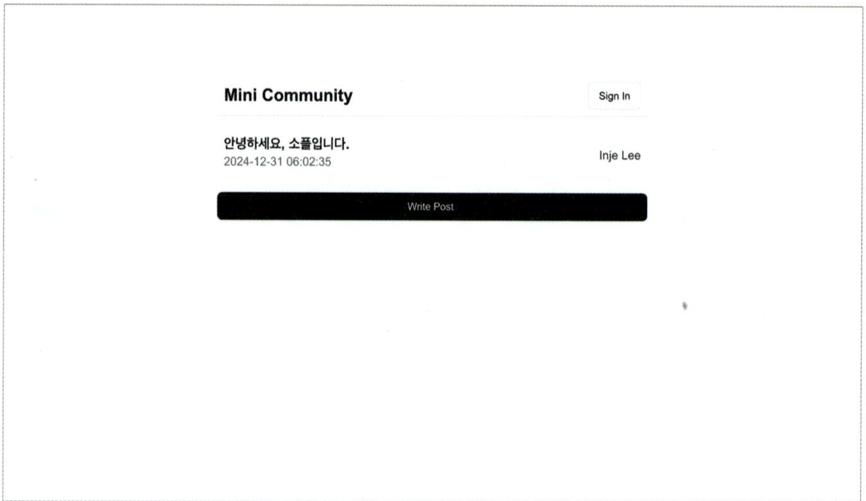

로그인 페이지가 나오면 기존 가입해둔 계정을 사용하여 로그인합니다.

로그인이 완료되면 다음 화면처럼 메인 페이지가 나오고 오른쪽 상단에서 현재 로그인한 사용자 정보를 확인할 수 있습니다. 이제 **Write Post** 버튼을 눌러서 게시글을 작성하도록 하겠습니다.

다음 화면과 같이 게시글 작성 페이지에서 제목과 내용을 입력하고 **Write Post** 버튼을 클릭합니다.

게시글이 작성되고 다음 화면과 같이 메인 페이지의 게시글 목록에 나오게 됩니다. 새로운 게시글을 클릭합니다.

다음 화면과 같이 게시글 내용까지 확인할 수 있습니다.

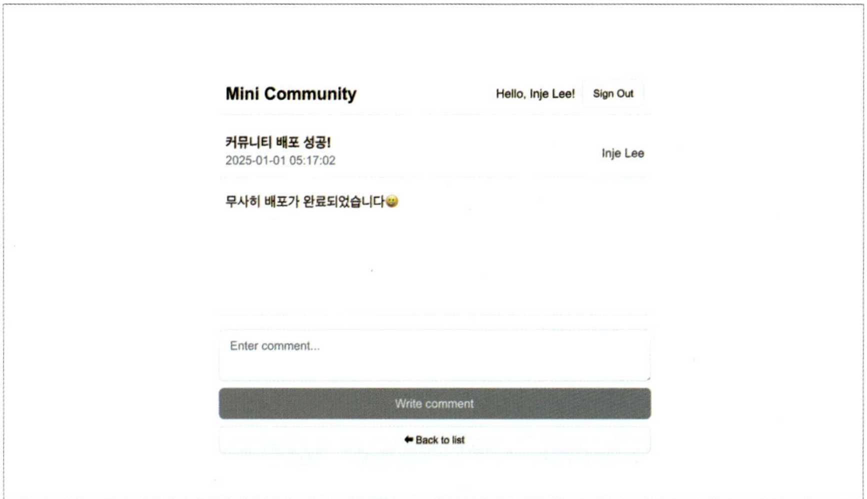

이번에는 다음과 같이 댓글 내용을 입력하고 **Write Comment** 버튼을 클릭해보겠습니다.

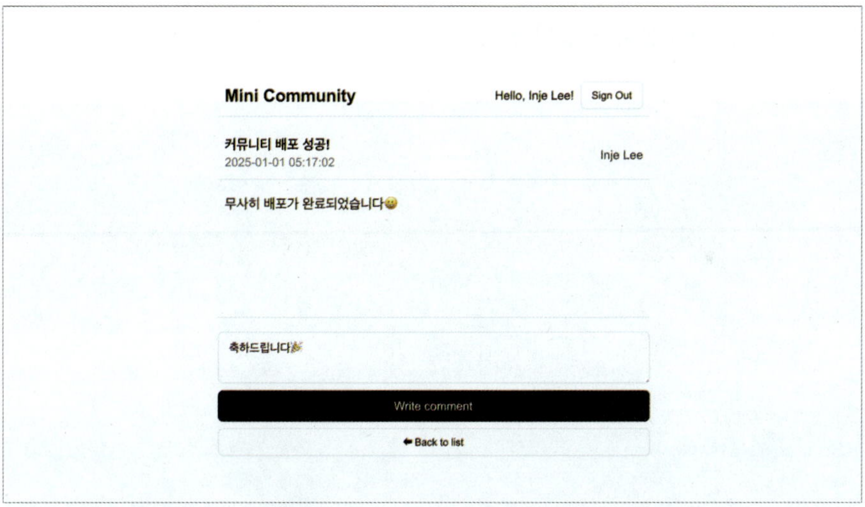

그럼 다음 화면처럼 새로운 댓글이 목록에 나오는 것을 확인할 수 있습니다.

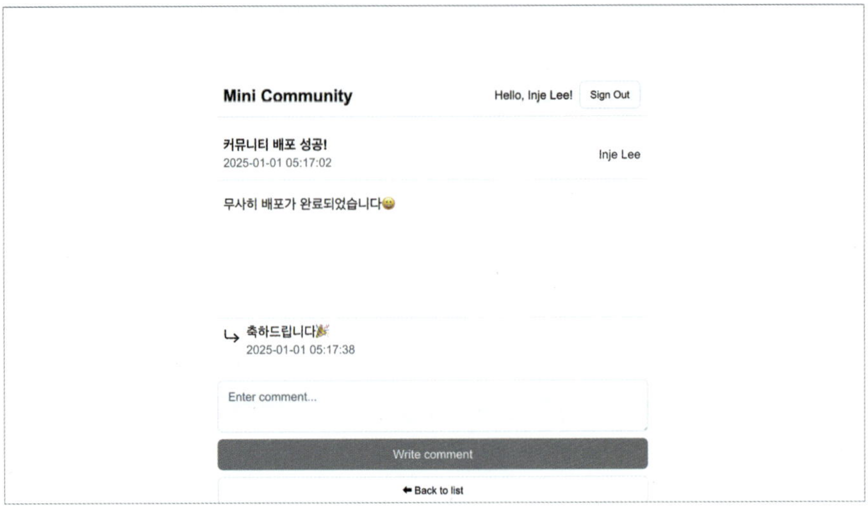

게시글과 댓글을 작성한 후에 마지막으로 데이터베이스 내용을 직접 확인해보도록 하겠습니다. 브라우저에서 Turso의 Drizzle Studio에 접속해서 `user`, `user_post`, `user_post_comment` 테이블을 각각 조회하면 다음 화면과 같이 우리가 작성한 데이터가 들어 있는 것을 볼 수 있습니다.

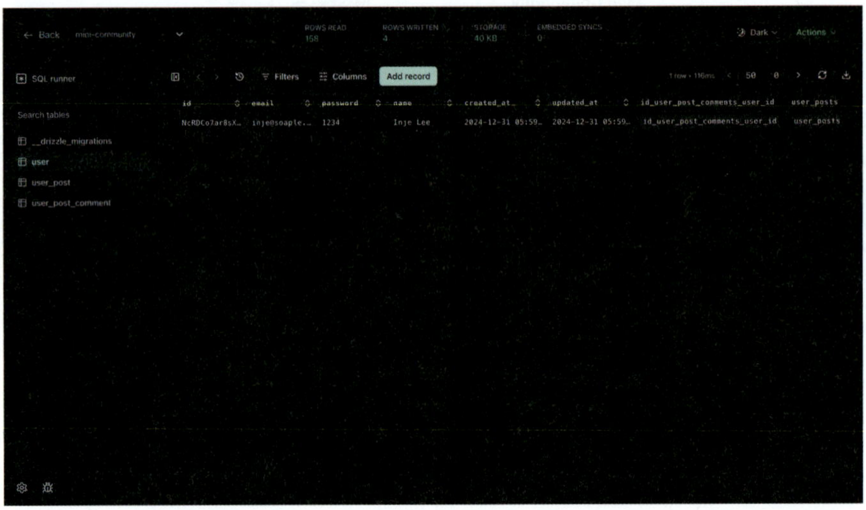

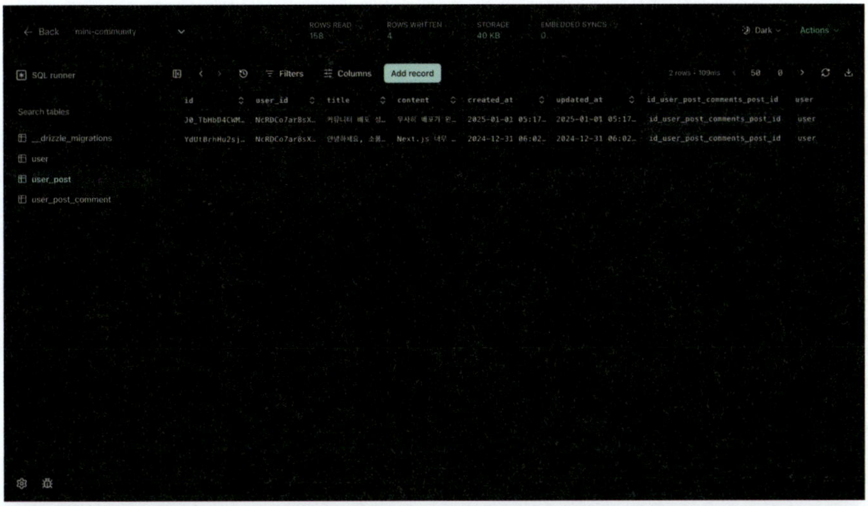

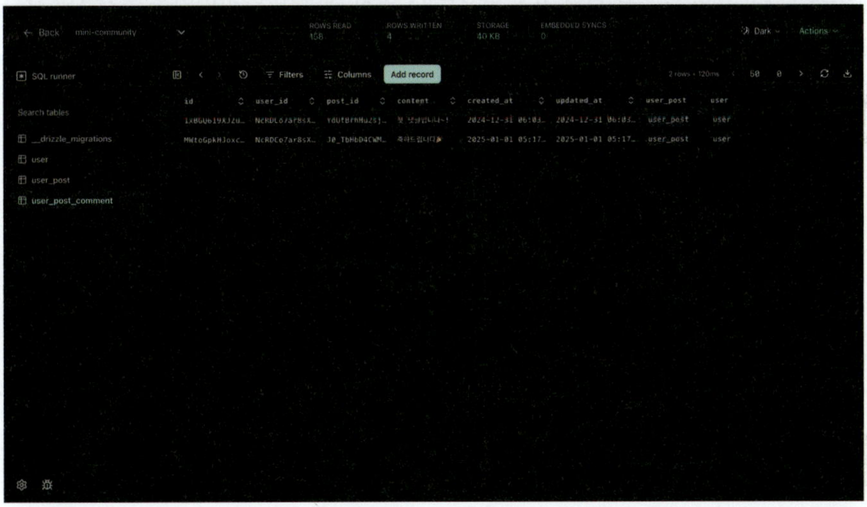

16.25 마치며

미니 프로젝트를 끝으로 책에서 다루고자 하는 모든 내용을 마쳤습니다. 처음 Next.js라는 프레임워크의 탄생 과정부터 시작해서 각각의 기능에 대해 살펴보고 프로젝트를 통해 직접 풀스택 애플리케이션까지 개발했습니다. 그럼에도 불구하고 아직 제대로 이해하지 못하거나 어렵게 느끼는 부분이 분명 있을 수 있습니다. 그런 부분은 다시 복습하면서 온전히 내 것으로 만들기 바랍니다. 프레임워크는 도구에 불과하고 언제든지 유행은 바뀔 수 있습니다. 하지만 현재 시점에서는 Next.js가 프론트엔드 개발에 있어서 가장 인기 있고 많이 사용되는 프레임워크이므로 잘 익혀둔다면 분명 도움될 것입니다. 앞으로 더 멋진 개발자가 되어 있을 독자분의 모습을 기대합니다.

찾아보기

찾아보기

찾아보기